殷周金文集成

中國社會科學院考古研究所編

修訂增補本

第一册

中華書局

圖書在版編目(CIP)數據

殷周金文集成(修訂增補本)/中國社會科學院考古研究所編. —北京:中華書局,2007.4(2023.4 重印)
ISBN 978-7-101-05034-9

Ⅰ.殷… Ⅱ.中… Ⅲ.金文-匯編-中國-商周時代
Ⅳ.K877.33

中國版本圖書館 CIP 數據核字(2006)第 009284 號

責任編輯:趙 伏 鄭仁甲
責任印製:管 斌

殷周金文集成(修訂增補本)
(全八冊)
中國社會科學院考古研究所 編
*
中 華 書 局 出 版 發 行
(北京市豐臺區太平橋西里 38 號 100073)
http://www.zhbc.com.cn
E-mail:zhbc@zhbc.com.cn
北京科地亞盛圖文設計有限公司排版
北京虎彩文化傳播有限公司印刷
*
880×1230 毫米 1/16 · 460¾印張 · 18100 千字
2007 年 4 月第 1 版 2023 年 4 月第 7 次印刷
印數:3501-3800 冊 定價:3680.00 元

ISBN 978-7-101-05034-9

編　者：

中國社會科學院考古研究所

王世民（項目負責人）

陳公柔（承擔全書内容的核校，部分酒器及水器、雜器(09106～10583)的分編）

劉　雨（承擔多數鐘鎛(00001～00285)，簋、盨、簠、敦、豆(02911～04695)，爵、角(07313～09105)等類的分編）

張亞初（承擔匕、鼎(00966～02841)，尊、觶、觚(05441～07312)，矛、劍、雜兵(11411～12113)等類的分編）

曹淑琴（承擔鬲、甗(00441～00755)，卣(04701～05433)，戈、戟(10591～11407)等類的分編）

王兆瑩（承擔全書新收器銘的墨拓，部分器類的版面排定，及個別器類(00286～00429)的分編）

劉新光（承擔全書新收器銘的墨拓，部分器類的版面排定）

總目

第五册

第六册

第七册

第八册

附　録

修訂增補説明

中國社會科學院考古研究所編纂的《殷周金文集成》一書，作爲國家「六五」「七五」期間社會科學基金重点項目，於一九八四～一九九四年由我局陸續出版，受到國内外學術界的廣泛好評，曾先後榮獲多種奬項，其中有：首屆全國古籍整理圖書奬一等奬（一九九二）、第二屆全國優秀圖書奬榮譽奬（一九九五）、首屆中國社會科學院優秀科研成果奬（一九九三）、第二屆夏鼐考古學研究成果奬一等奬（一九九五）、首屆郭沫若中國歷史學研究成果奬榮譽奬（一九九九）。

爲進一步滿足讀者的需要，本局徵得中國社會科學院考古所的同意，現將該書重新出版。我們在劉慶柱所長、王巍副所長的大力支持下，特由考古所提取全書拓片原底重新電子分色製版，並約請原編輯組負責人王世民先生對本書進行修訂增補。所作修訂增補有四：

（一）對説明中的著録項，增補原未及收録，特别是近二十年來國内外出版的五十六種相關圖籍（包括金文彙編、博物館藏品圖録、考古發掘報告和有關論著），訂正個别器物的斷代和現藏地。其間，曾參考臺北「中央研究院歷史語言研究所」以本書爲基礎製作的「殷周金文暨青銅器資料庫」，並且得到該所金文工作室的諸多幫助，承提供二十種圖籍的著録資料備用。又曾得到上海博物館青銅部的幫助。增補的圖籍，多有前未著録的銅器圖像，這在短時間内難以出版本書圖像編的情況下，可爲讀者提供一定的方便。需要聲明的是，國内外某些收藏單位之間的藏品流動，以及單位名稱的改變，大多一仍其舊，未及全部訂正。

（二）對戰國時期的刻銘兵器及其他字迹不清的器物，增加了摹本。其中除轉録各書已有摹本及另行注明者外，均爲北京大學考古文博學院董珊先生應邀特地製作。又對個别原拓不全的器銘，更換了拓片。

（三）統編全書的器物出土地索引、器物現藏地索引、器物著録書刊索引，此工作由中國社會科學院考古研究所文獻資料中心辛愛罡女士承擔。另外還新編了《三代吉金文存》《商周金文録遺》《金文總集》等五十多種書刊与本書的器號對照表，此表由中華書局編輯部製作。有此對照表，即無需另編未收器存目。

（四）本局近年出版了本書編輯組成員張亞初先生編撰《殷周金文集成引得》一書，其中釋文頗受讀者歡迎，特在本書版面附載張亞初先生所作釋文（個別略有改動），以利讀者使用。

原書極個別器名在目録、圖版、説明及釋文之間小有差異，這次改版盡可能做了統一。但是由於隸定方法和所用字體的不同，仍存在彼此點畫小異的異體字。爲慎重起見，我們一仍其舊，未將其劃一，望讀者察之。

爲方便讀者，這次出版時，在保證絶大部分器銘原大的前提下，開本由原八開變爲大十六開，册数由原十八册調整爲八册，價格亦相應大幅降低。

這次調整與改版，目的是方便讀者，但由於水平有限，難免有錯誤不妥之處，敬請讀者批評指正。

中華書局編輯部

二〇〇六年一月

前言

這部《殷周金文集成》（以下簡稱《集成》），經過我所《集成》編輯組的同志們多年來辛勤的勞動，現在資料搜集行將完成，編纂工作大體就緒，第一册已經可以交付出版了。今後，其他各册也將陸續付印。這部書的出版，將爲殷周青銅器的研究，尤其是青銅器銘文的研究，提供極大的方便。因之，我們相信，這將會促進這方面研究工作的進一步發展。

三十多年前，中國科學院考古研究所初成立時，在郭沫若院長的領導下，鄭振鐸所長和梁思永副所長親自抓考古研究所的發展方針和遠景規劃的制訂工作。當時的設想是：考古研究所的主要任務應該放在創新方面，便是說，要在馬克思主義的指導之下，提高田野考古工作的質量，以便取得翔實可靠的實物資料，然後利用這些新取得的資料，結合過去累積的資料和研究成果，進行科學的分析和綜合的研究。但是同時也認爲，對於我國有悠久歷史的金石學，尤其是其中的優良傳統，也應該加以吸取和發展，使之成爲系統化的古器物學，而後者可以作爲現代中國考古學的一個組成部分。

一般認爲是中國考古學前身的金石學，在北宋時代便已經初步建立起來了，以圖像和拓本（包括摹本）來表現古器物和古文字的金石圖譜，在當時便出現了。但是，當時金石學的內容，如果依照現代的學科分類來說，實際上包括有銘刻學（Epigraphy）和考古學（Archaeology）兩門學科。北宋金石學家呂大臨在《考古圖》的序文中說：「觀其器，誦其言，形容彷彿，以追三代之遺風，如見其人矣。」他把古器物的形制和銘刻的文詞二者區分得很清楚。

現代的考古學，是利用古代人類遺留下來的實物（不限於古器物，還包括人類居住及其他活動的遺迹，以及反映人類活動的自然物，如農作物、家畜和狩獵品的遺骸），進行歷史研究的一門科學。它和利用文字記載進行歷史研究的狹義歷史學，都是歷史科學（廣義的歷史學）的主要組成部分，同是以恢復人類歷史的本來面目爲目標，二者對於歷史科學的研究，猶如車子的兩輪，不可偏廢。不過，考古學的對象一般都是屬於一定時間以前的古代，所以近代史和現代史不屬於考古學的範圍。歷史越古老，文字記載越稀少，考古學研究也就越重要。到了沒有文字記載的史前時代，史前史的研究便幾乎完全

依賴考古學了。因之，史前史也便等於史前考古學。

銘刻學是對古代刻在金、石、甲骨、泥版等堅固耐久的實物上的銘文進行各方面研究。這些研究包括認識文字、讀通文句、抽繹文例、考證銘文内容（例如考證紀年、族名、邦國、人名、地名、官名、禮制和史事等），以及根據字形、文例、考證的研究結果，來斷定各篇銘文的年代和它們的史料價值。它是以銘文作研究的主要對象，所以除了把其中的古文字經過考釋改寫爲今日的楷書以外，它的考證方法和利用傳世的一般古代文獻記載一樣，完全是屬於狹義的歷史學範圍。但是，它又是以古代遺留下來的金、石等實物上的銘文爲研究對象，而這些實物又經常是要通過考古發掘才重新被發現出來的，所以它從前常被隸屬於考古學這門學科下作爲一個分支。事實上，它現在已經由附庸蔚爲大國，常被視爲一門獨立的學科了。埃及、希臘、羅馬等地方古代紙草寫本（Papyrus）的研究，已獨立成爲一門「紙草寫本學」（Papyrology）。就寫本内容而言，可以算是銘刻學的一部分，但它所用的書寫材料是紙草，並且是書寫、不是鐫刻，所以一般的銘刻圖録不收紙草寫本。關於我國漢晉簡牘的研究，日本學者稱它爲「木簡學」。它也是同樣的情況，既可以算銘刻學的一部分，又可以獨立自成爲一門分科。

至於古文字學，又是另一門學科，是語文學的一個分支。我們通常所稱的「中國古文字學」，實際上是漢字的古文字學。它包括西文中所謂古字體學（Palaeograghy，研究古字的形體以確定古寫本的年代和地區）、語源學（Etymology，探討每字的原始意義）等。漢字不是拼音文字，所以漢字古文字學的主要任務是研究漢族古代文字的形體、聲音和字義（詁訓）。它的内容既包括銘刻學的資料，也包括像許慎《説文解字》之類的並非銘刻的輾轉傳抄下來的書本上的有關資料。銘刻學家一定要懂得他所研究的那一部分銘刻上的古文字。反過來説，古文字學家也一定要懂得怎樣去利用銘刻學中與他的研究有關的資料。二者間的關係非常密切，有許多學者同時既是銘刻學家，又是古文字學家。但是這兩門學科的重點是有所不同的。清代樸學鼎盛時，古文字學家推崇《説文》，認爲許（慎）學爲小學（古文字學）的「不祧之祖」。有人譏笑當時的銘刻學中的金石文字研究爲「善辨模糊字，嫥攻穿鑿文」。近代我國古文字學家如章太炎、黄侃師生二人，對於甲骨、鐘鼎的銘刻，都是抱有偏見的。章太炎最初完全否認甲骨文，直到去世前，仍以爲「甲骨之爲物，真僞尚不可知」；至於金文，他晚年時仍認爲「鐘鼎可信爲古器者，什有六七，其釋文則未有可信者」，以爲是「穿鑿之徒，皮傅彝器，隨情定字」（湯

志鈞編：《章太炎年譜長編》，一九七九年版，九四三、九五四～九五六、九五七頁）。黄侃晚年曾説過：「（鐘鼎、甲骨）雖其文字不容致疑，惜其解説猶有可疑處。故學者莫如先玩其拓文，而不必急讀其解説可也。」（《文字聲韻訓詁筆記》，一九八三年版，一九頁）我們平心而論，現今我國許多學者對於銘刻中古文字的解説，其中雖也有可疑的，但是更多的地方是不容置疑的。如果不讀其解説，怎能知道這些解説可疑與否？如果我們參考前人的解説而不盲目輕信，豈不是更容易地使用自己的判斷力來解決銘文的認識問題嗎？黄侃的話，可能是對着像他自己那樣精通古文字學的學者而説。一個銘刻學者是不會説這樣的話。一個毫無偏見的古文字學者也不會這樣説的。這裏也許可以看出古文字學和銘刻學這兩門學科的着重點的不同處。王國維説的話比較公允。他説：「自來釋古器者，欲求無一字之不識，無一義之不通，而穿鑿附會之説以生。穿鑿附會者，非也。謂其字之不可識，義之不可通，而遂置之者，亦非也。」（《毛公鼎考釋・序》）現下仍有個别搞銘刻學的人，過份强調銘文的解讀，有時完全不顧古文字學的原則或通例，將一些不易考釋的銘文中每字都加考釋，每句都加解説，實際上不過是「穿鑿附會」而已。這在現下的銘刻學界當然只是個别的現象。古文字學家中有些人也不免有這種偏差。

我們將考古學（包括它的組成部分的古器物學）和銘刻學的涵義搞清楚後，便可以進一步來討論像《集成》這一類書籍的性質和它的重要性。我國北宋以來編纂得比較完善的金石圖録的内容，常是包括有古器物的圖像和銘文的拓本（包括摹本），并且附以文字的説明。但是，有的圖録擴大了收録的範圍，所收入的圖像包括大量的没有銘文的古器物，後來甚至於有的全書都是没有銘文的古器物。這些没有銘文的古器物，常常不是金屬或石制的，例如泥俑之類的明器。這樣，它們便成爲古器物學的圖録。近代古器物學家羅振玉曾指出：「古器物能包括金石學，金石學固不能包括古器物也。」（《與友人論古器物學書》，收入《永豐鄉人甲稿》中）實則，古器物學也只能包括金、石等質料的古器物的形制和花紋的研究。至於古器物上銘刻的考釋和研究，那是屬於銘刻學，而不屬於古器物學。另一方面，有些金石圖録偏重爲銘刻學提供資料，僅有銘文的拓本（包括摹本），不附圖形。羅振玉曾經嘆息説：「（金石學）後世變爲彝器款識之學，其器限於古吉金，其學則專力於古文字，其造詣精於前人而範圍則轉隘。」（同上）實則這種學科發展後引起的分化，乃是自然的趨勢。有些學科只有把範圍加以隘小後，研究才可更爲深入。我們只能因勢利導，使之向康健的方向發展。學科的發展是這樣，圖録編纂的發展也是這樣。

在西方，文藝復興時代開始後不久（十六世紀），歐洲學者便特别注意古典時代（即希臘、羅馬時代）的遺迹和遺物，

因爲他們是想把文學和藝術復興到古典時代那樣的高峰。十八世紀時這風氣更盛。他們把旅行到希臘、羅馬的古代都市去憑吊古迹作爲治學修養的一部分。「悵望千秋一灑淚，蕭條異代不同情。」他們憑吊之餘把這些古迹描繪下來，返國後便有人把這些描繪下來的圖景，連同臨摹下來的銘文，一起加以製版印行。十八世紀末拿破侖遠征埃及時，順便帶了一隊學者到埃及去進行實地的史地考察。後來，意大利和德意志的學者于十九世紀前半葉，也組織幾次古物調查團到埃及去。他們都描繪古迹，臨摹銘刻，返國後把古建圖景和銘刻摹本印出來。這樣便推進了埃及學這一門學科的發展。

被視爲近代考古學奠基人之一的德國學者J・J・文刻爾曼（Winckel m ann 一七一七～一七六八）研究羅馬美術史，所利用的資料不限於古文獻，而是大量利用傳世的或新近發掘出來的美術品實物，以作系統的深入研究。考古發掘工作開始於十八世紀對於赫叩雷尼和龐培的發掘，逐漸成爲考古學的主要方法之一，鋤頭打開了地下的歷史資料的寶藏。同時，新發現的希臘、羅馬的銘刻，也層出不窮。德國學者A・鮑刻（Bö ckh）編纂出版了《希臘銘刻集成》（Corpus Inscriptionum Graecarum）四大册（一八二八～一八五九年出版）。著名的羅馬史大師Th・蒙森（Mommsen）也主編了十六卷本的《拉丁銘刻集成》（Corpus Inscriptionum Latinarum）（一八六二年）。此外，又有《伊朗銘刻集成》（一九五五年開始刊行），《印度銘刻集成》（一九七〇年開始刊行）等等。由於考古發掘工作中幾乎每年都有新發現的銘刻，所以這一類的集成都是未經編完便已需要準備編纂補編，每隔一段時間以後便要出版補編。有些考古發掘工地出土有新銘刻，這些銘刻資料整理後，或者作爲正式發掘報告的一部分，或者獨立成書，另册單行出版。至於希臘文和拉丁文銘刻學，每年都出有年鑑，發表每年新發現的銘刻。

和西方的銘刻學相比較，我國的銘刻學有自己的特點：（一）甲骨刻辭是我國所特有的。（二）先秦銘刻以金文爲主，數量很多，而且有的具有很高的史料價值。石刻銘文則先秦時的極爲罕見。（三）我國漢文始終使用以象形爲基礎的文字，不用字母拼音，所以銘刻中的古文字數量衆多，字體繁複而多變化。（四）漢代以來的銘刻，除璽印和碑額外，一般使用隸楷和正楷，和今日所通用的楷書並没有多大差别，一般仍都可以認識，只是有些異體字而已。秦代的和先秦的銘文的解讀，則需要有古文字學的知識。（五）甲骨和殷周銅器，由於近代古董商人的作假，其中有不少僞刻的銘文，甚至器物本身也是贋品，這需要先作「去僞」的工作。解放以後出土的大量有銘文的銅器，它們的可靠性是不容置疑的，可以省掉「去僞」的工作。（六）我國至遲在唐代已有墨拓銘文的技術，這比臨摹要正確的多。清末引進照相術和照片製版術，器物和拓本的印刷更爲逼真了。根據上述的

特點，我國金石圖録便形成一套慣例，以適應這些特點。

考古研究所開始籌備編纂古代銘刻集成時，便想在前人的基礎上加以改進，使令體例更爲完善，資料更爲齊備。最初曾聘請徐森玉老前輩兼任《歷代石刻圖録》的主編，並爲他配備了兩位專職的助手。又調來甲骨金文專家陳夢家，請他在研究工作之外，替所裏籌劃《甲骨文集成》和《殷周金文集成》的編纂計劃，並曾開始進行拓本的搜集和整理工作。後來，《歷代石刻圖録》的工作，由於徐森玉感到自己精力不濟，堅辭他所擔任的主編職務，只好中途停頓下來。現下正設法恢復這工作。一九五九年，本院歷史研究所承擔了甲骨文的資料集成工作，當時考古研究所把已搜集到和新拓的三四萬張拓本全部借給他們利用。現下《甲骨文合集》的圖版部分已經全部出齊。考古研究所保留項目《殷周金文集成》，却由於種種原因，幾經周折，一九七九年初才正式成立編輯組。編輯組的同志們修訂了編輯體例後，繼續搜集和整理資料，加緊進行工作。

這幾年本書編輯組工作的一條重要經驗是：在這一類書籍的編纂工作中，首先需要目標明確。只有明確了目標以後，才能確定所收資料的選擇標準，編纂工作的基本要求和具體凡例。本書的性質是學術性的資料書。編纂工作中會遇到許多問題需要進行研究，加以解決。但是資料性的書並不要求在研究方面有重大的突破，得出創造性的新成果。其次，本書應該是一部青銅器銘刻的集成，而不是一部青銅器圖録。所以，它的内容要以銘文爲主體，没有銘文的商周銅器一概不加收録。本來這一類銘刻集成性質的書，可以不收器物的圖像，《三代吉金文存》《商周金文録遺》等書便是這樣。它們收入少量的戈、戟、矛、劍、鐘等全形拓本，算是例外。不過，我們考慮到商周銅器的器形和花紋的研究，常常對於銘文的斷代和考釋有決定性的意義，而銘文的研究對於器物的斷代、命名和用途，也是這樣。所以本書將器物的圖像盡可能地一併收入，以便參考。尤其是圖形中那些從前未曾發表過的，或者僅發表在現已不易找到的書刊上的，以及原先發表的圖形模糊不清的，更是有這種必要。銘刻學家和古文字學家可能會認爲只要有銘文拓本便够了。但是考古學家總是希望能看到器物的圖像。又其次，我們打算在本書的銘文和圖像部分完成之後，接着便編纂釋文部分。因爲從事中國先秦史的學者中許多人不懂金文，缺欠古文字的知識，所以如果書中不附釋文，他們對這部書將無法加以利用。釋文部分只附必要的小注，不作長篇的單字考釋和銘文考證（這些最好另行發表）。但是要注出必要的參考文獻。最後，全書要附以索引，以便檢查。

全書的編輯方針和大致内容一經確定，《集成》編輯組又提出幾點基本要求，作爲奮鬥的目標。首先是要求資料儘量齊

備。但是有些資料一時無法獲得，只好將來連同此後新出土的資料一起收入補編中。其次是資料儘可能做到正確。這裏包括對於傳世品的器物和銘文要去僞存真，對前人著録中的錯誤加以校正等等。又其次是文字説明要簡單扼要。既要删除不必要的重復，同時又要提供一切有用的有關參考資料。最後是要求檢查方便。這包括歸類和排列的恰當，和附以必要的索引。分類法要避免不必要的標新立异，以致使用時不易檢查。至於器物圖像和銘文拓本印出來後是否清晰，這雖是技術性的問題，也要特别加以注意，要求能達到一定的水平。如果花紋和銘文模糊不清，讀者便無法加以利用了。這些要求説起來容易，但做起來並不一定都能辦到，所以只能説是奮鬥的目標。

其他方面的具體問題，在《出版説明》和《編輯凡例》中另有詳細交代，這裏不再重復了。

最後，我爲本書第一册的出版，謹向《集成》編輯組的同志們致賀，希望他們再接再厲，在不久的將來，順利地完成全書的編纂工作。另一方面，我代表考古研究所，對所外有關各方面的同志們的大力支持和協助，表示衷心的感謝。

中國社會科學院副院長兼考古研究所名譽所長　夏　鼐

一九八三年十月三日于青島

出版説明

《殷周金文集成》和《甲骨文合集》一樣，都是郭沫若同志五十年代交辦的任務，是考古學界和古文字學界醞釀已久的大型編纂項目。一九五六年，國家製訂十二年哲學社會科學發展遠景規劃，兩種集成曾列入考古學發展規劃（《甲骨文合集》又見歷史科學發展規劃）。後來，《甲骨文合集》的編纂任務於一九五九年由本院歷史研究所承擔，《殷周金文集成》則推遲到一九六三年四月由我所着手進行，並同時列入一九六三至一九七二年中國科學院哲學社會各研究所研究規劃。我所當時決定，《金文集成》的編纂工作由陳夢家先生主持，他曾提出詳細的工作計劃，日常工作則由王伯洪、王世民二同志負責組織，準備一九六九年完成任務。隨後，由於各方面條件的限制，未能立即投入較多的人力，乃安排我所資料室陳公柔、陳慧和二同志，先從整理本所多年積累的金文拓本入手，開始進行資料準備。他們花費三年的時間，將所藏上萬張金文拓本整理一過，基本查明這些拓本的著録情況。正當工作剛剛起步的時候，發生了「文化大革命」的動亂，陳夢家先生和陳慧和同志不幸亡故，王伯洪同志不久也因病去世，有關資料暫時封存起來，工作停頓了整整十年。

一九七六年粉碎江青反革命集團以後，我們在郭沫若同志的殷切關懷下，迅速着手恢復《金文集成》的工作。開始，仍由資料室的兩三位同志進行基礎性的準備工作，主要是調查解放後出土和過去著録殷周有銘銅器的基本情況。經過一段時間的籌劃，由我所第二研究室和資料室人員共同組成的金文集成編輯組，於一九七九年初正式成立。編輯組是在夏鼐同志的指導和督促下開展工作的，由王世民同志具體負責，經常參加工作的有陳公柔、張亞初、劉雨、曹淑琴、劉新光、王兆瑩六位同志。此後，編輯組又將較多的精力用於廣泛收集資料，並對已有的金文拓本和銅器照片進行全面清理，進一步做好編纂的資料準備。從一九八二年起，則在繼續補充資料的同時，轉入具體編纂的工作階段。一九八二年八月，《殷周金文集成》列入經國務院批准的一九八二至一九九〇年古籍整理出版規劃。最近，又被列爲第六個五年計劃期間全國哲學社會科學的重點研究項目。

按照預定計劃，《殷周金文集成》的内容包括銘文、圖像、釋文和索引，而以銘文爲主體。關於銘文部分的編輯體例，我們曾經設想，殷商和西周以時代爲綱，春秋、戰國以國别爲綱，儘量將史事、人物、族組等項相關的銅器，以及同坑出土者集中在一起。後經反復考慮，感到這種體系對於金文集成並不適宜，具體編纂起來將會遇到許多困難，既有相當數量的資料難以妥善處理，又不易達到可以信手拈來的翻檢便利。於是，我們放棄了不切實際的打算，仍然採取傳統的金文著録方式，以器類爲綱，按照字數從少到多編排。至於器物的年代、國别和族組、同坑關係等項，將分别在各個分册的文字説明和全書末尾的輔助索引中加以解決。

本書收録的金文資料，包括殷商、西周、春秋和戰國時期的各類器物，年代下限斷至秦統一以前。宋代以來各家著録和國内外主要博物館藏品，力争收集得比較齊全。各地新出土的發掘品和採集品，以各册編成時已公開發表者爲限。預計所收器銘的總數當在萬件以上。書中採用拓本的主要來源有五：（一）考古所多年積累的舊拓本，（二）《考古學報》和《考古》的檔案，（三）編輯組同志前往有關單位新打製的拓本，（四）若干文博單位提供的現成拓本或拓本原大照片，（五）若干單位或個人借給的拓本。其中，第（一）（二）兩項共計約五千器，第（三）項將近三千器，第（四）項一千餘器，第（五）項爲數不多。再有一定數量的器銘，因手頭缺少善拓或僅有摹本流傳，采取剪貼《三代吉金文存》《商周金文録遺》等書，或由我所技術室按比例復製其他著録書，用兩種辦法將其補齊。版面上的器名由我所編輯室劉勛同志一手繕寫。

我們希望，在編纂工作中，把資料收集得齊全一點、準確一點，并且儘可能地剔除僞器，但這都不容易做好。關於齊全和準確，通過認真的核校，應能使遺漏和失誤降低到最小程度，但也難使之盡善盡美。至於去僞，一則由於許多器物未能目驗原器，二則由於編輯組同志水平所限，更難掌握得恰到好處。

從一九六三年我們開始安排金文集成工作，到現在能將第一册交付出版，已經整整二十年了，把十年動亂的躭擱除外也有十年之久。全部編完這項大部頭的資料總集，估計尚需花費七八年的時間。幾年來，工作進行得比較順利，主要依靠各方面的大力支持。我們十分感激已故的唐蘭、容庚二先生和于省吾、徐中舒、陳邦懷、商承祚、張政烺等老一輩專家，感謝馬承源、李學勤和其他許多同志。他們或曾關心這項工作，對我所的同志多有鼓勵，提出過寶貴的參考意見，或曾將自己珍藏、經管的資料，無保留地供給採用。在收集資料方面，得到故宫博物院、上海博物館、中國歷史博物館和陝西省博物館的幫助最多。對

我們的工作給予不同程度幫助的，還有北京、天津、湖北、遼寧、陝西、河南、山東、河北、山西、江蘇、安徽、浙江、湖南、廣東等省市有關的文物博物館單位。其中，有的單位允許我們派人對其藏品進行墨拓（或一並照相），有的單位提供我們現成的拓本的圖像。我們又曾得到外國某些博物館和考古學家的熱情幫助。凡此，均在文字説明中逐件進行具體交代。這裏統一向各方面表示深切的謝意。我們還要特別感謝中華書局和上海出版印刷公司的同志，他們爲使這部龐大的金文集成達到較高的印製水平，付出了巨大的勞動。

最後需要指出，我所金文集成編輯組的人數較少，除個別同志外，都是中年同志，見聞不是很廣，經驗不是很多。現在，經過大家的努力，在較短的時間内拿出了成果，但疏漏錯訛之處是在所難免的。我們希望各方面的同志給予批評指正。

中國社會科學院考古研究所所長　王仲殊

一九八三年國慶日

編輯凡例

一、本書是殷周時代有銘銅器資料的集成性彙編，年代下限斷至秦統一以前，内容包括銘文、釋文、索引及相關附録，而以銘文爲主體。

二、本書收録下列四個方面的資料：

（1）國内外博物館、其他單位和私人收藏的傳世銅器；

（2）各地歷年考古發現中獲得的銅器；

（3）宋代以來著録諸書中現已不知所在的器物；

（4）未曾見於著録的銘文資料。

三、本書以器類爲綱，按照我國考古學界通常採用的殷周銅器類别編次。排列的先後順序是：樂器、炊器、盛食器、酒器、水器、兵器、其他。

四、各類器物的銘文絶大部分原大製版，縮小者則於版面上標明原圖版高度，按照字數從少到多排列。重文和合文，在説明中括注另計。全書所收器物統一編號。一器數拓者，在編號後附加1、2、3……表示之。

五、本書所收有銘銅器，一般均依作器者命名。個别器物有習用多年的舊稱，在各分册的目録和説明中括注，銘文的版面則從簡不注。

六、本書每一分册銘文部分後録有該册銘文説明，逐一交代所收器物的字數、時代、著録、出土、流傳、現藏、資料來源，以及其他需要説明的情況。出土、流傳和現藏情況未能明者，則將該項省去。

七、本書説明中標注的時代，一般是大致的年代。器銘内證明確、向無爭議的標準器，又將所屬王世括注於後。所標年代的相

當公元如下：

殷代　約公元前十三——前十一世紀末

西周　約公元前十一世紀——前七七一年

西周早期（武王至昭王）

西周中期（穆王至夷王）

西周晚期（厲王至幽王）

春秋　公元前七七〇——前四七六年

春秋早期　公元前七七〇——前七世紀後半

春秋晚期　公元前七世紀後半——前四七六年

戰國　公元前四七五——前二二二年

戰國早期　公元前四七五——前四世紀中葉

戰國晚期　公元前四世紀中葉——前二二二年。

八、本書銘文説明著録項下所列書刊，均經編者逐一查核。銘文説明列舉的，只是著録該器器銘拓本（或摹本）的書刊，首列《金文總集》《三代吉金文存》，其餘大體按出版時間爲序。没有拓本和圖像，但作考釋的書刊，不予列舉。《兩周金文辭大系圖録考釋》《商周彝器通考》以外的通論性著作，綜合性文物圖録，所收器銘和圖像除非再無其他更好的著録，一般也不贅舉。

本書所録著録書刊用簡稱，詳見書末附録三「器物著録書刊索引」。

九、本書銘文説明所述諸器出土、流傳等情況，考古發現的器物即來源於著録項列舉的考古報告或簡報，傳世品則括注其文獻根據，未注明者多依有關博物館藏品卡。

十、本書銘文説明中的現藏情況，現存國内各地博物館和其他單位的器物，多經編輯組實地調查，流散海外的器物，其資料來

源有三：（1）陳夢家先生早年實地調查和我所近年對外學術交流中了解的情況，（2）各博物館出版的圖録，（3）其他外文書刊的記載。

十一、本書所收資料，一般以各個分册交付出版時已經掌握的爲限。採用器銘如非原拓，在資料來源項注明據以複製的書刊簡稱。

本册目録

器號	器名	字數	拓片頁碼	說明頁碼
（○○二一三	蔡侯紐鐘）	六	二一三	七八三
○○○一六	益公鐘	七	一二	七六四
○○○一七	麋侯鎛	七	一三	七六四
○○○一八	魯邍鐘	八	一四	七六四
○○○一九	旨賞鐘	八	一五	七六四
○○○二○	𤇾鐘（倗友鐘）	八	一六	七六五
（○○二五六	㾓鐘）	八	三○○	七八七
（○○二五七	㾓鐘）	八	三○一	七八七
（○○二五八	㾓鐘）	八	三○二	七八七
（○○二五九	㾓鐘）	八	三○二	七八七
○○○二一	鄭井叔鐘	九	一六	七六五
○○○二二	鄭井叔鐘	九	一七	七六五
○○○二三	中義鐘	一○	一八	七六五
○○○二四	中義鐘	一○	一九	七六五
○○○二五	中義鐘	一○	二○	七六五
○○○二六	中義鐘	一○	二一	七六五
○○○二七	中義鐘	一○	二二	七六五
○○○二八	中義鐘	一○	二二	七六五
○○○二九	中義鐘	一○	二三	七六五
○○○三○	中義鐘	一○	二三	七六五
（○○一○四	旲生殘鐘）	存一○	九七	七七二
○○○三一	內公鐘	一○	二四	七六五

器號	器名	字數	拓片頁碼	說明頁碼
○○○三二	內公鐘鈎	八	二五	七六六
○○○三三	內公鐘鈎	八	二五	七六六
（○○二五五	㾓鐘）	一○	三○○	七八七
○○○三四	董武鐘	一○	二六	七六六
○○○三五	娋鐘	一一	二七	七六六
○○○三六	蜺仲鐘	一二	二七	七六六
○○○三七	秦王鐘	一二	二八	七六六
○○○三八	㨨篙鐘	一二	二九	七六六
（○○○九○	叡鐘）	一二	八三	七七一
（○○二五三	㾓鐘）	一二	二九九	七八七
（○○二五四	㾓鐘）	一二	二九九	七八七
○○○三九	叔旅魚父鐘	一三	三○	七六六
○○○四○	眉壽鐘	一三	三一	七六六
○○○四一	眉壽鐘	一三	三二	七六六
○○○四二	楚公冢鐘	一三	三三	七六六
○○○四三	楚公冢鐘	一四	三四	七六六
○○○四四	楚公冢鐘	一四	三五	七六七
○○○四五	楚公冢鐘	一四	三六	七六七
○○○四六	昆疕王鐘	一四	三七	七六七
（○○一九九	者瀘鐘）	存一三	二一六	七八一
（○○二○○	者瀘鐘）	一四	二一七	七八一
（○○二七九	叔尸鐘）	一四	三三五	七八九

器號	器名	字數	拓片頁碼	說明頁碼
(○○二八四)	叔尸鐘	一四	三三八	七八九
(○○○七九)	敬事天王鐘	一四	六九	七七○
○○○四七	鑄侯求鐘	一五	三八	七六七
○○○四八	甹鐘	一五	三九	七六七
(○○一二二)	者沪鐘	存一五	一二○	七七四
(○○一二六)	者沪鐘	存一五	一三○	七七四
(○○一二八)	者沪鐘	存一五	一三三	七七四
(○○一三八)	柞鐘	一五	一四六	七七五
○○○四九	戳狄鐘	一六	四○	七六七
○○○五○	鼄君鐘	存一六	四一	七六七
(○○二八三)	叔尸鐘	一六	三三八	七八九
○○○五一	嘉賓鐘	一七	四三	七六七
(○○二四四)	虢叔旅鐘	一七	二九○	七八六
(○○一二四)	者沪鐘	一七	一二六	七七四
(○○一三二)	者沪鐘	一七	一三八	七七五
○○○五二	王子嬰次鐘	一八	四三	七六七
(○○○七○)	兮仲鐘	一八	五九	七六九
○○○五三	楚王領鐘	一九	四四	七六七
(○○二一六)	蔡侯紐鐘	一九	二三六	七八三
(○○一二九)	者沪鐘	存一九	一三四	七七五
(○○一三一)	者沪鐘	存一九	一三七	七七五
(○○○七五)	敬事天王鐘	一九	六四	七六九

器號	器名	字數	拓片頁碼	說明頁碼
(○○○七六)	敬事天王鐘	一七	六五	七六九
(○○一一九)	子璋鐘	一九	一一七	七七四
(○○一八六)	余贎逐兒鐘	存一○余	一九八	七八○
○○○五四	走鐘(周寶和鐘)	二○	四六	七六八
○○○五五	走鐘	存一七	四六	七六八
○○○五六	走鐘	二○	四六	七六八
○○○五七	走鐘	二○	四七	七六八
○○○五八	走鐘	二○	四七	七六八
(○○一二三)	者沪鐘	二○	一二四	七七四
(○○一二七)	者沪鐘	二○	一三三	七七四
(○○一三七)	柞鐘	二○	一四六	七七五
(○○二八一)	叔尸鐘	二○	三三六	七八九
(○○二八二)	叔尸鐘	二○	三三七	七八九
○○○五九	都公敄人鐘	存二○余	四八	七六八
○○○六○	逆鐘	二一	四九	七六八
○○○六一	逆鐘	二一	五○	七六八
○○○六二	逆鐘	二一	五一	七六八
○○○六三	逆鐘	二一	五二	七六八
(○○○八四)	楚王酓章鐘	二一	七六	七七○
○○○六四	通彔鐘	二三	五三	七六八
(○○○七三)	敬事天王鐘	存二○	六二	七六九
(○○○七四)	敬事天王鐘	二三	六三	七六九

器號	器名	字數	拓片頁碼	説明頁碼
（○○○七七	敬事天王鐘）	二四	六六	七七○
（○○○八○	敬事天王鐘）	一二	七○	七七○
（○○○八一	敬事天王鐘）	一二	七二	七七○
（○○一一八	子璋鐘）	三三	一一五	七七三
（○○一二五	者沪鐘）	存三三	一一八	七七四
（○○一三○	者沪鐘）	二四	一三六	七七五
（○○二一六	秦公鐘）	二四	二三六	七八三
（○○一二○	者沪鎛）	存二五	一一八	七七四
（○○二○一	者𪷽鐘）	二六	二一八	七八一
（○○二○二	者𪷽鐘）	二五	二一九	七八一
（○○○九二	㪟鐘）	二五	八五	七七一
○○○六五	兮仲鐘	二七	五四	七六八
○○○六六	兮仲鐘	二七	五五	七六九
○○○六七	兮仲鐘	二七	五六	七六九
○○○六八	兮仲鐘	二七	五七	七六九
○○○六九	兮仲鐘	二七	五八	七六九
○○○七○	兮仲鐘	一八	五九	七六九
○○○七一	兮仲鐘	二七	六○	七六九
○○○七二	楚王鐘（楚邛仲嬭南和鐘）	二七	六一	七六九
○○○七三	敬事天王鐘	存二○	六二	七六九
○○○七四	敬事天王鐘	二二	六三	七六九

器號	器名	字數	拓片頁碼	説明頁碼
○○○七五	敬事天王鐘	一九	六四	七六九
○○○七六	敬事天王鐘	一七	六五	七六九
○○○七七	敬事天王鐘	二四	六六	七七○
○○○七八	敬事天王鐘	二八	六七	七七○
○○○七九	敬事天王鐘	一四	六九	七七○
○○○八○	敬事天王鐘	一二	七○	七七○
○○○八一	敬事天王鐘	一二	七二	七七○
（○○二四二	虢叔旅鐘）	二八	二八八	七八六
（○○二四三	虢叔旅鐘）	二六	二八九	七八六
（○○二八○	叔尸鐘）	二八	三三五	七八九
（○○一八五	余贎逐兒鐘）	三○	一九六	七八○
（○○一○八	雁侯見工鐘）	三○	一○一	七七二
（○○二五一	𤼈鐘）	三三	二九七	七八七
（○○二五二	𤼈鐘）	三一	二九八	七八七
○○○八二	單伯昊生鐘	三三	七三	七七○
（○○二○八	克鐘）	三三	二二六	七八二
（○○一九三	者𪷽鐘）	存三三	二○八	七八一
（○○一九四	者𪷽鐘）	三二	二○九	七八一
○○○八三	楚王酓章鐘	三四	七四	七七○
○○○八四	楚王酓章鐘	二一	七六	七七○
○○○八五	楚王酓章鎛	三一	七七	七七○
○○○八六	鼄大宰鐘	三四	七八	七七○

器號	器名	字數	拓片頁碼	説明頁碼
〇〇〇八七	鼄叔之伯鐘	三四	八〇	七七〇
〇〇〇八八	𠭰鐘	三五	八一	七七〇
〇〇〇八九	𠭰鐘	三五	八二	七七一
〇〇〇九〇	𠭰鐘	一二	八三	七七一
〇〇〇九一	𠭰鐘	六	八四	七七一
〇〇〇九二	𠭰鐘（鼇伯鐘）	二五	八五	七七一
〇〇〇九三	𤖼孫鐘	三五	八六	七七一
〇〇〇九四	𤖼孫鐘	三五	八七	七七一
〇〇〇九五	𤖼孫鐘	三五	八八	七七一
〇〇〇九六	𤖼孫鐘	三四	八九	七七一
〇〇〇九七	𤖼孫鐘	三四	九〇	七七一
〇〇〇九八	𤖼孫鐘	三四	九一	七七一
〇〇〇九九	𤖼孫鐘	三四	九二	七七一
〇〇一〇〇	𤖼孫鐘	三五	九三	七七二
〇〇一〇一	𤖼孫鐘	三五	九四	七七二
〇〇一〇二	邾公釛鐘	三六	九五	七七二
〇〇一〇三	遲父鐘	三六	九六	七七二
（〇〇一八四	余贎逐兒鐘）	三六	一九四	七八〇
〇〇一〇四	昊生殘鐘	存一〇	九七	七七二
〇〇一〇五	昊生殘鐘	存三七	九八	七七二
〇〇一〇六	楚公逆鐘	三九	九九	七七二
〇〇一〇七	雁侯見工鐘	三九	一〇〇	七七二
〇〇一〇八	雁侯見工鐘	三〇	一〇一	七七二
（〇〇二〇四	克鐘）	三九	二二二	七八二
（〇〇二〇五	克鐘）	三九	二二三	七八二
（〇〇二〇六	克鐘）	三九	二二四	七八二
（〇〇二〇七	克鐘）	三九	二二五	七八二
（〇〇一九一	沙其鐘）	四〇	二〇六	七八一
（〇〇一九二	沙其鐘）	四〇	二〇七	七八一
（〇〇二六五	秦公鐘）	四〇	三一〇	七八八
〇〇一〇九	井人妄鐘	四一	一〇二	七七二
〇〇一一〇	井人妄鐘	四〇	一〇四	七七三
〇〇一一一	井人妄鐘	四一	一〇五	七七三
〇〇一一二	井人妄鐘	四一	一〇七	七七三
（〇〇二七八	叔尸鐘）	四一	三三四	七八九
〇〇一一三	子璋鐘	四二	一〇八	七七三
〇〇一一四	子璋鐘	四二	一〇九	七七三
〇〇一一五	子璋鐘	四二	一一〇	七七三
〇〇一一六	子璋鐘	四二	一一二	七七三
〇〇一一七	子璋鐘	四二	一一四	七七三
〇〇一一八	子璋鐘	二三	一一五	七七三
〇〇一一九	子璋鐘	一九	一一七	七七四
〇〇一二〇	者沪鎛（者汈鐘、者污鐘、虔秉鐘）	存二五	一一八	七七四

器號	器名	字數	拓片頁碼	説明頁碼
〇〇一二一	者沪鐘	存一五	一二〇	七七四
〇〇一二二	者沪鐘	存四二	一二二	七七四
〇〇一二三	者沪鐘	二〇	一二四	七七四
〇〇一二四	者沪鐘	存一七	一二六	七七四
〇〇一二五	者沪鐘	存二三	一二八	七七四
〇〇一二六	者沪鐘	存一五	一三〇	七七四
〇〇一二七	者沪鐘	存二〇	一三二	七七四
〇〇一二八	者沪鐘	存一五	一三三	七七四
〇〇一二九	者沪鐘	存一九	一三四	七七五
〇〇一三〇	者沪鐘	二四	一三六	七七五
〇〇一三一	者沪鐘	存一九	一三七	七七五
〇〇一三二	者沪鐘	存一七	一三八	七七五
〇〇一三三	柞鐘	四五	一四二	七七五
〇〇一三四	柞鐘	四五	一四三	七七五
〇〇一三五	柞鐘	四五	一四四	七七五
〇〇一三六	柞鐘	四五	一四五	七七五
〇〇一三七	柞鐘	二〇	一四六	七七五
〇〇一三八	柞鐘	一五	一四六	七七五
〇〇一三九	柞鐘	五	一四六	七七六
〇〇一四〇	邾公孫班鎛	四五	一四七	七七六
（〇〇二六三	秦公鐘）	四七	三〇八	七八八
（〇〇二六四	秦公鐘）	四五	三〇九	七八八

器號	器名	字數	拓片頁碼	説明頁碼
〇〇一四一	師臾鐘	四八	一四八	七七六
（〇〇一五六	能原鎛）	四八	一六九	七七七
（〇〇二二三	蔡侯甬鐘）	存四〇余	二五〇	七八三
〇〇一四二	齊鞷氏鐘	五二	一四九	七七六
〇〇一四三	鮮鐘	五二	一五一	七七六
〇〇一四四	越王者旨於賜鐘	五二	一五二	七七六
〇〇一四五	士父鐘	存五四	一五三	七七六
〇〇一四六	士父鐘	存五四	一五四	七七六
〇〇一四七	士父鐘	存五六	一五五	七七六
〇〇一四八	士父鐘	存五〇	一五六	七七六
（〇〇一九五	者濫鐘）	五五	二一〇	七八一
（〇〇一九六	者濫鐘）	五六	二一一	七八一
〇〇一四九	鼄公牼鐘	五六	一五七	七七六
〇〇一五〇	鼄公牼鐘	五七	一五八	七七七
〇〇一五一	鼄公牼鐘	五七	一五九	七七七
〇〇一五二	鼄公牼鐘	存五〇余	一六〇	七七七
〇〇一五三	鄦子𥂴自鎛	六〇	一六一	七七七
〇〇一五四	鄦子𥂴自鎛	六〇	一六二	七七七
〇〇一五五	能原鎛	六〇	一六三	七七七
〇〇一五六	能原鎛	四八	一六九	七七七
〇〇一五七	驫羌鐘	六一	一七一	七七七
〇〇一五八	驫羌鐘	六一	一七一	七七七

器號	器名	字數	拓片頁碼	説明頁碼
〇〇一五九	屭羌鐘	六一	一七二	七七八
〇〇一六〇	屭羌鐘	六一	一七二	七七八
〇〇一六一	屭羌鐘	六一	一七三	七七八
〇〇一六二	屭氏鐘	四	一七三	七七八
〇〇一六三	屭氏鐘	四	一七四	七七八
〇〇一六四	屭氏鐘	四	一七四	七七八
〇〇一六五	屭氏鐘	四	一七五	七七八
〇〇一六六	屭氏鐘	四	一七五	七七八
〇〇一六七	屭氏鐘	四	一七六	七七九
〇〇一六八	屭氏鐘	四	一七六	七七九
〇〇一六九	屭氏鐘	四	一七七	七七九
〇〇一七〇	屭氏鐘	四	一七七	七七九
（〇〇一九〇	沵其鐘）	六二	二〇五	七八一
〇〇一七一	之利鐘（商鐘四）	六四	一七八	七七九
〇〇一七二	籚叔之仲子平鐘	六四	一七九	七七九
〇〇一七三	籚叔之仲子平鐘	六七	一八〇	七七九
〇〇一七四	籚叔之仲子平鐘	六六	一八一	七七九
〇〇一七五	籚叔之仲子平鐘	六七	一八二	七七九
〇〇一七六	籚叔之仲子平鐘	六八	一八三	七七九
〇〇一七七	籚叔之仲子平鐘	六七	一八四	七七九
〇〇一七八	籚叔之仲子平鐘	六七	一八五	七七九
〇〇一七九	籚叔之仲子平鐘	六七	一八六	七七九

器號	器名	字數	拓片頁碼	説明頁碼
〇〇一八〇	籚叔之仲子平鐘	六五	一八七	七八〇
〇〇一八一	南宫乎鐘	六七	一八八	七八〇
（〇〇二七四	叔尸鐘）	七一	三二六	七八九
（〇〇二七五	叔尸鐘）	六七	三二八	七八九
（〇〇二七七	叔尸鐘）	七〇	三三二	七八九
〇〇一八二	徐王子旃鐘	七一	一九〇	七八〇
〇〇一八三	余購逐兒鐘（楚余義鐘、僟兒鐘）	七三	一九二	七八〇
〇〇一八四	余購逐兒鐘	三六	一九四	七八〇
〇〇一八五	余購逐兒鐘	三〇	一九六	七八〇
〇〇一八六	余購逐兒鐘	存一〇余	一九八	七八〇
〇〇一八七	沵其鐘	七〇	二〇〇	七八〇
〇〇一八八	沵其鐘	六七	二〇一	七八〇
〇〇一八九	沵其鐘	七四	二〇三	七八〇
〇〇一九〇	沵其鐘	六二	二〇五	七八一
〇〇一九一	沵其鐘	四〇	二〇六	七八一
〇〇一九二	沵其鐘	四〇	二〇七	七八一
〇〇一九三	者減鐘	存三三	二〇八	七八一
〇〇一九四	者減鐘	存三二	二〇九	七八一
〇〇一九五	者減鐘	存五五	二一〇	七八一
〇〇一九六	者減鐘	存五六	二一一	七八一
〇〇一九七	者減鐘	存七二	二一二	七八一

器號	器名	字數	拓片頁碼	説明頁碼
〇〇一九八	者瀘鐘	存七七	二一四	七八一
〇〇一九九	者瀘鐘	存一三	二一六	七八一
〇〇二〇〇	者瀘鐘	存一四	二一七	七八一
〇〇二〇一	者瀘鐘	二六	二一八	七八一
〇〇二〇二	者瀘鐘	二五	二一九	七八一
〇〇二〇三	沇兒鎛	七八	二二〇	七八二
〇〇二〇四	克鐘	三九	二二二	七八二
〇〇二〇五	克鐘	四〇	二二三	七八二
〇〇二〇六	克鐘	四〇	二二四	七八二
〇〇二〇七	克鐘	三九	二二五	七八二
〇〇二〇八	克鐘	三三	二二六	七八二
〇〇二〇九	克鎛	七九	二二七	七八二
〇〇二一〇	蔡侯紐鐘	七九	二二八	七八三
〇〇二一一	蔡侯紐鐘	七九	二三〇	七八三
〇〇二一二	蔡侯紐鐘	六	二三二	七八三
〇〇二一三	蔡侯紐鐘	六	二三三	七八三
〇〇二一四	蔡侯紐鐘	三	二三四	七八三
〇〇二一五	蔡侯紐鐘	三	二三五	七八三
〇〇二一六	蔡侯紐鐘	一九	二三六	七八三
〇〇二一七	蔡侯紐鐘	七九	二三八	七八三
〇〇二一八	蔡侯紐鐘	七九	二四〇	七八三
〇〇二一九	蔡侯鎛	七九	二四二	七八三

器號	器名	字數	拓片頁碼	説明頁碼
〇〇二二〇	蔡侯鎛	七九	二四四	七八三
〇〇二二一	蔡侯鎛	七九	二四六	七八三
〇〇二二二	蔡侯鎛	七九	二四八	七八三
〇〇二二三	蔡侯甬鐘	存四〇余	二五〇	七八三
〇〇二二四	蔡侯墓殘鐘		二五四	七八四
（〇〇二七二	叔尸鐘）	八四	三二二	七八九
（〇〇二七三	叔尸鐘）	七六	三二四	七八九
（〇〇二七六	叔尸鐘）	八一	三三〇	七八九
（〇〇二六二	秦公鐘）	八三	三〇七	七八八
〇〇二二五	郘𪒠鐘	八四	二七〇	七八四
〇〇二二六	郘𪒠鐘	八四	二七一	七八四
〇〇二二七	郘𪒠鐘	八四	二七二	七八四
〇〇二二八	郘𪒠鐘	八四	二七三	七八四
〇〇二二九	郘𪒠鐘	八四	二七四	七八四
〇〇二三〇	郘𪒠鐘	八四	二七五	七八四
〇〇二三一	郘𪒠鐘	八四	二七六	七八四
〇〇二三二	郘𪒠鐘	八四	二七七	七八四
〇〇二三三	郘𪒠鐘	八四	二七八	七八五
〇〇二三四	郘𪒠鐘	八四	二七九	七八五
〇〇二三五	郘𪒠鐘	八四	二七九	七八五
〇〇二三六	郘𪒠鐘	八四	二八〇	七八五
〇〇二三七	郘𪒠鐘	八四	二八〇	七八五

器號	器名	字數	拓片頁碼	説明頁碼
〇〇二三八	虢叔旅鐘	八六	二八一	七八五
〇〇二三九	虢叔旅鐘	八六	二八三	七八五
〇〇二四〇	虢叔旅鐘	八六	二八五	七八五
〇〇二四一	虢叔旅鐘	八一	二八七	七八六
〇〇二四二	虢叔旅鐘	二八	二八八	七八六
〇〇二四三	虢叔旅鐘	二六	二八九	七八六
〇〇二四四	虢叔旅鐘	一七	二九〇	七八六
〇〇二四五	鼄公華鐘	九一	二九一	七八六
〇〇二四六	𤼈鐘	一〇〇	二九二	七八六
〇〇二四七	𤼈鐘	一〇〇	二九三	七八六
〇〇二四八	𤼈鐘	一〇〇	二九四	七八七
〇〇二四九	𤼈鐘	一〇〇	二九五	七八七
〇〇二五〇	𤼈鐘	一〇〇	二九六	七八七
〇〇二五一	𤼈鐘	三三	二九七	七八七
〇〇二五二	𤼈鐘	三一	二九八	七八七
〇〇二五三	𤼈鐘	一三	二九九	七八七
〇〇二五四	𤼈鐘	一三	二九九	七八七
〇〇二五五	𤼈鐘	一〇	三〇〇	七八七
〇〇二五六	𤼈鐘	八	三〇〇	七八七
〇〇二五七	𤼈鐘	八	三〇一	七八七
〇〇二五八	𤼈鐘	八	三〇二	七八七
〇〇二五九	𤼈鐘	八	三〇二	七八七

器號	器名	字數	拓片頁碼	説明頁碼
〇〇二六〇	㝬鐘（宗周鐘）	一二二	三〇三	七八七
〇〇二六一	王孫遺者鐘	一一三	三〇五	七八八
〇〇二六二	秦公鐘	八三	三〇七	七八八
〇〇二六三	秦公鐘	四七	三〇八	七八八
〇〇二六四	秦公鐘	四五	三〇九	七八八
〇〇二六五	秦公鐘	四〇	三一〇	七八八
〇〇二六六	秦公鐘	二四	三一一	七八八
〇〇二六七	秦公鎛	一三〇	三一二	七八八
〇〇二六八	秦公鎛	一三〇	三一四	七八八
〇〇二六九	秦公鎛	一三〇	三一六	七八八
〇〇二七〇	秦公鎛（秦銘勳鐘、盄和鐘、秦公鐘）	一三五	三一八	七八八
〇〇二七一	𦅫鎛（齊侯鎛）	一七二	三二〇	七八八
〇〇二七二	叔尸鐘	八四	三二二	七八九
〇〇二七三	叔尸鐘	七六	三二四	七八九
〇〇二七四	叔尸鐘	七一	三二六	七八九
〇〇二七五	叔尸鐘	六七	三二八	七八九
〇〇二七六	叔尸鐘	八一	三三〇	七八九
〇〇二七七	叔尸鐘	七〇	三三二	七八九
〇〇二七八	叔尸鐘	四一	三三四	七八九
〇〇二七九	叔尸鐘	一四	三三五	七八九
〇〇二八〇	叔尸鐘	二八	三三五	七八九

器號	器名	字數	拓片頁碼	説明頁碼
〇〇二八一	叔尸鐘	二〇	三三六	七八九
〇〇二八二	叔尸鐘	二〇	三三七	七八九
〇〇二八三	叔尸鐘	一六	三三八	七八九
〇〇二八四	叔尸鐘	一四	三三八	七八九
〇〇二八五	叔尸鎛	四八〇	三三九	七八九
〇〇二八六	曾侯乙鐘	六六	三四七	七九〇
〇〇二八七	曾侯乙鐘	八四	三五一	七九〇
〇〇二八八	曾侯乙鐘	七七	三五五	七九〇
〇〇二八九	曾侯乙鐘	七六	三五九	七九〇
〇〇二九〇	曾侯乙鐘	七六	三六二	七九〇
〇〇二九一	曾侯乙鐘	七三	三六六	七九〇
〇〇二九二	曾侯乙鐘	九〇	三七〇	七九〇
〇〇二九三	曾侯乙鐘	九〇	三七四	七九〇
〇〇二九四	曾侯乙鐘	七五	三七八	七九〇
〇〇二九五	曾侯乙鐘	八一	三八二	七九一
〇〇二九六	曾侯乙鐘	六三	三八六	七九一
〇〇二九七	曾侯乙鐘	七〇	三九〇	七九一
〇〇二九八	曾侯乙鐘	一三	三九四	七九一
〇〇二九九	曾侯乙鐘	一三	三九五	七九一
〇〇三〇〇	曾侯乙鐘	四〇	三九六	七九一
〇〇三〇一	曾侯乙鐘	五一	三九八	七九一
〇〇三〇二	曾侯乙鐘	五二	四〇〇	七九一

器號	器名	字數	拓片頁碼	説明頁碼
〇〇三〇三	曾侯乙鐘	五六	四〇二	七九一
〇〇三〇四	曾侯乙鐘	五五	四〇四	七九一
〇〇三〇五	曾侯乙鐘	五四	四〇六	七九二
〇〇三〇六	曾侯乙鐘	六〇	四〇八	七九二
〇〇三〇七	曾侯乙鐘	六三	四一〇	七九二
〇〇三〇八	曾侯乙鐘	六九	四一二	七九二
〇〇三〇九	曾侯乙鐘	二一	四一四	七九二
〇〇三一〇	曾侯乙鐘	三九	四一五	七九二
〇〇三一一	曾侯乙鐘	四〇	四一七	七九二
〇〇三一二	曾侯乙鐘	五一	四一九	七九二
〇〇三一三	曾侯乙鐘	五二	四二一	七九二
〇〇三一四	曾侯乙鐘	五六	四二三	七九二
〇〇三一五	曾侯乙鐘	五五	四二五	七九二
〇〇三一六	曾侯乙鐘	五四	四二七	七九二
〇〇三一七	曾侯乙鐘	六〇	四二九	七九三
〇〇三一八	曾侯乙鐘	六一	四三一	七九三
〇〇三一九	曾侯乙鐘	五六	四三三	七九三
〇〇三二〇	曾侯乙鐘	六九	四三六	七九三
〇〇三二一	曾侯乙鐘	四七	四三九	七九三
〇〇三二二	曾侯乙鐘	五八	四四一	七九三
〇〇三二三	曾侯乙鐘	五〇	四四四	七九三
〇〇三二四	曾侯乙鐘	五四	四四六	七九三

器號	器名	字數	拓片頁碼	説明頁碼
〇〇三二五	曾侯乙鐘	六二	四四九	七九三
〇〇三二六	曾侯乙鐘	六一	四五三	七九四
〇〇三二七	曾侯乙鐘	七九	四五六	七九四
〇〇三二八	曾侯乙鐘	七六	四六〇	七九四
〇〇三二九	曾侯乙鐘	七九	四六四	七九四
〇〇三三〇	曾侯乙鐘	七一	四六八	七九四
〇〇三三一	曾侯乙鐘	三	四七二	七九四
〇〇三三二	曾侯乙鐘	四	四七二	七九四
〇〇三三三	曾侯乙鐘	四	四七三	七九四
〇〇三三四	曾侯乙鐘	三	四七三	七九四
〇〇三三五	曾侯乙鐘	四	四七四	七九四
〇〇三三六	曾侯乙鐘	三	四七四	七九四
〇〇三三七	曾侯乙鐘	四	四七五	七九四
〇〇三三八	曾侯乙鐘	三	四七五	七九四
〇〇三三九	曾侯乙鐘	七	四七六	七九四
〇〇三四〇	曾侯乙鐘	八	四七七	七九四
〇〇三四一	曾侯乙鐘	七	四七八	七九四
〇〇三四二	曾侯乙鐘	七	四七九	七九五
〇〇三四三	曾侯乙鐘	三	四八〇	七九五
〇〇三四四	曾侯乙鐘	四	四八〇	七九五
〇〇三四五	曾侯乙鐘	七	四八一	七九五
〇〇三四六	曾侯乙鐘	七	四八二	七九五

器號	器名	字數	拓片頁碼	説明頁碼
〇〇三四七	曾侯乙鐘	八	四八三	七九五
〇〇三四八	曾侯乙鐘	七	四八四	七九五
〇〇三四九	曾侯乙鐘	七	四八五	七九五
〇〇三五〇	嗽大喪史仲高鐘	二	四八六	七九五
〇〇三五一	嗽大喪史仲高鐘	二	四八七	七九五
〇〇三五二	嗽大喪史仲高鐘	二	四八九	七九五
〇〇三五三	嗽大喪史仲高鐘	二	四九一	七九五
〇〇三五四	嗽大喪史仲高鐘	二	四九三	七九五
〇〇三五五	嗽大喪史仲高鐘	二	四九五	七九五
〇〇三五六	丼叔采鐘	三七	四九七	七九五
〇〇三五七	丼叔采鐘	三八	四九八	七九五
〇〇三五八	五祀㝬鐘	八九	四九九	七九五
〇〇三五九	鳶鐃	一	五〇一	七九五
〇〇三六〇	[illegible]鐃	一	五〇二	七九六
〇〇三六一	[illegible]鐃	一	五〇二	七九六
〇〇三六二	[illegible]鐃	一	五〇二	七九六
〇〇三六三	[illegible]鐃	一	五〇二	七九六
〇〇三六四	[illegible]鐃	一	五〇二	七九六
〇〇三六五	匿鐃	一	五〇三	七九六
〇〇三六六	匿鐃	一	五〇三	七九六
〇〇三六七	中鐃	一	五〇三	七九六
〇〇三六八	中鐃	一	五〇三	七九六

器號	器名	字數	拓片頁碼	說明頁碼
〇三六九	中鏡	一	五〇三	七九六
〇三七〇	中鏡	一	五〇四	七九六
〇三七一	中鏡	一	五〇五	七九六
〇三七二	史鏡	一	五〇六	七九六
〇三七三	史鏡	一	五〇六	七九六
〇三七四	受鏡	一	五〇六	七九六
〇三七五	貯鏡	一	五〇六	七九七
〇三七六	舌鏡	一	五〇六	七九七
〇三七七	乘鏡	一	五〇七	七九七
〇三七八	乘鏡	一	五〇七	七九七
〇三七九	乘鏡	一	五〇七	七九七
〇三八〇	亞矣鏡	二	五〇七	七九七
〇三八一	亞矣鏡	二	五〇八	七九七
〇三八二	亞矣鏡	二	五〇八	七九七
〇三八三	亞弜鏡	二	五〇八	七九七
〇三八四	亞弜鏡	二	五〇八	七九七
〇三八五	亞夫鏡	二	五〇九	七九七
〇三八六	亞[illegible]鏡	二	五〇九	七九七
〇三八七	亞[illegible]鏡	二	五〇九	七九七
〇三八八	北單鏡	二	五〇九	七九七
〇三八九	北單鏡	二	五〇九	七九八
〇三九〇	北單鏡	二	五〇九	七九八

器號	器名	字數	拓片頁碼	說明頁碼
〇三九一	[illegible]鏡	二	五一〇	七九八
〇三九二	夫冊鏡	二	五一〇	七九八
〇三九三	[illegible]噭鏡	二	五一〇	七九八
〇三九四	[illegible]噭鏡	二	五一〇	七九八
〇三九五	[illegible]鏡	二	五一一	七九八
〇三九六	[illegible]鏡	二	五一一	七九八
〇三九七	[illegible]鏡	二	五一一	七九八
〇三九八	亞[illegible]鏡	二	五一二	七九八
〇三九九	亞[illegible]鏡	三	五一三	七九八
〇四〇〇	畣見冊鏡	三	五一四	七九八
〇四〇一	畣見冊鏡	三	五一四	七九八
〇四〇二	畣見冊鏡	三	五一四	七九九
〇四〇三	亞町左鏡	三	五一五	七九九
〇四〇四	隻卑子鏡	三	五一六	七九九
〇四〇五	亞侃姍鏡	三	五一六	七九九
〇四〇六	亞侃姍鏡	三	五一六	七九九
〇四〇七	亞侃姍鏡	三	五一六	七九九
〇四〇八	魚正乙鏡	三	五一七	七九九
〇四〇九	魚正乙鏡	三	五一七	七九九
〇四一〇	魚正乙鏡	三	五一七	七九九
〇四一一	亞萬父己鏡	四	五一七	七九九
〇四一二	匕辛鏡	五	五一七	七九九

器號	器名	字數	拓片頁碼	說明頁碼
〇〇四一三	亞吴鈴	二	五一八	七九九
〇〇四一四	亞吴鈴	二	五一八	七九九
〇〇四一五	亞吴鈴	二	五一八	七九九
〇〇四一六	成周鈴	四	五一九	八〇〇
〇〇四一七	成周鈴	四	五一九	八〇〇
〇〇四一八	王鐸	一	五二〇	八〇〇
〇〇四一九	□郘逹鐸	四	五二〇	八〇〇
〇〇四二〇	□外卒鐸	存五	五二一	八〇〇
〇〇四二一	其次句鑃	二九	五二二	八〇〇
〇〇四二二	其次句鑃	二八	五二三	八〇〇
〇〇四二三	[illegible]君鉦鋮(無者俞鉦鋮)	三三	五二五	八〇〇
〇〇四二四	姑馮昏同之子句鑃	三七	五二六	八〇〇
〇〇四二五	郐諳尹征城	四二	五二八	八〇〇
〇〇四二六	配兒鉤鑃	存二六	五三〇	八〇一
〇〇四二七	配兒鉤鑃	存五二	五三二	八〇一
〇〇四二八	冉鉦鋮(南疆鉦鋮鉦鐵)	九〇	五三四	八〇一
〇〇四二九	九里墩鼓座	一五〇	五三六	八〇一
〇〇四四一	魚鬲	一	五四〇	八〇一
〇〇四四二	東鬲	一	五四〇	八〇一
〇〇四四三	[illegible]鬲	一	五四〇	八〇一

器號	器名	字數	拓片頁碼	說明頁碼
〇〇四四四	敉鬲	一	五四〇	八〇一
〇〇四四五	[illegible]鬲	一	五四一	八〇一
〇〇四四六	[illegible]鬲	一	五四一	八〇一
〇〇四四七	[illegible]鬲	一	五四一	八〇一
〇〇四四八	史鬲	一	五四一	八〇一
〇〇四四九	叔鬲	一	五四一	八〇二
〇〇四五〇	辛鬲	一	五四一	八〇二
〇〇四五一	[illegible]鬲	一	五四二	八〇二
〇〇四五二	[illegible]鬲	一	五四二	八〇二
〇〇四五三	鬲鬲	一	五四二	八〇二
〇〇四五四	[illegible]鬲	二	五四二	八〇二
〇〇四五五	亞[illegible]鬲	二	五四三	八〇二
〇〇四五六	亞微鬲	二	五四三	八〇二
〇〇四五七	□鼎鬲	二	五四三	八〇二
〇〇四五八	父丁鬲	二	五四三	八〇二
〇〇四五九	父辛鬲	二	五四四	八〇二
〇〇四六〇	癸父鬲	二	五四四	八〇二
〇〇四六一	[illegible]母鬲	二	五四四	八〇二
〇〇四六二	寧母鬲	二	五四四	八〇二
〇〇四六三	婦[illegible]鬲	二	五四五	八〇二
〇〇四六四	康侯鬲	二	五四五	八〇二
〇〇四六五	伯作鬲	二	五四五	八〇三

器號	器名	字數	拓片頁碼	說明頁碼
〇〇四六六	叔父鬲	二	五四五	八〇三
〇〇四六七	[illegible]癸鬲	二	五四六	八〇三
〇〇四六八	史秦鬲	二	五四六	八〇三
〇〇四六九	作旅鬲	二	五四六	八〇三
〇〇四七〇	作[illegible]鬲	二	五四六	八〇三
〇〇四七一	作彝鬲	二	五四七	八〇三
〇〇四七二	亞□其鬲	三	五四七	八〇三
〇〇四七三	[illegible]且癸鬲	三	五四七	八〇三
〇〇四七四	[illegible]父乙鬲	三	五四七	八〇三
〇〇四七五	叔父乙鬲	三	五四八	八〇三
〇〇四七六	鳥父乙鬲	三	五四八	八〇三
〇〇四七七	[illegible]父乙鬲	三	五四八	八〇三
〇〇四七八	倲父丙鬲	三	五四八	八〇三
〇〇四七九	[illegible]父丁鬲	三	五四九	八〇三
〇〇四八〇	[illegible]父丁鬲	三	五四九	八〇三
〇〇四八一	[illegible]父己鬲	三	五四九	八〇三
〇〇四八二	[illegible]父己鬲	三	五四九	八〇四
〇〇四八三	[illegible]父癸鬲	三	五五〇	八〇四
〇〇四八四	[illegible]母辛鬲	三	五五〇	八〇四
〇〇四八五	亞[illegible]母鬲	三	五五〇	八〇四
〇〇四八六	齊婦鬲	三	五五一	八〇四
〇〇四八七	眉子鬲	三	五五一	八〇四

器號	器名	字數	拓片頁碼	說明頁碼
〇〇四八八	[illegible]作彝鬲	三	五五一	八〇四
〇〇四八九	叔作彝鬲	三	五五一	八〇四
〇〇四九〇	麥作彝鬲	三	五五二	八〇四
〇〇四九一	作隮彝鬲	三	五五二	八〇四
〇〇四九二	作隮彝鬲	三	五五二	八〇四
〇〇四九三	作寶彝鬲	三	五五二	八〇四
〇〇四九四	伯作彝鬲	三	五五三	八〇四
〇〇四九五	[illegible]季作鬲	三	五五三	八〇四
〇〇四九六	鳥宁且癸鬲	三	五五三	八〇四
〇〇四九七	竟作父乙鬲	四	五五三	八〇五
〇〇四九八	竟作父乙鬲	四	五五四	八〇五
〇〇四九九	[illegible]丏父丁鬲	四	五五四	八〇五
〇〇五〇〇	[illegible]父丁鬲	四	五五四	八〇五
〇〇五〇一	[illegible]糸父丁鬲	四	五五四	八〇五
〇〇五〇二	亞牧父戊鬲	四	五五五	八〇五
〇〇五〇三	亞獏父己鬲	四	五五五	八〇五
〇〇五〇四	作父辛[illegible]鬲	四	五五五	八〇五
〇〇五〇五	亞[illegible]母乙鬲	四	五五五	八〇五
〇〇五〇六	北伯作彝鬲	四	五五六	八〇五
〇〇五〇七	鬻伯鬲	四	五五六	八〇五
〇〇五〇八	丁[illegible]作彝鬲	四	五五六	八〇五
〇〇五〇九	仲作寶彝鬲	四	五五六	八〇五

器號	器名	字數	拓片頁碼	說明頁碼
〇〇五一〇	仲姬作鬲	四	五五七	八〇六
〇〇五一一	姬奸旅鬲	四	五五七	八〇六
〇〇五一二	虢姞作鬲	四	五五七	八〇六
〇〇五一三	左使車兵鬲	四	五五七	八〇六
〇〇五一四	矢伯鬲	五	五五八	八〇六
〇〇五一五	矢伯鬲	五	五五八	八〇六
〇〇五一六	微伯鬲	五	五五八	八〇六
〇〇五一七	微伯鬲	五	五五八	八〇六
〇〇五一八	微伯鬲	五	五五九	八〇六
〇〇五一九	微伯鬲	五	五五九	八〇六
〇〇五二〇	微伯鬲	五	五五九	八〇六
〇〇五二一	微仲鬲	五	五五九	八〇六
〇〇五二二	同姜鬲	五	五六〇	八〇六
〇〇五二三	仲姜鬲	五	五六〇	八〇六
〇〇五二四	虢叔鬲	五	五六一	八〇七
〇〇五二五	虢叔鬲	五	五六一	八〇七
〇〇五二六	[illegible]姞鬲	五	五六一	八〇七
〇〇五二七	夌姬鬲	五	五六一	八〇七
〇〇五二八	[illegible]鬲	五	五六二	八〇七
〇〇五二九	雩人守鬲	五	五六二	八〇七
〇〇五三〇	伯[illegible]鬲	五	五六二	八〇七
〇〇五三一	季鼑鬲	五	五六二	八〇七

器號	器名	字數	拓片頁碼	說明頁碼
〇〇五三二	旂姬鬲	五	五六三	八〇七
〇〇五三三	師□作寶鬲	五	五六四	八〇七
〇〇五三四	孟姒鬲	五	五六四	八〇七
〇〇五三五	帛女鬲	五	五六四	八〇七
〇〇五三六	會姒鬲	五	五六四	八〇七
〇〇五三七	左使車工兵鬲	五	五六五	八〇八
〇〇五三八	且辛父甲鬲	六	五六五	八〇八
〇〇五三九	亞从父丁鬲	六	五六五	八〇八
〇〇五四〇	大作敔鬲	六	五六五	八〇八
〇〇五四一	季[illegible]鬲	六	五六六	八〇八
〇〇五四二	棈叔[illegible]父鬲	六	五六六	八〇八
〇〇五四三	苟作父丁鬲	六	五六六	八〇八
〇〇五四四	仲[illegible]父鬲	六	五六六	八〇八
〇〇五四五	魯侯鬲	六	五六七	八〇八
〇〇五四六	姬莽母鬲	六	五六七	八〇八
〇〇五四七	仲姞鬲	六	五六八	八〇八
〇〇五四八	仲姞鬲	六	五六八	八〇八
〇〇五四九	仲姞鬲	六	五六八	八〇八
〇〇五五〇	仲姞鬲	六	五六八	八〇八
〇〇五五一	仲姞鬲	六	五六九	八〇八
〇〇五五二	仲姞鬲	六	五六九	八〇九
〇〇五五三	仲姞鬲	六	五六九	八〇九

器號	器名	字數	拓片頁碼	説明頁碼
〇〇五五四	仲姞鬲	六	五六九	八〇九
〇〇五五五	仲姞鬲	六	五七〇	八〇九
〇〇五五六	仲姞鬲	六	五七〇	八〇九
〇〇五五七	仲姞鬲	六	五七〇	八〇九
〇〇五五八	仲姞鬲	六	五七〇	八〇九
〇〇五五九	季右父鬲	六	五七一	八〇九
〇〇五六〇	伯邦父鬲	六	五七一	八〇九
〇〇五六一	虢仲鬲	六	五七二	八〇九
〇〇五六二	虢仲鬲	六	五七二	八〇九
〇〇五六三	作[illegible]叔嬴鬲	六	五七二	八〇九
〇〇五六四	□□作父癸鬲	存六	五七二	八一〇
〇〇五六五	吾作滕公鬲	七	五七三	八一〇
〇〇五六六	戒作葬宫鬲	七	五七三	八一〇
〇〇五六七	寂叜作父癸鬲	七	五七三	八一〇
〇〇五六八	玑作父乙鬲	七	五七三	八一〇
〇〇五六九	作寶彝鬲	七	五七四	八一〇
〇〇五七〇	作寶彝鬲	七	五七四	八一〇
〇〇五七一	□戈母鬲	七	五七四	八一〇
〇〇五七二	弭叔鬲	七	五七五	八一〇
〇〇五七三	弭叔鬲	七	五七五	八一〇
〇〇五七四	弭叔鬲	七	五七五	八一〇
〇〇五七五	[illegible]姬鬲	七	五七六	八一〇

器號	器名	字數	拓片頁碼	説明頁碼
〇〇五七六	伯家父鬲	七	五七六	八一〇
〇〇五七七	曾侯乙鬲	七	五七七	八一〇
〇〇五七八	東□作鬲	存七	五七七	八一〇
〇〇五七九	鄭叔蒦父鬲	七	五七八	八一〇
〇〇五八〇	鄭井叔蒦父鬲	八	五七八	八一一
〇〇五八一	鄭井叔蒦父鬲	八	五七九	八一一
〇〇五八二	[illegible]子旅鬲	八	五七九	八一一
〇〇五八三	[illegible]子旅鬲	八	五七九	八一一
〇〇五八四	王作親王姬鬲	八	五八〇	八一一
〇〇五八五	王作親王姬鬲	八	五八〇	八一一
〇〇五八六	倗作義丐妣鬲	八	五八〇	八一一
〇〇五八七	[illegible]伯毛鬲	八	五八一	八一一
〇〇五八八	叔皇父鬲	八	五八一	八一一
〇〇五八九	時伯鬲	八	五八二	八一一
〇〇五九〇	時伯鬲	八	五八三	八一一
〇〇五九一	時伯鬲	八	五八四	八一一
〇〇五九二	伯毃鬲	八	五八五	八一一
〇〇五九三	魯姬鬲	八	五八五	八一一
〇〇五九四	衛姒鬲	八	五八六	八一一
〇〇五九五	衛夫人鬲	八	五八七	八一二
〇〇五九六	郳伯鬲	八	五八七	八一二
〇〇五九七	鄭登伯鬲	八	五八八	八一二

器號	器名	字數	拓片頁碼	說明頁碼
〇〇五九八	鄭登伯鬲	八	五八八	八一二
〇〇五九九	鄭登伯鬲	八	五八八	八一二
〇〇六〇〇	己侯鬲	八	五八九	八一二
〇〇六〇一	宋眉父鬲	八	五九〇	八一二
〇〇六〇二	王作王母鬲	八	五九〇	八一二
〇〇六〇三	虢叔鬲	八	五九一	八一二
〇〇六〇四	聿造鬲	八	五九一	八一二
〇〇六〇五	伯姜鬲	八	五九一	八一二
〇〇六〇六	王伯姜鬲	九	五九二	八一二
〇〇六〇七	王伯姜鬲	九	五九二	八一二
〇〇六〇八	戈叔慶父鬲	九	五九二	八一三
〇〇六〇九	黃市鬲	九	五九三	八一三
〇〇六一〇	黃市鬲	九	五九三	八一三
〇〇六一一	王作贊母鬲	九	五九四	八一三
〇〇六一二	伯□子鬲	存九	五九五	八一三
〇〇六一三	林[illegible]鬲	一〇	五九六	八一三
〇〇六一四	叔鼏鬲	一〇	五九六	八一三
〇〇六一五	伯訧父鬲	一〇	五九六	八一三
〇〇六一六	伯庸父鬲	一〇	五九七	八一三
〇〇六一七	伯庸父鬲	一〇	五九七	八一三
〇〇六一八	伯庸父鬲	一〇	五九八	八一三
〇〇六一九	伯庸父鬲	一〇	五九八	八一三

器號	器名	字數	拓片頁碼	說明頁碼
〇〇六二〇	伯庸父鬲	一〇	五九九	八一三
〇〇六二一	伯庸父鬲	一〇	五九九	八一三
〇〇六二二	伯庸父鬲	一〇	六〇〇	八一四
〇〇六二三	伯庸父鬲	一〇	六〇〇	八一四
〇〇六二四	黃子鬲	一〇	六〇一	八一四
〇〇六二五	曾子單鬲	一〇	六〇一	八一四
〇〇六二六	樊君鬲	一〇	六〇二	八一四
〇〇六二七	孖父鬲	一〇	六〇三	八一四
〇〇六二八	姬趛母鬲	一〇	六〇三	八一四
〇〇六二九	姬趛母鬲	一〇	六〇三	八一四
〇〇六三〇	番伯□孫鬲	存一〇	六〇四	八一四
〇〇六三一	遣鬲	一一	六〇五	八一四
〇〇六三二	焚伯鬲	一一	六〇五	八一四
〇〇六三三	[illegible]肇家鬲	一一	六〇五	八一四
〇〇六三四	[illegible][illegible]鬲	一一	六〇六	八一四
〇〇六三五	吕王鬲	一一	六〇六	八一四
〇〇六三六	吕雔姬鬲	一一	六〇七	八一五
〇〇六三七	庚姬鬲	一一	六〇八	八一五
〇〇六三八	庚姬鬲	一一	六〇九	八一五
〇〇六三九	庚姬鬲	一一	六一〇	八一五
〇〇六四〇	庚姬鬲	一一	六一一	八一五
〇〇六四一	京姜鬲	一一	六一二	八一五

器號	器名	字數	拓片頁碼	說明頁碼
〇〇六四二	畢伯碩父鬲	一一	六一三	八一五
〇〇六四三	瀕史鬲	一二	六一三	八一五
〇〇六四四	伯上父鬲	一二	六一三	八一五
〇〇六四五	王作番妃鬲	一二	六一四	八一五
〇〇六四六	王作姬口女鬲	一二	六一四	八一五
〇〇六四七	王伯姜鬲	一二	六一四	八一六
〇〇六四八	魯侯熙鬲	一二	六一四	八一六
〇〇六四九	伯先父鬲	一二	六一五	八一六
〇〇六五〇	伯先父鬲	一二	六一五	八一六
〇〇六五一	伯先父鬲	一二	六一六	八一六
〇〇六五二	伯先父鬲	一二	六一六	八一六
〇〇六五三	伯先父鬲	一二	六一七	八一六
〇〇六五四	伯先父鬲	一二	六一七	八一六
〇〇六五五	伯先父鬲	一二	六一八	八一六
〇〇六五六	伯先父鬲	一二	六一八	八一六
〇〇六五七	伯先父鬲	一二	六一九	八一六
〇〇六五八	伯先父鬲	一二	六一九	八一六
〇〇六五九	鄭羌伯鬲	一二	六二〇	八一六
〇〇六六〇	鄭羌伯鬲	一二	六二一	八一六
〇〇六六一	虢季子緻鬲	一二	六二二	八一七
〇〇六六二	虢季氏子緻鬲	一二	六二二	八一七
〇〇六六三	鼄伯鬲	一三	六二三	八一七

器號	器名	字數	拓片頁碼	說明頁碼
〇〇六六四	鼄伯鬲	一三	六二四	八一七
〇〇六六五	鼄伯鬲	一三	六二五	八一七
〇〇六六六	戲伯鬲	一三	六二六	八一七
〇〇六六七	戲伯鬲	一三	六二七	八一七
〇〇六六八	右戲仲嚘父鬲	一三	六二八	八一七
〇〇六六九	鼄伯鬲	一三	六二九	八一七
〇〇六七〇	鼄來隹鬲	一三	六三〇	八一七
〇〇六七一	伯汱父鬲	一三	六三一	八一七
〇〇六七二	召仲鬲	一三	六三二	八一七
〇〇六七三	召仲鬲	一三	六三二	八一八
〇〇六七四	叔牙父鬲	一三	六三三	八一八
〇〇六七五	樊夫人龍嬴鬲	一三	六三四	八一八
〇〇六七六	樊夫人龍嬴鬲	一三	六三五	八一八
〇〇六七七	邛叔彔鬲	一三	六三六	八一八
〇〇六七八	鄜大𤔲攻鬲	存一三	六三六	八一八
〇〇六七九	燹有𤔲再鬲	一三	六三六	八一八
〇〇六八〇	成伯孫父鬲	一四	六三七	八一八
〇〇六八一	仲口父鬲	一四	六三八	八一八
〇〇六八二	伯家父鬲	一四	六三九	八一八
〇〇六八三	虢季氏子𣪘鬲	一四	六三九	八一八
〇〇六八四	鄭鑄友父鬲	一四	六四〇	八一八
〇〇六八五	齊趫父鬲	一四	六四一	八一八

器號	器名	字數	拓片頁碼	說明頁碼
〇〇六八六	齊趫父鬲	一四	六四二	八一八
〇〇六八七	黃子鬲	一四	六四三	八一九
〇〇六八八	龏作又母辛鬲	一四	六四四	八一九
〇〇六八九	伯矩鬲	一五	六四四	八一九
〇〇六九〇	魯伯愈父鬲	一五	六四五	八一九
〇〇六九一	魯伯愈父鬲	一五	六四六	八一九
〇〇六九二	魯伯愈父鬲	一五	六四七	八一九
〇〇六九三	魯伯愈父鬲	一五	六四八	八一九
〇〇六九四	魯伯愈父鬲	一五	六四九	八一九
〇〇六九五	魯伯愈父鬲	一五	六五〇	八二〇
〇〇六九六	夆伯鬲	一五	六五一	八二〇
〇〇六九七	戕伯鬲	一五	六五二	八二〇
〇〇六九八	杜伯鬲	一五	六五三	八二〇
〇〇六九九	曾伯宮父穆鬲	一五	六五四	八二〇
〇〇七〇〇	善吉父鬲	一四	六五五	八二〇
〇〇七〇一	善夫吉父鬲	一五	六五六	八二〇
〇〇七〇二	善夫吉父鬲	一五	六五七	八二〇
〇〇七〇三	善夫吉父鬲	一五	六五八	八二〇
〇〇七〇四	善夫吉父鬲	一五	六五九	八二〇
〇〇七〇五	陳侯鬲	一五	六六〇	八二〇
〇〇七〇六	陳侯鬲	一五	六六一	八二〇
〇〇七〇七	魯宰駟父鬲	一五	六六二	八二〇

器號	器名	字數	拓片頁碼	說明頁碼
〇〇七〇八	虢仲鬲	一五	六六三	八二〇
〇〇七〇九	虢伯鬲	一六	六六三	八二〇
〇〇七一〇	仲勘鬲	一六	六六四	八二〇
〇〇七一一	内公鬲	一六	六六五	八二一
〇〇七一二	内公鬲	一六	六六六	八二一
〇〇七一三	祖仲鬲	一六	六六七	八二一
〇〇七一四	祖仲鬲	存一四	六六七	八二一
〇〇七一五	嬰士父鬲	一六	六六八	八二一
〇〇七一六	嬰士父鬲	一六	六六八	八二一
〇〇七一七	黿友父鬲	一六	六六九	八二一
〇〇七一八	□季鬲	一六	六七〇	八二一
〇〇七一九	伯顯父鬲	一七	六七一	八二一
〇〇七二〇	伯顯父鬲	一七	六七二	八二一
〇〇七二一	伯顯父鬲	一七	六七二	八二一
〇〇七二二	伯顯父鬲	一七	六七三	八二二
〇〇七二三	伯顯父鬲	一七	六七三	八二二
〇〇七二四	伯顯父鬲	一七	六七四	八二二
〇〇七二五	伯顯父鬲	一七	六七四	八二二
〇〇七二六	伯顯父鬲	一七	六七五	八二二
〇〇七二七	伯顯父鬲	一六	六七五	八二二
〇〇七二八	伯顯父鬲	一五	六七六	八二二
〇〇七二九	仲生父鬲	一七	六七六	八二二

器號	器名	字數	拓片頁碼	說明頁碼
〇〇七三〇	鄭伯筍父鬲	一七	六七七	八二二
〇〇七三一	鄭師□父鬲	一七	六七七	八二二
〇〇七三二	番君酟伯鬲	一七	六七八	八二二
〇〇七三三	番君酟伯鬲	一七	六七九	八二二
〇〇七三四	番君酟伯鬲	一七	六八〇	八二二
〇〇七三五	鑄子叔黑臣鬲	一七	六八一	八二三
〇〇七三六	虢文公子鈠鬲	一八	六八一	八二三
〇〇七三七	單伯遵父鬲	一八	六八二	八二三
〇〇七三八	孟辛父鬲	一九	六八二	八二三
〇〇七三九	孟辛父鬲	一九	六八三	八二三
〇〇七四〇	孟辛父鬲	一九	六八三	八二三
〇〇七四一	鄧鬲	存一九	六八四	八二三
〇〇七四二	隮子鄭伯鬲	一九	六八四	八二三
〇〇七四三	內公鬲	一九	六八五	八二三
〇〇七四四	琱生作宮仲鬲	二〇	六八六	八二三
〇〇七四五	師趛鬲	二九	六八六	八二三
〇〇七四六	仲枏父鬲	三六	六八七	八二三
〇〇七四七	仲枏父鬲	三六	六八八	八二四
〇〇七四八	仲枏父鬲	三六	六八九	八二四
〇〇七四九	仲枏父鬲	三六	六九〇	八二四
〇〇七五〇	仲枏父鬲	三六	六九一	八二四
〇〇七五一	仲枏父鬲	三六	六九二	八二四

器號	器名	字數	拓片頁碼	說明頁碼
〇〇七五二	仲枏父鬲	三六	六九三	八二四
〇〇七五三	公姞鬲	三七	六九四	八二四
〇〇七五四	尹姞鬲	六五	六九五	八二四
〇〇七五五	尹姞鬲	六五	六九六	八二四
〇〇七六一	好甗	一	六九七	八二四
〇〇七六二	好甗	一	六九七	八二四
〇〇七六三	好甗	一	六九七	八二四
〇〇七六四	黽甗	一	六九八	八二五
〇〇七六五	戈甗	一	六九八	八二五
〇〇七六六	戈甗	一	六九八	八二五
〇〇七六七	戈甗	一	六九八	八二五
〇〇七六八	戈甗	一	六九八	八二五
〇〇七六九	[illegible]甗	一	六九九	八二五
〇〇七七〇	[illegible]甗	一	六九九	八二五
〇〇七七一	[illegible]甗	一	六九九	八二五
〇〇七七二	[illegible]甗	一	六九九	八二五
〇〇七七三	[illegible]甗	一	六九九	八二五
〇〇七七四	[illegible]甗	一	七〇〇	八二五
〇〇七七五	[illegible]甗	一	七〇〇	八二五
〇〇七七六	[illegible]甗	一	七〇〇	八二五
〇〇七七七	[illegible]甗	一	七〇〇	八二五
〇〇七七八	[illegible]甗	一	七〇〇	八二五

器號	器名	字數	拓片頁碼	説明頁碼
〇〇七七九	□甗	一	七〇一	八二五
〇〇七八〇	□甗	一	七〇一	八二五
〇〇七八一	木甗	一	七〇一	八二六
〇〇七八二	叔甗	一	七〇一	八二六
〇〇七八三	□甗	一	七〇一	八二六
〇〇七八四	□甗	一	七〇二	八二六
〇〇七八五	□甗	一	七〇二	八二六
〇〇七八六	□甗	一	七〇二	八二六
〇〇七八七	□甗	一	七〇二	八二六
〇〇七八八	□甗	一	七〇二	八二六
〇〇七八九	□甗	一	七〇三	八二六
〇〇七九〇	㚔甗	一	七〇三	八二六
〇〇七九一	㚔甗	一	七〇三	八二六
〇〇七九二	寧□甗	二	七〇四	八二六
〇〇七九三	婦好三聯甗	二	七〇五	八二六
〇〇七九四	婦好分體甗	二	七〇六	八二六
〇〇七九五	□婦甗	二	七〇六	八二七
〇〇七九六	□叡甗	二	七〇六	八二七
〇〇七九七	戈□甗	二	七〇六	八二七
〇〇七九八	且丁甗	二	七〇七	八二七
〇〇七九九	父乙甗	二	七〇七	八二七
〇〇八〇〇	父乙甗	二	七〇七	八二七

器號	器名	字數	拓片頁碼	説明頁碼
〇〇八〇一	父己甗	二	七〇七	八二七
〇〇八〇二	□辛甗	二	七〇八	八二七
〇〇八〇三	遽從甗	二	七〇八	八二七
〇〇八〇四	□甗	二	七〇八	八二七
〇〇八〇五	寶甗	二	七〇八	八二七
〇〇八〇六	且丁旅甗	三	七〇九	八二七
〇〇八〇七	戈父甲甗	三	七〇九	八二七
〇〇八〇八	□父乙甗	三	七〇九	八二七
〇〇八〇九	共父乙甗	三	七〇九	八二八
〇〇八一〇	□父乙甗	三	七一〇	八二八
〇〇八一一	□父乙甗	三	七一〇	八二八
〇〇八一二	乙父□甗	三	七一〇	八二八
〇〇八一三	守父丁甗	三	七一〇	八二八
〇〇八一四	戈父戊甗	三	七一一	八二八
〇〇八一五	□父己甗	三	七一一	八二八
〇〇八一六	□父己甗	三	七一一	八二八
〇〇八一七	□父己甗	三	七一一	八二八
〇〇八一八	見作甗	三	七一三	八二八
〇〇八一九	見作父己甗	三	七一三	八二八
〇〇八二〇	□父辛甗	三	七一三	八二八
〇〇八二一	□父辛甗	三	七一三	八二八
〇〇八二二	□父癸甗	三	七一三	八二八

器號	器名	字數	拓片頁碼	說明頁碼
〇〇八二三	佚父癸甗	三	七一三	八二九
〇〇八二四	爰父癸甗	三	七一三	八二九
〇〇八二五	司粤母甗	三	七一三	八二九
〇〇八二六	[illegible]母癸甗	三	七一四	八二九
〇〇八二七	亞豈衜甗	三	七一四	八二九
〇〇八二八	亞口矣甗	三	七一四	八二九
〇〇八二九	伯作彝甗	三	七一四	八二九
〇〇八三〇	伯作彝甗	三	七一五	八二九
〇〇八三一	爻作彝甗	三	七一五	八二九
〇〇八三二	作丙寶甗	三	七一五	八二九
〇〇八三三	作寶彝甗	三	七一五	八二九
〇〇八三四	作寶彝甗	三	七一六	八二九
〇〇八三五	作從彝甗	三	七一六	八二九
〇〇八三六	作旅彝甗	三	七一六	八二九
〇〇八三七	戜作旅甗	三	七一六	八三〇
〇〇八三八	子父乙甗	三	七一七	八三〇
〇〇八三九	宁戈乙父甗	四	七一七	八三〇
〇〇八四〇	亞[illegible]父丁甗	四	七一七	八三〇
〇〇八四一	丙亞父丁甗	四	七一七	八三〇
〇〇八四二	亞[illegible]父丁甗	四	七一八	八三〇
〇〇八四三	亞[illegible]父丁甗	四	七一八	八三〇
〇〇八四四	得父己甗	四	七一八	八三〇
〇〇八四五	黽作父辛甗	四	七一八	八三〇
〇〇八四六	[illegible]戊父癸甗	四	七一九	八三〇
〇〇八四七	[illegible]北子甗	四	七一九	八三〇
〇〇八四八	[illegible]射作障甗	四	七一九	八三〇
〇〇八四九	猷作寶彝甗	四	七二〇	八三〇
〇〇八五〇	作戲障彝甗	四	七二〇	八三一
〇〇八五一	夗奴寶甗	四	七二〇	八三一
〇〇八五二	命作寶彝甗	四	七二〇	八三一
〇〇八五三	舟作障彝甗	四	七二一	八三一
〇〇八五四	鬭作寶彝甗	四	七二一	八三一
〇〇八五五	守作寶彝甗	四	七二一	八三一
〇〇八五六	彭女甗	四	七二一	八三一
〇〇八五七	伯作寶彝甗	四	七二三	八三一
〇〇八五八	伯作旅甗	四	七二三	八三一
〇〇八五九	仲作旅彝甗	四	七二三	八三一
〇〇八六〇	仲作旅甗	四	七二三	八三一
〇〇八六一	龍作旅彝甗	四	七二三	八三一
〇〇八六二	[illegible]甗	四	七二三	八三一
〇〇八六三	光作從彝甗	四	七二三	八三一
〇〇八六四	中甗	四	七二三	八三一
〇〇八六五	頪甗	四	七二四	八三二
〇〇八六六	子商甗	五	七二四	八三二

器號	器名	字數	拓片頁碼	説明頁碼
〇〇八六七	商婦甗	五	七二四	八三二
〇〇八六八	伯[illegible]甗	五	七二四	八三二
〇〇八六九	伯乙甗	五	七二五	八三二
〇〇八七〇	伯貞甗	五	七二五	八三二
〇〇八七一	矢伯甗	五	七二五	八三二
〇〇八七二	[illegible]伯甗	五	七二五	八三二
〇〇八七三	井伯甗	五	七二六	八三二
〇〇八七四	卑子甗	五	七二六	八三二
〇〇八七五	沓甗	五	七二六	八三二
〇〇八七六	雷甗	五	七二六	八三二
〇〇八七七	龏妊甗	五	七二七	八三二
〇〇八七八	作且己甗	六	七二七	八三三
〇〇八七九	作且己甗	六	七二七	八三三
〇〇八八〇	鼎作父乙甗	六	七二七	八三三
〇〇八八一	作父庚甗	六	七二八	八三三
〇〇八八二	𣪕作父庚甗	六	七二八	八三三
〇〇八八三	雁監甗	六	七二八	八三三
〇〇八八四	師[illegible]甗	六	七二九	八三三
〇〇八八五	何[illegible][illegible]甗	六	七二九	八三三
〇〇八八六	亞[illegible]作季隮彝甗	六	七二九	八三三
〇〇八八七	[illegible]弗生甗	六	七二九	八三三
〇〇八八八	寡史[illegible]甗	六	七三〇	八三三

器號	器名	字數	拓片頁碼	説明頁碼
〇〇八八九	田告甗	六	七三〇	八三四
〇〇八九〇	田農甗	六	七三〇	八三四
〇〇八九一	[illegible]作婦姑甗	六	七三〇	八三四
〇〇八九二	伯矩甗	六	七三一	八三四
〇〇八九三	伯矩甗	六	七三一	八三四
〇〇八九四	夆伯甗	六	七三一	八三四
〇〇八九五	[illegible]伯甗	六	七三一	八三四
〇〇八九六	束叔甗	六	七三二	八三四
〇〇八九七	虢伯甗	六	七三二	八三四
〇〇八九八	伯□甗	六	七三二	八三四
〇〇八九九	[illegible]甗	六	七三二	八三四
〇〇九〇〇	伯□父甗	六	七三三	八三四
〇〇九〇一	仲酉父甗	六	七三三	八三四
〇〇九〇二	弜作父乙甗	七	七三三	八三四
〇〇九〇三	亞又作父乙甗	七	七三三	八三五
〇〇九〇四	亞無壽作父己甗	七	七三四	八三五
〇〇九〇五	作父癸甗	七	七三四	八三五
〇〇九〇六	亞[illegible]作父□甗	七	七三四	八三五
〇〇九〇七	[illegible]作母戊甗	七	七三五	八三五
〇〇九〇八	[illegible]伯甗	七	七三五	八三五
〇〇九〇九	叔[illegible]作寶甗	七	七三五	八三五
〇〇九一〇	孟姬安甗	七	七三六	八三五

器號	器名	字數	拓片頁碼	說明頁碼
〇〇九一一	𬎛仲霏父甗	七	七三六	八三五
〇〇九一二	尹伯作且辛甗	八	七三六	八三五
〇〇九一三	比甗	八	七三七	八三五
〇〇九一四	鑄叴客甗	八	七三七	八三五
〇〇九一五	大史友甗	九	七三八	八三五
〇〇九一六	䣄夫作且丁甗	九	七三八	八三六
〇〇九一七	諸女甗	九	七三八	八三六
〇〇九一八	孚公𣏌甗	九	七三九	八三六
〇〇九一九	犀甗	存九	七三九	八三六
〇〇九二〇	歸𡛟甗	九	七四〇	八三六
〇〇九二一	作寶甗	存九	七四〇	八三六
〇〇九二二	婦闌甗	一〇	七四〇	八三六
〇〇九二三	伯夌父甗	一〇	七四〇	八三六
〇〇九二四	乃子作父辛甗	一〇	七四一	八三六
〇〇九二五	鄭伯筍父甗	一〇	七四一	八三六
〇〇九二六	鄭井叔甗	一〇	七四二	八三六
〇〇九二七	伯姜甗	一〇	七四二	八三六
〇〇九二八	叔碩父甗	一〇	七四二	八三六
〇〇九二九	𣪘父甗	一〇	七四三	八三七
〇〇九三〇	𤇾子旅作且乙甗	一二	七四三	八三七
〇〇九三一	仲伐父甗	一二	七四三	八三七
〇〇九三二	子邦父甗	一二	七四四	八三七

器號	器名	字數	拓片頁碼	說明頁碼
〇〇九三三	封仲甗	一三	七四四	八三七
〇〇九三四	[illegible]作寶甗	一四	七四五	八三七
〇〇九三五	圉甗	一四	七四五	八三七
〇〇九三六	王后中官錡	一四	七四五	八三七
〇〇九三七	鄭大師小子甗	一四	七四六	八三七
〇〇九三八	伯高父甗	一五	七四六	八三七
〇〇九三九	魯仲齊甗	一六	七四七	八三七
〇〇九四〇	伯鮮甗	一七	七四七	八三八
〇〇九四一	王人𠭰輔甗	一九	七四八	八三八
〇〇九四二	仲信父甗	一九	七四九	八三八
〇〇九四三	曾子仲訁甗	一九	七四九	八三八
〇〇九四四	作册般甗	二〇	七五〇	八三八
〇〇九四五	邕子良人甗	存二一	七五〇	八三八
〇〇九四六	王孫壽甗	三三	七五一	八三八
〇〇九四七	陳公子叔邍父甗	三六	七五二	八三八
〇〇九四八	遇甗	三七	七五三	八三八
〇〇九四九	中甗	一〇〇	七五四	八三八
〇〇九六六	[illegible]匕	一	七五五	八三九
〇〇九六七	上匕	一	七五五	八三九
〇〇九六八	亞[illegible]匕	二	七五五	八三九
〇〇九六九	宰秦匕	二	七五六	八三九
〇〇九七〇	昶仲無龍匕	四	七五六	八三九

器號	器名	字數	拓片頁碼	說明頁碼
〇〇九七一	左使車工匕	五	七五七	八三九
〇〇九七二	微伯痶匕	五	七五七	八三九
〇〇九七三	微伯痶匕	五	七五七	八三九
〇〇九七四	曾侯乙匕	七	七五八	八三九
〇〇九七五	但盤埜匕	七	七五九	八三九
〇〇九七六	但盤埜匕	七	七五九	八三九
〇〇九七七	但紹圣匕	七	七五九	八三九
〇〇九七八	但紹圣匕	七	七六〇	八三九
〇〇九七九	仲枏父匕	八	七六〇	八四〇
〇〇九八〇	魚鼎匕	三六	七六一	八四〇

於殘鐘

於

00001

用享鐘

用享

00002

其台鐘

其台

00003

永寶用鐘

永寶用

00004

天尹鐘

天尹乍(作)元弄

00005

天尹鐘

天尹乍(作)元弄

00006

自作其走鐘

自乍（作）其走（奏）鐘

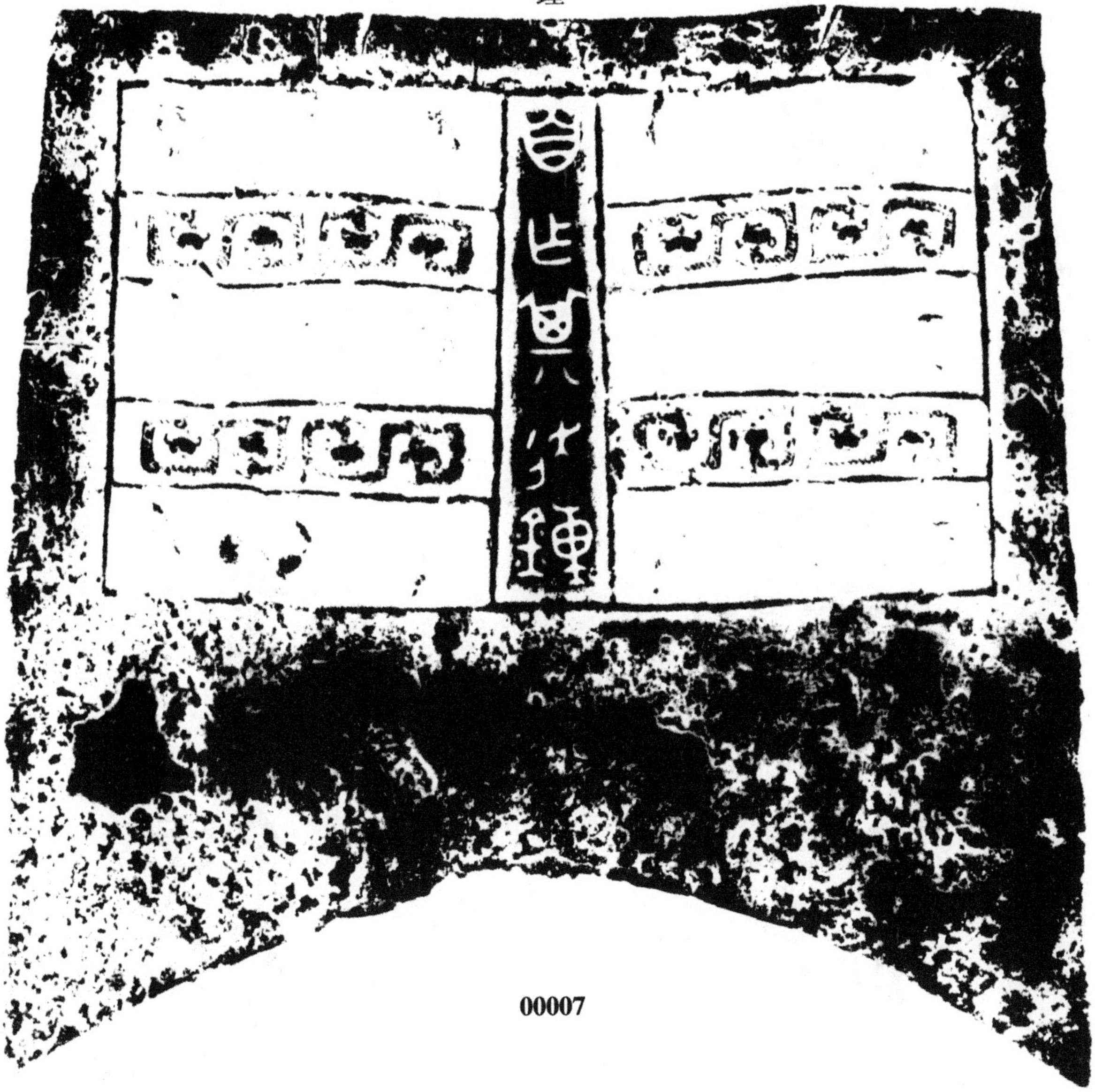

00007

宋公戌鎛

00008

宋公戌之謌（歌）鐘

宋公戌鎛

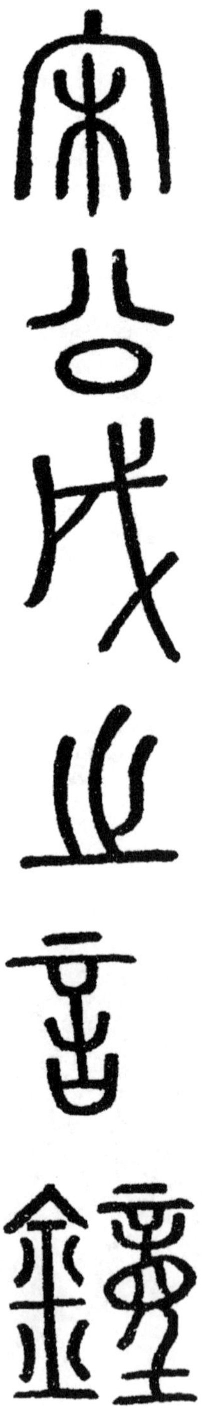

00009

宋公戌之謌（歌）鐘

宋公戌鎛

宋公戌之諿（歌）鐘

00010

宋公戌鎛

宋公戌之諿（歌）鐘

00011

宋公戌鎛

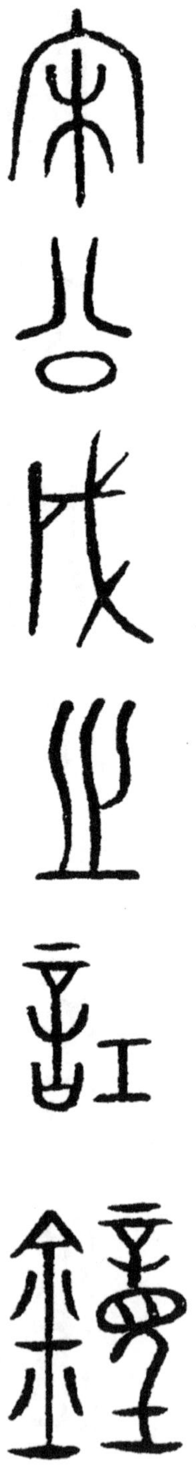

宋公戌之謌(歌)鐘

00012

宋公戌鎛

宋公戌之謌(歌)鐘

00013

己侯虓鐘

己（紀）侯
虓乍（作）
寶鐘

00014

畱鎛

留爲叔
虢禾（龢）鐘

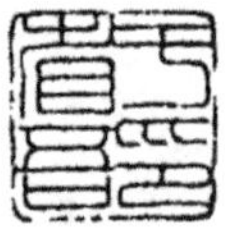

00015

益公鐘

益公爲
楚氏龢鐘

00016

㝬侯鎛

㝬（㝬）侯自乍（作）龢鐘用

00017

魯邍鐘

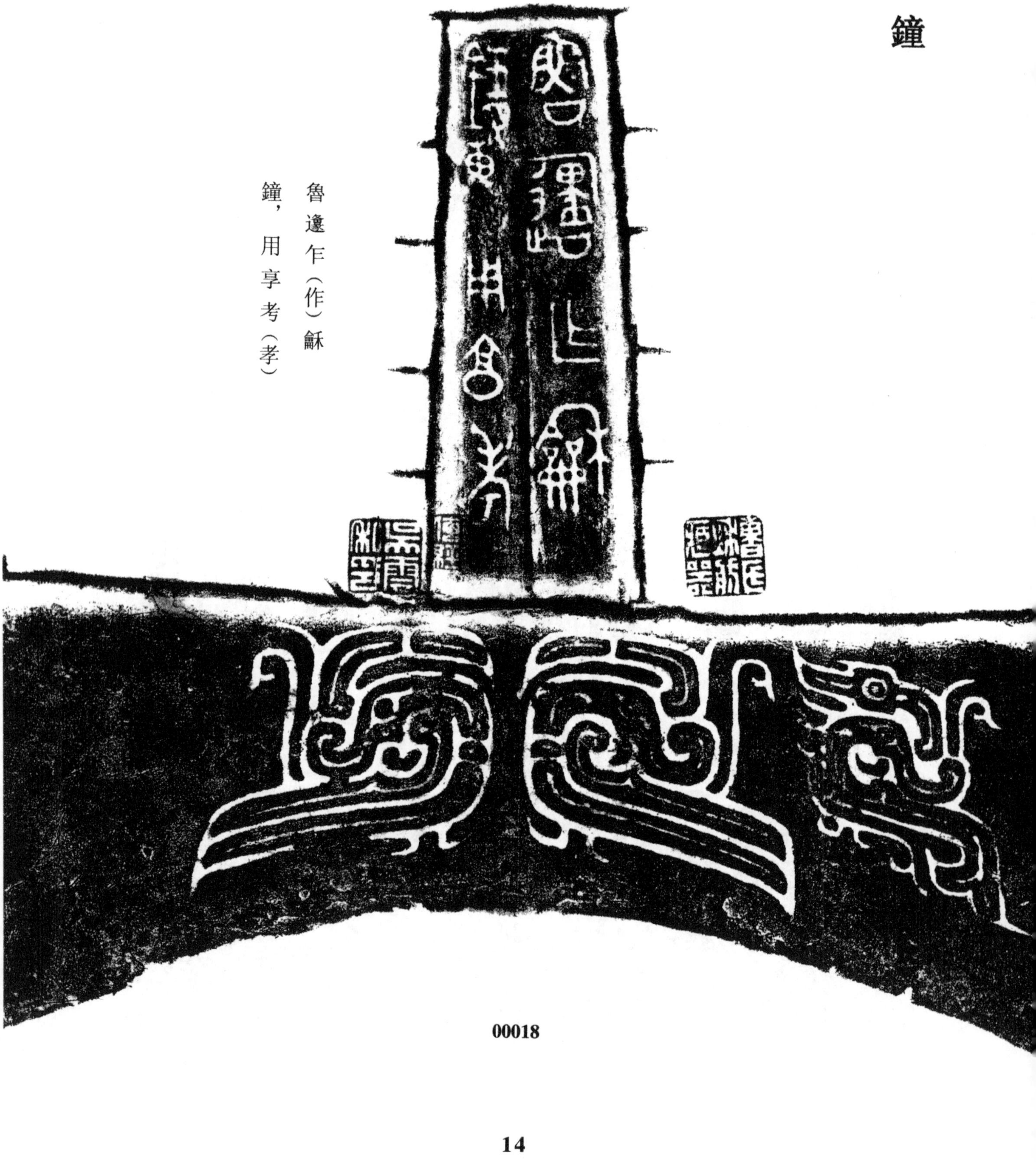

魯邍乍（作）龢鐘，用享考（孝）

00018

旨賞鐘

旨賞公卂敔（咭）
之甬（用）鐘

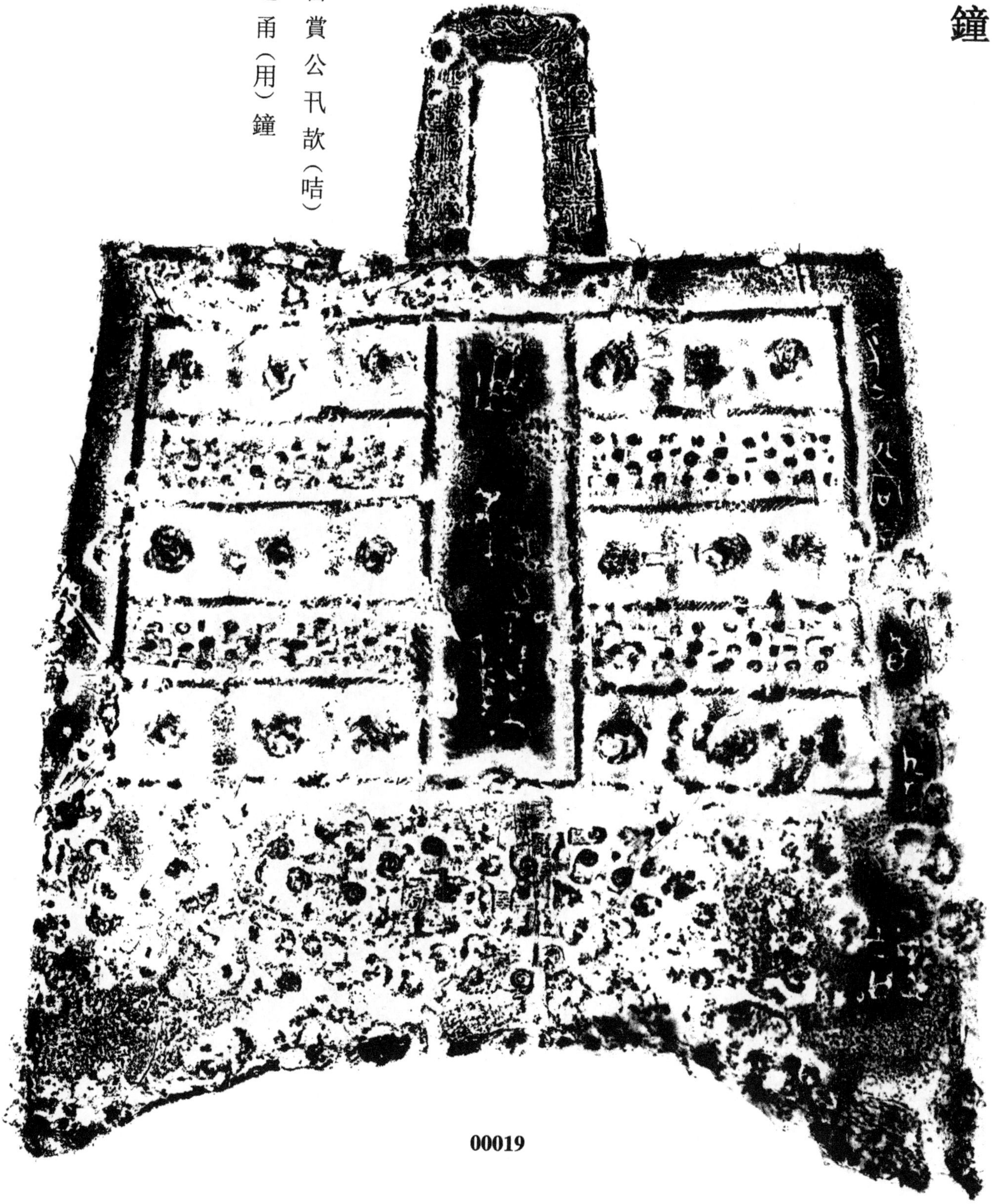

00019

[illegible]鐘

倗友，[illegible]其萬年臣天（子）

00020

鄭井叔鐘

奠（鄭）井叔乍（作）霝（靈）龢（龢）鐘，用妥（綏）賓

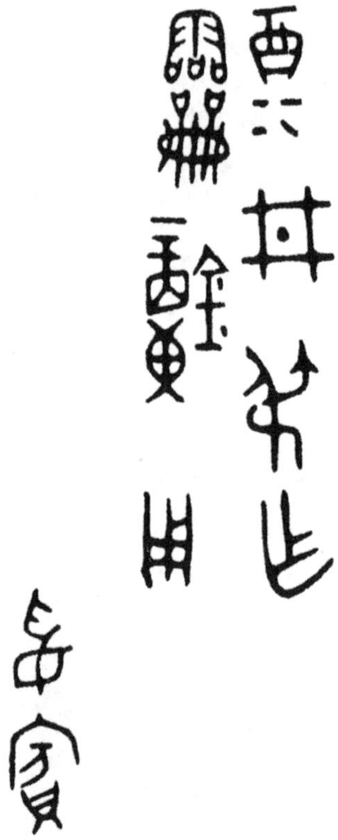

00021

鄭井叔鐘

奠（鄭）井叔乍（作）霝（靈）龢（龢）鐘，用妥（綏）賓

00022

中義鐘

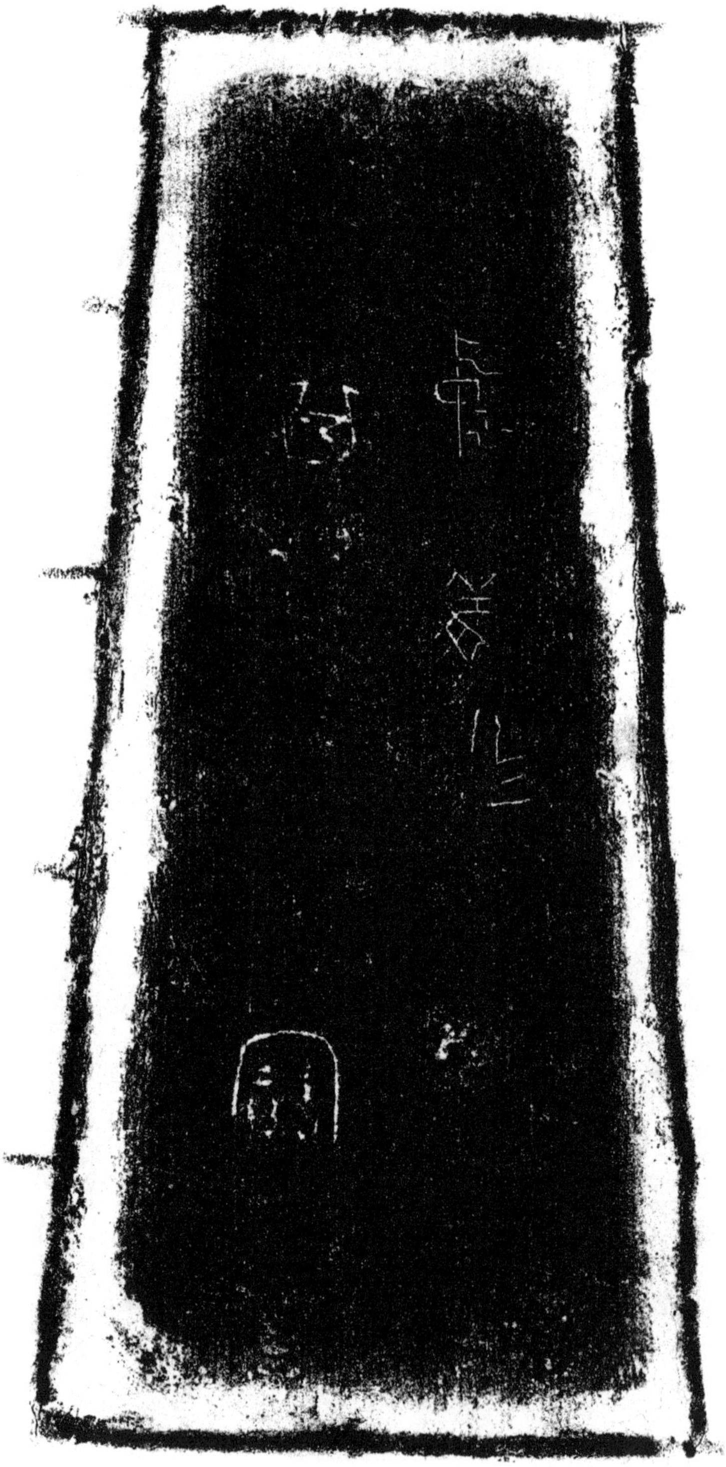

中義乍（作）龢鐘，其萬年永寶

00023

中義鐘

中義乍(作)龢鐘,
其萬年永寶

00024

中義鐘

中義乍（作）龢鐘，其萬年永寶

00025

中義鐘

中義乍（作）龢鐘，
其萬年永寶

00026

中義鐘

中義乍(作)龢鐘，
其萬年永寶

00027

中義鐘

中義乍(作)龢鐘，
其萬年永寶

00028

中義鐘

中義乍（作）龢鐘，其萬年永寶

00029

中義鐘

中義乍（作）龢鐘，其萬年永寶

00030

内公鐘

內（芮）公乍（作）從鐘，
子孫永寶用

00031

內公鐘鈎

內（芮）公乍（作）鑄
從鐘之句（鈎）

00032

內公鐘鈎

從鐘之句（鈎）
內（芮）公乍（作）鑄

00033

董武鐘

原高二四厘米

戎趄
搏武，敷（敷）
內（入）吳疆，
卷（惓）乍（作）禾（龢）（鐘）

00034

趙鐘

00035

福無疆，趙（髮）其萬年，子子孫孫永寶

眖仲鐘

00036

眖仲乍（作）朕文考釐公大鍹（林）寶鐘

秦王鐘

秦王卑（俾）命

競墉，

王之定，

救秦戎

00037

畱篙鐘

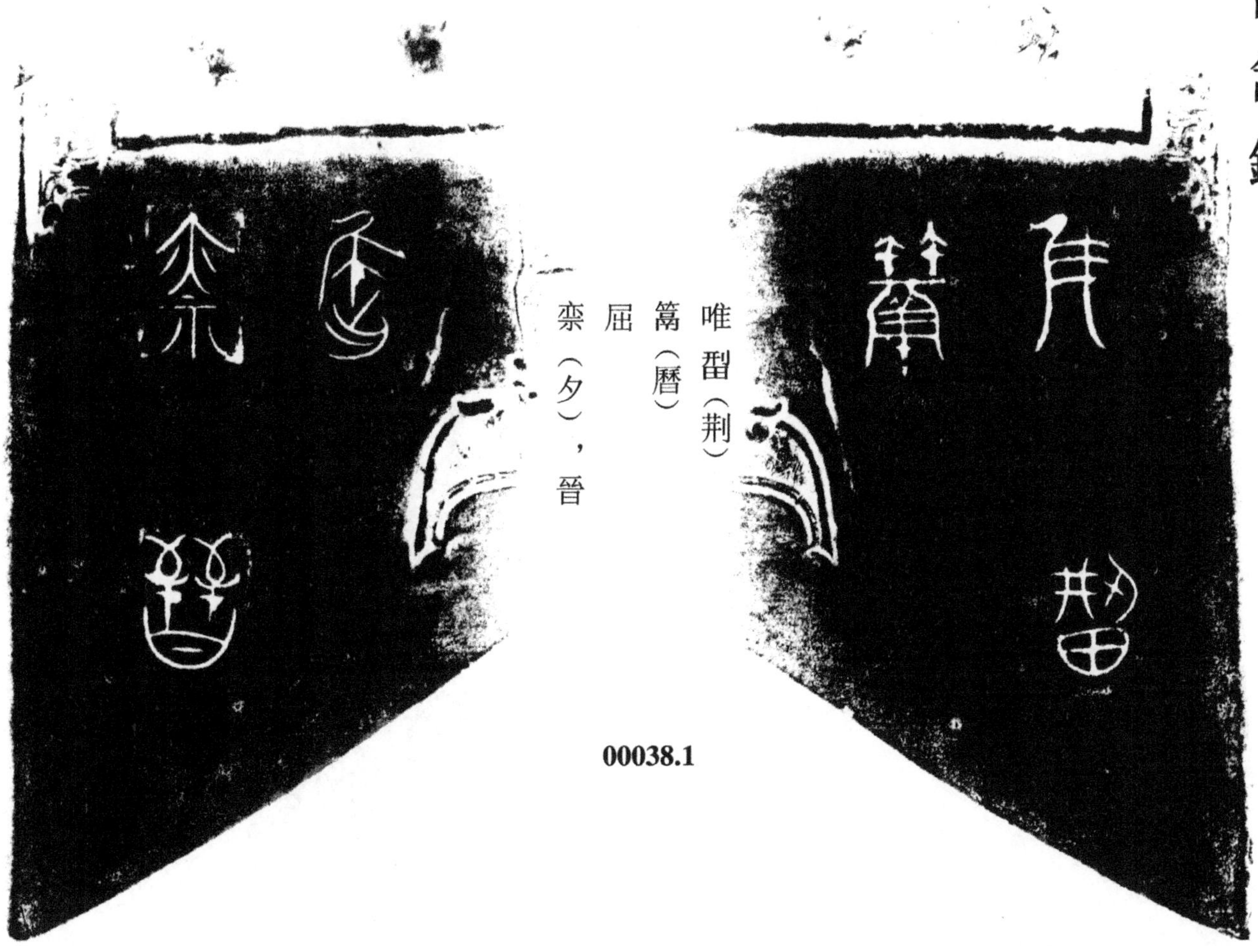

唯畱（荆）篙（曆）屈栾（夕），晋

00038.1

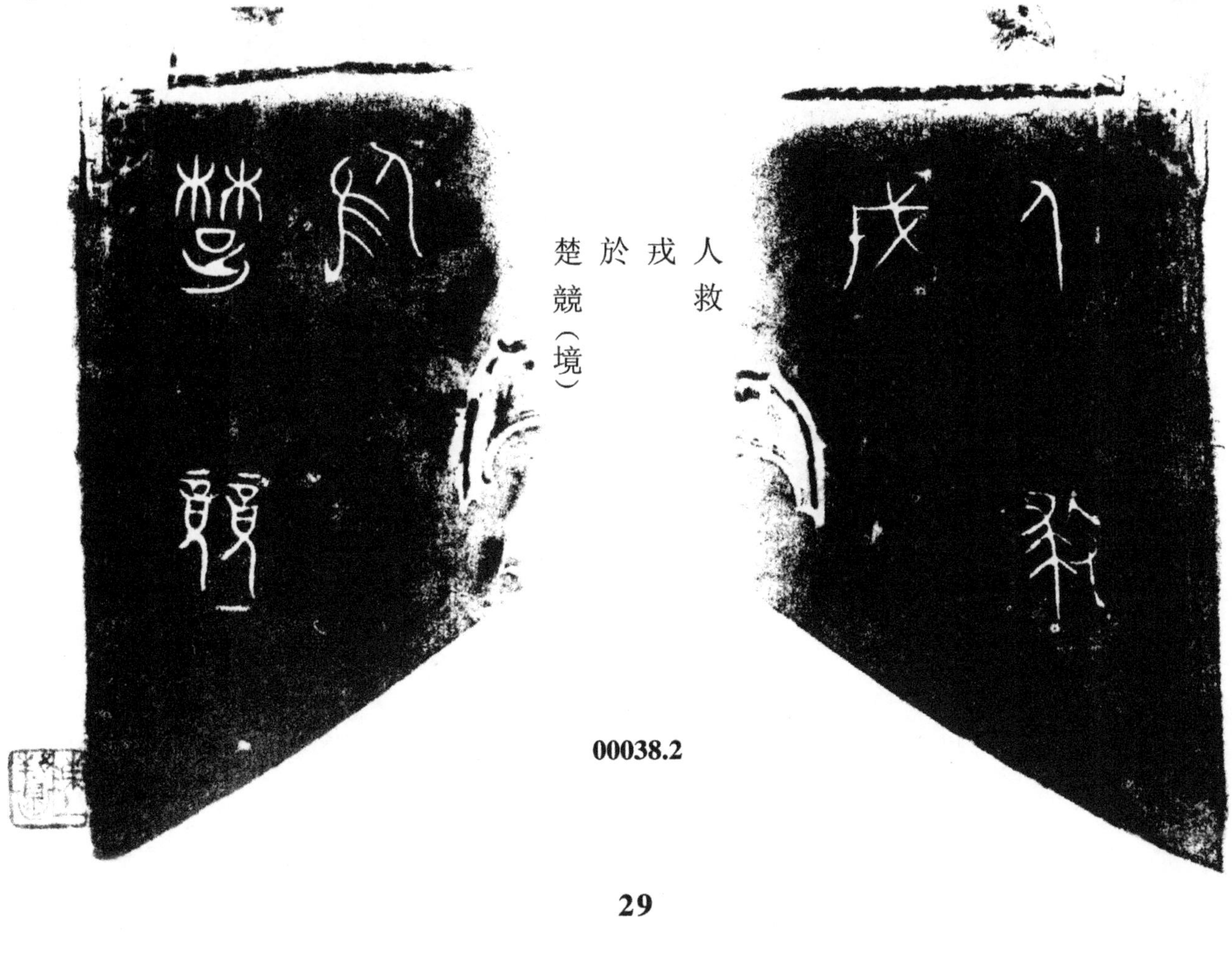

人救戎於楚競（境）

00038.2

叔旅魚父鐘

朕皇考叔旅魚
父，豐㚖（𥂓）
降多福無
疆

00039

眉壽鐘

年無疆，龕事朕
辟皇王，
眉壽
永寶

00040

眉壽鐘

年無疆，龕事朕辟皇王，眉壽永寶

00041

楚公冢鐘

楚公冢自鑄錫(鍚)鐘，孫孫子子其永寶

00042

楚公冢鐘

陳壽卿藏器

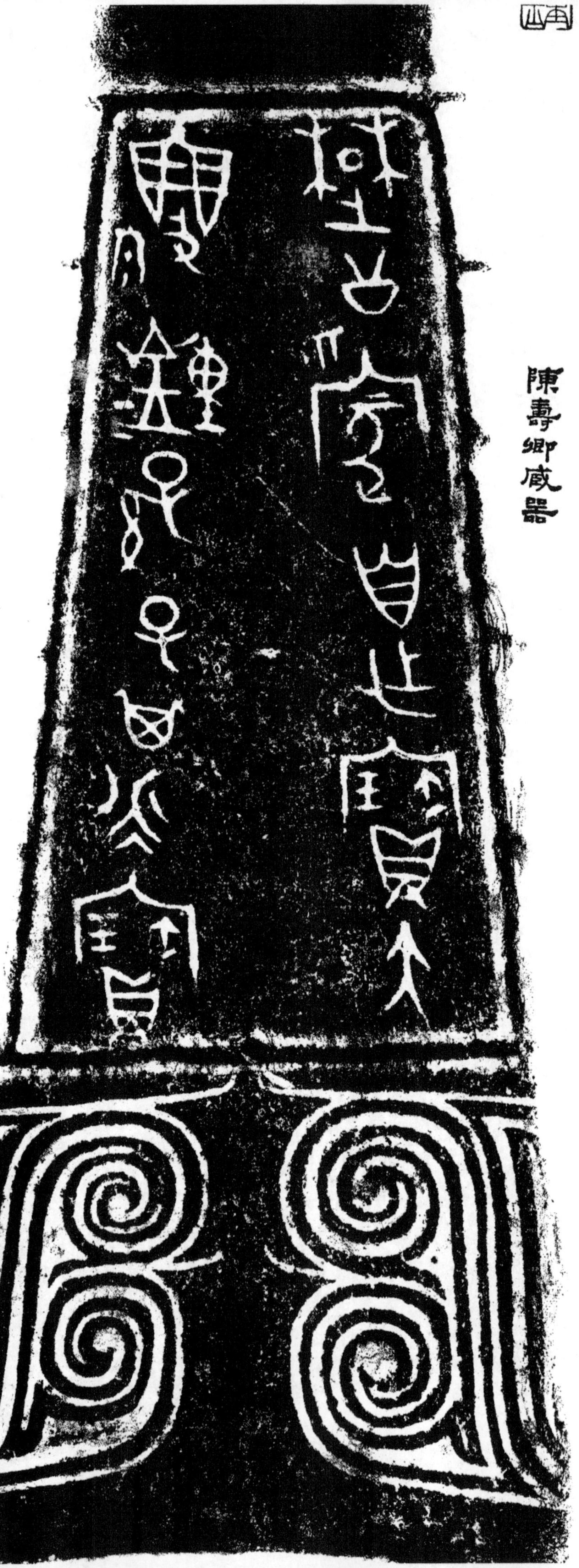

楚公冢自乍(作)寶大

歕(林)鐘，孫子其永寶

00043

楚公冢鐘

楚公冢自乍（作）寶大

敼（林）鐘，孫孫子子其永寶

00044

楚公豕鐘

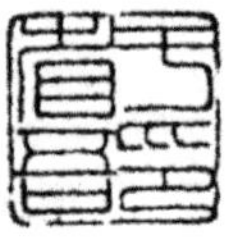

楚公豕自乍（作）寶大歕（林）鐘，孫孫子子其永寶

00045

昆疕王鐘

昆疕王貯（鑄）乍（作）龢鐘，其萬年子孫永寶

00046

鑄侯求鐘

鑄侯求乍（作）季姜朕（媵）鐘，
其子子孫孫永享用之

00047

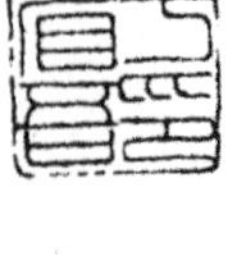

甹鐘

宮令宰僕賜甹白金十勻（鈞），甹敢拜𩒨首

00048

𢿢狄鐘

侃先王，先王其嚴（儼）在帝左右，𢿢狄（逖）不龏（恭），數數𩁹𩁹，降（余多福無疆）

00049

鼄君鐘

鼄（邾）君求吉金，用自乍（作）
其龢鐘、龢
鈴，用處大政

00050

嘉賓鐘

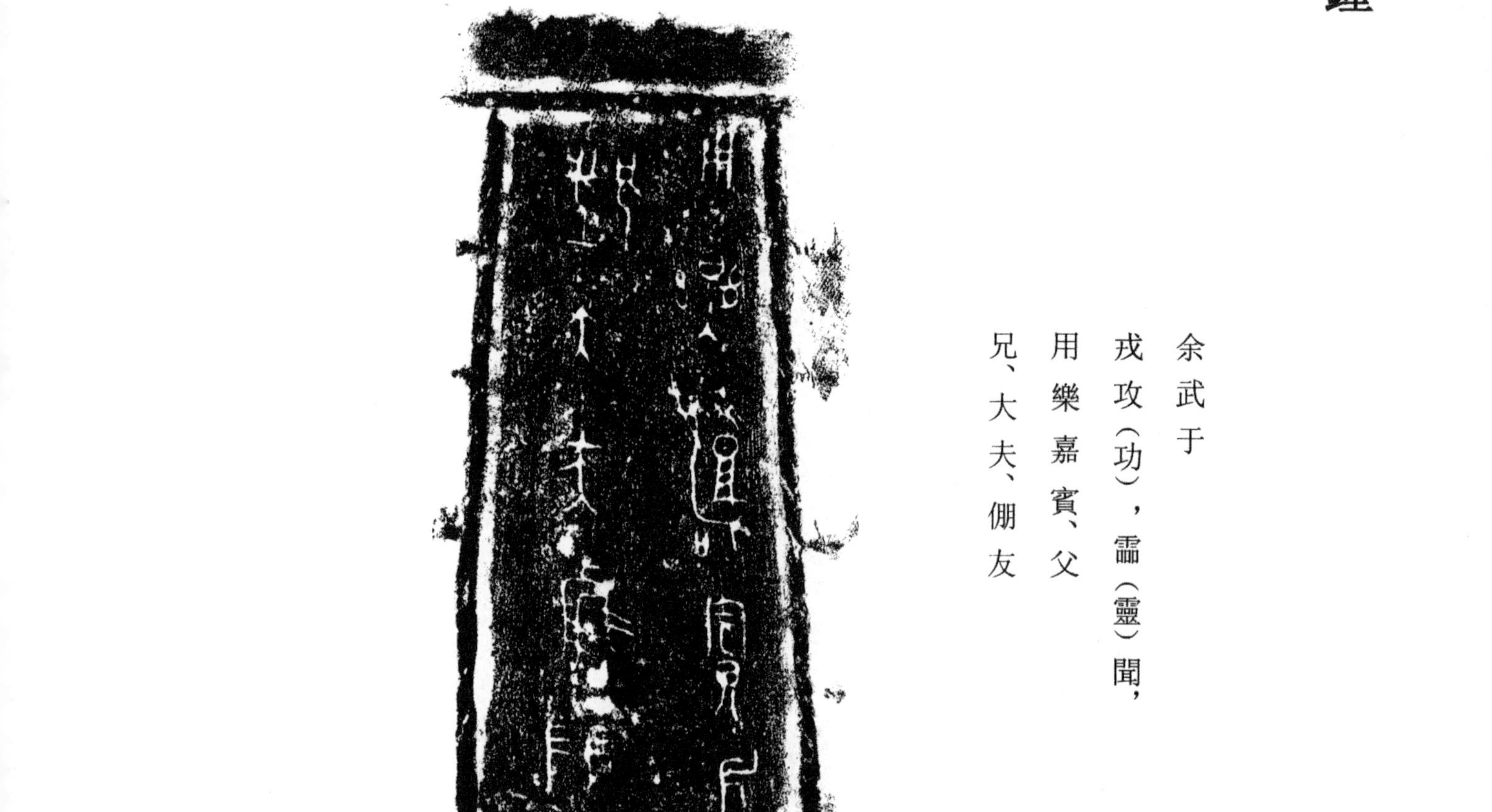

余武于
戎攻（功），霝（靈）聞，
用樂嘉賓、父
兄、大夫、倗友

00051

王子嬰次鐘

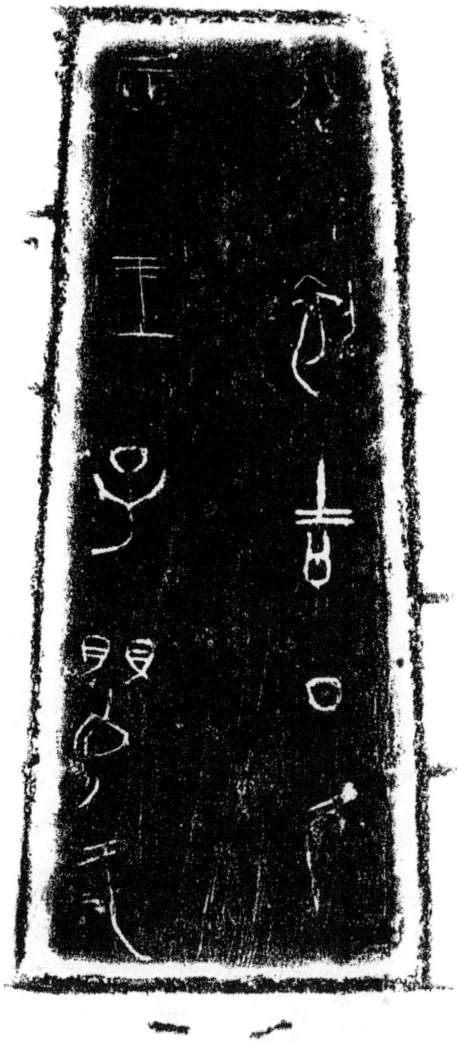

八月初吉，日唯辰，王子嬰次自乍（作）□鐘，永用匽（宴）喜（饎）

00052

楚王領鐘

唯王正月，初
吉丁亥，
楚王領（領）

00053.1

自乍（作）鈴鐘，
其聿（律）其言（歆）

00053.2

走鐘

走乍(作)朕皇祖、文考寶龢鐘，走其萬年，子子孫孫，永寶用享

00054

走鐘

乍(作)朕皇祖、文考寶龢(鐘)，其萬年，子子孫孫，永寶用享

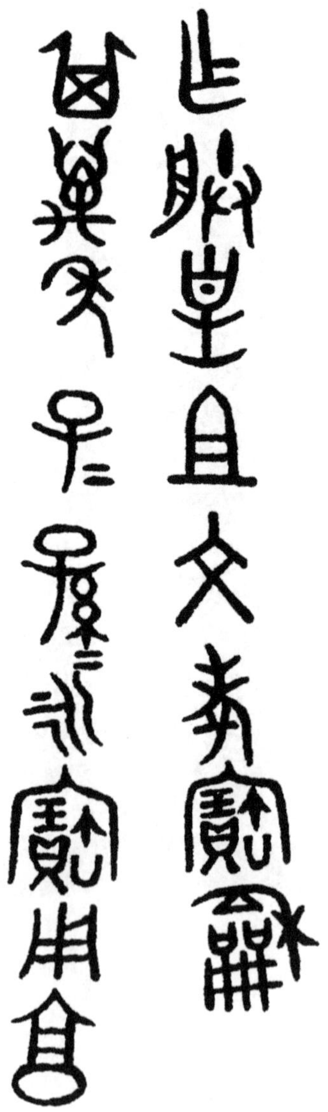

00055

走鐘

走乍(作)朕皇祖、文考寶龢鐘，走其萬年，子子孫孫，永寶用享

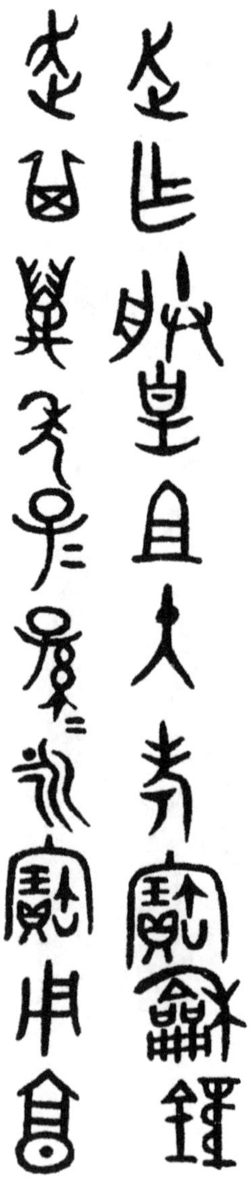

00056

走鐘

走乍（作）朕皇祖、文考寶龢鐘，走其萬年，子子孫孫，永寶用享

00057

走鐘

走乍（作）朕皇祖、文考寶龢鐘，走其萬年，子子孫孫，永寶用享

00058

鄀公敄人鐘

原高三三厘米

唯鄀正二月
鄀公敄人自
乍（作）走（奏）鐘，用
追（孝于厥）
皇祖哀公、
皇考晨公，
用祈眉壽，萬年無疆，子子孫孫，永寶用之

00059

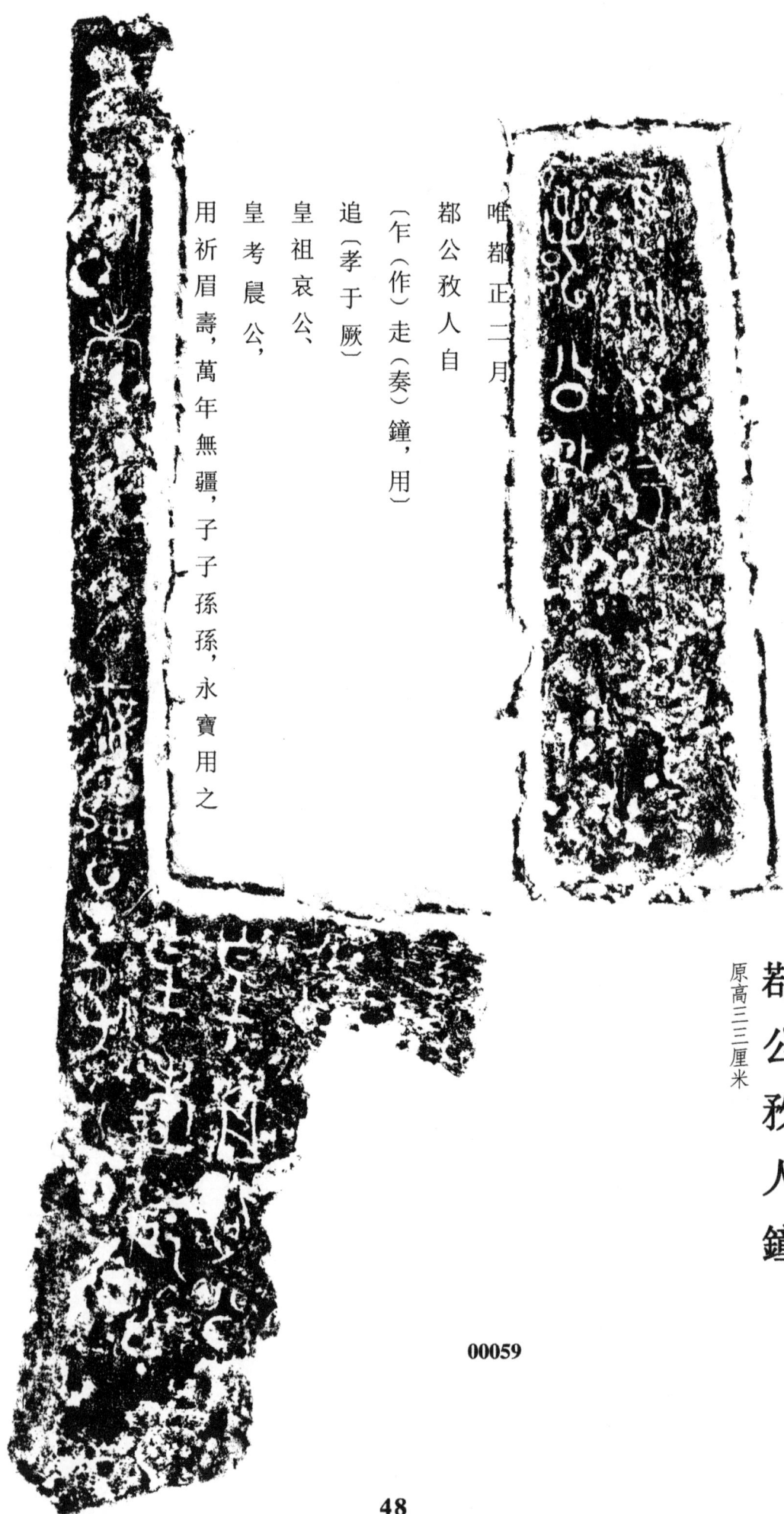

逆鐘

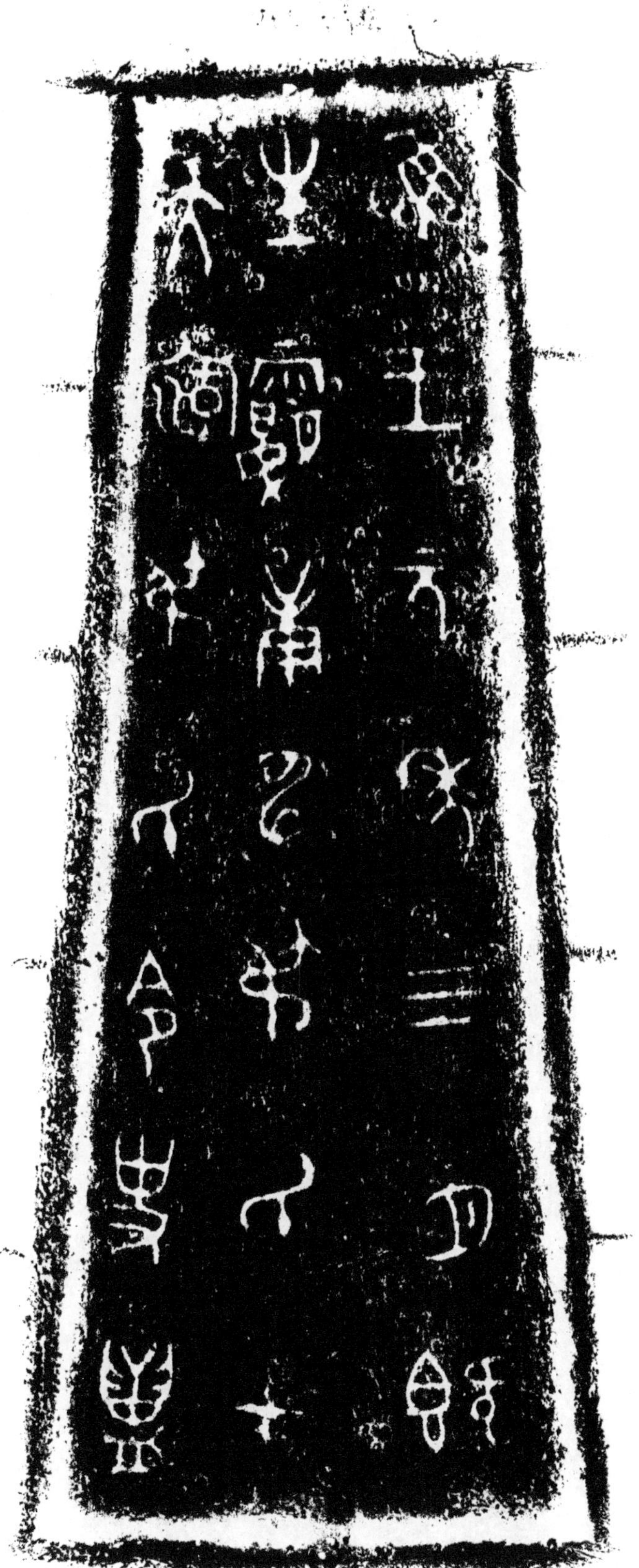

00060

唯王元年，三月既生霸庚申，叔氏在大廟，叔氏令史歒

逆鐘

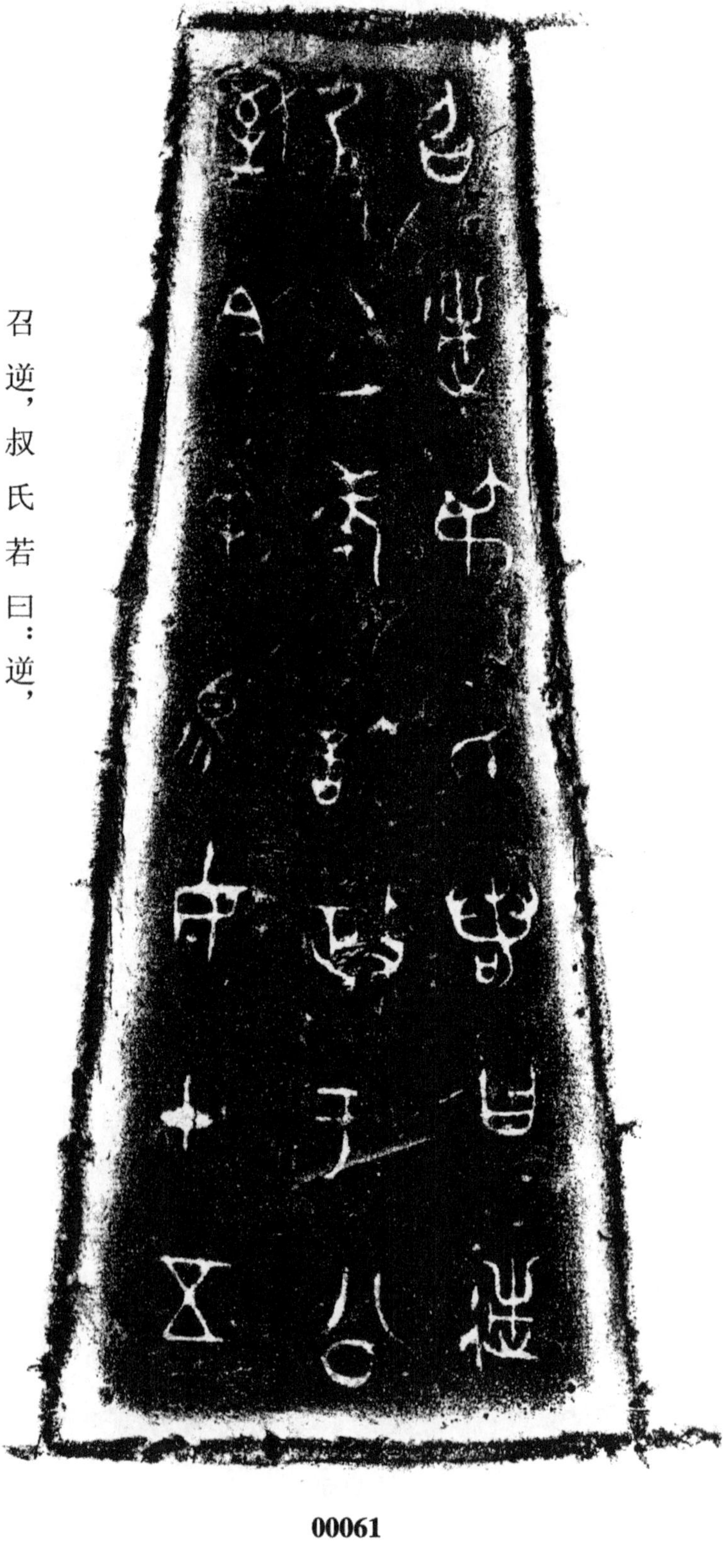

召逆，叔氏若曰：逆，乃祖考許政于公室，今余賜女（汝）毌五

00061

逆鐘

錫戈彤屡（蘇），用耤于
公室，僕庸臣妾、小子、
室家，毋又（有）不聞智（知）

00062

逆鐘

敬乃夙夜，用甹（屏）朕身，勿灋（廢）朕命，毋㒸（墜）乃政，逆敢拜手稽（䭫）

00063

通录鐘

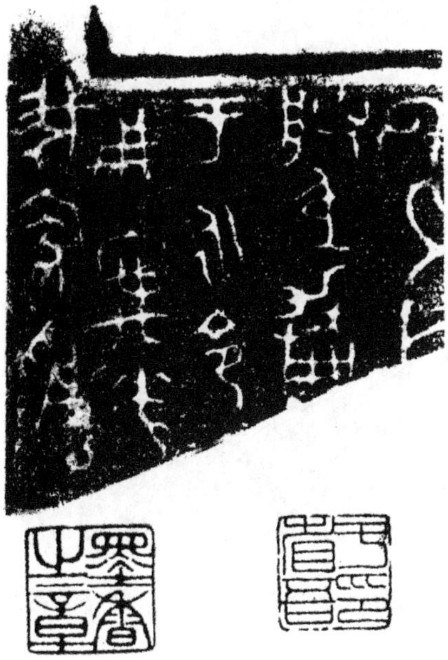

受（授）余通彔（禄）、庚（康）
彘、屯（純）右（祐），廣啟
朕身，勵（擢）
于永令（命），
用寓光
我家，受☐

00064

兮仲鐘

兮仲乍(作)大鍎(林)鐘，其用
追孝于皇考己(紀)伯，用侃(衎)
喜(饎)前文人，子子
孫孫，永寶用享

00065

兮仲鐘

兮仲乍（作）大鏷（林）鐘，用追
孝于皇考己（紀）伯，用侃喜前
文人，子孫
永寶用享

00066

兮仲鐘

00067

兮仲乍（作）大鏻（林）鐘，其用追
孝于皇考己（紀）伯，用侃喜前文人

兮仲鐘

兮仲乍(作)大鏷(林)鐘，其
用追孝于皇考己(紀)
伯，用侃喜
前文人，子
孫永寶用享

00068

兮仲鐘

00069

兮仲乍（作）大

䕲（林）鐘，

其用追孝于皇考

己（紀）伯，用侃

喜前文人，

子孫永

寶用享

兮仲鐘

兮仲乍(作)大⿰金⿱㐭木(林)
鐘，其用追
孝于皇考
己(紀)伯，用侃喜

00070

兮仲鐘

兮仲乍（作）大鏤（林）鐘，其
用追孝于皇考己（紀）
伯，用侃喜
前文人，子
孫永寶用享

00071

楚王鐘

00072

唯正月初吉丁亥，楚王
賸（媵）邛（江）仲嬭（芈）南龢鐘，其眉
壽無疆，子孫永保用之

敬事天王鐘

①唯王正月，初吉庚申，

②自乍(作)永(咏)命(鈴)，其

③眉壽無疆，敬事天

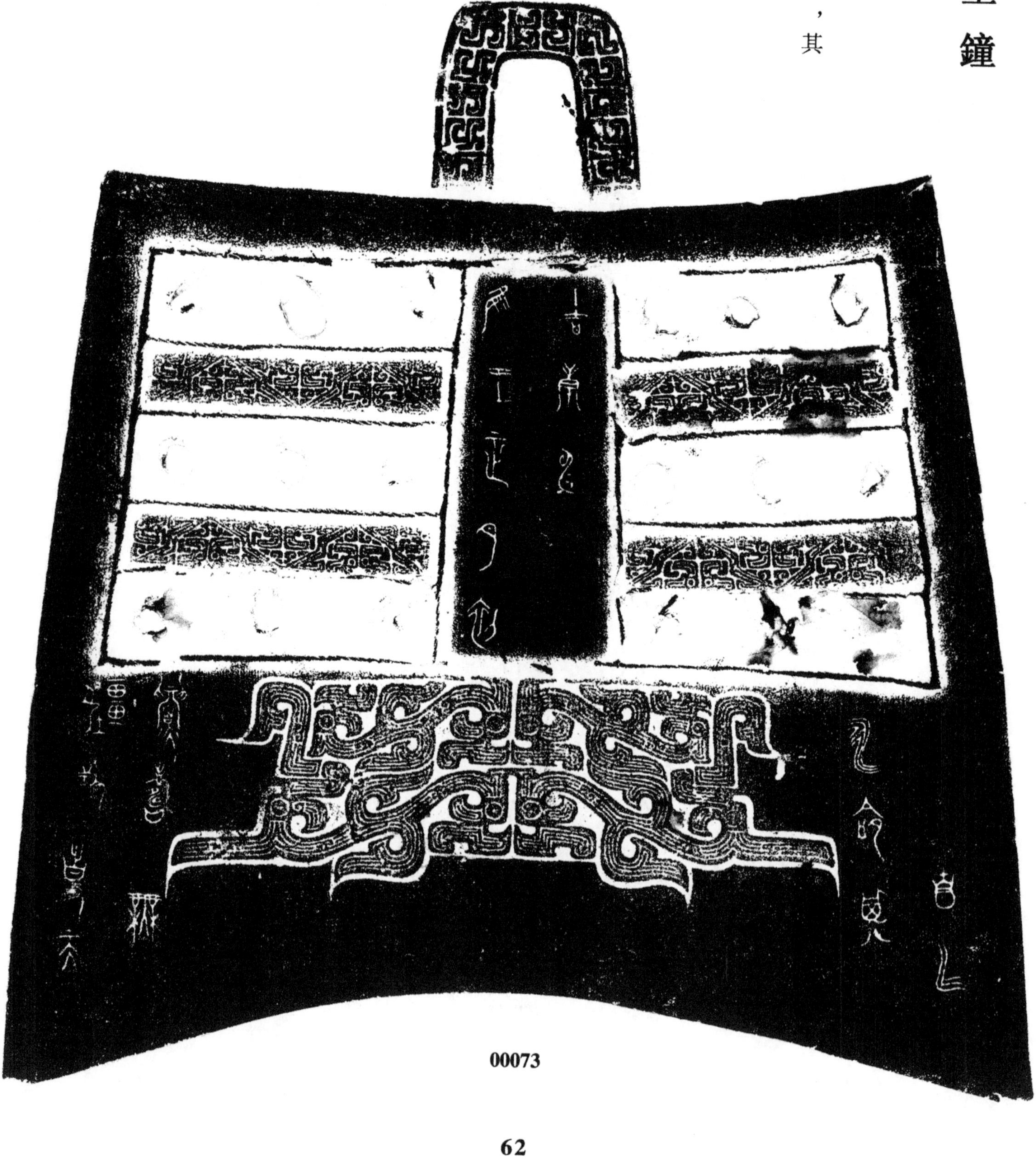

00073

敬事天王鐘

⑤子，江漢之陰陽

④王，至于父蚘（兄），以樂君

⑥百歲之外，以之大行

00074

敬事天王鐘

②自
乍(作)永(咏)命(鈴)，

①唯王正月，
初吉庚申，

③其眉壽
無疆，敬事

00075

敬事天王鐘

②自乍（作）永（咏）

①唯王正月，初吉庚申，

③命（鈴），其眉壽無疆，

00076

敬事天王鐘

⑤以樂君子，江漢

④敬事天王，至于父蜺（兄），

⑥之陰陽，百歲之外，以之大行

00077

敬事天王鐘

②自乍（作）

①唯王正月，初吉庚申

③永（咏）命（鈴），其眉

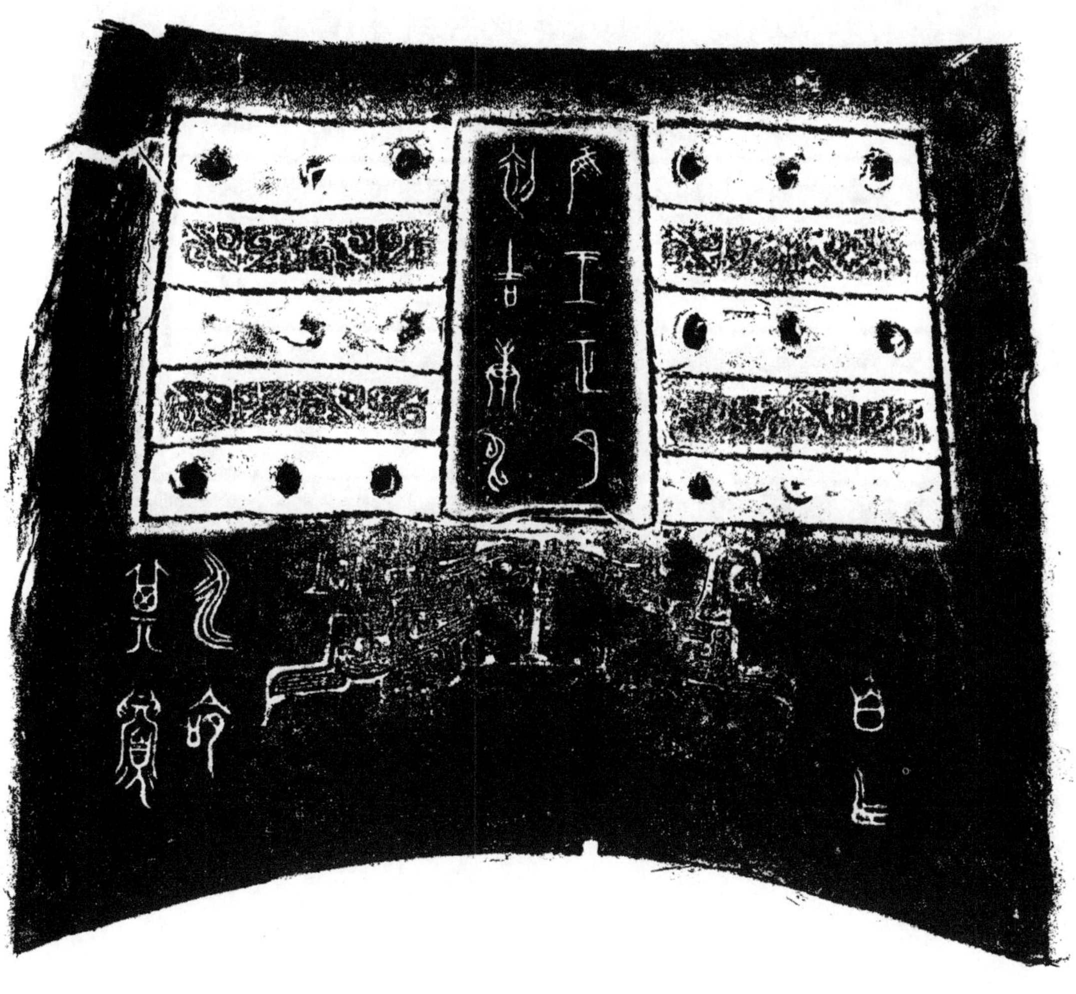

00078.1

④壽無疆，
敬事天

⑤王，至于父
蚘（兄），以樂君

00078.2

敬事天王鐘

⑥之外，以之大行

⑤子，江漢之陰陽，百歲

00079

敬事天王鐘

②自乍（作）永（咏）

①初吉庚申

唯王正月，

③命（鈴），其眉，

壽無疆

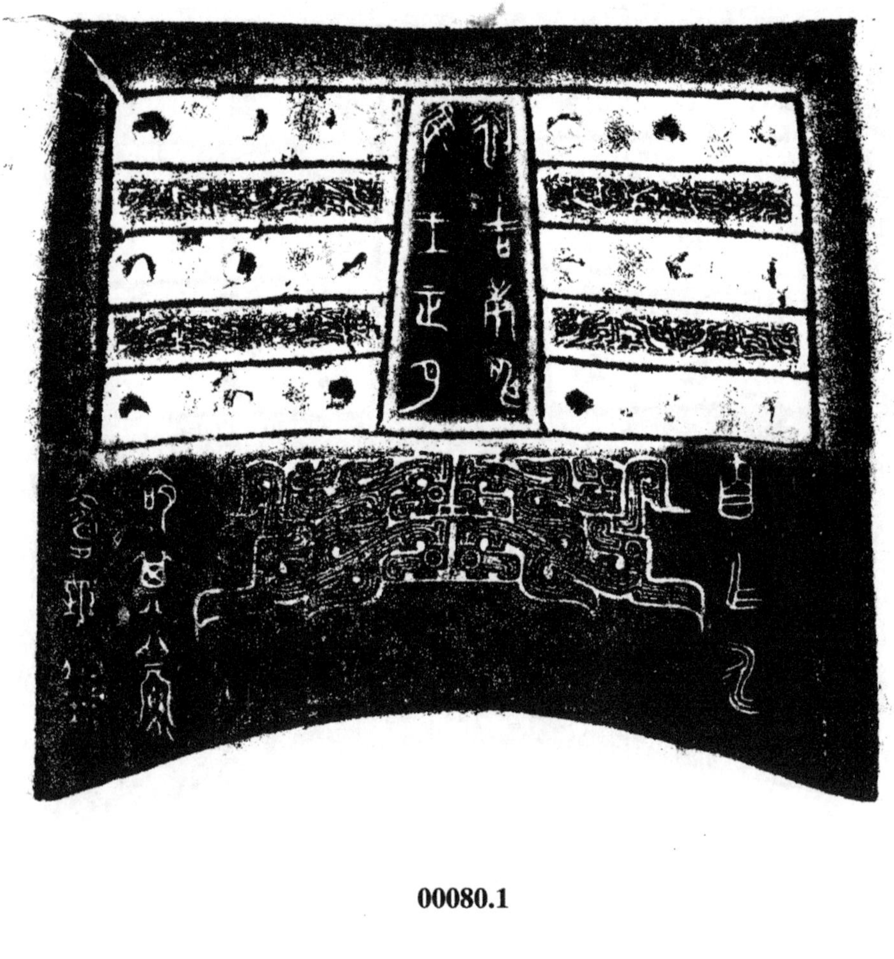

00080.1

④敬事
天王，

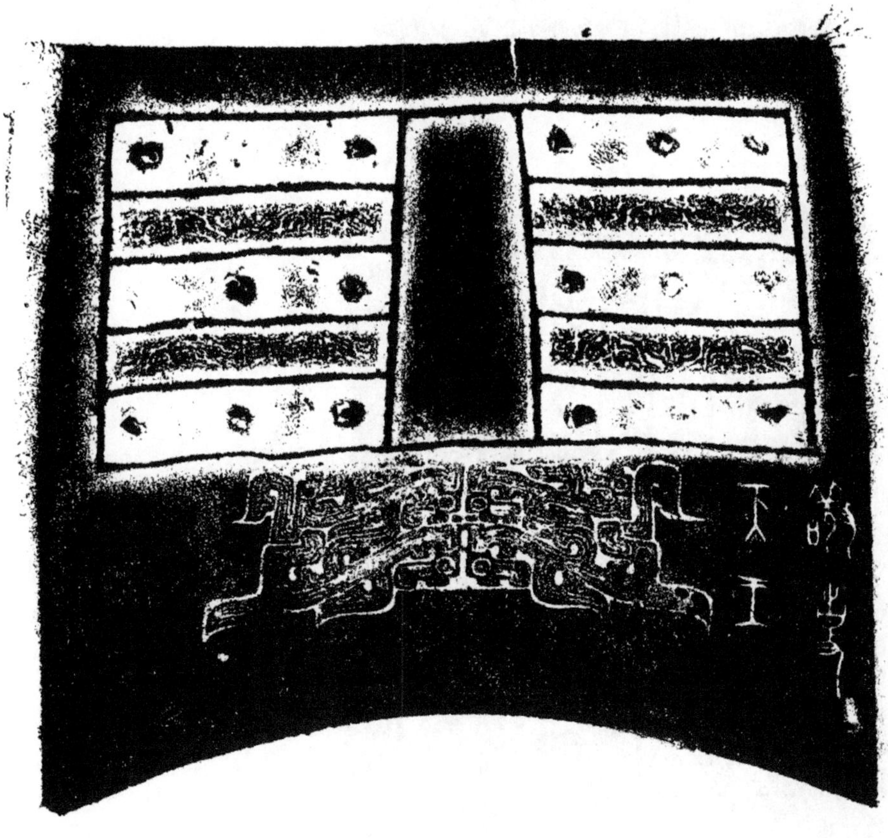

00080.2

敬事天王鐘

⑥君子，江

⑤至于父蚘（兄），以樂

⑦漢之陰

⑧陽，百歲

⑨之外，以

⑩之大行

00081.1

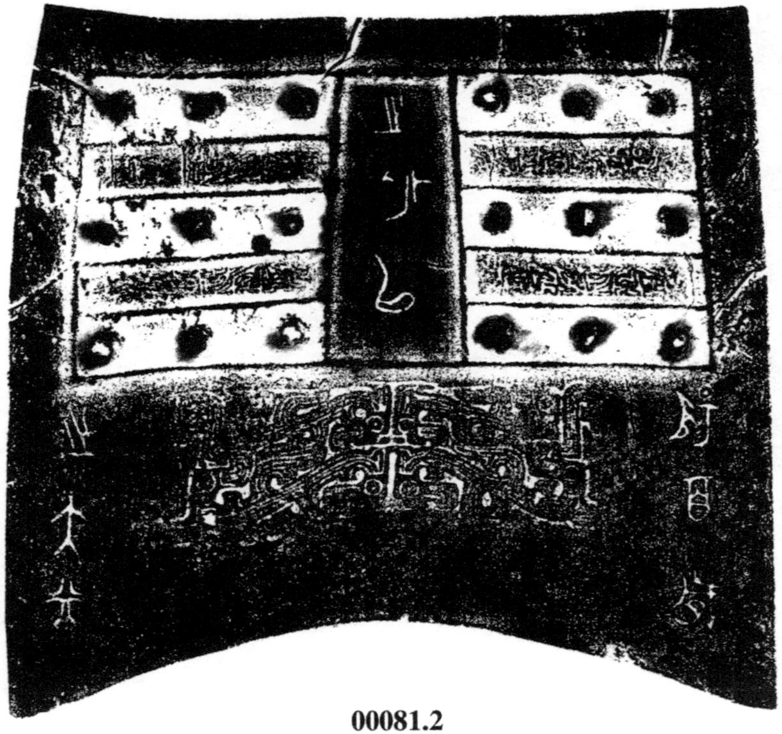

00081.2

單伯旲生鐘

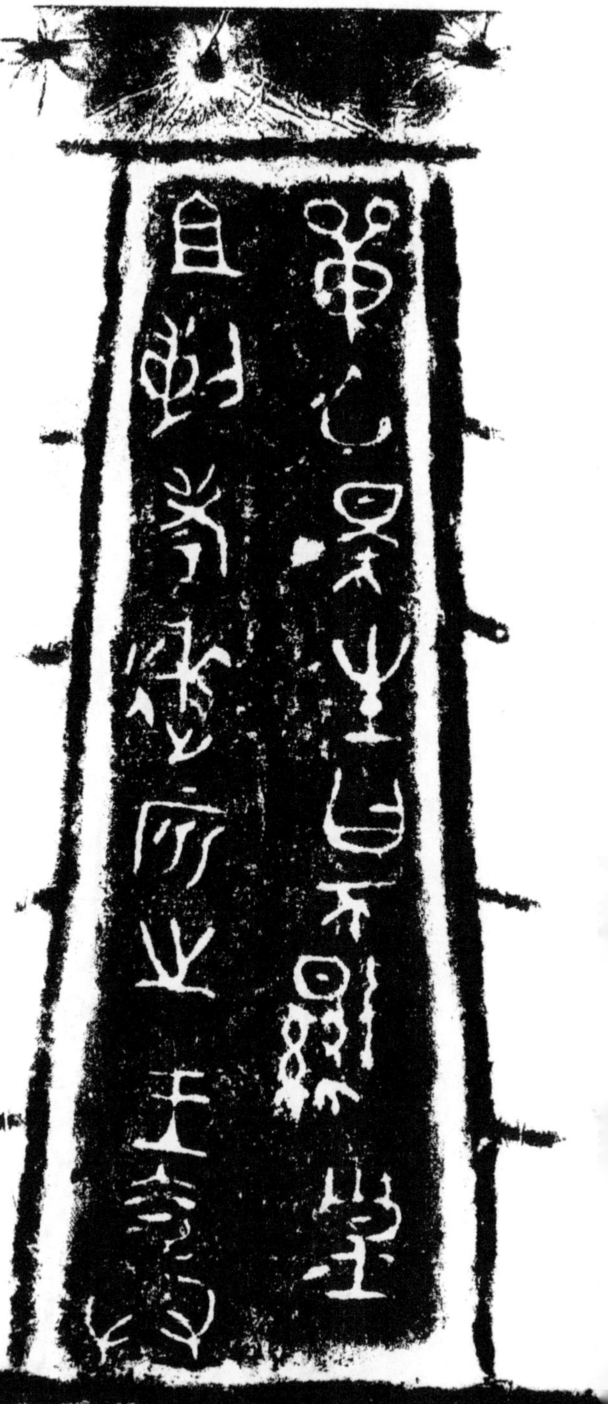

單伯旲生（甥）曰：不（丕）顯皇
祖剌（烈）考，徠匹之王，彝
堇（勤）大令（命），
余小子肇
帥井（型）朕
皇祖考懿
德，用保奠

00082

楚王酓章鐘

唯王五
十又六
祀，返自
西鴋，楚
王酓（熊）章

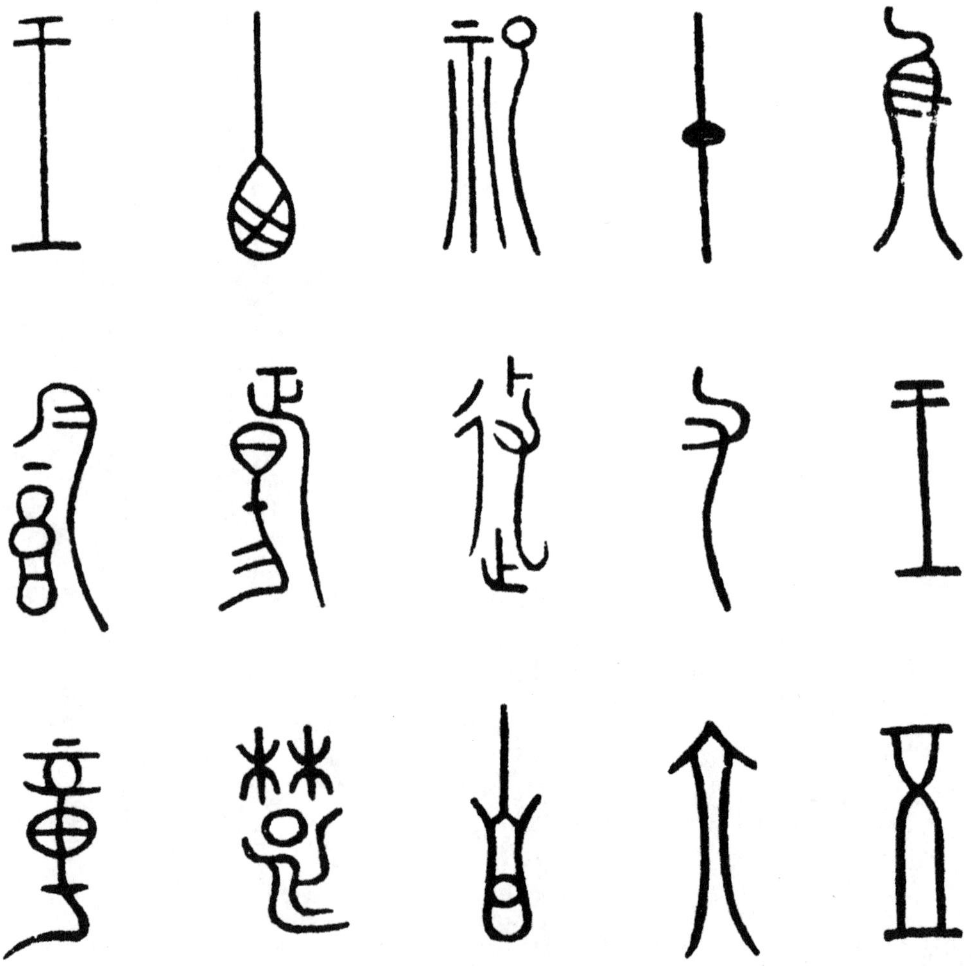

00083.1

乍(作)曾侯
乙宗彝，
寘之于
西鴋，其
永時(持)用享，
穆商，商

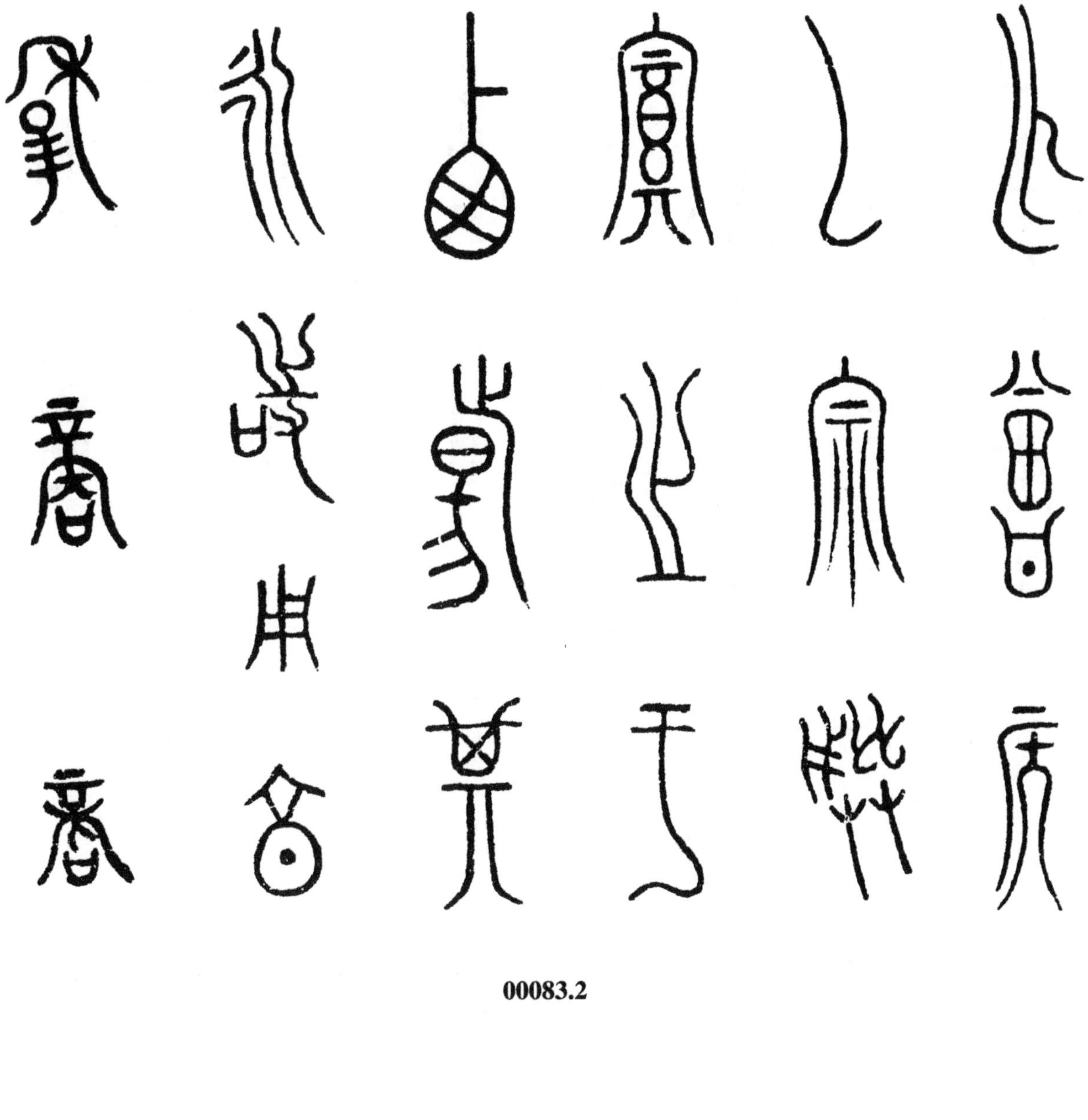

00083.2

楚王酓章鐘

乍（作）曾
侯乙
宗彝，
寘之
于西
鴋，其永時（持）用享，
少羿（羽）反，宮反

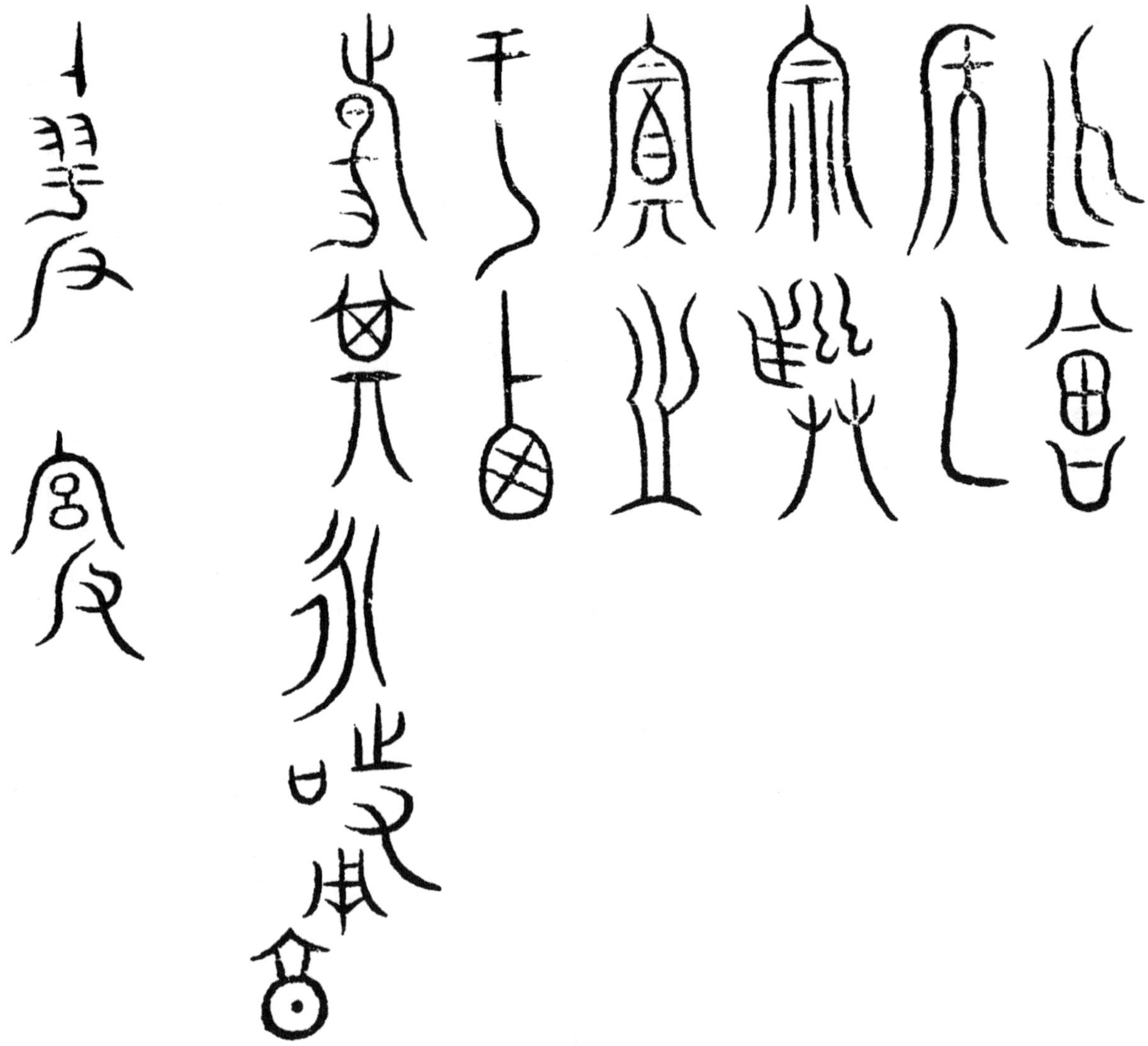

00084

楚王酓章鎛

原高三五厘米

唯王五十又六祀，返自西鴋，楚王酓（熊）章乍（作）曾侯乙宗彝，窴之于西鴋，其永時（持）用享

00085

鼄大宰鐘

鼄(邾)大(太)宰欉子敦(掠)，自乍(作)其𧙏(扣)鐘，擇其吉金膚(鑪)呂(鋁)，敦(掠)用

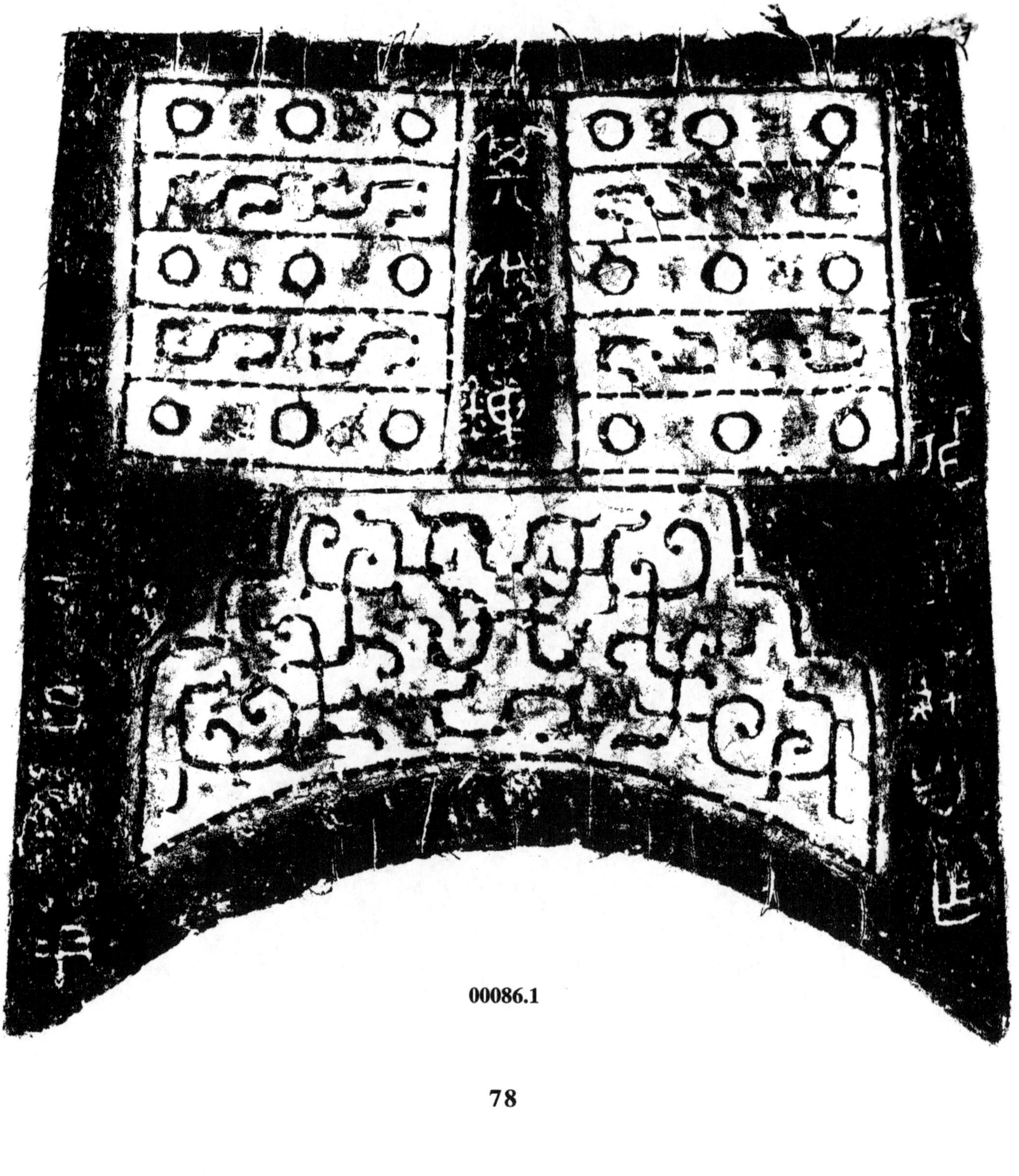

00086.1

祈眉壽多褔（福），萬年無疆，子子孫孫，永保用享。

00086.2

鼄叔之伯鐘

①唯王六(月)，初吉壬午，鼄(邾)叔之伯□友擇左(厥)吉金，用鑄其

②龢鐘，以乍(祚)其賲(保)用享子子孫孫，永

③皇祖、皇考，用旂(祈)眉壽無疆，

00087

䖒鐘

唯正月初吉丁亥，虘乍(作)寶鐘，用追孝于己伯，用享大宗，用濼(樂)好賓，虘眔蔡姬永寶，用卲大宗

00088

唯正月初吉丁亥，
叡乍（作）寶鐘，用追
孝于己
伯，用享
大宗，用
濼（樂）好賓，
叡眔蔡
姬永寶，用
卲大宗

叡鐘

00089

䖒鐘

①用追孝于己伯，用享大宗，用濼（樂）

00090

㪟鐘

②好賓，
㪟眔
蔡姬
〔永寶〕

00091

㪤鐘

首，敢對揚天子不（丕）顯
休，用乍（作）
朕文考釐
伯龢𣓁（林）鐘，
㪤眔蔡
姬永寶

00092

⿰爿各孫鐘

唯王正月，初吉丁亥，攻敔
仲冬㦰之
外孫、坪之
子臧孫，擇
厥吉金，
自乍（作）龢鐘，子子孫孫，
永保是從

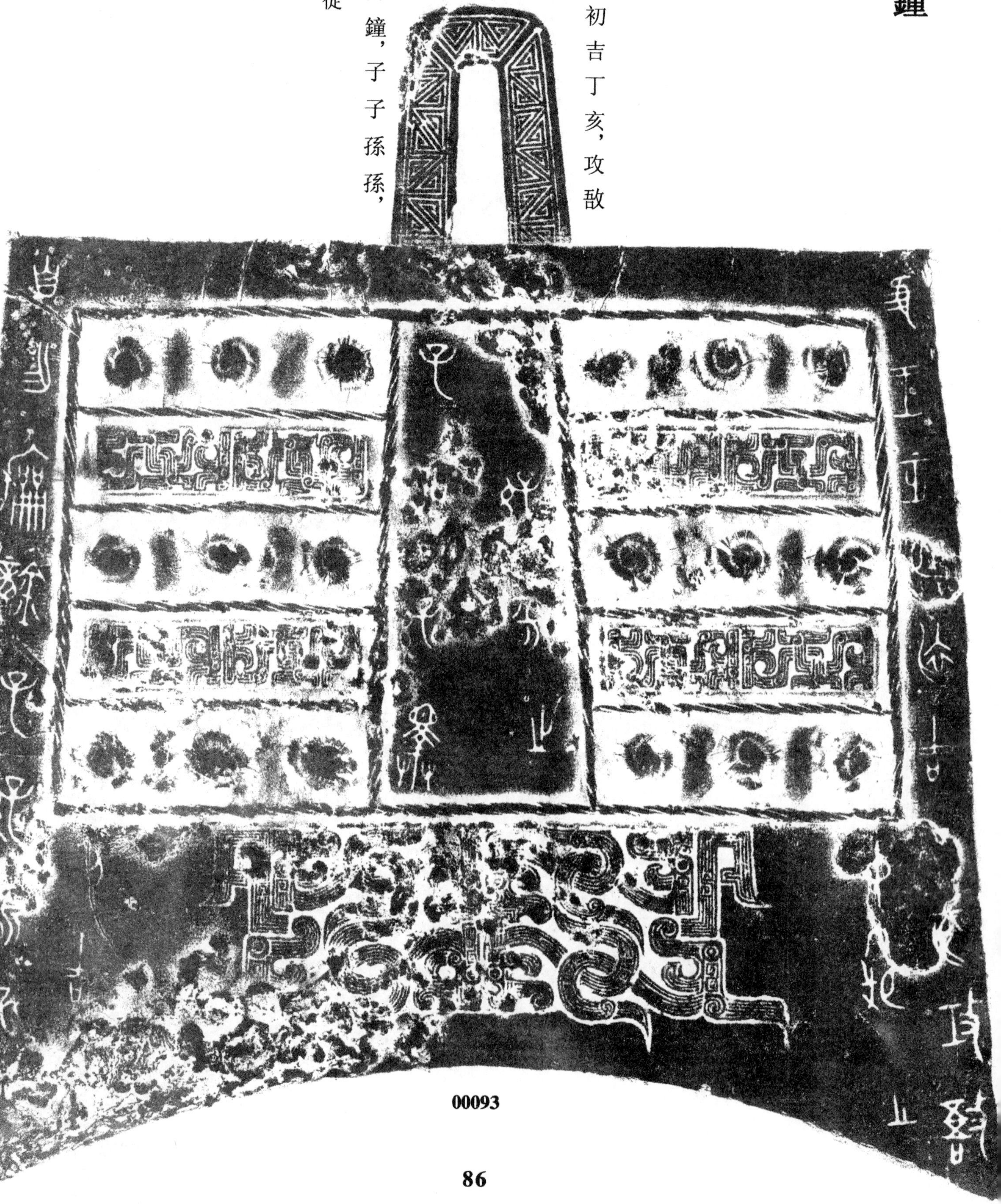

00093

⿰爿各孫鐘

唯王正月，初吉丁亥，攻敔
仲冬戚之
外孫、坪之
子臧孫，擇
厥吉金，
自乍(作)龢鐘，子子孫孫，
永保是從

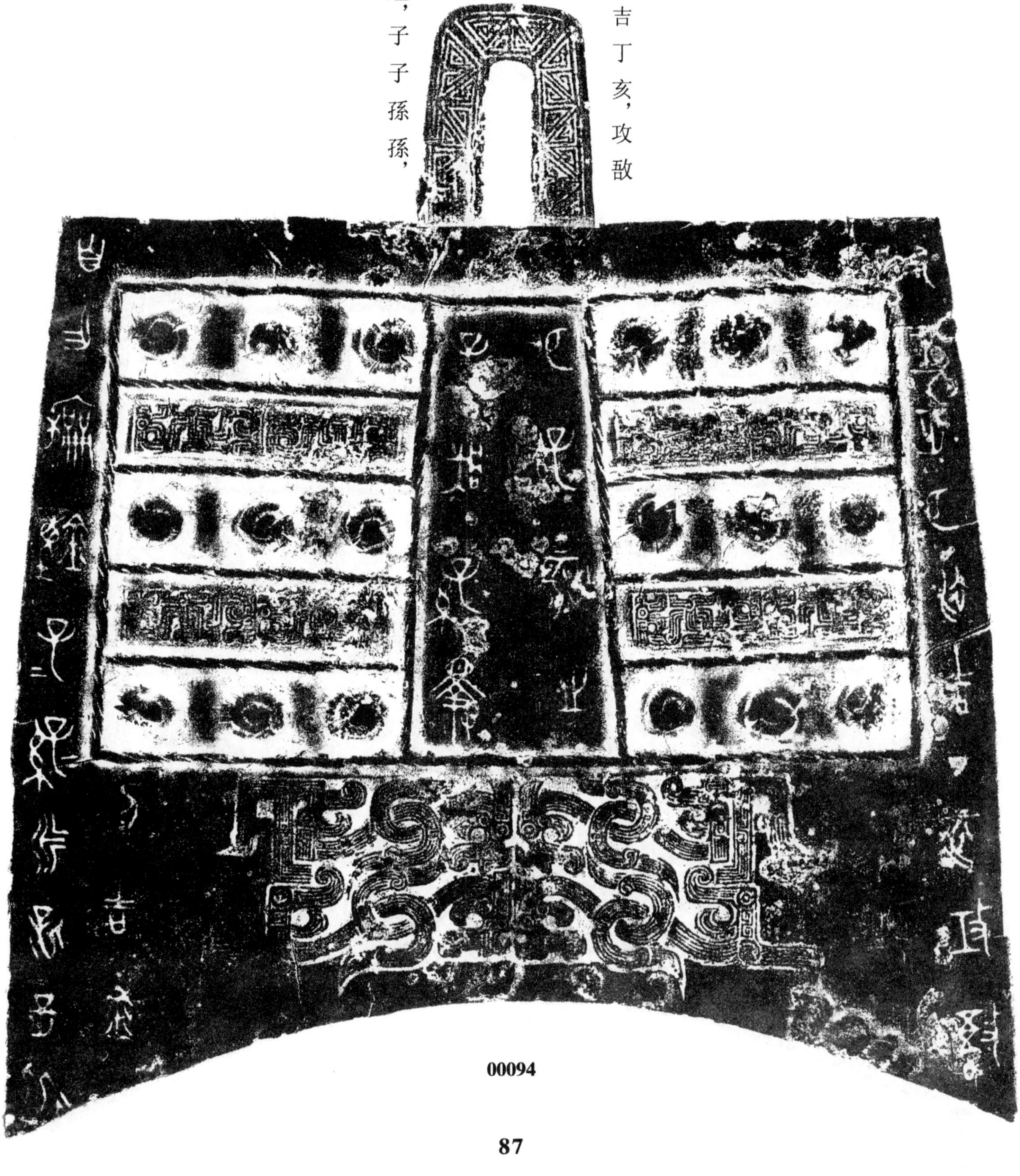

00094

⿰爿各孫鐘

唯王正月，初吉丁亥，攻
敔仲冬䖒
之外孫、坪
之子臧孫，
擇厥吉
金，自乍(作)龢鐘，子子孫孫，
永保是從

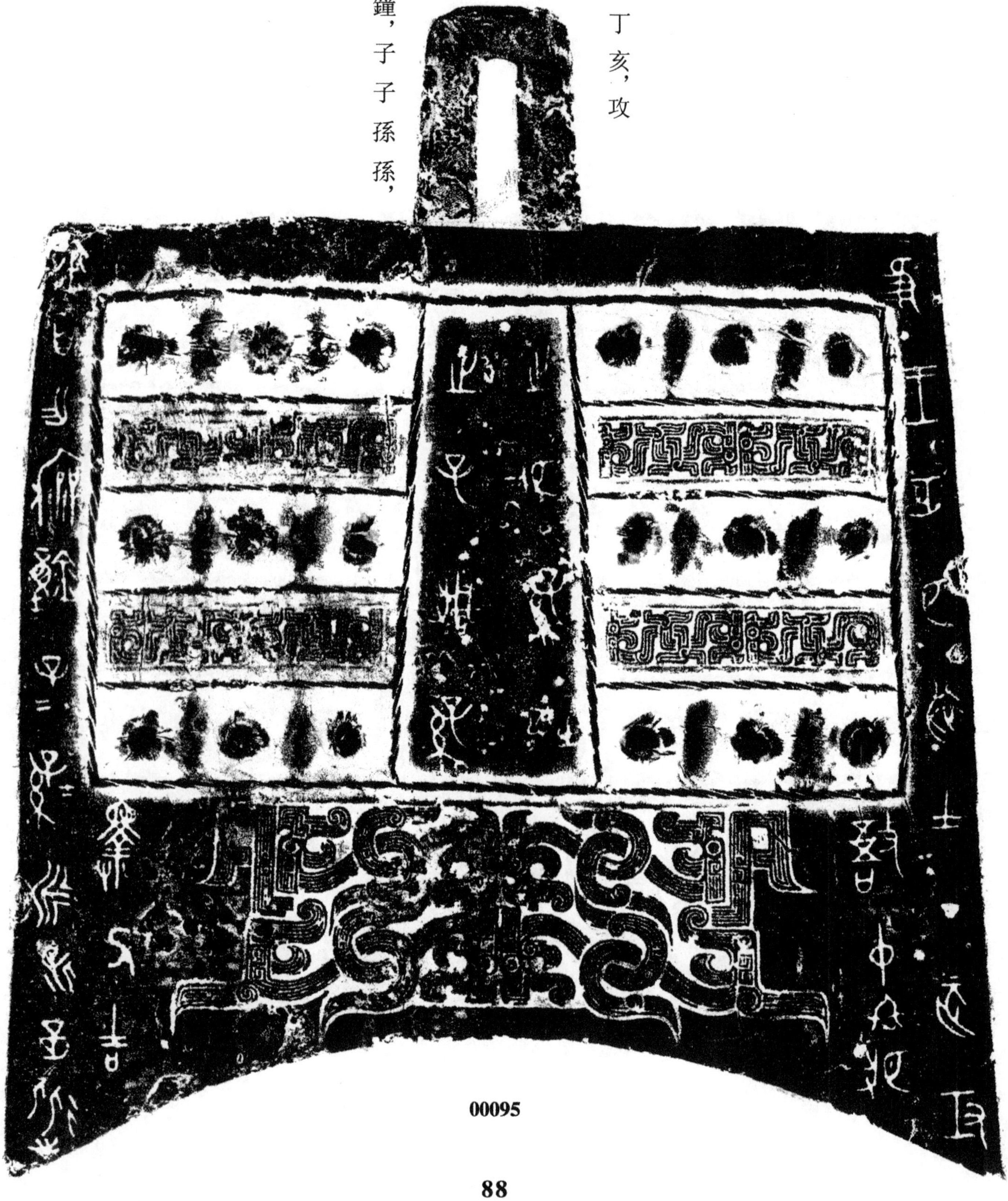

00095

⿰爿各孫鐘

唯王正月，初吉丁亥，攻敔仲冬𡻕之外孫、坪之子臧孫，擇厥吉金，自乍（作）龢鐘，子子孫孫，永保是從

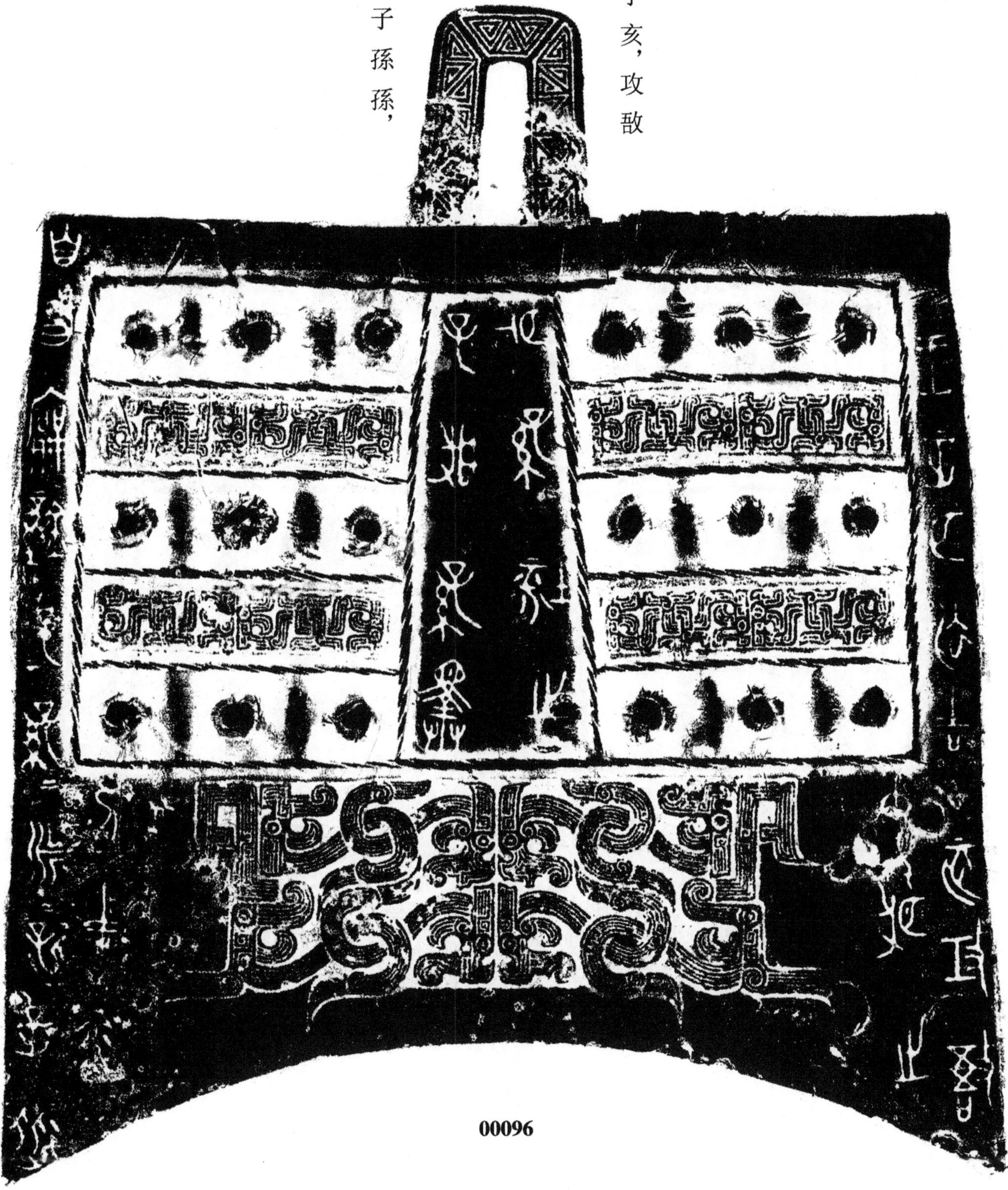

00096

臧孫鐘

唯王正月，初吉丁亥，攻敔仲戯之外孫、坪之子臧孫，擇厥吉金，自乍(作)龢鐘，子子孫孫，永保是從

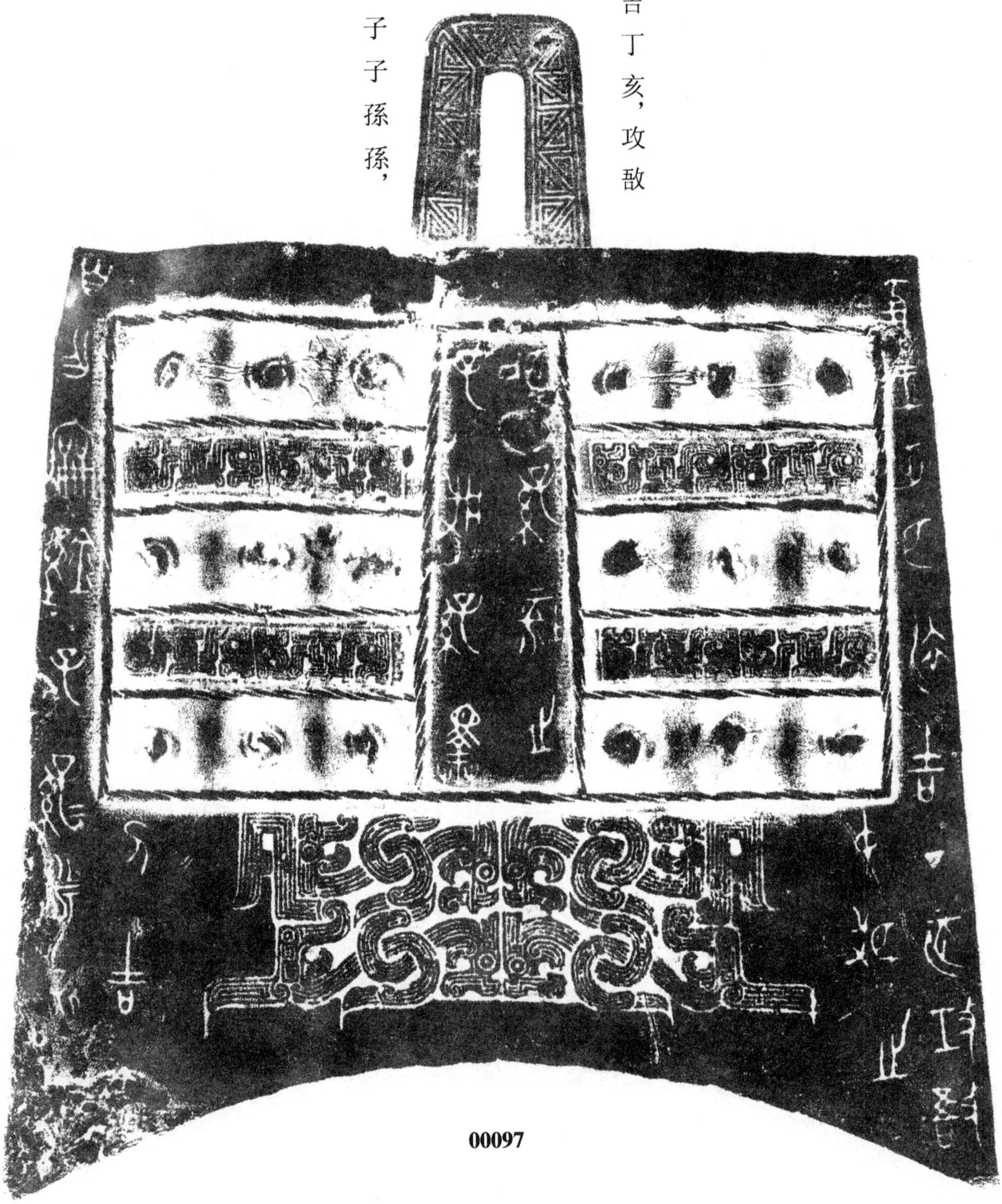

00097

𨚕孫鐘

唯王正月，初吉丁亥，攻敔
仲𠭯之
外孫、坪之
子臧孫，擇
厥吉金，
自乍(作)龢鐘，子子孫孫，
永保是從

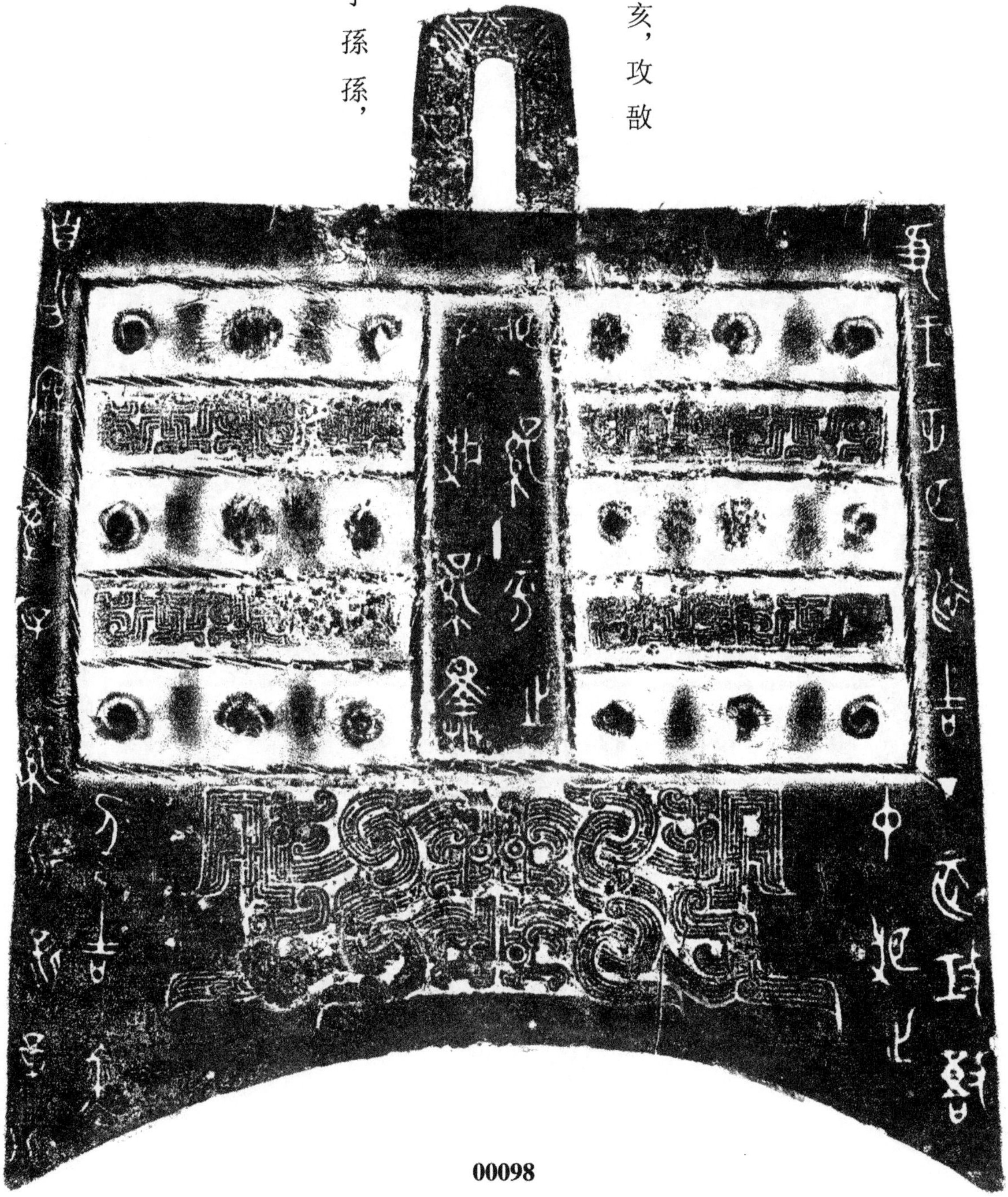

00098

⿰爿各孫鐘

唯王正月，初吉丁亥，攻敔
仲戠之
外孫、坪之
子臧孫，擇
厥吉金，
自乍（作）龢鐘，子子孫孫，
永保是從

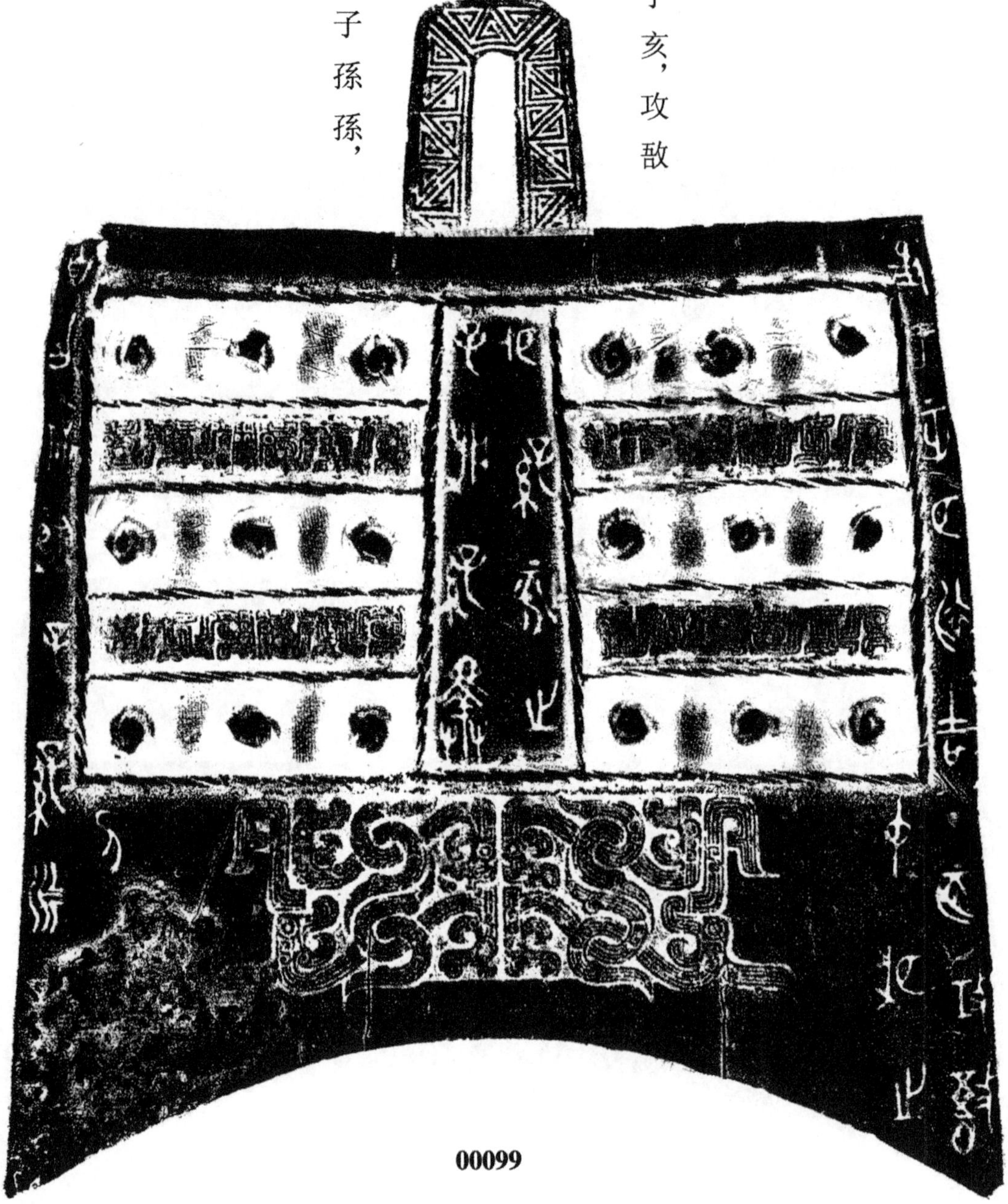

00099

臧孫鐘

唯王正月，初吉丁亥，攻敔仲冬戠之外孫、坪之子臧孫，擇厥吉金，自乍(作)龢鐘，子子孫孫，永保是從

00100

⿰爿各孫鐘

唯王正月，初吉丁亥，攻敔
仲冬㦰之
外孫、坪之
子臧孫，擇
厥吉金，
自乍（作）龢鐘，子子孫孫，
永保是從

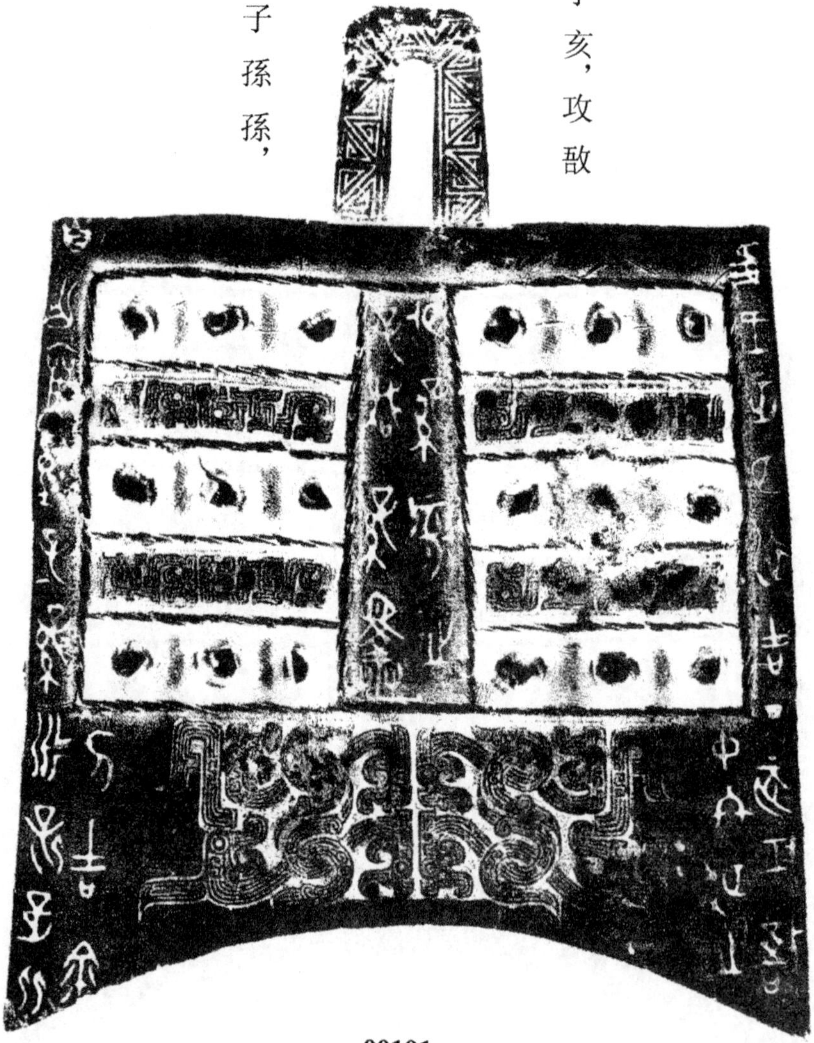

00101

邾公釺鐘

陸螐(融)之孫邾公釺，乍(作)厥
禾(龢)鐘，用敬
恤盟祀，旂(祈)年
眉壽，用樂我
嘉賓，及我
正卿，揚君霝(靈)，君以萬年

00102

遟父鐘

遟（遲）父乍（作）姬齊姜龢薔（林）鍾（鐘），

用卲乃穆穆不（丕）顯龍（寵）光，乃

用祈匄多福，侯（遲）父眔齊

萬年眉壽，子子孫孫亡（無）疆寶

00103

旲生殘鐘

〔初〕吉甲戌，王命

☐周，王若曰：⿱罒大〔生〕〔甥〕

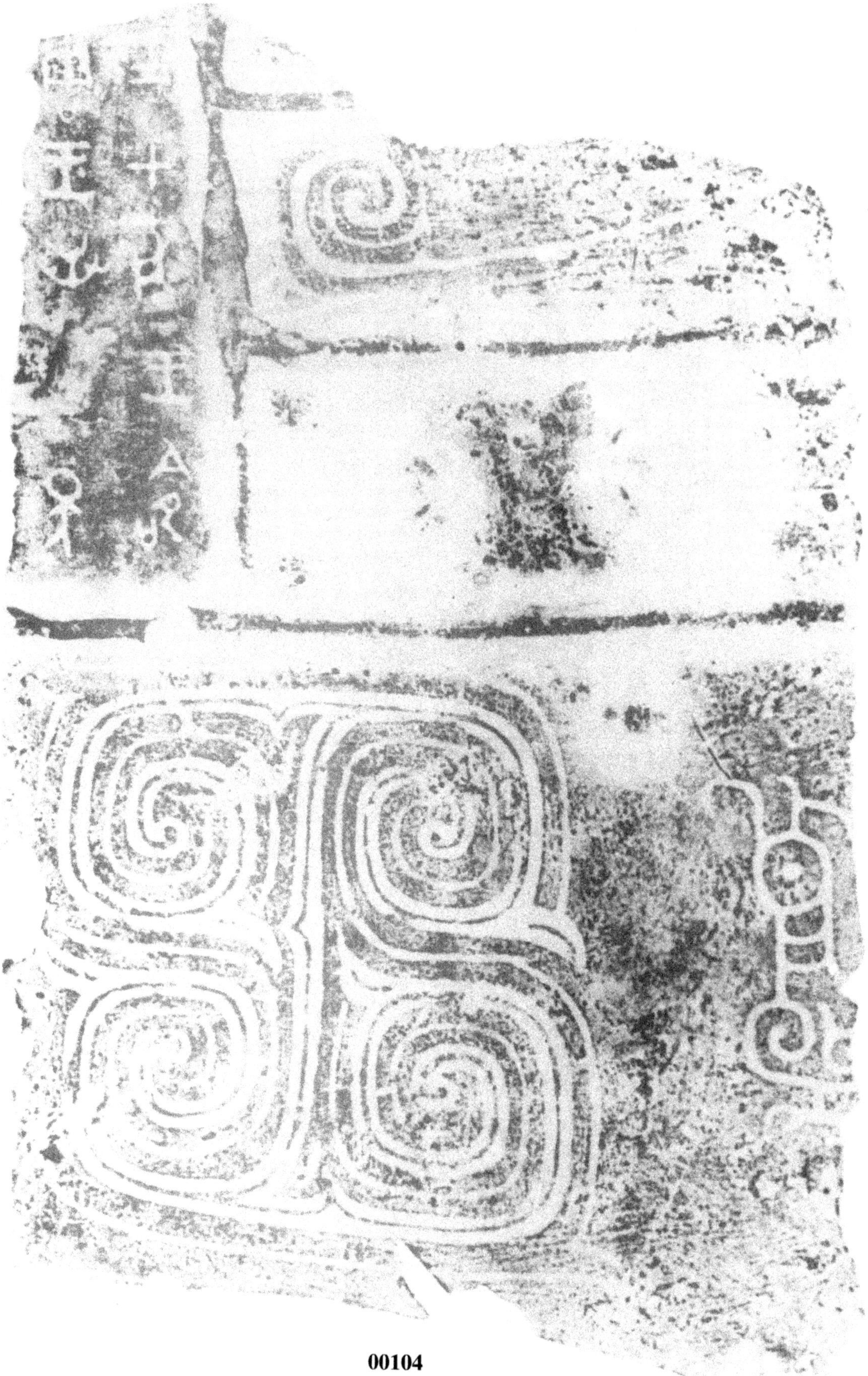

00104

旲生殘鐘

原高三四厘米

(旲)生(甥)拜手䭫首，敢對揚王休，旲
生(甥)用乍(作)穆公大鏢(林)鐘，用降多
福，用喜𣲜(侃)前
文人，用祈康
𤔲、屯(純)魯，川受
☐

00105

楚公逆鐘

原高三〇厘米

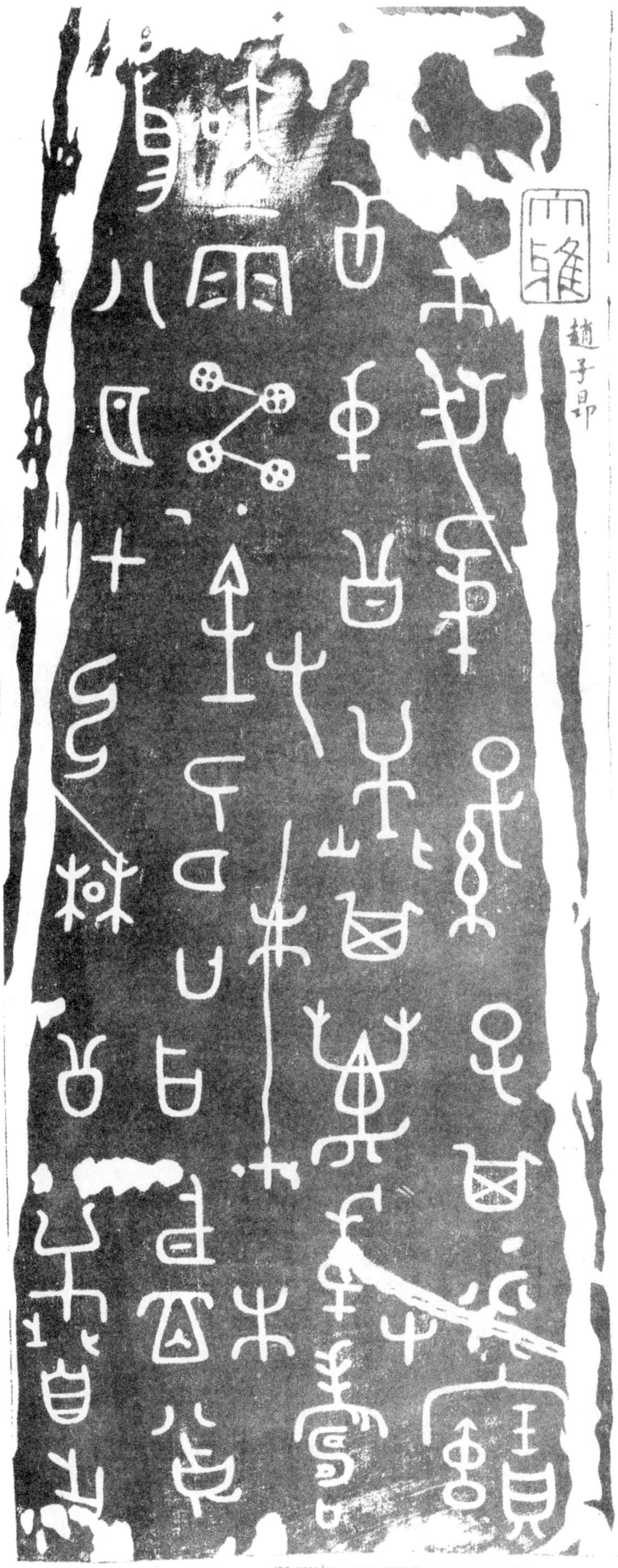

唯八月甲申，楚公逆自乍（作）

夜雷鎛，厥格（名）曰身柮（恤），爲

□舌屯，公逆其萬年又（有）壽，

□師□身，孫子其永寶

00106

雁侯見工鐘

唯正二月初
吉，王歸自成周，膺（應）侯見工
遺（饋）王于周，辛
未，王各于康，
焚（榮）伯內（入）右（佑）膺（應）
侯見工，賜彤弓一、彤矢百、馬

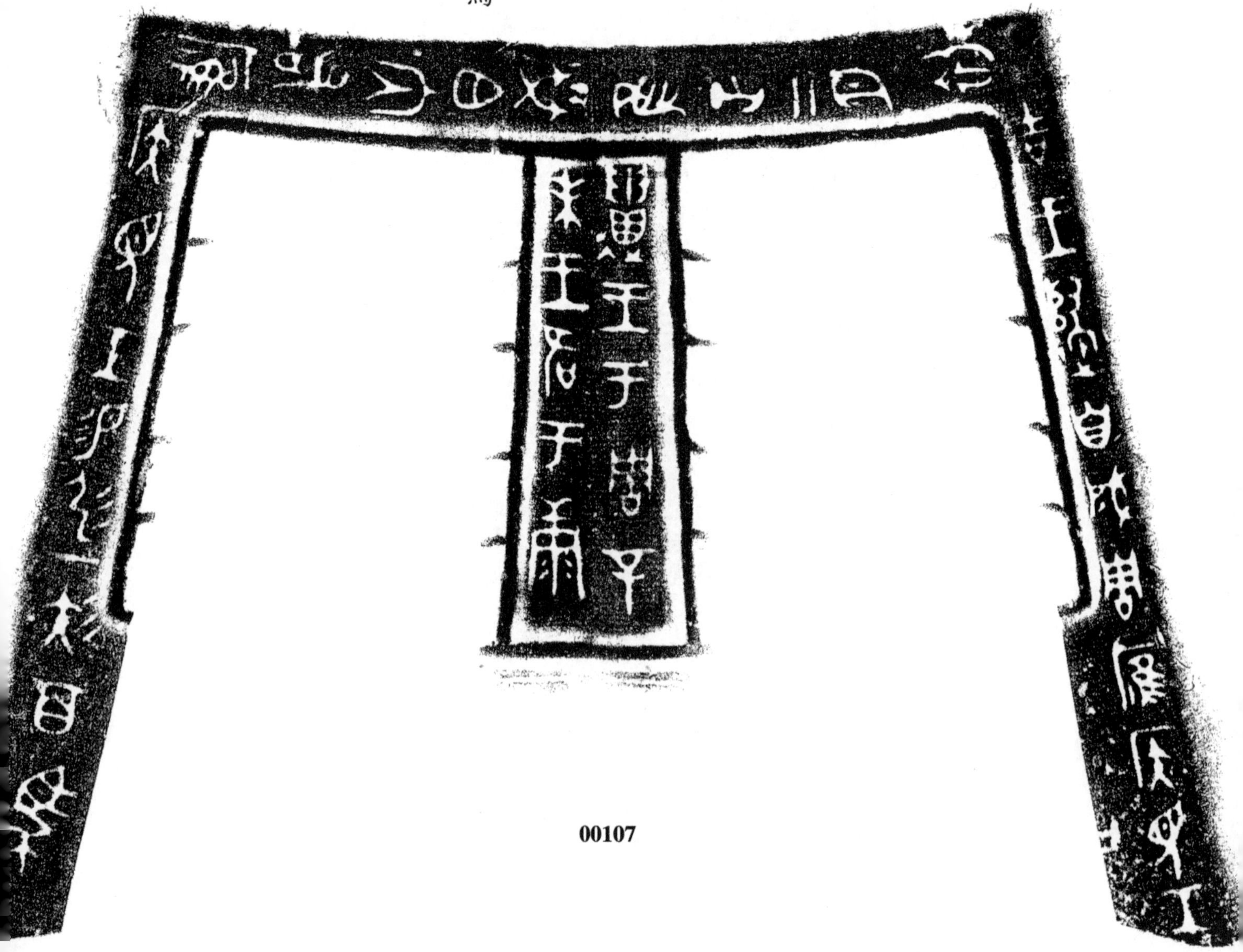

00107

雁侯見工鐘

四匹，見工敢
對揚天子休，用乍（作）朕
皇祖膺（應）侯
大薔（林）鐘，用
賜眉壽、
永命，子子孫孫永寶用

00108

井人妄鐘

井人人妄曰：覭（景）盄（淑）文祖、
皇考，克質（哲）厥德，得屯（純）
用魯，永冬（終）于吉，妄不
敢弗帥用文祖、皇考，

00109.1

穆穆秉德，
妥憲憲聖
趬（爽），疐處

00109.2

丼人妄鐘

宗室，肆（肆）妄乍（作）龢父大
禁（林）鐘，用追考（孝）、侃喜前文
人，前文人其嚴在上，數數㚟㚟，降
余厚多福無疆，妄其
萬年，子子孫孫
永寶用享

00110

井人妄鐘

井人人妄曰：覭（景）盄（淑）文祖、皇考，克質（哲）厥德，得屯（純）用魯，永冬（終）于吉，妄不敢弗帥用文祖、皇考，

00111.1

穆穆秉德，

妄憲憲聖

趚（爽），疐處（宗室）

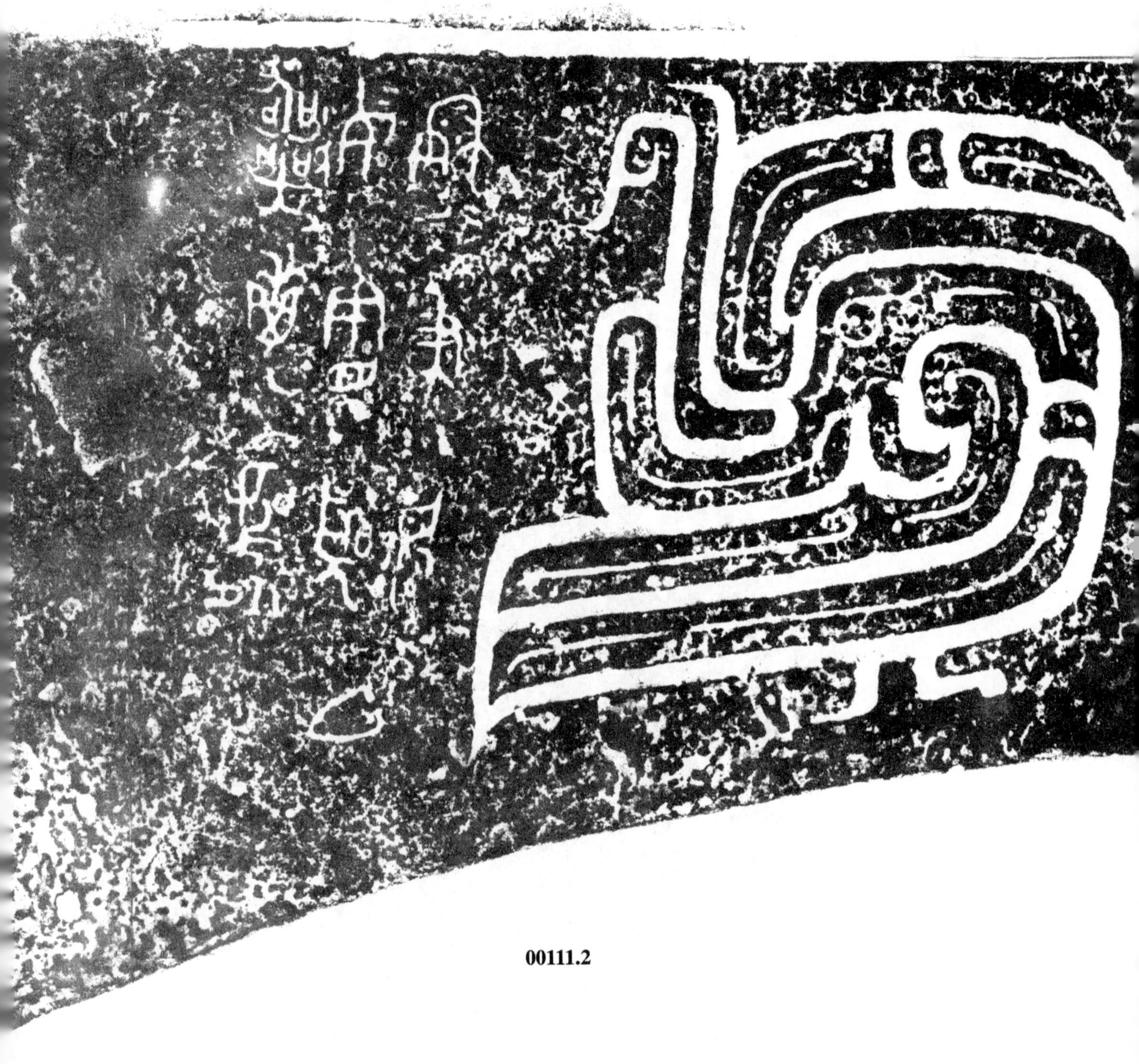

00111.2

丼人妄鐘

原高三一厘米

處宗室，肄（肆）妄乍（作）龢父大醬（林）鐘，用追考（孝）考（孝）侃前文人，前文人其嚴在上，數數梟梟，降余厚多福無疆，妄其萬年，子子孫永寶用享

子璋鐘

①唯正十月，初吉丁亥，群孫斨子璋，子璋擇其吉金，自乍(作)龢鐘，

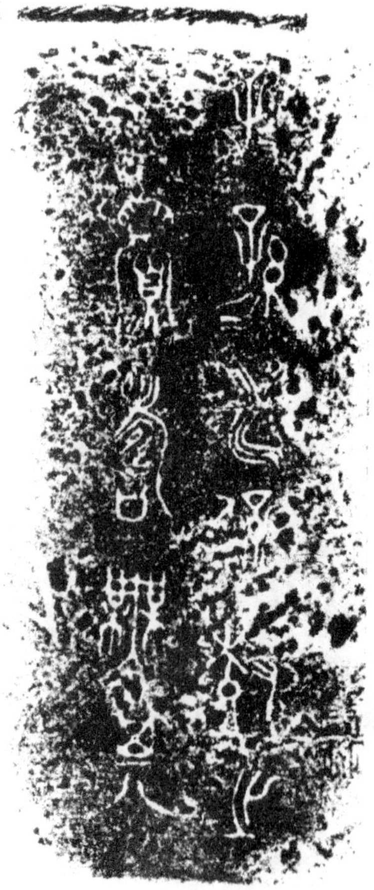

②用匽(宴)以喜(饎)，用爍(樂)父蚘(兄)、者(諸)士，

③其眉壽無基(期)，子子孫孫，永保鼓之

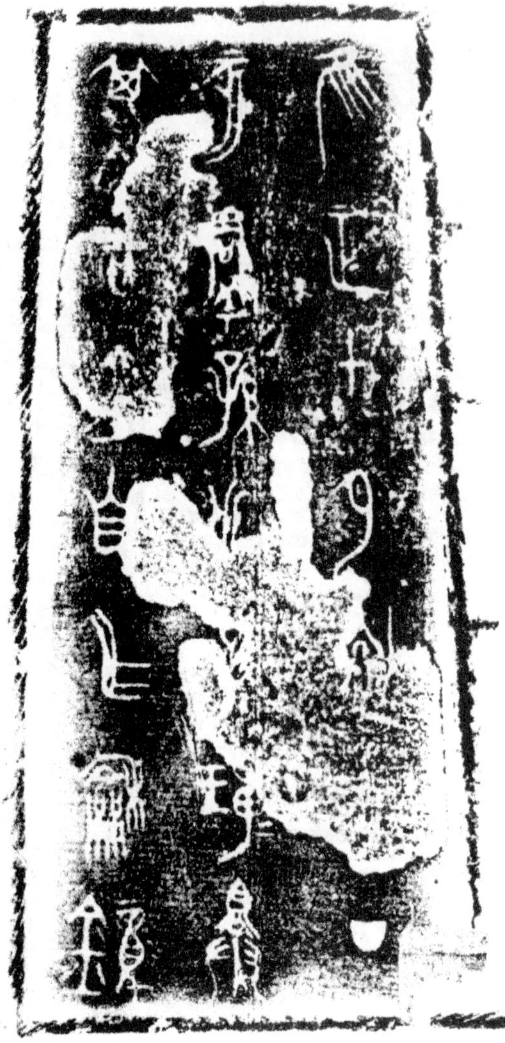

00113

子璋鐘

①唯正十月，初吉丁亥，群孫斨子②璋，子璋擇其吉金，自乍（作）龢鐘，用匽（宴）以喜（饎），用樂③父兕（兄）、者（諸）士，其眉壽無基（期），子子孫孫，永保鼓之

00114

子璋鐘 原高二七厘米

⑤ 無基(期)，子子孫孫，
永保鼓之

① 唯正十月，初
吉丁亥，群孫斨

② 子璋，子璋擇其
吉金，自乍(作)

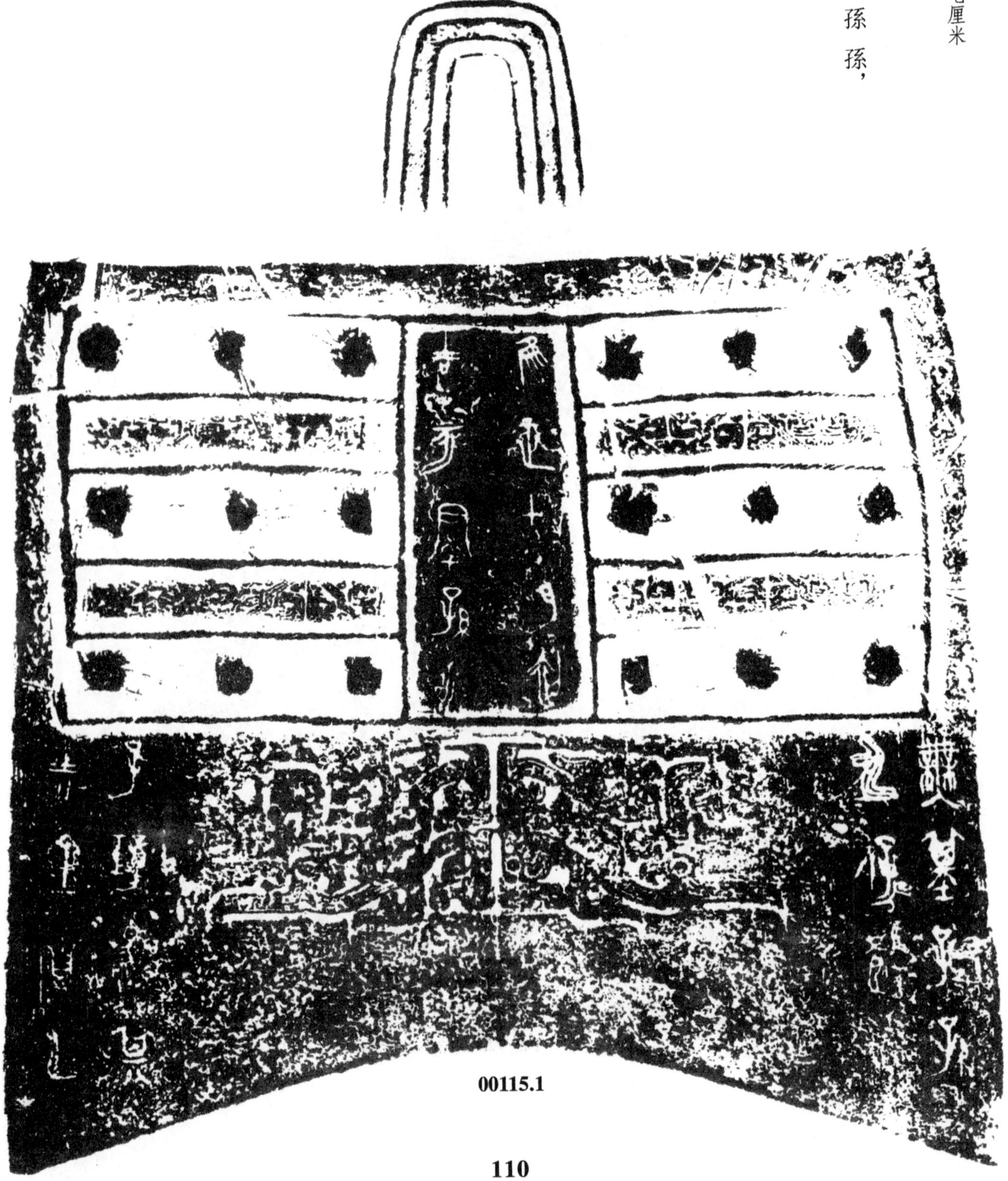

00115.1

原高二五厘米

③龢鐘，用匽（宴）
以喜（饎），用樂

④父蚬（兄）、者（諸）士，
其眉壽

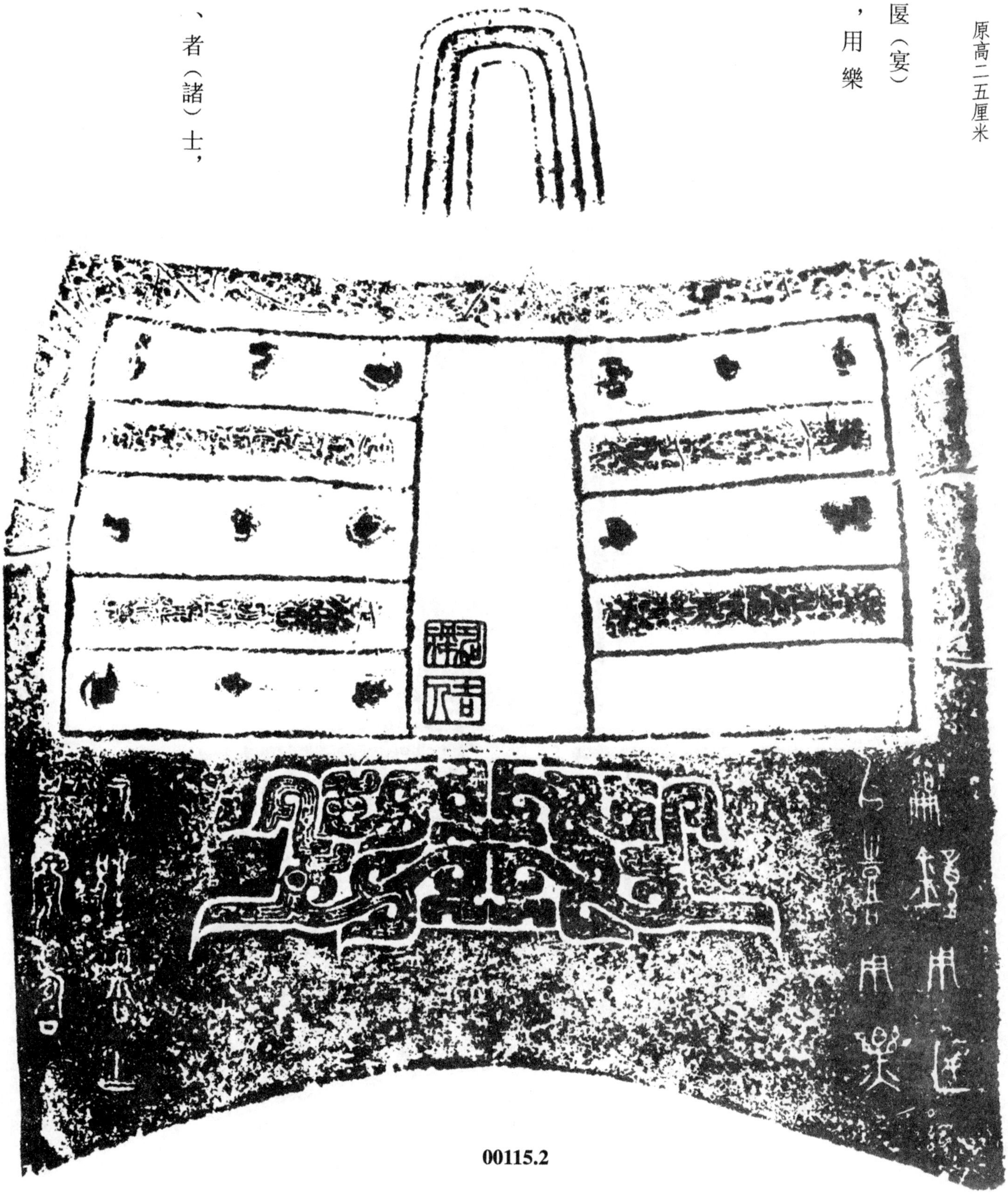

00115.2

子璋鐘

⑤無基（期），子子孫孫，永保鼓之

①唯正十月，初吉丁亥，群孫

②斨子璋，子璋擇其吉金，自

00116.1

③乍（作）龢鐘，用
匽（宴）以喜（饎），用

④樂父⿰虫兄（兄）、者（諸）
士，其眉壽

00116.2

子璋鐘

①唯正十月，初吉丁亥，群孫

②斨子璋，子璋擇其吉金，自

⑤無基(期)，子子孫孫，永保鼓之

00117.1

③乍(作)龢鐘，用匽(宴)以喜(饎)，用

④樂父𤯍(兄)、者(諸)士，其眉壽

00117.2

子璋鐘

①唯正十月，初吉丁亥，

③龢鐘，用

00118.1

②群孫斨子璋，璋擇其吉金，自乍(作)

00118.2

子璋鐘

00119.1

④ 厦（宴）以喜（饎），用

00119.3

⑥ 眉壽無其（期）

00119.2

⑤ 樂天（父）兄、
（諸）之（士），其

00119.4

⑦ 子子孫孫，永
保鼓之

者沪鎛

唯戉（越）十有（又）
九年，王曰：
者汈，女（汝）亦
虔秉不（丕）浧（經）（德），

00120.1

□，（用）爯剌（烈）𤖼（壯），
光之于聿（肆），
女（汝）其用茲，
妥（綏）安乃壽

00120.2

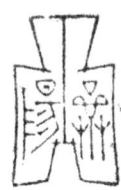

者沪鐘 原高二〇厘米

⑥朕立（位），今
余其念
讟乃有

①唯戉（越）十
有（又）九年，

②王（曰：者）
汈，女（汝）亦
虔（秉）不（丕）

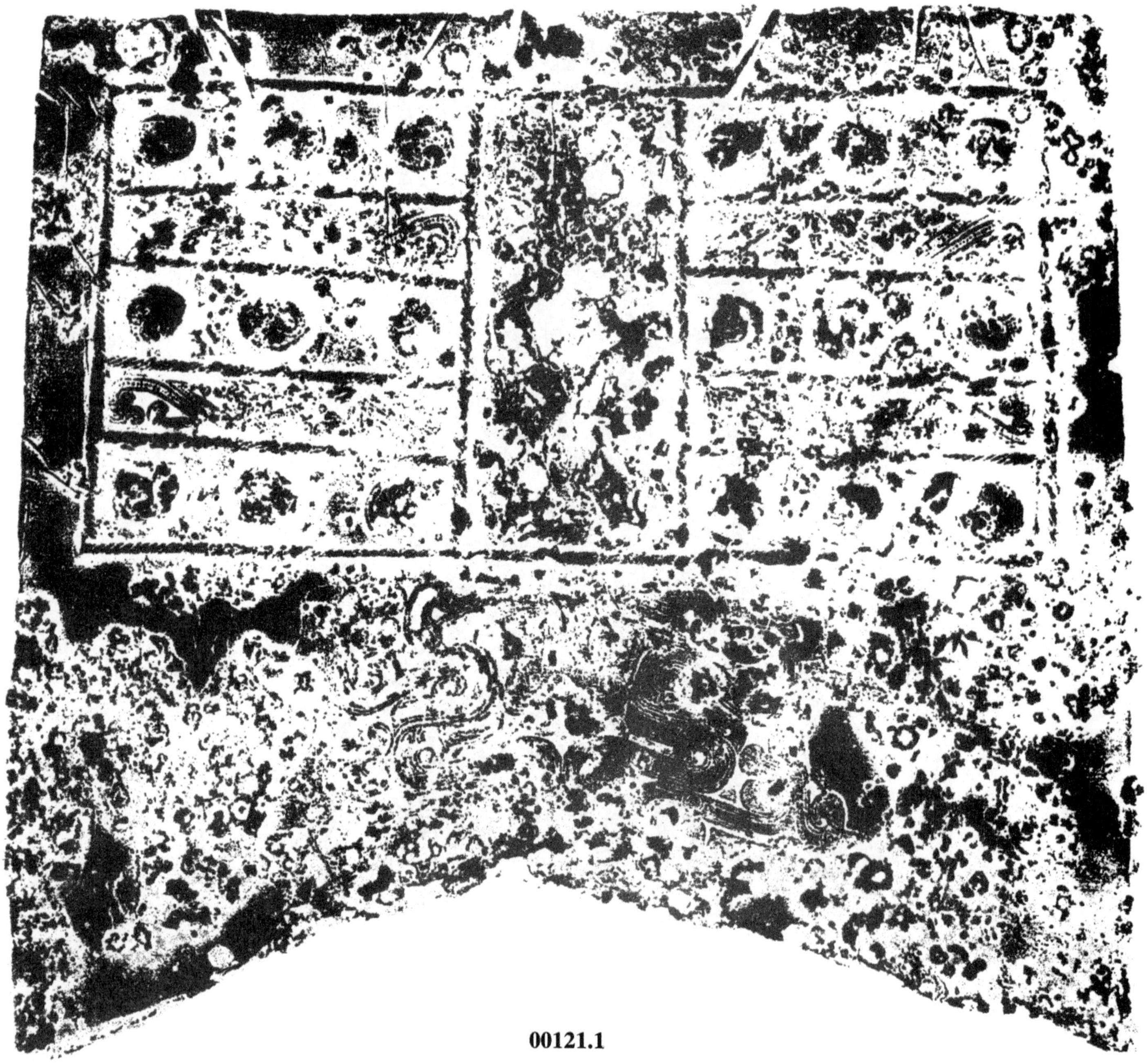

00121.1

③
淫（經）德，以
克總光
朕郕（越），于

④
之悉學，
趄趄哉，弼

⑤
（王侘（侘），宔（往）
攼（捍）庶戱（盟），
台（以）祇光）

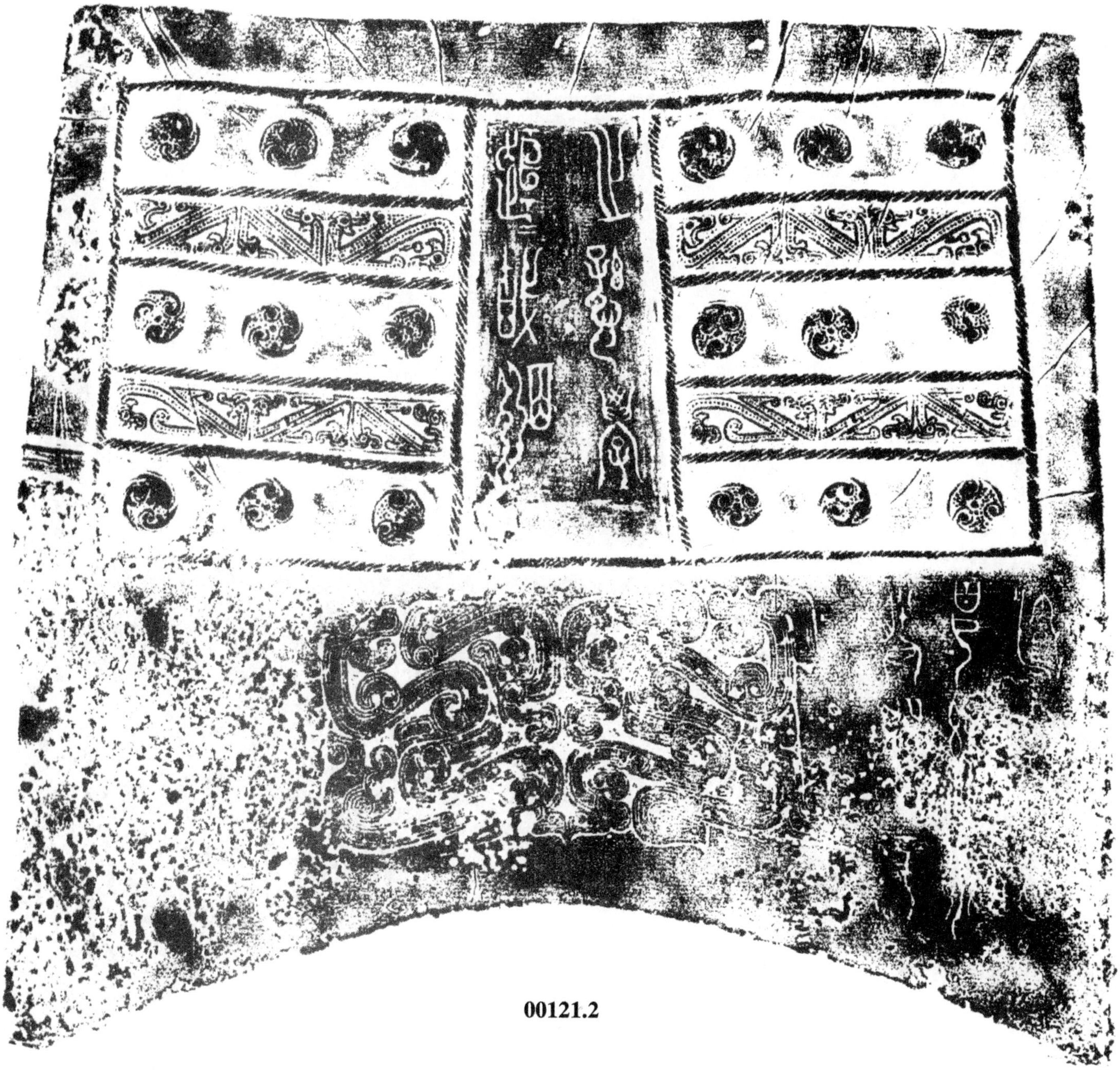

00121.2

者沪鐘 原高二〇厘米

⑥朕立（位），今
余其念
讇乃有

①唯戉（越）十
有（又）九年，

②王曰：者
汈，女（汝）亦
虔秉不（丕）

00122.1

③ 涇（經）德，以
克總光
朕邲（越），于

④ 之悉學，
趄趄哉，弼

⑤ 王侂（侂），宔（往）
攼（捍）庶戱（盟），
台（以）祇光

00122.2

者沪鐘

⑥不義，
訅之

①剌（烈）壯（壯）
用再，

②光之
于聿（肆），

00123.1

③女（汝）其用茲，

④妥（綏）安乃壽，

⑤□𤖼（逸）康樂，

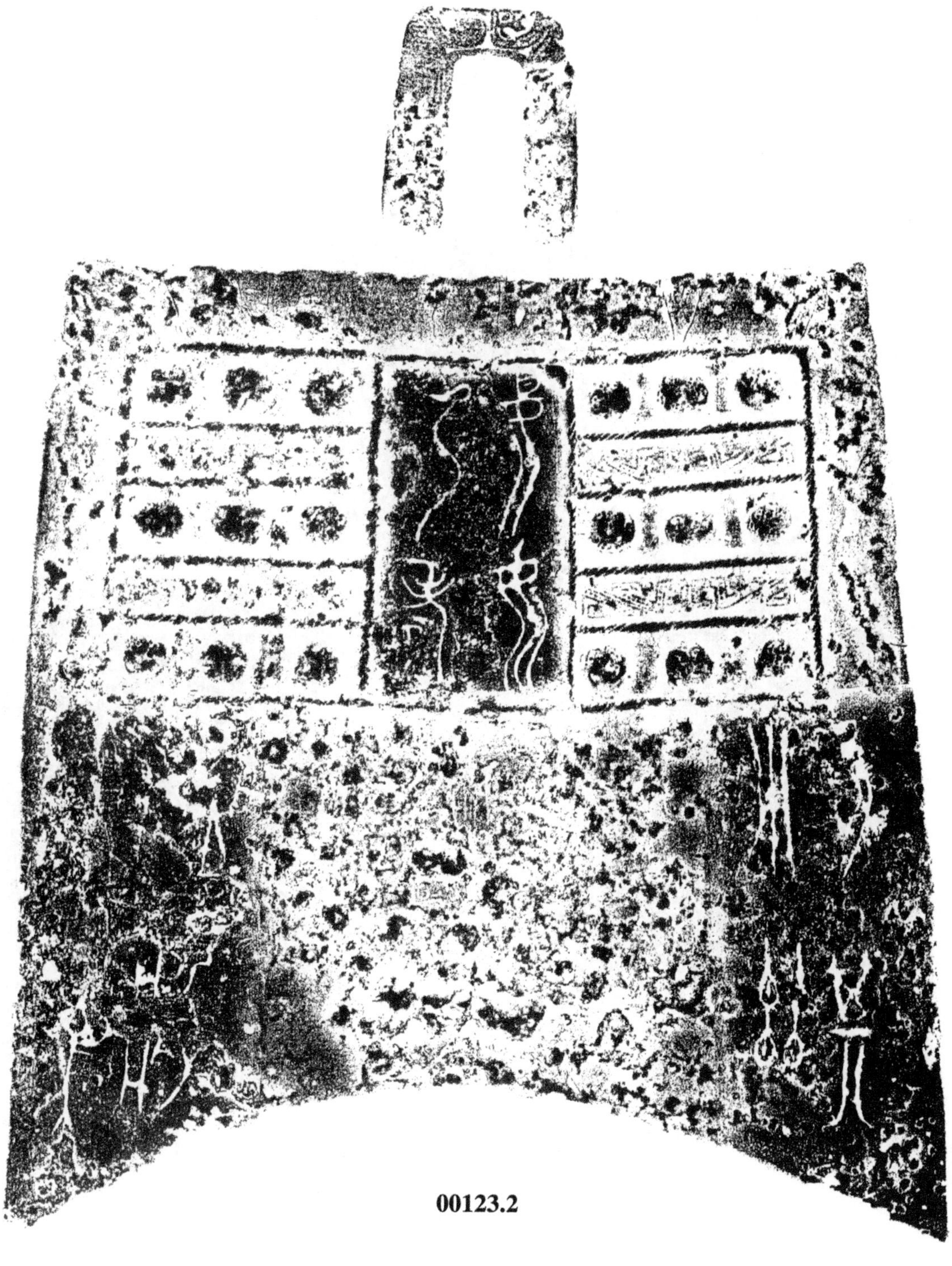

00123.2

者沪鐘

⑥永保

①勿有

不義，

②〔訧之

于不〕

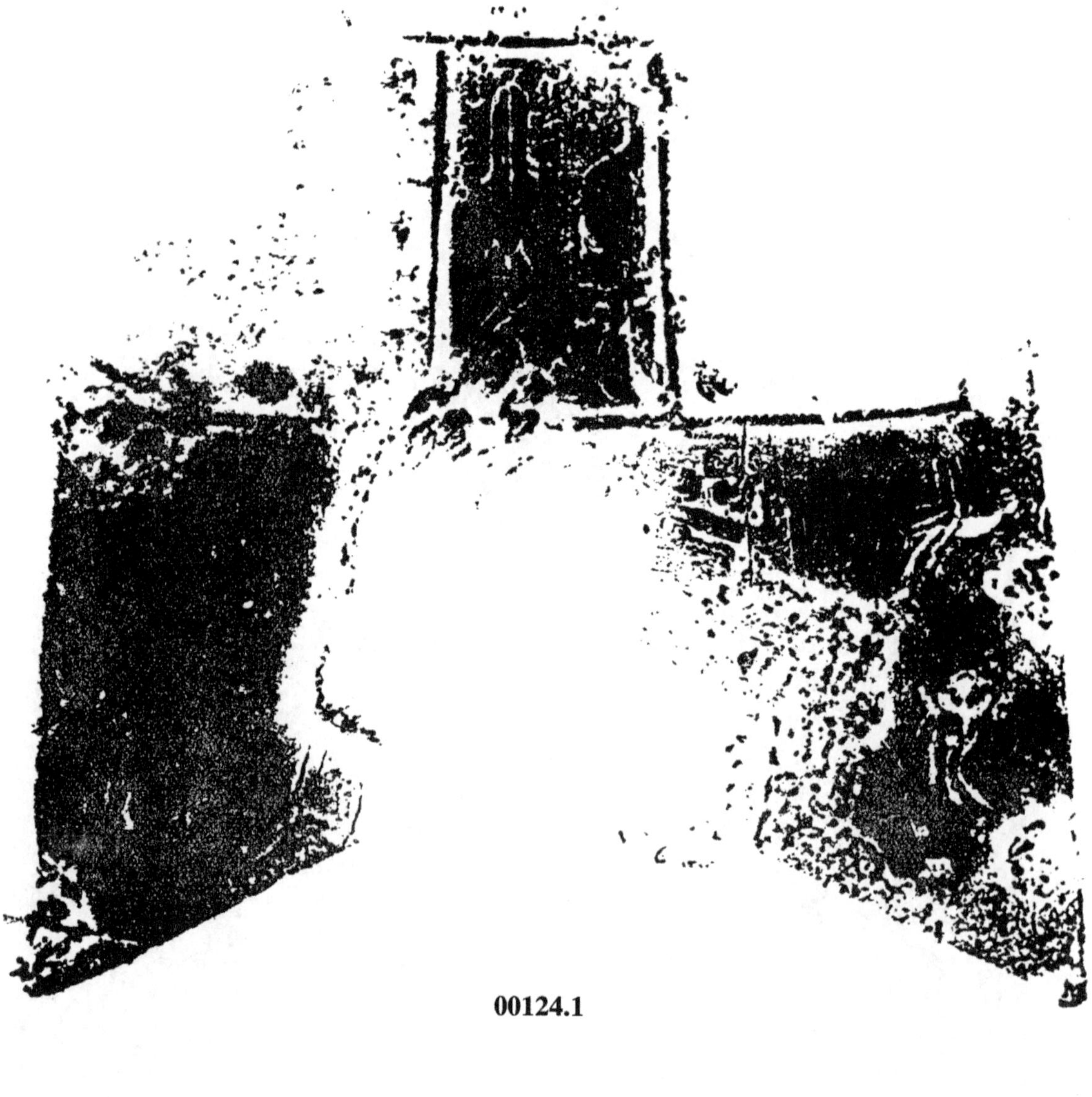

00124.1

③啻，唯王命，④元灝乃德，⑤子孫

00124.2

者沪鐘

⑥光朕
邸(越),于

①唯戉(越)
十有(又)

②九年,
王曰:

00125.1

③者沕，女（汝）亦

④虔秉不（丕）涇（經）

⑤德，台（以）克總

00125.2

者沪鐘

⑫念譎乃有，

⑦之遜（遜）學，趄趄

⑧哉，弼王侘（侂），

00126.1

⑨宔(往)攼(捍)庶戠(盟)，

⑩台(以)祇光朕

⑪立(位)，今余其

00126.2

者沪鐘

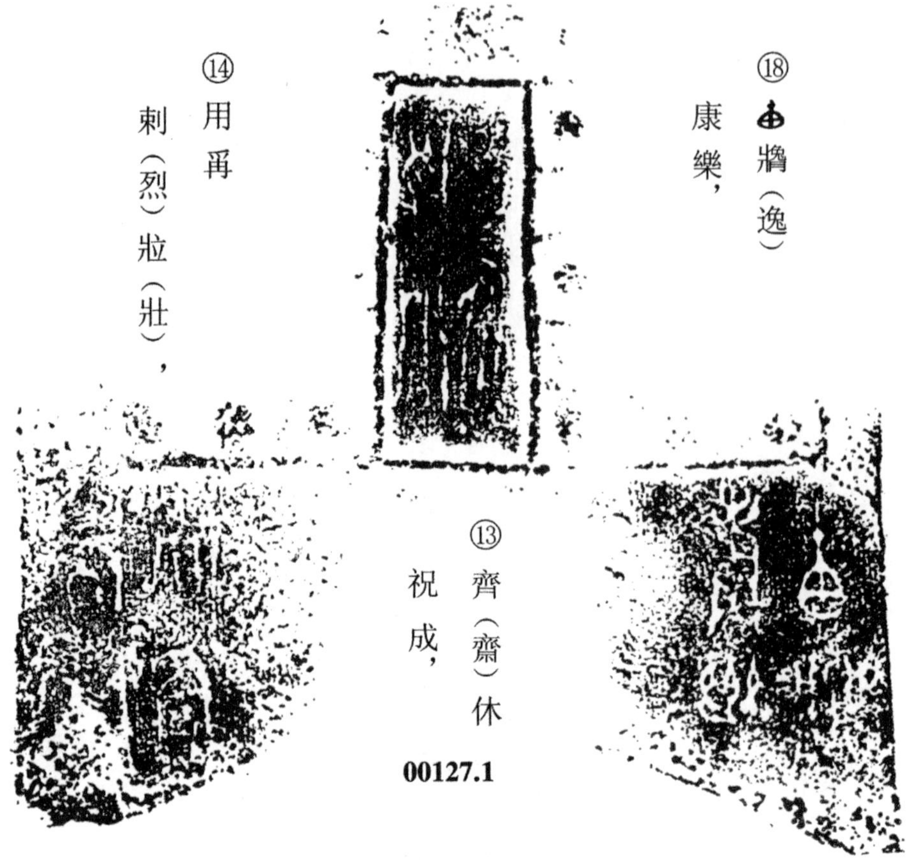

⑬ 齊（齋）休祝成，

⑭ 用再剌（烈）[爿立]（壯），

⑱ □𧖴（逸）康樂，

00127.1

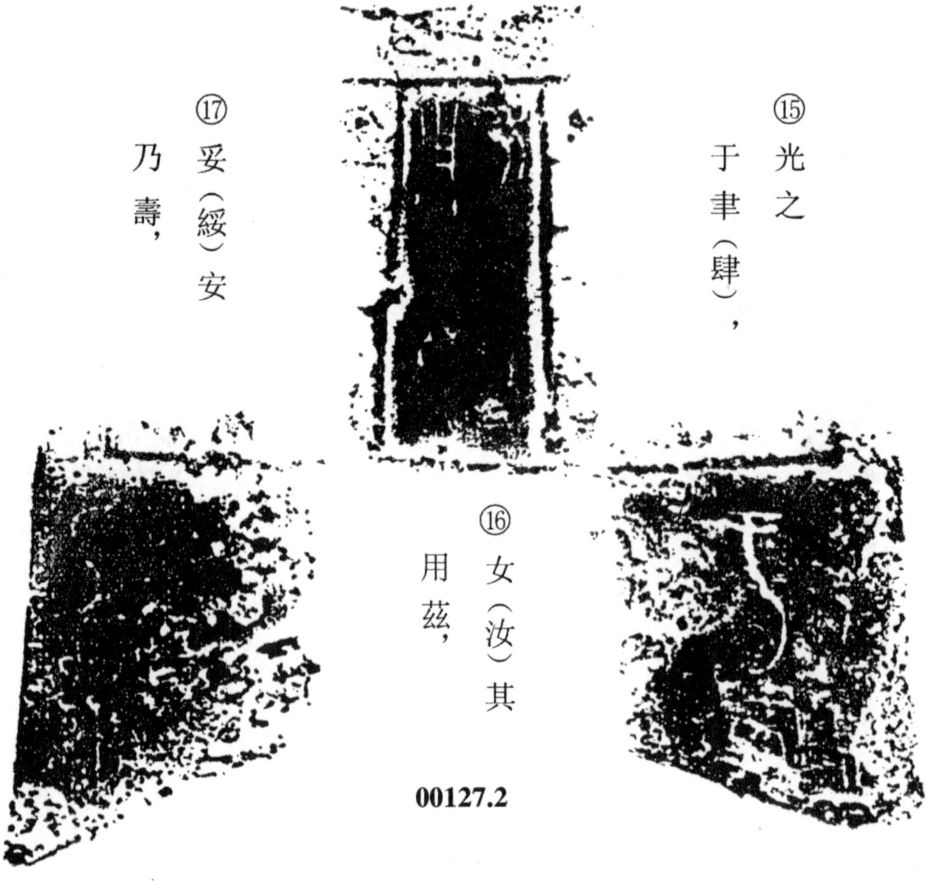

⑮ 光之于聿（肆），

⑯ 女（汝）其用茲，

⑰ 妥（綏）安乃壽，

00127.2

者沪鐘

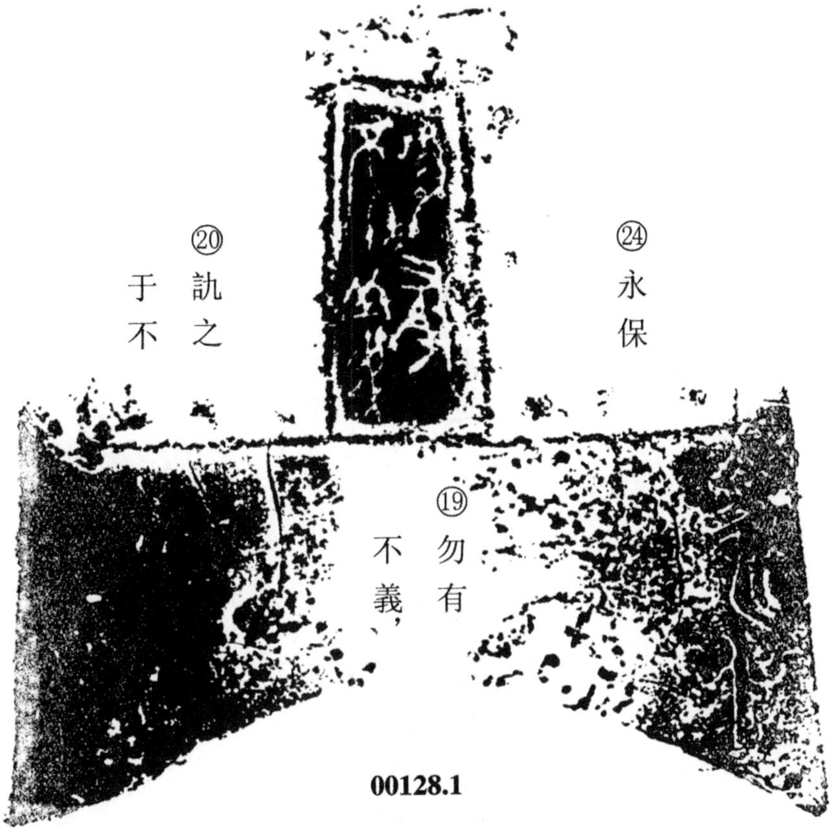

00128.1

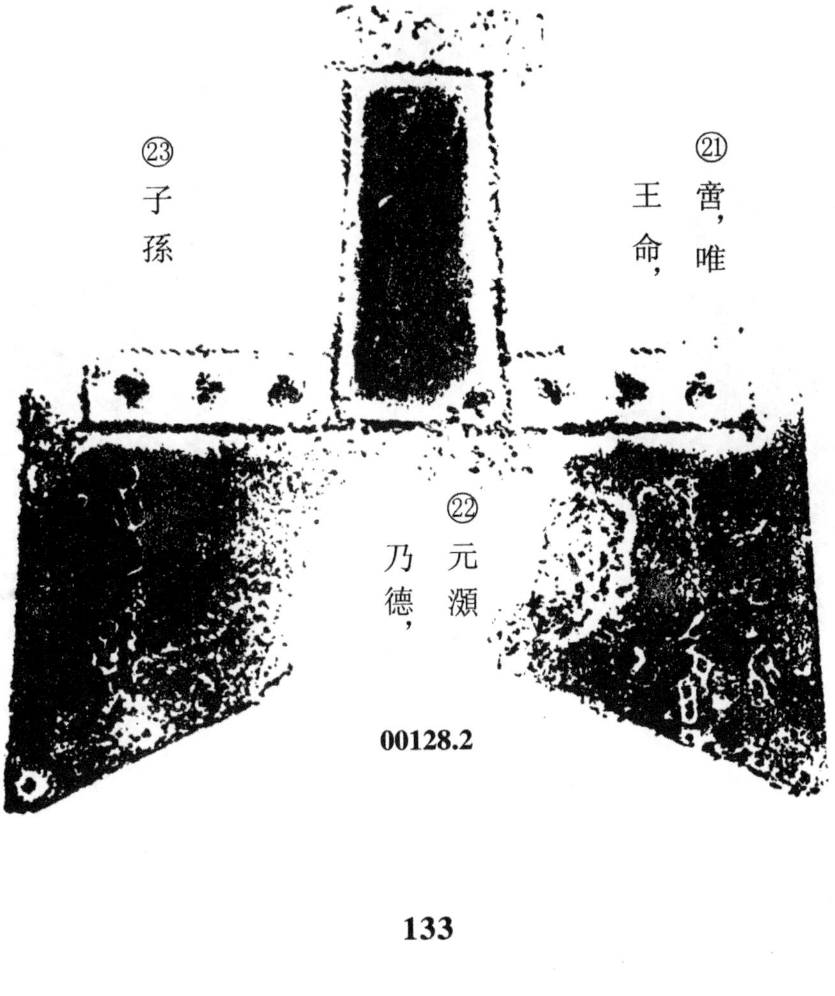

00128.2

者沪鐘

⑥念譎乃有，

①（于）之愻（遜）學，趄趄

②哉，弼王侘（宅），

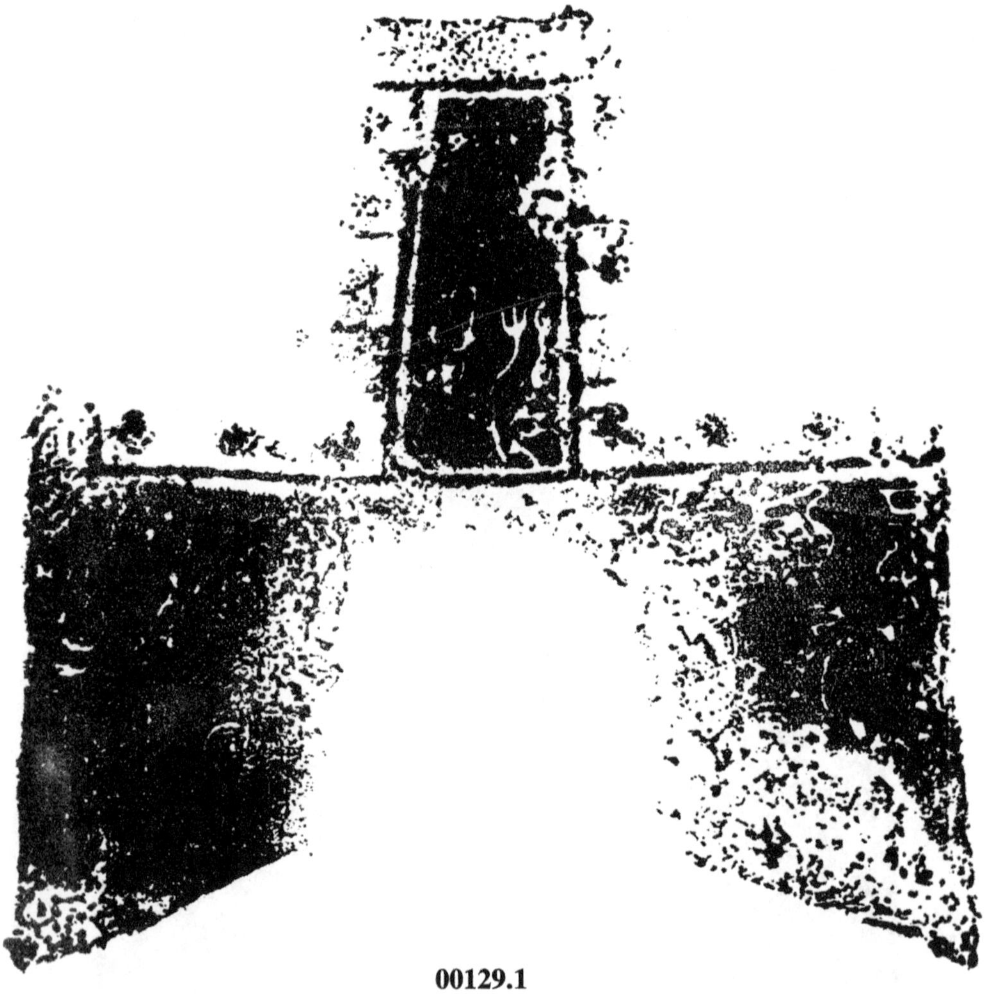

00129.1

③宔(往)玫(捍)
庶戱(盟)，
④台(以)祇
光朕
⑤立(位)，今
余其

00129.2

者沪鐘

⑫ □牆（逸）康樂，

⑧ 用再剌（烈）壯（壯），

⑦ 齊（齋）休祝成，

00130.1

⑨ 光之于聿（肆），

⑪ 妥（綏）安乃壽，

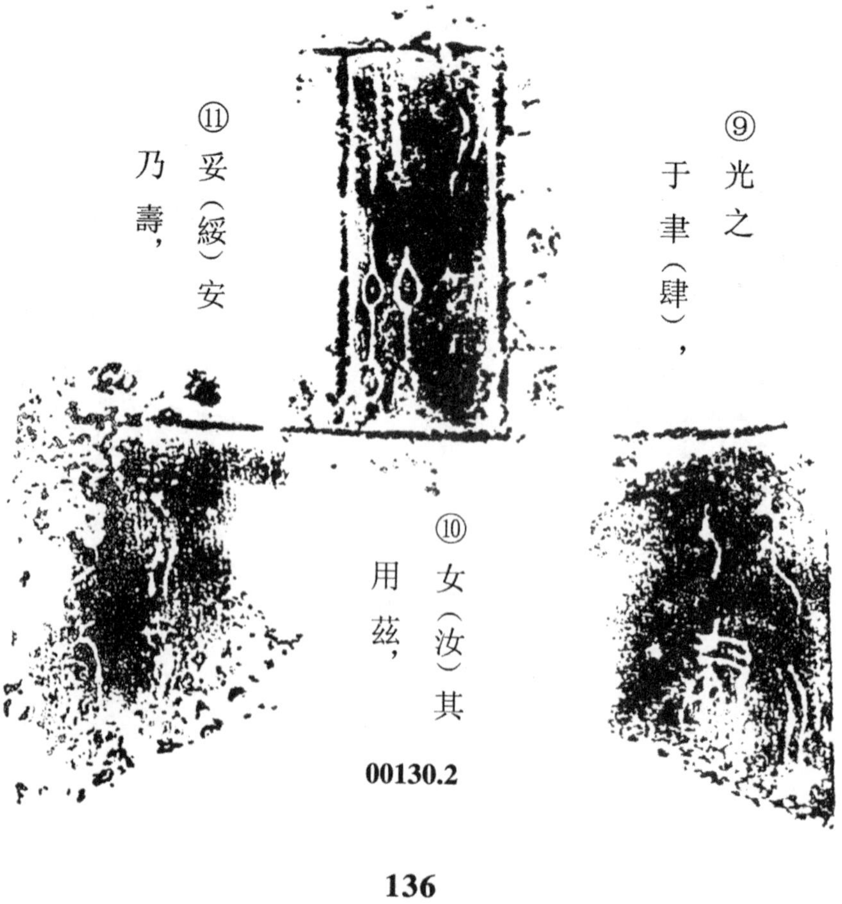

⑩ 女（汝）其用茲，

00130.2

者沪鐘

⑭訙之于不

⑱永保

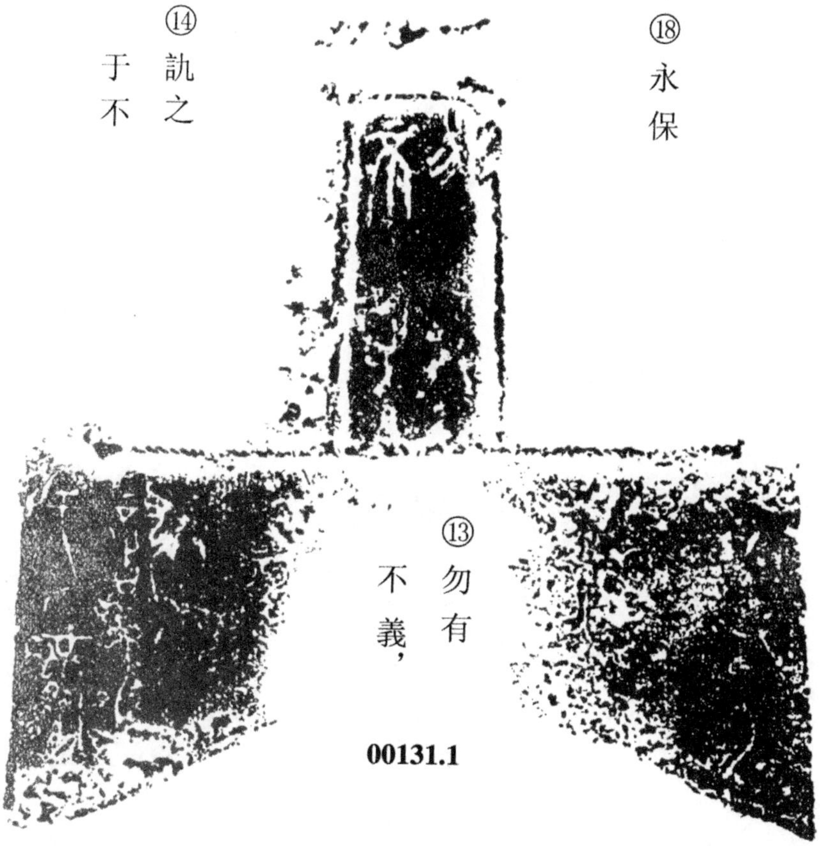

⑬勿有不義，

00131.1

⑰子孫

⑮啻，唯王命，

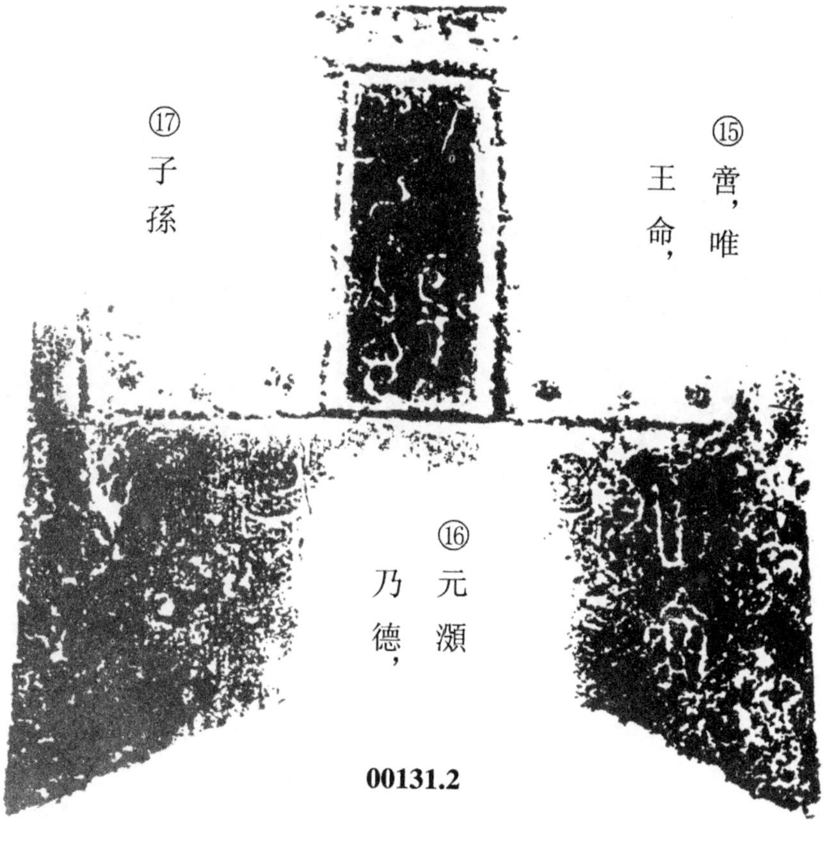

⑯元頫乃德，

00131.2

者沪鐘

⑥光朕
邰(越)，于☐

十有(又)

①唯戉(越)

②九年，
王曰：

00132.1

③者汈，
女(汝)亦
④虔秉
不(丕)涇(經)
⑤德，台(以)
克總

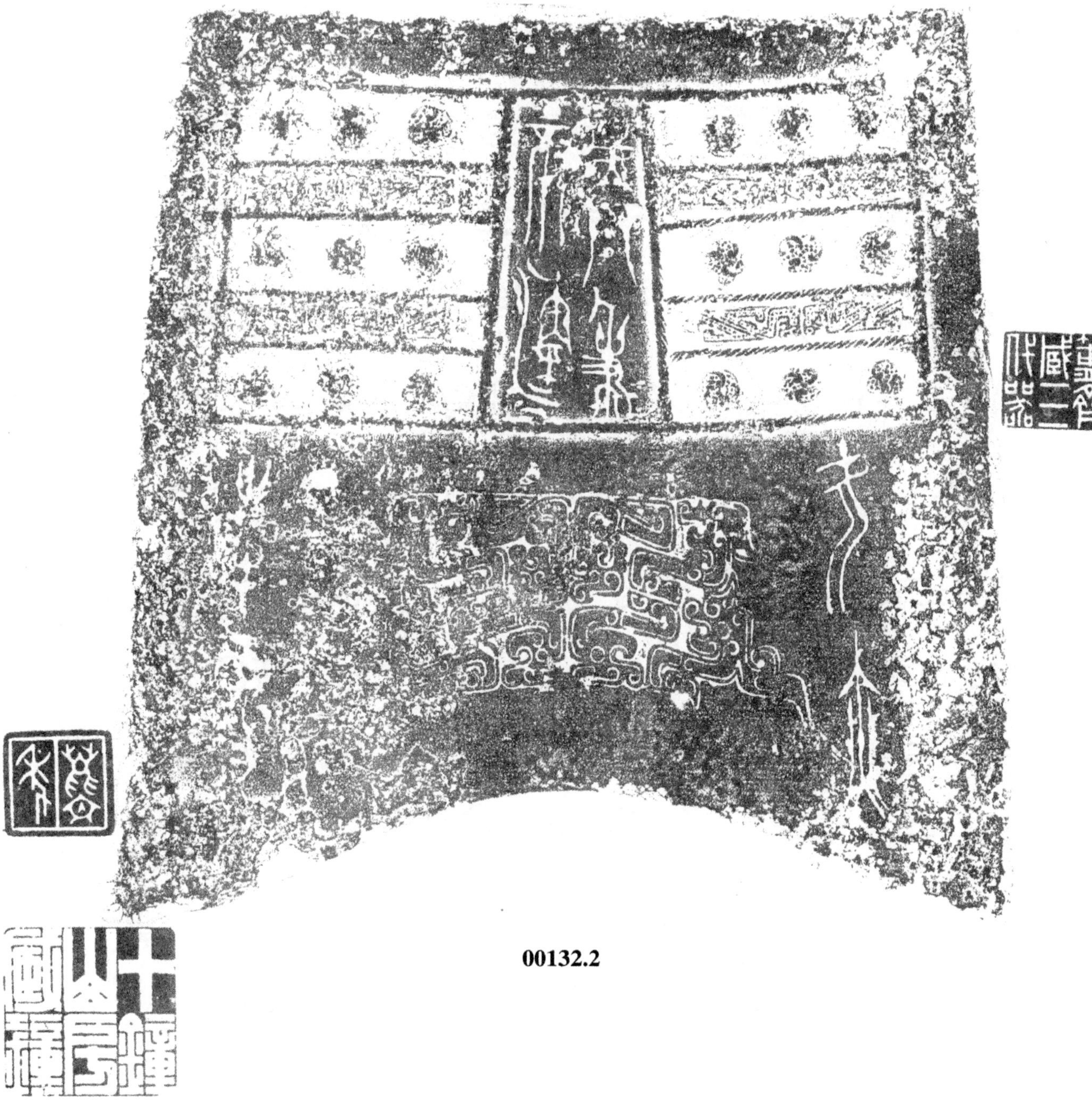

00132.2

者汈鐘銘摹本

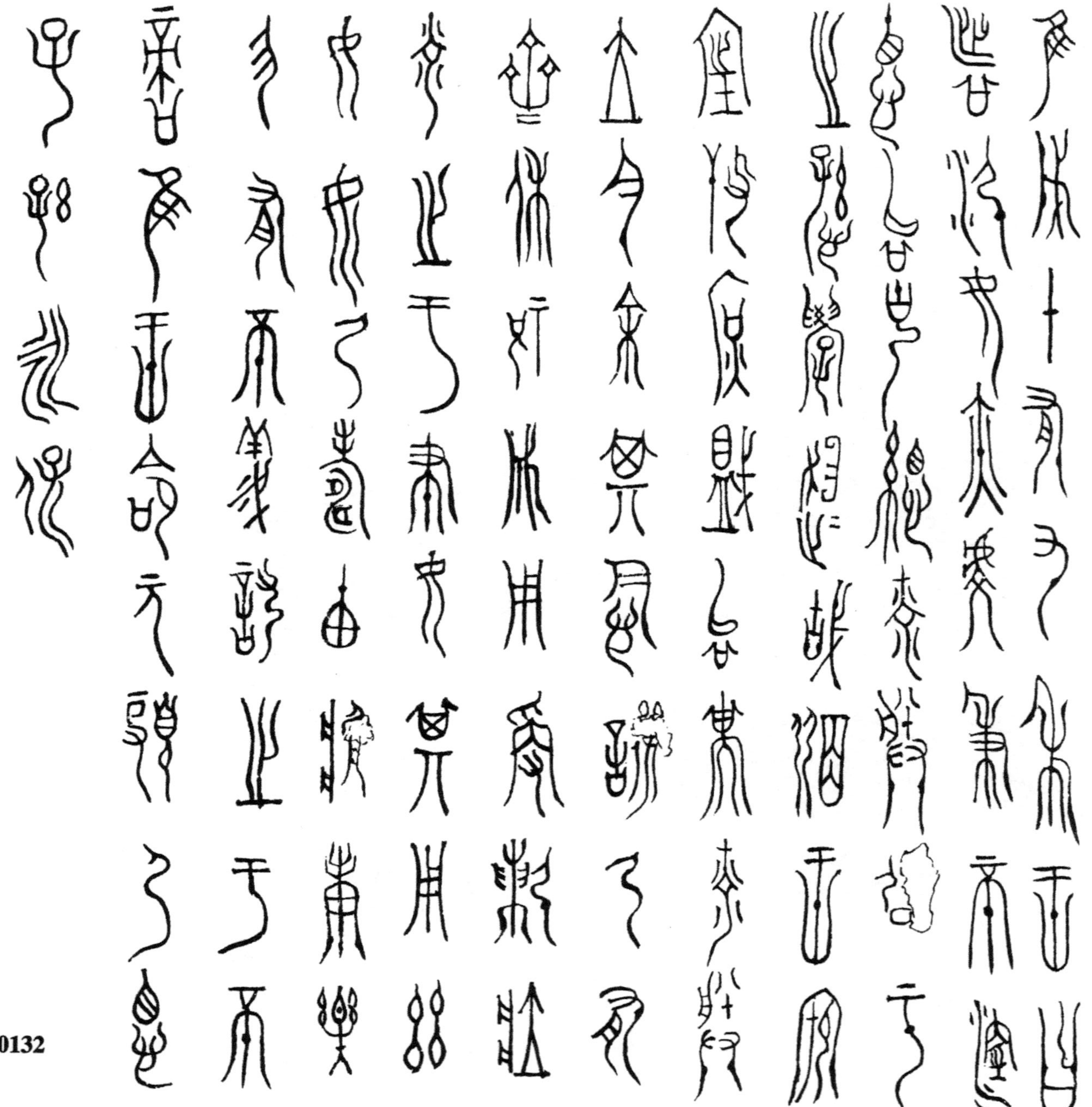

集十三鐘之殘文而成
一九五八年二月廿二日

00120-00132

00120-00132

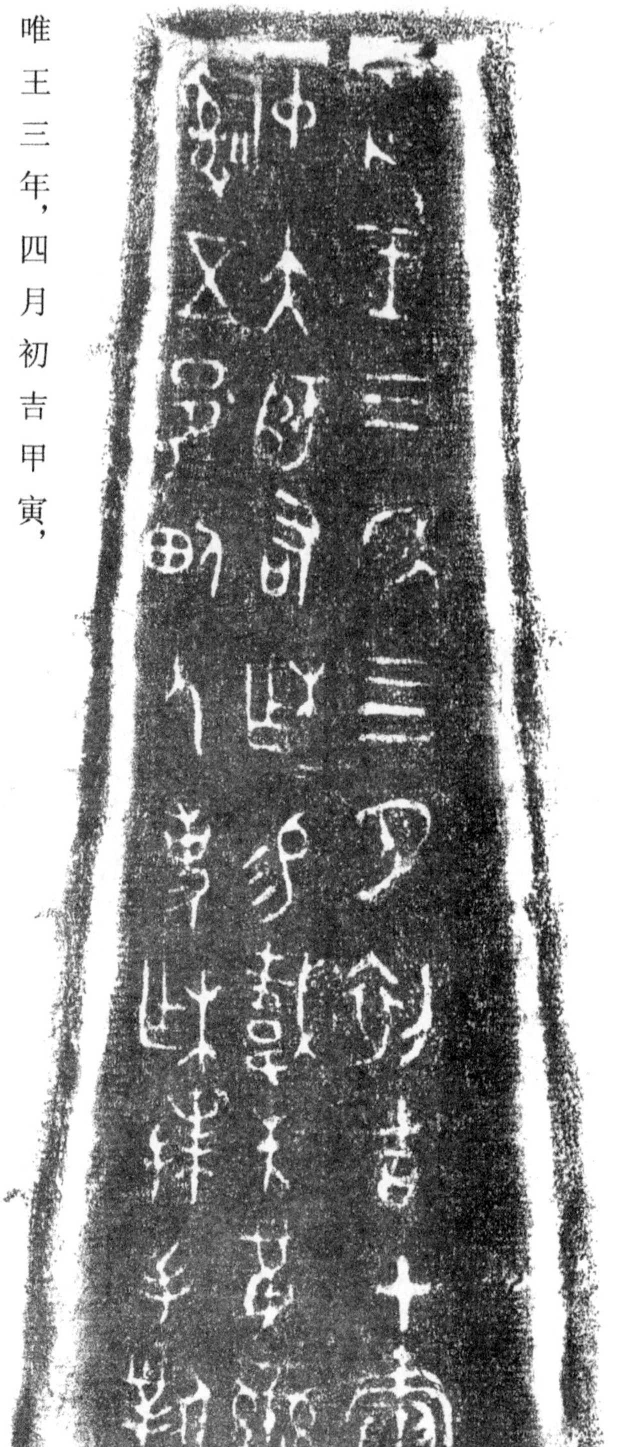

唯王三年，四月初吉甲寅，
仲大（太）師右（佑）柞，柞賜載、朱黄（衡）、䜌（鑾），
嗣五邑佃人事，柞拜手對
揚仲大（太）師休，
用乍（作）大鏷（林）鐘，
其子子孫孫永寶

柞鐘

00133

柞鐘

00134

唯王三年，四月初吉甲寅，
仲大(太)師右(佑)柞，柞賜載、朱黄(衡)、䜌(鑾)，
嗣五邑佃人事，柞拜手對
揚仲大(太)師休，
用乍(作)大鏷(林)鐘，
其子子孫孫永寶

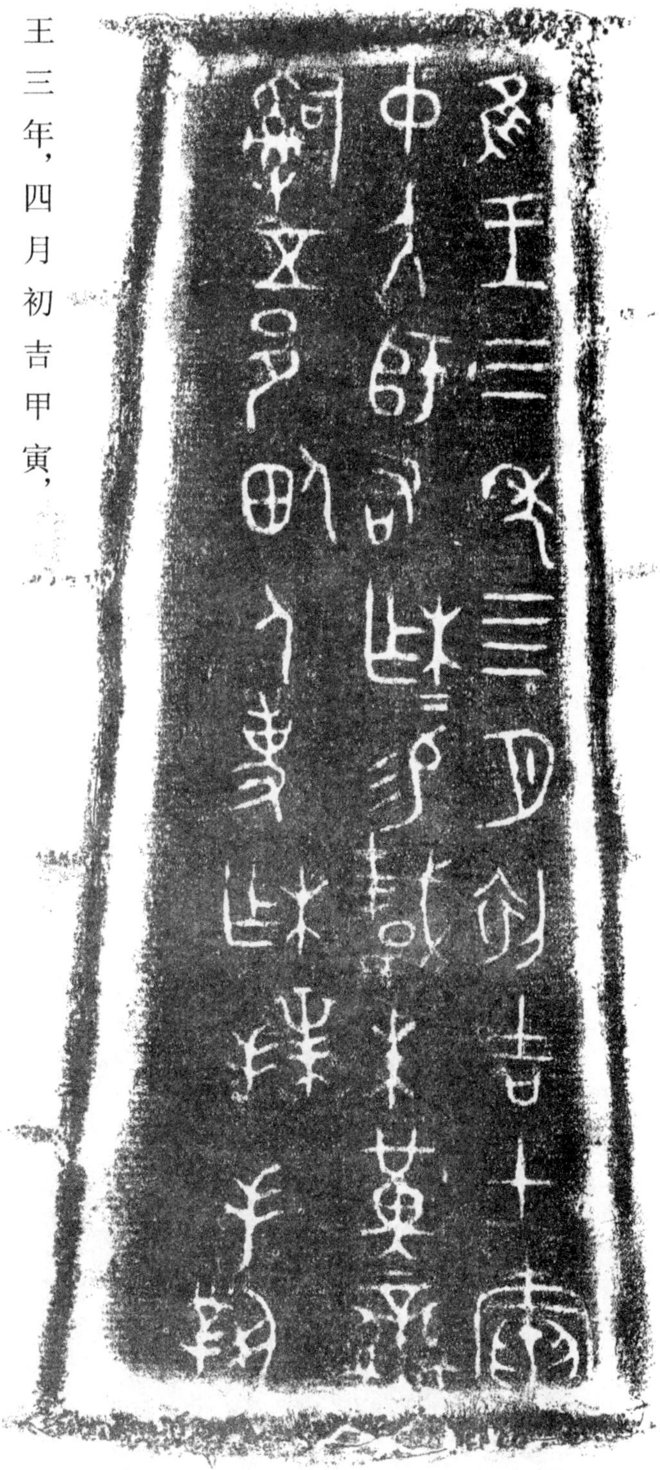

柞鐘

00135

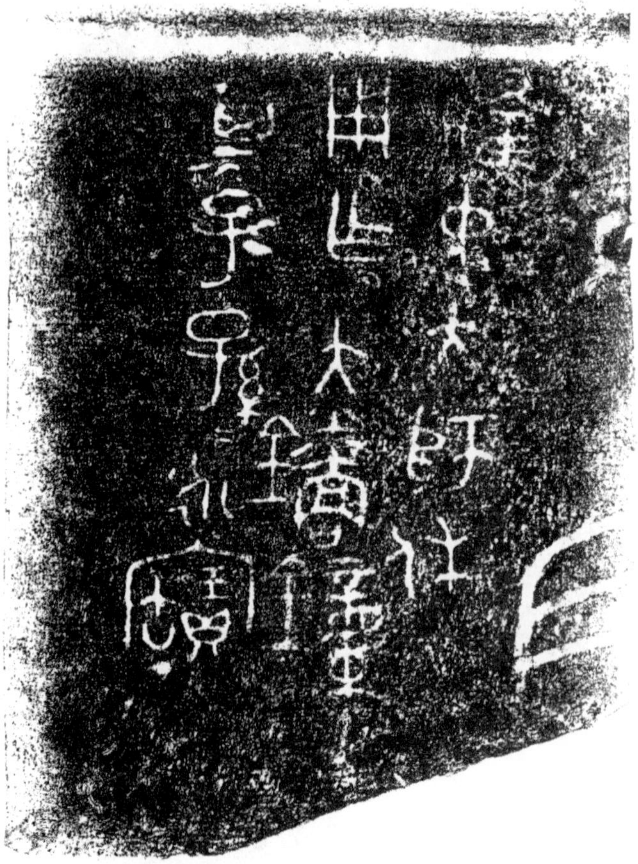

唯王三年，四月初吉甲寅，
仲大（太）師右（佑）柞，柞賜載、朱黄（衡）、䜌（鑾），
嗣五邑佃人事，柞拜手對
揚仲大（太）師休，
用乍（作）大鏷（林）鐘，
其子子孫孫永寶

柞鐘

00136

唯王三年，四月初吉甲寅，
仲大（太）師右（佑）柞，柞賜載、朱黄（衡）、総（鑾），
嗣五邑佃人事，柞拜手對
揚仲大（太）師休，
用乍（作）大鏷（林）鐘，
其子子孫孫永寶

柞鐘

00137

①唯王三年，四月初吉甲寅，仲大(太)師右(佑)柞，柞賜載、朱黃(衡)䜌(鑾)，

柞鐘

00138

②𤔲五邑佃人事，柞拜手對揚仲大(太)師休，

柞鐘

00139

③其子子孫孫永寶

邾公孫班鎛

原高二六厘米

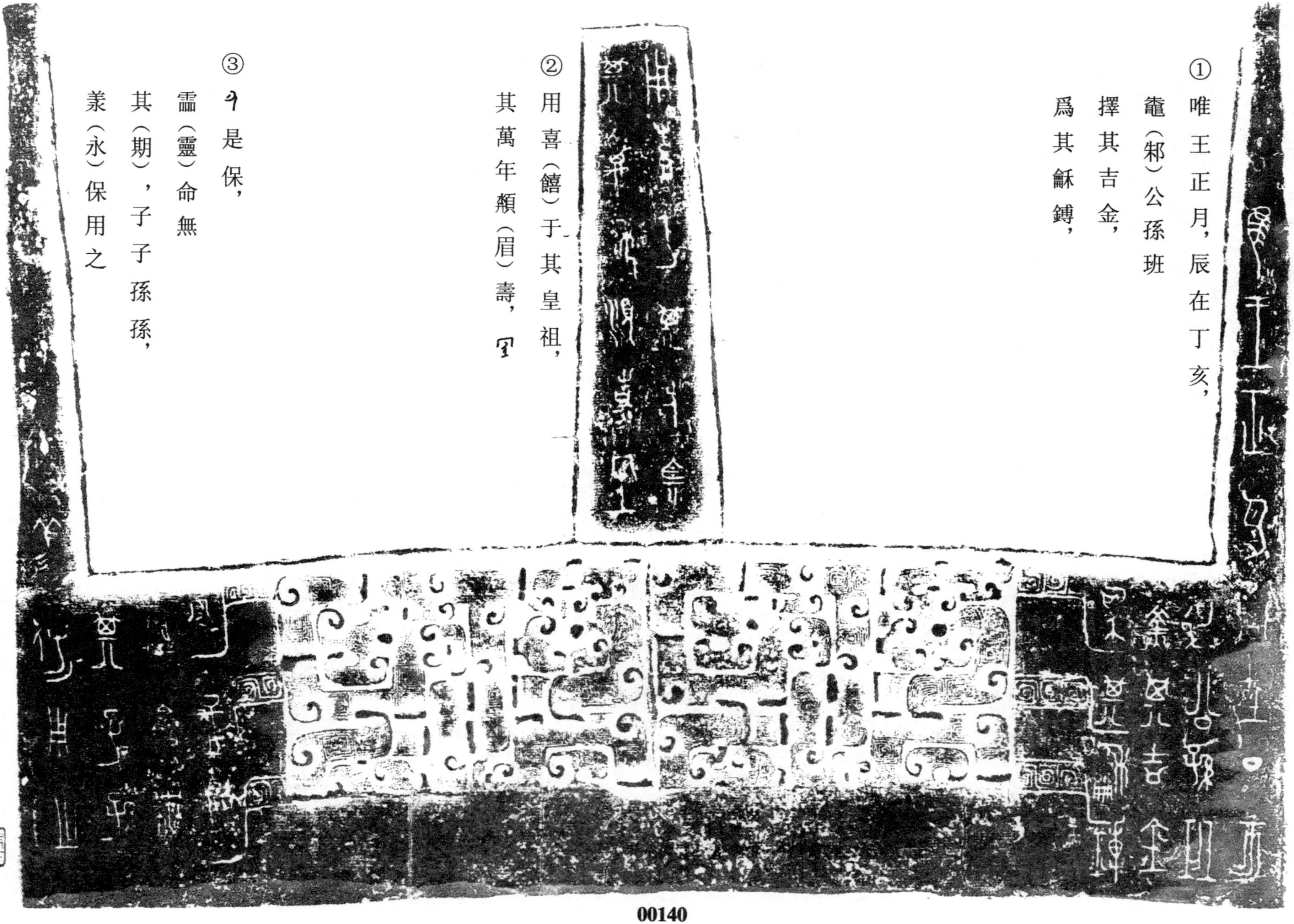

① 唯王正月，辰在丁亥，鼄（邾）公孫班擇其吉金，爲其龢鎛，

② 用喜（饎）于其皇祖，其萬年頪（眉）壽，□

③ □是保，靁（靈）命無其（期），子子孫孫，羕（永）保用之

00140

師臾鐘

師臾肁（肇）乍（作）朕剌（烈）祖虢季、宄公、幽叔、朕皇考德叔大㝩（林）鐘，用喜侃前文人，用祈屯（純）魚（魯）、永令（命），用匄眉壽無疆，師臾其萬年，永寶用享

00141

齊鞷氏鐘

①唯正月初吉

丁亥，齊鞷（鮑）氏

②孫ㄟ擇其

吉金，自乍（作）

⑥倗友，子子孫孫，

永保鼓之

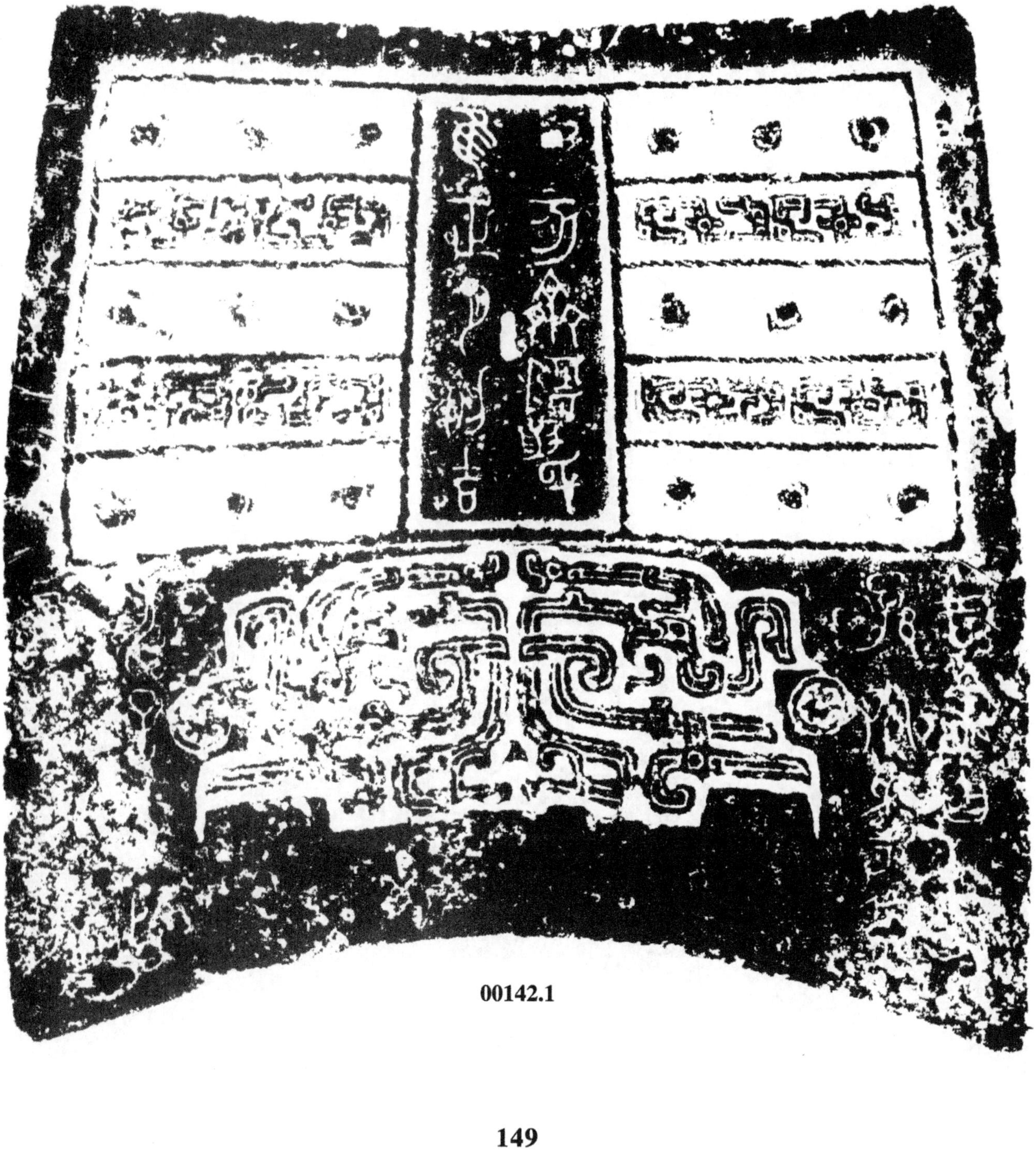

00142.1

⑤
嘉賓，及我
用喜（饎），用樂

④
祖文考，用匽（宴）
台（以）孝于飼（台）皇

③
彶（赴）好，用享
龢鐘，卑（俾）旬（匀）

00142.2

鮮鐘

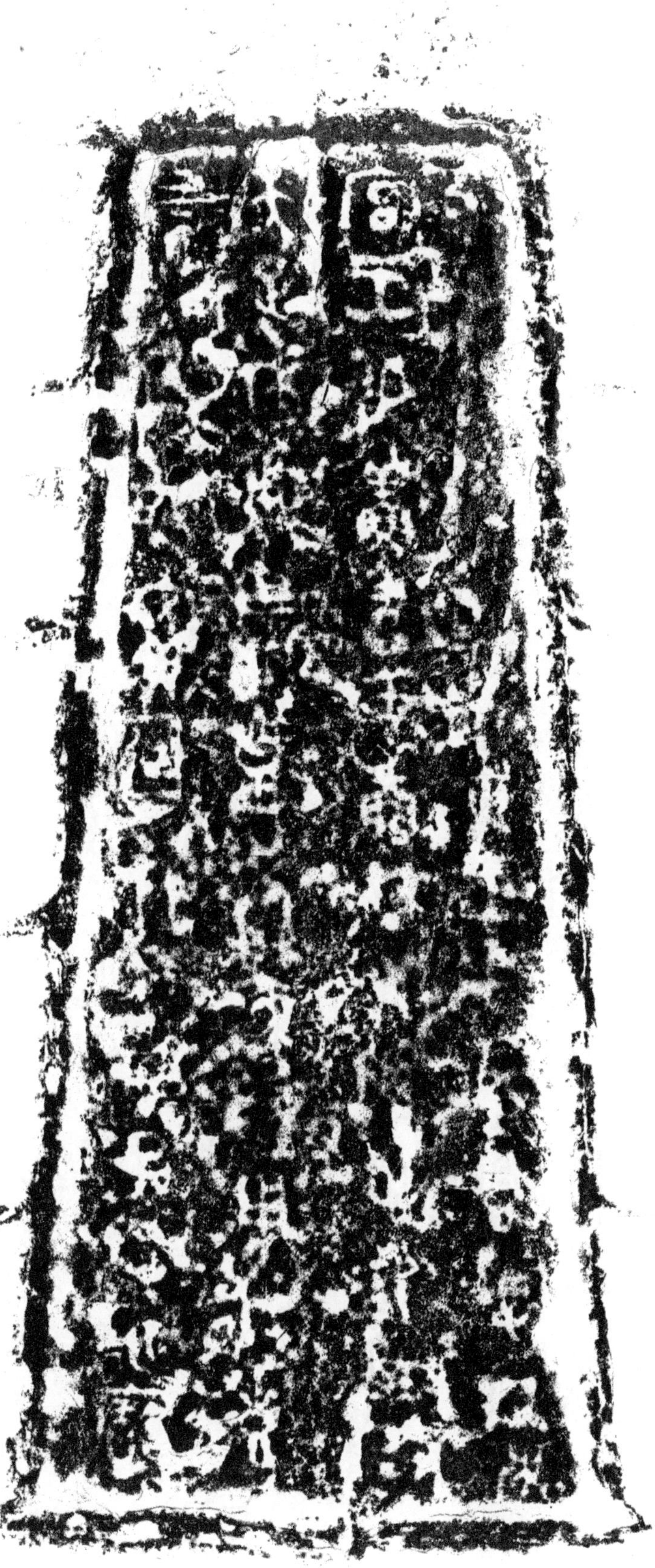

唯□月初吉□寅，王在成周嗣土（徒）淲
宮，王賜鮮吉金，鮮拜手䭫首，敢對揚
天子休，用乍（作）朕皇考薔（林）鐘，用侃喜
上下，用樂好賓，用祈多福，孫子永寶

00143

越王者旨於賜鐘

唯正月甬（仲）
春，吉日丁
亥，戉（越）王者
旨於賜擇
厥吉金，自
祝（鑄）禾（龢）玆（聯）翟（鑼），
台（以）樂可康，
嘉而（尔）賓客，
匍匍台（以）鼓之，
夙暮不貣（忒），
順余子孫，
萬枼（世）亡疆，
用之勿相（爽）

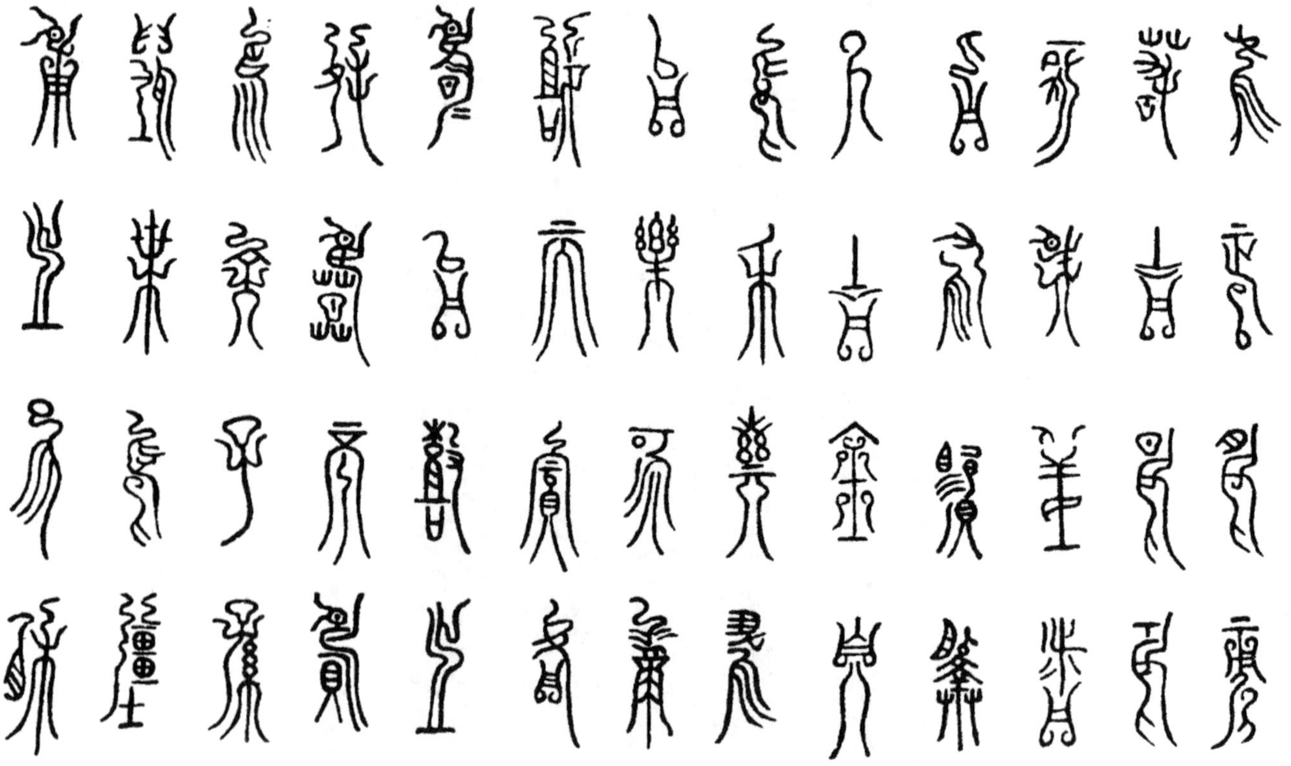

00144

士父鐘

乍（作）朕皇考叔
氏寶醬（林）鐘，用喜侃皇考，皇考其
嚴在上，數數㚖㚖（臯臯），降余魯多福亡
彊，唯康右（祐）、屯（純）魯，用廣啟士
父身，勵（擢）于永
命，士父其眔
□姬萬年，子子
孫永寶，用享
于宗

00145

士父鐘

乍（作）朕皇考叔氏寶𪎭（林）鐘，用喜侃皇考，皇考其嚴在上，數數𡞲𡞲（㲝㲝），降余魯多福亡疆，唯康右（祐）、屯（純）魯，用廣啟士父身，勵（擢）于永命，士父其眔□姬萬年，子子孫永寶，用享于宗

00146

士父鐘

原高三一厘米

00147

乍(作)朕皇考叔氏
寶薔(林)鐘，用喜侃皇
考，(皇考)其
嚴在上，數數㚟㚟(㚟㚟)，
降余魯多福亡
疆，唯康右(祐)、屯(純)
魯，用廣啟士
父身，勵(擢)于永
命，士父其眔
□(姬)萬年，子子
孫永寶，用享
于宗

士父鐘

乍(作)朕皇考叔氏
䕨(林)鐘，用喜侃皇考，皇考其嚴在(上)，
數數𠭯𠭯(禀禀)，降余魯多福亡彊，唯(康)
右(祐)、屯(純)魯，用廣啟士父身，
勵(擢)于永令(命)，
士父其眔
□姬萬年，
子子孫永寶，
用享于宗

00148

鼄公牼鐘

唯王正月初吉，辰在乙亥，鼄（邾）公牼擇厥吉金，玄鏐膚（鑪）呂（鋁），自乍（作）龢鍾（鐘），曰：余畢龏威（畏）忌，鑄辝（台）龢鍾（鐘）二鍺（堵），台（以）（樂）其身，台（以）匽（宴）大夫，台（以）喜（饎）者（諸）士，至于⿰土萬（萬）年，分器是寺（持）

00149

鼄公牼鐘

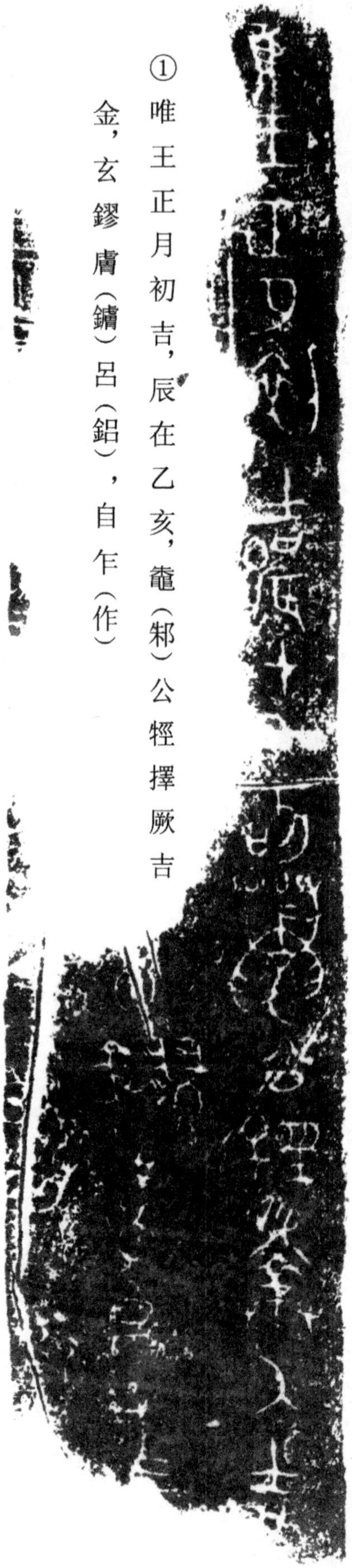

①唯王正月初吉，辰在乙亥，鼄(邾)公牼擇厥吉
金，玄鏐膚(鑪)呂(鋁)，自乍(作)

②龢鍾(鐘)，曰：余畢龏威(畏)
忌，鑄辝(台)龢鍾(鐘)二鍺(堵)，

③台(以)樂其身，以匽(宴)大夫，
台(以)喜(饎)者(諸)士，至于
⿰土萬(萬)年，分器是寺(持)

00150

鼄公牼鐘

原高二五厘米

①唯王正月初吉，辰在乙亥，鼄(邾)公牼擇厥吉金，玄鏐膚(鏞)呂(鋁)，自乍(作)龢鍾(鐘)，

②曰：余畢龏威(畏)忌，鑄辝(台)龢鍾(鐘)二鍺(堵)，

③台(以)樂其身，台(以)匽(宴)大夫，台(以)喜(饎)者(諸)士，至于堣(萬)年，分器是寺(持)

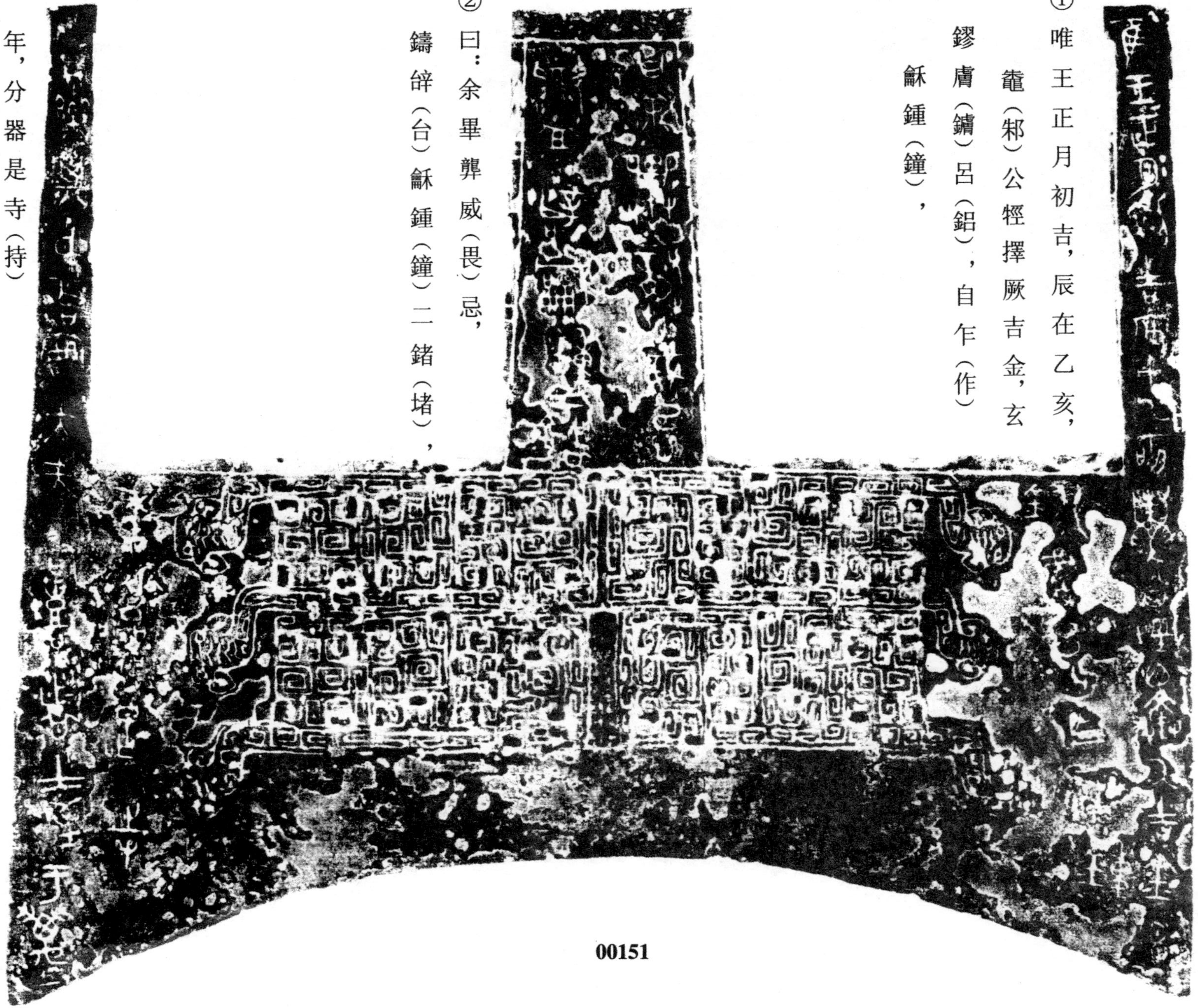

00151

鼄公牼鐘

①唯王正月初吉，辰在乙亥，鼄（邾）公牼擇厥吉
金，玄鏐膚（鏞）呂（鋁），自乍（作）

②龢鐘（鐘），曰：余畢龏威（畏）忌，
鑄辝（台）龢鐘（鐘）二鍺（堵），

③台（以）樂其身，台（以）匽（宴）大夫，
台（以）喜（饎）者（諸）士，至
于壙（萬）年，分器
是寺（持）

00152

鄦子盟𠂤鎛

①唯正月初吉丁亥，鄦（許）子盟（醬）𠂤（師）擇其吉

②金，自乍（作）鈴鐘，中（終）雗叡（且）

③㫾（颺），元鳴孔䊗（煌），穆穆龢鐘，

④用匽（宴）以喜（饎），用樂嘉賓、大夫，及我倗友，

⑤敳敳趣趣（熙熙），萬年無諆（期），眉壽

⑥毋已，子子孫孫，永保鼓之

00153

鄦子𥂤自鎛

①唯正月初吉丁亥，
鄦（許）子𥂤（醬）自（師）擇其

②吉金，自乍（作）鈴（鈴）
鐘，中翰叡

③𦒧，元鳴孔
𦒧（煌），穆穆龢鐘，

④用匽（宴）以喜（饎），用樂
嘉賓、大夫，及我倗

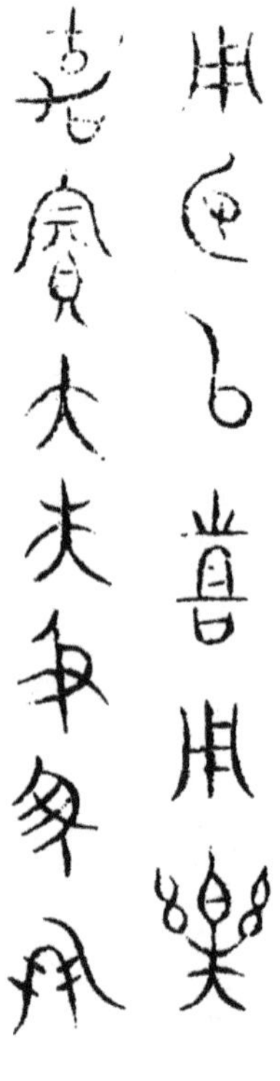

⑤友，䜿䜿趄趄（熙熙），萬年
無諆（期），眉壽

⑥毋已，子子孫孫，
永保鼓之

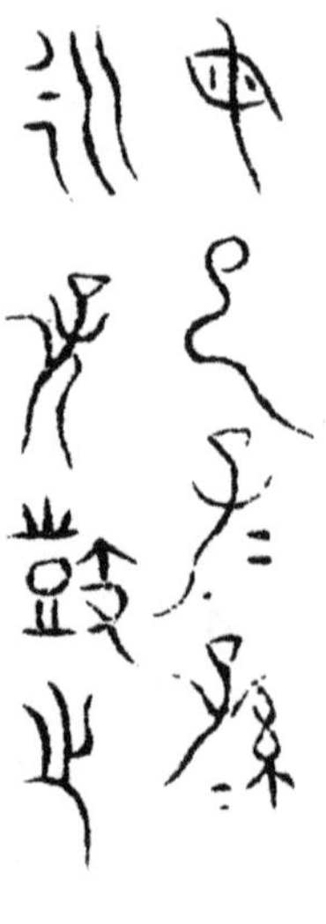

00154

能原鎛

□於
□曰
利，小
者乍（作）
心□，
□余（於）邸（越）（連）
者，利，大（邾 者）
連者（諸）
尸（夷），邸（越）
檕曰：
唯余（者）（諸）
尸（夷）連，

00155.1

⧄於
⧄古
利水
者作
⧄⧄
⧄余⧄邲□
者利⧄□⧄
連者
居居邲
禦古
於余

00155.2

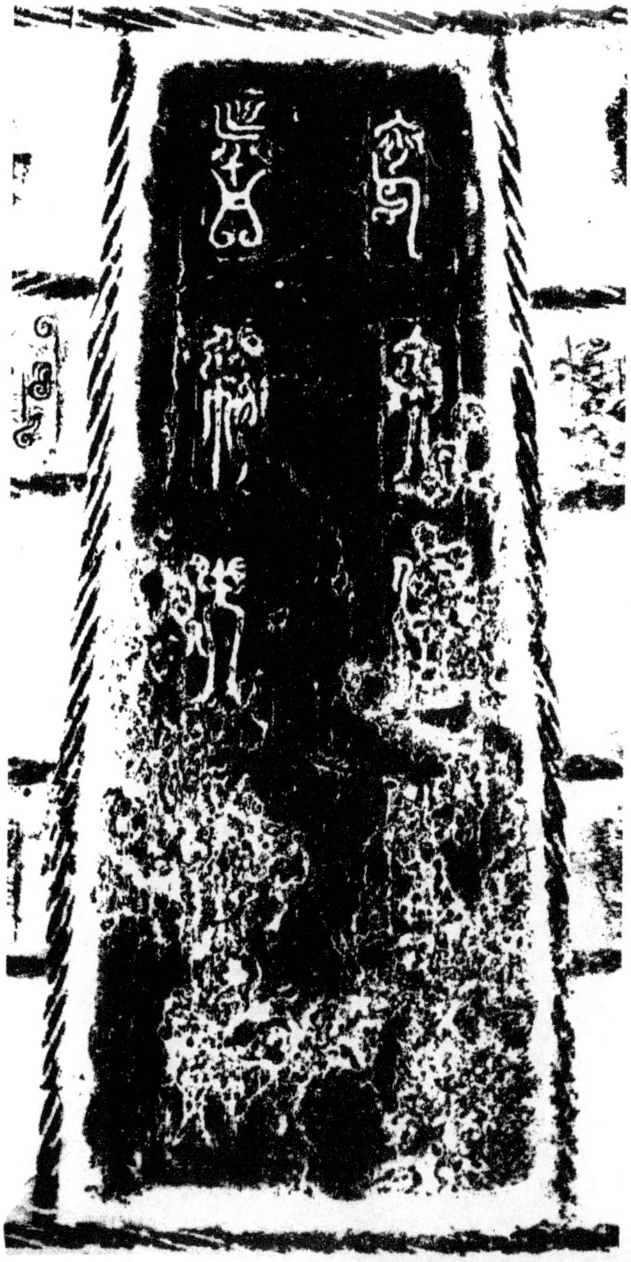

00155.3

原高三二厘米

□於

□曰

利，小

者乍（作）

心□，

□余（於）郕（越）（連）

者，利，大（郝者）

連者（諸）
尸（夷），邚（越）
⿱鄉木曰：
唯余（者）（諸）
尸（夷）連，

00155.4

原高三二厘米

☒☒
郘☒
之☒
☒乍
居☒
☒連水禦□
□□古☒☒

00155.5

可利之於⧄□者連祈水

00155.6

能原鎛

原高二九厘米

於⧄⧄⧄賜古⧄余

⧄⧄祈⧄古⧄⧄⧄

居膚⧄⧄者元乍⧄

00156.1

原高二九厘米

吉利
連余
大邲
大☑

利☑
水亓
者可
☑☑

之宝戉☑
余☑☑乍

00156.2

驫羌鐘

00157.1

唯廿又再祀，驫羌乍(作)戎，厥辟軓(韓)宗徹，率征秦迮齊，入𨱽(長)城，先會于平隂(陰)，武侄寺(持)力，富

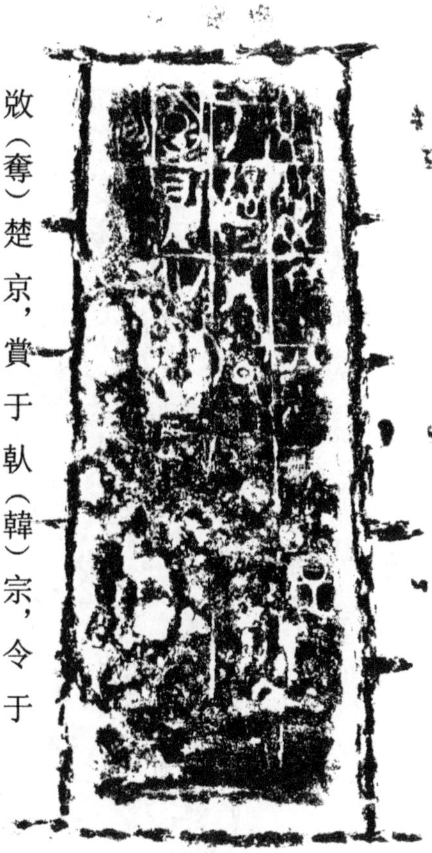

00157.2

敓(奪)楚京，賞于軓(韓)宗，令于晉公，昭于天子，用明則之于銘，武文咸剌(烈)，永枼(世)毋忘

驫羌鐘

00158.1

唯廿又再祀，驫羌乍(作)戎，厥辟軓(韓)宗徹，率征秦迮齊，入𨱽(長)城，先會于平隂(陰)，武侄寺(持)力，富

00158.2

敓(奪)楚京，賞于軓(韓)宗，令于晉公，昭于天子，用明則之于銘，武文咸剌(烈)，永枼(世)毋忘

驫羌鐘

唯廿又再祀，驫羌乍(作)
戎，厥辟軓(韓)宗徹，率征
秦迮齊，入𨑱(長)城，先會
于平陰(陰)，武侄寺(持)力，富

00159.1

敓(奪)楚京，賞于軓(韓)宗，令
于晉公，昭于天子，用
明則之于銘，武文咸
剌(烈)，永枼(世)毋忘

00159.2

驫羌鐘

唯廿又再祀，驫羌乍(作)
戎，厥辟軓(韓)宗徹，率征
秦迮齊，入𨑱(長)城，先會
于平陰(陰)，武侄寺(持)力，富

00160.1

敓(奪)楚京，賞于軓(韓)宗，令于
晉公，昭于天子，用
明則之于銘，武文咸
剌(烈)，永枼(世)毋忘

00160.2

⿸厂驫羌鐘

唯廿又再祀，⿸厂驫羌乍（作）
戎，厥辟倝（韓）宗徹，率征
秦迮齊，入⿰足長（長）城，先會
于平陰（陰），武侄寺（持）力，⿱宀誩

00161.1

敓（奪）楚京，賞于倝（韓）宗，令
于晉公，昭于天子，用
明則之于銘，武文咸
剌（烈），永枼（世）毋忘

00161.2

⿸厂驫氏鐘

⿸厂驫氏
之鍾（鐘）

00162.1

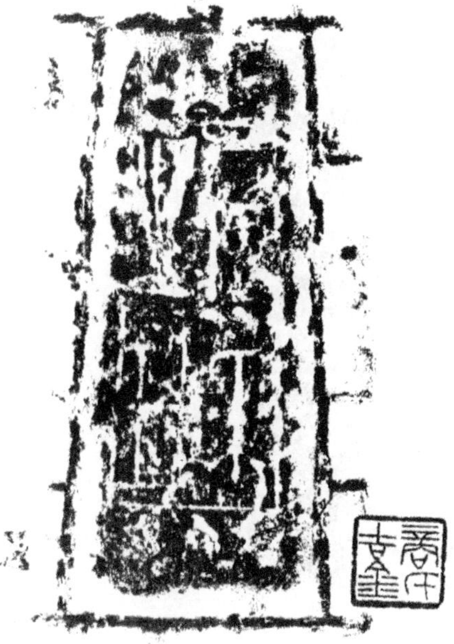

⿸厂驫氏
之鍾（鐘）

00162.2

⿸厂驫氏鐘

⿸厂驫氏之鐘（鐘）

00163.1

⿸厂驫氏之鐘（鐘）

00163.2

⿸厂驫氏鐘

⿸厂驫氏之鐘（鐘）

00164

驫氏鐘

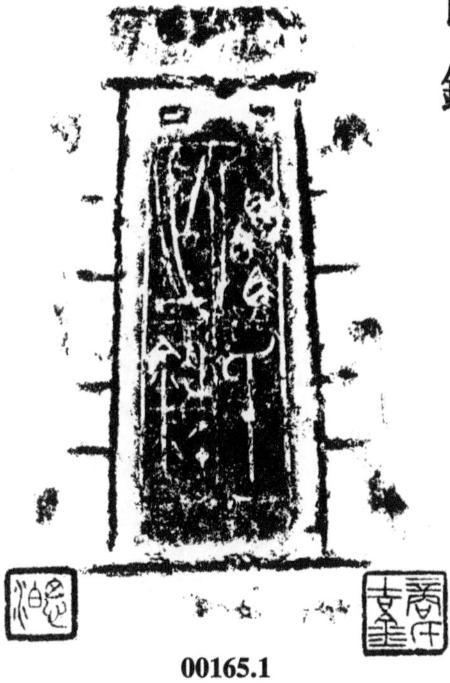

00165.1

驫氏
之鐘（鐘）

00165.2

驫氏
之鐘（鐘）

驫氏鐘

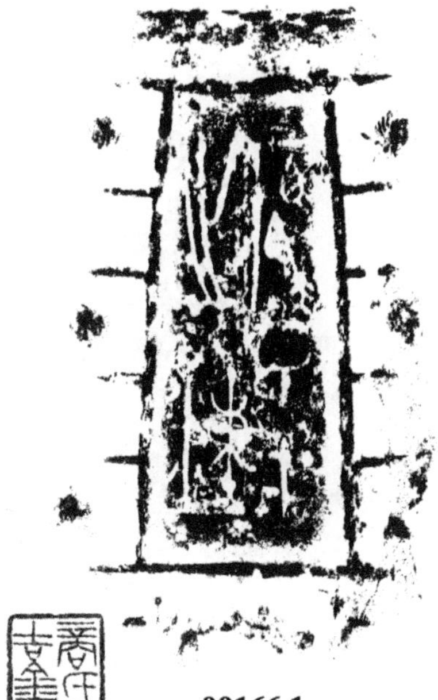

00166.1

驫氏
之鐘（鐘）

00166.2

驫氏
之鐘（鐘）

厵氏鐘

厵氏
之鐘（鐘）

00167.1

厵氏
之鐘（鐘）

00167.2

厵氏鐘

厵氏
之鐘（鐘）

00168.1

厵氏
之鐘（鐘）

00168.2

驫氏鐘

驫氏
之鍾（鐘）

00169.2

驫氏
之鍾（鐘）

00169.1

驫氏鐘

驫氏
之鍾（鐘）

00170.2

驫氏
之鍾（鐘）

00170.1

之利鐘

唯王正月，初吉乙巳，
□朱句（勾）之孫（？）□亘□
喪，王欲復師，擇吉金，
自乍（作）禾（龢）童（鐘），
台（以）樂賓客，
志（誌）勞尃（賻）者（諸）侯，
往已（矣），余
之客，酓酓孔協，萬枼（世）之
後，亡（無）疾自下，允
立（位），同
女（汝）之利，台孫皆永寶

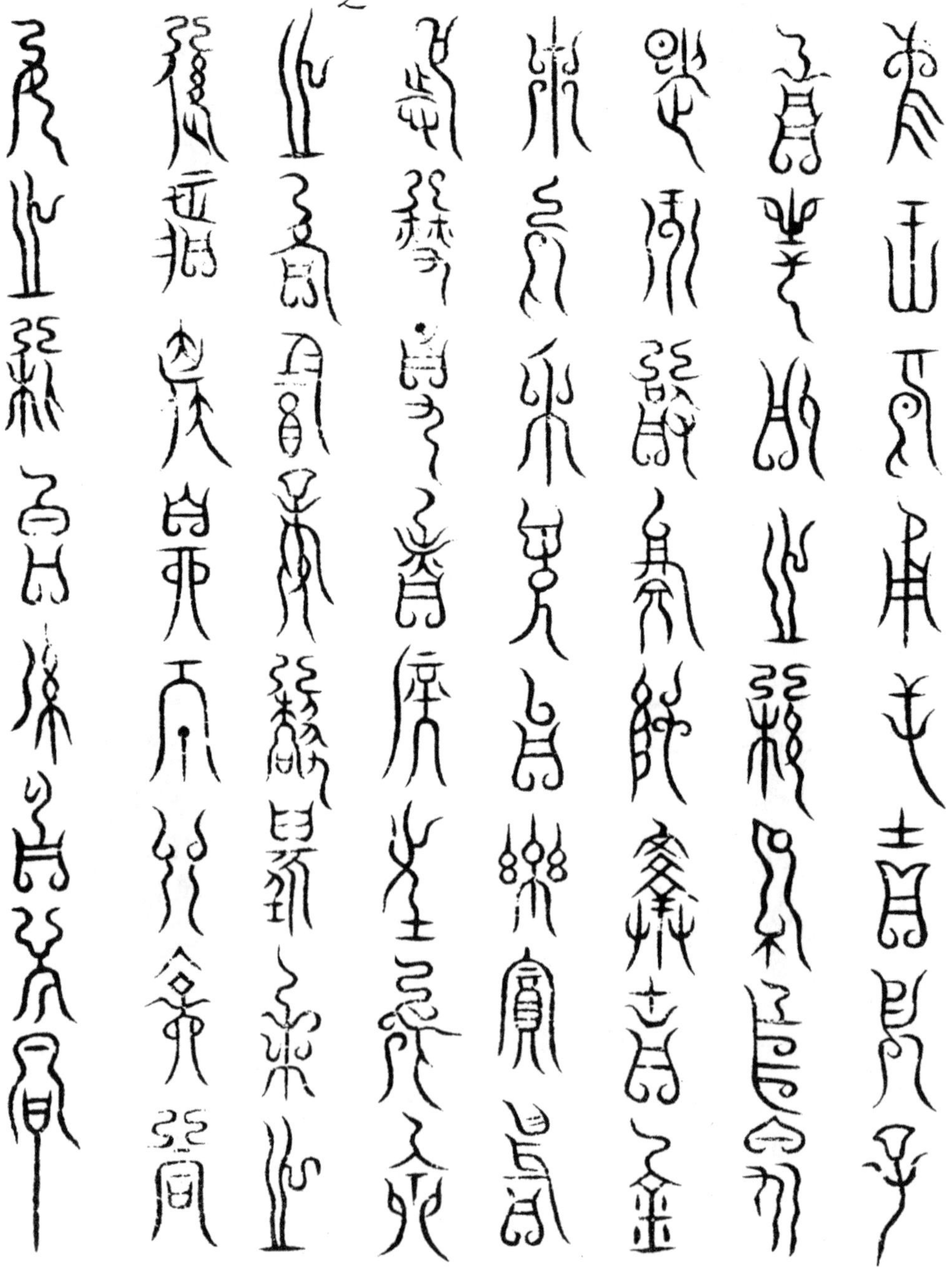

00171

篖叔之仲子平鐘

原高二一厘米

唯正月初吉庚午，篖（筥）
叔之仲子平，
自乍（作）鑄游鍾（鐘），
玄鏐鍋鑪（鋁），乃爲之音，
截截（嘟嘟）雍雍（嗡嗡），
聞于
（頂）東，仲平善弢（發）叡
考，鑄其游鍊（鐘），㠯（以）
濼（樂）
其大酉（酋），聖智
龏哴，其（受此
眉壽，萬年無諆（期），）
子子孫孫，永保用之

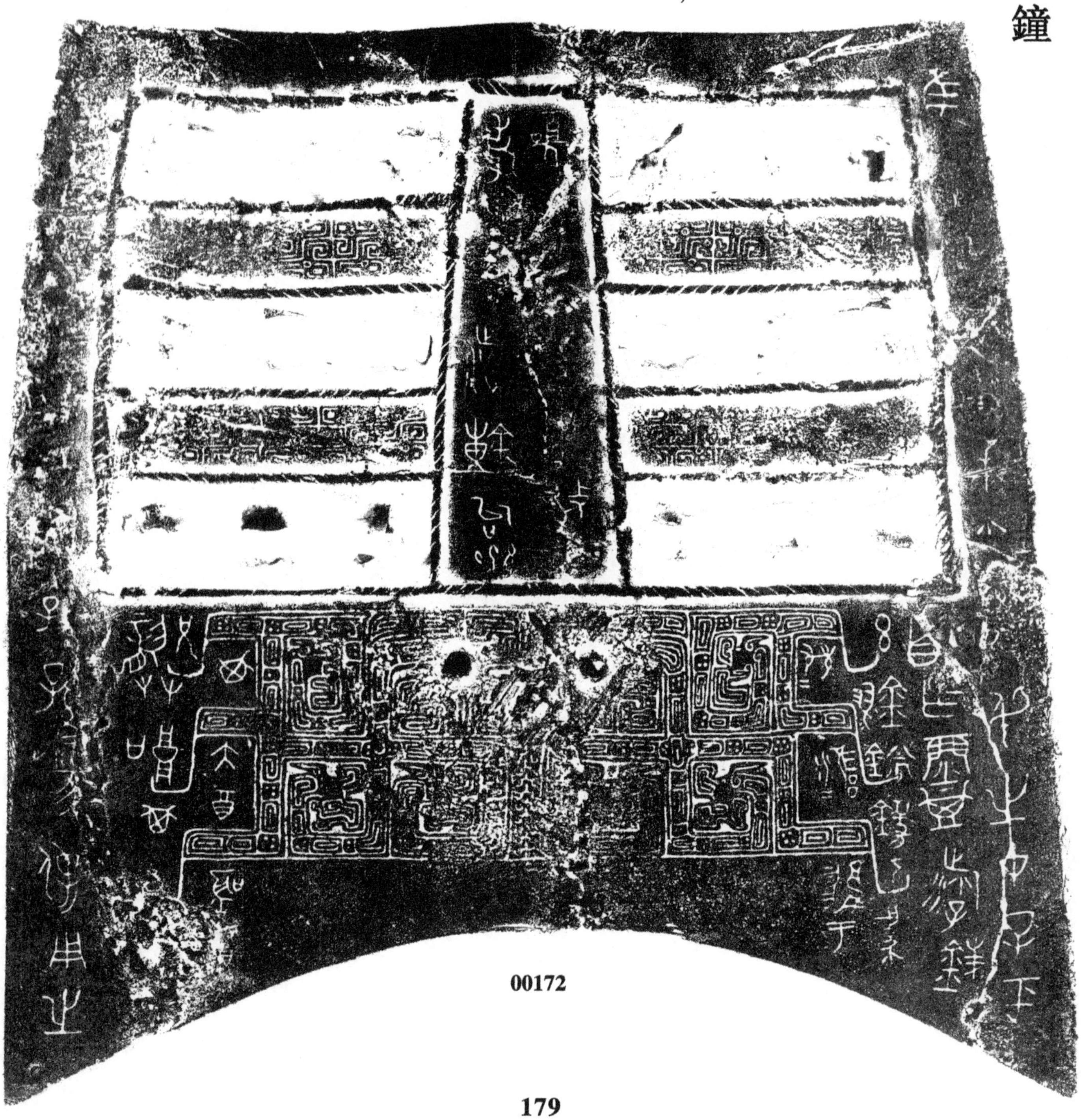

00172

簷叔之仲子平鐘

唯正月初吉庚午，（簷（筥）
叔之仲子平，）自乍（作）
鑄游鍊（鐘），（玄鏐
鋿鏽（鋁），乃爲之
音，戢戢雍雍，聞）于
𢼸（頂）東，仲平（善
弦（發）叡考，）
鑄其游鍊（鐘），（訂（以）
樂其大酉（酒），）
聖智龏哴，其
受此眉壽，萬
年無諆（期），子子孫孫，
永保用之

00173

簷叔之仲子平鐘

①唯正月初吉庚午，簷（筥）叔
之仲子
平，自乍（作）鑄
其游鍊（鐘），玄
鏐鋿鏞（鋁），

②乃爲之音，截截雍雍，聞于
□（頂）東，仲平善弢（發）䖒考，
保用之
無諆（期），孫永
眉壽，萬年
大酉（酋），聖智龏哴，其受此

③鑄其游鍊（鐘），台（以）濼（樂）其

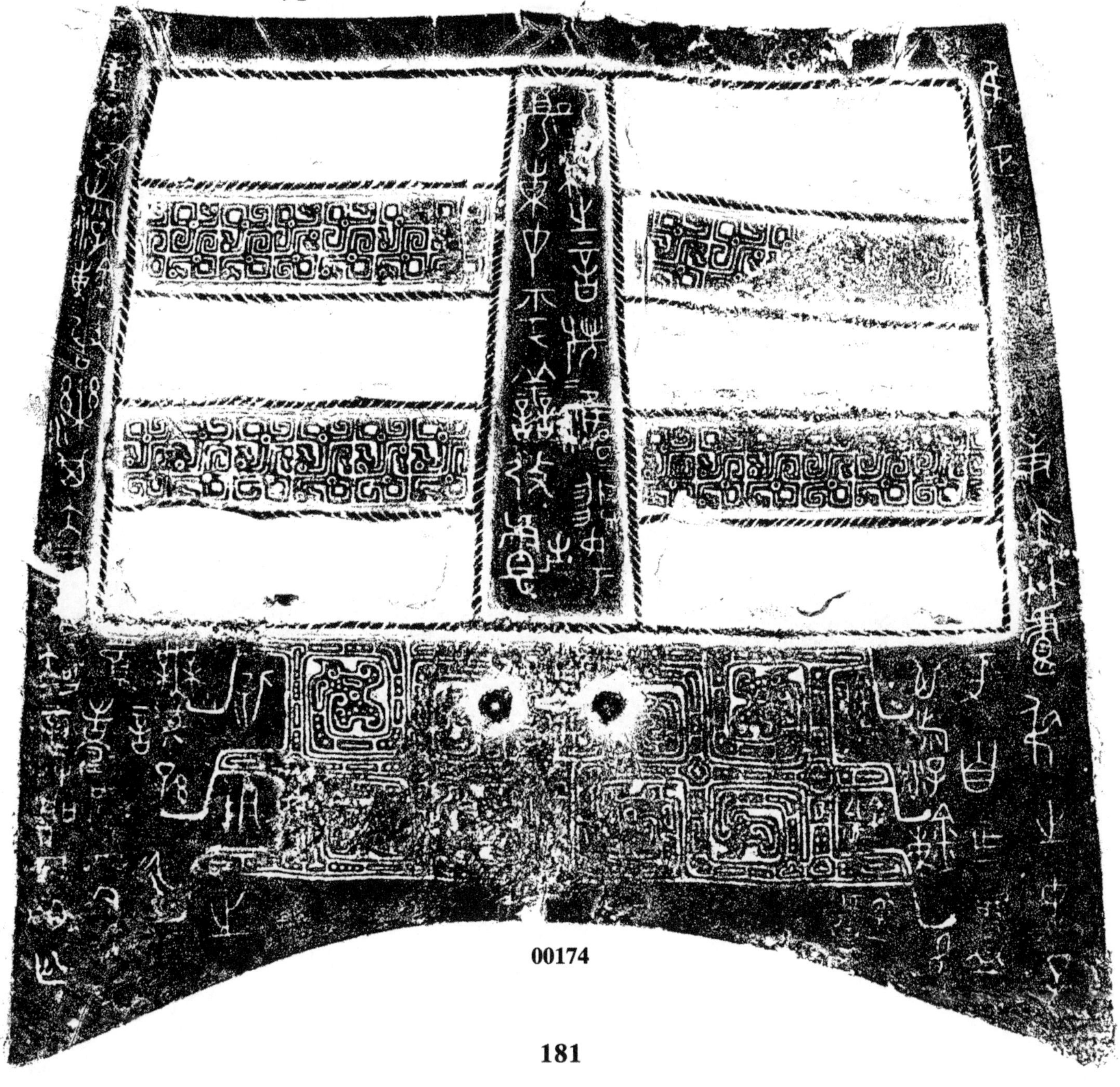

00174

簷叔之仲子平鐘

唯正月初吉庚午，簷（筥）叔之仲子平，
自乍（作）鑄游鍊（鐘），
玄鏐鋿鏞（鋁），乃爲
之音，者者雍雍，
聞于□（頂）東，仲平善
弦（發）䖒考，鑄其游
鍊（鐘），台（以）濼（樂）
其大酉（酋），聖
智龏哴，其受
此眉壽，萬年無諆（期），子子孫孫，永保用之

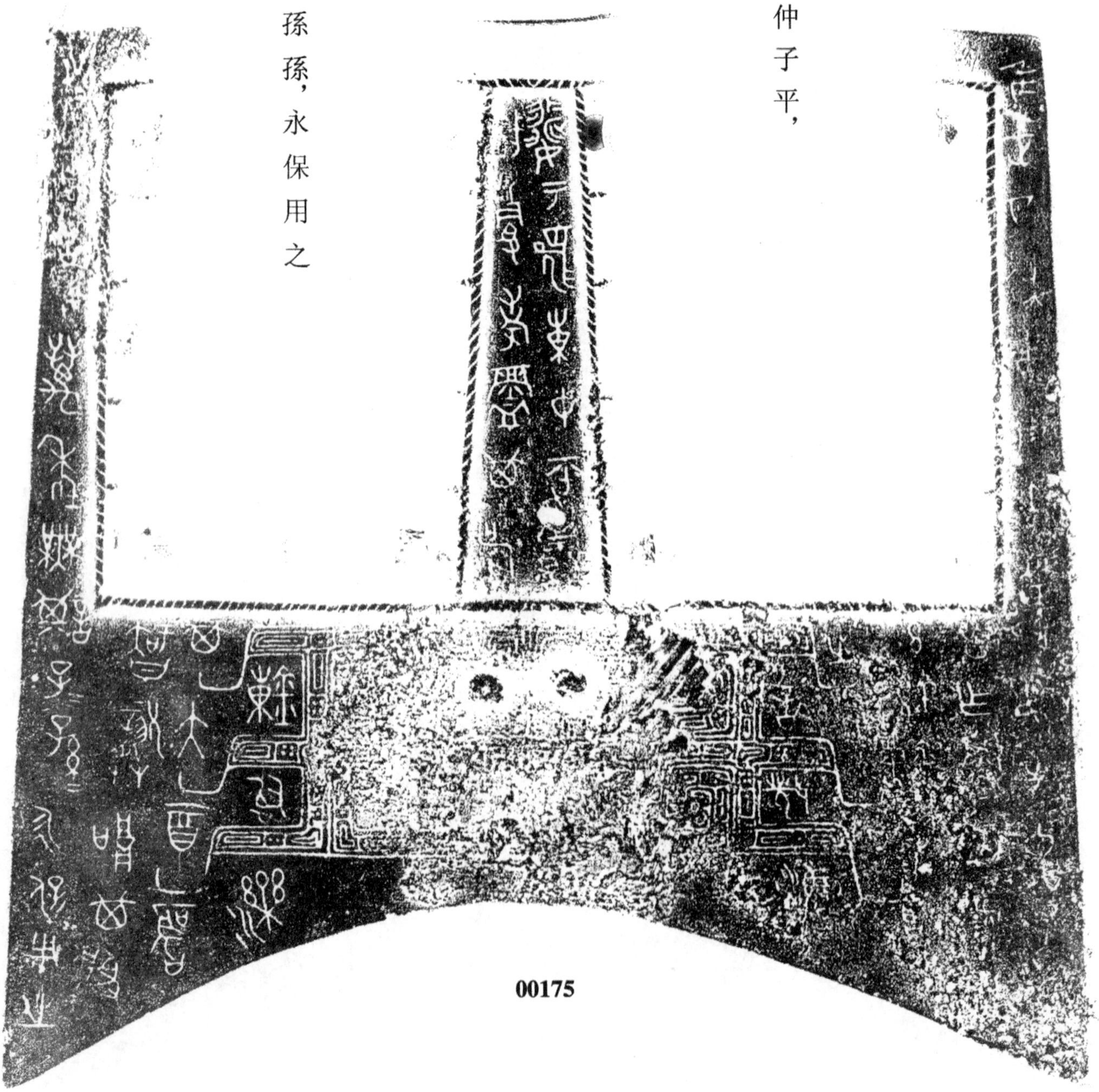

00175

簷叔之仲子平鐘

唯正月初吉庚午，簷（筥）叔之仲子平，自乍（作）鑄游鍊（鐘），玄鏐鋿鏞（鋁），乃爲之音，截截雍雍，聞于□（頂）東，仲平善弦（發）觑考，鑄（其游鍊（鐘），台（以）濼（樂）其大酉（酋），聖智龏哴，其受此眉壽，萬年無諆（期），子子孫孫，永保用之）

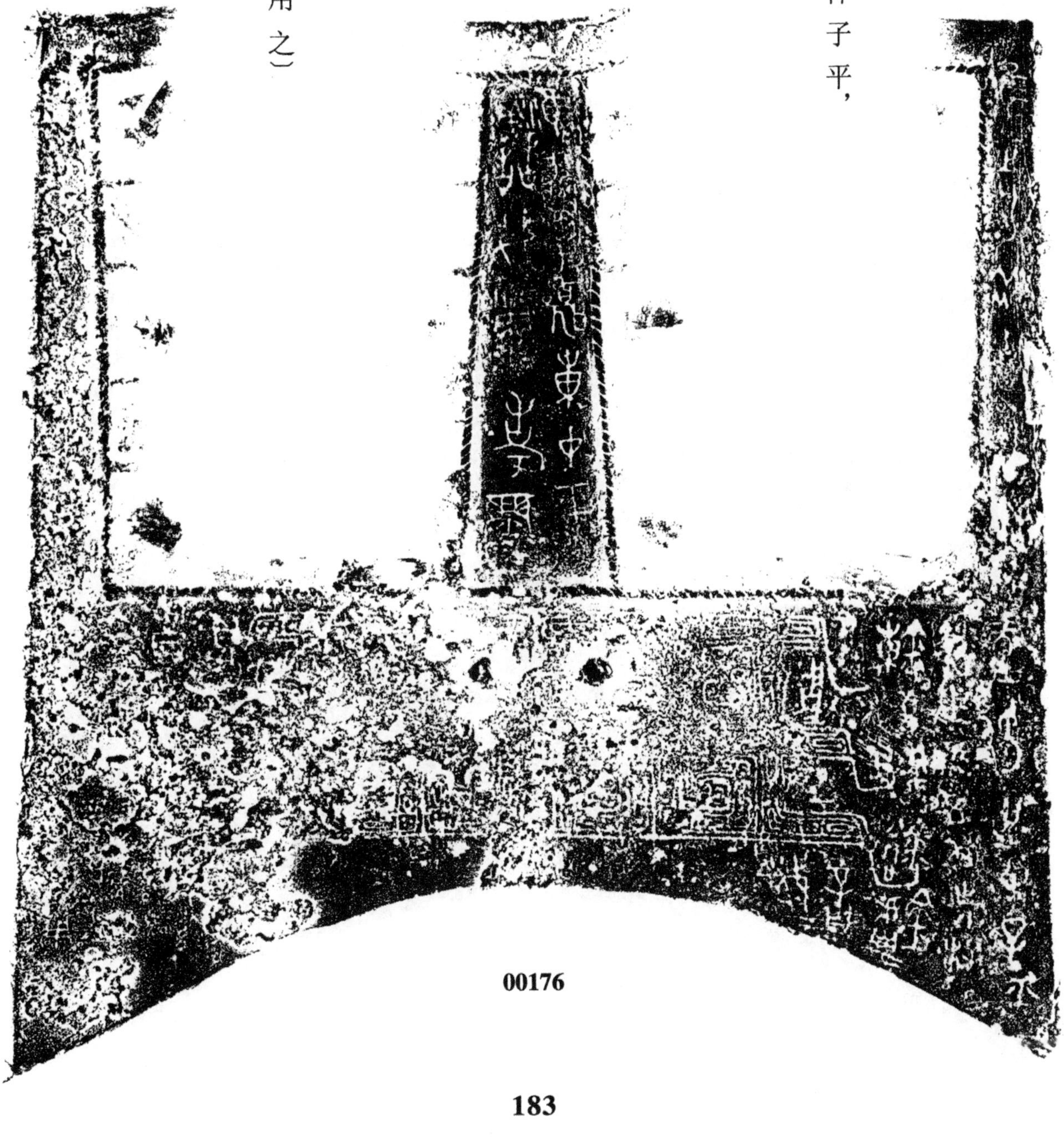

00176

簷叔之仲子平鐘

〔唯正月初吉庚午,〕簷(筥)叔之仲子平,自乍(作)鑄其游鍊(鐘),玄鏐鋿鑪(鋁),乃爲之音,截截雍雍,聞于□(頂)東,仲平善弦(發)獻考,鑄其游鍊(鐘),台(以)濼(樂)其大酉(酋),聖智龏哴,其受此眉壽,萬年無諆(期),子子孫孫,永保用之

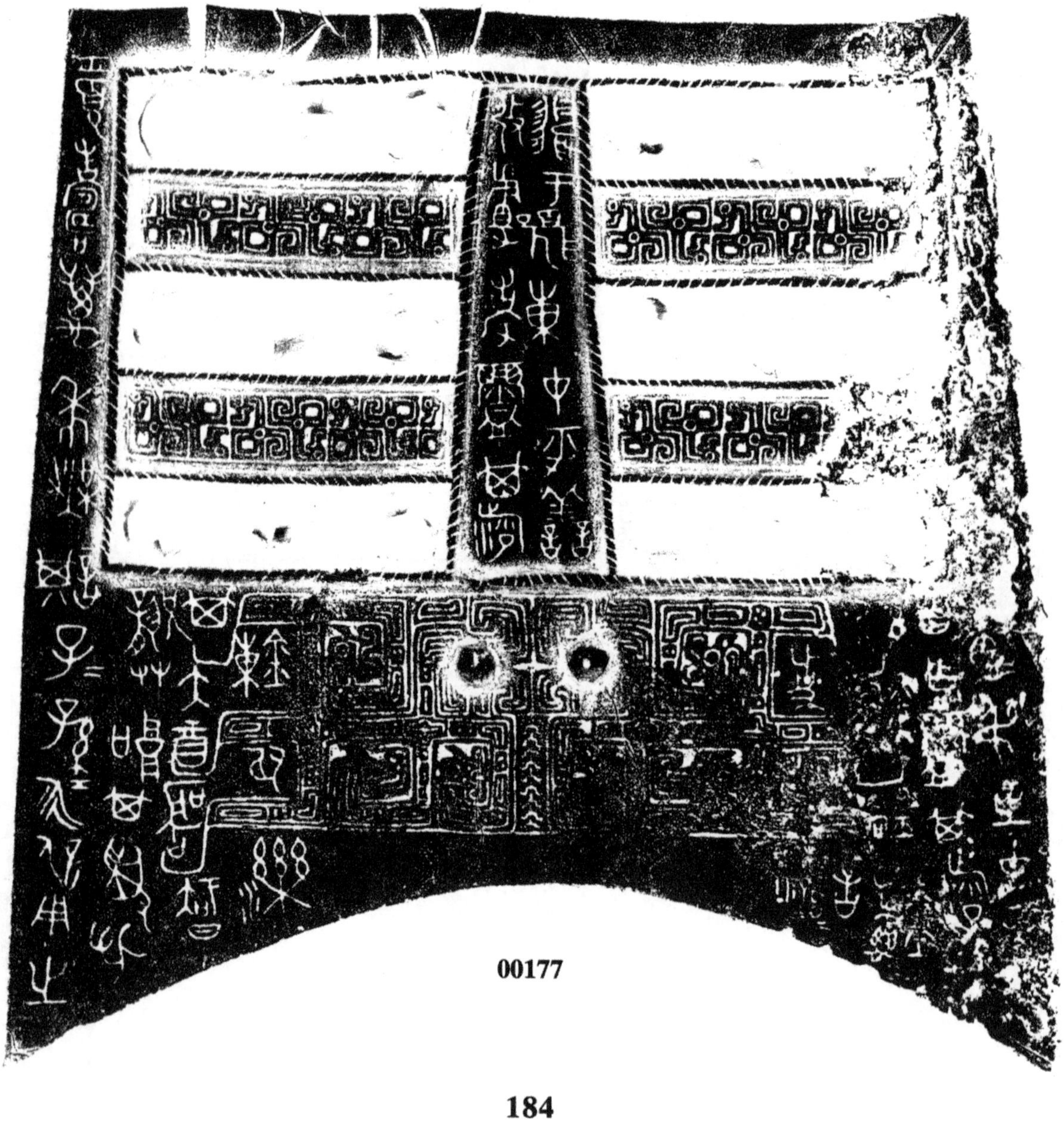

00177

簷叔之仲子平鐘

①（唯正月初吉庚午，簷（筥）
叔之仲子平，自乍（作）鑄
游鍊（鐘），玄鏐鍋鑪（鋁），乃爲）

②之音，截截雍雍，聞
于[illegible]（頂）東，仲平善弦（發）

③叡考，鑄其游鍊（鐘），台（以）
濼（樂）其大酉（酒），聖
智龏哏，其受
此眉壽，萬
年無諆（期），（子子孫孫，
永保用之）

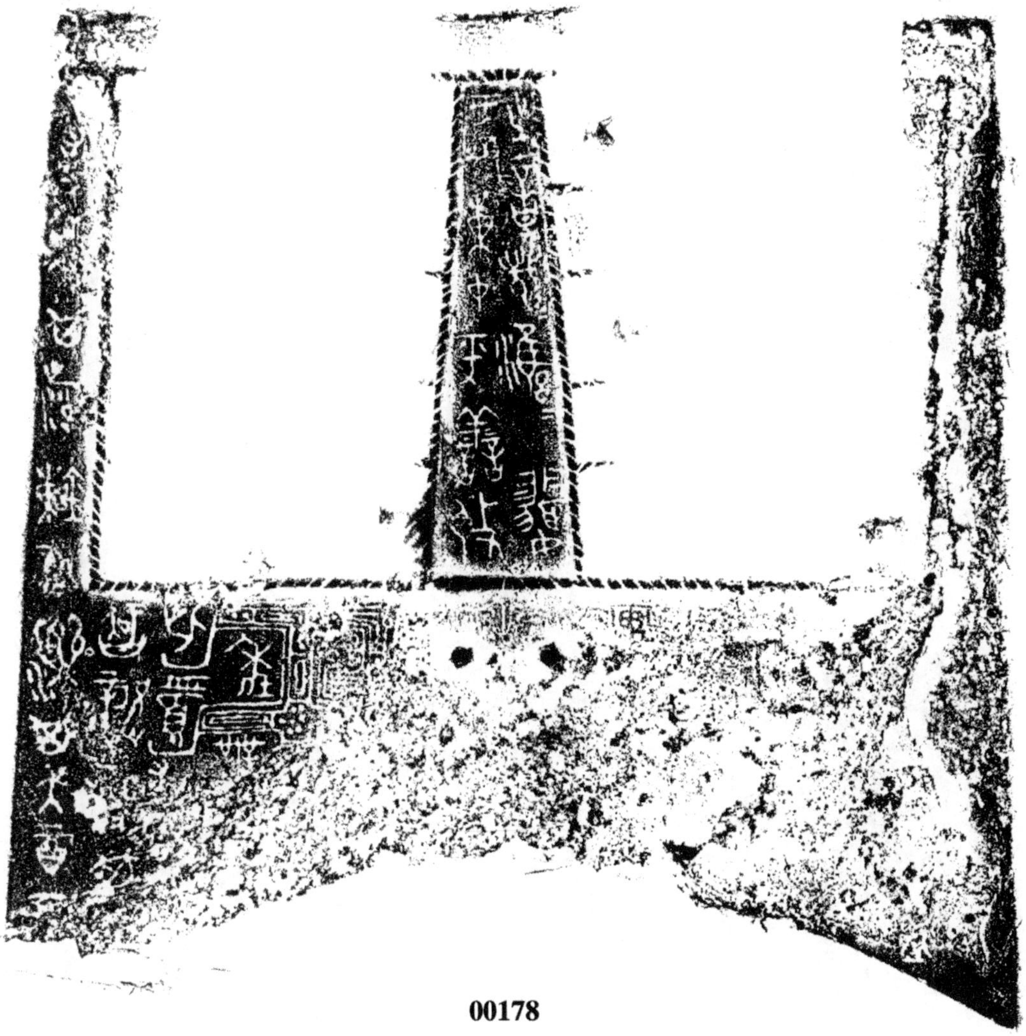

00178

簷叔之仲子平鐘

①(唯)正月初吉庚午，簷(筥)叔之
仲子平，自乍(作)鑄其游
鍊(鐘)，玄鏐鏑鑪(鋁)，乃爲)
②之音，截截雍雍，聞于𩠤(頂)
東，仲平善弦(發)𢿙考，
保用之
孫孫，永
萬年無諆(期)，子子
其受此眉壽，
大酉(酋)，聖智龏哴，
③鑄其游鍊(鐘)，㠯(以)濼(樂)其

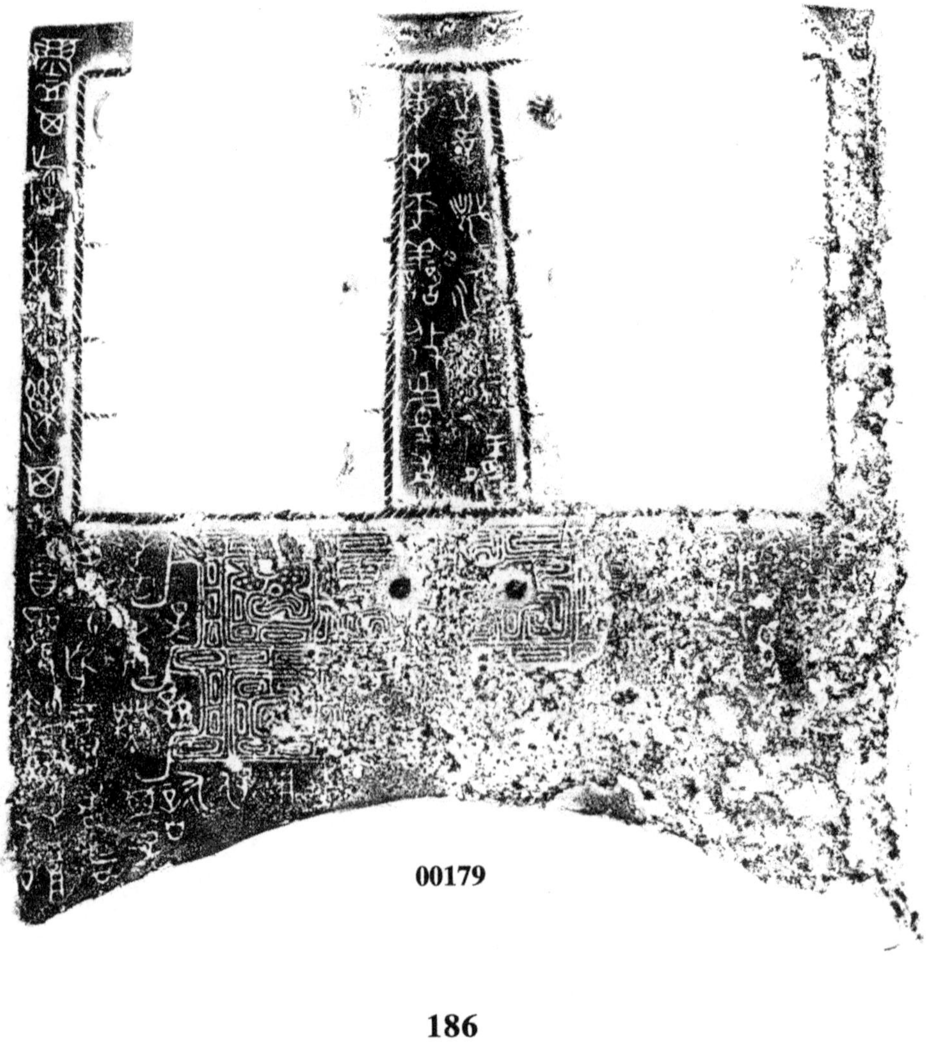

00179

篖叔之仲子平鐘

唯正月初吉庚午，篖（莒）叔之仲子平，自乍（作）鑄其游鍊（鐘），玄鏐鋿鏞（鋁），乃爲之音，截截雍雍，聞于□（頂）東，仲平善弦（發）叡考，鑄其游鍊（鐘），台（以）濼（樂）其大酉（酋），聖智龏㖨，其受此眉壽，萬年無諆（期），子子孫孫，永保用之

00180

南宮乎鐘

①𤔲土(徒)南宮
乎，乍(作)大鑄(林)協鐘，茲
鐘名曰無睪(射)，

00181.1

原高三三厘米

②先祖南公，亞祖公仲必父之家，天子其萬年眉壽，畯

③永保四方，配皇天，乎拜手䭬首，敢對揚天子不（丕）顯魯休，用乍（作）朕皇祖南公、亞祖公仲

00181.2

徐王子旃鐘

⑥孫孫，萬枼（世）
鼓之

①唯正月初吉，元日癸
亥，郐（徐）王子旃擇

②其吉金，自乍（作）
龢鐘，以敬
盟祀，以樂嘉賓、倗友、者（諸）

00182.1

③臤（賢），兼以父蚬（兄）、庶士，以宴以喜（饎），中韓䖒諹（颺），元鳴

④孔皇（煌），其音⿱攸言⿱攸言（悠悠），聞于四方，

⑤諻諻熙熙（熙熙），眉壽無諆（期），子子

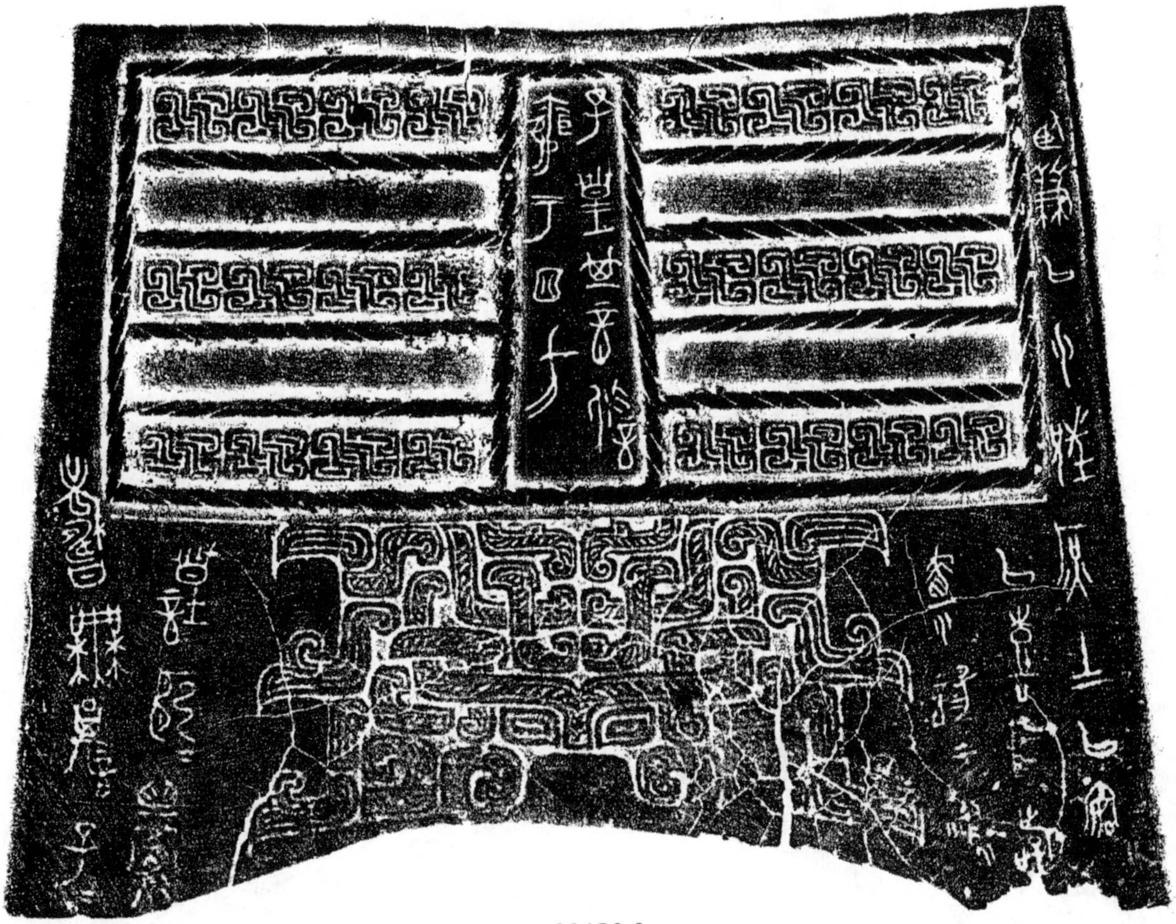

00182.2

余贎逯兒鐘

⑥父兄，飲飤訶（歌）遷（舞），子孫用之，後民是語

①唯正九月，初吉丁亥，曾孫僕兒、②余迖斯于之子（孫）、余茲佫之元子，

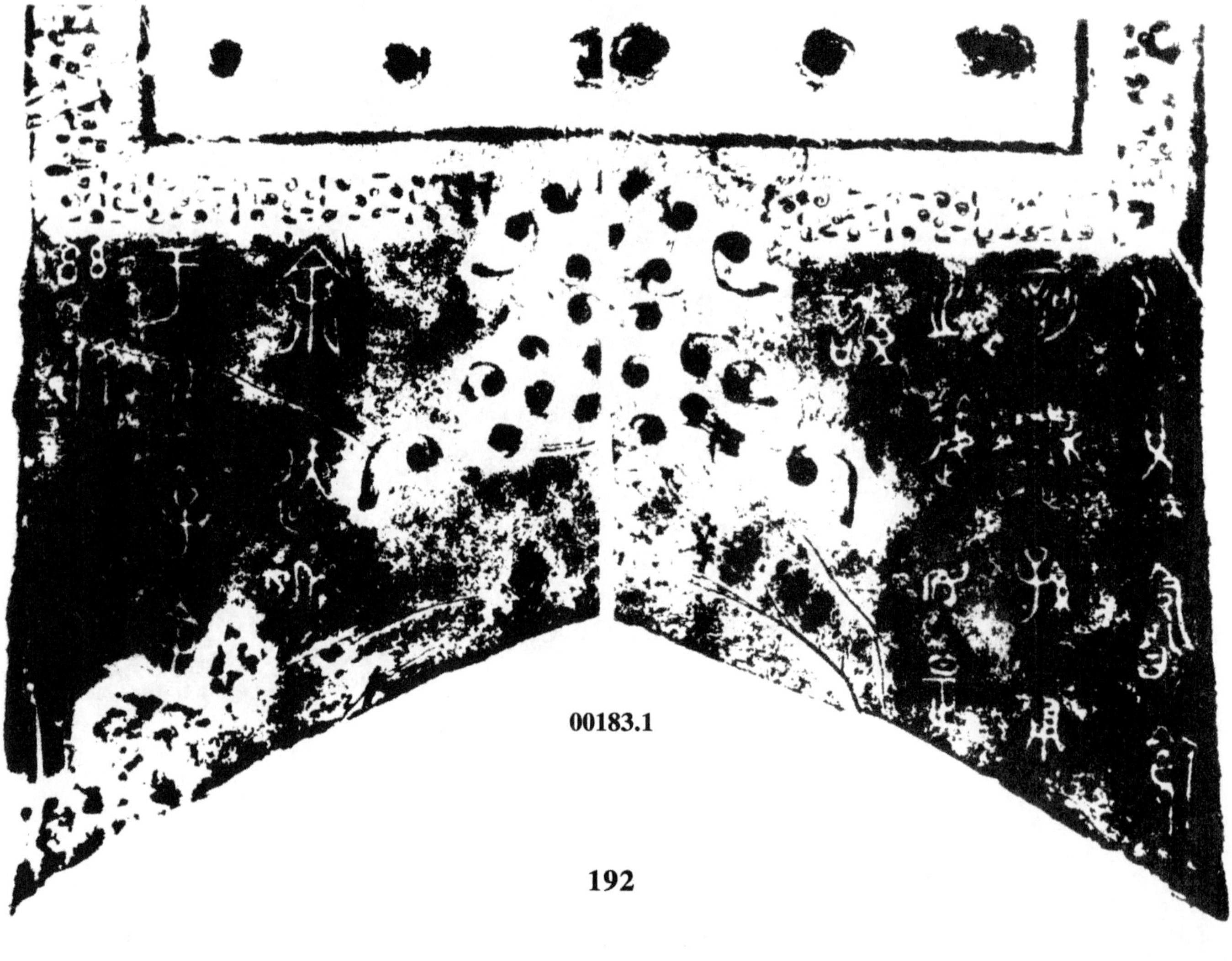

00183.1

③曰：於虖敬哉，余義楚之良臣，而

④逯之字（慈）父，余贎逯兒，得吉金鎛

⑤鋁，台（以）鑄酥（龢）鐘，台（以）追考（孝）侁（先）祖，樂我

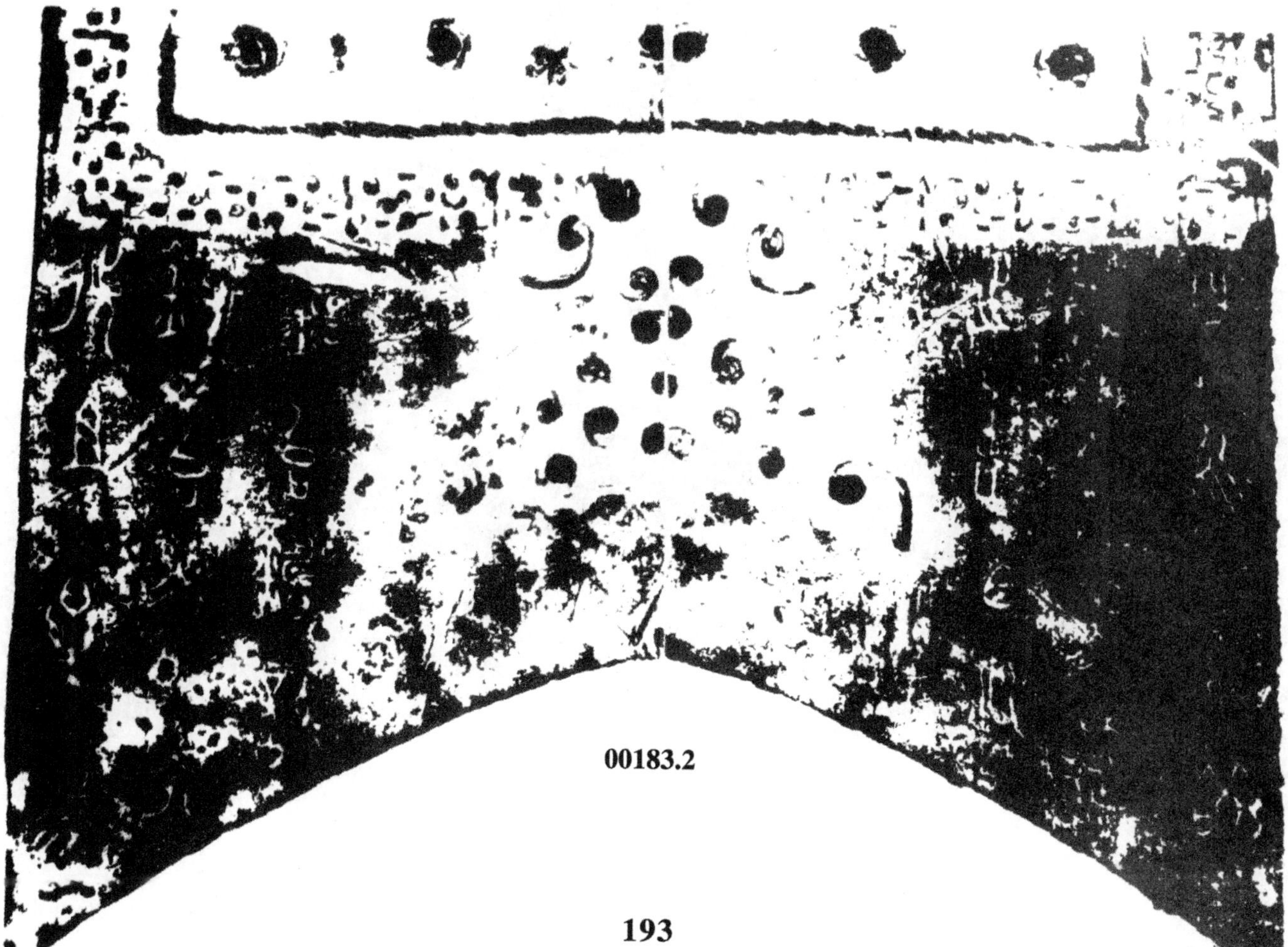

00183.2

余贎逨兒鐘

⑥用之，後
民是語

①之字（慈）父，
余贎逨

②兒，得吉
金鎛鋁，

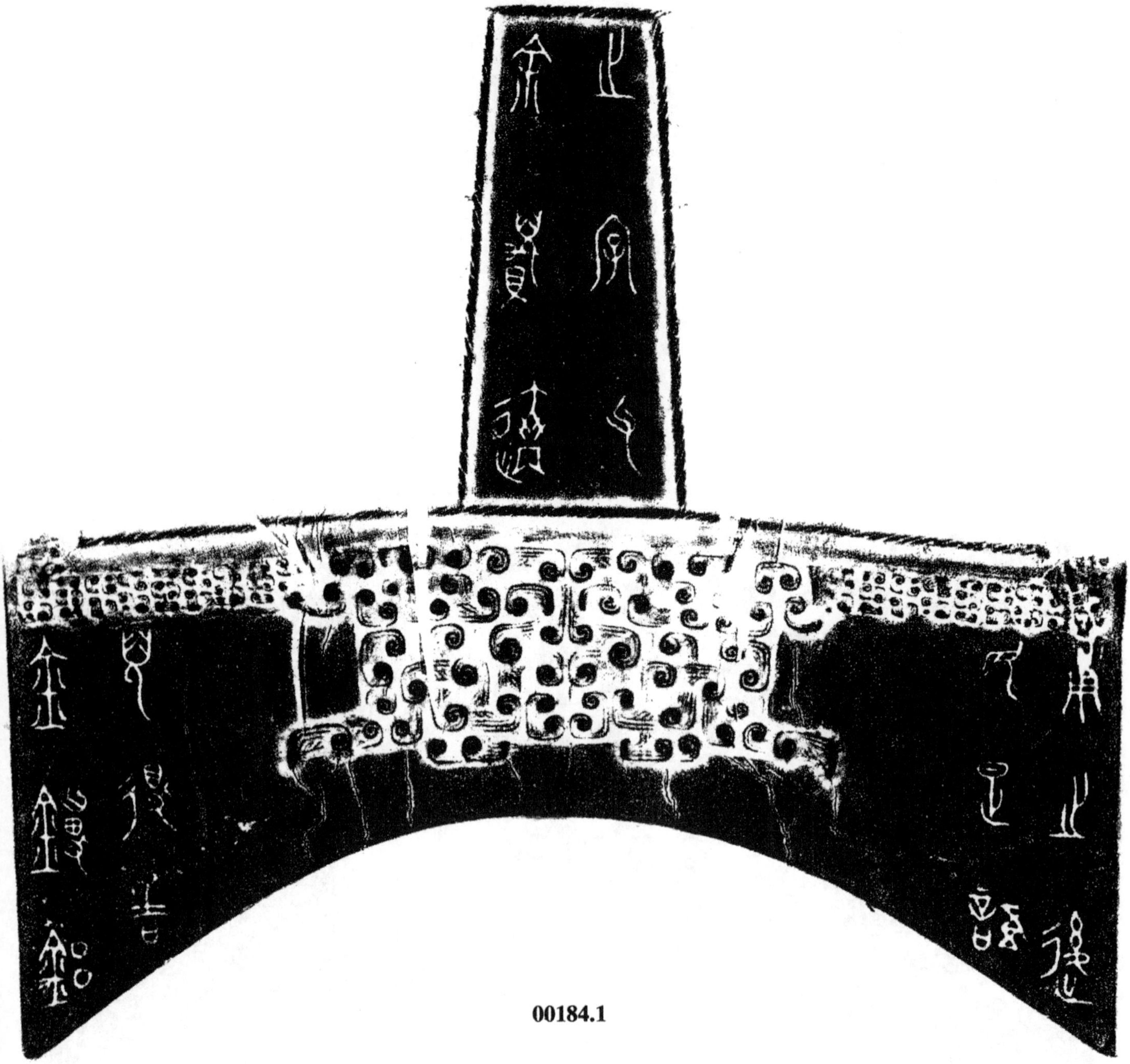

00184.1

③台（以）鑄訴（龢）鐘，台（以）追

④考（孝）侁（先）祖，樂我父

⑤兄，飲飤訶（歌）遳（舞），子孫

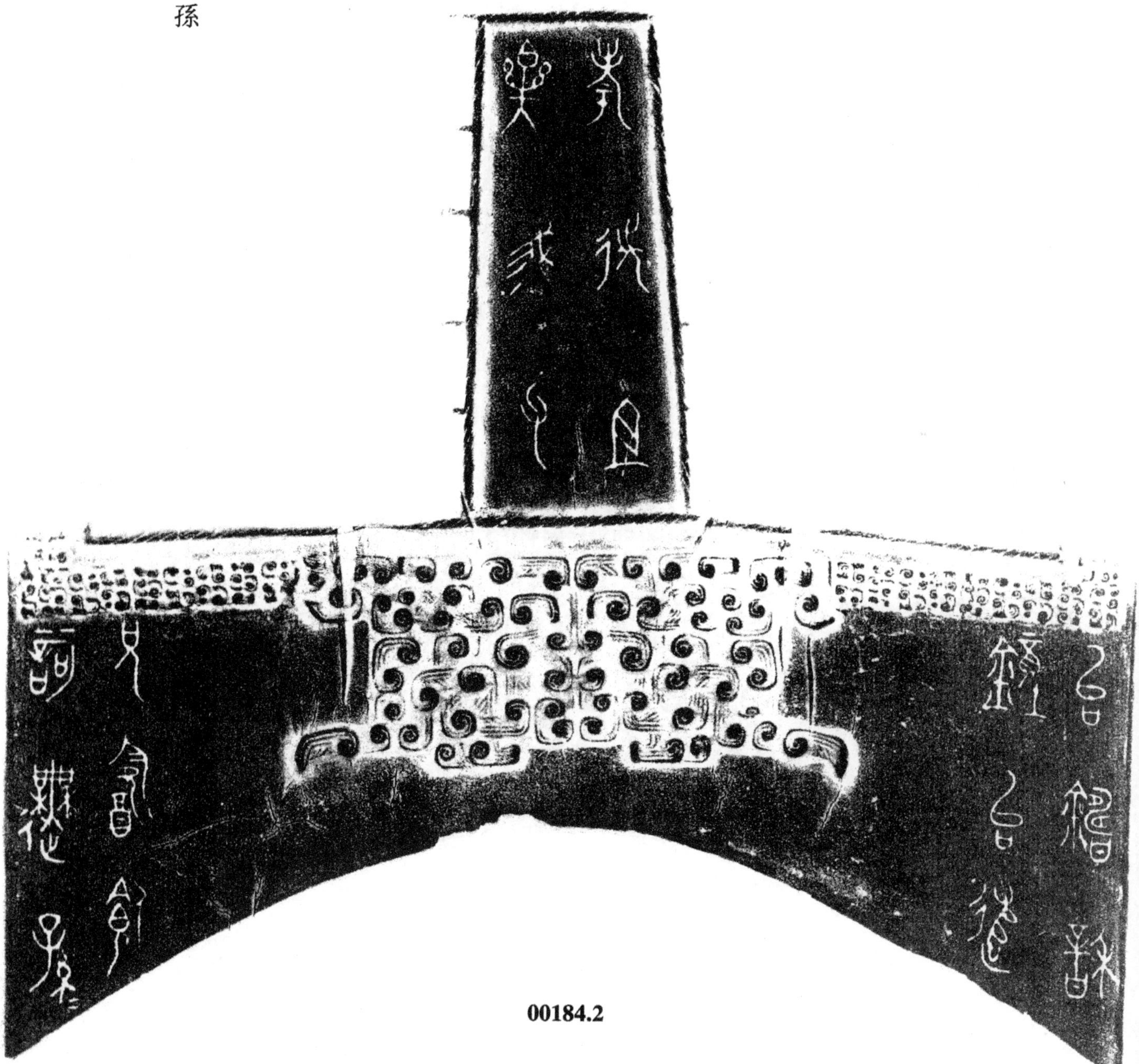

00184.2

余贎逐兒鐘

⑥虘敬哉，余

①唯正九月，初吉

②丁亥，曾孫僕兒、

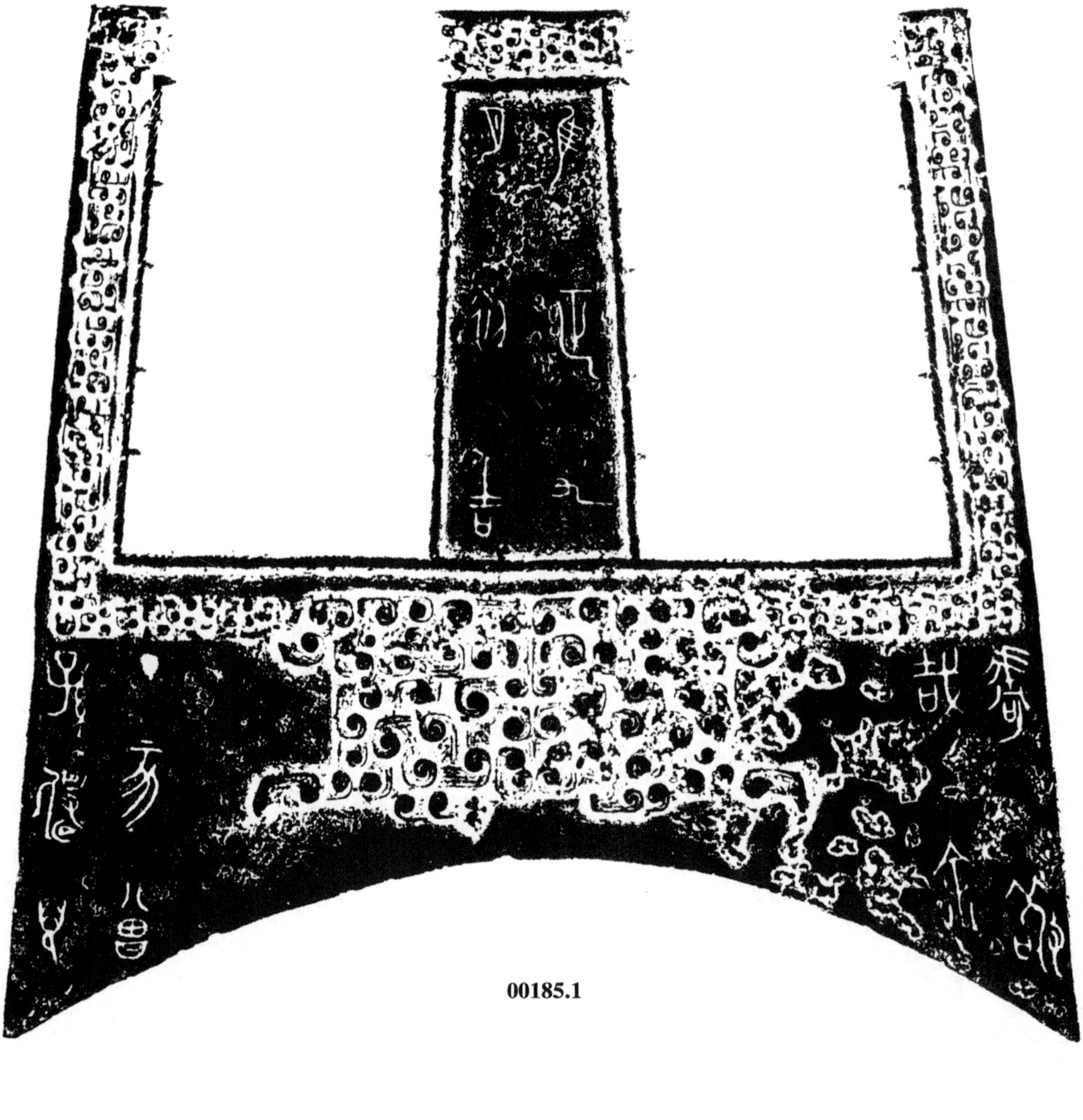

00185.1

③余迖斯于

④之孫，余兹佫之

⑤元子，曰：於

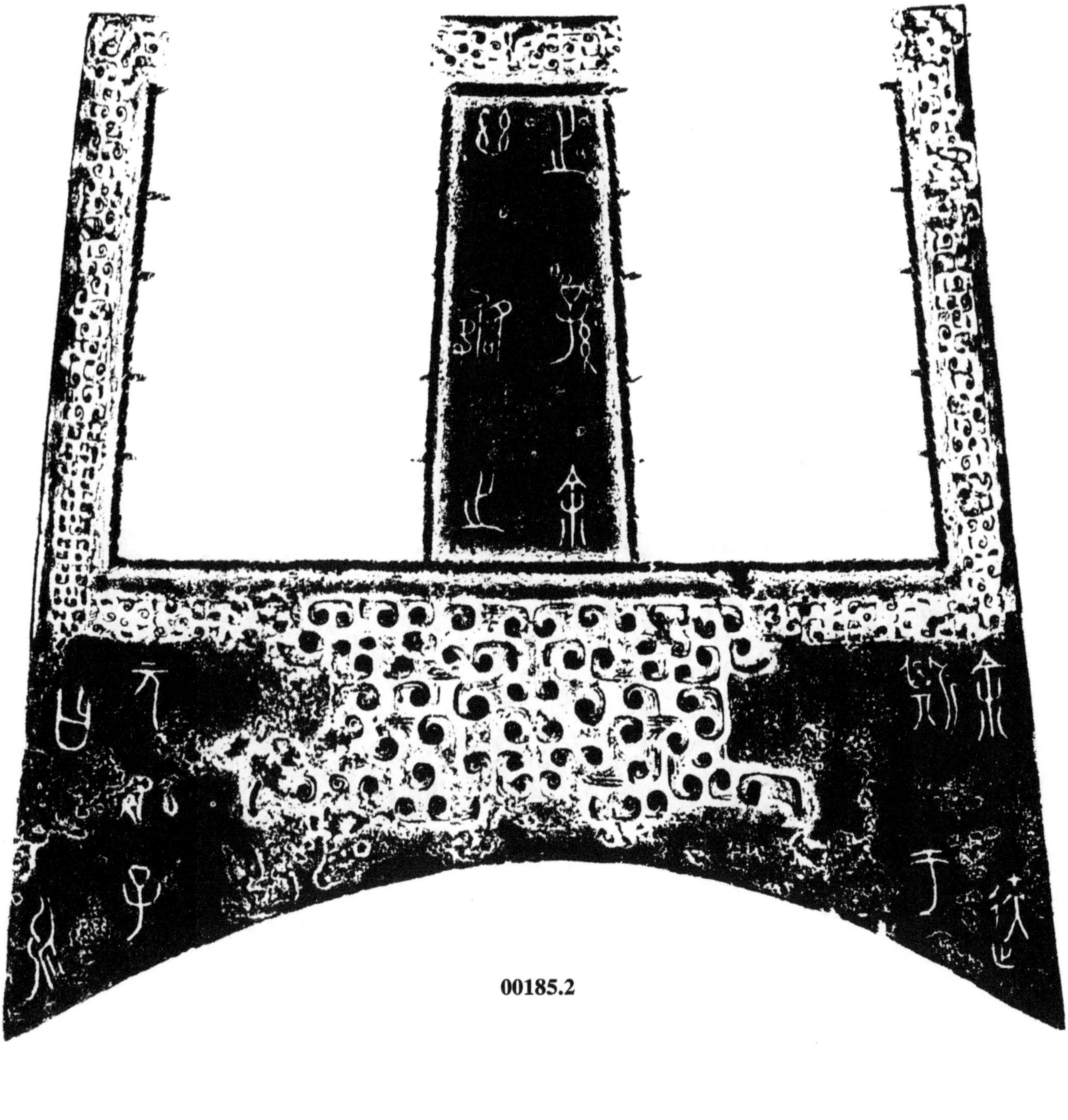

00185.2

余購逨兒鐘

是語
追考(孝)于
㫤(先)祖,
樂我
父兄,

00186.1

飲飤訶(歌)

遯(舞),子

孫用之,

後民

00186.2

汈其鐘

①梁其曰：不（丕）顯皇祖考，穆穆異異（翼翼），克哲厥德，農臣先王，得屯（純）亡敃（愍），梁其肇帥井（型）皇祖考，秉明德，虔夙夕，辟天子，天子肩（肩）

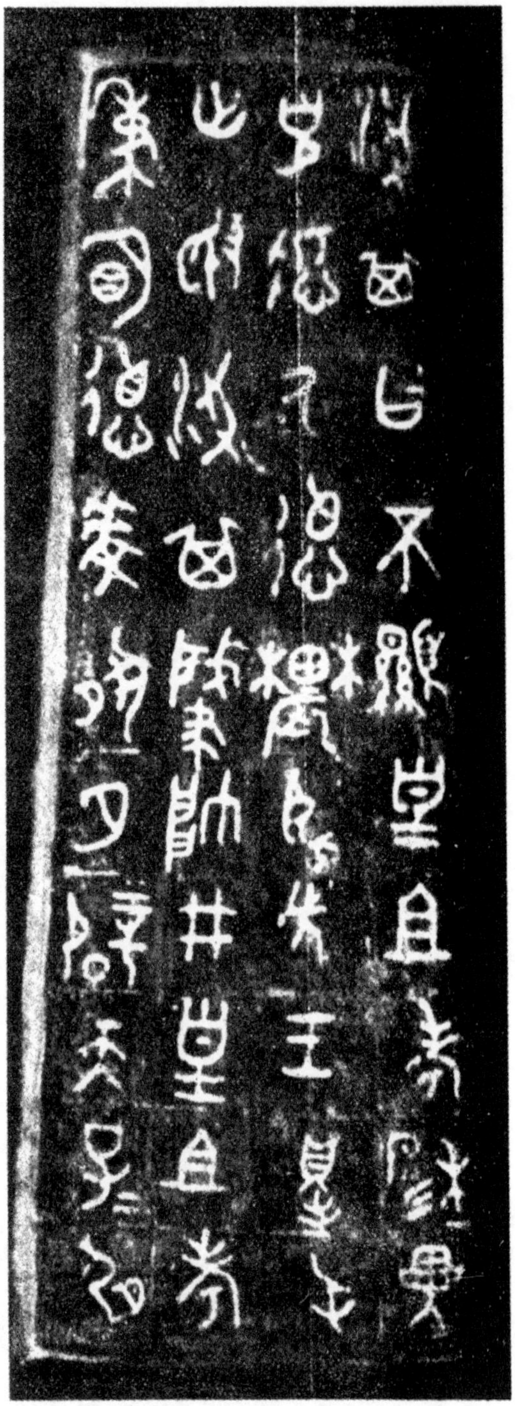

00187.1

②事梁其，身邦君大正，用天子寵蔑梁其曆，梁其敢對天子不（丕）顯休揚，用乍（作）朕皇

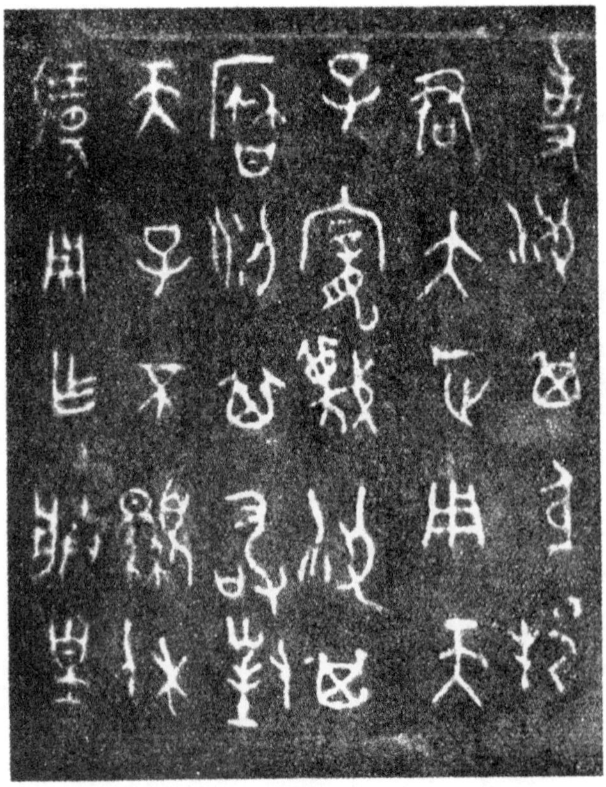

00187.2

沕其鐘

原高三一厘米

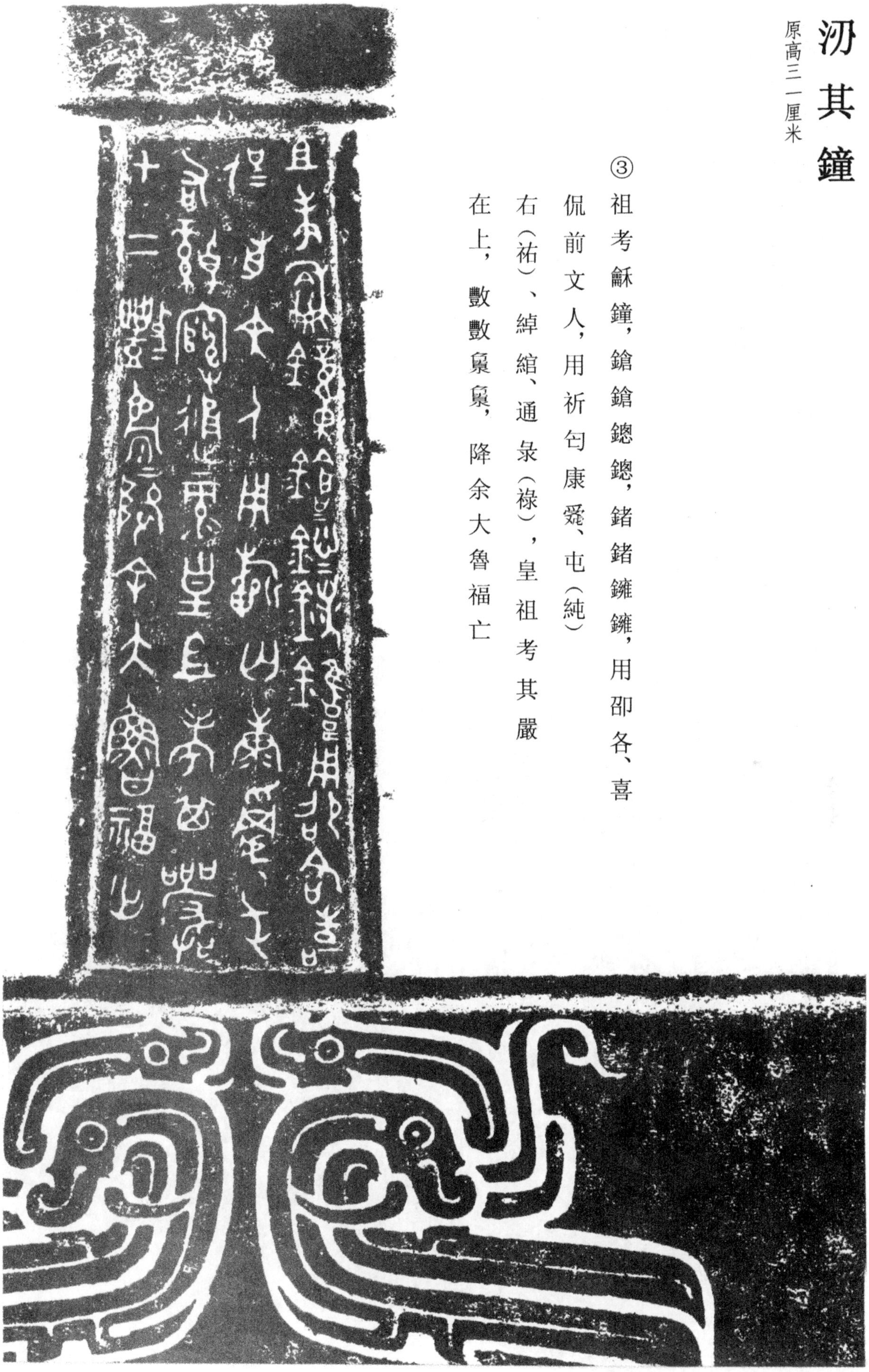

③祖考龢鐘，鎗鎗鏓鏓，鍺鍺鏞鏞，用卲各、喜侃前文人，用祈匄康𠡠、屯（純）右（祐）、綽綰、通彔（祿），皇祖考其嚴在上，數數臯臯，降余大魯福亡

00188.1

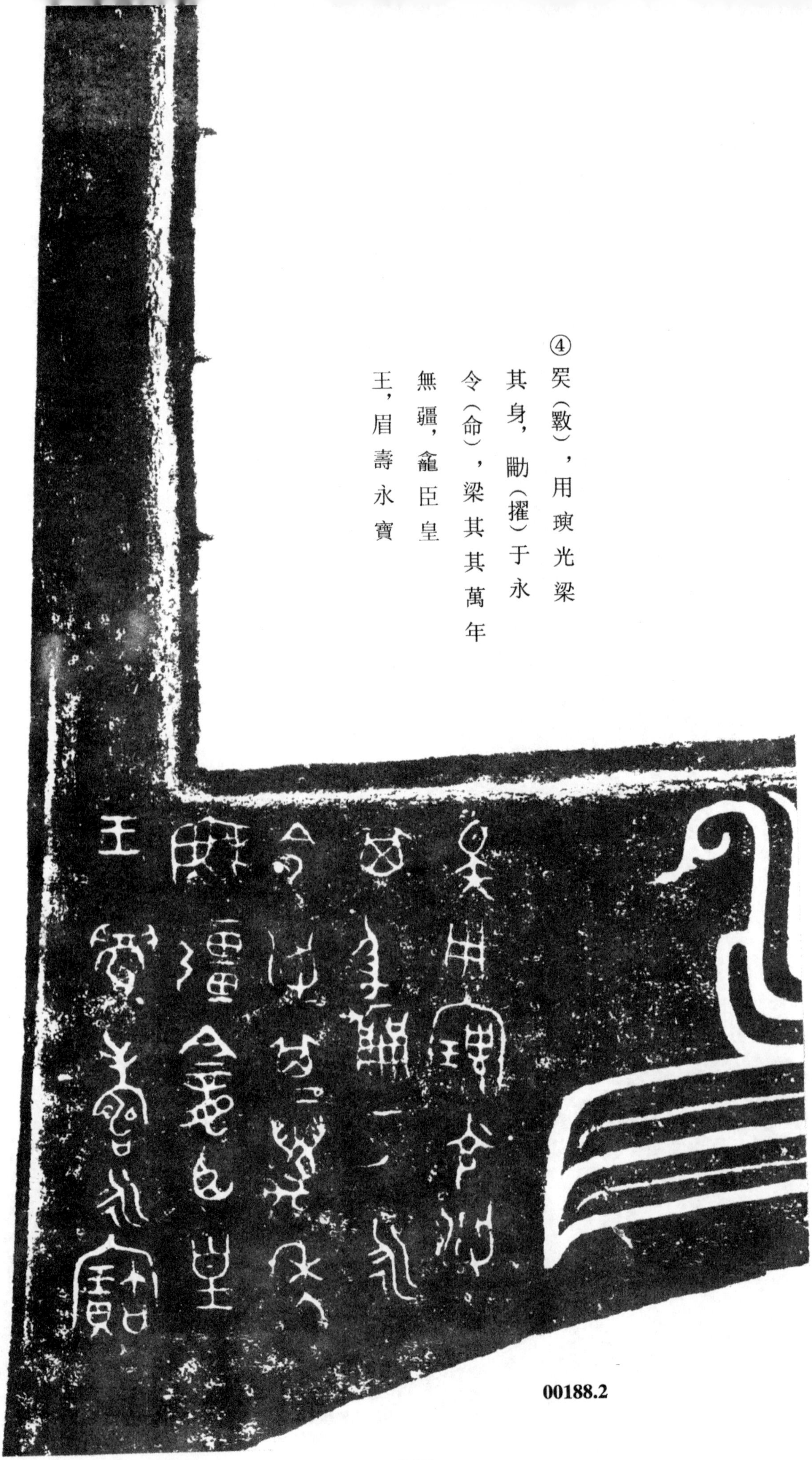

④罙（數），用瑛光梁
其身，勵（擢）于永
令（命），梁其其萬年
無疆，龕臣皇
王，眉壽永寶

00188.2

汈其鐘

①梁其曰：不（丕）顯皇祖考，穆穆異異（翼翼），
克哲厥德，農臣先王，得屯（純）
亡敃（愍），梁其肇帥井（型）皇祖考，
秉明德，虔夙夕，辟天子，天子肩（肩）

00189.1

②事梁其，身邦
君大止（正），用天
子寵蔑梁其曆，
梁其敢對天子
不（丕）顯休揚，用乍（作）
朕皇祖考龢鐘，

00189.2

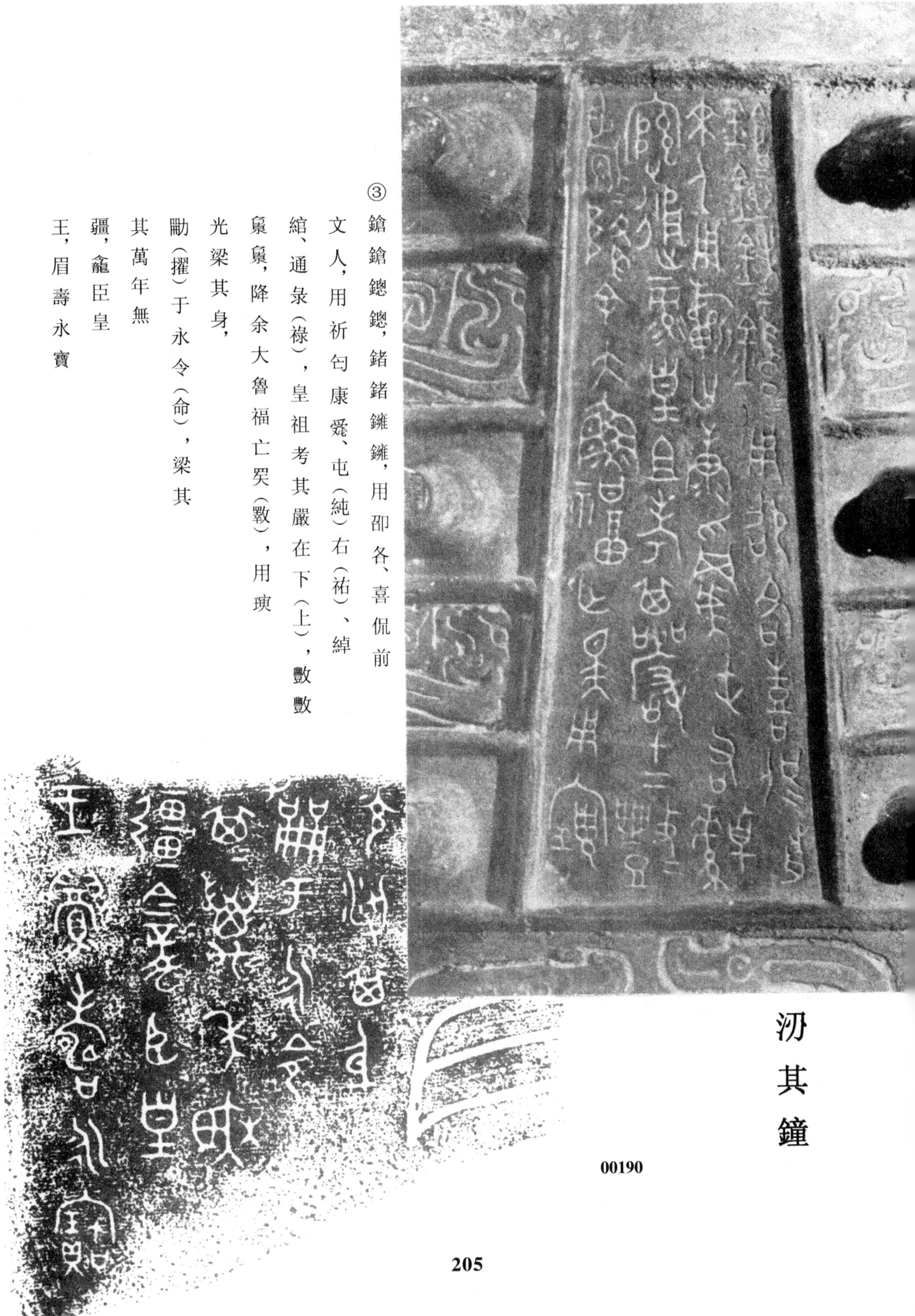

汈其鐘

00190

③鎗鎗鏓鏓，鍺鍺鏞鏞，用卲各、喜侃前文人，用祈匄康𩞄、屯（純）右（祐）、綽綰、通彔（祿），皇祖考其嚴在下（上），數數臱臱，降余大魯福亡旲（斁），用瑛光梁其身，㔁（擢）于永令（命），梁其其萬年無疆，龕臣皇王，眉壽永寶

沕其鐘

天子，天子肩（肩）事梁其，
身邦君大正，用天
子寵蔑梁其曆，梁
其敢對天
子不（丕）顯休
揚，用乍（作）朕
皇祖考龢鐘，梁其

00191

沕其鐘

曰：不（丕）顯皇祖考，穆穆異異（翼翼），克哲厥德，農臣先王，得屯（純）亡敃（愍），梁其肇帥井（型）皇祖考，秉明德，虔夙夕，鎗鎗鏓鏓，鍺鍺鏞鏞，用卲

00192

者𣸈鐘

唯正月初吉丁亥，工
𢿟王皮（難（然）之）子者（𣸈），
（擇其吉金，自乍（作）
鴇（謠））鐘，
（不帛（白）不）𦍩（騂），不
（濼（濁））不（清），
（協）于（我霝（靈）龠（籥），
卑（俾））龢
（卑（俾））孚，用（祈眉
壽繁）釐，（于其）皇
祖（皇考，若召）公壽，
若參（叄）壽，（卑（俾）女（汝）
韹韹剖剖），
（龢龢）倉倉（鏘鏘），其（登）
于（上下，聞）
（于四方，子子）孫孫，永（保
是尚（常））

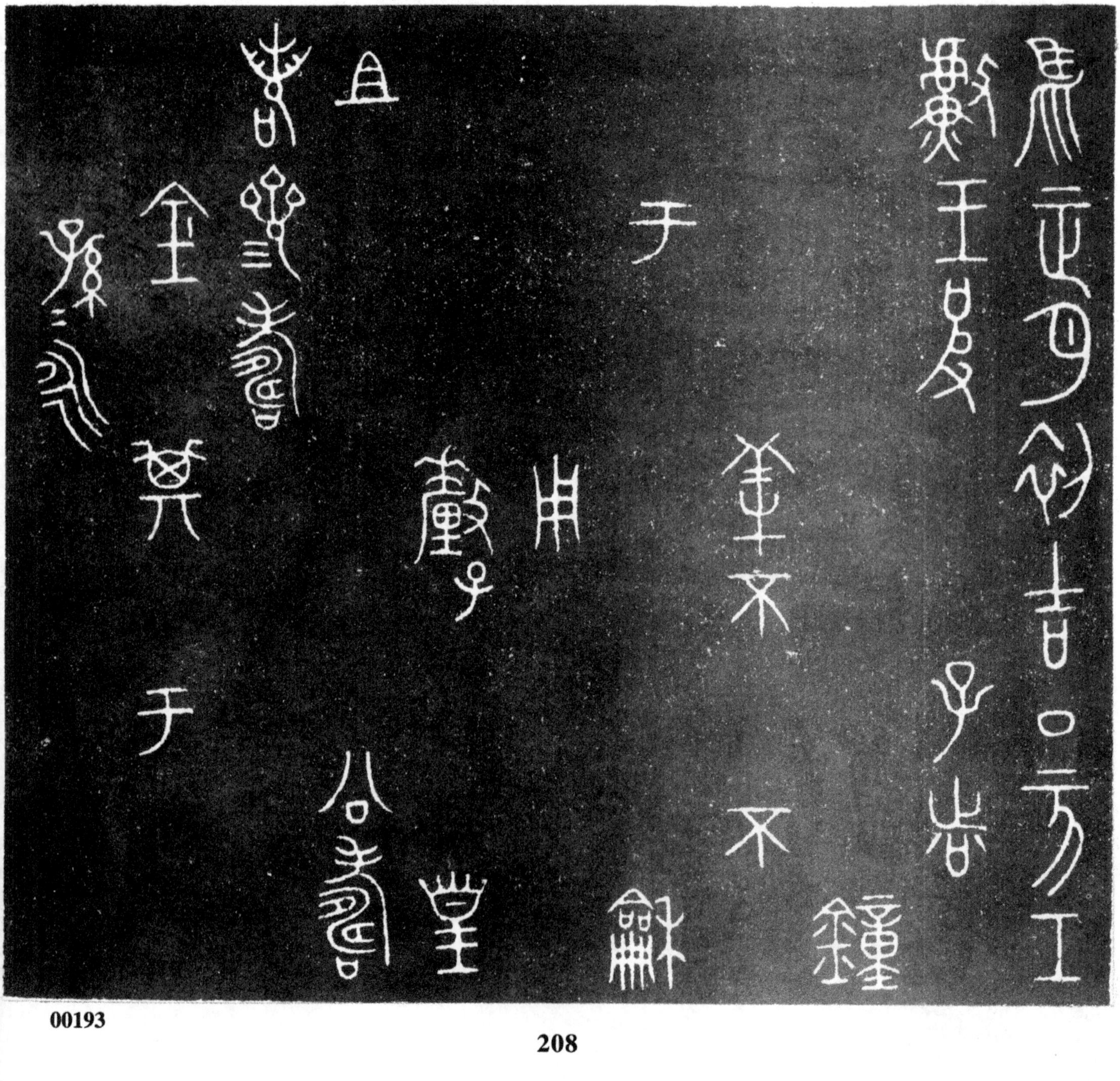

00193

者瀘鐘

唯正月(初吉丁亥，工)
觑王(皮難(然)之子)者瀘，
擇其吉金，自乍(作)(鷂(謠)
鐘)，
(不帛(白)不羊(騂)，不濼(濁))不
(清，協)于(我霝(靈)龠(籥))，
卑(俾))
(龢卑(俾)孚，用祈)眉壽繁
(釐，于)其皇(祖皇考，若召公
(壽，若)參(參)(壽，卑(俾)
女(汝)龣龣剖剖)，
(龢龢)倉倉，其登于(上下，聞)
(于四方)，子子孫孫，永保是
尚(常)

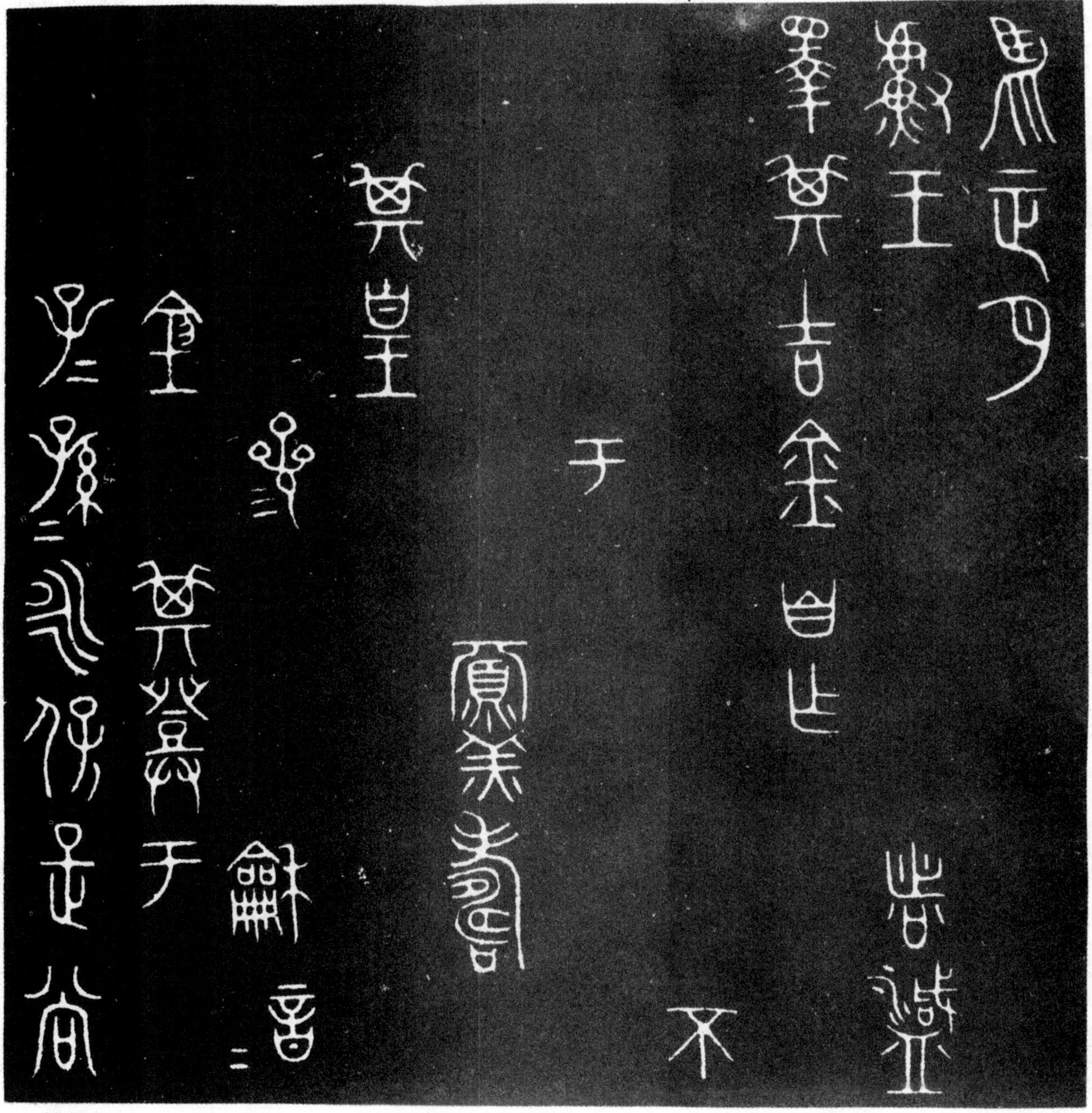

00194

者𣼚鐘

唯正月初吉丁亥，工
𢿽王皮難(然)之子(者)𣼚，
擇其(吉金，自乍(作)
鵅(謠))鐘，
不帛(白)(不羊(騂)，不
濼(濁)不)清，
(協于我霝(靈)龠(籥)，
卑(俾))龢
卑(俾)(孚)，用祈眉壽
(繁)釐，
于其皇祖皇考，若召
公壽，(若)參(叁)壽，卑(俾)
女(汝)鸙鸙
音音，龢龢倉倉，其登于
(上下，聞)
(于四方)，子子孫孫，永
保是尚(常)

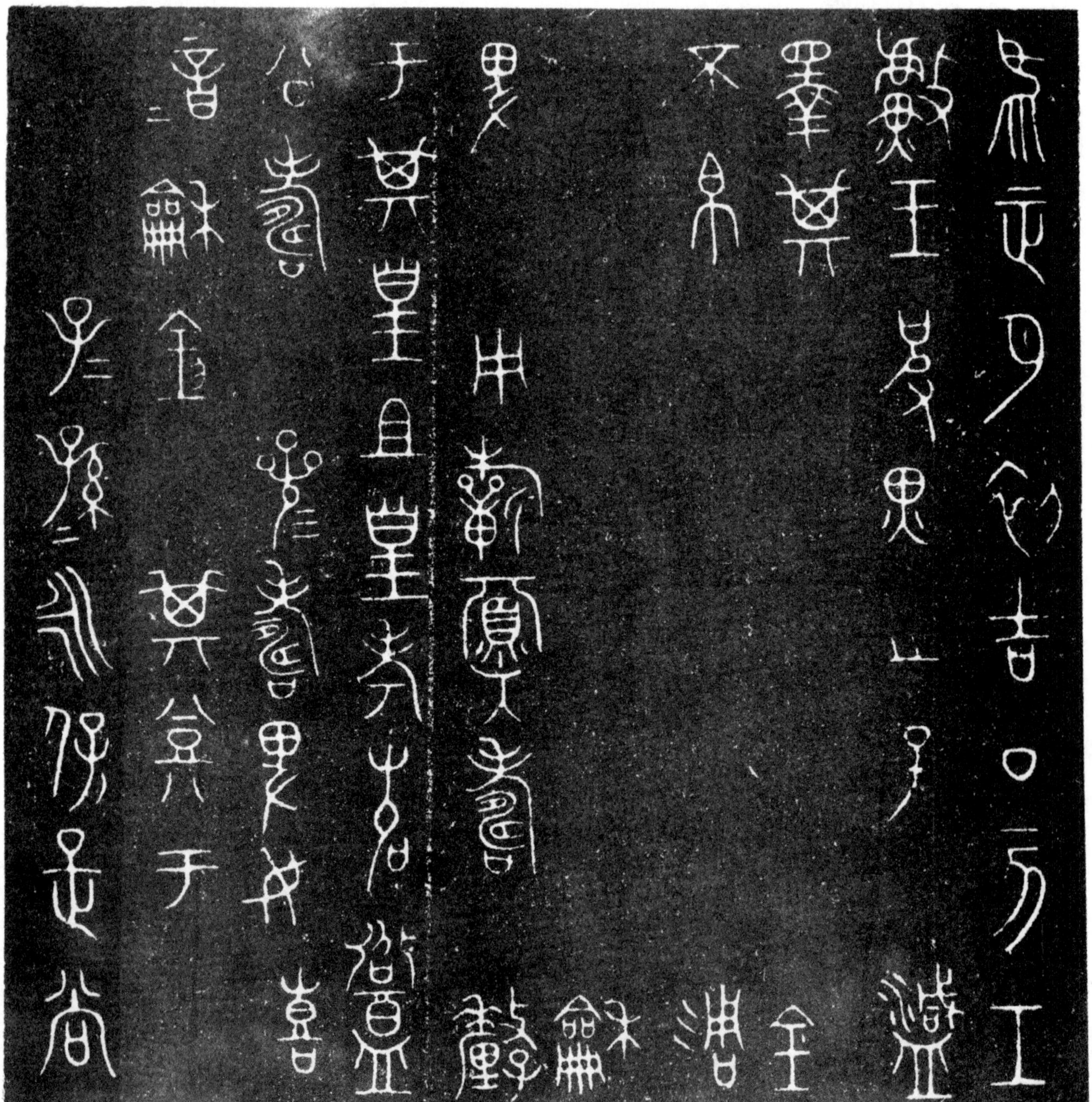

00195

者𣿭鐘

唯正月（初）吉（丁）亥，工（獻）
王皮難（然）（之子）者𣿭，
擇其吉
金，自乍（作）鵅（謠）鐘，不
帛（白）不羊（騂），
不（濼（濁））不清，協于（我
霝（靈）龠（籥）），
卑（俾）龢卑（俾）（孚），用祈
眉壽（繁）
釐，于其皇祖皇考，（若）
（召）公壽，若參（叄）壽，
卑（俾）女（汝）
𪛉𪛉剖剖，龢龢（倉倉，其）登
于（上下，聞于四方），子子
孫孫，永保是尚（常）

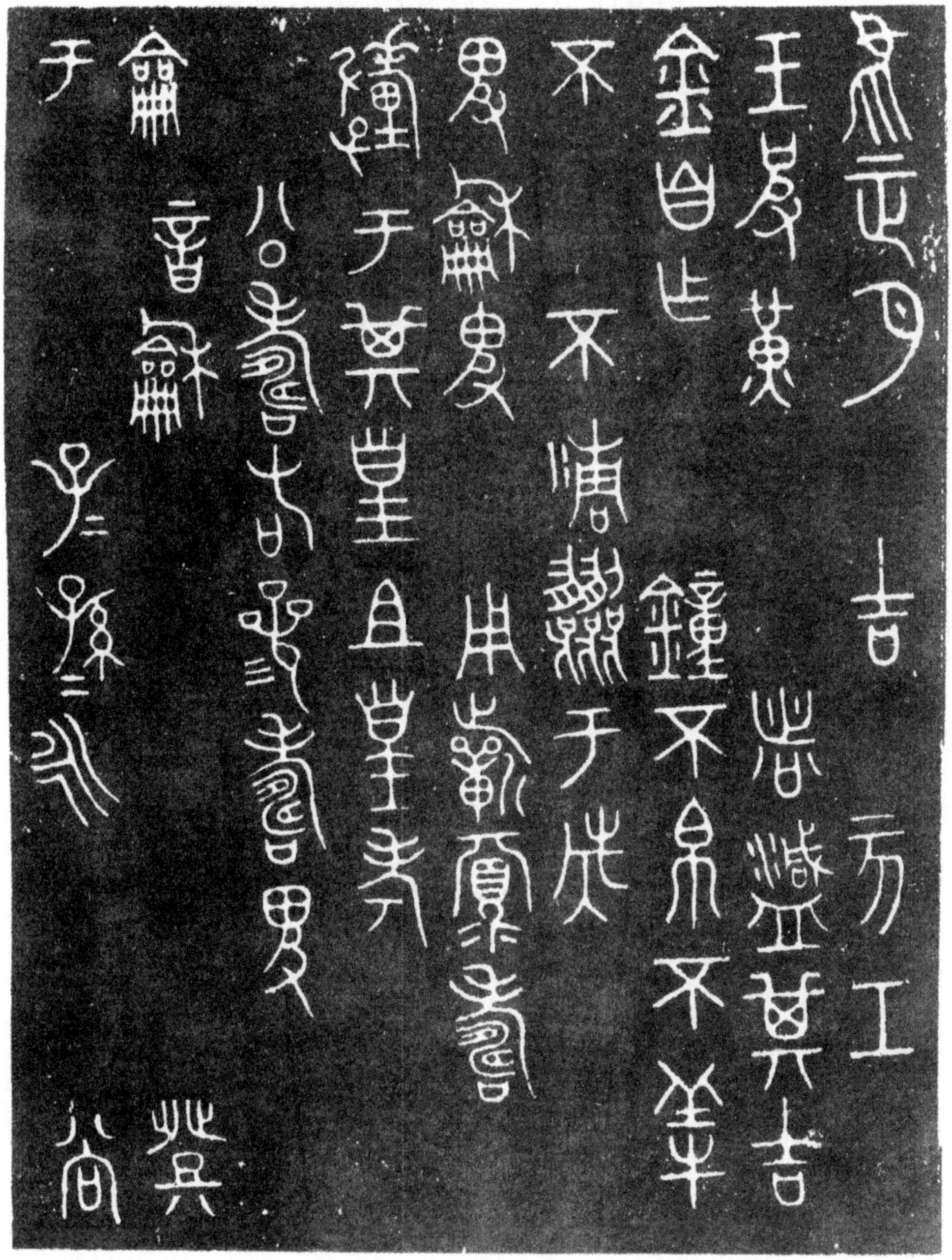

00196

者減鐘

唯正月初吉丁亥，工𫊸王皮𪏃（然）之子者減，擇其吉金，自乍（作）鴋（謠）鐘不帛（白）不羊（騂），不濼（濁）不清，協于（我）霝（靈）龠（籥），卑（俾）龢卑（俾）孚，用祈（眉）壽（繁釐，于）其皇祖皇考，若（召公）壽，

00197.1

若參（叁）壽，卑（俾）女（汝）⿰熏龠⿰熏龠剖剖，龢龢倉倉，其登于上下，聞于四方，子子孫孫，永保是尚（常）

00197.2

者減鐘

唯正月初吉丁亥，工𫊸王皮難（然）之（子者）減，擇其吉金，自乍（作）鴋（謠）鐘，不帛（白）不𦍌（騂），不濼（濁）不清，協于我霝（靈）龠（籥），卑（俾）龢卑（俾）孚，用祈眉壽繁釐，于其皇祖皇考，

00198.1

若召公壽，若參（叁）壽，卑（俾）女（汝）龣龣剖剖，
龢龢倉倉，
其登于上下，聞于四方，子子
孫孫，永保是尚（常）

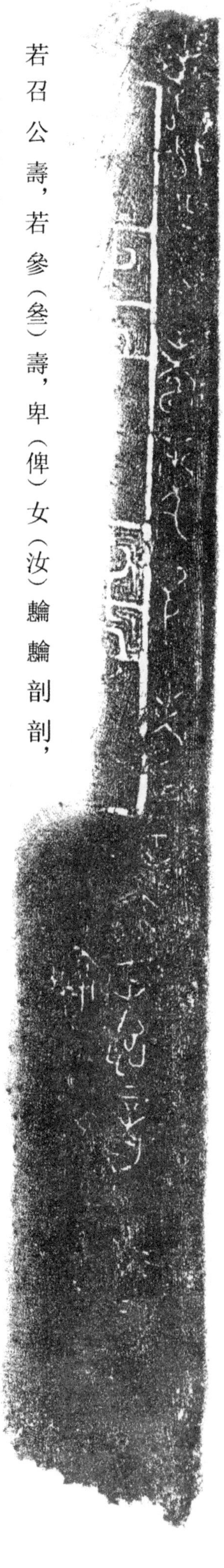

00198.2

者瀘鐘

唯正月初吉丁亥，工𫊸王皮
難（然）之子者瀘，
自乍（作）鴽（謠）鐘，子子孫孫，永保用之

00199

者𣽂鐘

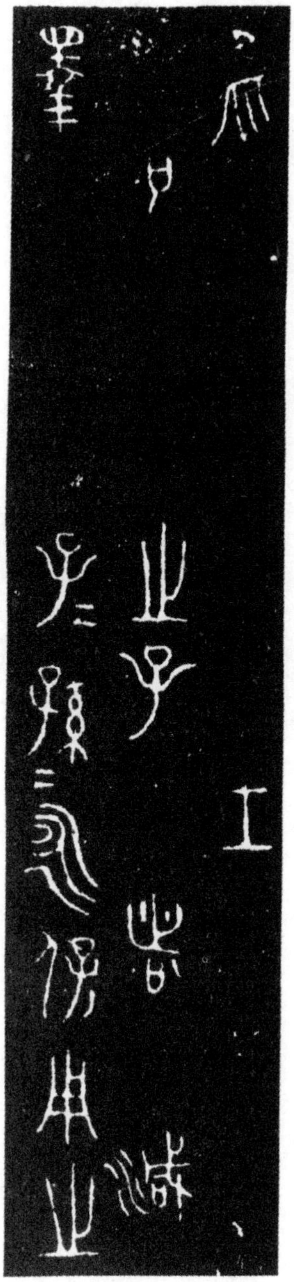

唯正月初吉丁亥，工𪒠
王皮難（然）之子者𣽂，
擇其吉金，自乍（作）鴋（謠）鐘，子子孫孫，永保用之

00200

者減鐘

唯正月初吉丁亥，工獻王

皮難（然）之

子者減，

自乍（作）鎓（謠）鐘，子子孫孫，永保用之

00201

者減鐘

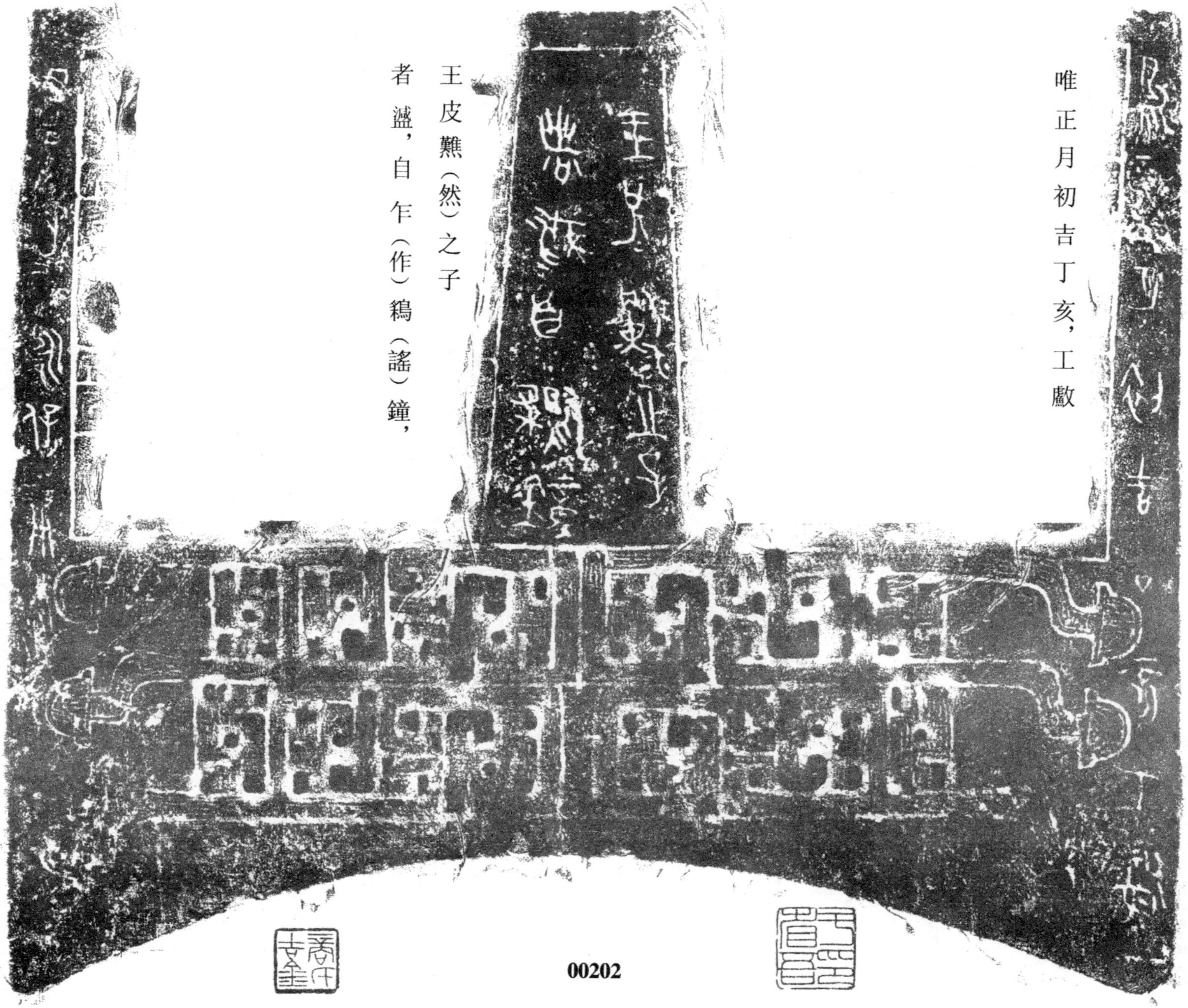

唯正月初吉丁亥，工𫊸王皮𪓐（然）之子者減，自乍（作）䳒（謠）鐘，子子孫孫，永保用之

00202

沇兒鎛

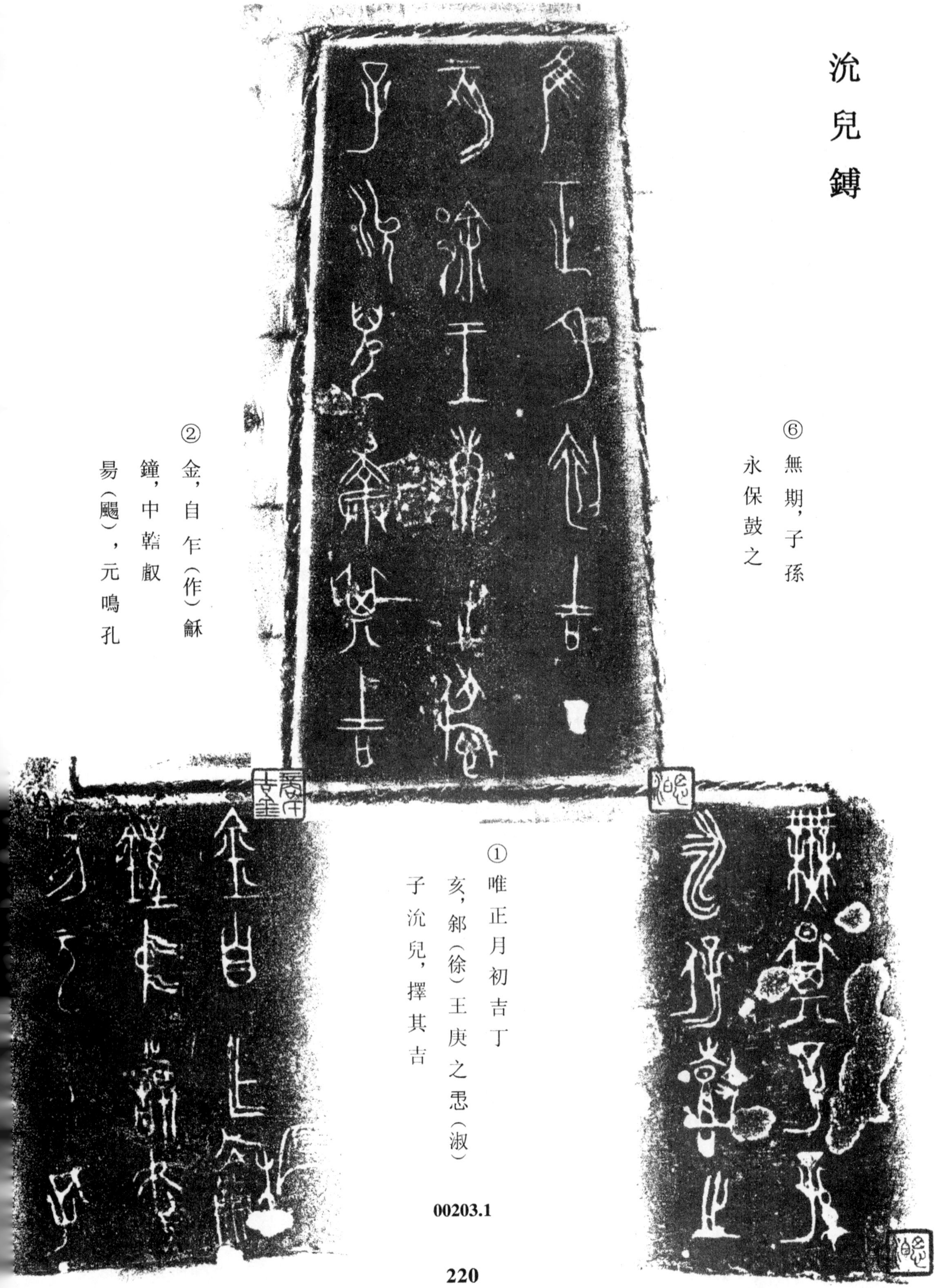

①唯正月初吉丁亥，郤(徐)王庚之恖(淑)子沇兒，擇其吉

②金，自乍(作)龢鐘，中翰叡昜(鷃)，元鳴孔

⑥無期，子孫永保鼓之

00203.1

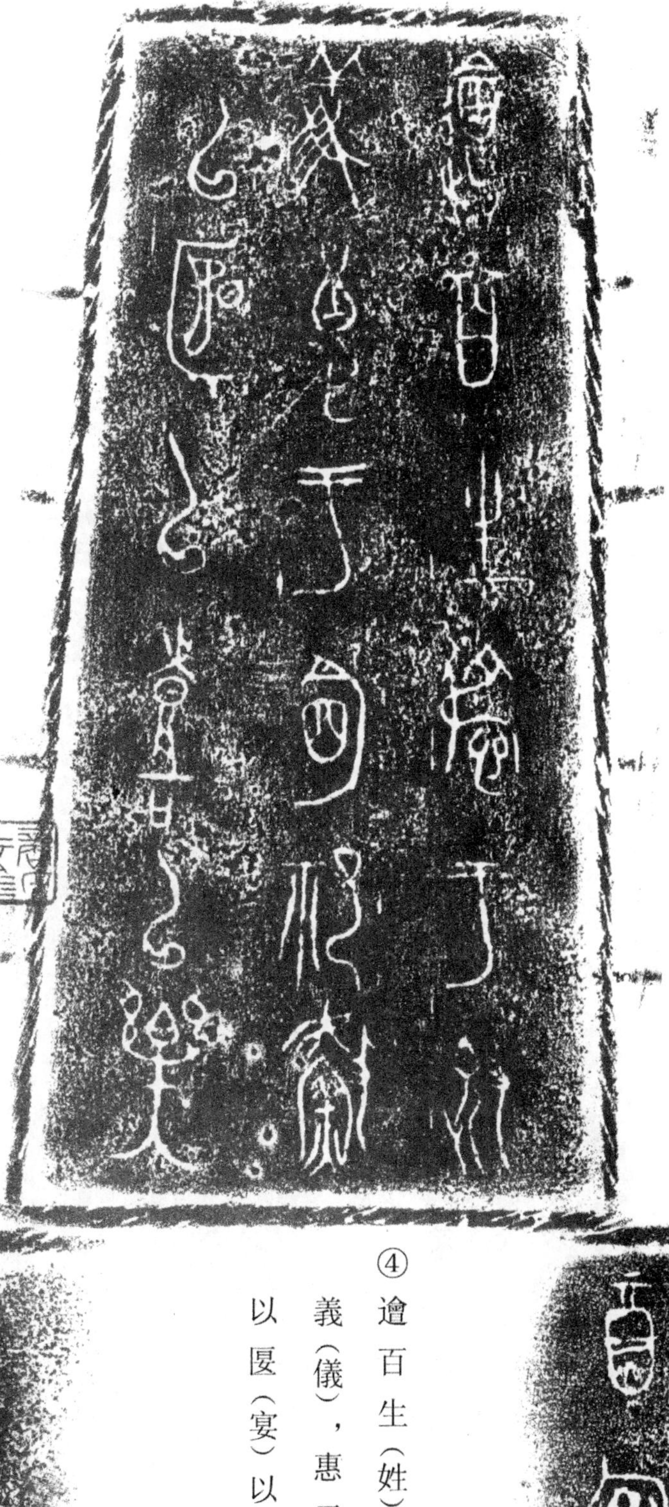

③皇（煌），孔嘉元
成，用盤飲
酉（酒），龢

⑤嘉賓，及我
父𧊒（兄）、庶士，
皇皇趣趣（熙熙），眉壽

④遣百生（姓），悳（淑）于畏（威）
義（儀），惠于明（盟）祀，歔（余）
以匽（宴）以喜（饎），以爍（樂）

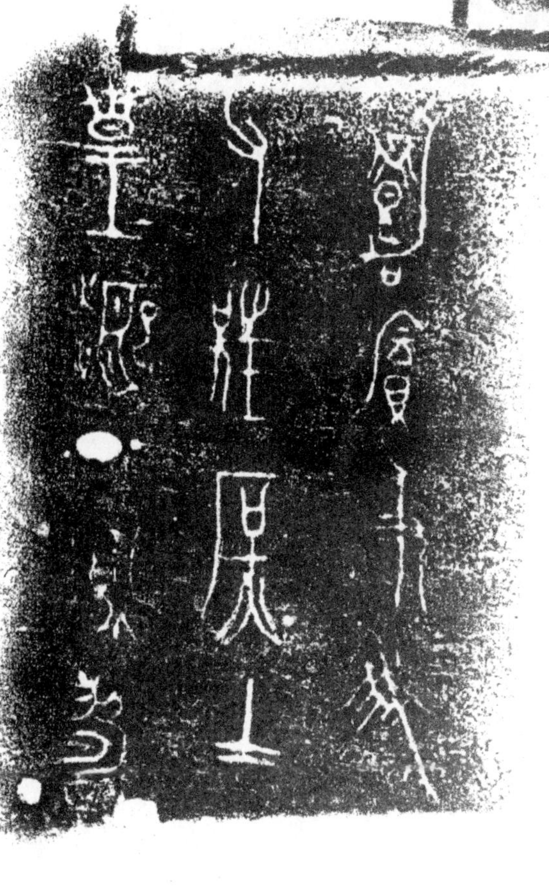

00203.2

克鐘

①唯十又六年，九月初吉
庚寅，王在周康剌宮，王
乎士曶召克，王親令克，
遹涇東至于京
師，賜克佃車、馬

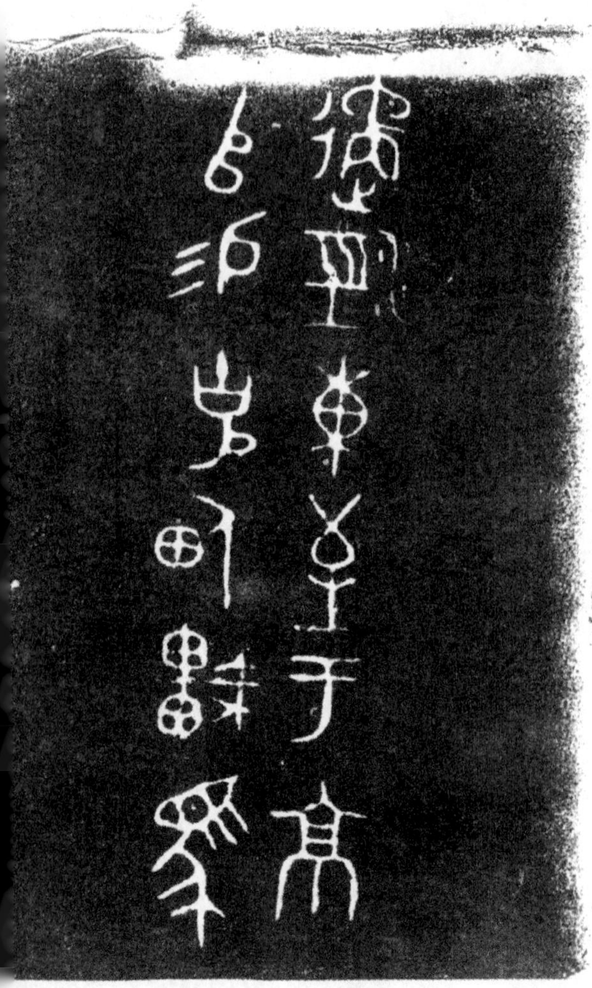

00204

克鐘

②乘，克不敢㒸（墜），尃（溥）奠王令（命），
克敢對揚天子休，用乍（作）
朕皇祖考伯寶𠟍（林）鐘，用
匄屯（純）叚（嘏）、永
令（命），克其萬
年，子子孫孫永寶

00205

克鐘

原高三一厘米

①唯十又六年，九月初吉庚寅，王在周康剌宮，王乎士曶召克，王親令克，遹涇東至于京師，賜克佃車、馬乘，

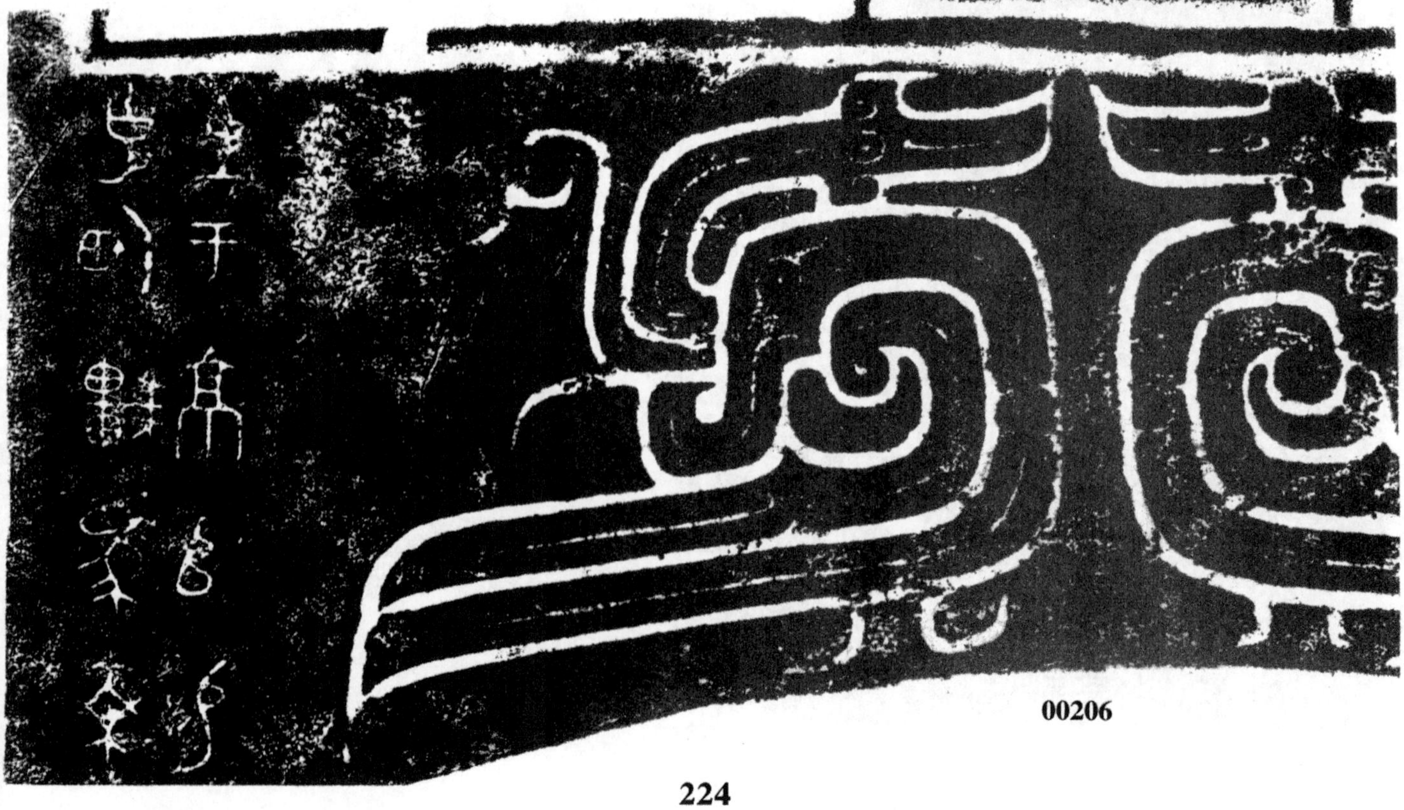

00206

②克不敢豕（墜），專奠王令（命），克敢對揚天子休，用乍（作）朕皇祖考伯寶[illegible]（林）鐘，用匄屯（純）叚（嘏）、永令（命），克其萬年，子子孫孫永寶

克鐘

00207

克鐘

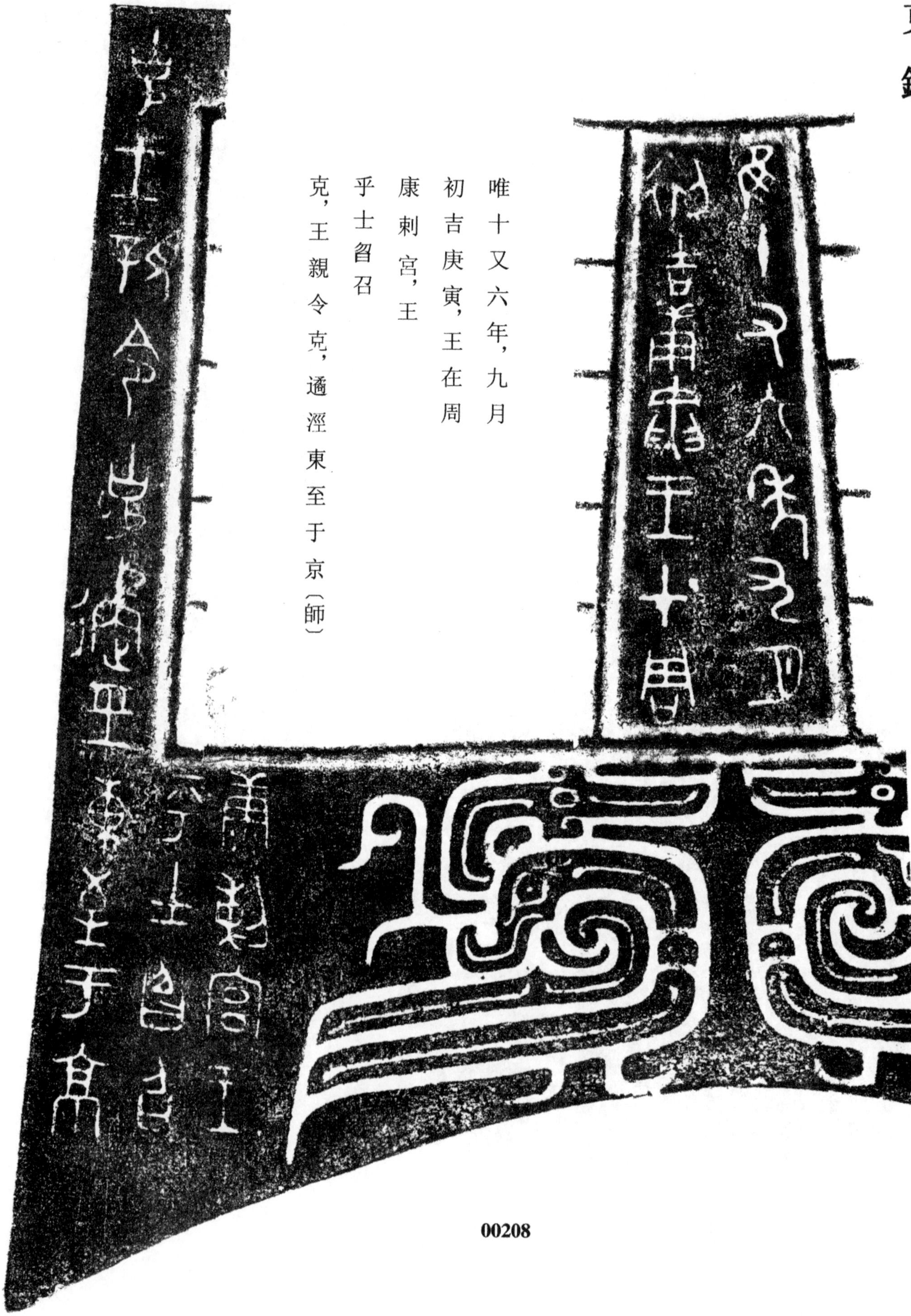

唯十又六年，九月
初吉庚寅，王在周
康刺宮，王
乎士曶召
克，王親令克，遹涇東至于京(師)

00208

克鎛

唯十又六年，
九月初吉庚
寅，王在周康
刺宮，王乎士
曶召克，王親
令克，遹涇東
至于京師，賜
克佃車、馬乘，克
不敢彖（墜），尃奠
王令（命），克敢對
揚天子休，用
乍（作）朕皇祖考
伯寶𬎱（林）鐘，用
匄屯（純）叚（嘏）、
永令（命），
克其萬年，子子
孫孫永寶

00209

蔡侯紐鐘

原高二九厘米

唯正五月，初吉孟庚，蔡侯（[illegible]）
曰：余唯（雖）末
少子，余非敢
寧忘（荒），
有虔不
惕（易），䡅（佐）右（佑）楚
王，隺隺豫政，天命是遥，定均庶

00210.1

原高二九厘米

邦，休有成慶，既悤（聰）于
心，延（誕）中
厥德，均（君）子大
夫，建我邦國，
豫令祇祇，不
偬（愆）
不貣（忒），自乍（作）
訶（歌）鐘，元鳴無期，子孫鼓之

00210.2

蔡侯紐鐘

原高二七厘米

唯正五月，初吉孟庚，蔡侯（䜌）曰：余唯（雖）末少子，余非敢寧忘（荒），有虔不惕（易），𨑳（佐）右（佑）楚王，隺隺豫政，天命是遥，定均庶

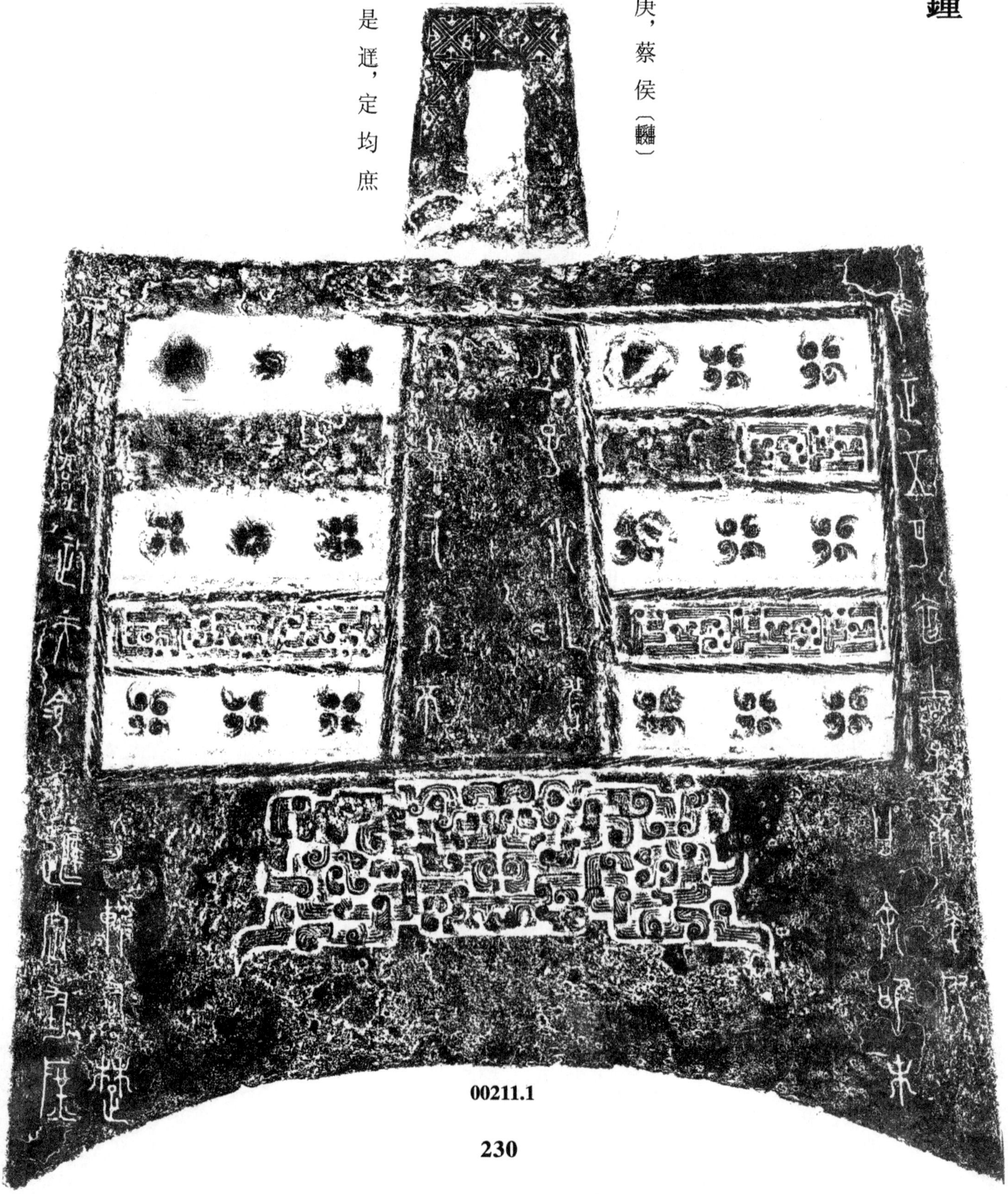

00211.1

原高二七厘米

邦，休有成慶，既悤（聰）于心，延（誕）中厥德，均（君）子大夫，建我邦國，豫令祇祇，不㥶（愆）不貣（忒），自乍（作）訶（歌）鐘，元鳴無期，子孫鼓之

00211.2

蔡侯紐鐘

原高二七厘米

蔡侯䨻（申）之行鐘

00212

蔡侯紐鐘

蔡侯䵼(申)之行鐘

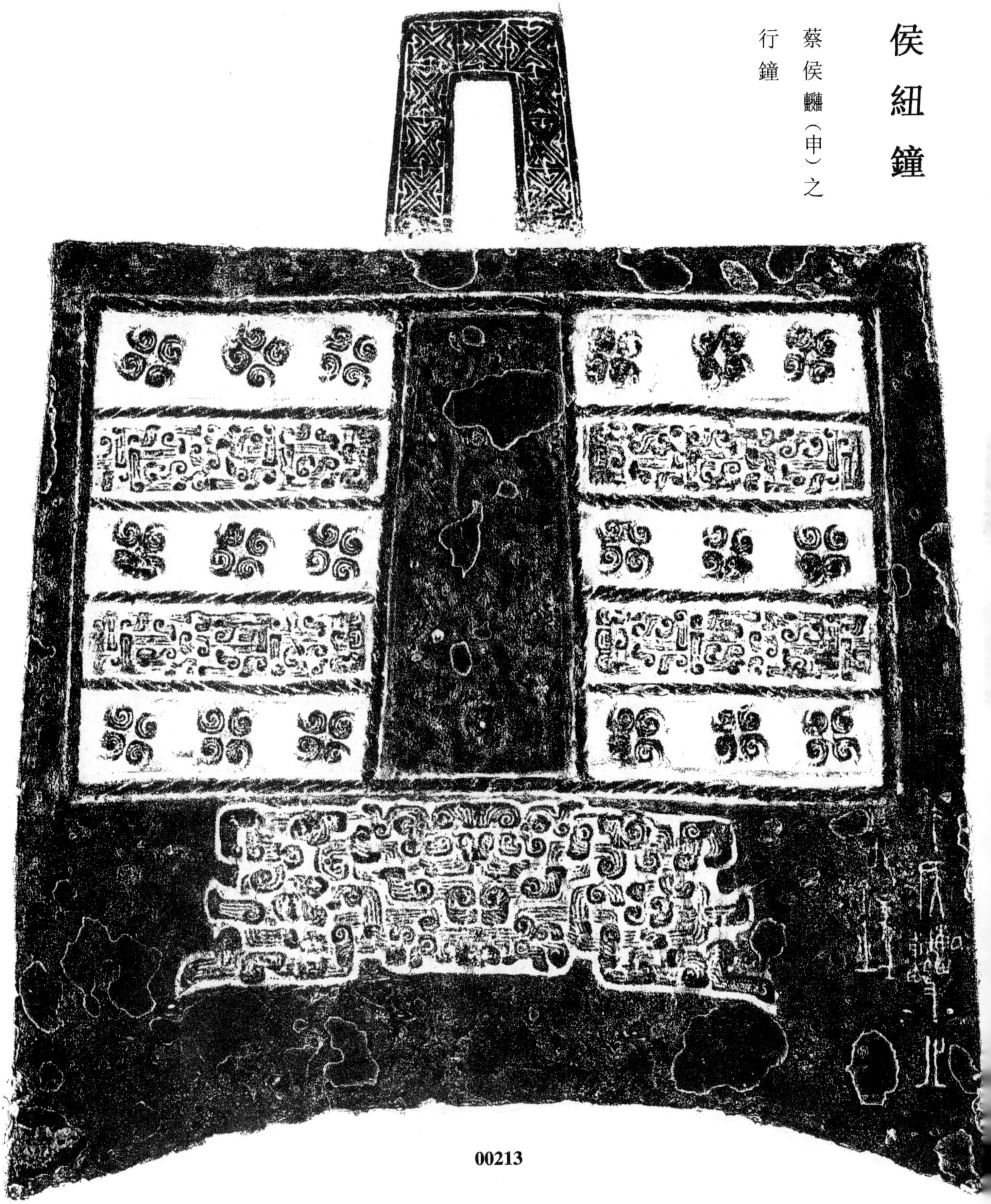

00213

蔡侯紐鐘

蔡侯䨻（申）之行鐘

00214

蔡侯紐鐘

蔡侯𪔛（申）之行鐘

00215

蔡侯紐鐘

豫令祗祗，不愆（愆）不貣（忒），

（自作）

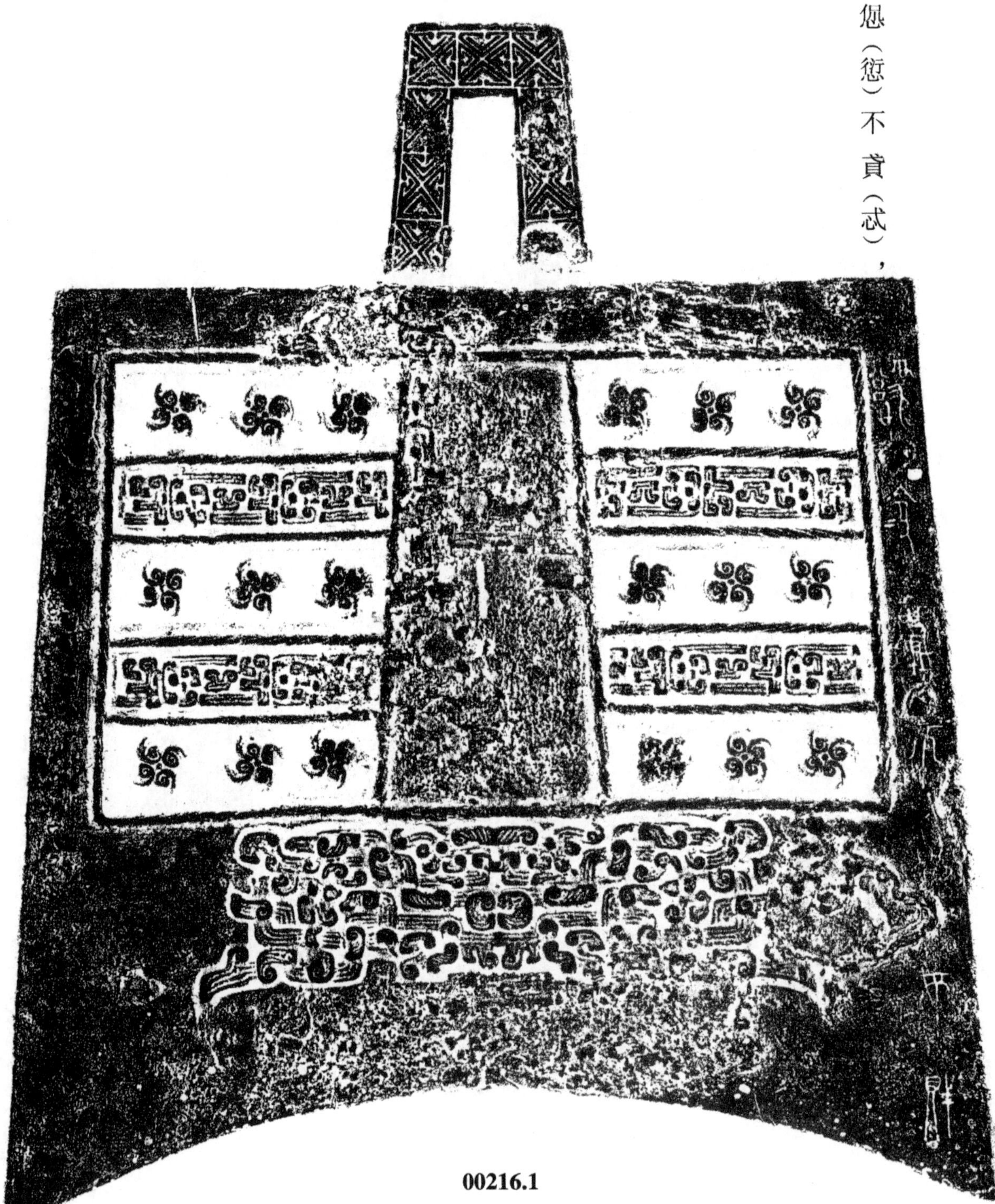

00216.1

訶（歌）鐘，元鳴無期，子
孫鼓之

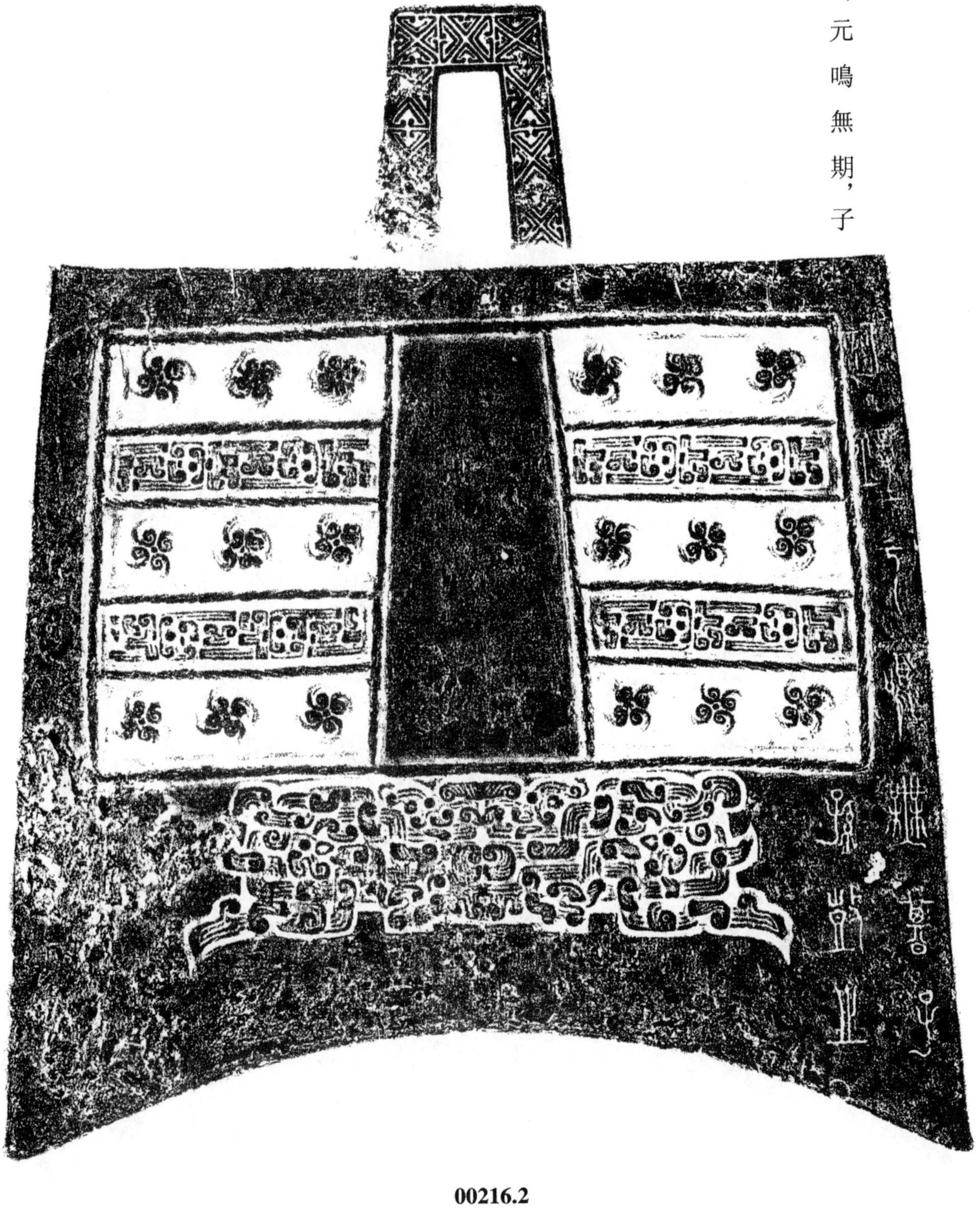

00216.2

蔡侯紐鐘

唯正月初吉孟庚，蔡侯（[illegible]）
曰：余唯（雖）末
少子，余非敢
寧忘（荒），有虔不
惕（易），𨌲（佐）
右（佑）楚王，
隺隺豫政，天命是遥，定均庶

00217.1

邦，休有成慶，既悤（聰）于心，延（誕）
中厥德，
均（君）子大
夫，建我邦國，
豫（捨）令祗祗，不㥯（愆）
不貣（忒），
自乍（作）訶（歌）
鐘，元鳴無期，子孫鼓之

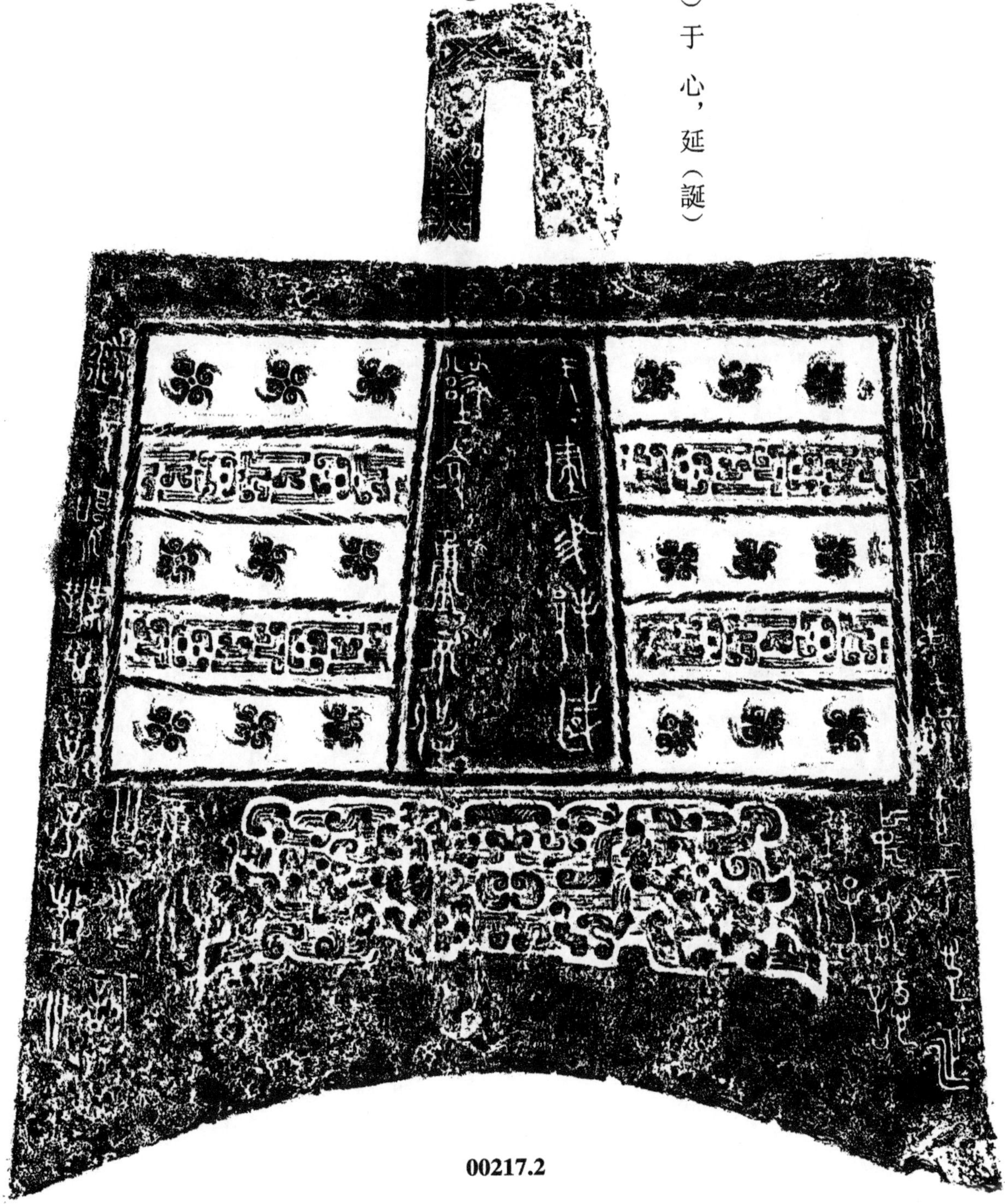

00217.2

蔡侯紐鐘

唯正月初吉孟庚，蔡侯（[illegible]）曰：余唯（雖）末少子，余非敢寧忘（荒），有虔不惕（易），䡨（佐）右（佑）楚王，隺隺豫政，天命是遳，定均庶

00218.1

邦，休有成慶，既悤（聰）（于）心，延（誕）
中厥德，均（君）子大
夫，建我邦國，
豫（捨）令祇祇，不僁（愆）
不貣（忒），
自乍（作）訶（歌）
鐘，元鳴無期，子孫鼓之

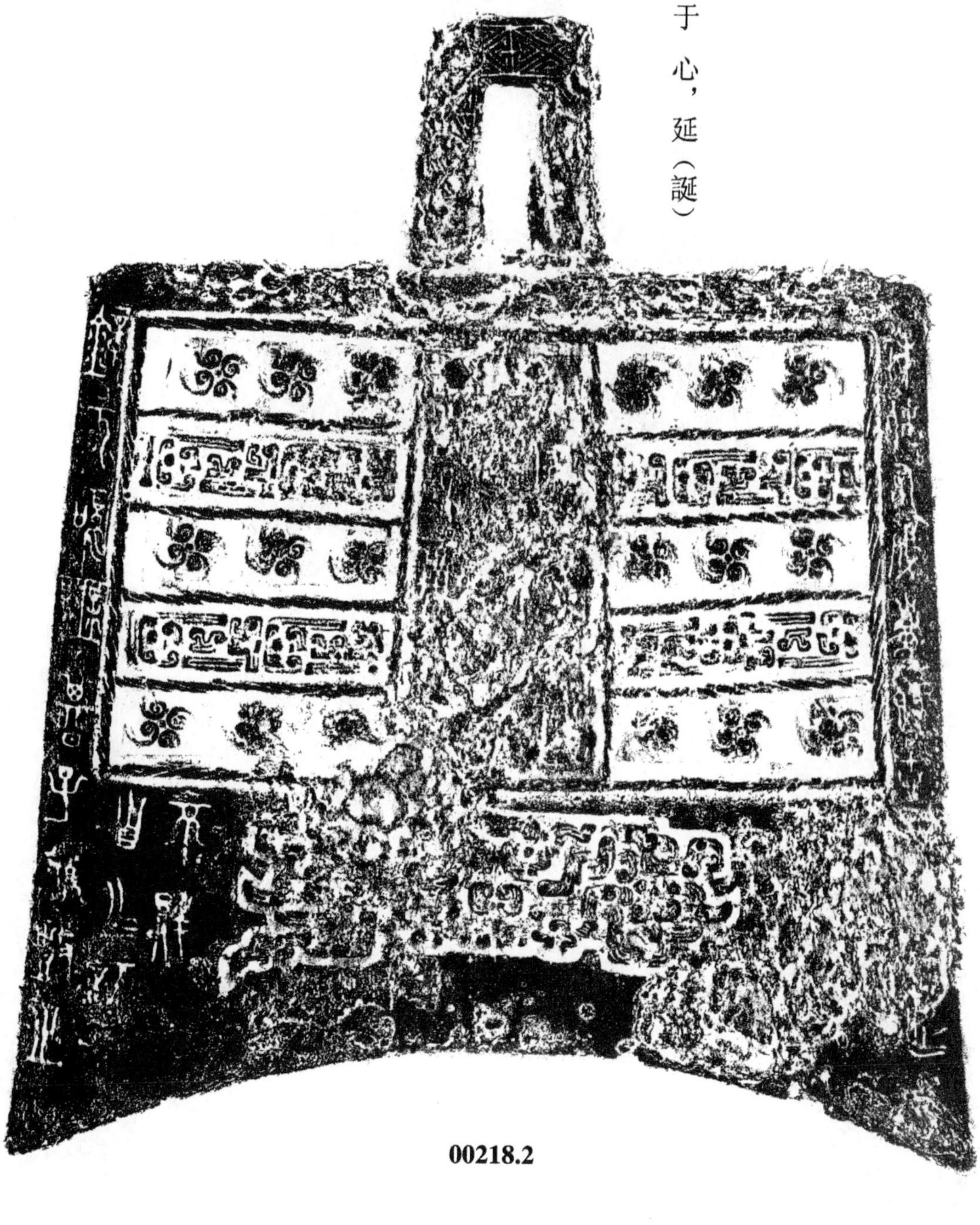

00218.2

蔡侯鎛

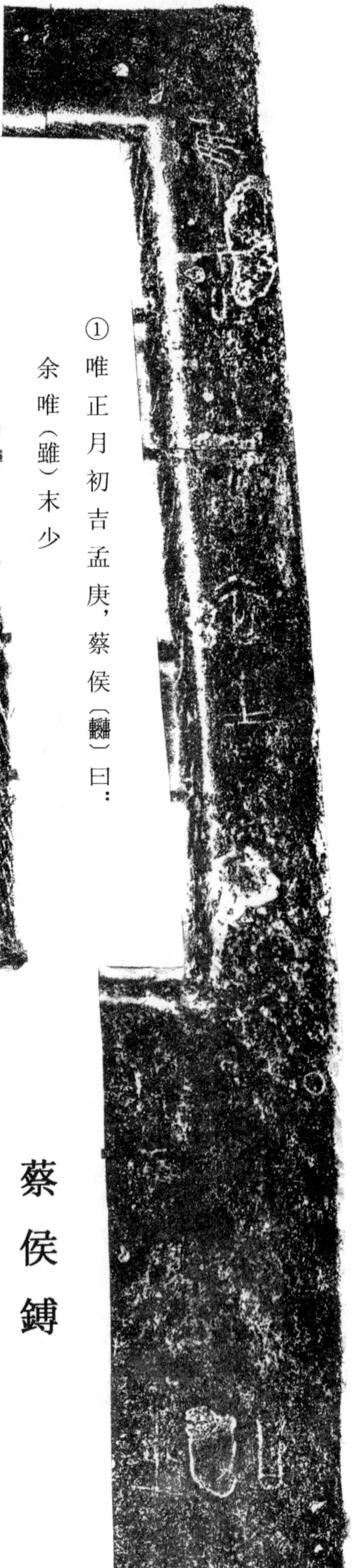

①唯正月初吉孟庚，蔡侯（𩞁）曰：余唯（雖）末少

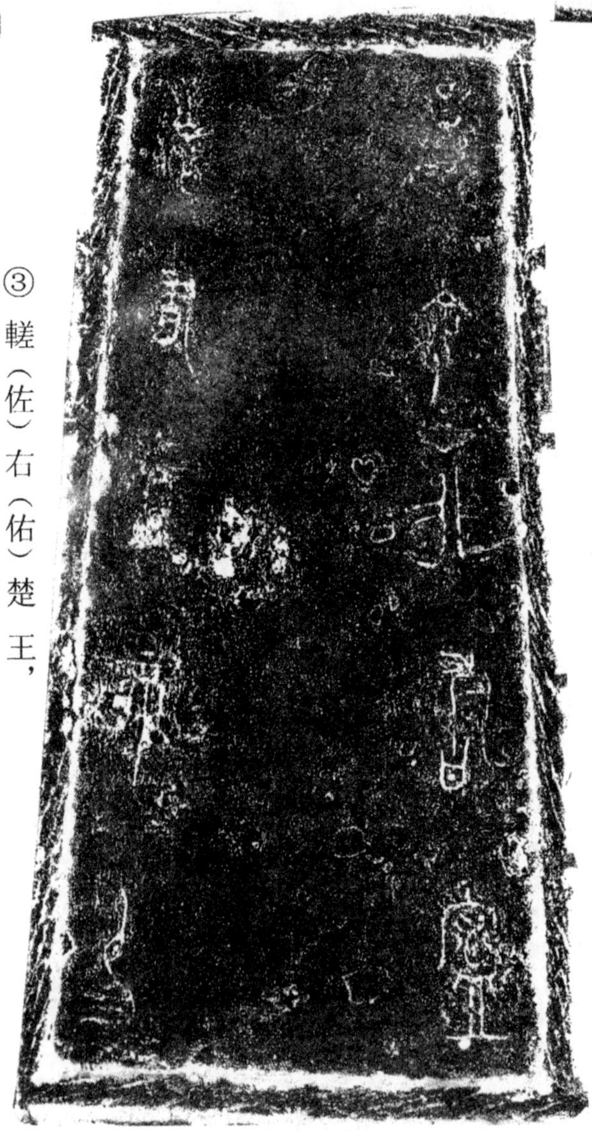

②子，余非敢寧忘（荒），有虔不惕（易），

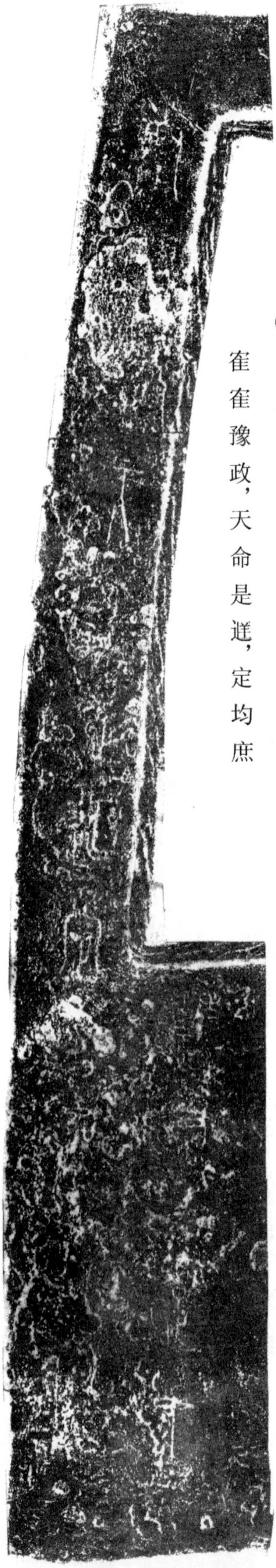

③䡨（佐）右（佑）楚王，雀雀豫政，天命是遥，定均庶

00219.1

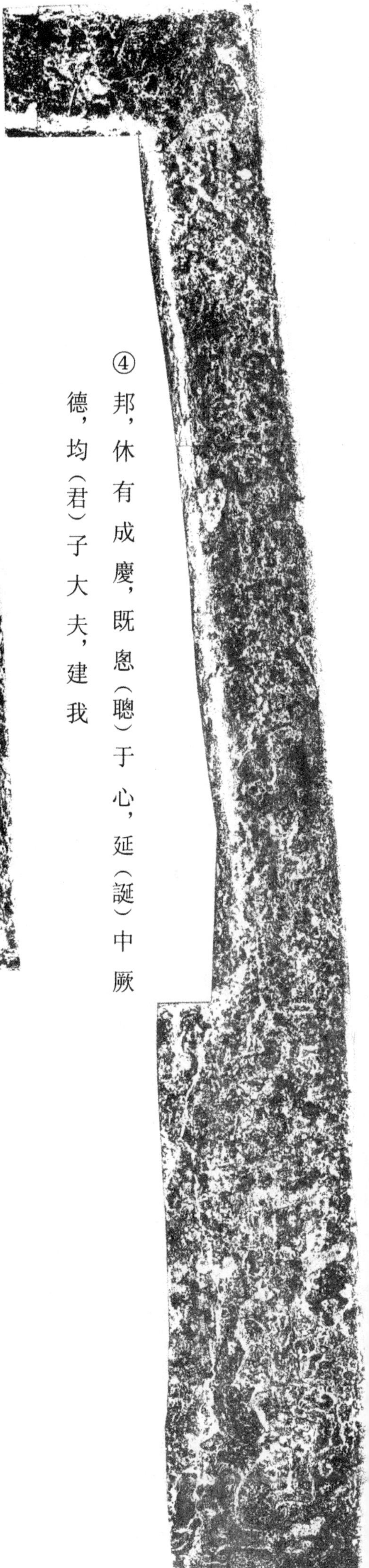

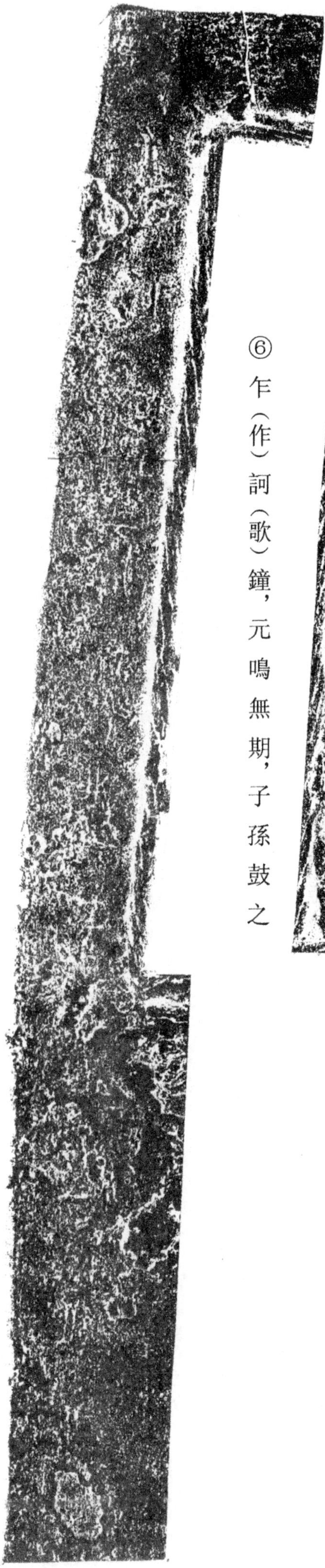

④邦，休有成慶，既悤（聰）于心，延（誕）中厥
德，均（君）子大夫，建我

⑤邦國，豫（捨）令祇祇，
貣（忒），自不偲（愆）不

⑥乍（作）訶（歌）鐘，元鳴無期，子孫鼓之

00219.2

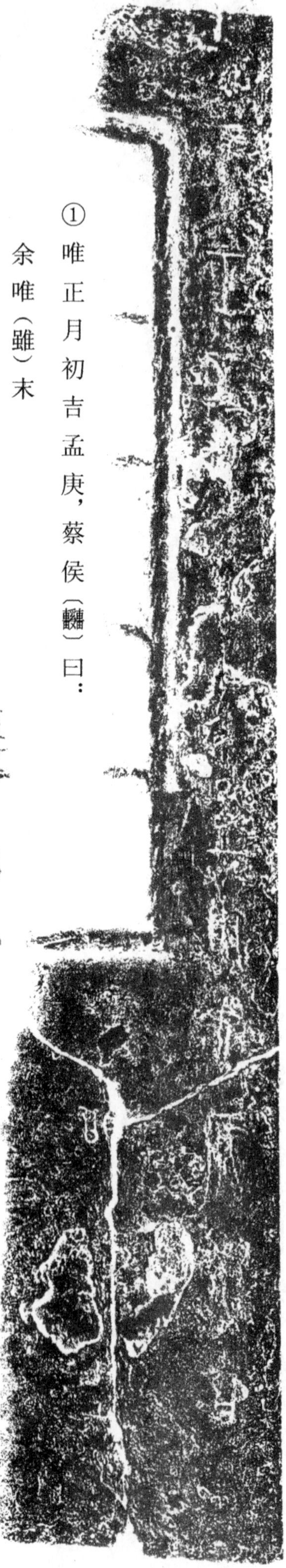

蔡侯鎛

① 唯正月初吉孟庚，蔡侯（䵼）曰：
余唯（雖）末

② 少子，余非敢寧
忘（荒），有虔不惕（易），

③ 𨕾（佐）右（佑）楚王，
隺隺豫政，天命是𨑾，定均庶

00220.1

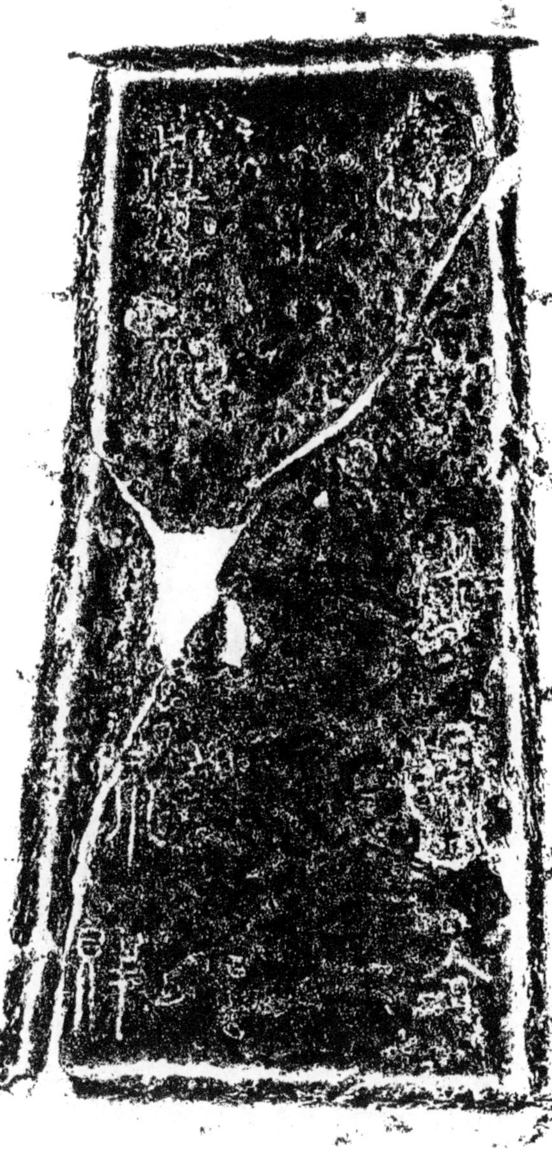

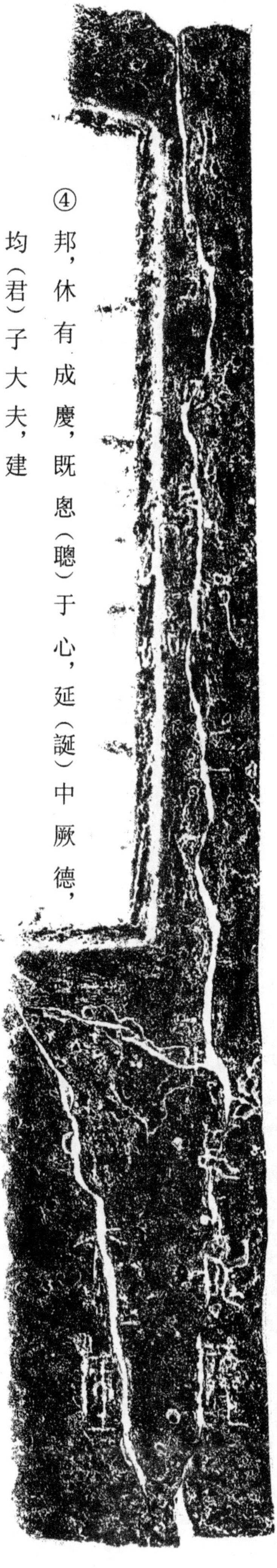

④ 邦，休有成慶，既悤（聰）于心，延（誕）中厥德，均（君）子大夫，建

⑤ 我邦國，豫（捨）令祇祇，不㥶（愆）不貣（忒），

⑥ 自乍（作）訶（歌）鐘，元鳴無期，子孫鼓之

00220.2

蔡侯鎛

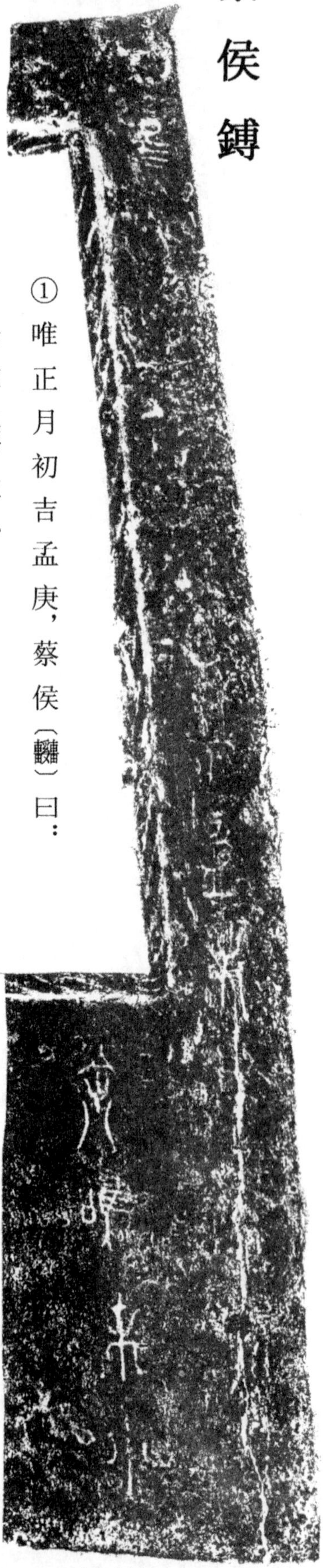

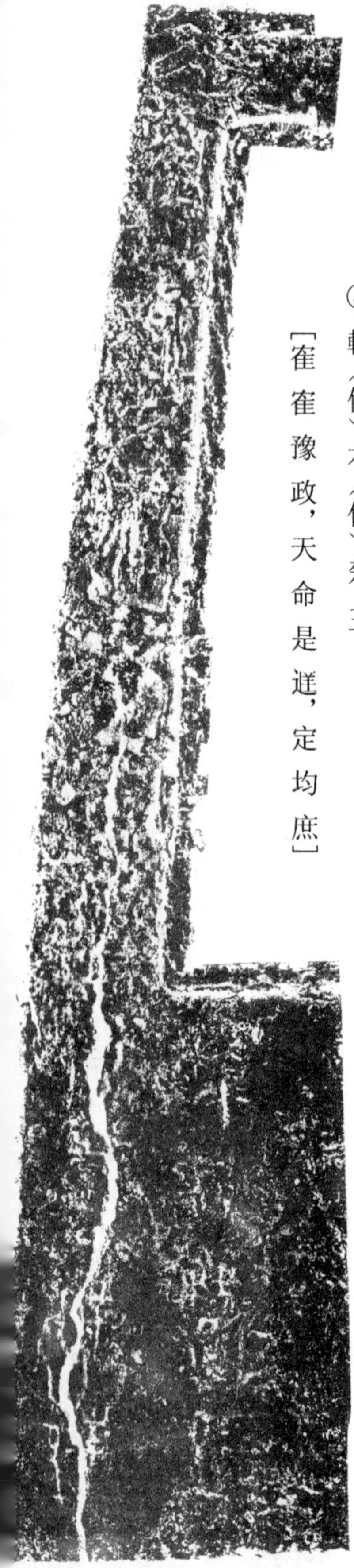

①唯正月初吉孟庚，蔡侯（𤔲）曰：余唯（雖）末少

②子，余非敢寧忘（荒），有虔不惕（易），

③䡨（佐）右（佑）楚王，[隺隺豫政，天命是遥，定均庶]

00221.1

蔡侯鎛

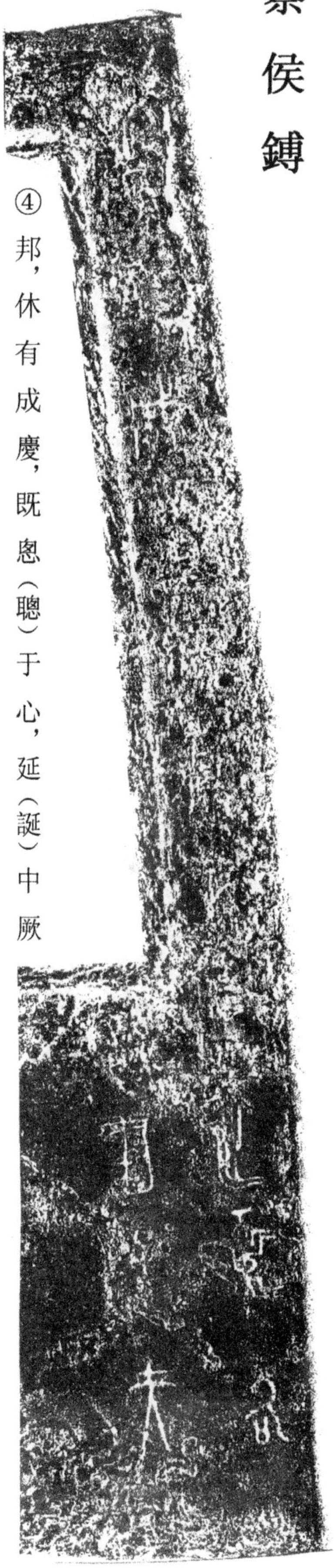

④邦，休有成慶，既恖（聰）于心，延（誕）中厥德，均（君）子大夫，

⑤建我邦國，豫（捨）令祇祇，不愆（愆）不

⑥貣（忒），自乍（作）訶（歌）鐘，元鳴無期，子孫鼓之

00221.2

蔡侯鎛

①唯正月初吉孟庚，蔡侯〔䜌〕曰：余唯（雖）末

②少子，余非敢寧忘（荒），有虔不

③惕（易），䡨（佐）右（佑）楚王，隺隺豫政，天命是遥，定均庶

00222.1

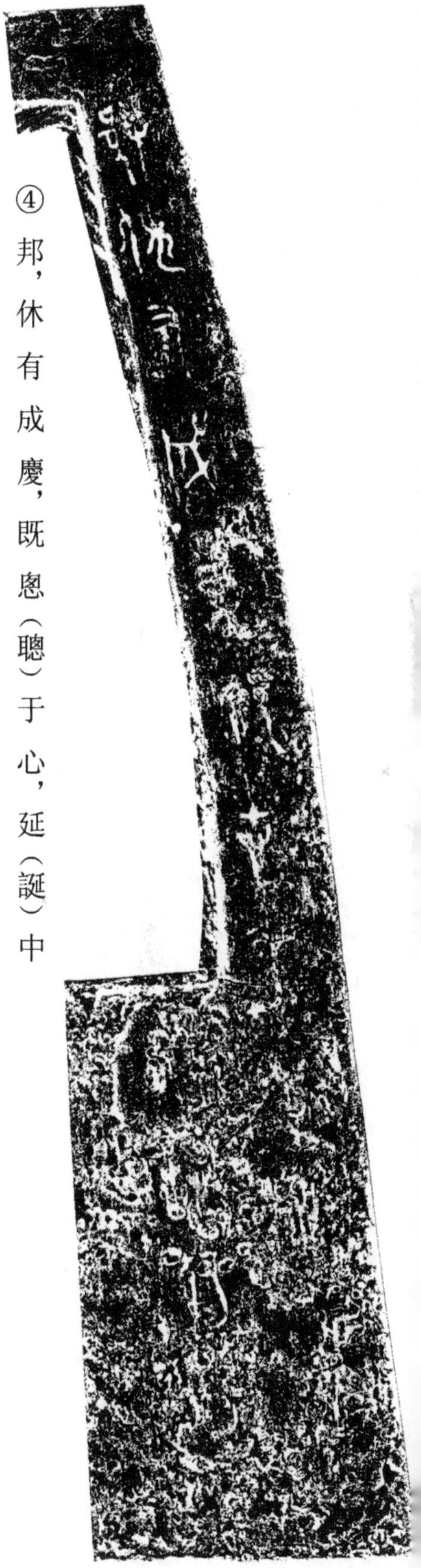

④邦，休有成慶，既忩（聰）于心，延（誕）中厥德，均（君）子大

⑤夫，建我邦國，豫（捨）令祗祗，不偲（愆）

⑥不貣（忒），自乍（作）訶（歌）鐘，元鳴無期，子孫鼓之

00222.2

蔡侯甬鐘

00223.1A

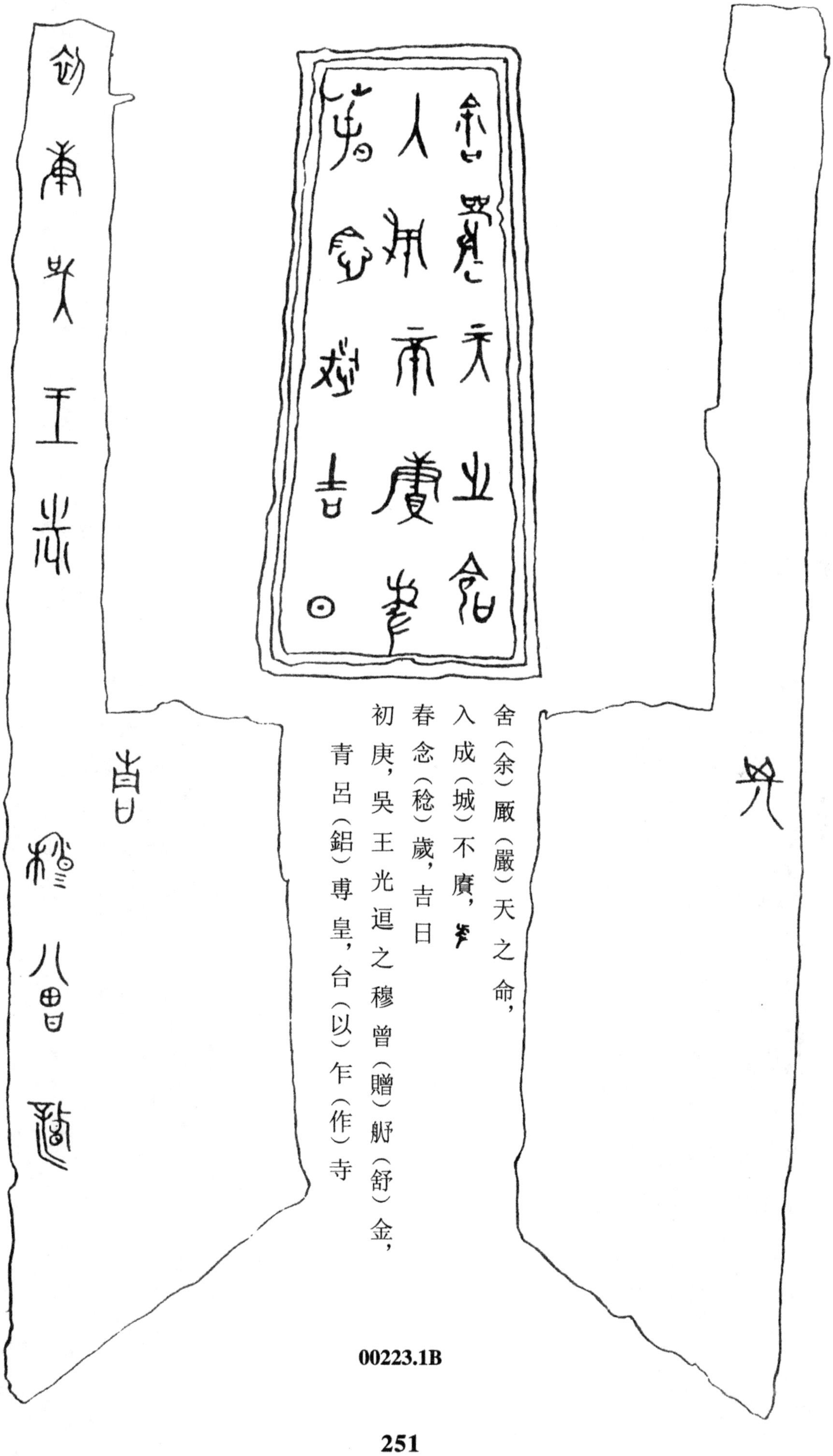

舍（余）厰（嚴）天之命，
入成（城）不賡，
春念（稔）歲，吉日
初庚，吳王光逗之穆曾（贈）舒（舒）金，
青吕（鋁）尃皇，台（以）乍（作）寺

00223.1B

00223.2A

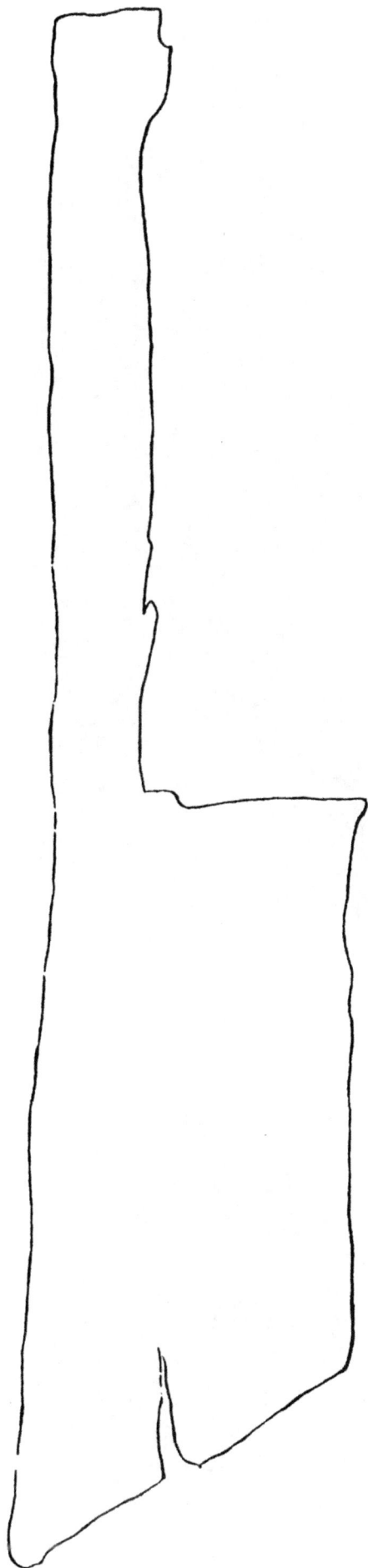

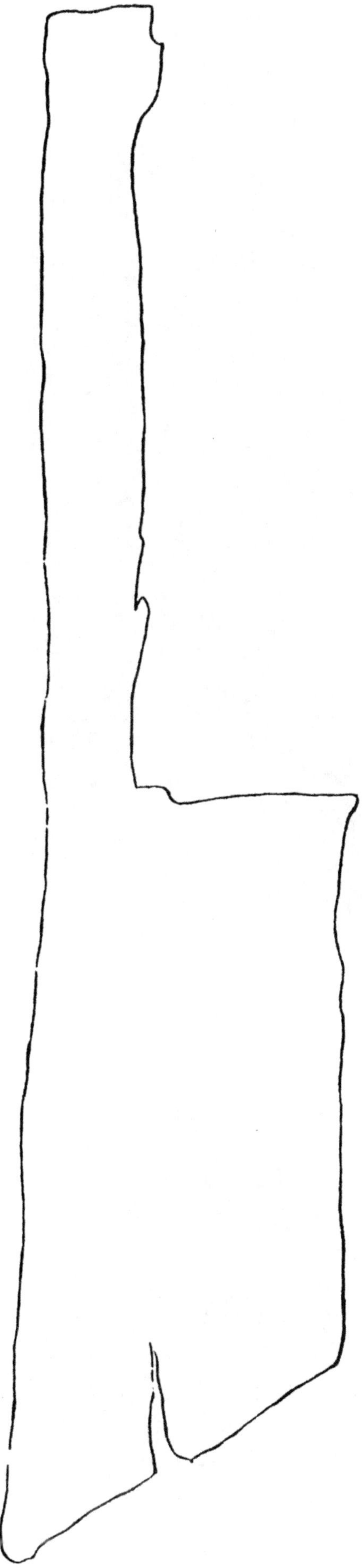

叔姬，虔（敬）命
勿忘

00223.2B

蔡侯墓殘鐘

00224.3A

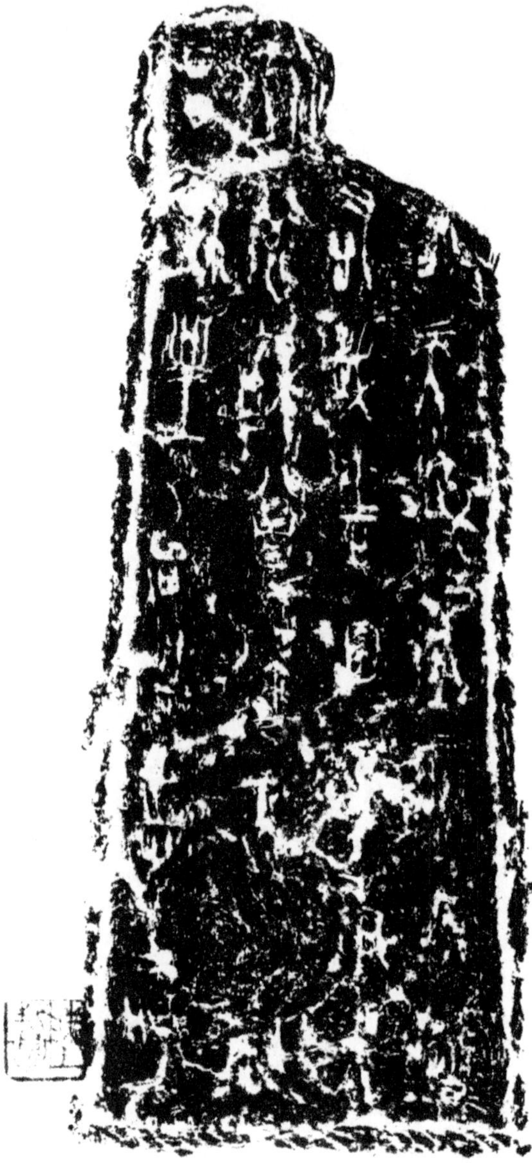

00224.1A

00224.4A

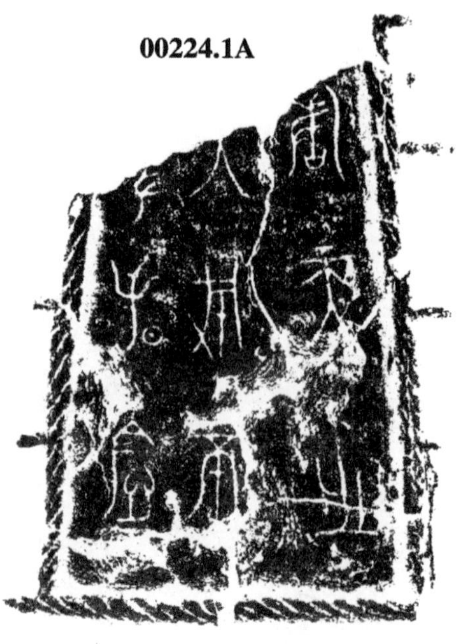

00224.2A

00224.3B

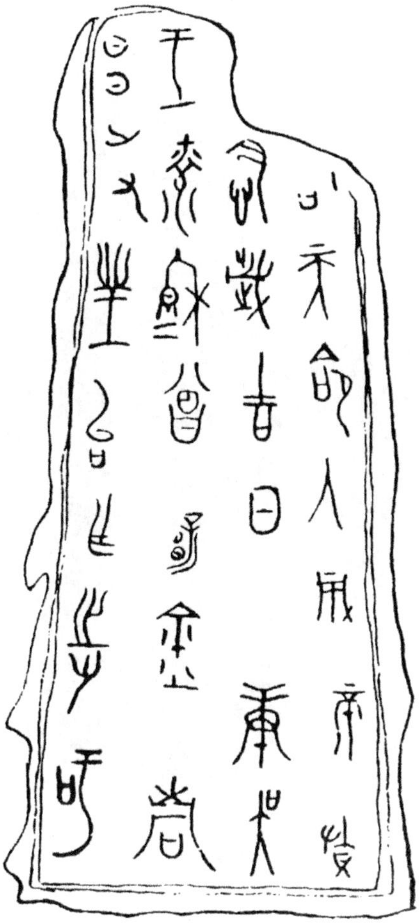

00224.1B

00224.4B

00224.2B

00224.7A

00224.5A

00224.8A

00224.6A

00224.7B

00224.5B

00224.8B

00224.6B

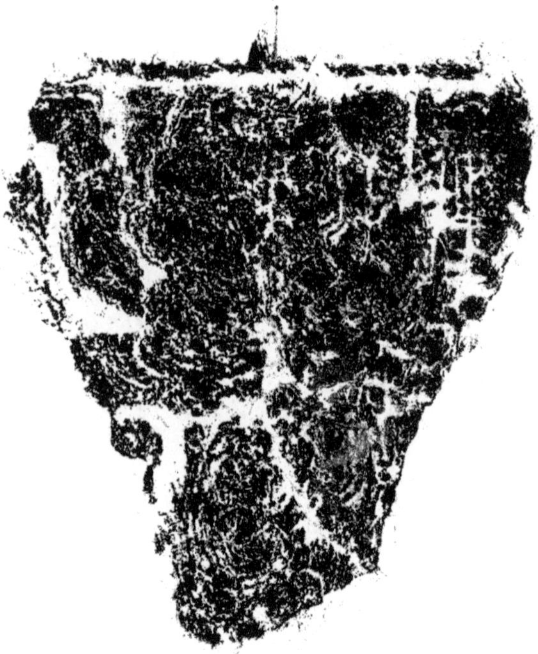

00224.10A

00224.9A

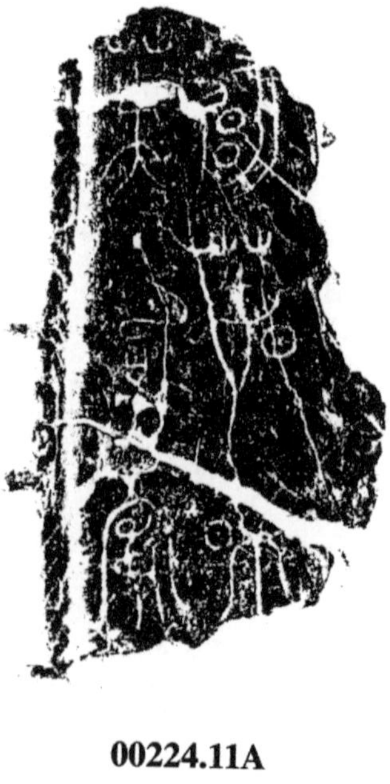

00224.11A

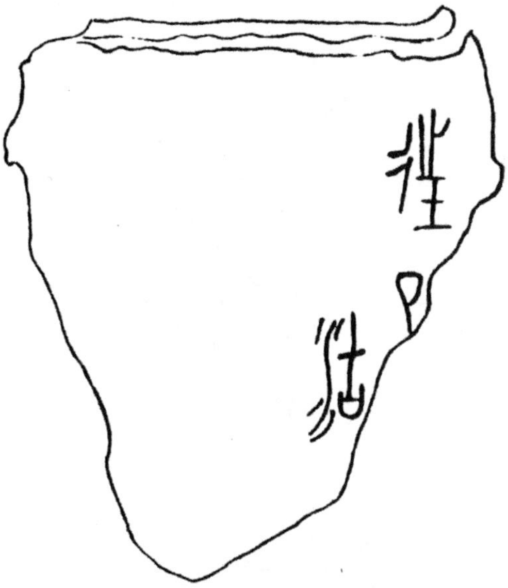

00224.10B

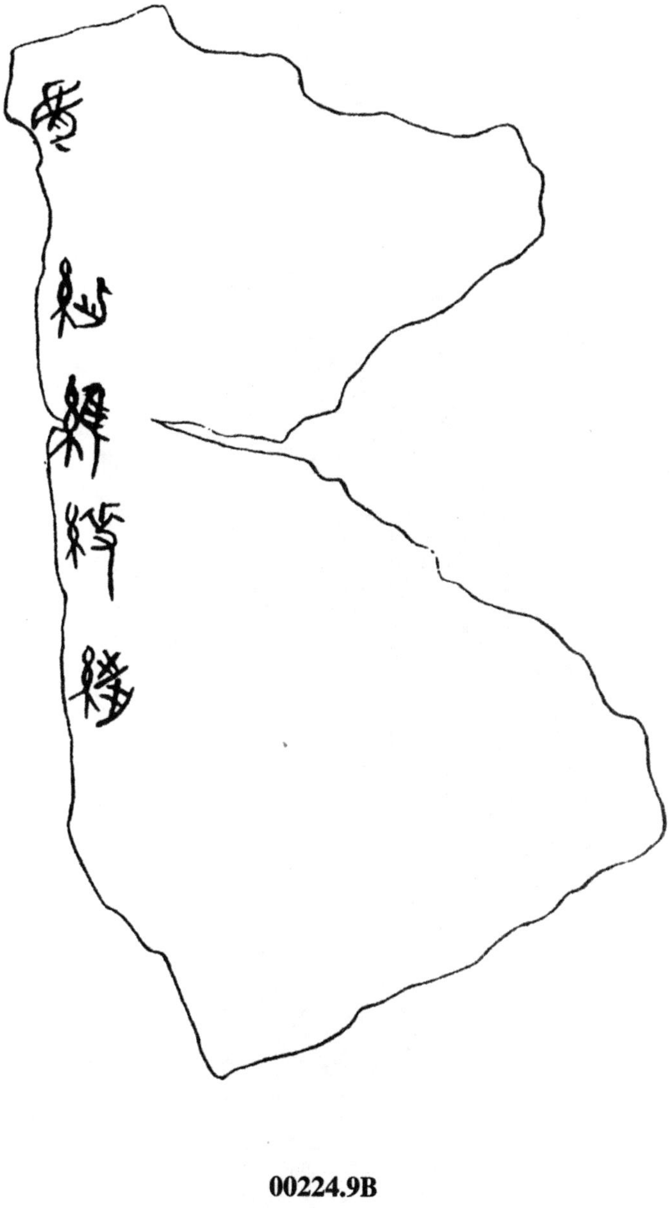

00224.9B

00224.11B

00224.15A

00224.12A

00224.16A

00224.13A

00224.17A

00224.14A

00224.15B

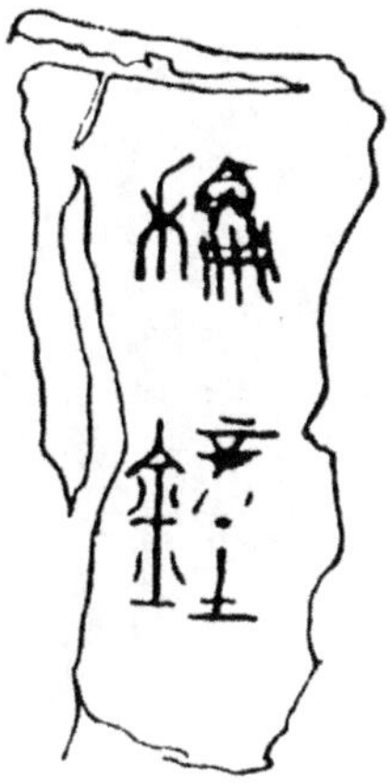

00224.12B

00224.16B

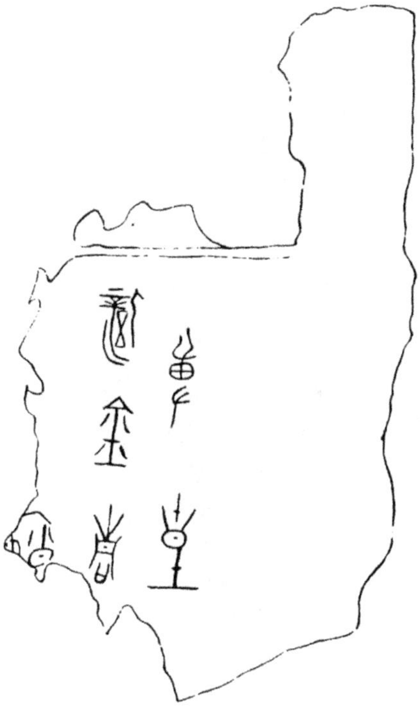

00224.13B

00224.17B

00224.14B

00224.20A

00224.18A

00224.21A

00224.19A

00224.22A

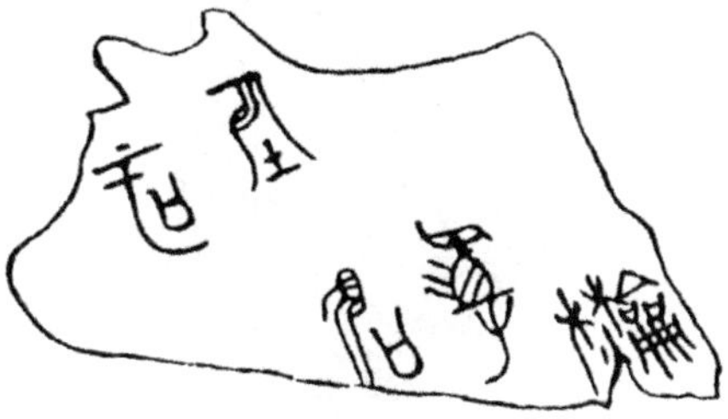
00224.20B

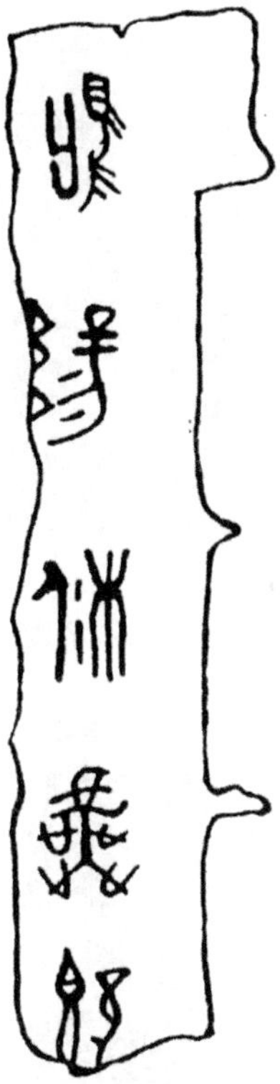
00224.18B

00224.21B

00224.22B

00224.19B

00224.23A

00224.24A

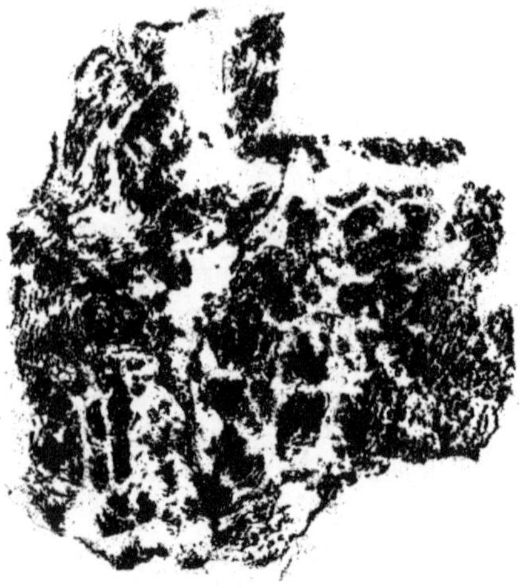

00224.25A

00224.26A

00224.27A

00224.28A

00224.26B

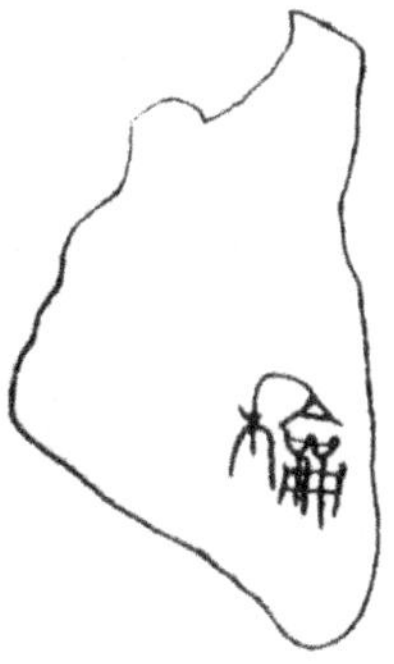

00224.23B

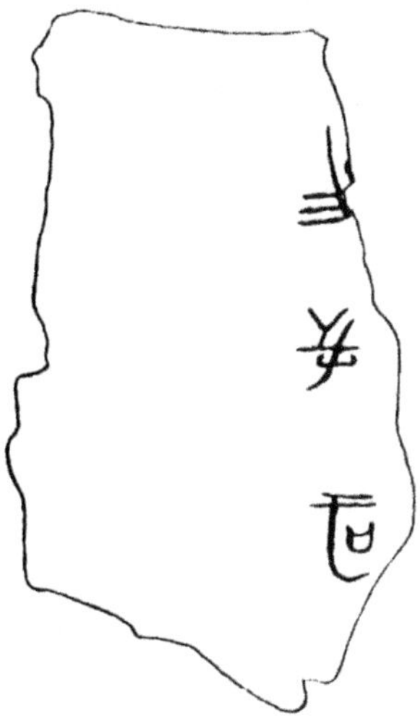

00224.27B

00224.24B

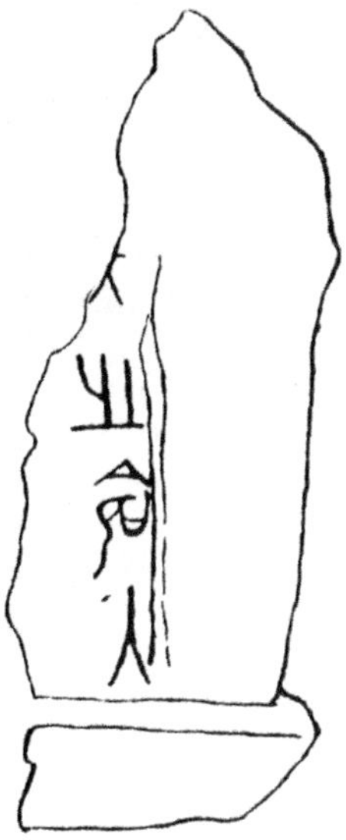

00224.28B

00224.25B

00224.31A

00224.29A

00224.32A

00224.30A

00224.33A

00224.31B

00224.29B

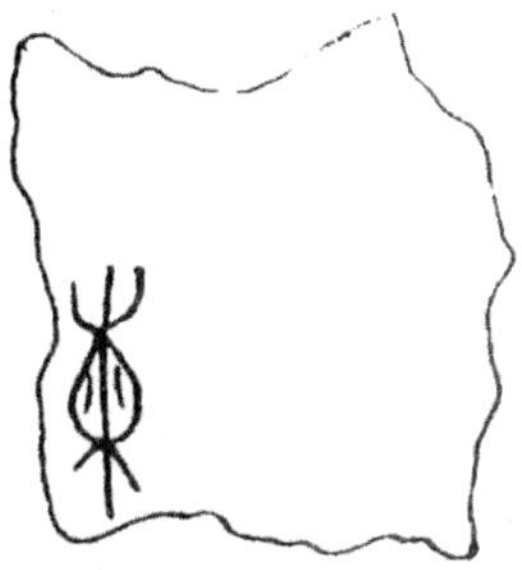

00224.32B

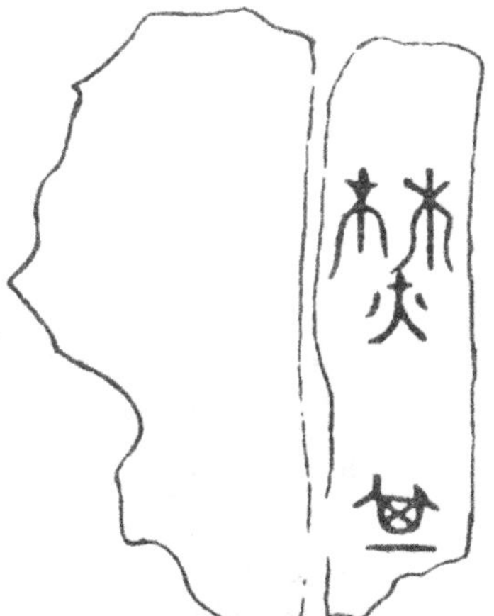

00224.30B

00224.33B

00224.36

00224.34

00224.37

00224.35

00224.40

00224.38

00224.41

00224.39

00224.42

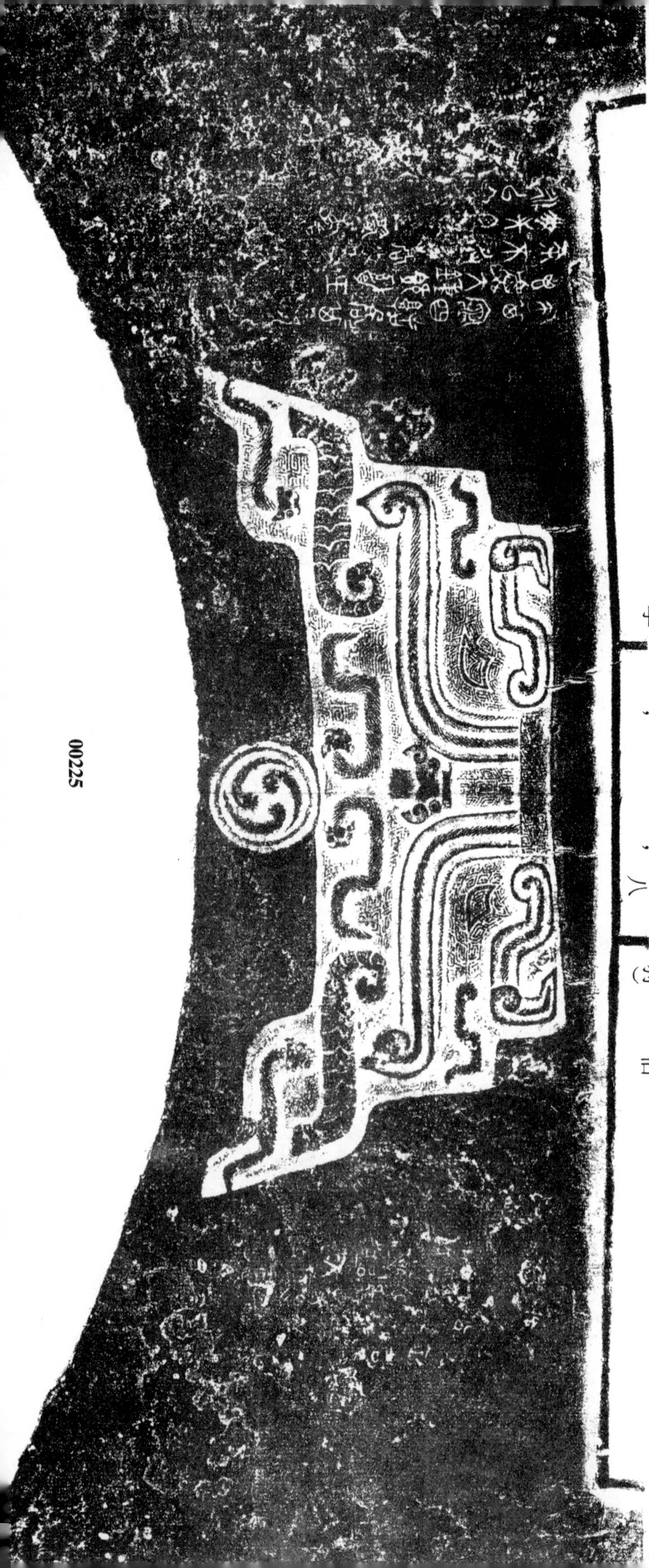

邵黛鐘

唯王正月，初吉丁亥，
邵（呂）黛（縈）
曰：余畢公之孫，邵（呂）伯
之子，
余頡岡（頏）事君，余嘼（狩）
丮武，乍（作）
爲余鐘，玄鏐鏞鋁，大鐘八
隶（聿肆），其竈（簉）四堵，
喬喬（矯矯）其龍，既
旃（伸）
鬯（暢）虡，大鐘既縣（懸），
玉鑃（磬）鼉鼓，
余不敢爲喬（驕），我以享
孝，樂
我先祖，以祈眉壽，世世
子孫，
永以爲寶

郘黛鐘

唯王正月，初吉丁亥，
郘（呂）黛（縓）
曰：余畢公之孫、郘（呂）伯
之子，
余頡岡（頏）事君，余嘼（狩）
丮武，乍（作）
爲余鐘，玄鏐鑄鋁，大鐘八
隶（聿肆），其竈（篭）四堵，
喬喬（矯矯）其龍，既
旃（伸）
圀（暢）虡，大鐘既縣（懸），
玉鐶（磬）鼉鼓，
余不敢爲喬（驕），我以享
孝，樂
我先祖，以祈眉壽，世世
子孫，
永以爲寶

00226

郘黛鐘

唯王正月，初吉丁亥，
郘（呂）黛（縓）
曰：余畢公之孫、郘（呂）伯
之子，
余頡岡（頏）事君，余嘼（狩）
丮武，乍（作）
爲余鐘，玄鏐鏞鋁，大鐘八
朿（聿肆），其竈（簉）四堵，
喬喬（矯矯）其龍，既
旃（伸）
鬯（暢）虡，大鐘既縣（懸），
玉鐺（謦）鼉鼓，
余不敢爲喬（驕），我以享
孝，樂
我先祖，以祈眉壽，世世
子孫，
永以爲寶

00227

郘黛鐘

唯王正月，初吉丁亥，
郘（呂）黛（繇）
曰：余畢公之孫、郘（呂）伯之子，
余頡岡（頏）事君，余嘼（狩）丮
武，乍（作）
爲余鐘，玄鏐鏞鋁，大鐘八
聿（聿）（肆），其竈（簉）四堵，
喬喬（矯矯）其龍，既旃（伸）
鬯（暢）虡，大鐘既縣（懸），
玉鐺（磬）鼉鼓，
余不敢爲喬（驕），我以享孝，樂
我先祖，以祈眉壽，世世子孫，
永以爲寶

00228

郘黛鐘

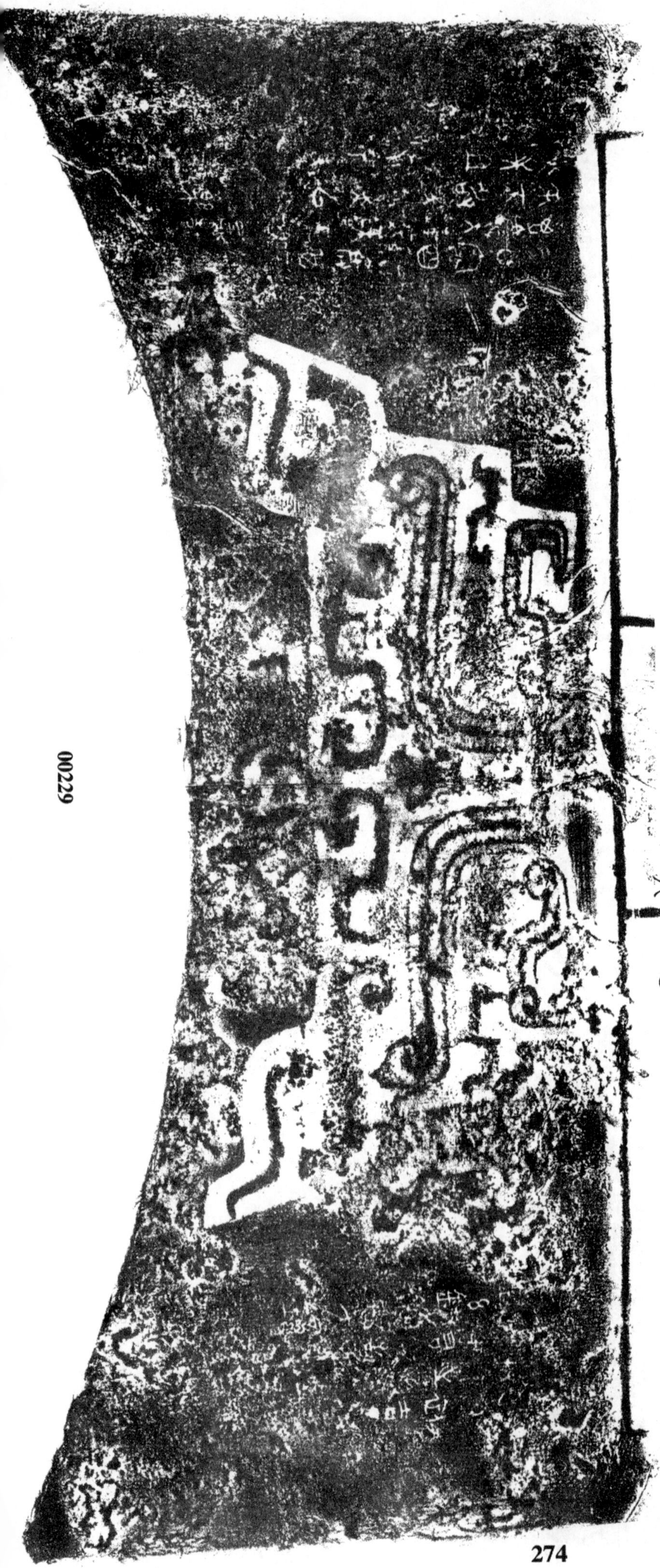

0229

唯王正月，初吉丁亥，郘（呂）黛（纏）曰：余畢公之孫，郘（呂）伯之子，余頡岡（頏）事君，余嘼（狩）丮武，乍（作）爲余鐘，玄鏐鑄鋁，大鐘八隶（聿肆），其竈（筵）四堵，喬喬（矯矯）其龍，既旃（伸）鬯（暢）虡，大鐘既縣（懸），玉鐳（鑋）鼉鼓，余不敢爲喬（驕），我以享孝，樂我先祖，以祈眉壽，世世子孫，永以爲寶

郘黛鐘

唯王正月，初吉丁
亥，郘（呂）黛（㵘）
曰：余畢公之孫、
郘（呂）伯之子，
余頡岡（頏）事君，
余嘼（狩）丮武，
乍（作）
爲余鐘，玄鏐鏞鋁，
大鐘八
隶（聿肆），其竈（篕）
四堵，喬喬（矯矯）
其龍，既旃（伸）
鬯（暢）虡，大鐘既
縣（懸），玉鐶（磬）
鼉鼓，
余不敢爲喬（驕），
我以享孝，樂
我先祖，以祈眉壽，
世世子孫，
永以爲寶

00230

邵黛鐘

唯王正月，初吉丁
亥，邵（吕）黛（縓）
曰：余畢公之孫、
邵（吕）伯之子，
余頡岡（頏）事君，
余嘼（狩）丮武，
乍（作）
爲余鐘，玄鏐鏞鋁，
大鐘八
隶（聿肆），其竈（簉）
四堵，喬喬（矯矯）
其龍，既旃（伸）
鬯（暢）虡，大鐘既
縣（懸），玉鐶（磬）
鼉鼓，
余不敢爲喬（驕），
我以享孝，樂
我先祖，以祈眉壽，
世世子孫，
永以爲寶

00231

邵黛鐘

唯王正月，初吉丁亥，
邵(呂)黛(縓)
曰：余畢公之孫、邵(呂)伯
之子，
余頡岡(頏)事君，余嘼(狩)
丮武，乍(作)
爲余鐘，玄鏐鏞鋁，大鐘八
隶(聿肆)，其竈(篙)四堵，
喬喬(矯矯)其龍，既
旃(伸)
鬯(暢)虡，大鐘既縣(懸)，
玉鐺(磬)鼉鼓，
余不敢爲喬(驕)，我以享
孝，樂
我先祖，以祈眉壽，世世
子孫，
永以爲寶

00232

郘黛鐘

唯王正月，初吉丁亥，
郘（呂）黛（縓）
曰：余畢公之孫、郘（呂）伯
之子，
余頡岡（頏）事君，余嘼（狩）
丮武，乍（作）
爲余鐘，玄鏐鏞鋁，大鐘八
隶（肆），其竈（簉）四堵，
喬喬（矯矯）其龍，既
旃（伸）
鬯（暢）虡，大鐘既縣（懸），
玉鐺（鼜）鼉鼓，
余不敢爲喬（驕），我以享
孝，樂
我先祖，以祈眉壽，世世
子孫，
永以爲寶

00233

郘黛鐘

唯王正月，初吉丁
亥，郘（吕）黛（縓）
曰：余畢公之孫、
郘（吕）伯之子，
余頡岡（頏）事君，
余嘼（狩）丮武，
乍（作）
爲余鐘，玄鏐鏞鋁，
大鐘八
隶（聿肆），其竈（篕）
四堵，喬喬（蟜蟜）
其龍，既旃（伸）
鬯（暢）虡，大鐘既
縣（懸），玉鑋（磬）
鼉鼓，
余不敢爲喬（驕），
我以享孝，樂
我先祖，以祈眉壽，
世世子孫，
永以爲寶

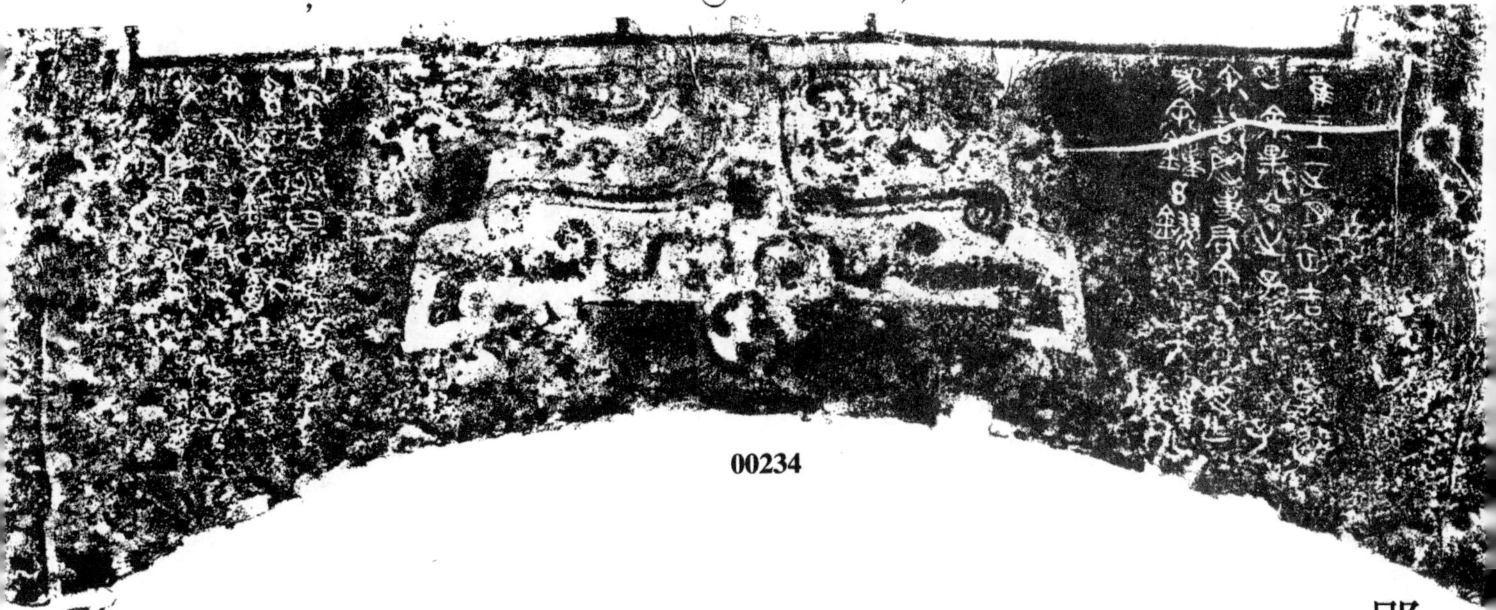

00234

郘黛鐘

唯王正月，初吉丁
亥，郘（吕）黛（縓）
曰：余畢公之孫、
郘（吕）伯之子，
余頡岡（頏）事君，
余嘼（狩）丮武，
乍（作）
爲余鐘，玄鏐鏞鋁，
大鐘八
隶（聿肆），其竈（篕）
四堵，喬喬（蟜蟜）
其龍，既旃（伸）
鬯（暢）虡，大鐘既
縣（懸），玉鑋（磬）
鼉鼓，
余不敢爲喬（驕），
我以享孝，樂
我先祖，以祈眉壽，
世世子孫，
永以爲寶

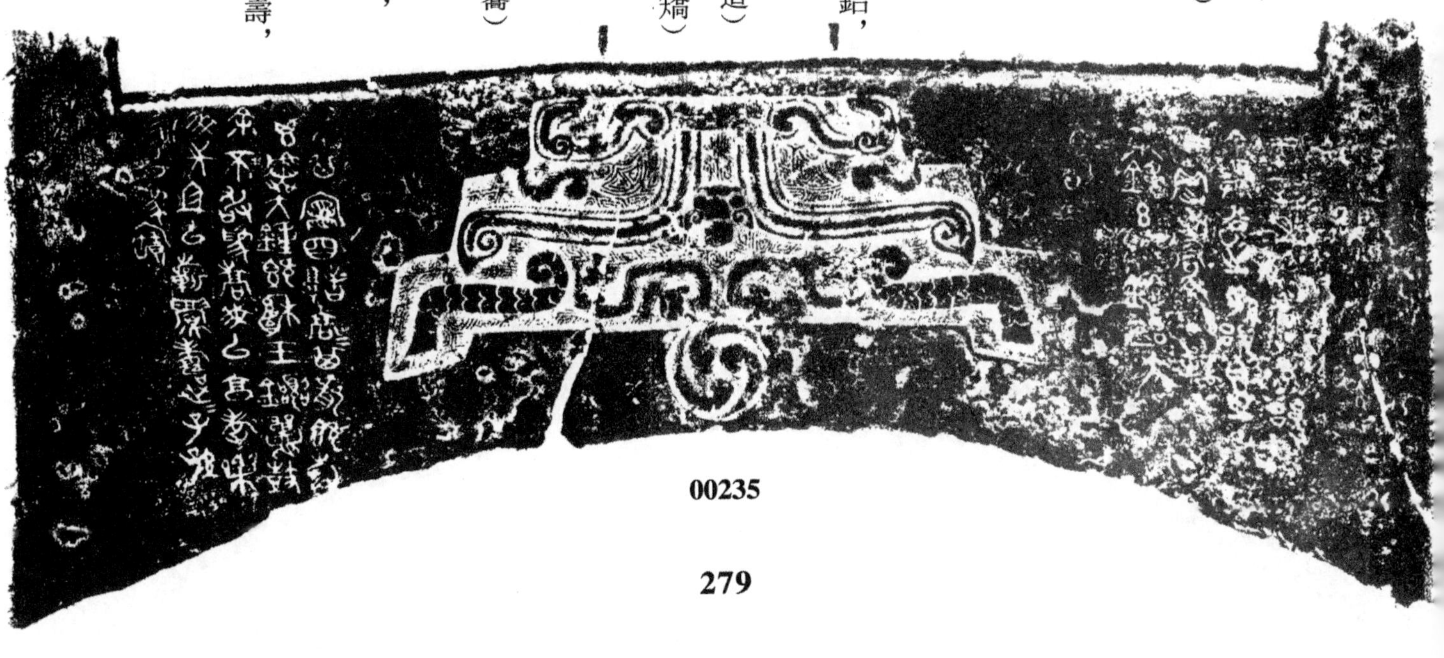

00235

郘黛鐘

唯王正月，初吉丁
亥，郘（呂）黛（縓）
曰：余畢公之孫、
郘（呂）伯之子，
余頡岡（頏）事君，
余嘼（狩）丮武，
乍（作）
爲余鐘，玄鏐鏞鋁，
大鐘八
隶（聿肆），其竈（簉）
四堵，喬喬（矯矯）
其龍，既旃（伸）
鬯（暢）虡，大鐘既
縣（懸），玉鐺（磬）
鼉鼓，
余不敢爲喬（驕），
我以享孝，樂
我先祖，以祈眉壽，
世世子孫，
永以爲寶

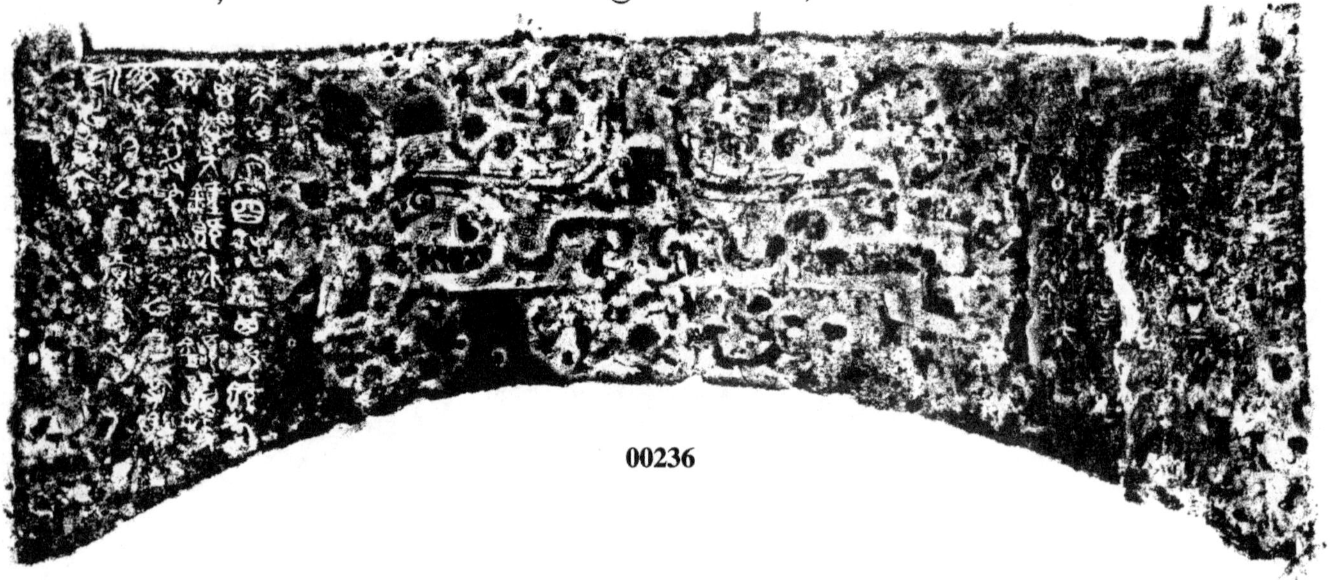

00236

郘黛鐘

唯王正月，初吉丁
亥，郘（呂）黛（縓）
曰：余畢公之孫、
郘（呂）伯之子，
余頡岡（頏）事君，
余嘼（狩）丮武，
乍（作）
爲余鐘，玄鏐鏞鋁，
大鐘八
隶（聿肆），其竈（簉）
四堵，喬喬（矯矯）
其龍，既旃（伸）
鬯（暢）虡，大鐘既
縣（懸），玉鐺（磬）
鼉鼓，
余不敢爲喬（驕），
我以享孝，樂
我先祖，以祈眉壽，
世世子孫，
永以爲寶

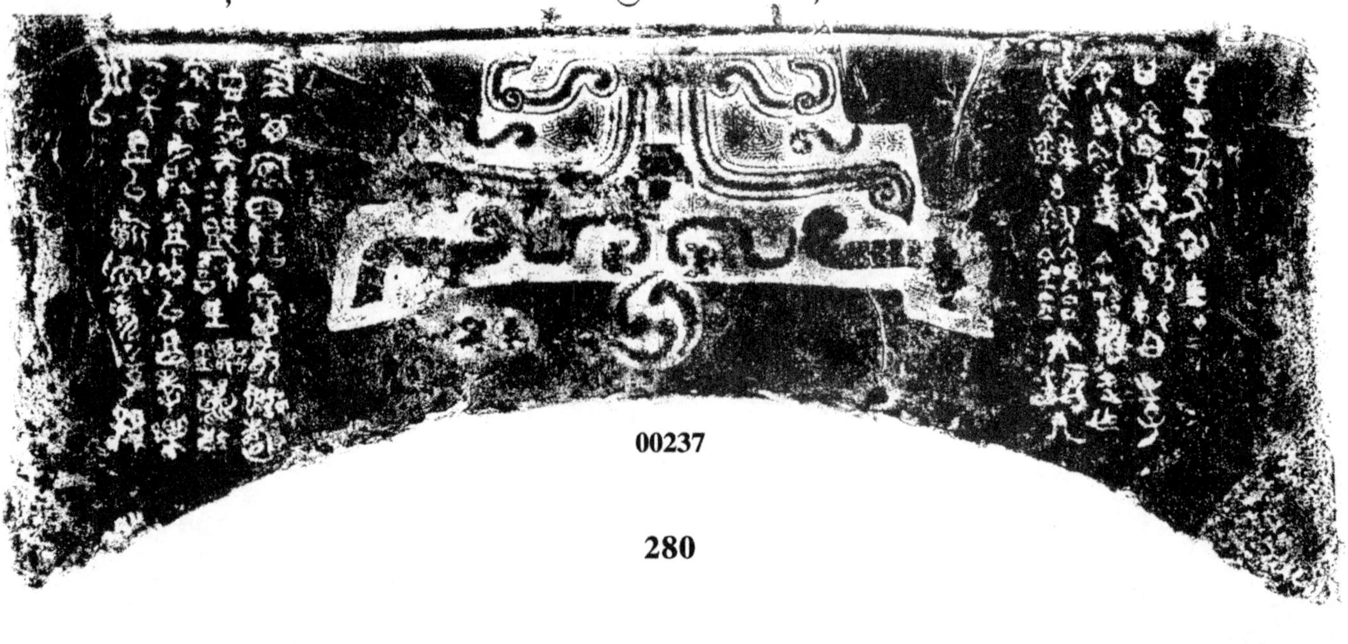

00237

虢叔旅鐘

虢叔旅曰：不（丕）顯皇考叀（惠）叔，
穆穆秉元明德，御于厥辟，得
屯（純）亡敃（愍），旅敢肇帥井（型）皇考
威義（儀），淄（祇）御于天子，廼天子

00238.1

00238.2

多賜旅休，旅對天
子魯休揚，用乍（作）皇
考叀（惠）叔大蕾（林）龢鐘，
皇考嚴在上，異（翼）在下，
數數㬥㬥，降旅多福，旅其
萬年，子子孫孫，永寶用享

虢叔旅鐘

虢叔旅曰：不（丕）顯皇考叀（惠）叔，穆穆秉元明德，御于厥辟，得屯（純）亡敃（愍），旅敢肇帥井（型）皇考威義（儀），淄（祇）御于天子，廼天子

00239.1

多賜旅休，旅對
天子魯休揚，用乍(作)
朕皇考叀(惠)叔大䕚(林)
龢鐘，皇考嚴在上，異(翼)
在下，數數㚔㚔，降旅多福，旅
其萬年，子子孫孫，永寶用享

00239.2

虢叔旅鐘

虢叔旅曰：不（丕）顯皇考叀（惠）叔，
穆穆秉元明德，御于厥辟，得
屯（純）亡敃（愍），旅敢肇帥井（型）皇考
威義（儀），淄（祗）御于天子，迺天子

00240.1

多賜旅休，旅對
天子魯休揚，用乍（作）
朕皇考叀（惠）叔大嗇（林）
龢鐘，皇考，其嚴在上，
異（翼）在下，數數臯臯，降旅多
福，旅其萬年，子子孫孫，
永寶用享

00240.2

虢叔旅曰：不（丕）顯皇考叀（惠）叔，穆穆
秉元明德，御于厥辟，得屯（純）亡
敃（愍），旅敢肇帥井（型）皇考威義（儀），淄（祇）
御于天子，廼天子多賜旅休，
旅敢對天子魯
休揚，用乍（作）朕
皇考叀（惠）叔大
⿱林畐（林）龢鐘，皇考
其嚴在上，異（翼）在下，數數彙彙，降旅多
福，旅其萬年，子子孫孫，永寶用享

虢叔旅鐘

原高三五厘米

00241

虢叔旅鐘

①虢叔旅曰：不（丕）顯
皇考叀（惠）叔，穆穆秉元
明德，御于厥
辟，得屯（純）亡敃（愍），
旅敢肇帥井（型）

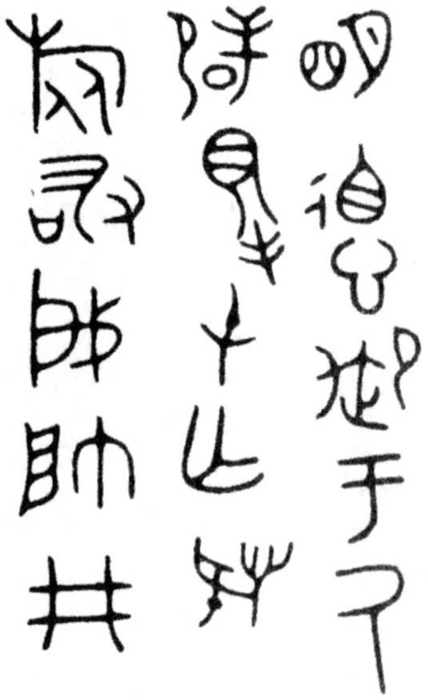

00242

虢叔旅鐘

②皇考威義（儀），淄（祇）御
于天子，迺天子多
賜旅休，旅
對天子魯
休揚，用乍（作）朕

00243

虢叔旅鐘

③皇考叀（惠）叔
大薔（林）龢鐘，
皇考
嚴在上，
異（翼）在下，數數☐

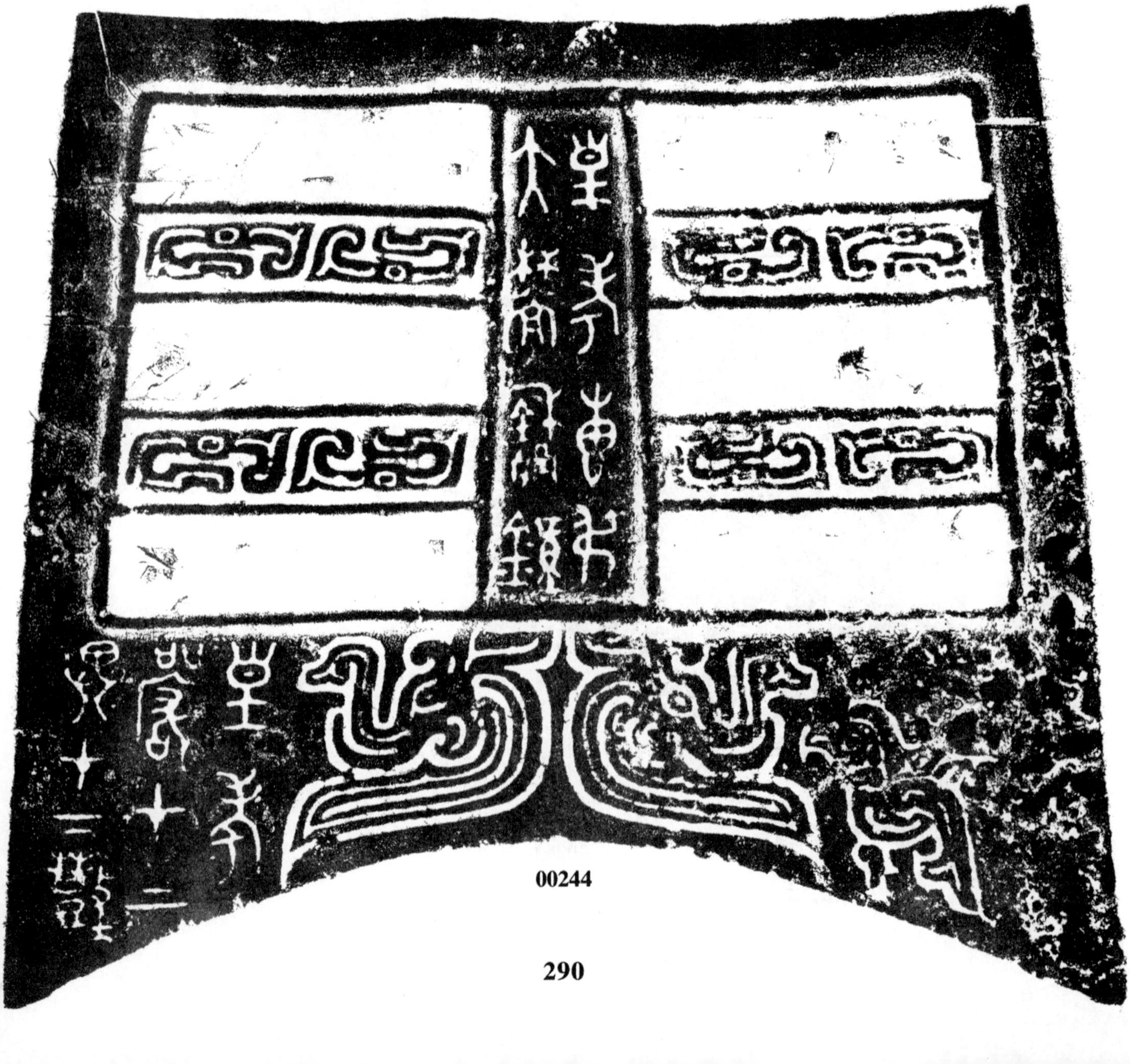

00244

鼄公華鐘

原高二三厘米

唯王正月，初吉乙亥，鼄（邾）公華擇厥吉金，玄鏐
赤鏞（鋁），用鑄厥龢鐘，台（以）
乍（祚）其皇祖皇考，曰：
余畢龏威（畏）
忌，悊（淑）穆不
彖（墜）于厥身，鑄其龢鐘，
台（以）恤其祭祀盟祀，台（以）
樂大夫，台（以）
宴士庶子，
慎爲之名（銘），元器
其舊，哉（載）公眉壽，
鼄（邾）邦是保，其壖（萬）年無疆，子子孫孫，永保用享

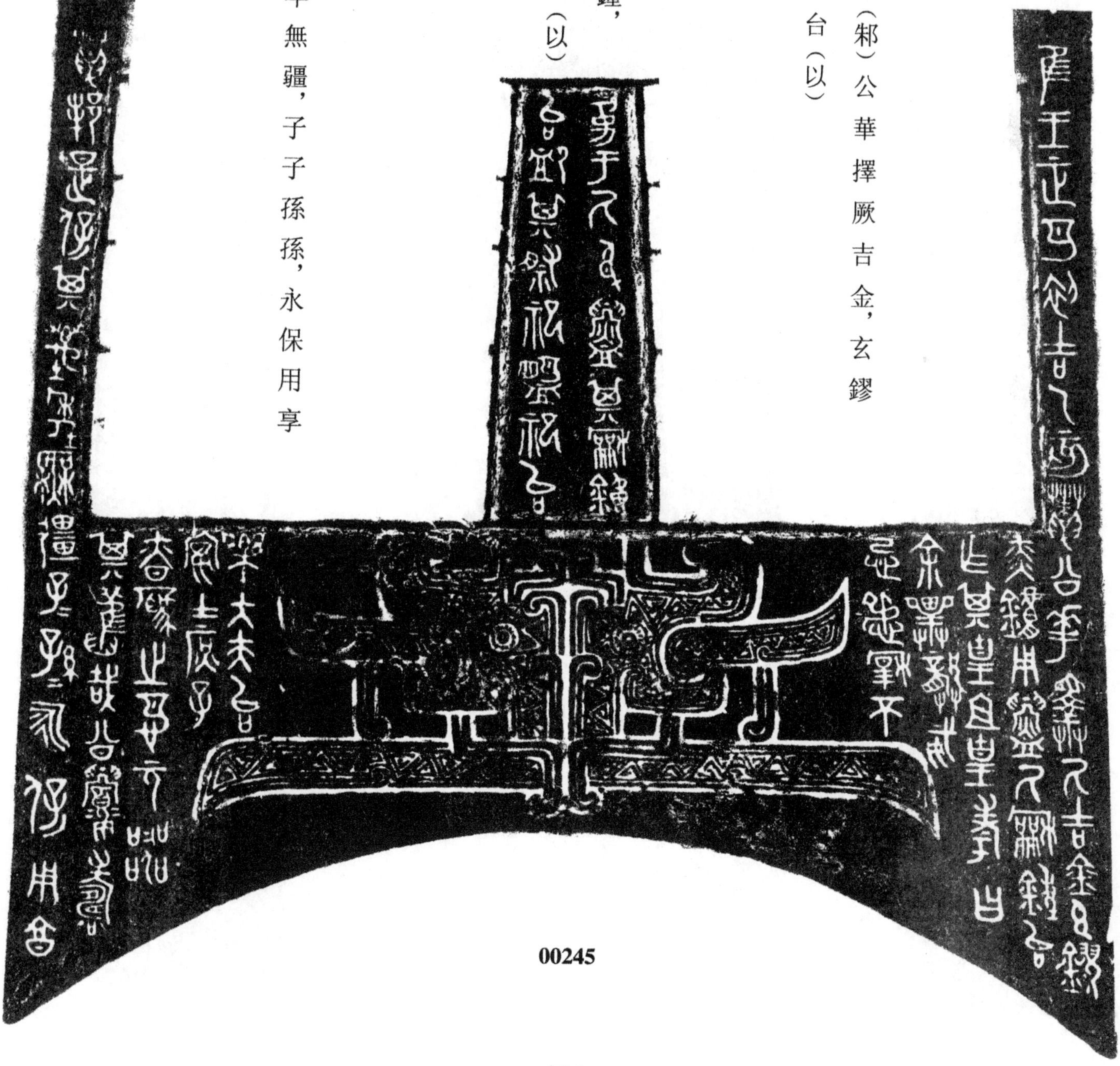

00245

癲鐘

原高三〇厘米

癲趄趄，夙夕聖趮（爽），追孝于高祖辛公、文祖
乙公、皇考丁公，龢鏄（林）鐘，用卲各、喜侃樂

前文人，用禓（祓）壽、
匄永令（命），綽
綰、熘（福）彔（祿）、屯（純）
魯，弋皇祖考高
對爾剌（烈），嚴在上，
數數梟梟，蠕（融）妥（綏）
厚多福，廣啓癲身，
勵（擢）于永

令（命），褱受（授）余爾齇福，癲其萬年，櫅（齊）角（祿）龔（熾）光，
義（宜）文神，無疆覭（景）福，用瑀光癲身，永余寶

00246

㾓鐘

原高四一厘米

㾓曰：不（丕）顯高祖、亞祖、文考，克明厥心，疋（胥）尹叙厥威義（儀），用辟先王，㾓不敢弗帥井（型）祖考，秉明德，

[illegible]（恪）夙夕，左（佐）尹氏，皇王對㾓身楙（懋），賜佩，敢乍（作）文人大寶協龢鐘，用追孝、盭（敦）祀、卲各樂大

神，大神其陟降嚴祜，業妥（綏）厚多福，其豐豐㲃㲃，受（授）余屯（純）魯、通彔（祿）、永令（命）、眉壽、霝（靈）冬（終），㾓其萬年，永寶日鼓

00247

𤼈鐘

原高四三厘米

𤼈曰：不（丕）顯高祖、亞祖、文考，克明厥心，疋（胥）尹敘厥威義（儀），用辟先王，𤼈不敢弗帥井（型）祖考，秉明德，

⿴囗豩（恪）夙夕，左（佐）尹氏，皇王對𤼈身楙（懋），賜佩，敢乍（作）文人大寶協龢鐘，用追孝、⿱敦皿（敦）祀、卲各樂大

神，大神其陟降嚴祜，業妥（綏）厚多福，其豐豐𥁕𥁕，受（授）余屯（純）魯、通彔（祿）、永令（命）、眉壽、霝（靈）冬（終），𤼈其萬年，永寶日鼓

00248

㾓鐘

原高三八厘米

㾓曰：不（丕）顯高祖、亞祖、文考，克明厥心，疋（胥）尹叙厥威義（儀），用辟先王，㾓不敢弗帥井（型）祖考，秉明德，

圀（恪）夙夕，左（佐）尹氏，皇王對㾓身楙（懋），賜佩，敢乍（作）文人大寶協龢鐘，用追孝、盭（敦）祀、卲各樂大

神，大神其陟降嚴祜，業妥（綏）厚多福，其豐豐㲋㲋，受（授）余屯（純）魯、通彔（祿）、永令（命）、眉壽、霝（靈）冬（終），㾓其萬年，永寶日鼓

00249

㾓鐘

原高三八厘米

㾓曰：不（丕）顯高祖、亞祖、文考，克明厥心，疋（胥）尹敘厥威義（儀），用辟先王，㾓不敢弗帥井（型）祖考，秉明德，

圝（恪）夙夕，左（佐）尹氏，皇王對㾓身楙（懋），賜佩，敢乍（作）文人大寶協龢鐘，用追孝、盭（敦）祀，卲各樂大

神，大神其陟降嚴祜，業妥（綏）厚多福，其豐豐㠱㠱，受（授）余屯（純）魯、通彔（祿）、永令（命）、眉壽、霝（靈）冬（終），㾓其萬年，永寶日鼓

00250

瘨鐘

①曰古文王，初盭龢于
政，上帝降懿德大甹（屏），匍（撫）
有四方，匌受萬邦，雩
武王既𢦏殷，微史剌（烈）

00251

𤼈鐘

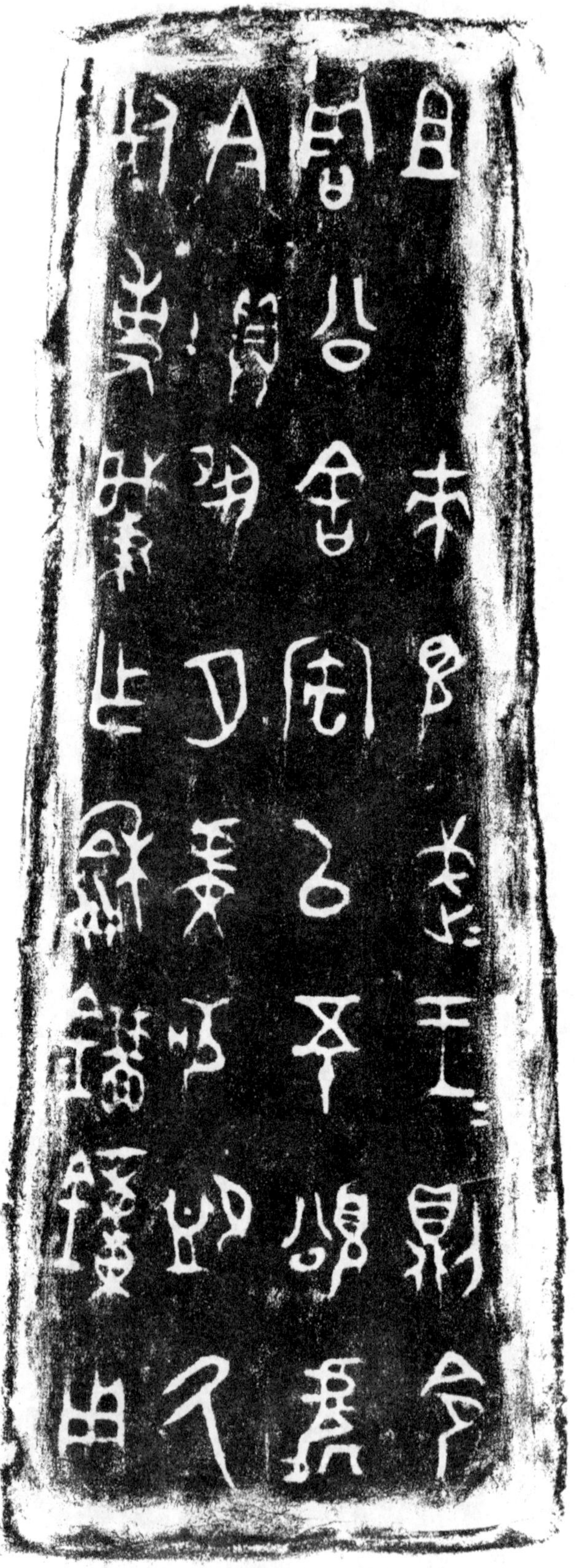

②祖來見武王，武王則令
周公舍（捨）寓（宇）以五十頌處，
今𤼈夙夕虔敬恤厥
死（尸）事，肇乍（作）龢鐮（林）鐘，用

00252

瘨鐘

00253

③蠨（融）妥（綏）厚多福，廣
啓瘨身，勵（擢）于永

瘨鐘

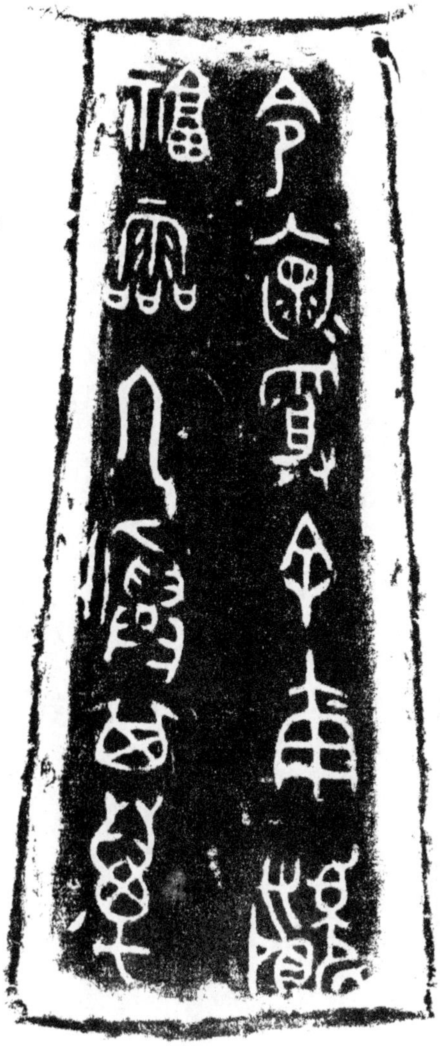

00254

④令（命），褱受（授）余爾䰧
福，霝（靈）冬（終），瘨其萬

痶鐘

⑤年羊角，義（宜）文
神，無疆覭（景）福，

00255

痶鐘

⑥用璃光痶
身，永余寶

00256

瘼鐘

瘼乍（作）協鐘，
萬年日鼓

00257

㾓鐘

00258

㾓乍（作）協鐘，萬年日鼓

㾓鐘

00259

㾓乍（作）協鐘，萬年日鼓

㝬鐘

原高三三厘米

王肇遹省文武、堇(覲)疆土，南或(國)𠬝孳(子)敢臽(陷)處我土，王𦎫(敦)伐其至，撲伐厥都，𠬝孳(子)迺遣閒

00260.1

原高一九厘米

來逆卲王，南
尸（夷）、東尸（夷）具（俱）見廿
又六邦，唯皇上帝、
百神保余小子，朕
猷又（有）成亡競，我唯
司（嗣）配皇天，王對乍（作）
宗周寶鐘，倉倉悤悤，雉雉（鵲鵲）
雍雍，用卲各不（丕）顯祖
考先王，先王其嚴在上，
㚗㚗數數，降余多福，福
余順孫，參（叁）壽唯利，
㝬（胡）其萬年，畯
保四或（國）

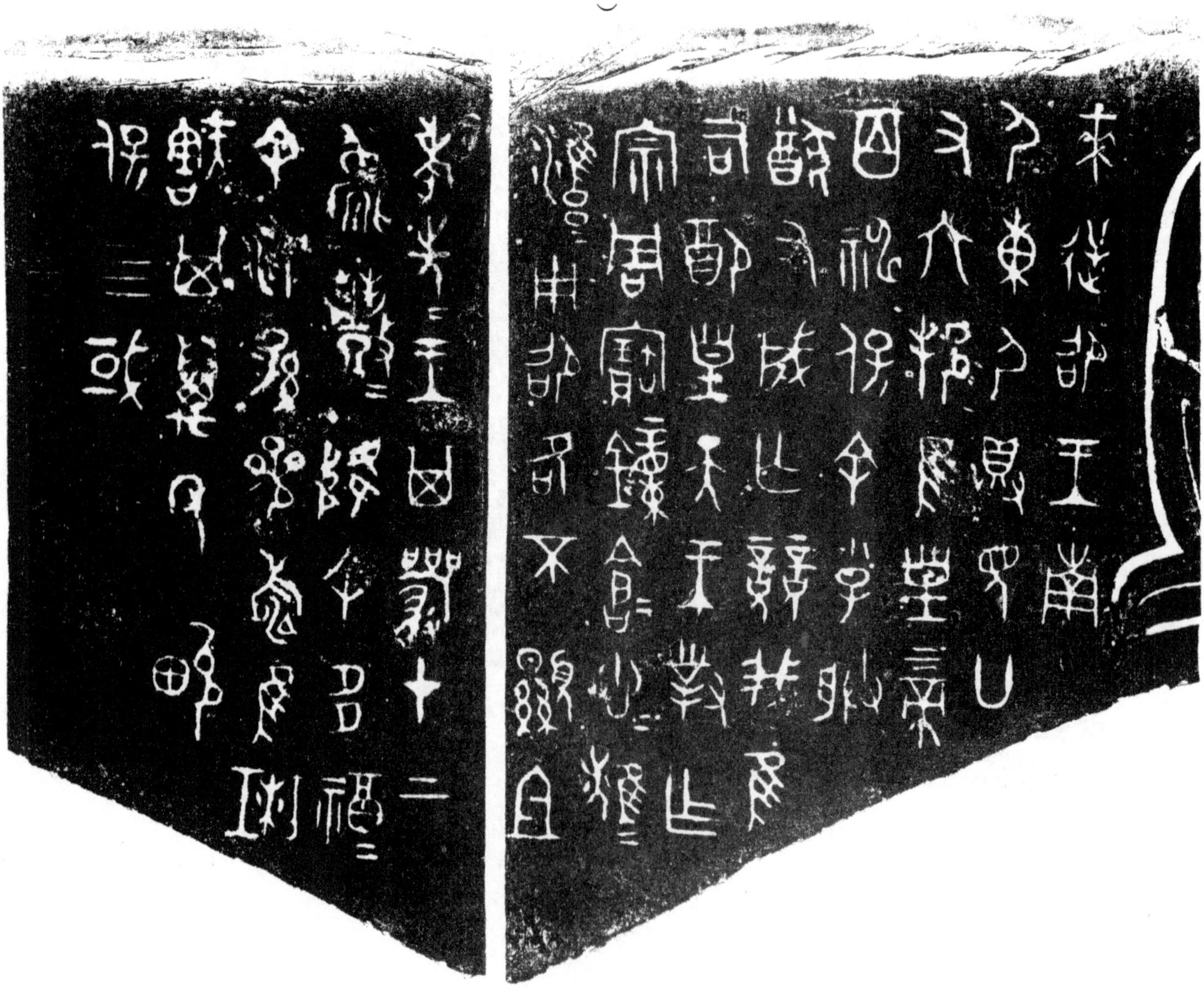

00260.2

王孫遺者鐘

原高三一厘米

⑤年無諆（期），枼（世）萬孫子，永保鼓之

①唯正月初吉丁亥，王孫遺者擇其吉金，自乍（作）龢鐘，中韓𠭯（且）鴋（颺），元鳴孔煌，用享台（以）孝，于我皇祖文考，用祈眉壽，余

00261.1

原高三一厘米

②㢀龏䟽屖，畏其（忌）趩趩，肅哲聖武，惠于政德，恿（淑）于威

③義（儀），誨（謀）猷不（丕）飤（飭），闌闌（簡簡）龢鐘，用匽（宴）台（以）喜（饎），用爍（樂）嘉賓、父蚘（兄），及我倗友，余恁

④訇（台）心，延（誕）中余德（值），龢豫（沴）民人，余尃（溥）昀（徇）于國，皝皝趣趣（熙熙），萬

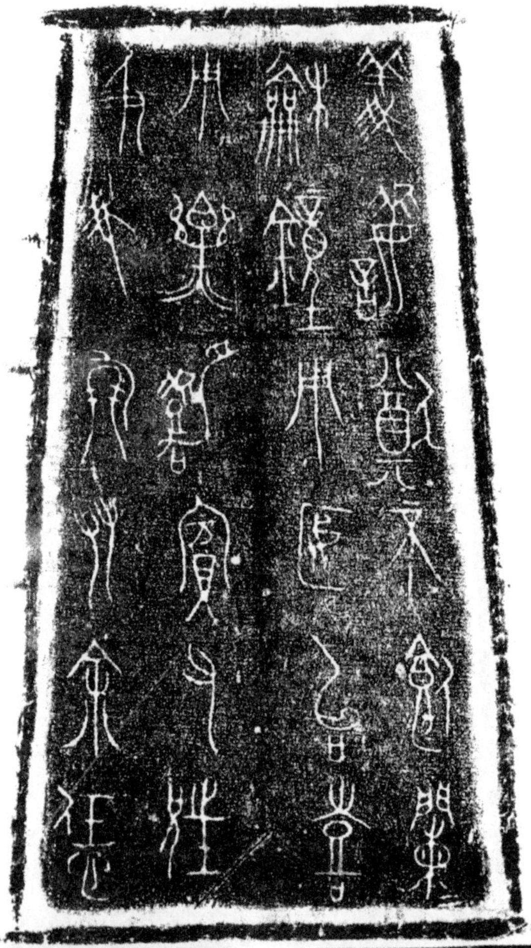

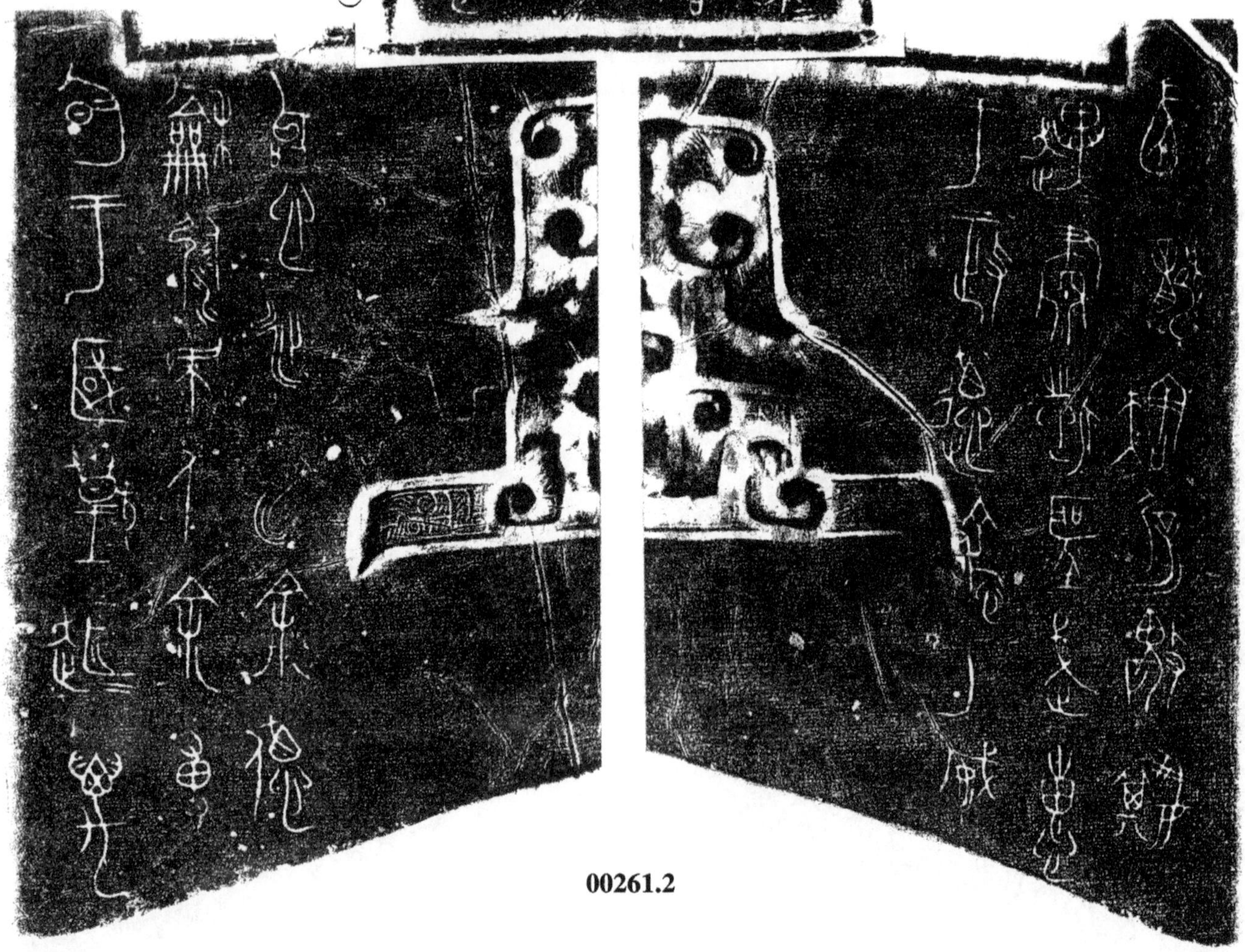

00261.2

秦公鐘

原高三一厘米

①秦公曰：我先祖受天令（命），
商（賞）宅受或（國），刺刺（烈烈）
卲文公、靜
公、憲公，不豢（墜）于上，卲合（答）
皇天，以虩事䜌（蠻）方，公及
王姬曰：余小子，
余夙夕虔敬
朕祀，以受多
福，克明又（厥）心，盭
龢胤士，咸畜左右，䟀䟀（藹藹）允
義，翼受
明德，以康奠協朕或（國），盜（羨）
百䜌（蠻），具（俱）即其

00262

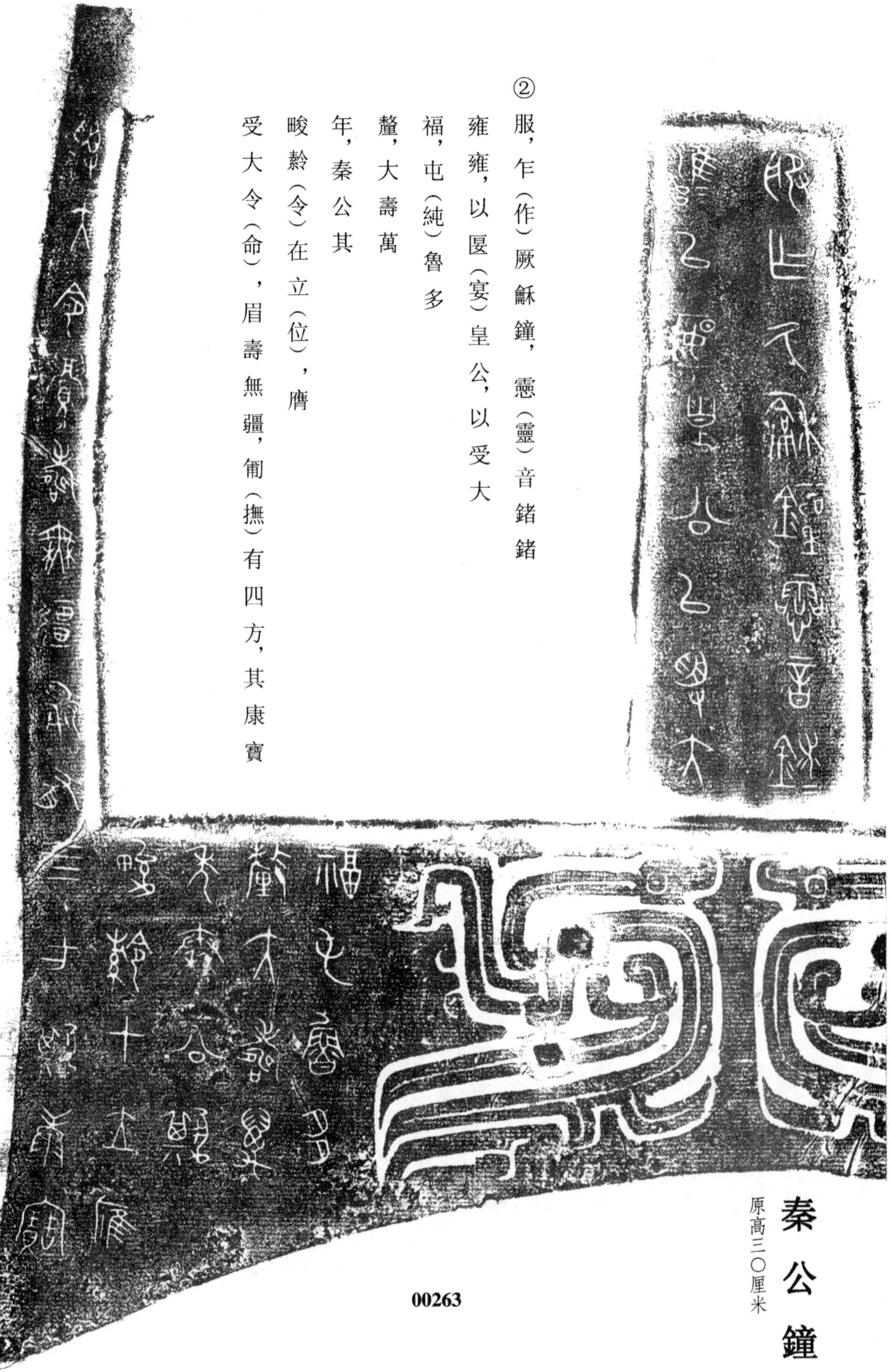

②服，乍（作）厥龢鐘，霝（靈）音鍺鍺
雝雝，以匽（宴）皇公，以受大
福，屯（純）魯多
釐，大壽萬
年，秦公其
畯紷（令）在立（位），膺
受大令（命），眉壽無疆，匍（撫）有四方，其康寶

00263

秦公鐘

原高三〇厘米

秦公鐘

原高二九厘米

①秦公曰：我先祖受天
命，商（賞）宅受
或（國），刺刺（烈
烈）卲文
公、静公、憲
公，不㒸（墜）于
上，卲合（答）皇天，
以虩事䜌（蠻）方，公
及王姬曰：余小
子，余夙夕虔

00264

秦公鐘

原高二五厘米

②敬朕祀，以受多福，克明又(厥)心，盭龢胤士，咸畜左右，𧼛𧼛(藹藹)允義，翼受明德，以康奠協朕或(國)，盗百䜌(蠻)，具(俱)即其服，乍(作)

00265

秦公鐘

③厥龢鐘，霝（靈）音
鍺鍺雍雍，以匽（宴）皇
公，以受
大福，屯（純）
魯多釐，大
壽萬年，秦⧄

00266

秦公鎛

原高一五厘米

秦公曰：我先祖受天令（命），商（賞）宅受或（國），剌剌（烈烈）卲文公、静公、憲公，不彖（墜）于上，卲合（答）皇天，以虩事䜌（蠻）方，公及王姬曰：余小子，余夙夕虔敬朕祀，以受多福，克明又（厥）心，盭龢胤士，咸畜左右，𧾍𧾍（藹藹）

原高一五厘米

允義，翼受明
德，以康奠協
朕或（國），盜百䜌（蠻），
具（俱）即其服，乍（作）
厥龢鐘，霝（靈）音
鍺鍺雍雍，以匽（宴）皇
公，以受大福，
屯（純）魯多釐，大
壽萬年，秦公
其畯黔（紷令）在立（位），
膺受大令（命），眉
壽無疆，匍（撫）有
四方，其康寶

00267.2

秦公鎛

原高一五厘米

秦公曰：我先
祖受天令（命），商（賞）
宅受或（國），
剌剌（烈烈）卲
文公、靜公、憲
公，不豖（墜）于上，
卲合（答）皇天，以
虩事䜌（蠻）方，公
及王姬曰：余
小子，余夙夕虔
敬朕祀，以受
多福，克明又（厥）
心，盭龢胤士，
咸畜左右，𧽊𧽊（藹藹）

原高一五厘米

允義，翼受明
德，以康奠協
朕或（國），盜百䜌（蠻），
具（俱）即其服，乍（作）
厥龢鐘，霝（靈）音
鍺鍺雍雍，以匽（宴）皇
公，以受大福，
屯（純）魯多釐，大
壽萬年，秦公
畯黔（令）在立（位），
膺受大令（命），眉
壽無疆，匍有
四方，其康寶

00268.2

秦公鎛

原高一五厘米

秦公曰：我先
祖受天令（命），商（賞）
宅受或（國），剌剌
（烈烈）卲
文公、靜公、憲
公，不豕（墜）于上，
卲合（答）皇天，以
虩事䜌（蠻）方，公
及王姬曰：余
小子，余夙夕虔
敬朕祀，以受
多福，克明又（厥）
心，盭龢胤士，
咸畜左右，藹藹（藹藹）

原高一五厘米

允義，翼受明
德，以康奠協
朕或（國），盜百䜌（蠻），
具（俱）即其服，乍（作）
厥龢鐘，霝（靈）音
鍺鍺雍雍，以匽（宴）皇
公，以受大福，
屯（純）魯多釐，大
壽萬年，秦公
其畯黔（令）在立（位），
膺受大令（命），眉
壽無疆，匍（撫）有
四方，其康寶

00269.2

秦公鎛

秦公曰：不（丕）顯朕皇祖受天命，竈（肇）又（有）下國，十又二公，不㒸（墜）在上，嚴龔夤天命，保業厥秦，虩事緣（蠻）夏，曰：余雖小子，穆穆帥秉明德，叡（睿）尃（敷）明井（刑），虔敬朕祀，以受多福，協龢萬民，唬（號）夙夕，剌剌（烈烈）

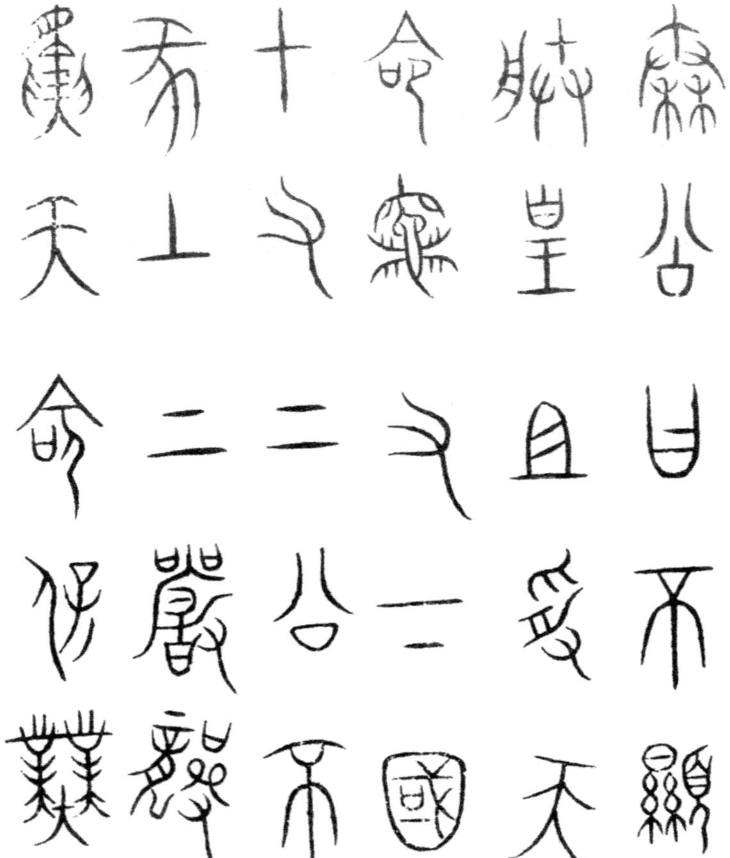

00270.1

趄趄(桓桓)，萬生(姓)是敕，
咸畜百辟、胤
士，趚趚(藹藹)文武，鋘(鎮)
靜(靖)不廷，𩑶(揉)燮
百邦，于秦執
事，乍(作)盄(淑)龢(鎛)，
厥名曰𠷎(固)邦，

其音鍺鍺雍雍孔
煌，以卲零(各)孝
享，以受屯(純)魯
多釐，眉壽無
疆，畯疐在立(位)，
高引又(有)慶，匍(撫)
又(有)四方，永寶，宜

00270.2

𬁼鎛

原高五〇厘米

00271A

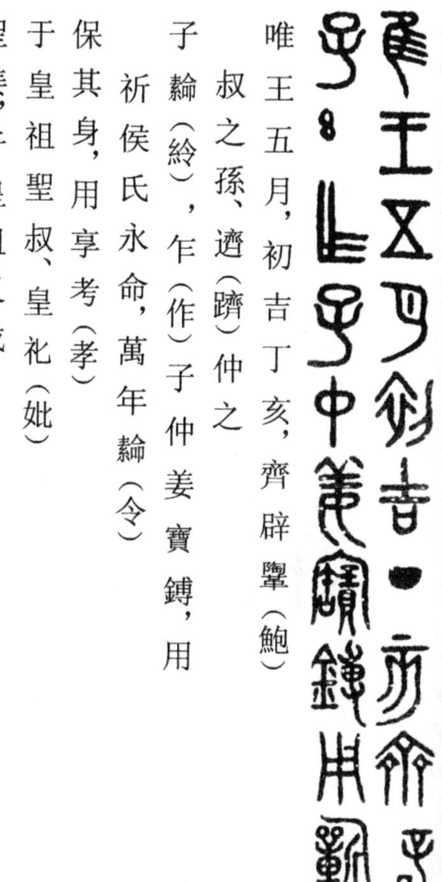

唯王五月，初吉丁亥，齊辟鞷(鮑)
叔之孫、遵(躋)仲之
子䌛(紷)，乍(作)子仲姜寶鎛，用
祈侯氏永命，萬年䌛(令)
保其身，用享考(孝)
于皇祖聖叔、皇祉(妣)
聖姜，于皇祖又成
惠叔、皇祉(妣)又成
惠姜，皇考遵(躋)

仲、皇母，用祈壽老毋死，保
盧(吾)兄弟，用求丂(考)命、彌生，
簫簫(肅肅)
義政，保盧(吾)子佳(姓)，鞷(鮑)
叔又(有)成
裳(勞)于齊邦，侯氏賜之邑二百

又九十又九
邑，與(與)鄩之民人
都啚(鄙)，侯氏從造(告)之
曰：枼(世)萬至於辝(台)孫
子，勿或俞(渝)改，鞷(鮑)子
䌛(紷)曰：余彌心畏誋(忌)，
余四事是台(以)，余爲大攻厄、
大事(史)、大逭(徒)、大(太)宰，是
辝(台)可事(使)，子子孫永保用享

00271B

叔尸鐘

① 唯王五月，辰在戊寅，師（次）于淄涶，公曰：女（汝）尸，余經乃先祖，余既尃乃心，女（汝）少（小）心畏忌，女（汝）不豢（墜）夙夜，宦執而（爾）政事，余引

00272.1

②猒（厭）乃心，余命女（汝）
政于朕三軍，肅
成朕師旟之政
德，諫罰朕庶民，
左右毋諱，尸不
敢弗憼戒，虔恤
厥死（尸）事，戮（勠）龢三

00272.2

叔尸鐘

③軍徒遹，雩（與）厥行
師，慎中厥罰，公
曰：尸，女（汝）敬共（恭）辝（台）
命，女（汝）膺（應）鬲（歷）公家，
女（汝）巩（鞏）袋（勞）朕行師，
女（汝）肇勧（敏）于戎攻（功），

00273.1

④余賜女（汝）釐（萊）都、䏿（密）、
劆（膠）其縣三百，余命
女（汝）嗣辝（台）釐（萊），
遡（造）或（越）
徒四千，爲女（汝）敵（敵）寮，
尸敢用拜䭬首，
弗敢不對揚朕
辟皇君之

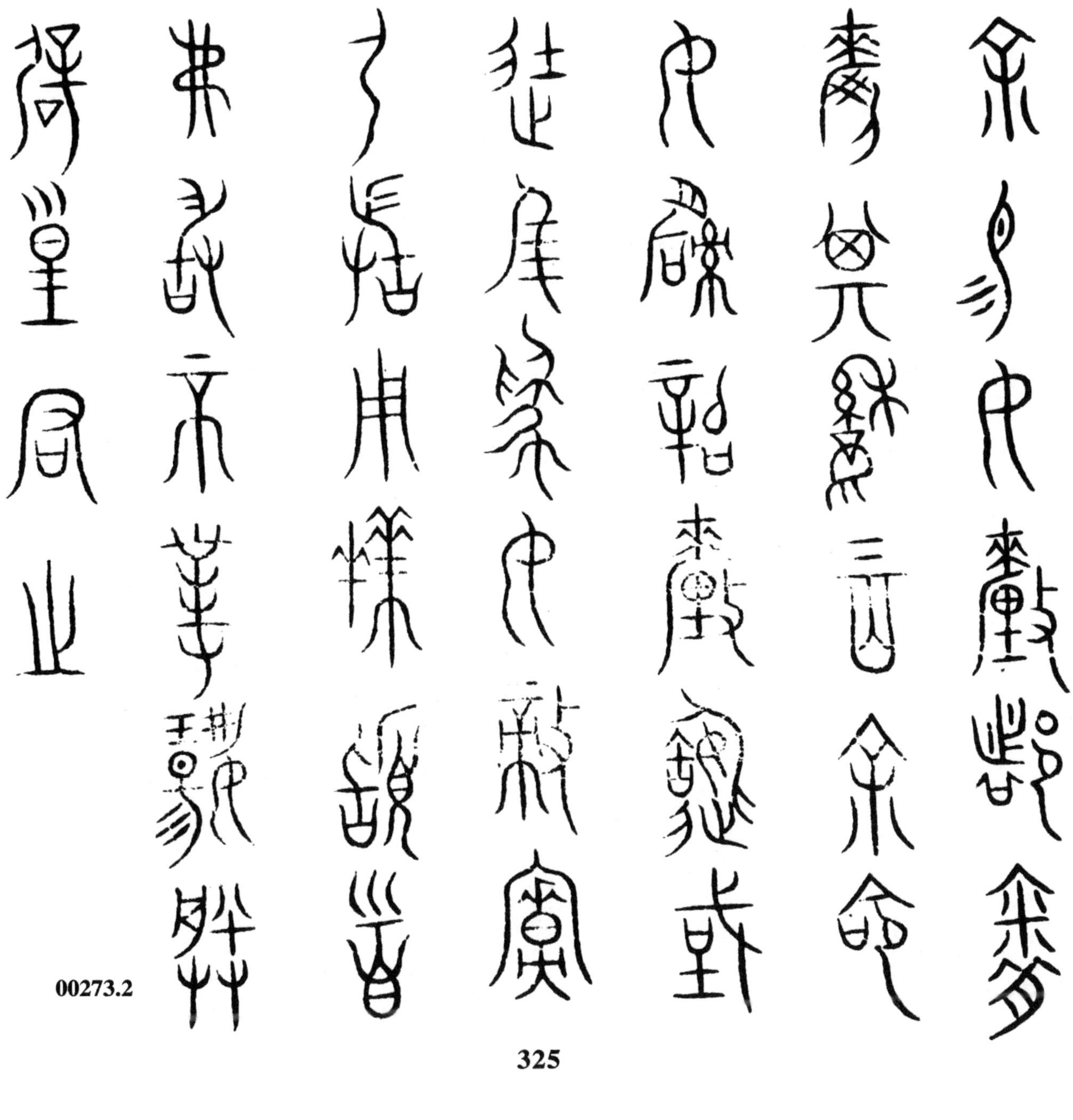

00273.2

叔尸鐘

⑤登屯（純）厚乃命，女（汝）
尸毋曰余少（小）子，
女（汝）尃余于艱恤，
賜休命，公曰：尸，
女（汝）康能乃又（有）事（吏），
眔乃敂（敵）寮，余用

00274.1

⑥虔恤不易，左右余一人，
余命女（汝）織（職）
差正卿，䎘命于
外內之事，中尃
盟（明）井（刑），台（以）尃戒公
家，膺恤余于

00274.2

叔尸鐘

⑦ 盟（明）恤，女（汝）台（以）
恤余朕
身，余賜女（汝）馬、車、
戎兵，釐（萊）僕三百又
五十家，女（汝）台（以）戒戎
攸（迮），尸用或敢再
拜頴首，膺受君

00275.1

⑧公之賜光，余弗
敢灋（廢）乃命，尸典
其先舊，及其高
祖，虩虩（赫赫）成唐（湯），
又（有）敢（嚴）
在帝所，尃（溥）受天

00275.2

叔尸鐘

⑨命，剬伐夏司，敳
厥靈（靈）師，伊少（小）臣
唯補（輔），咸有九州，
處堣（禹）之堵，不（丕）顯
穆公之孫，其配
襄公之妣，而鍼
公之女，雩（粵）生叔

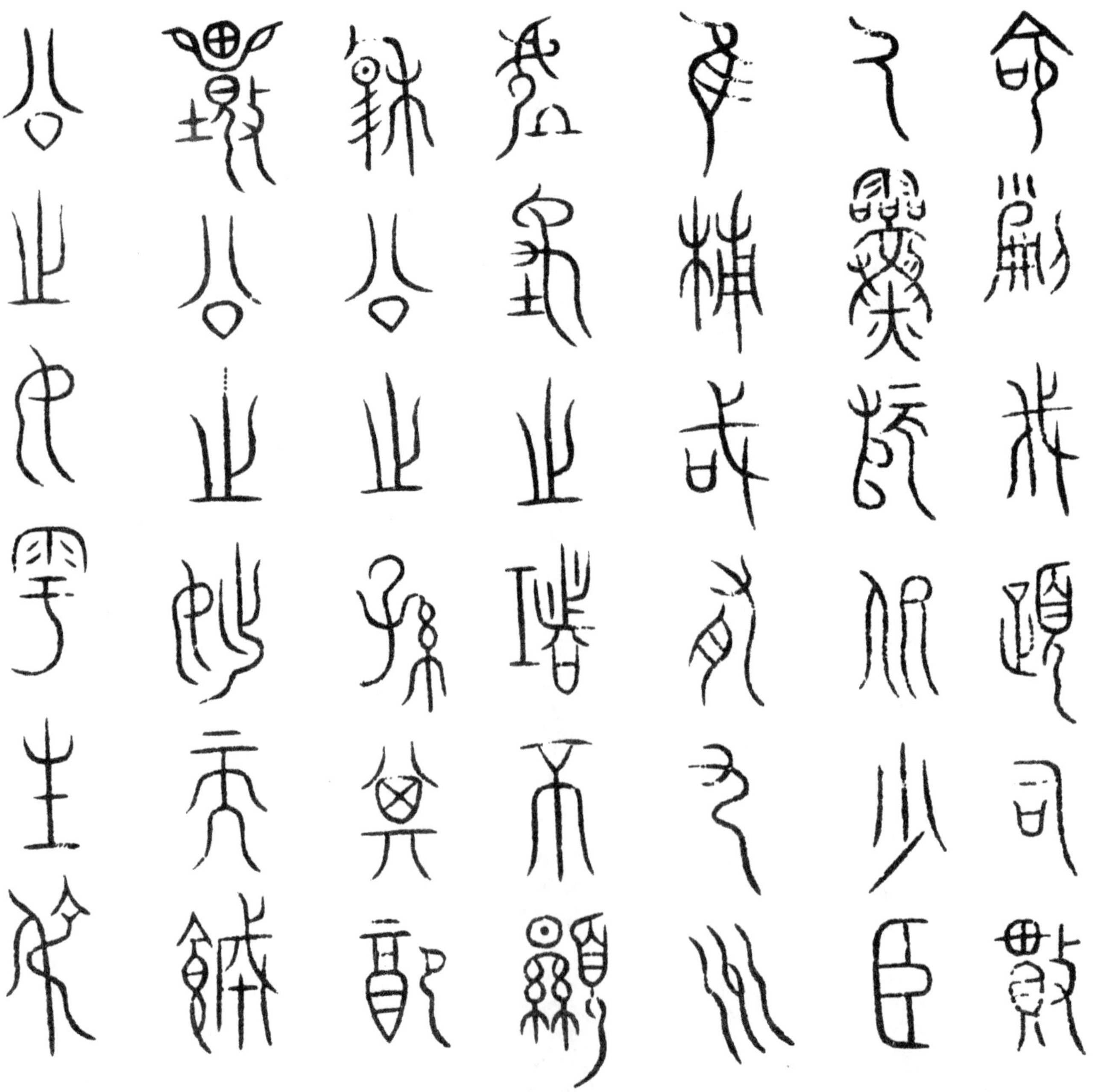

00276.1

⑩尸，是辟于齊侯
之所，是少（小）心龔（恭）
𨘂（齊），𩆜（靈）力若虎，堇（勤）
褮（勞）其政事，又（有）共（恭）
于𥳑（桓）武𩆜（靈）公之
所，𥳑（桓）武𩆜（靈）公賜
尸吉金

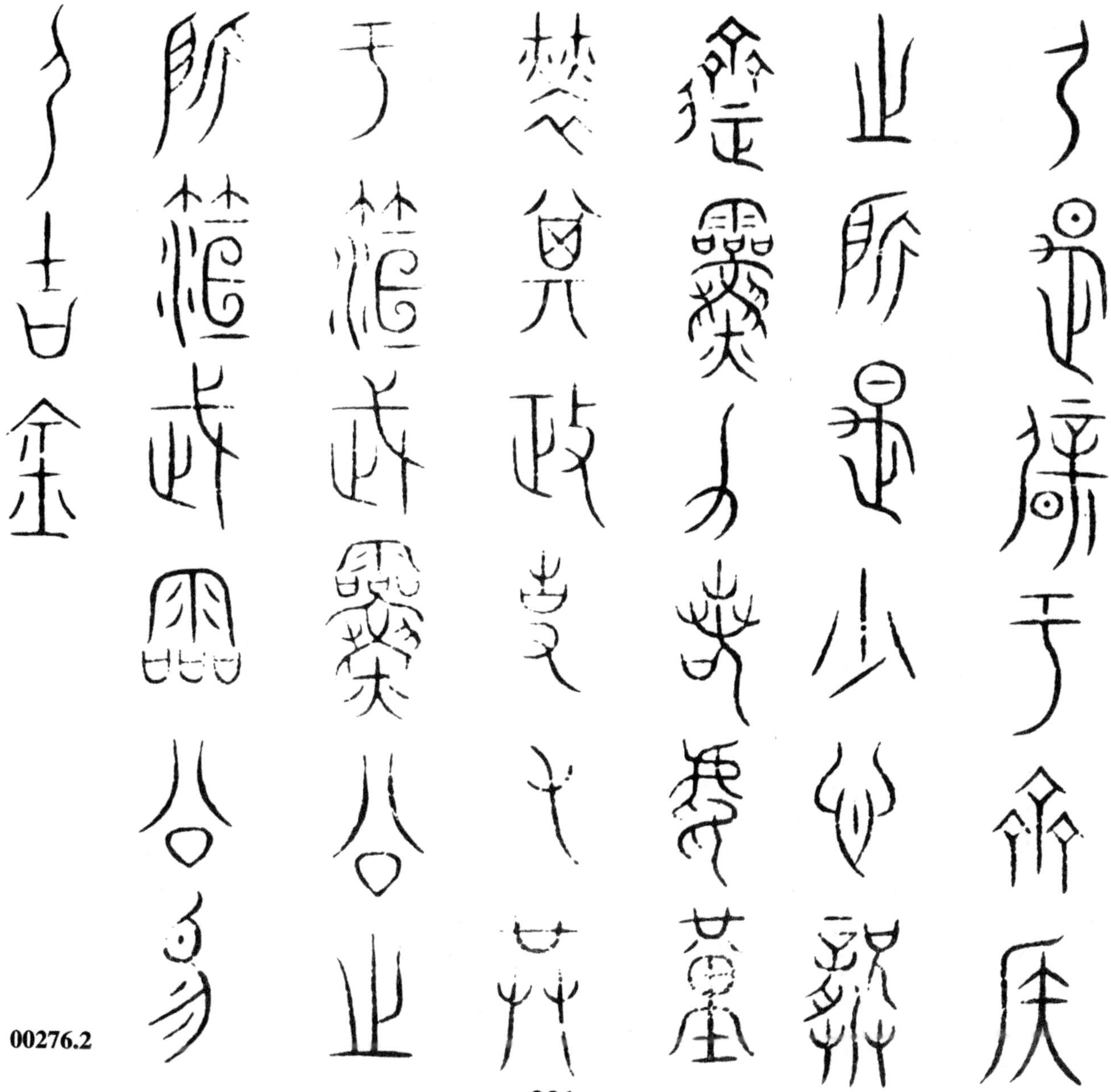

00276.2

叔尸鐘

⑪鈇鎬，玄鏐鏞鋁，尸用乍（作）鑄其寶鍾（鐘），用享于其皇祖、皇妣、皇母、皇考，用旂（祈）眉壽，霝（靈）命難老，不（丕）顯皇

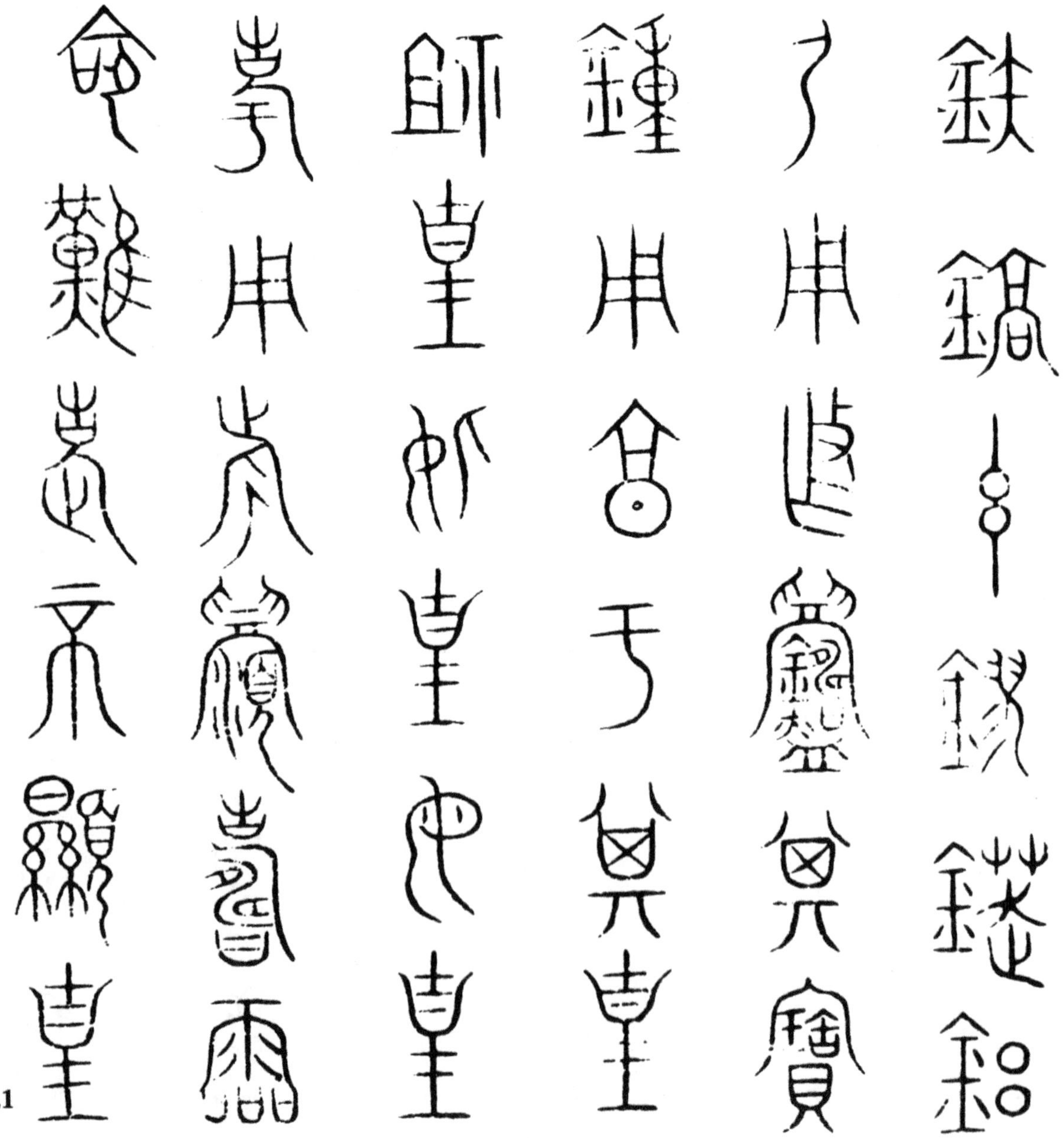

00277.1

⑫祖，其乍（祚）福元孫，
其邁（萬）福屯（純）魯，龢
協而（爾）又（有）事，卑（俾）若
鍾（鐘）鼓，外內剴（闓）辟（闢），
戠戠譽譽（譽譽），這而（爾）倗剿，
毋或丞（脅）頪，

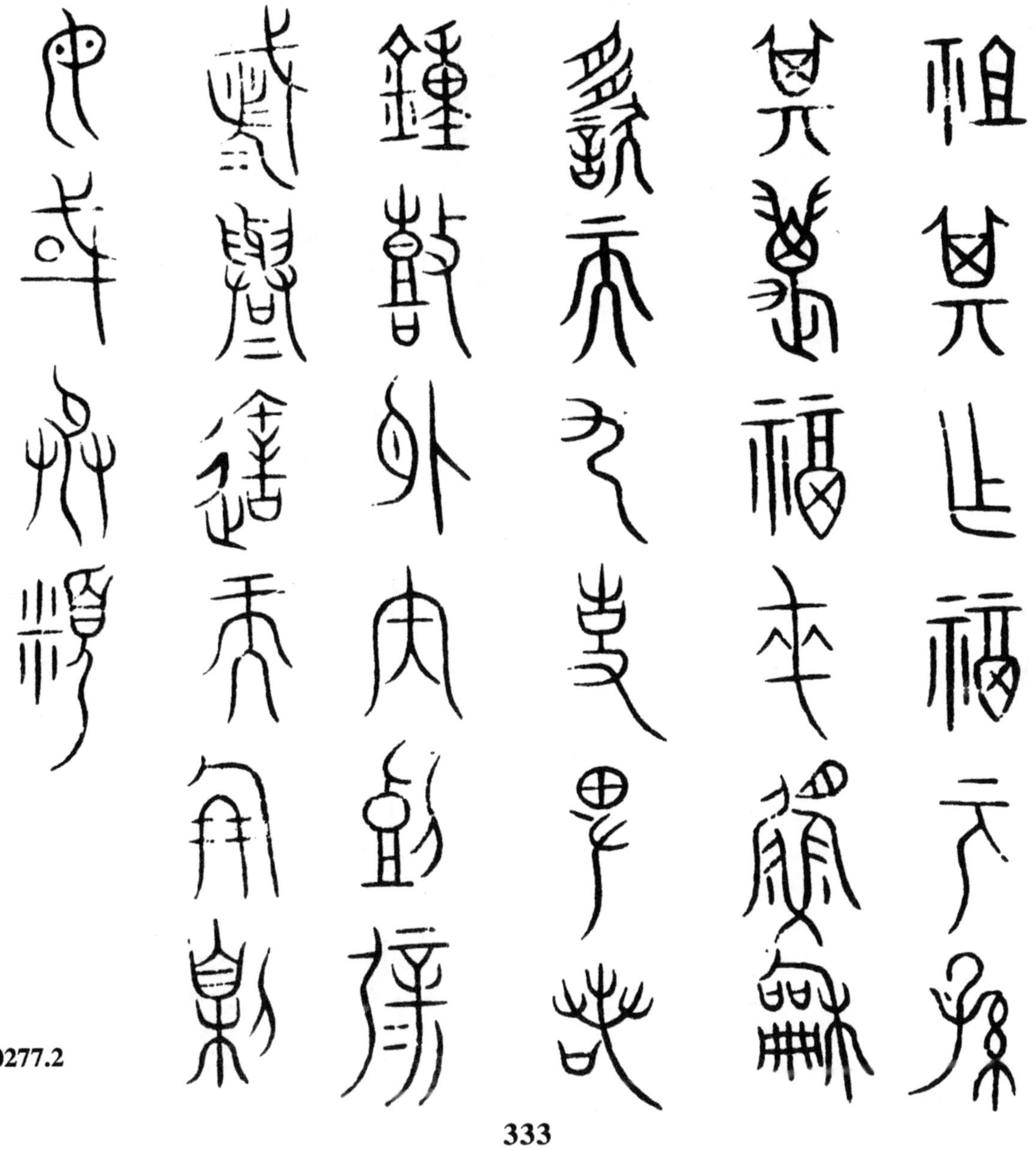

00277.2

叔尸鐘

⑬女（汝）考壽邁（萬）年，永
保其身，卑（俾）百斯
男，而埶（藝）斯字（滋），肅肅
義政，齊侯左右，
毋疾毋已，至于
枼（世）曰：武靈（靈）成，子
孫永保用享

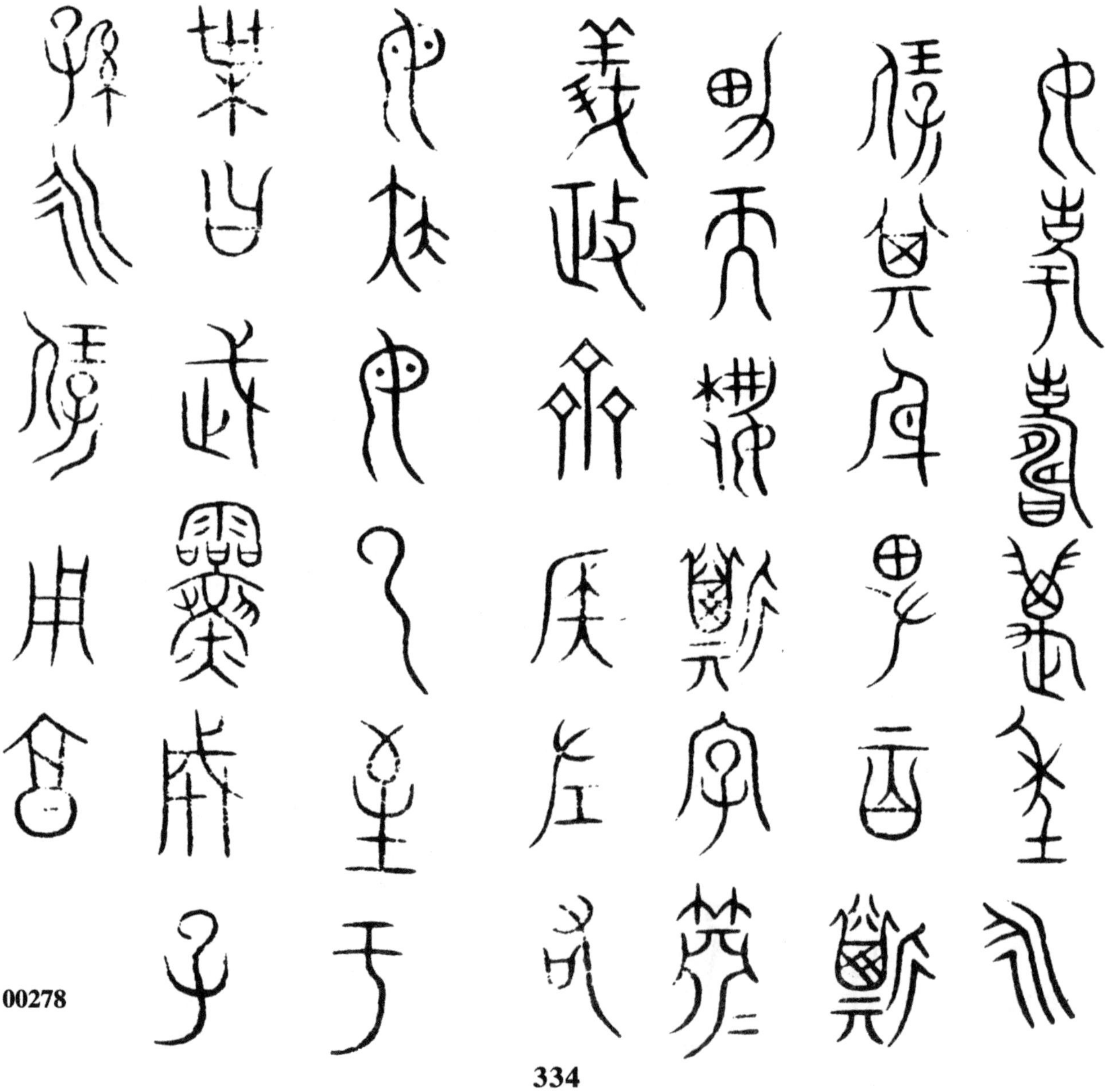

00278

叔尸鐘

政德，諫罰朕庶民，
左右毋諱，尸不敢

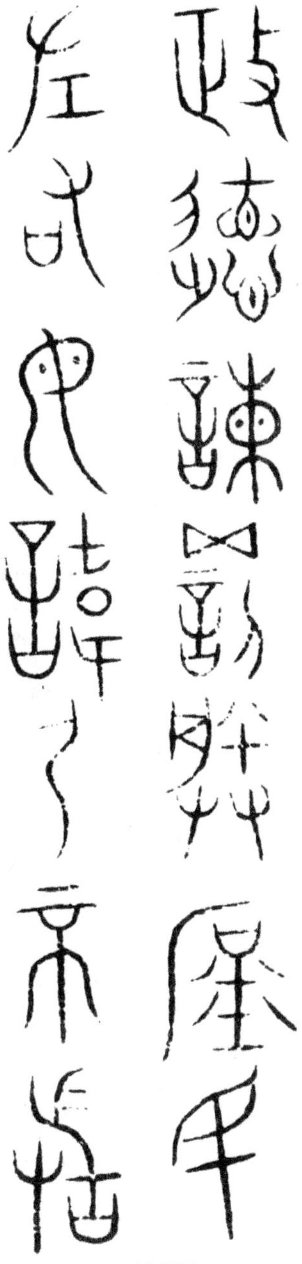

00279

叔尸鐘

斯男，而執（藝）斯字（滋），
肅肅
義政，齊侯左右，毋☑
公之孫，其配襄公
之妣，而鹹公之女

00280

叔尸鐘

執而(爾)政事，余
引猒(厭)乃心，余▨
勄(敏)于戎攻(功)，余
賜女(汝)釐(萊)都、[illegible](密)▨

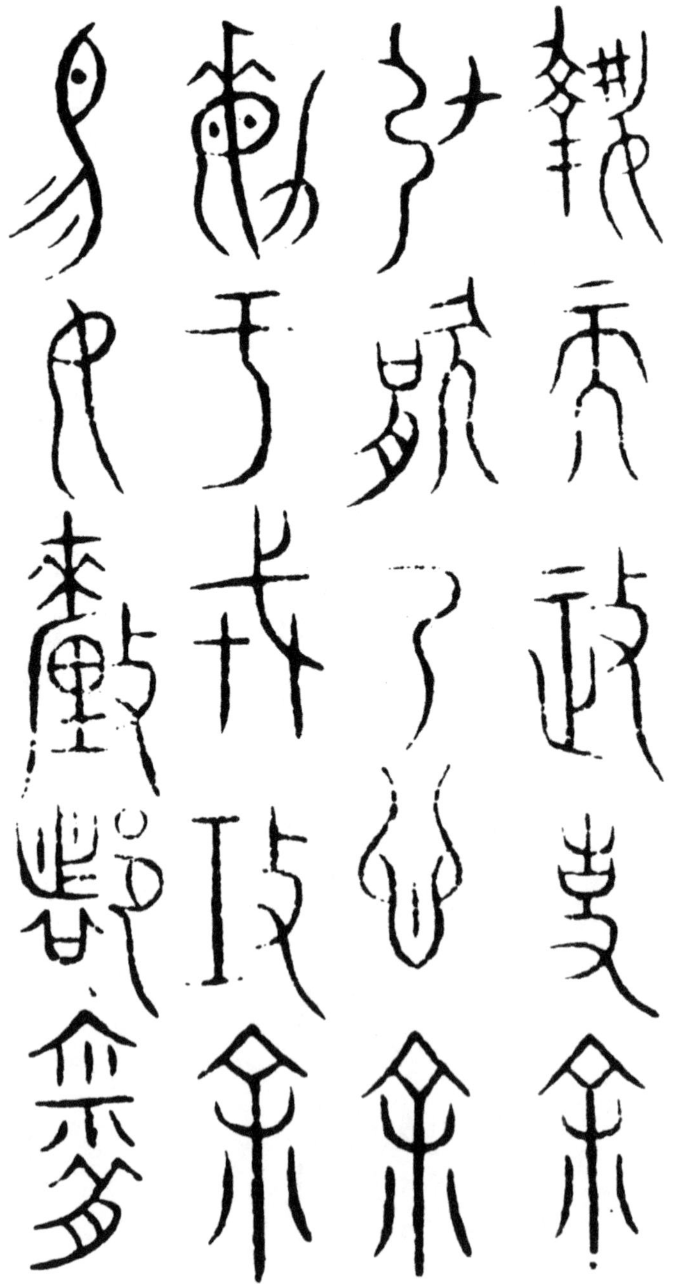

00281

叔尸鐘

女（汝）尃余于艱
䘏，虔䘏不易，☐
敢再拜𩒨首，
膺受君公之☐

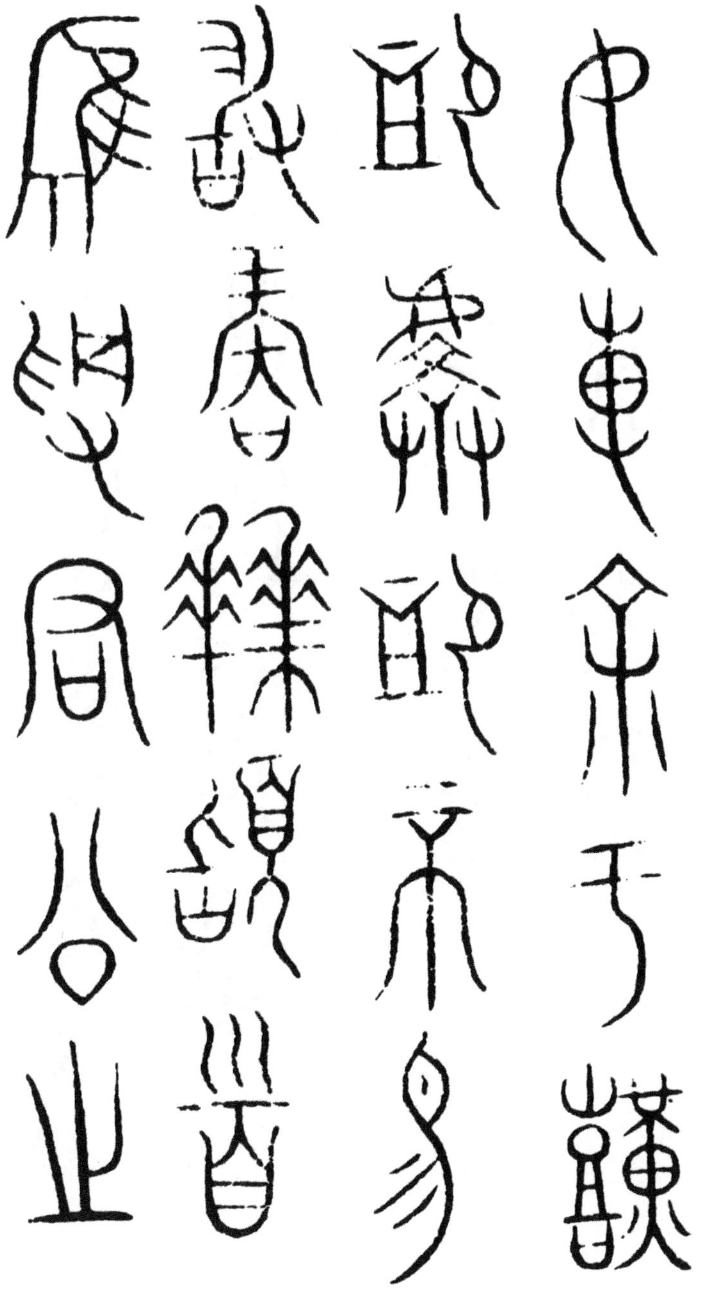

00282

叔尸鐘

若虎，堇（勤）褮（勞）其政事，又☐九州，處堣（禹）之堵，不（丕）顯☐

00283

叔尸鐘

卑（俾）若鍾（鐘）鼓，外內☐其皇祖、皇妣、皇母、皇☐

00284

叔尸鎛

唯王五月，辰在戊寅，師（次）于淄涶，公曰：女（汝）尸，余經乃先祖，余既尃乃心，女（汝）少（小）心畏忌，女（汝）不彖（墜）夙夜，宧執而（爾）政事，余引猒（厭）乃心，余命女（汝）政于朕三軍，肅

00285.1

成朕師旟之政
德，諫罰朕庶民，
左右毋諱，尸不
敢弗憼戒，虔恤
乃死（尸）事，戮（勠）龢三
軍徒𨘢，雩厥行
師，慎中厥罰，公
曰：尸，女（汝）敬共（恭）辝（台）
命，女（汝）膺（應）鬲（歷）公家，
女（汝）巩（鞏）袋（勞）朕行師，

00285.2

女（汝）肇勄（敏）于戎攻（功），

余賜女（汝）釐（萊）都、𦡱（密）、

剹（膠），其縣三百，余命

女（汝）嗣辝（台）釐（萊）邑，𨗨（造）

或（越）

徒四千，爲女（汝）敵（敵）寮，

乃敢用拜䭫首，

弗敢不對揚朕

辟皇君之賜休

命，公曰：尸，女（汝）康

能乃又（有）事（吏），眔乃

00285.3

敵（敵）寮，余用登屯（純）
厚乃命，女（汝）尸毋
曰余少（小）子，女（汝）尃余
于艱恤，虔恤不
易，左右余一人，余
命女（汝）織（職）差正卿，爲
大事（吏），𦓤命于外
內之事，中尃盟（明）
井（刑），女（汝）台（以）尃戒公
家，膺恤余于盟（明）

00285.4

恤，女（汝）台（以）恤余朕身，余賜女（汝）車、馬、戎兵，釐（萊）僕三百又五十家，女（汝）台（以）戒戎攸（迮），尸用或敢再拜䭫首，膺受君公之賜光，余弗敢灋（廢）乃命，尸典其先舊，及其高祖，虩虩（赫赫）成唐（湯），又（有）敢（嚴）

00285.5

在帝所，塼（溥）受天
命，制伐夏司，敱
厥靈（靈）師，伊少（小）臣
唯補（輔），咸有九州，
處堣（禹）之堵，不（丕）顯
穆公之孫、其配
襄公之妣，而鍼
公之女，雩（粵）生叔尸，
是辟于齊侯之
所，是少（小）心龏（恭）遵（齊），
靈（靈）

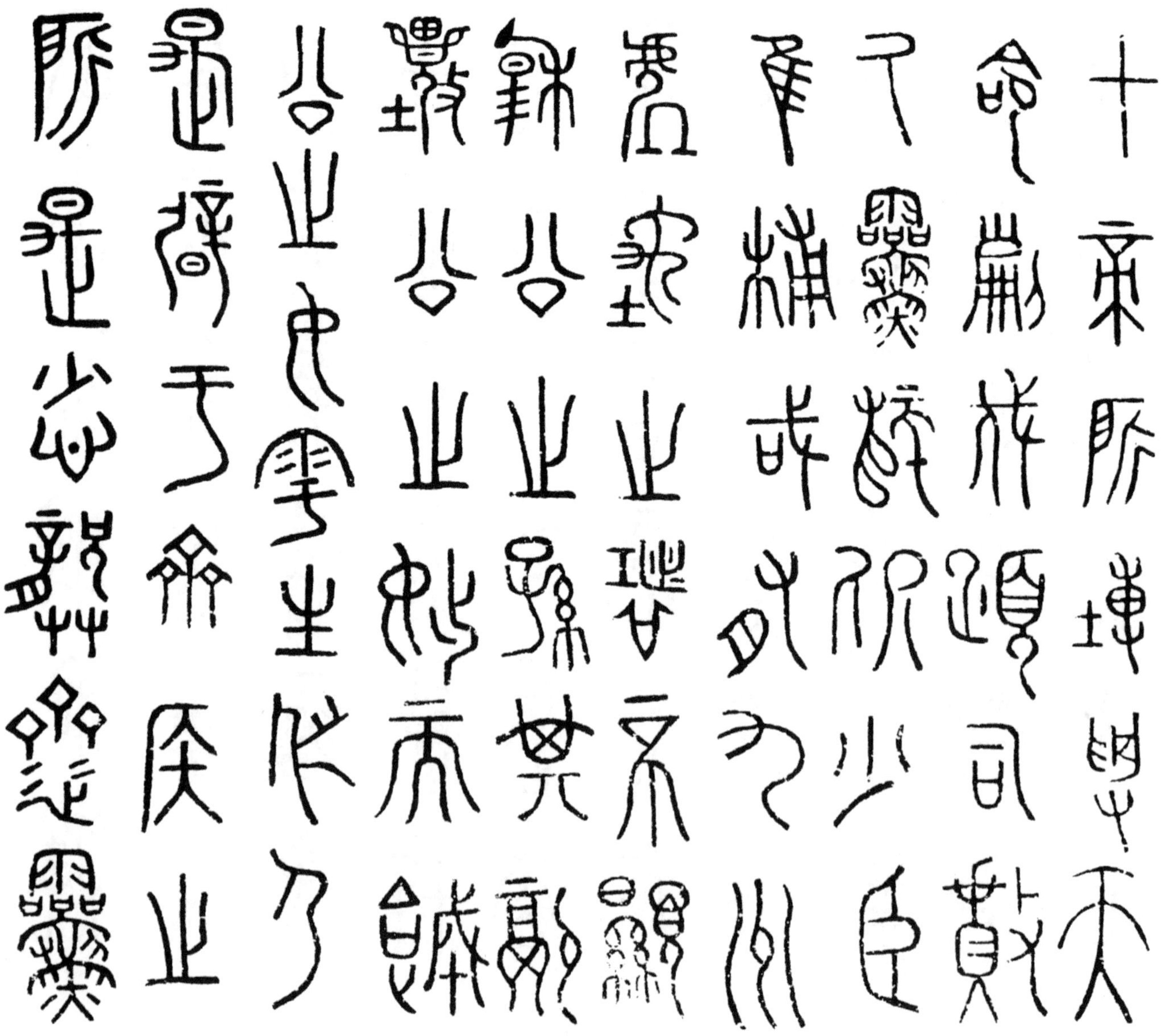

00285.6

力若虎，堇（勤）裳（勞）其
政事，又（有）共（恭）于公
所，㪤擇吉金，鈇
鐈鏞鋁，用乍（作）鑄
其寶鎛，用享于
其皇祖、皇妣、皇
母、皇考，用旂（祈）眉
壽，霝（靈）命難老，不（丕）
顯皇祖，其乍（祚）福
元孫，其邁（萬）福屯（純）

00285.7

魯，龢協而（爾）又（有）事，
卑（俾）若鍾（鐘）鼓，外內
剴（闓）辟（闢），截截畧畧（譽譽），
這而（爾）
倗剸，毋或丞（脊）頪，
女（汝）考壽邁（萬）年，羕（永）
保其身，卑（俾）百斯
男，而埶（藝）斯字（滋），肅肅
義政，齊侯左右，
毋疾毋已，至于
枼（世）曰：武𩆜（靈）成，子子
孫孫，羕（永）保用享

00285.8

曾侯乙鐘

00286.1

00286.3

00286.2

曾侯乙乍（作）時（持），徵曾，宮，

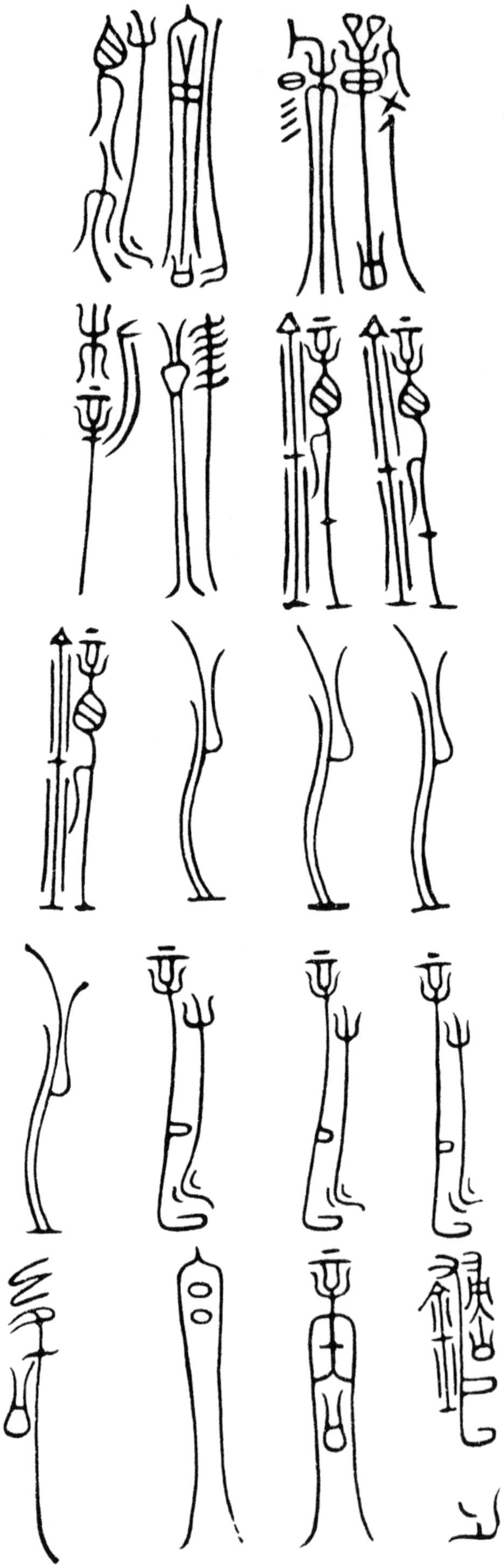

獸鐘之濬（衍）鐊（歸），
穆鐘之濬（衍）商，
割（姑）⿰立聿（洗）之濬（衍）宮，
濁新鐘之徵，

00286.4

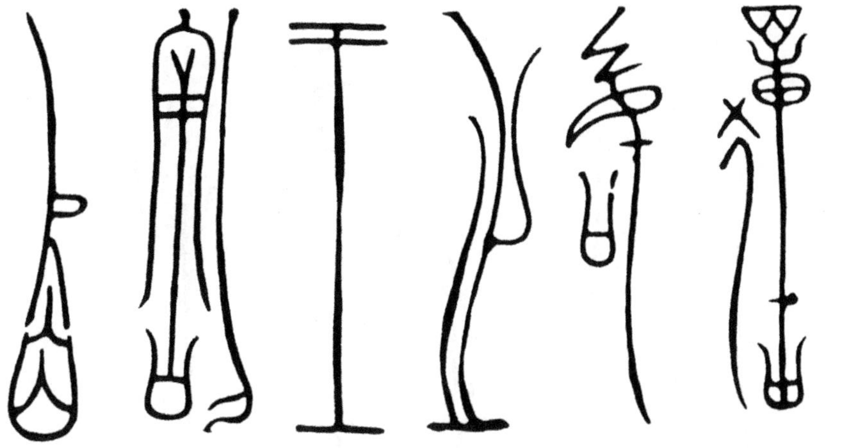
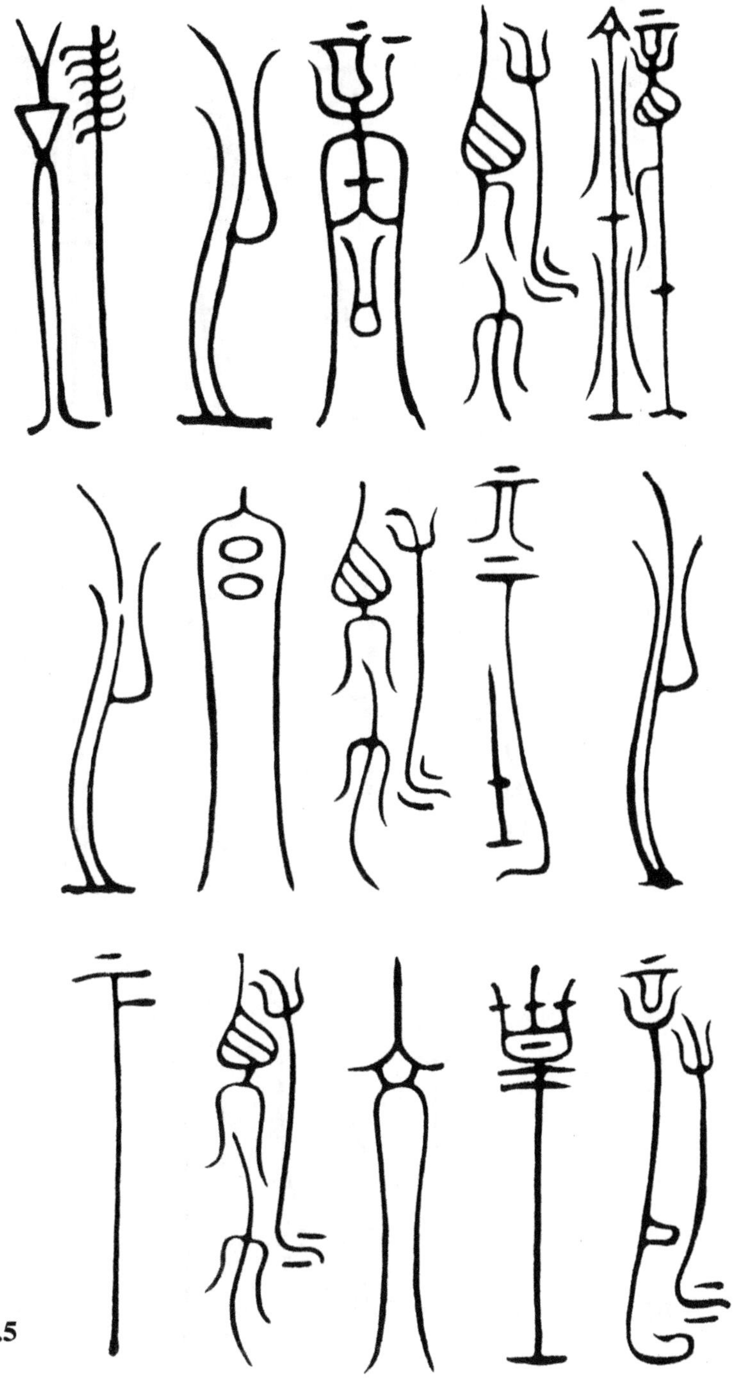

獸鐘之濇（衍）徵，濁坪皇之商，濁文王之宮，濁割（姑）肄（洗）之下角，

00286.5

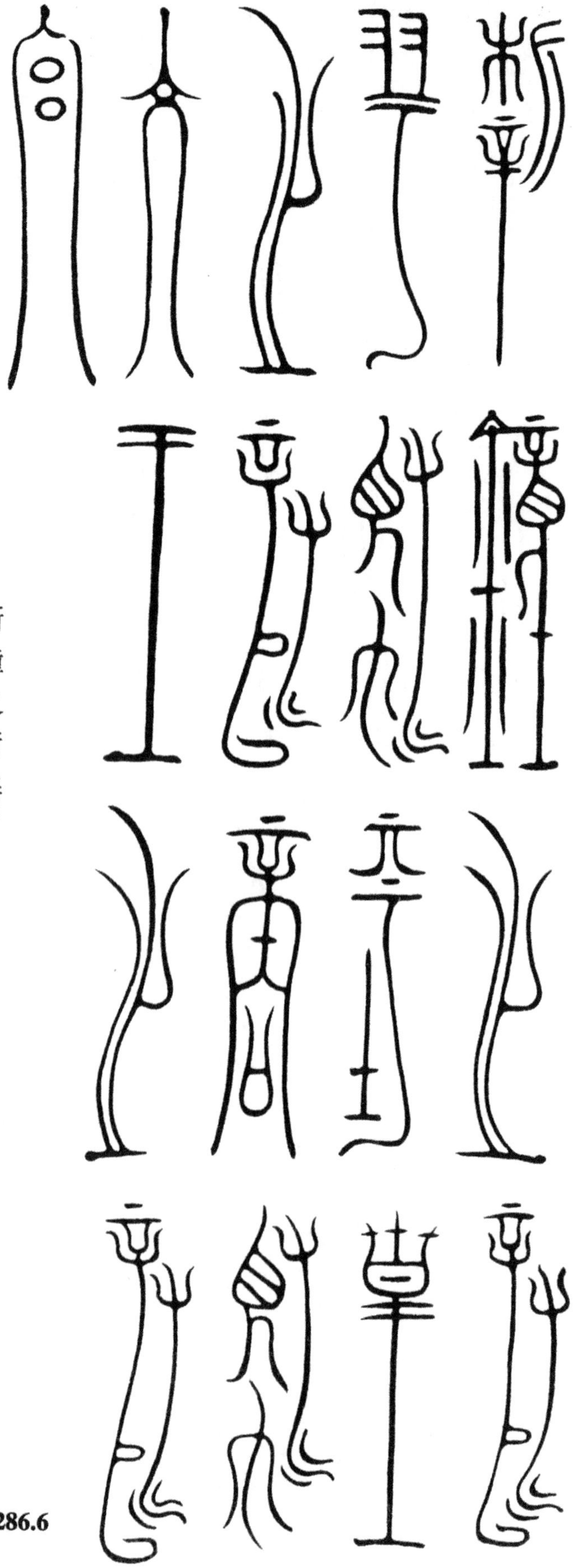

新鐘之濬（衍）

𦐊（羽），濁坪皇

之濬（衍）商，濁

文王之濬（衍）

宮

00286.6

曾侯乙鐘

00287.1

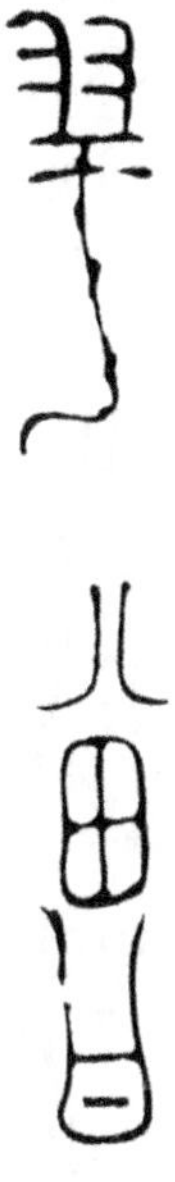

00287.3

00287.2

曾侯乙乍（作）時（持），翌（羽）曾，

商，

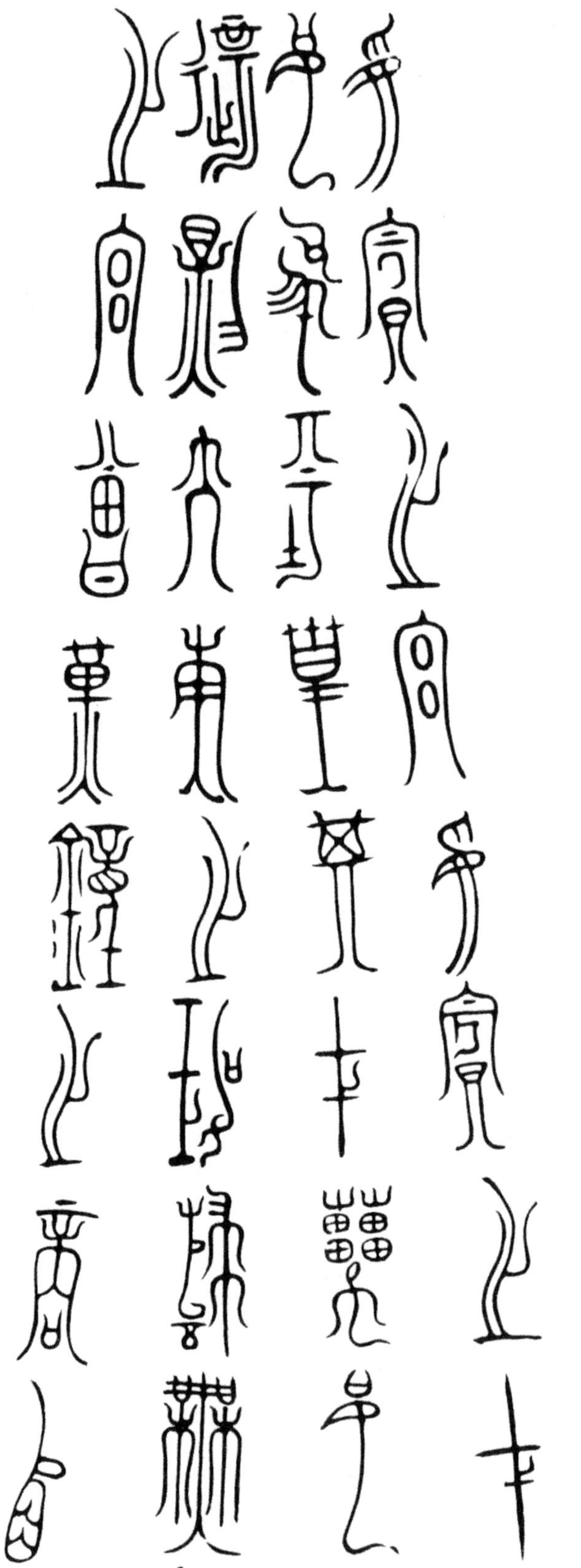

妥（蕤）賓之宮，妥（蕤）賓之在楚

也爲坪皇，其在𤳳（申）也爲遟（夷）

則，大（太）族（簇）之珈歸（歸），無鐸（射）

之宮曾，黄鐘之商角，

00287.4

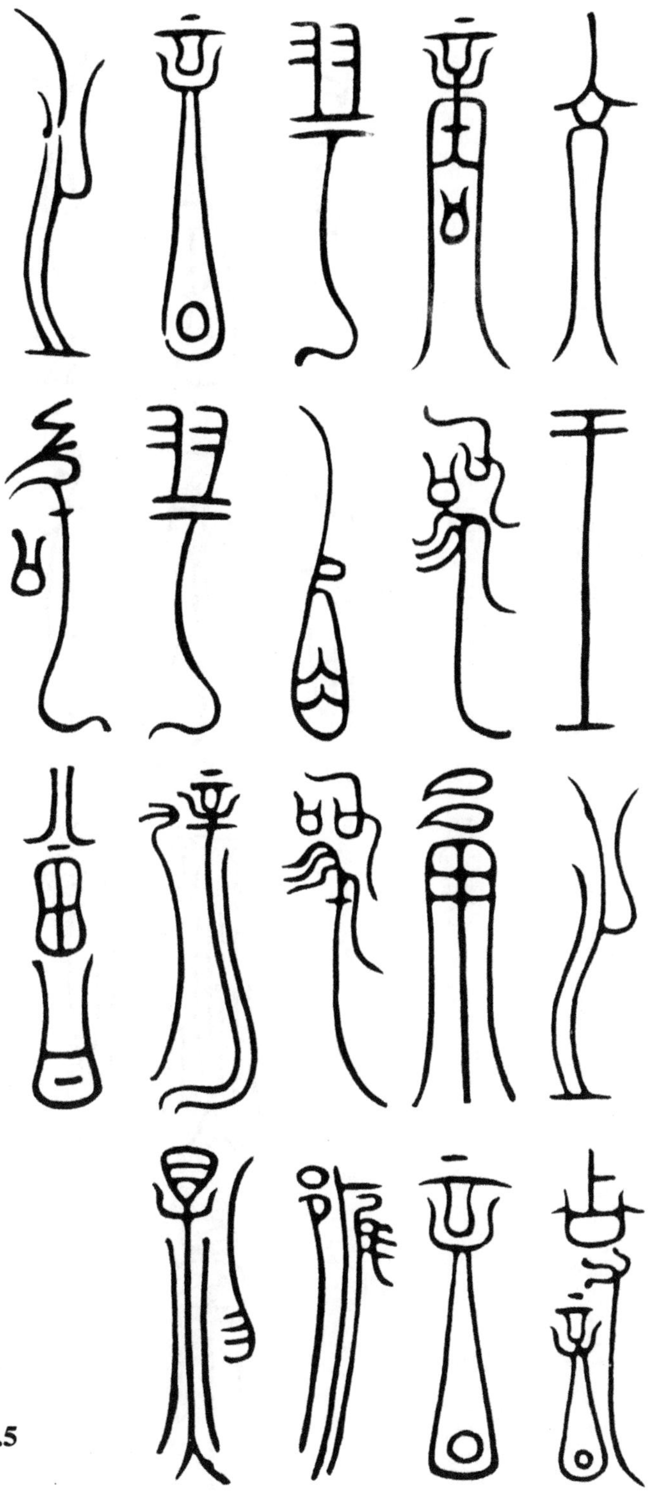

文王之訢（變）商，爲東音羿（羽）角，爲鄘（應）音羿（羽），徲（夷）則之徵曾，

00287.5

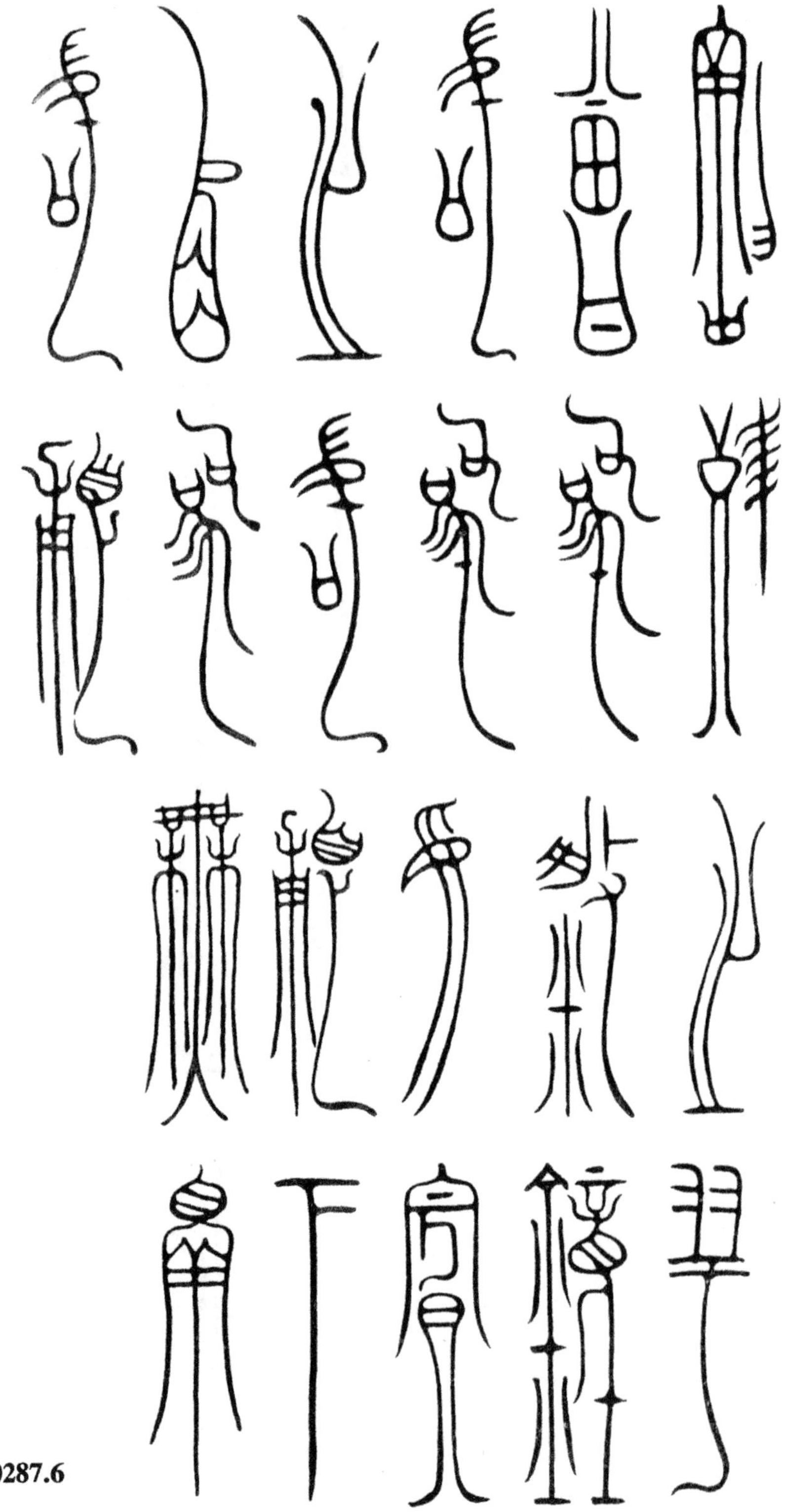

割（姑）𣶃（洗）之翆（羽）
曾，爲槃鐘
徵，爲妥（蕤）賓
之徵顧下
角，爲無睪（射）
徵顧

00287.6

曾侯乙鐘

00288.1

00288.3

00288.2

曾侯乙乍（作）時（持），
徵顛，
徵曾，

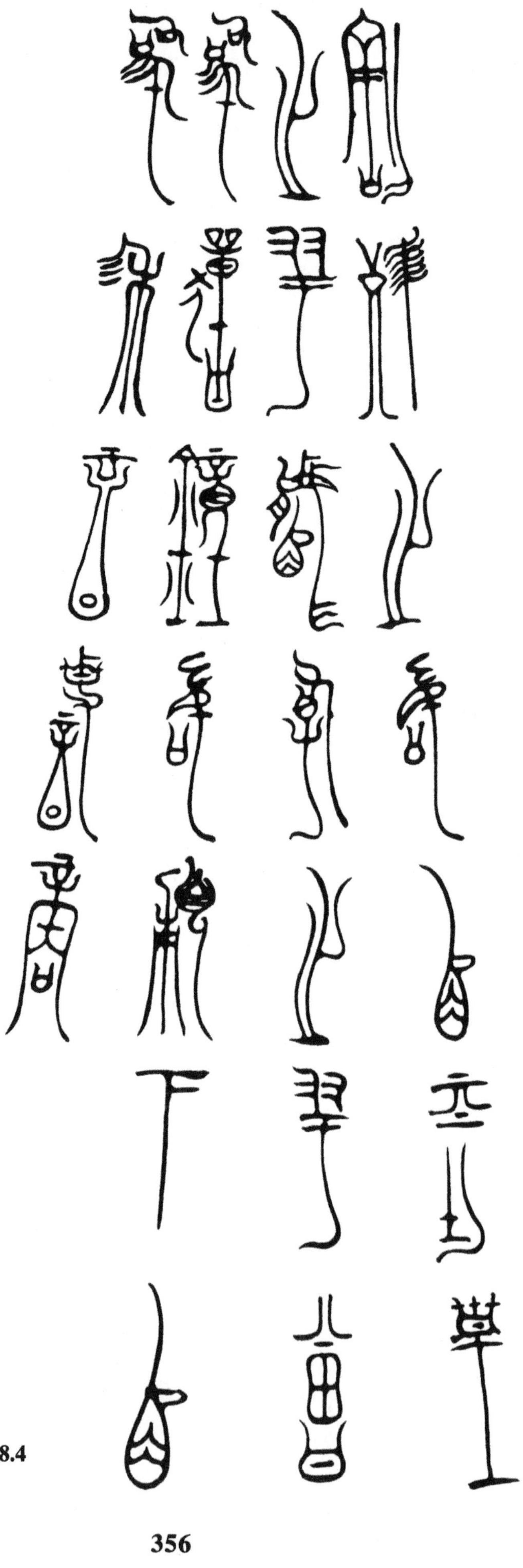

割（姑）𨚕（洗）之徵角，坪皇之羿（羽），贏（嬴）嗣之羿（羽）曾，爲獸鐘徵顜下角，爲穆音許（變）商，

00288.4

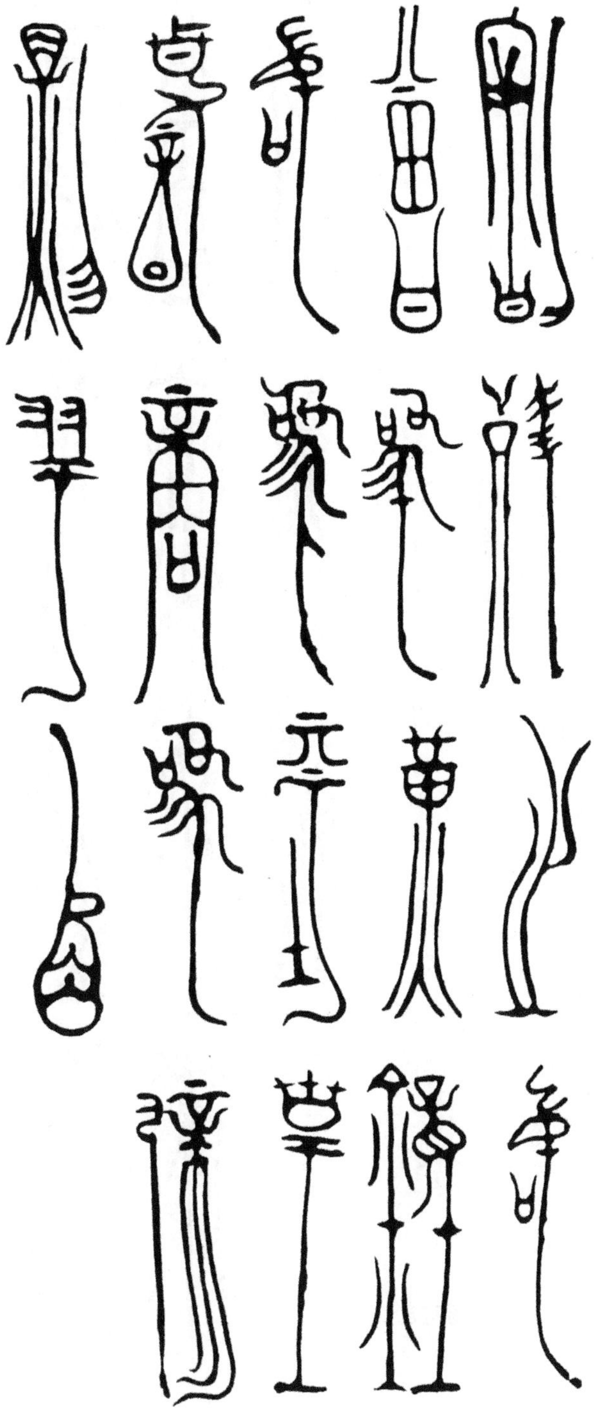

割（姑）肄（洗）之徵

曾，爲黃鐘

徵，爲坪皇

誁（變）商，爲屖（夷）

則羿（羽）角，

00288.5

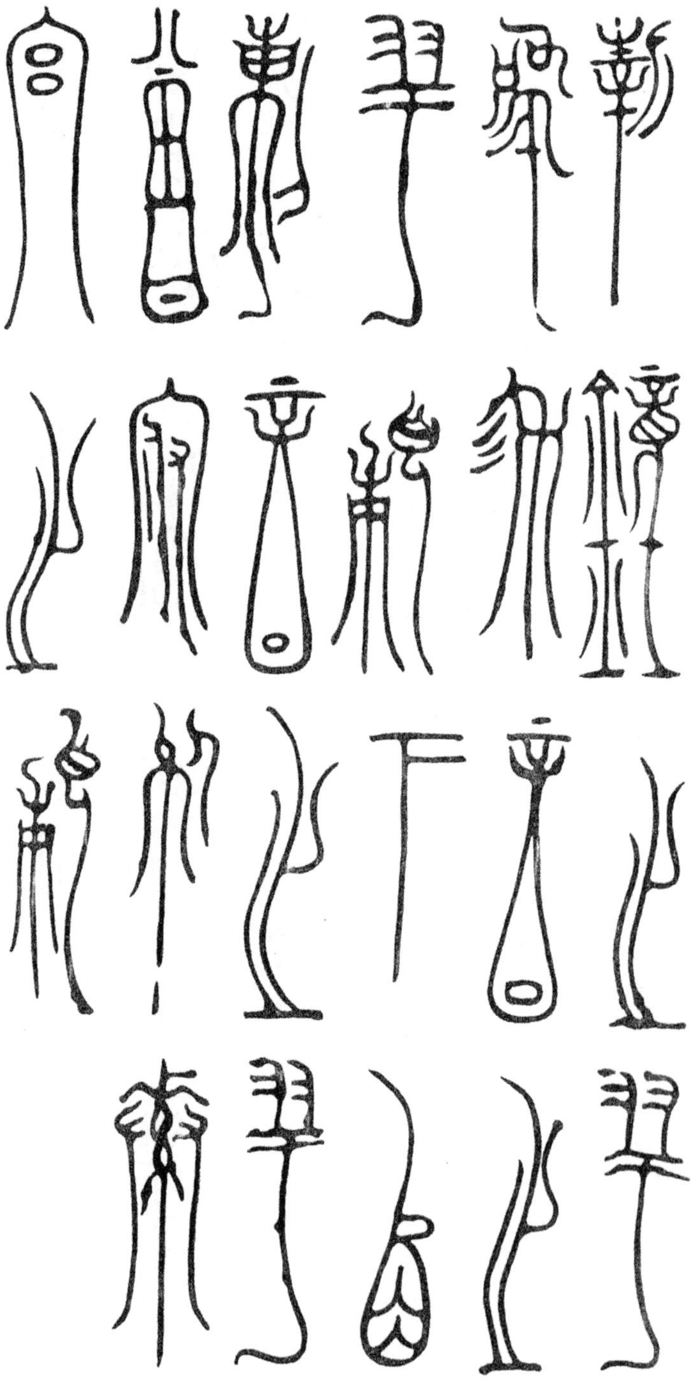

新鐘之羿（羽），
爲穆音之
羿（羽）𩑔下角，
刺（厲）音之羿（羽）
曾，㝑（附）於索
宮之𩑔

00288.6

曾侯乙鐘

曾侯乙乍（作）時（持），鄦鎛，徵角，

00289.1

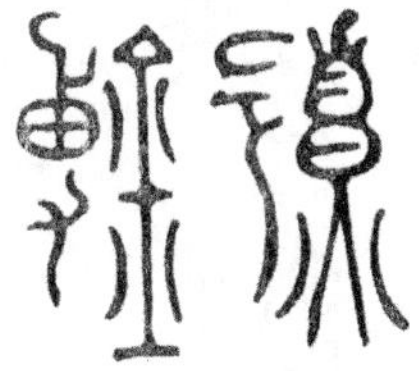

00289.2

00289.3

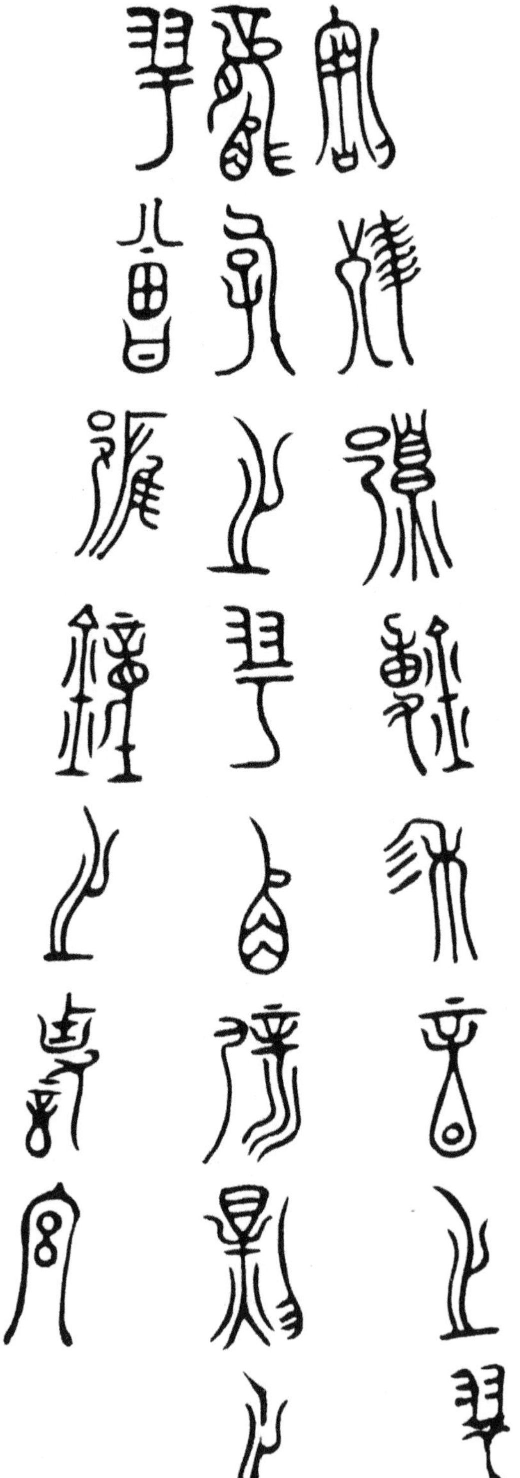

割（姑）肄（洗）鄭鎛，穆音之羿（羽），
贏（贏）嗣（亂）之羿（羽）角，徲（夷）則之
羿（羽）曾，鄘（應）鐘之訢（變）宮，

00289.4

割（姑）𦉍（洗）之徵角，坪皇之
羿（羽），爲無睪（射）之羿（羽）顧下
角，爲獸鐘徵曾，

00289.5

妥（蕤）賓之羿（羽），爲穆音
羿（羽）角，爲剌（厲）音辭（變）商，
爲獸鐘之徵顧下
角

00289.6

曾侯乙鐘

00290.1

00290.2

00290.3

曾侯乙乍（作）時（持），
商
角，
商曾，

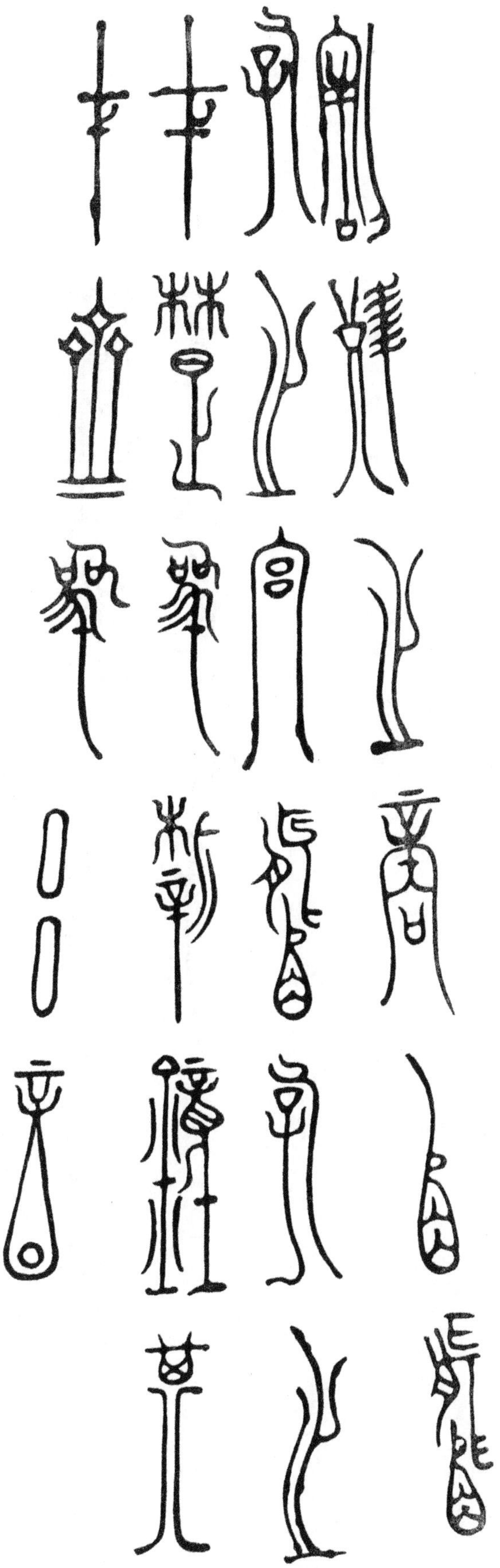

割（姑）肄（洗）之商角，贏（贏）
嗣（亂）之宮，贏（贏）嗣（亂）之
在楚爲新鐘，其
在齊爲呂音，

00290.4

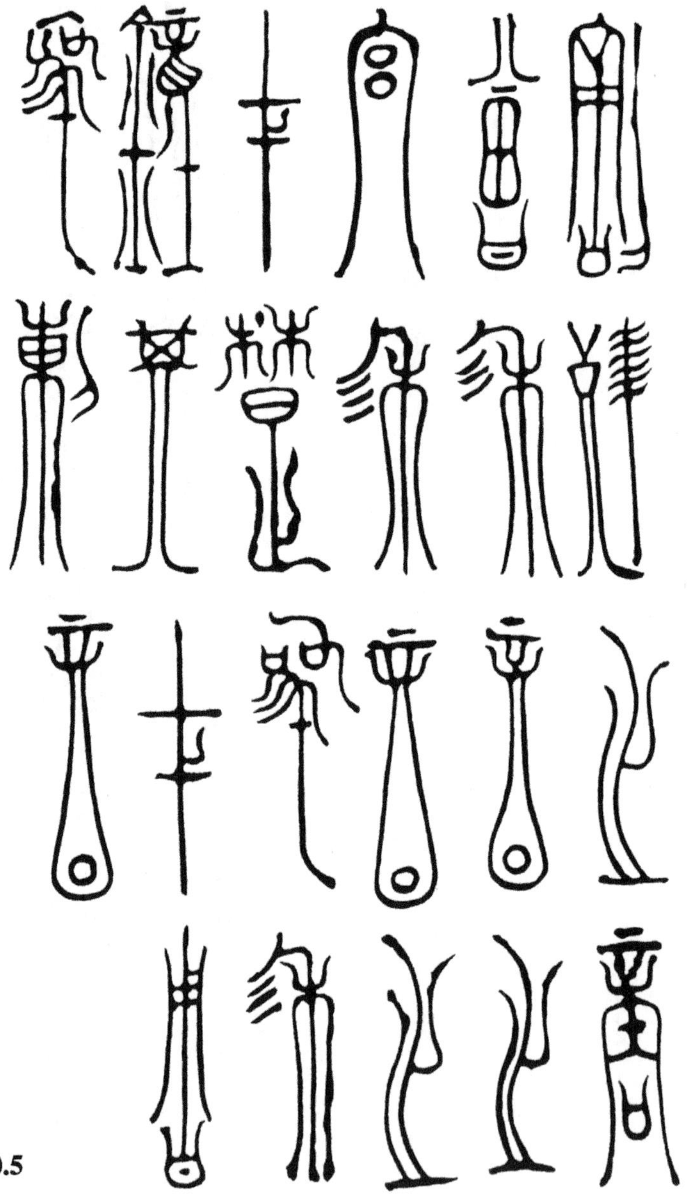

割（姑）𣏟（洗）之商
曾，穆音之
宮，穆音之
在楚爲穆
鐘，其在周
爲剌（厲）音，

00290.5

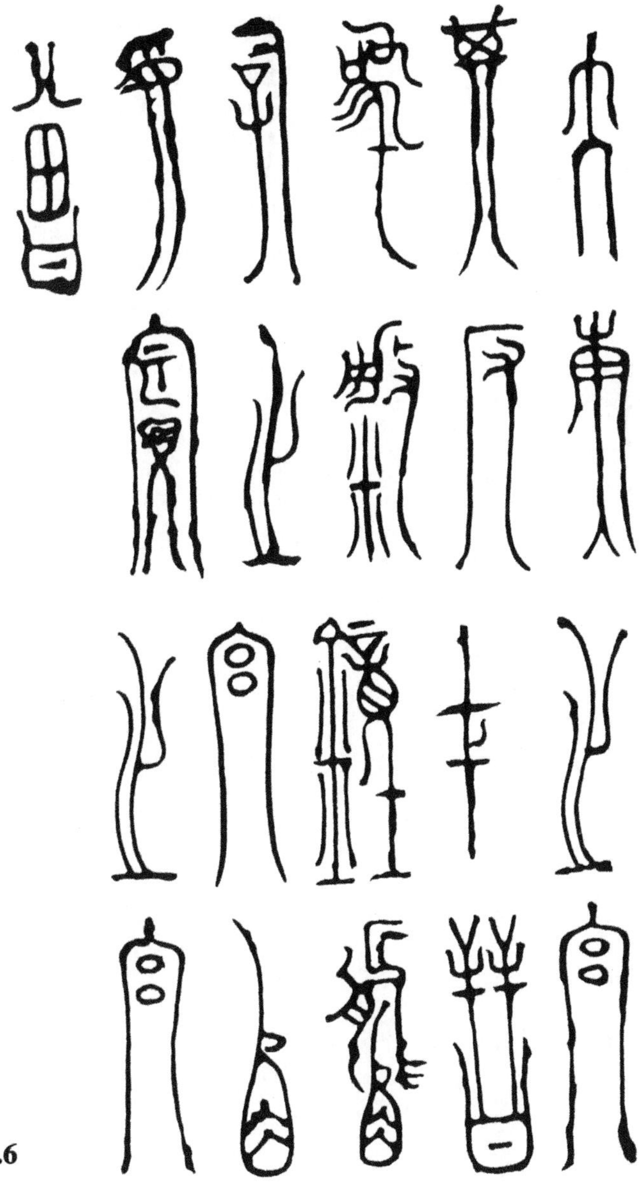

大（太）族（簇）之宮，
其反，在晉
爲槃鐘，贏（羸）
嗣（亂）之宮角，
妥（蕤）賓之宮
曾

00290.6

曾侯乙鐘

00291.1

00291.2

曾侯乙乍（作）時（持），

中

鏄，

宮曾，

00291.3

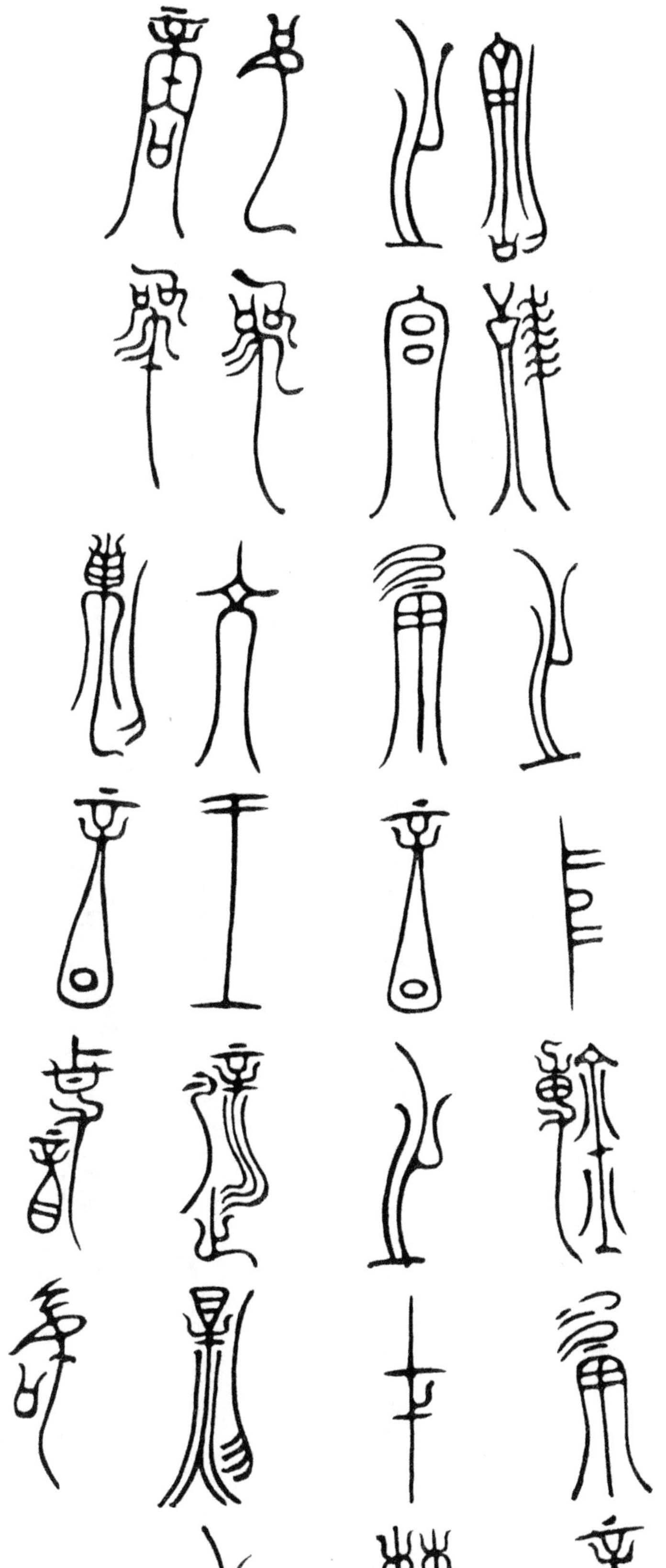

割（姑）㳙（洗）之中鎛，東音之宮，東音之在楚也爲文王，遅（夷）則之商，爲剌（厲）音辭（變）徵，

00291.4

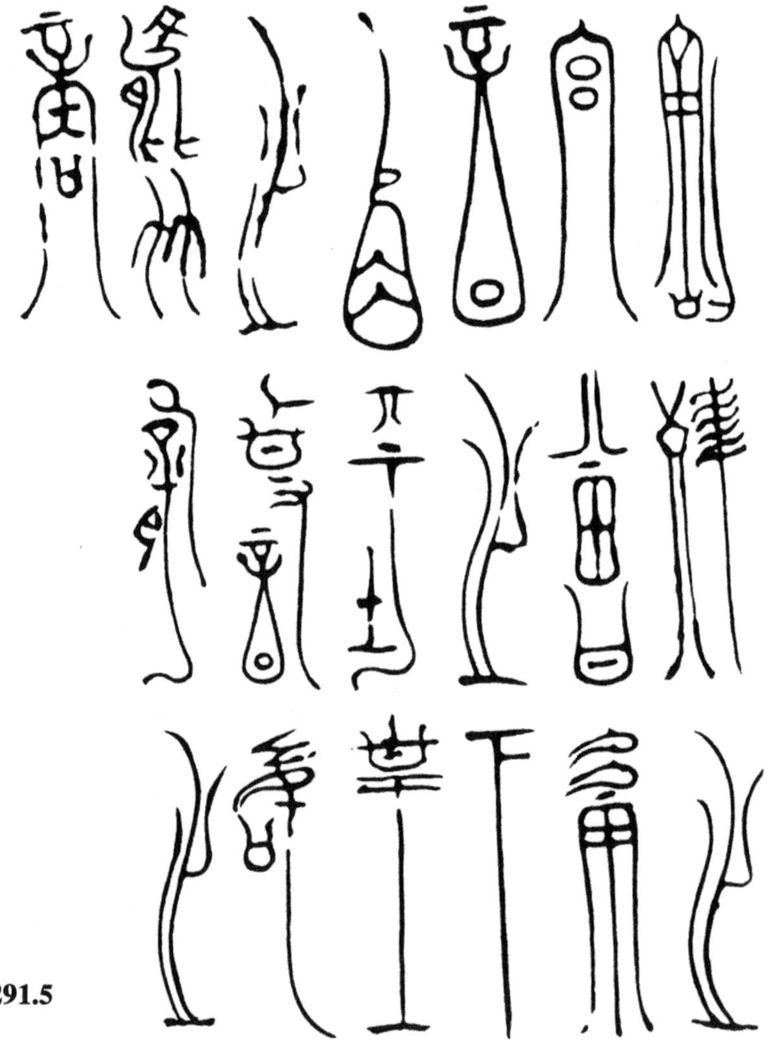

00291.5

割（姑）雉（洗）之
宮曾，東
音之下
角，坪皇
之訐（變）徵，
贏（贏）脺（亂）之
商，

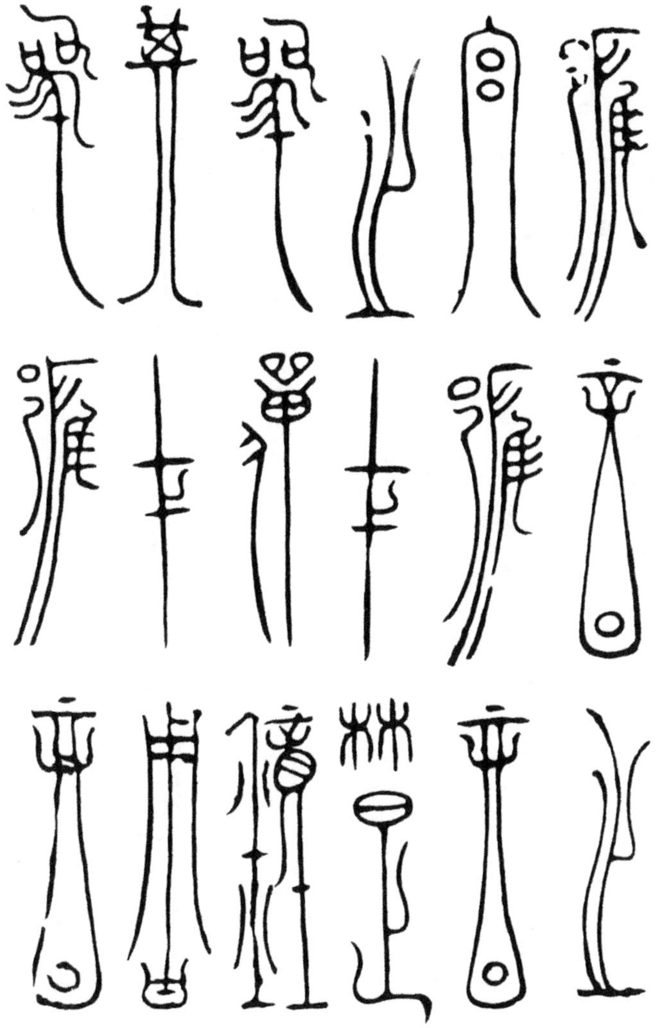

𨟻（應）音之宮，𨟻（應）音之在楚爲獸鐘，其在周爲𨟻（應）音

00291.6

曾侯乙鐘

00292.1

00292.3

00292.2

曾侯乙乍（作）峙（持），商，羿（羽）曾，

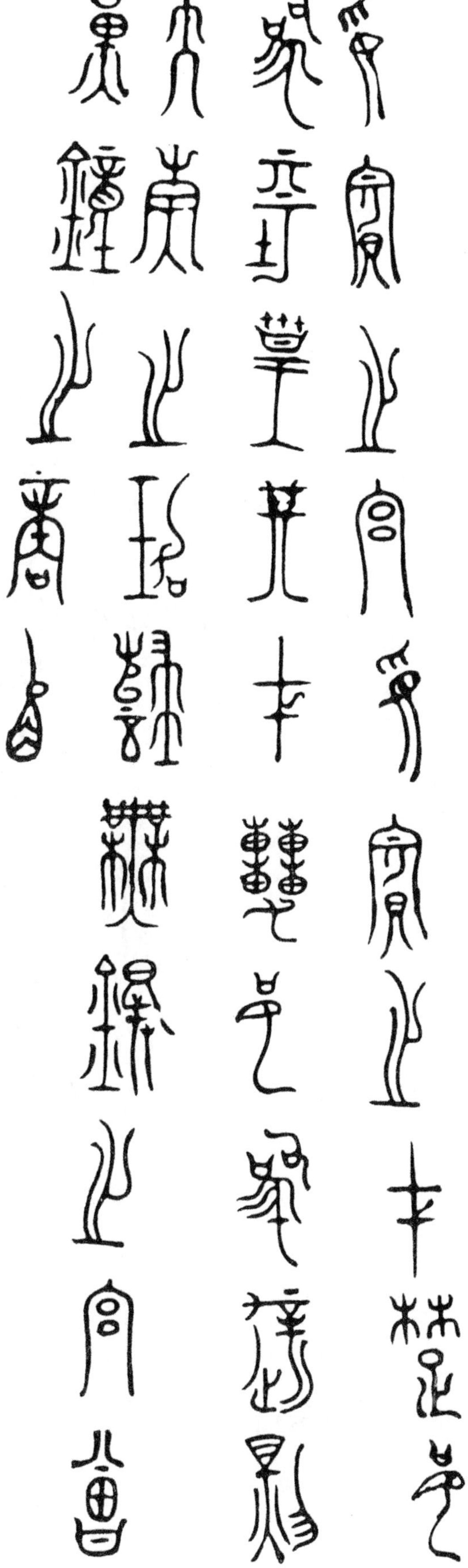

00292.4

妥（蕤）賓之宮，妥（蕤）賓之在楚也
爲坪皇，其在[illegible]（申）也爲遅（夷）則，
大（太）族（簇）之珈[illegible]（歸），無鐸（射）之宮曾，
黄鐘之商角，

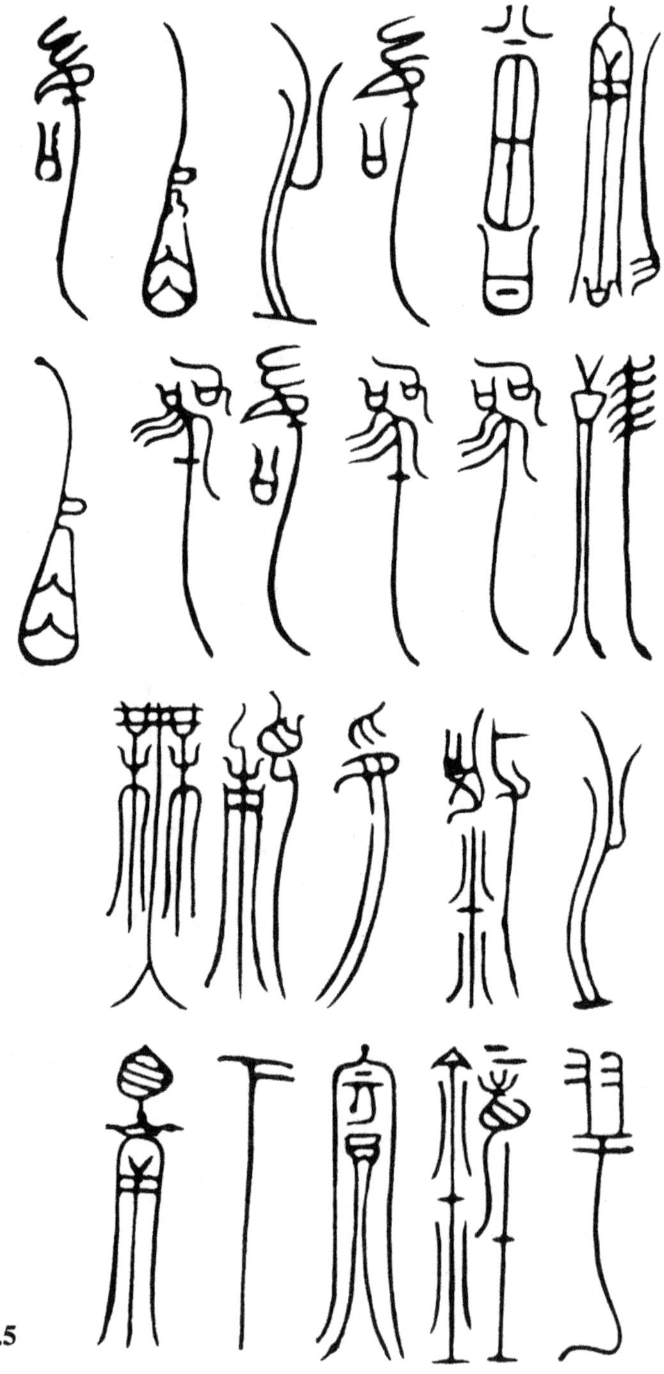

割（姑）肄（洗）之羿（羽）
曾，爲槃鐘
徵，爲妥（蕤）賓
之徵顚下
角，爲無睪（射）
徵角，

00292.5

文王之訢（變）
商，爲東音
羿（羽）角，爲鄘（應）
音羿（羽），徲（夷）則
之徵曾，府（附）
於索商之
顧

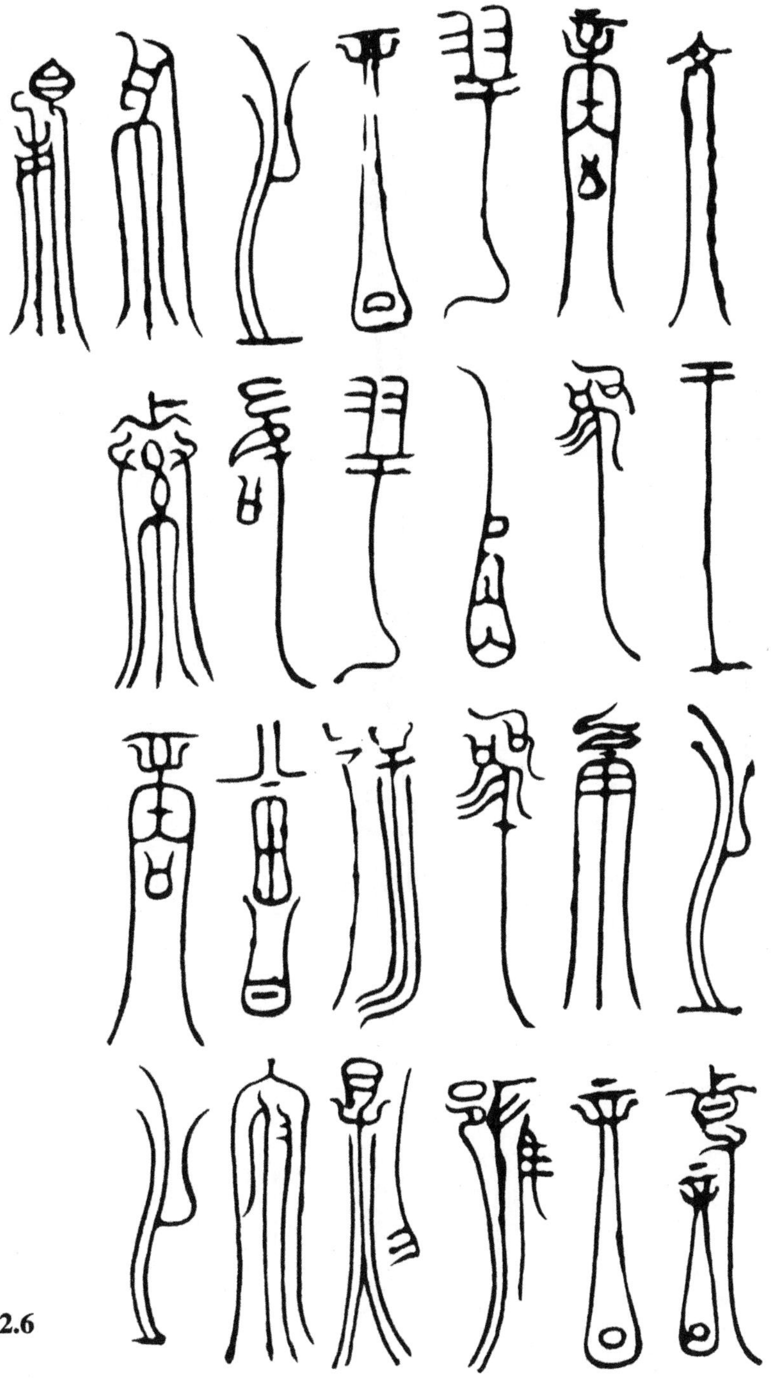

00292.6

曾侯乙鐘

00293.1

00293.3

00293.2

曾侯乙乍（作）時（持），

宮，

徵曾，

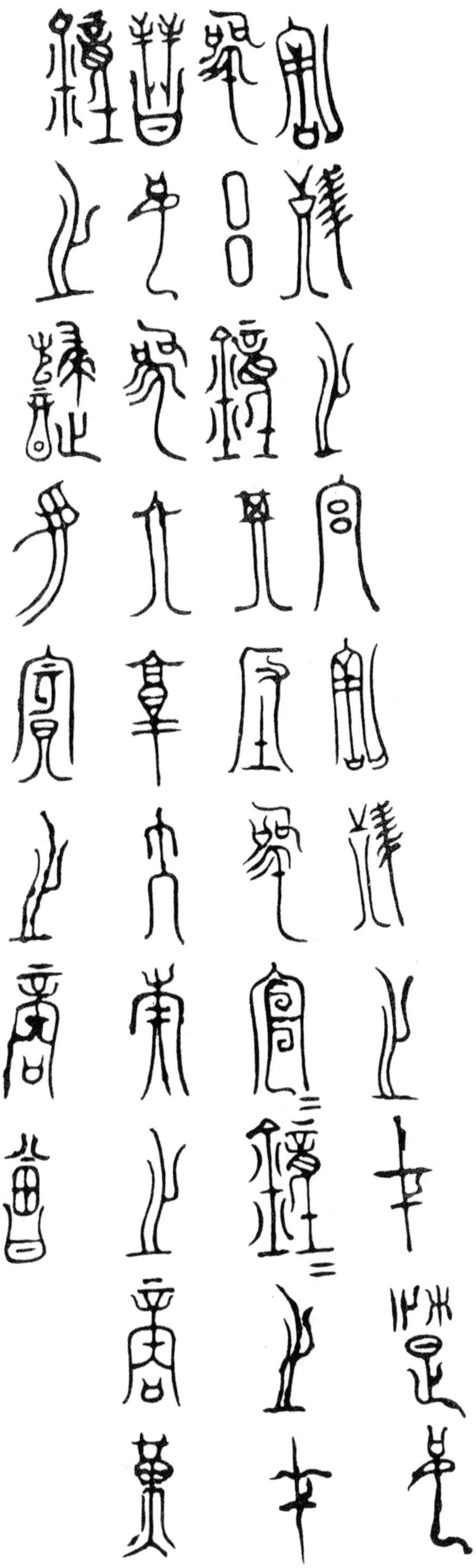

割（姑）⿰先丰（洗）之宫，割（姑）⿰先丰（洗）之在楚也爲吕鐘，其坂（反），爲宣鐘，宣鐘之在晋也爲六𦎫（墉），大（太）族（簇）之商，黄鐘之䶂（歸），妥（蕤）賓之商曾，

00293.4

新鐘之羿（羽），
爲⿰音穆（穆）音之
羿（羽）顚下角，
剌（厲）音之羿（羽）
曾，宿（附）於索
宮之顚，

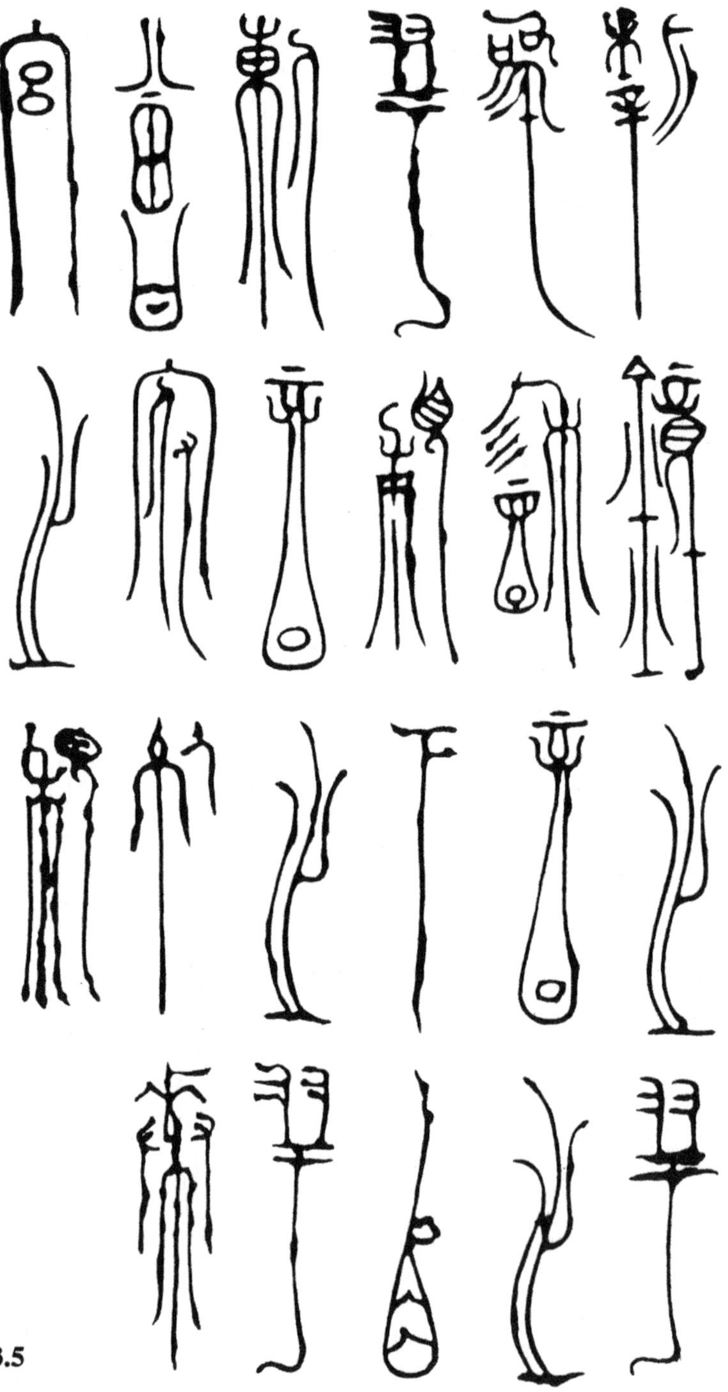

00293.5

割（姑）肄（洗）之徵曾，爲黃鐘徵，爲坪皇詽（變）商，爲屖（夷）則羿（羽）角

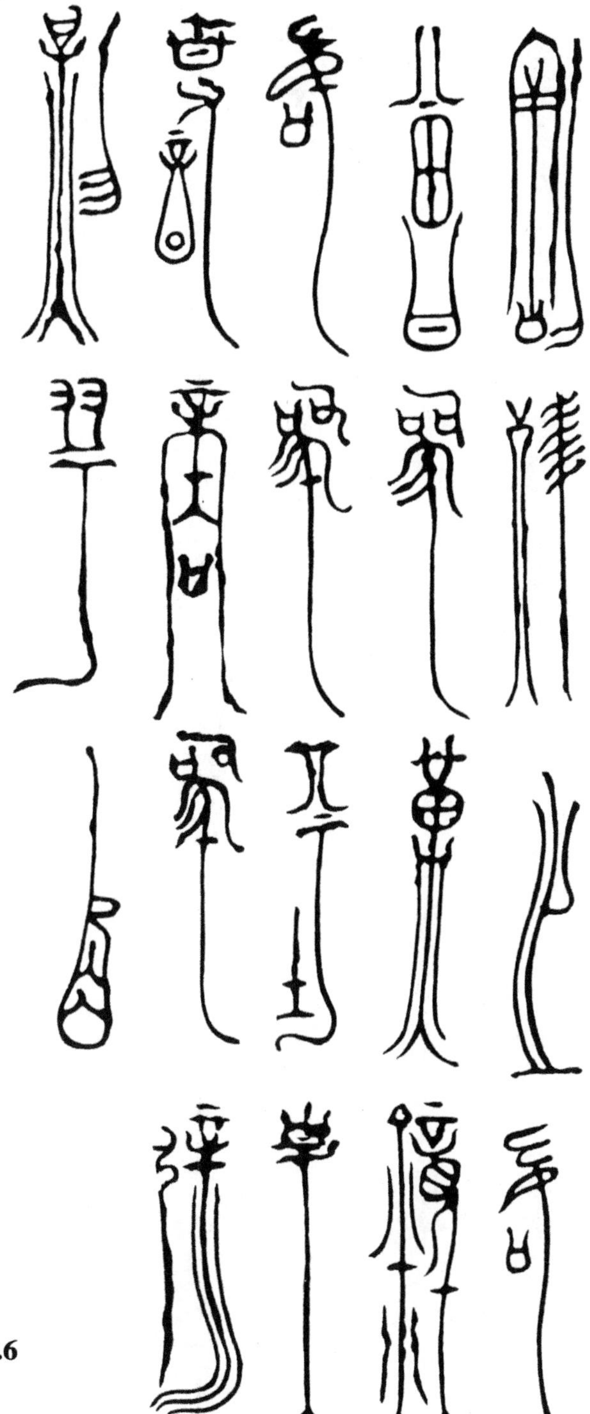

00293.6

曾侯乙鐘

00294.1

曾侯乙乍（作）時（持），
羿（羽），
羿（羽）角，

00294.2

00294.3

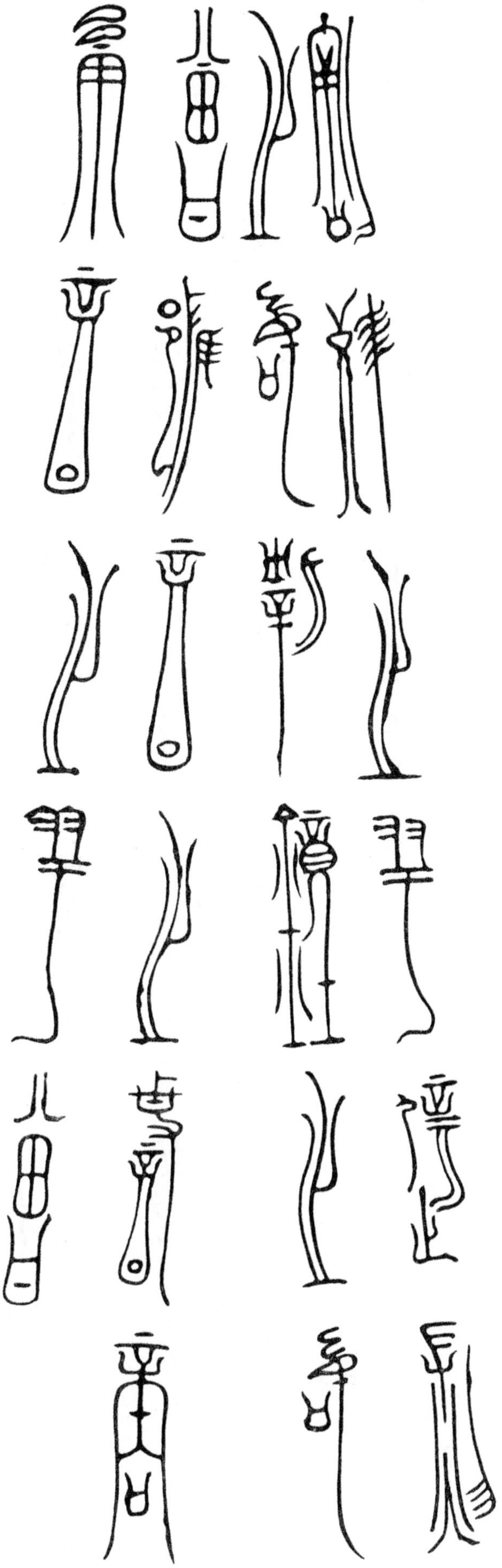

割（姑）詵（洗）之羿（羽），遅（夷）則之徵，新鐘之徵曾，鄽（應）音之詐（變）商，東音之羿（羽）曾，

00294.4

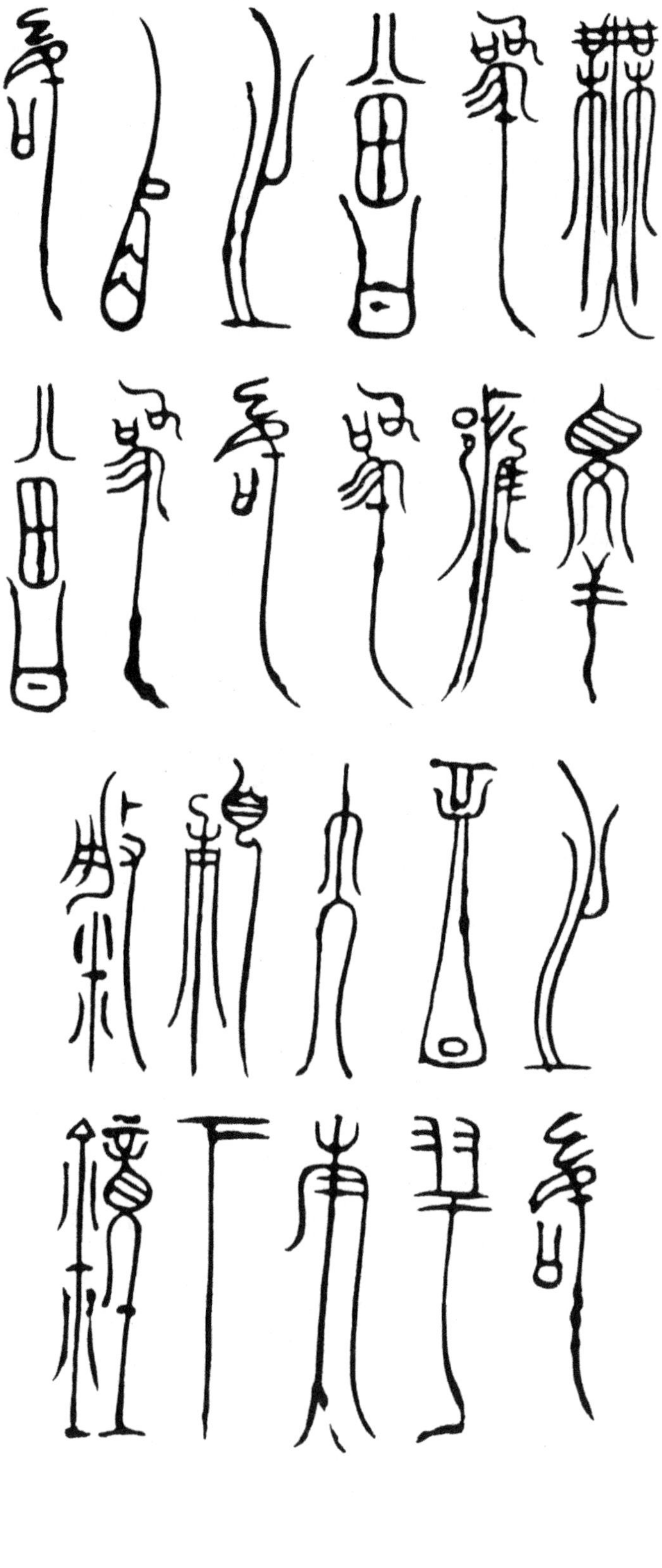

無睪（射）之徵，
爲廊（應）音翌（羽）
曾，爲大（太）族（簇）
之徵顧下
角，爲槃鐘
徵曾，

00294.5

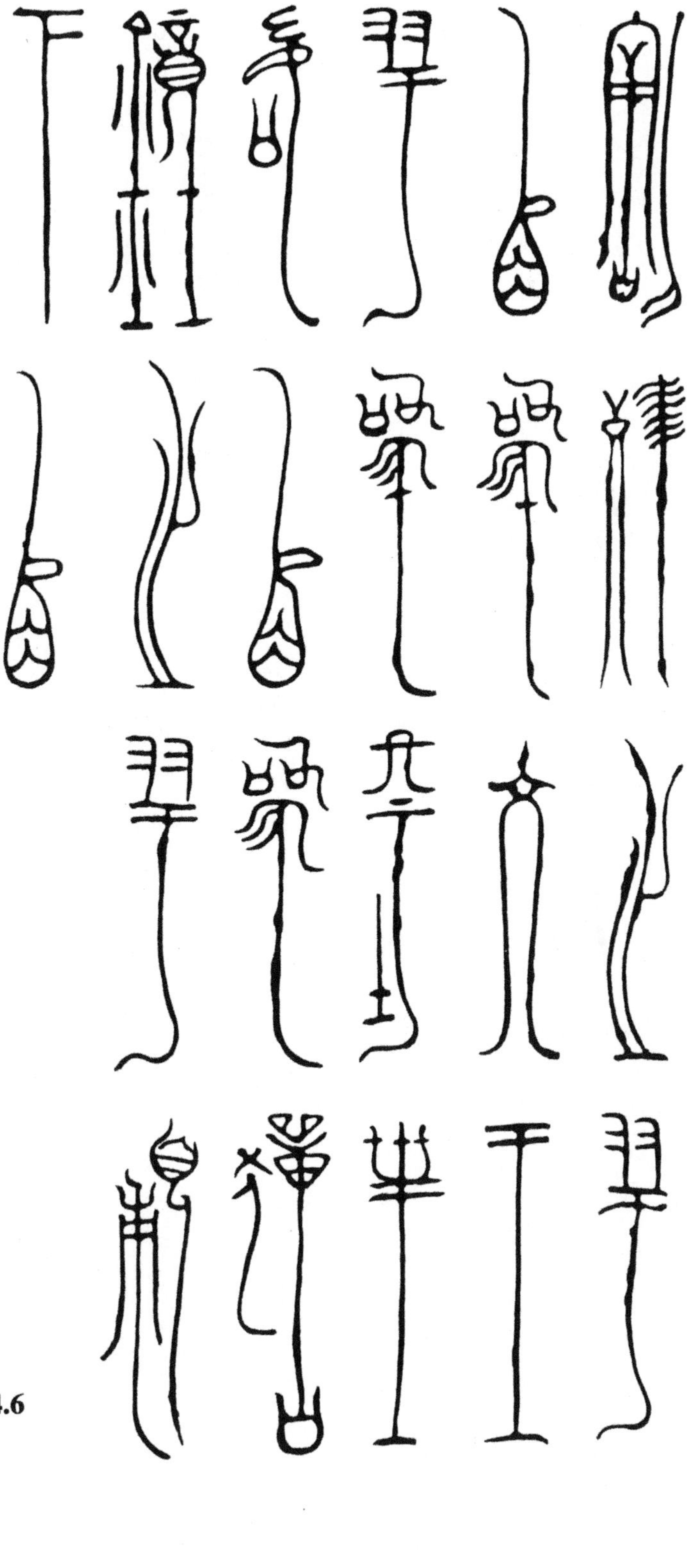

00294.6

割（姑）䢵（洗）之珝（羽）
角，爲文王
珝（羽），爲坪皇
徵角，爲獸
鐘之珝（羽）顧
下角

曾侯乙鐘

00295.1

00295.2

00295.3

曾侯乙乍（作）時（持），徵，徵角，

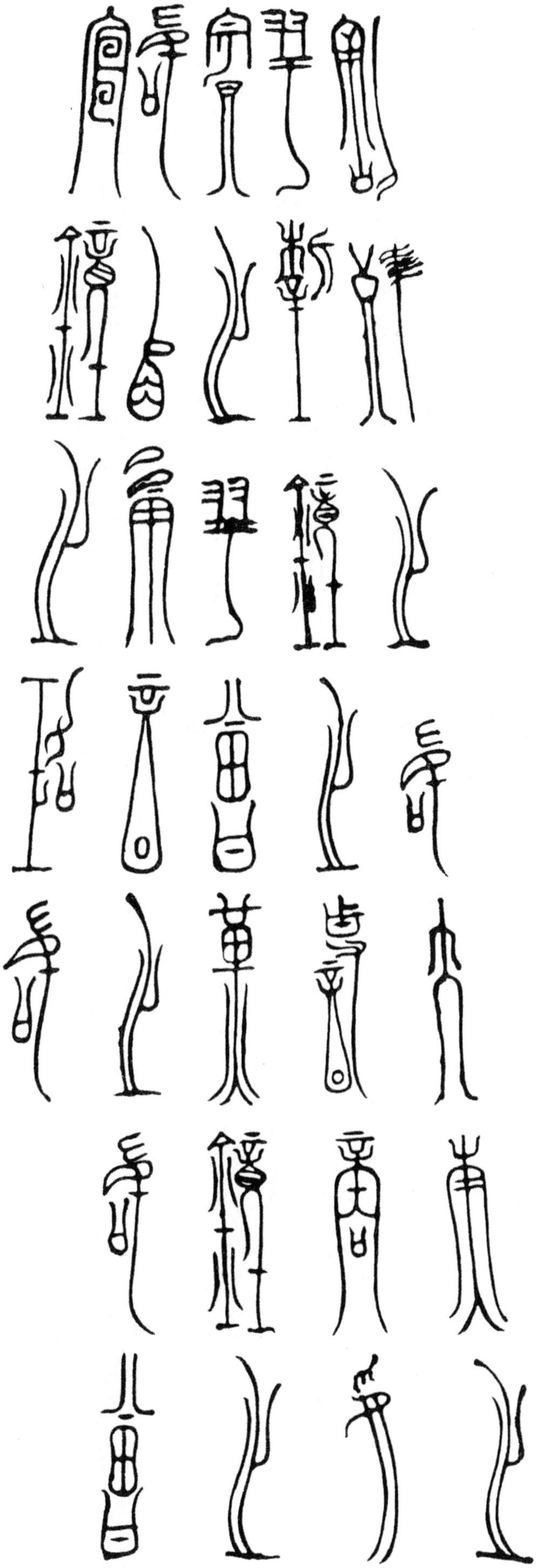

八号钟铭文（反面）

割（姑）㳂（洗）之徵，大（太）族（簇）之
羿（羽），新鐘之鴋（變）商，妥（蕤）
賓之羿（羽）曾，黄鐘之
徵角，東音之徵曾，
宣鐘之珈徵，

00295.4

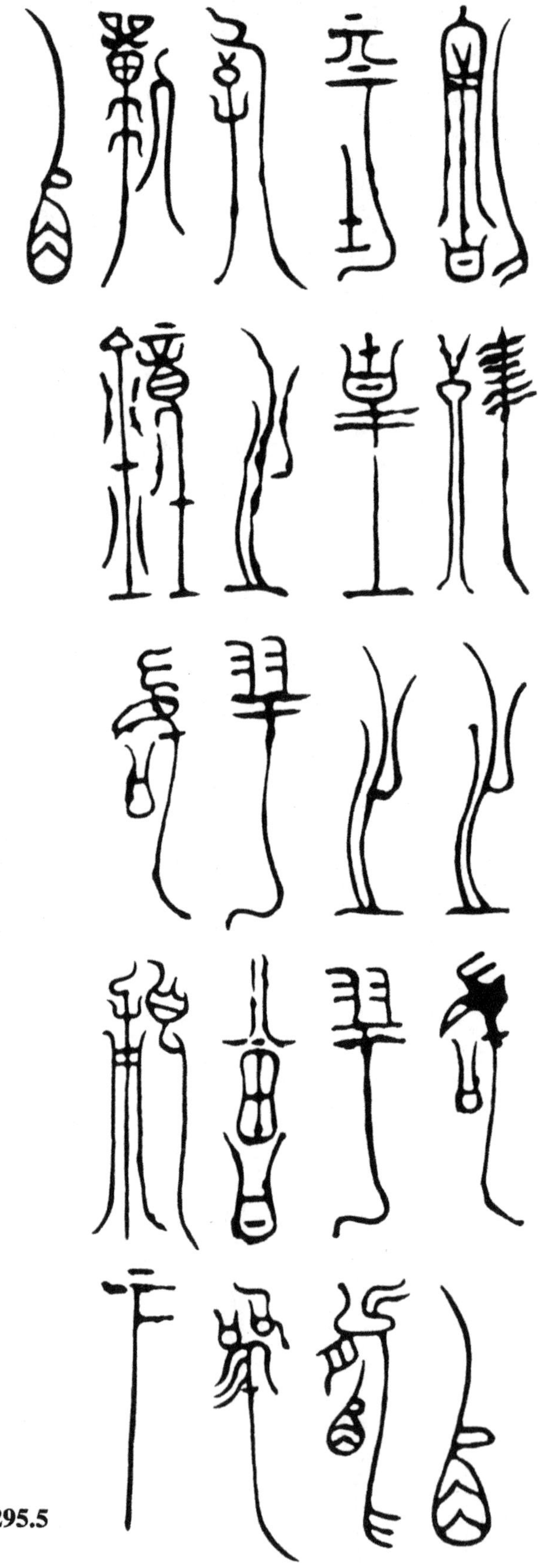

割（姑）雉（洗）之徵角，坪皇之羿（羽），贏（贏）嗣（亂）之羿（羽）曾，爲獸鐘徵顛下角，

00295.5

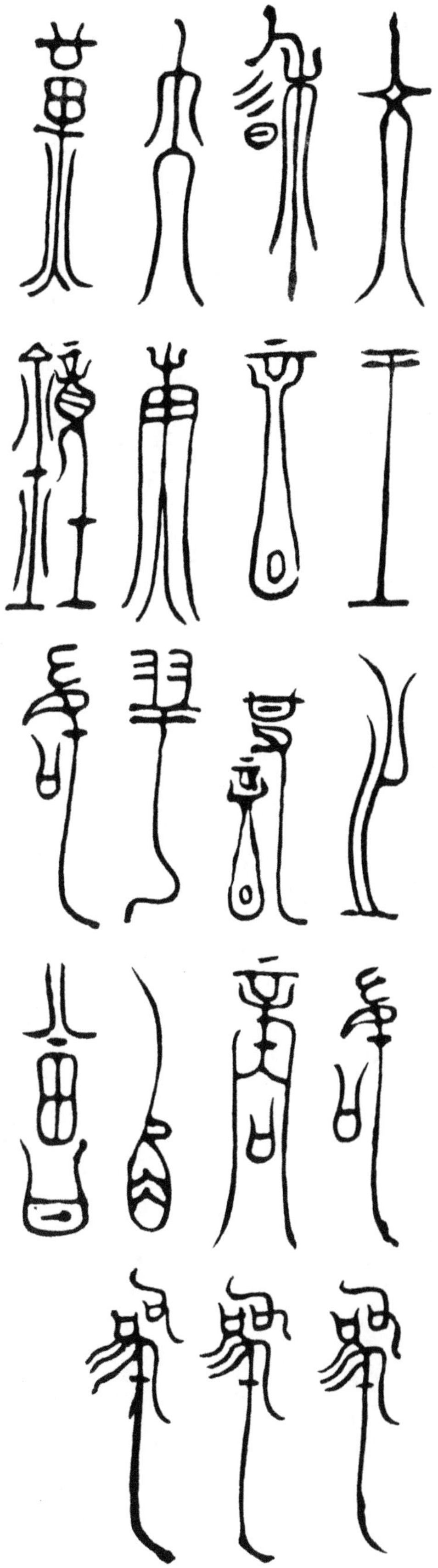

文王之徵，爲
穆音訮（變）商，爲
大（太）族（簇）翠（羽）角，爲
黃鐘徵曾

00295.6

曾侯乙鐘

00296.1

00296.2

00296.3

曾侯乙乍（作）時（持），
⿰金帚（歸），
宮曾，

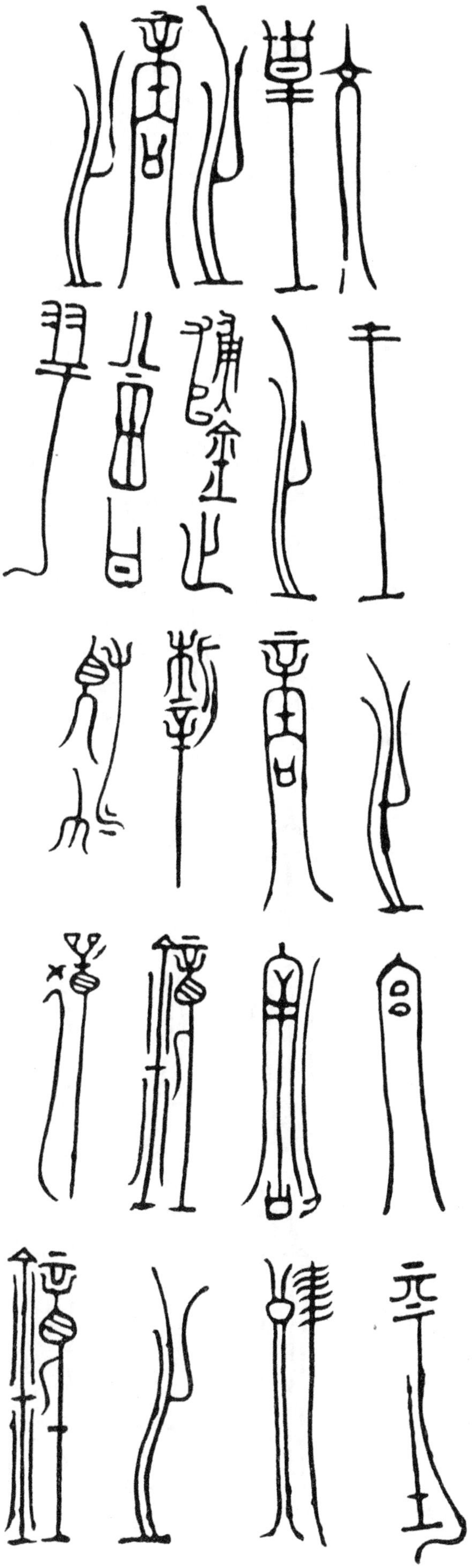

文王之宮，坪

皇之商，割（姑）姺（洗）

之⿰金帚（歸），新鐘之

商曾，濁獸鐘

之翆（羽），

00296.4

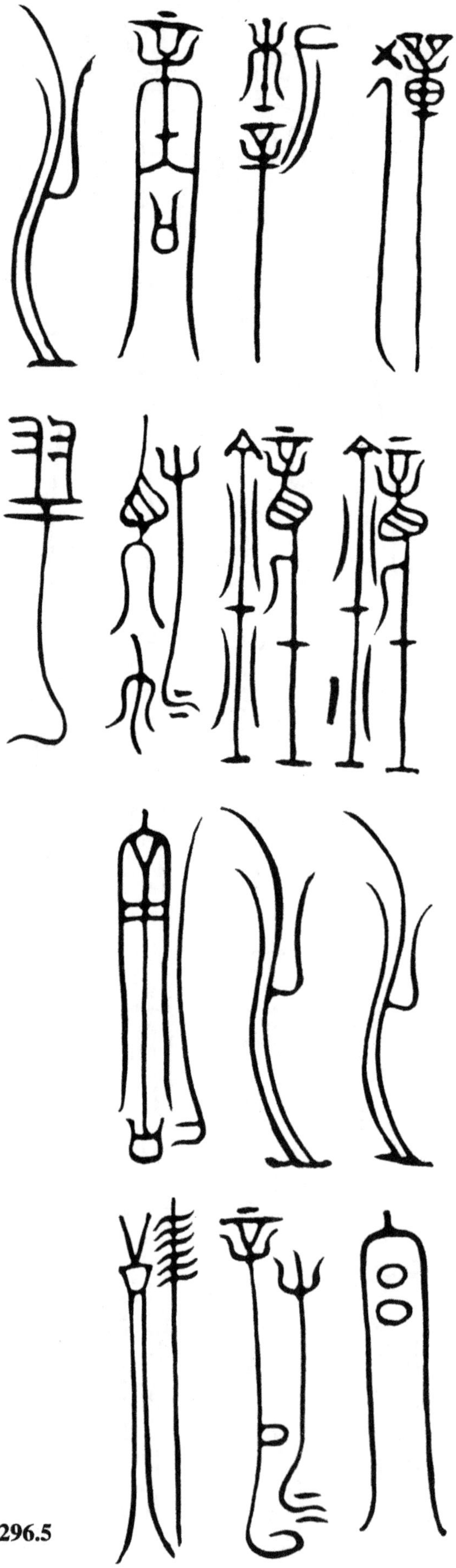

獸鐘之宮，新鐘之濬（衍）商，濁割（姑）雃（洗）之羿（羽），

00296.5

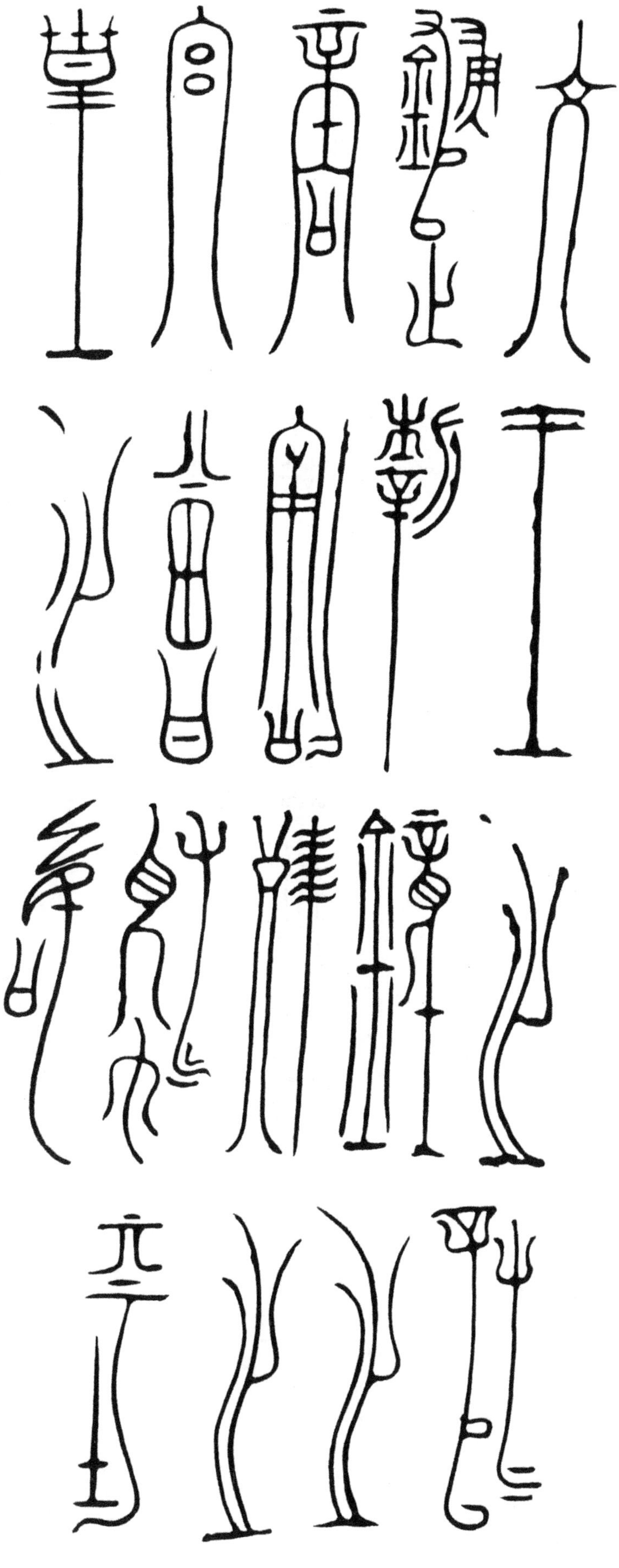

文王之濬（衍）
𨰻（歸），新鐘之
商，割（姑）肄（洗）之
宮曾，濁坪
皇之徵

00296.6

曾侯乙鐘

00297.1

00297.3

00297.2

曾侯乙乍（作）時（持），
商，
羿（羽）曾，

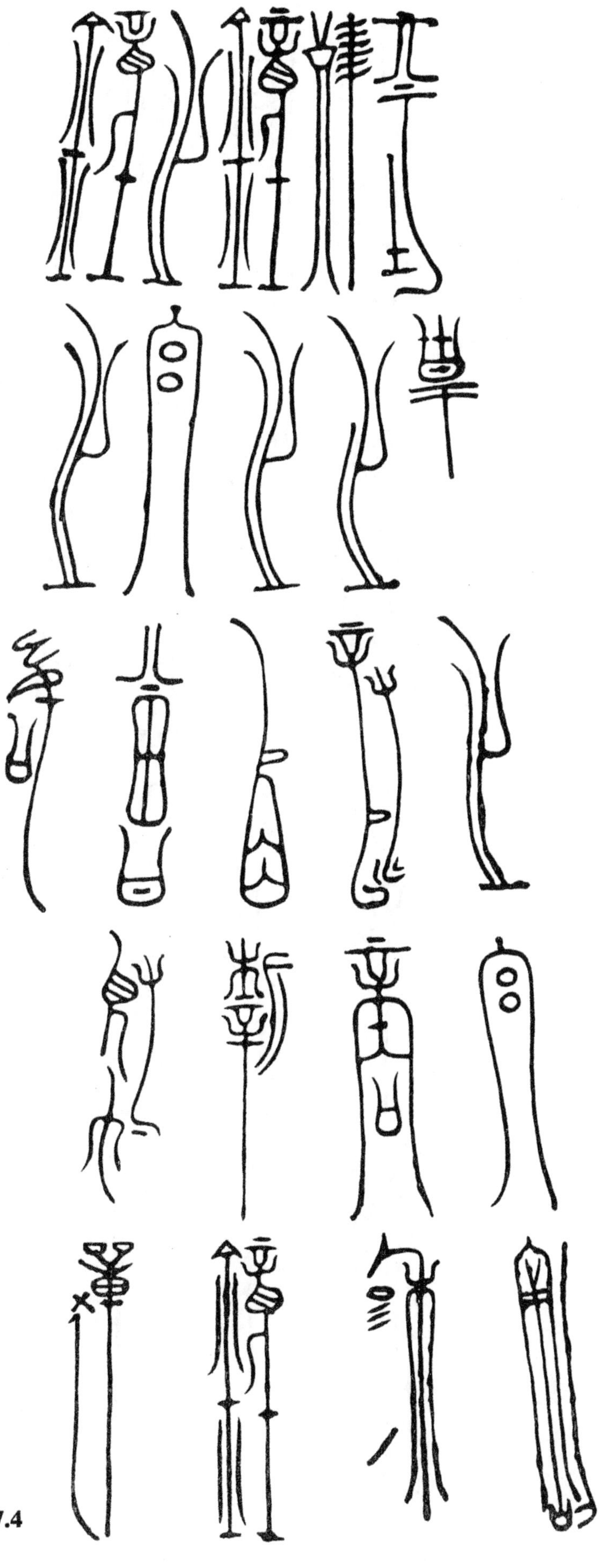

坪皇之宮，割（姑）
肄（洗）之濬（衍）商，穆
鐘之角，新鐘
之宮曾，濁獸
鐘之徵，

00297.4

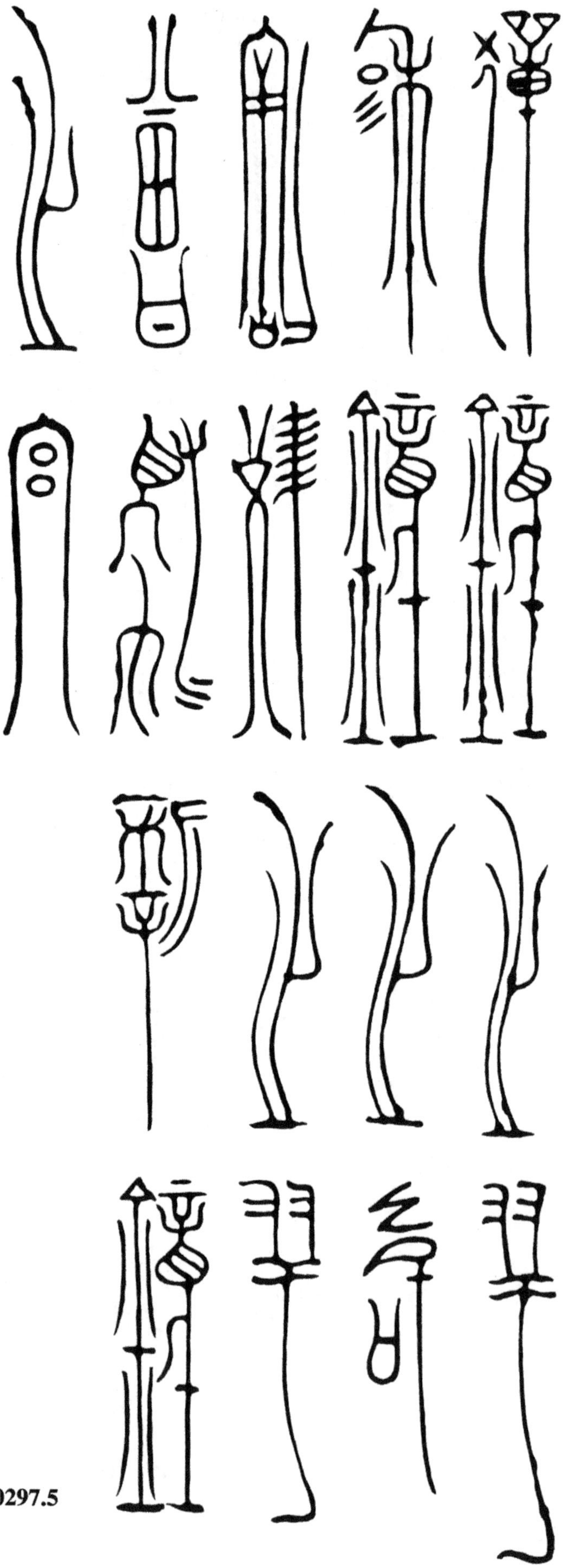

獸鐘之羿（羽），
穆鐘之徵，
割（姑）䢅（洗）之羿（羽）
曾，濁新鐘
之宮，

00297.5

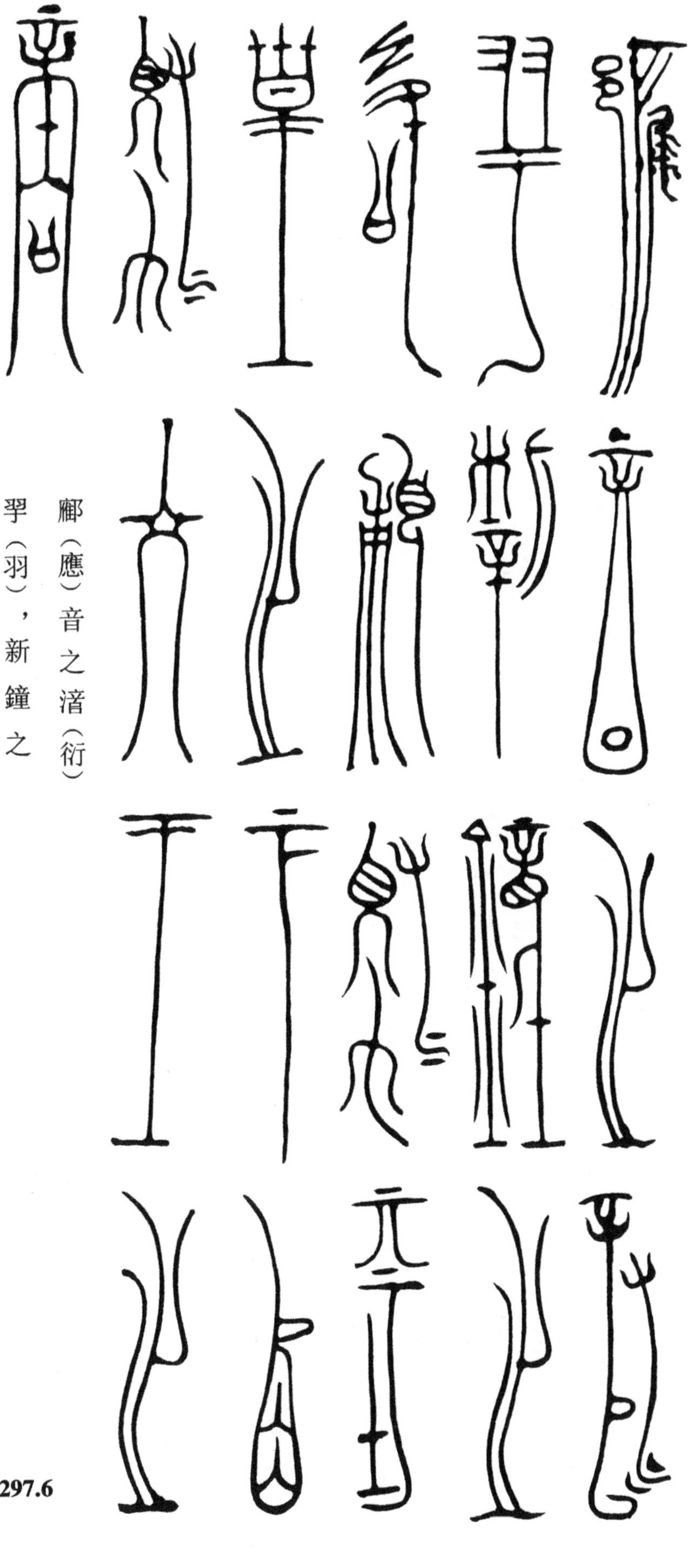

鄜（應）音之湆（衍）
翌（羽），新鐘之
徵顜，濁坪
皇之下角，
濁文王之
商

00297.6

曾侯乙鐘

00298.2

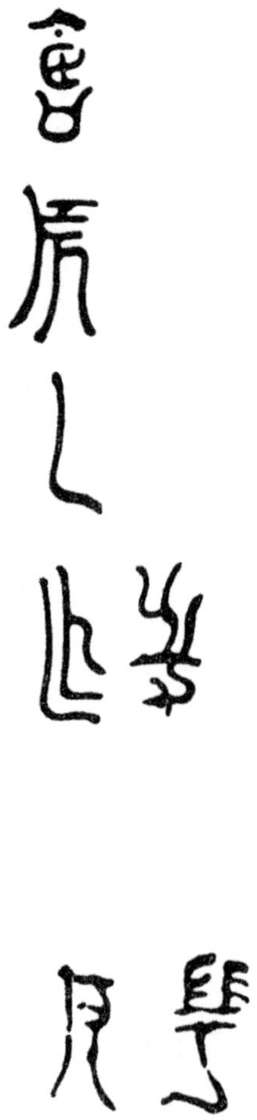

00298.1

00298.4

00298.3

宮反
羿（羽）反，
宮反，
曾侯乙乍（作）寺（持），羿（羽）反，

曾侯乙鐘

00299.1

00299.2

00299.3

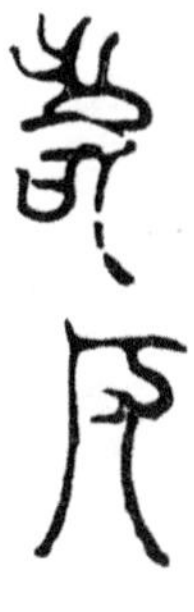

00299.4

曾侯乙乍(作)寺(持)，角反，
徵反，
角反，
徵反

曾侯乙鐘

00300.1

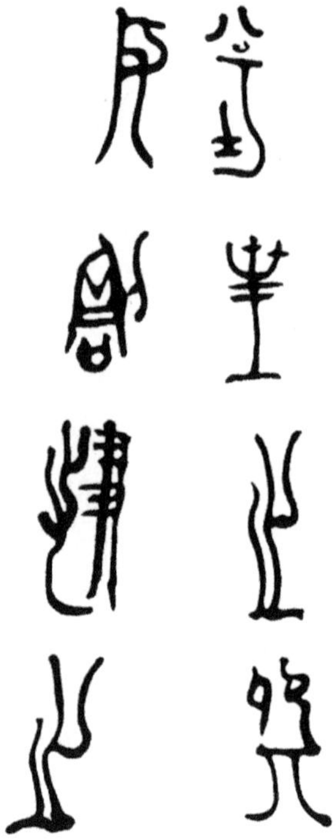

00300.3

00300.2

00300.1

00300.3

曾侯乙乍（作）寺（持），少商，
羿（羽）曾，
坪皇之巽
反，割（姑）肄（洗）之
少商，

獸鐘之
壴（鼓）反，濁
新鐘之
巽反，

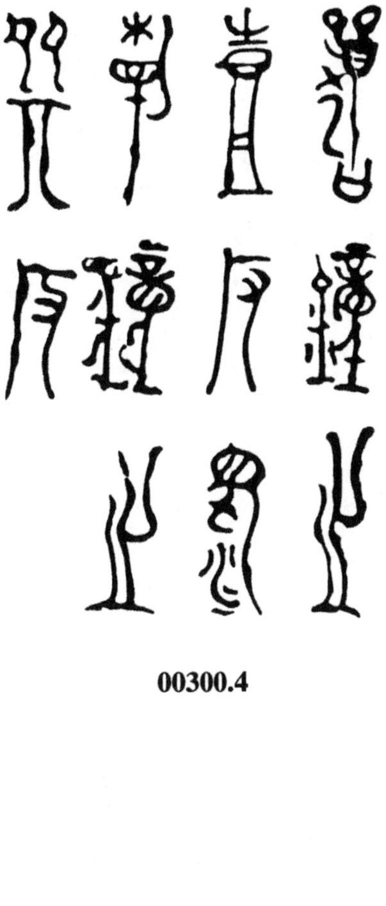

00300.4

穆鐘
之冬（終）反，
濁坪皇
之歈（缺）

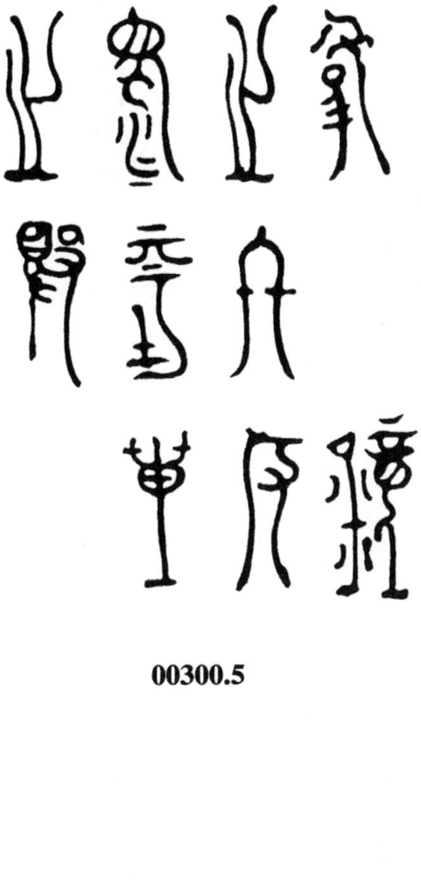

00300.5

曾侯乙鐘

00301.1

00301.4

曾侯乙乍（作）時（持），
少羿（羽），
宮反，
坪皇之冬（終）
反，割（姑）肄（洗）之
壴（鼓），濁新鐘之壴（鼓），

00301.3

00301.2

00301.5

獸鐘之喜（鼓），
新鐘之徵
顧，濁坪皇
之歈（缺），

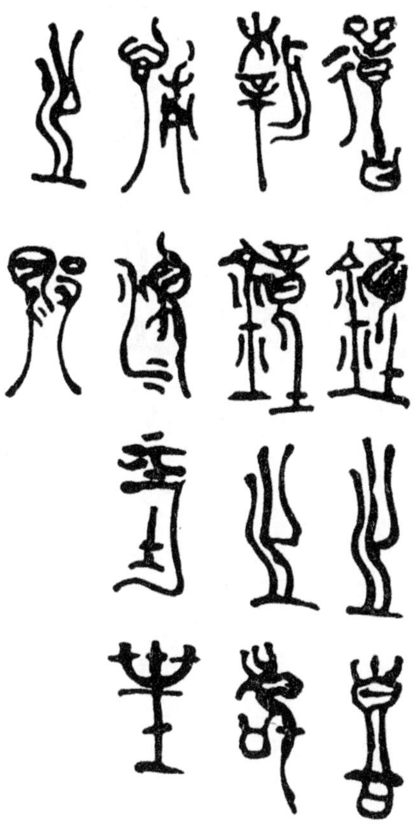

00301.6

割（姑）肄（洗）之巽，
新鐘之商
顧，濁新鐘
之冬（終）

00301.7

曾侯乙鐘

00302.1

00302.4

曾侯乙乍（作）寺（持），
下角，
徵反，
坪皇之少
商，割（姑）肄（洗）之
下角，濁穆鐘之冬（終），

00302.3

00302.2

00302.5

穆鐘之壴（鼓），濁文王之歂（䮊），濁穆鐘之商，

00302.6

割（姑）肄（洗）之冬（終），新鐘之翌（羽）顱，濁獸鐘之（巽）

00302.7

曾侯乙鐘

00303.1

00303.2

00303.3

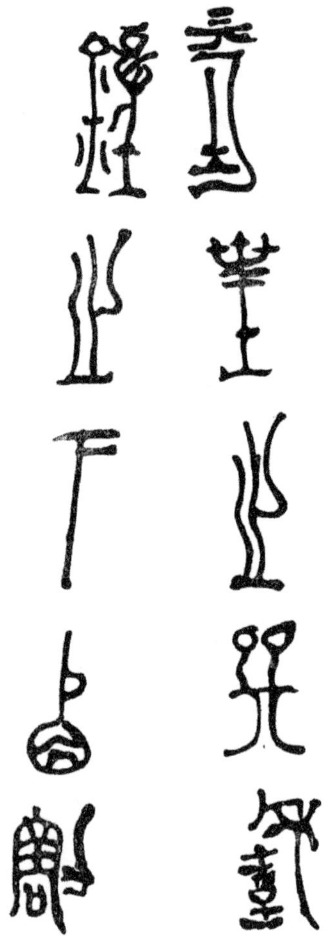

00303.4

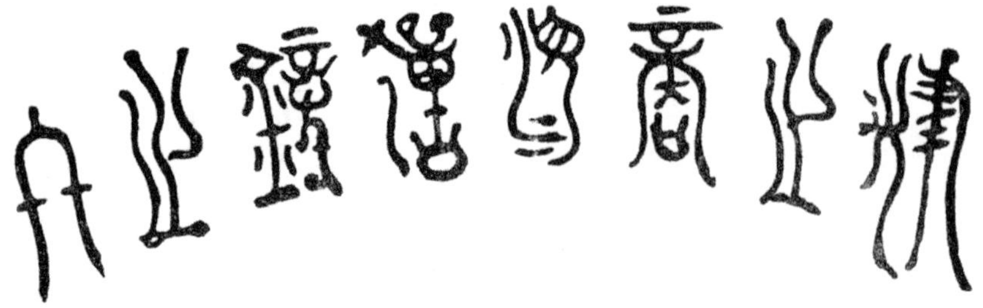

00303.5

曾侯乙乍（作）寺（持），

商，

羿（羽）曾，

坪皇之巽，穆

鐘之下角，割（姑）

肄（洗）之商，濁獸鐘之冬（終），

獸鐘之喜（鼓），新鐘之少徵顀，濁坪皇之䧳（䟃），

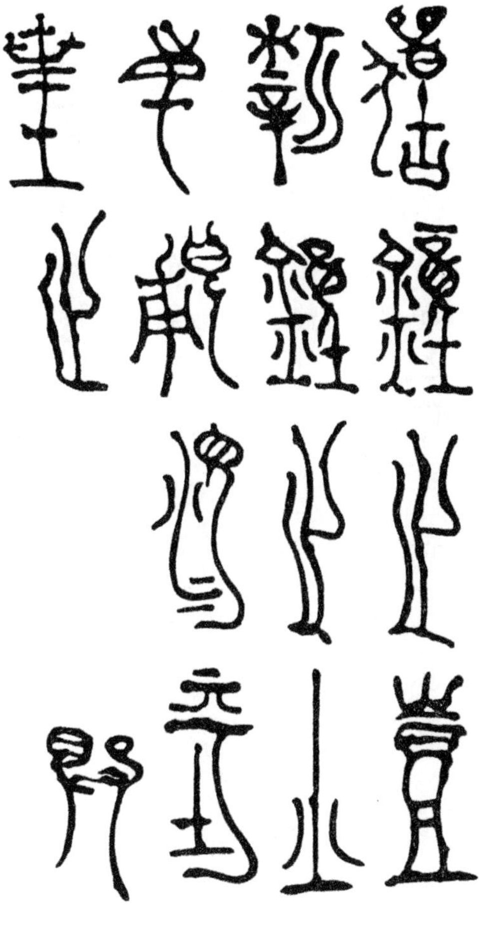

00303.6

穆鐘之冬（終），濁文王之少商，濁新鐘之巽

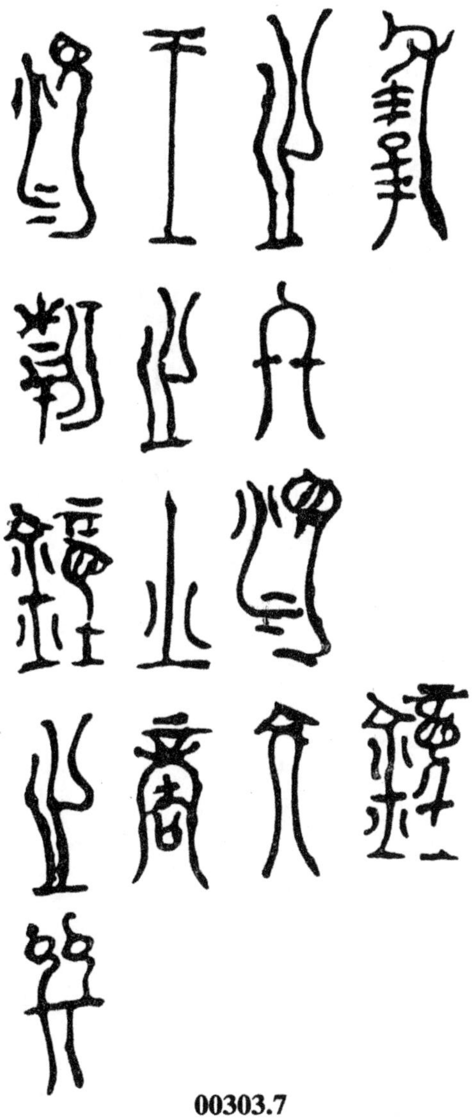

00303.7

曾侯乙鐘

00304.1

00304.4

曾侯乙乍（作）寺（持），
宮，
徵曾，
獸鐘之下角，
穆鐘之商，鈷（姑）
肄（洗）之宮，濁新鐘之冬（終），

00304.3

00304.2

00304.5

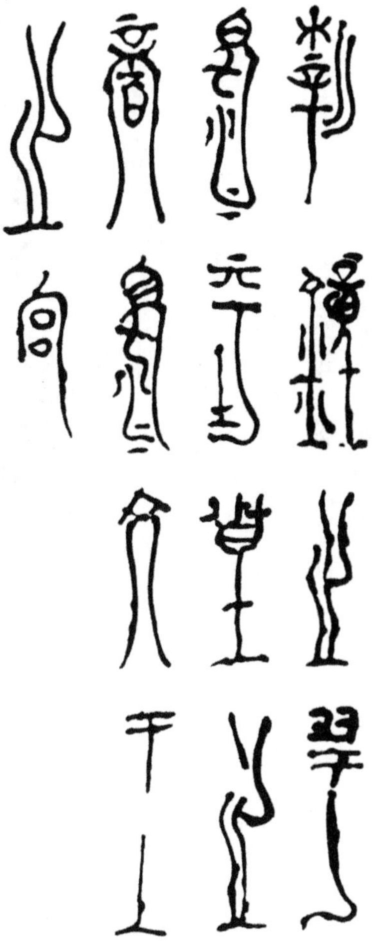

新鐘之羿（羽），濁坪皇之商，濁文王之宮，

00304.6

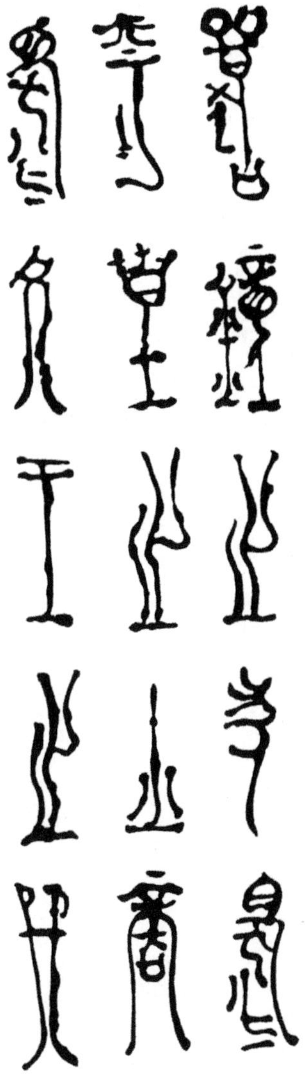

獸鐘之徵，濁坪皇之少商，濁文王之巽

00304.7

曾侯乙鐘

00305.1

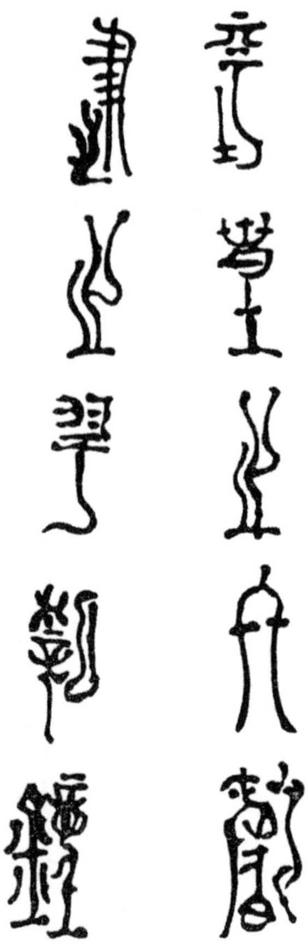

00305.4

曾侯乙乍（作）時（持），
羿（羽），
羿（羽）角，
坪皇之冬（終），割（姑）
肄（洗）之羿（羽），新鐘
之徵曾，濁新鐘之下角，

00305.3

00305.2

00305.5

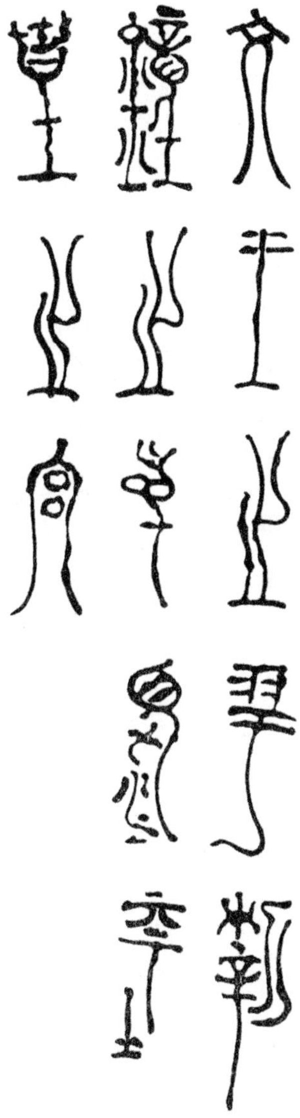

文王之羿（羽），新
鐘之徵，濁坪
皇之宮，

00305.6

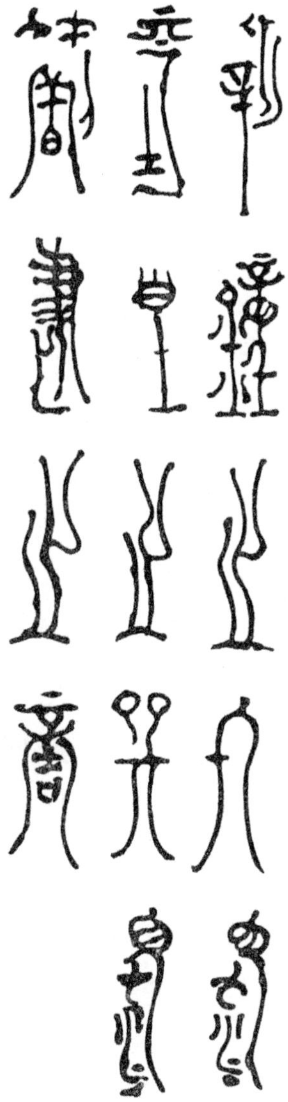

新鐘之冬（終），濁
坪皇之巽，濁
割（姑）肆（洗）之商

00305.7

曾侯乙鐘

00306.1

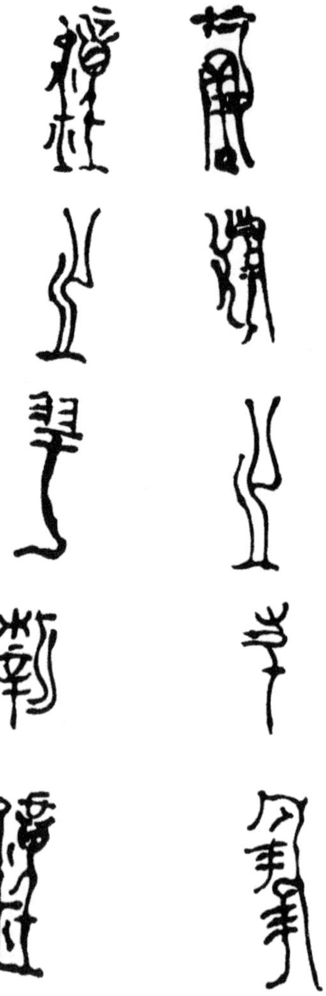

00306.3

曾侯乙乍（作）時（持），徵，
徵角，
割（姑）肄（洗）之徵，穆
鐘之羿（羽），新鐘
之羿（羽）顚，濁獸鐘之宮，

00306.2

00306.1

00306.3

坪皇之喜（鼓），割（姑）肆（洗）之徵角，濁獸鐘之下角，

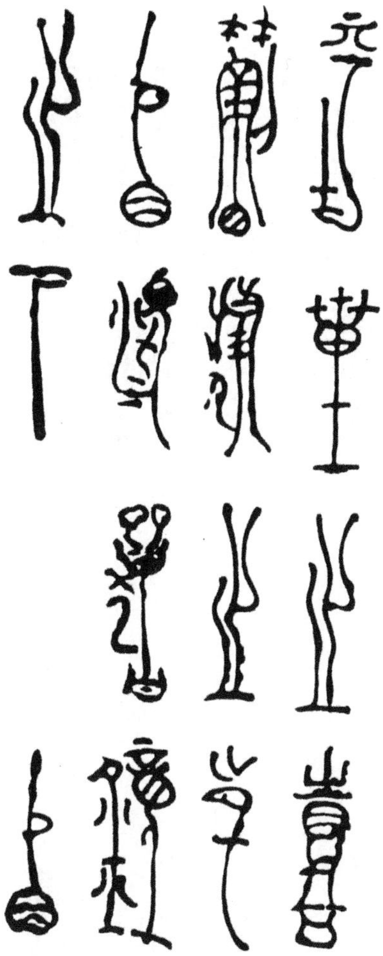

00306.4

文王之冬（終），新鐘之羿（羽）曾，濁穆鐘之商，濁割（姑）肆（洗）之宮

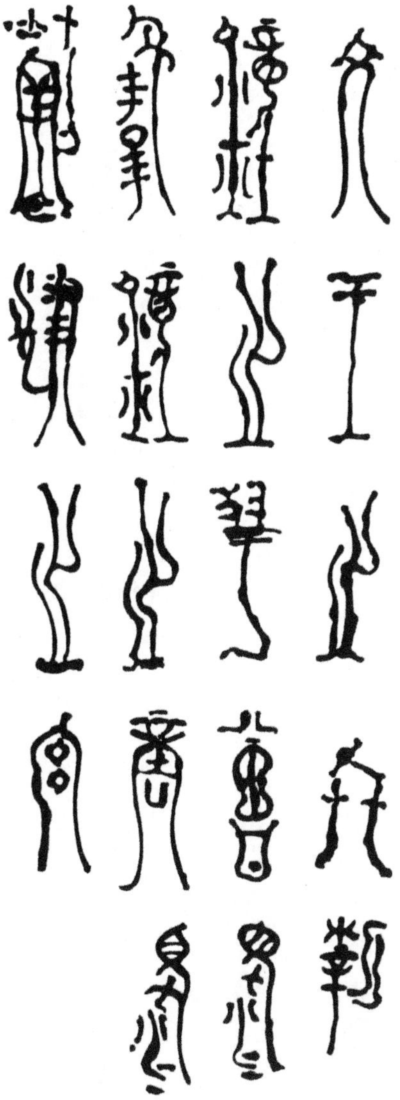

00306.5

曾侯乙鐘

00307.1

00307.2

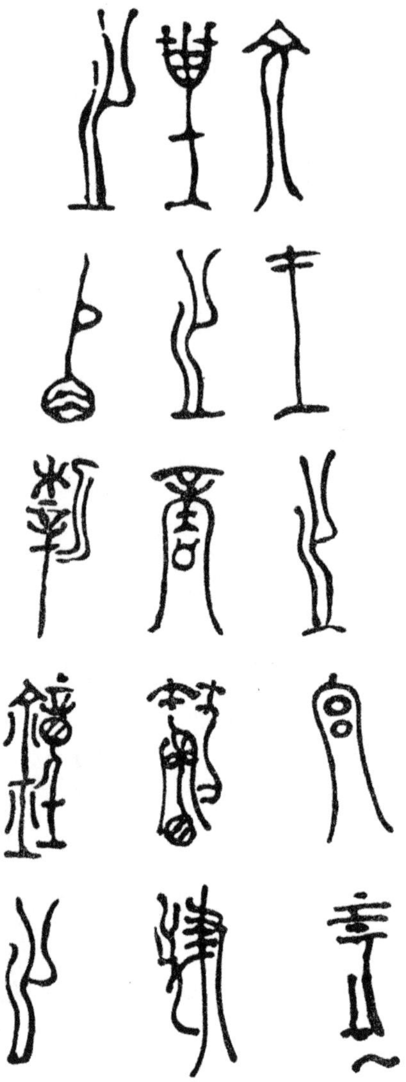

00307.3

曾侯乙乍（作）時（持），宮角，
宮曾，
文王之宮，坪
皇之商，割（姑）肄（洗）
之角，新鐘之
商曾，濁獸鐘之翌（羽），

00307.1

00307.3

文王之下角，新鐘之商，割（姑）肄（洗）之宮曾，濁坪皇之冬（終），

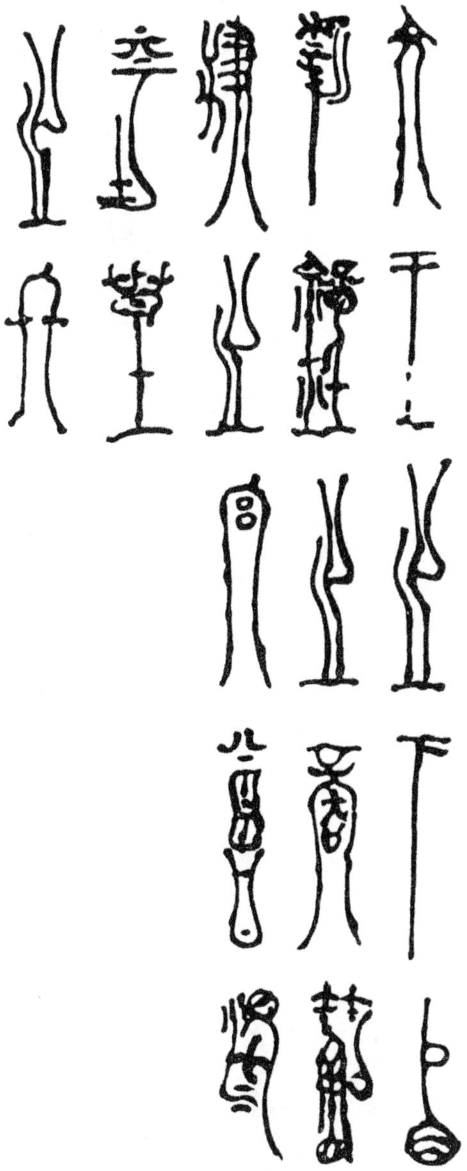

00307.4

獸鐘之宮，新鐘之商，濁割（姑）肄（洗）之羿（羽）

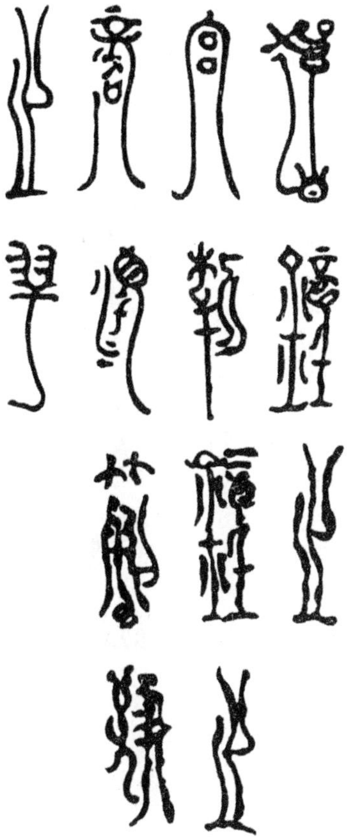

00307.5

曾侯乙鐘

00308.1

00308.2

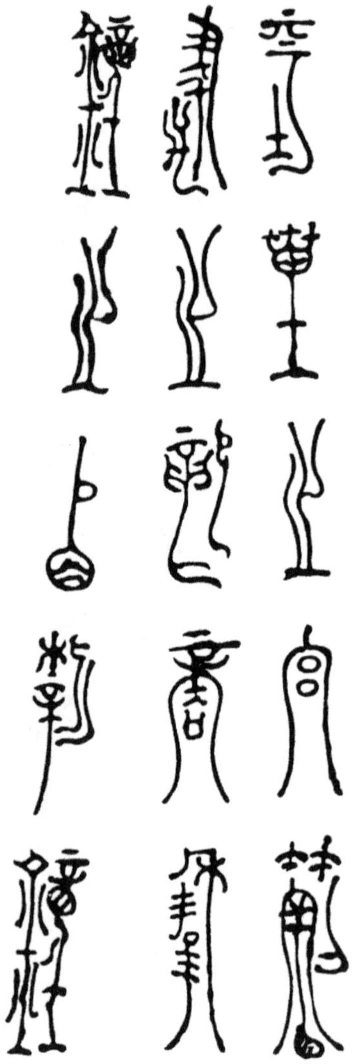

00308.3

00308.1

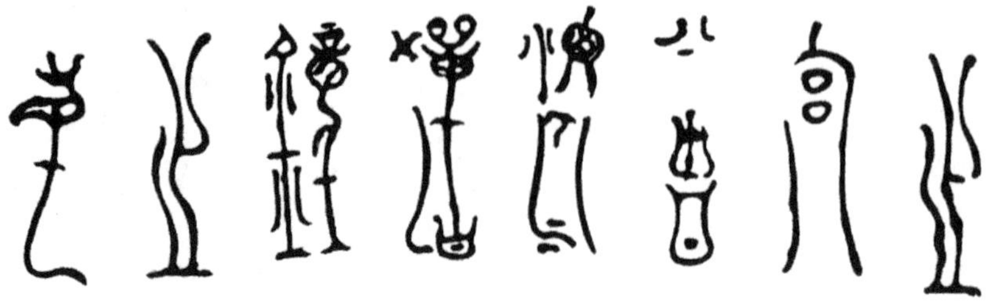

00308.3

曾侯乙乍（作）時（持），商，
羿曾，
坪皇之宮，割（姑）
肆（洗）之歈（衍）商，穆
鐘之角，新鐘
之宮曾，濁獸鐘之徵，

獸鐘之翆（羽），
穆鐘之徵，
割（姑）肆（洗）之翆（羽）
曾，濁新鐘
之宮，

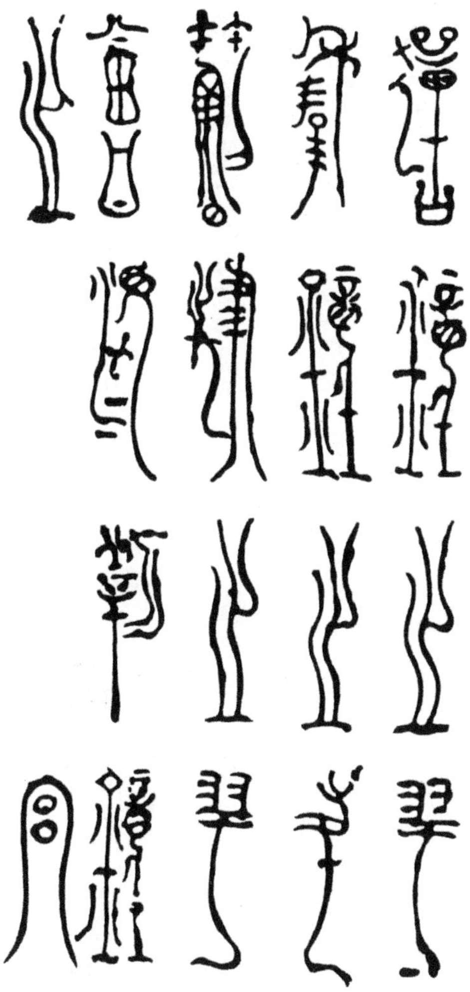

00308.4

廊（應）音之鼓，新
鐘之徵顛，濁
坪皇之下角，
濁文王之宮

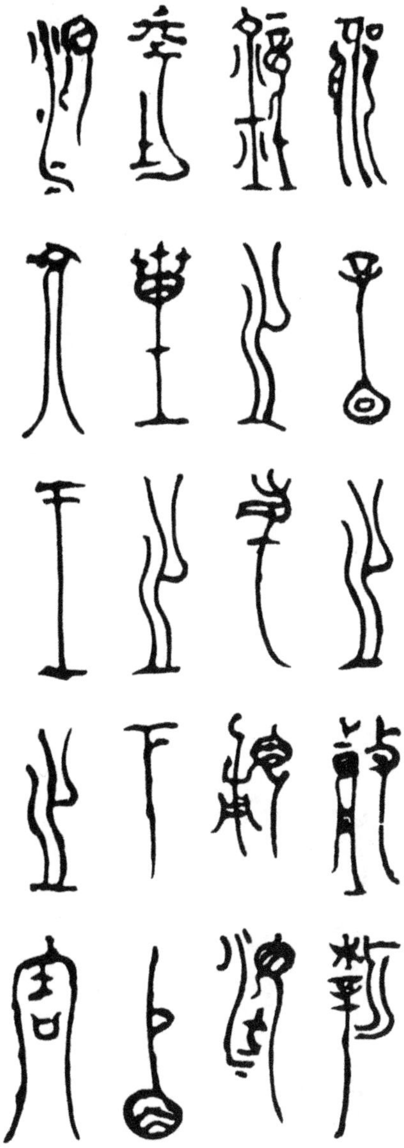

00308.5

曾侯乙鐘

00309.1

00309.3

曾侯乙乍（作）寺（持），羿（羽），
宮反，
割（姑）聿（洗）之
羿（羽）反，
獸鐘
之歖（缺），
割（姑）肆（洗）
之巽

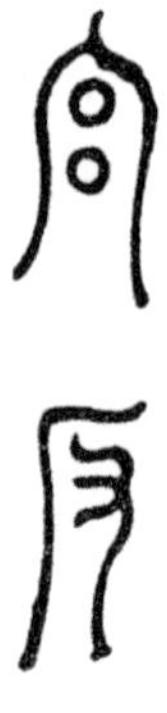

00309.2

00309.1

00309.4

00309.5

曾侯乙鐘

00310.1

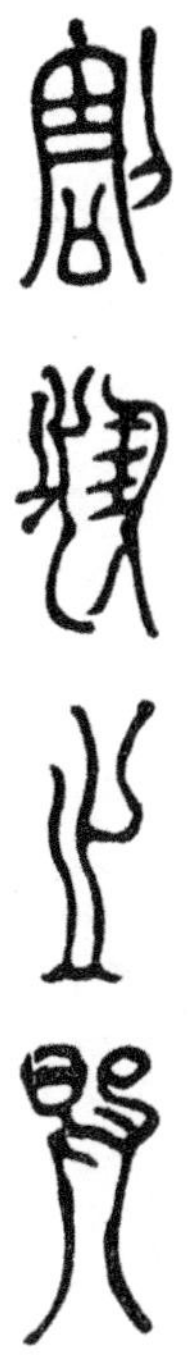

00310.3

曾侯乙乍（作）時（持），角反，
徵反，
割（姑）肄（洗）之歞（鈌），
濁獸鐘之喜（鼓），

00310.2

00310.1

00310.3

穆鐘之喜（鼓）
反，濁獸鐘
之巽，

00310.4

之少商
反，濁新鐘
割（姑）肄（洗）之冬（終）

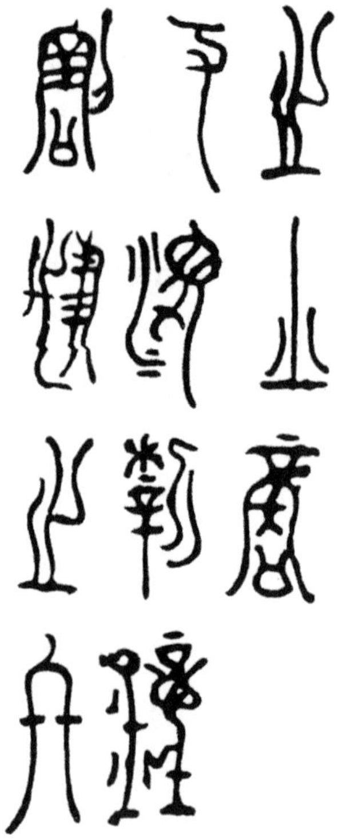

00310.5

曾侯乙鐘

00311.1

00311.2

00311.1

00311.3

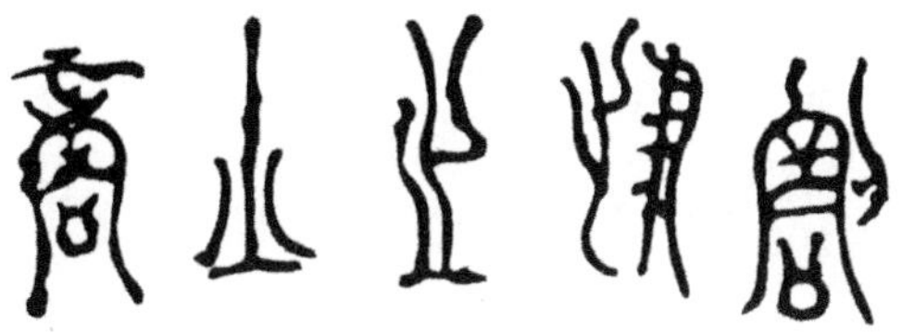

00311.3

曾侯乙乍（作）時（持），少商，
羿（羽）曾，
坪皇之巽反，
割（姑）肆（洗）之少商，

獸鐘之喜（鼓）反，濁新鐘之巽反，

00311.4

穆鐘之冬（終）反，濁坪皇之⿰雚夬（鴃）

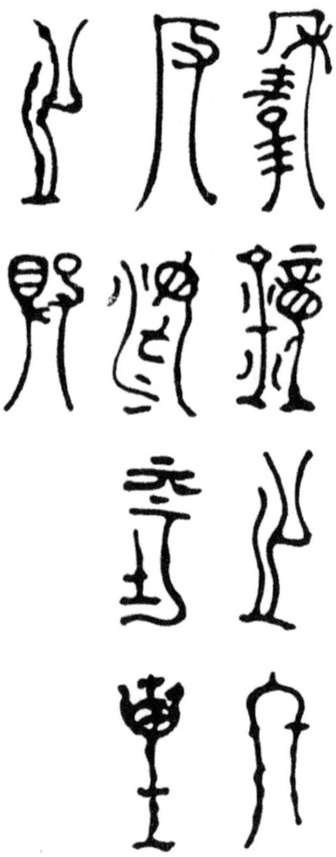

00311.5

曾侯乙鐘

00312.1

00312.2

00312.1

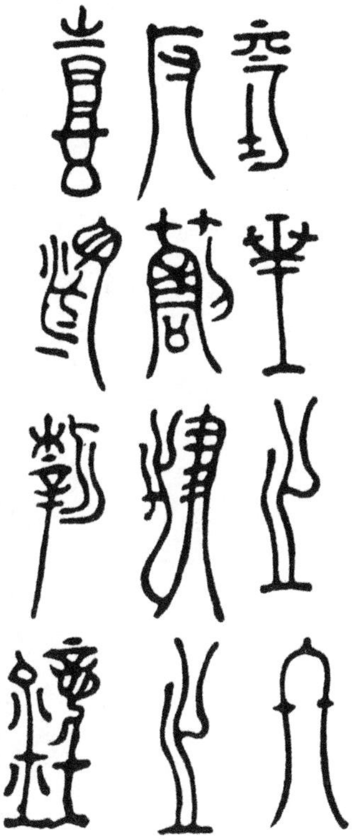

00312.3

00312.3

曾侯乙乍（作）時（持），少羿（羽），
宮反，
坪皇之冬（終）
反，割（姑）肄（洗）之
喜（鼓），濁新鐘
之䶵（缺），

獸鐘之歈（駚），穆
鐘之少商，濁
文王之喜（鼓），

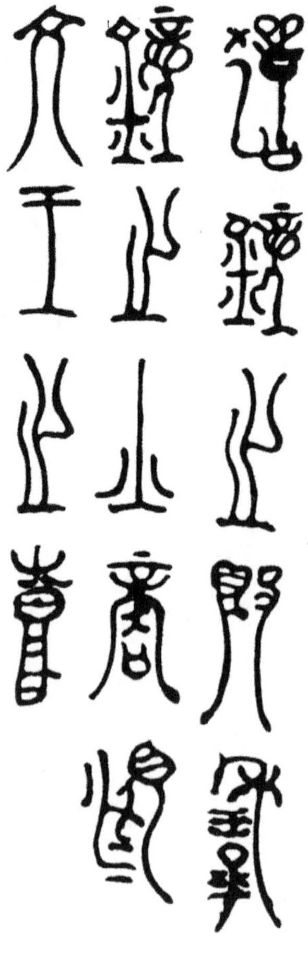

00312.4

割（姑）肄（洗）之巽，新
鐘之商顀，濁
新鐘之冬（終）

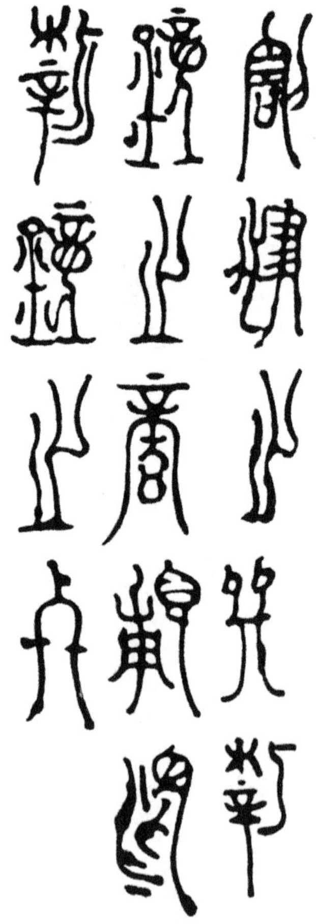

00312.5

曾侯乙鐘

00313.1

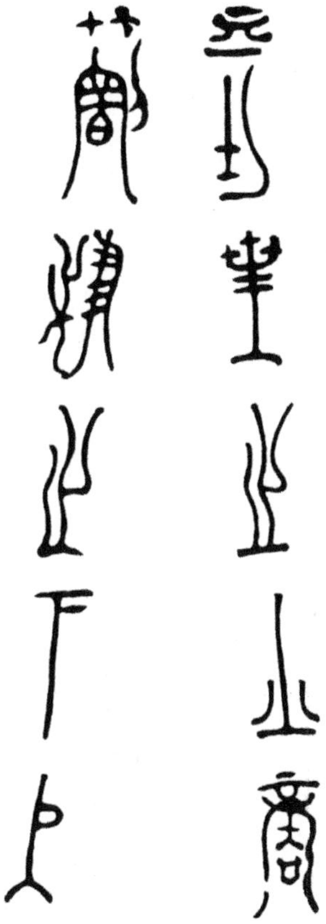

00313.3

曾侯乙乍（作）時（持），下角，

徵反，

坪皇之少商，

割（姑）肄（洗）之下角，

濁穆鐘之冬（終），

00313.2

00313.1

00313.3

穆鐘之喜（鼓），濁文王之歆（缺），濁新鐘之商，

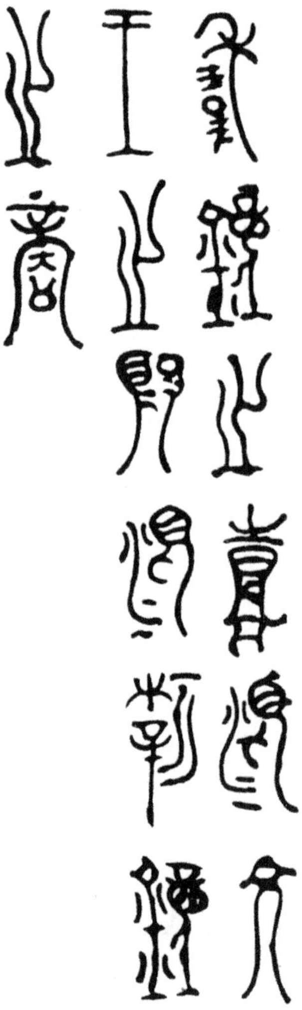

00313.4

割（姑）肄（洗）之冬（終），新鐘之翠（羽）顧，濁獸鐘之巽

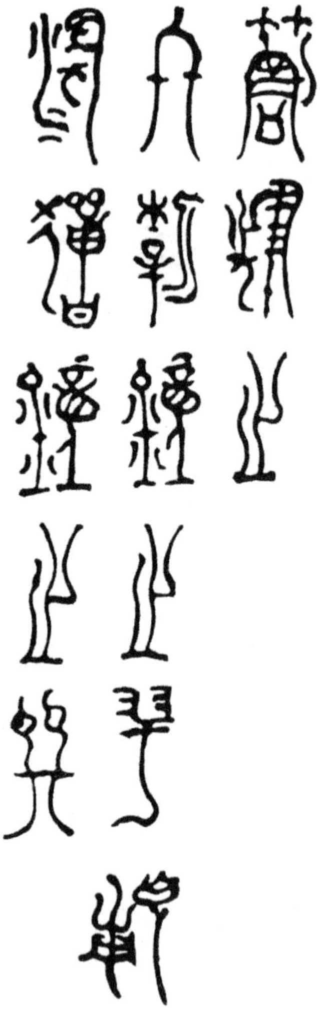

00313.5

曾侯乙鐘

00314.1

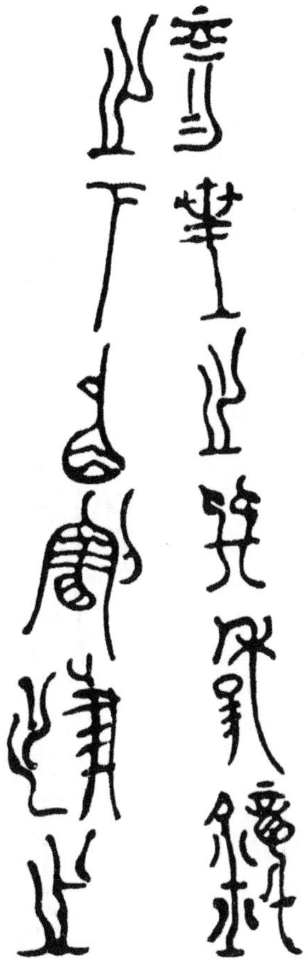

00314.3

曾侯乙乍（作）寺（持），商，
羿（羽）曾，
坪皇之巽，穆鐘
之下角，割（姑）肆（洗）之
商，濁獸鐘之冬（終），

00314.2

00314.1

00314.3

鐘之少徵顛，
濁坪皇之
歍（缺），

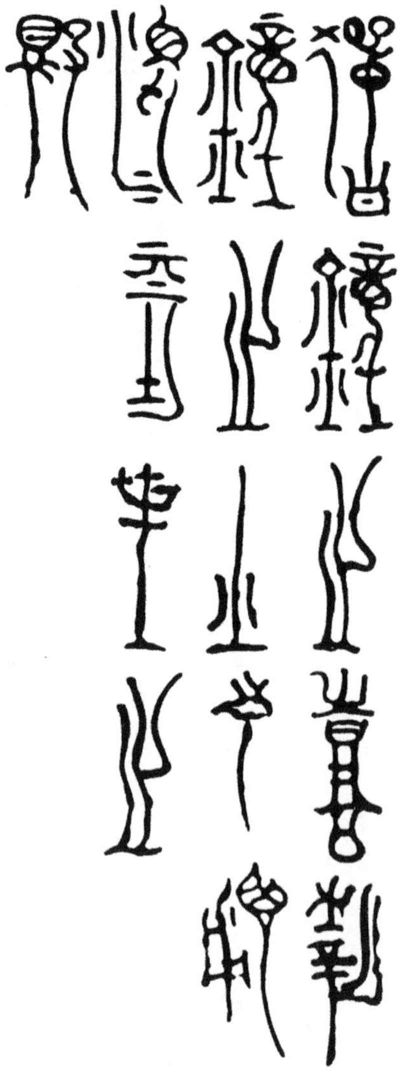

00314.4

穆鐘之
冬（終），濁文
王之少商，濁
新鐘之巽

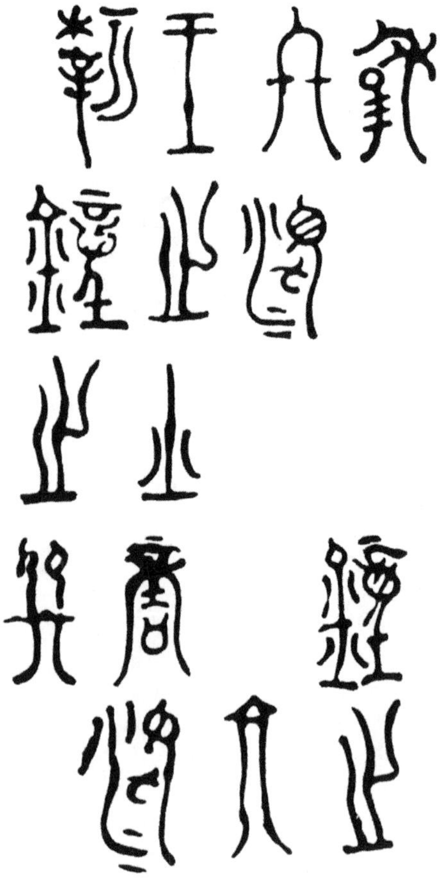

00314.5

曾侯乙鐘

00315.1

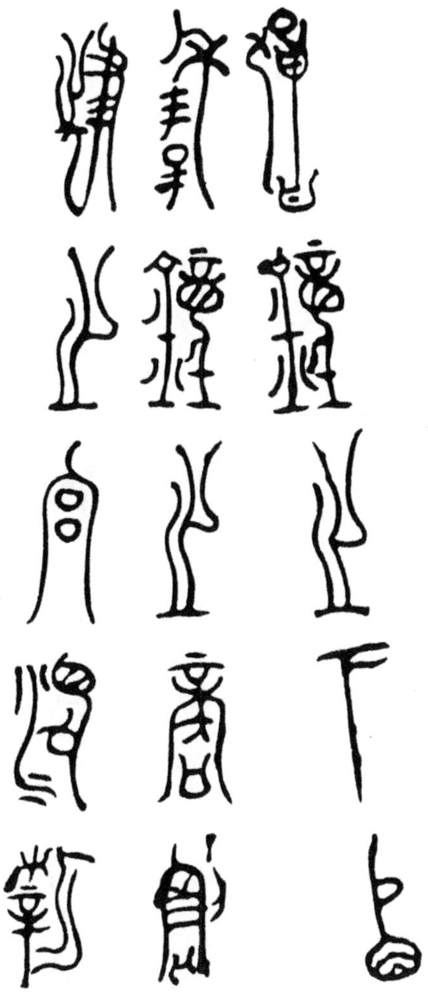

00315.4

曾侯乙乍（作）寺（持），宮，徵曾，獸鐘之下角，穆鐘之商，割（姑）肄（洗）之宮，濁新鐘之冬（終），

00315.3

00315.2

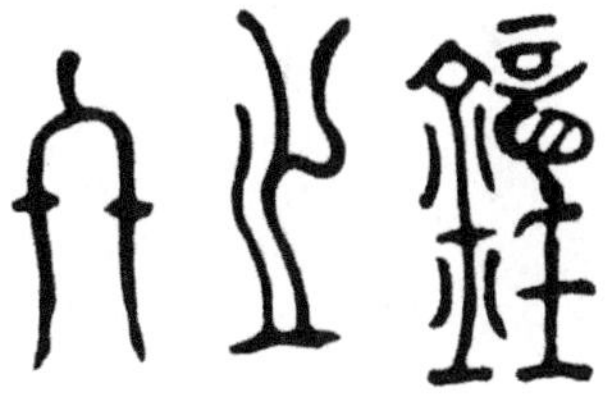

00315.5

新鐘之羿（羽），濁坪皇之商，濁文王之宮，

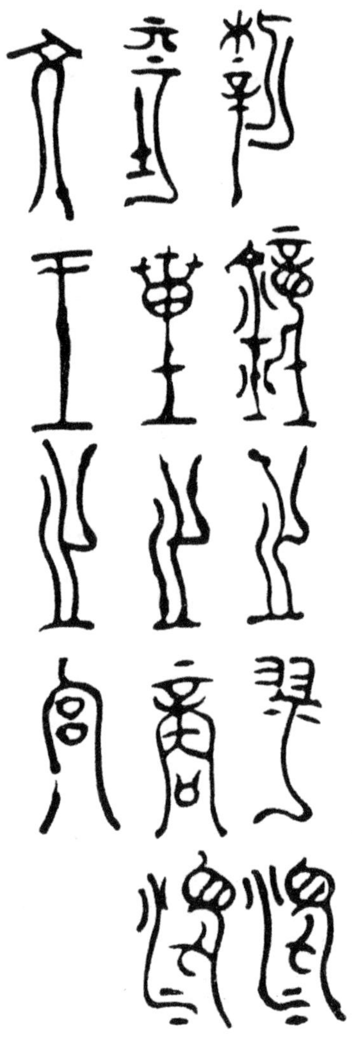

00315.6

獸鐘之徵，濁坪皇之少商，濁文王之巽

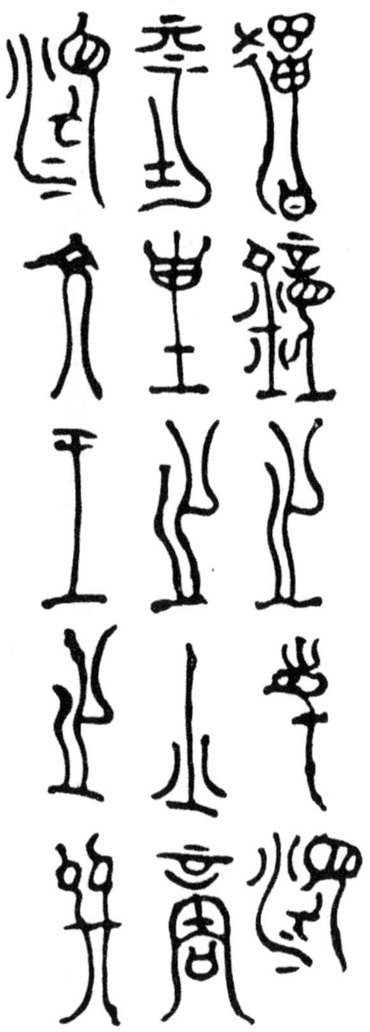

00315.7

曾侯乙鐘

00316.1

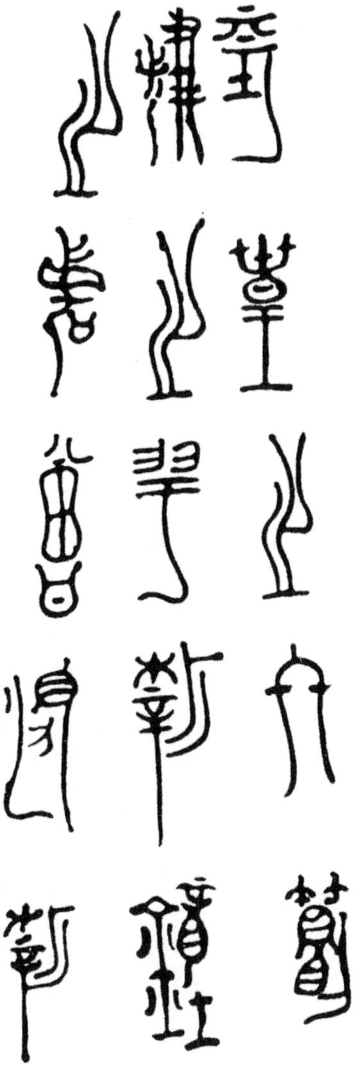

00316.4

曾侯乙乍（作）時（持），羿（羽），羿（羽）角，坪皇之冬（終），割（姑）肄（洗）之羿（羽），新鐘之徵曾，濁新鐘之下角，

00316.3

00316.2

00316.5

文王之羿（羽），
新鐘之徵，
濁坪皇
之宮，

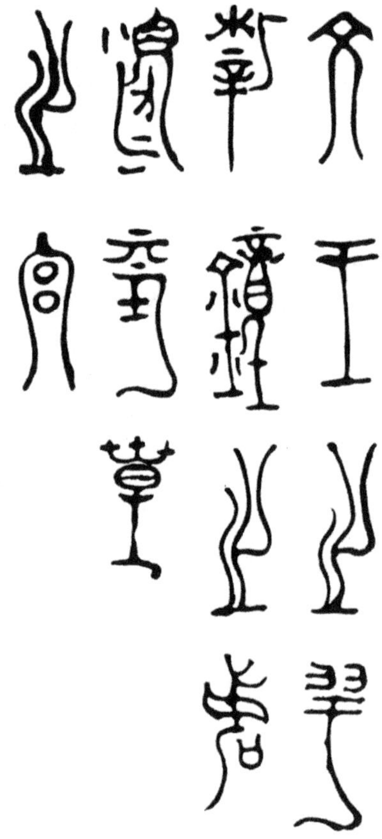

00316.6

新鐘
之冬（終），濁
坪皇之巽，濁
割（姑）肄（洗）之商

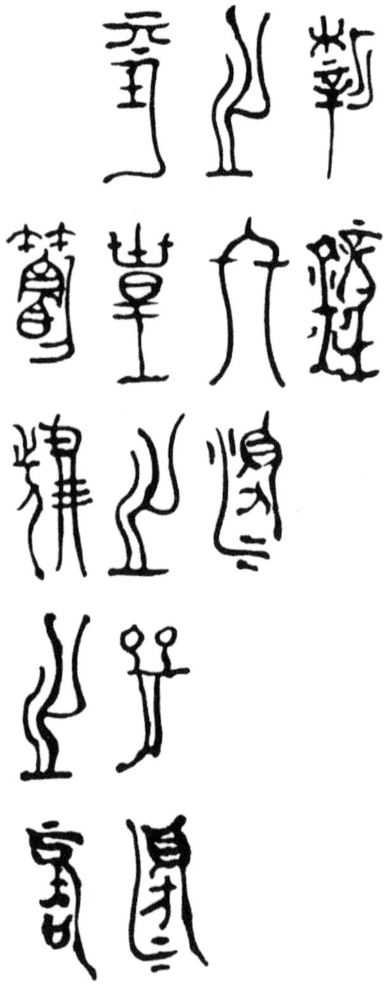

00316.7

曾侯乙鐘

00317.1

00317.3

00317.2

00317.4

曾侯乙乍（作）時（持），徵，徵角，割（姑）肆（洗）之徵，穆鐘之羿（羽），新鐘之羿（羽）顚，濁獸鐘之宮，

坪皇之喜（鼓），割（姑）
肄（洗）之徵角，濁
獸鐘之下角，

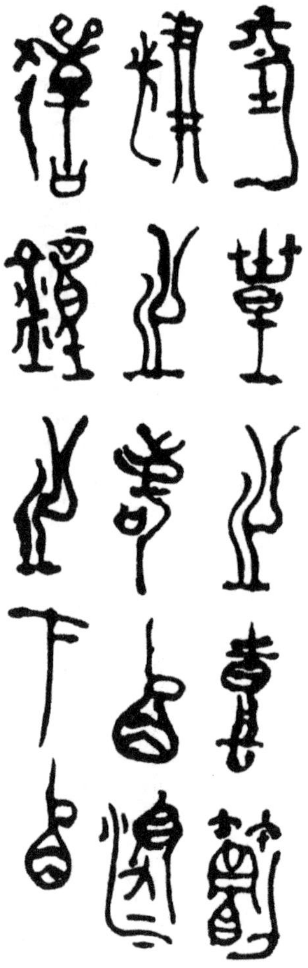

00317.5

文王之
冬（終），新鐘之
羿（羽）曾，濁穆鐘之
商，濁割（姑）肄（洗）之冬（終）

00317.6

曾侯乙鐘

00318.1

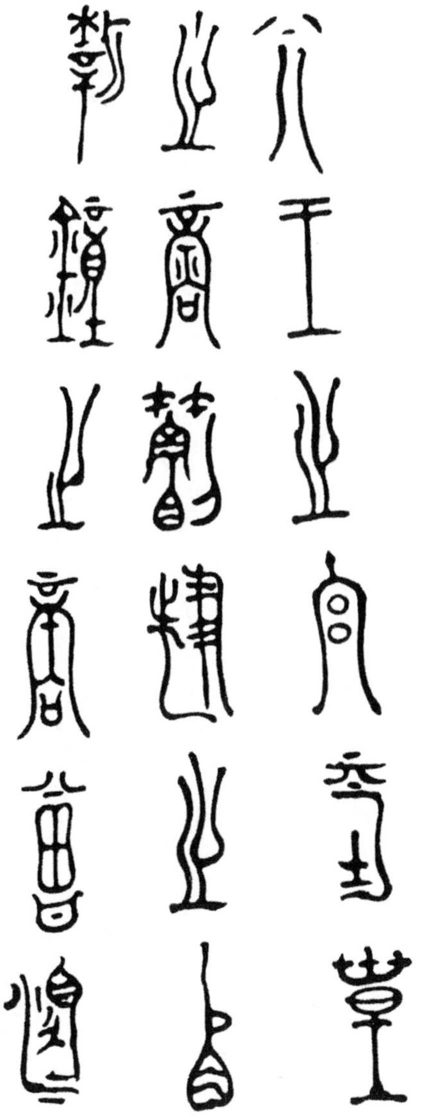

00318.4

曾侯乙乍（作）時（持），宮角，
徵，
文王之宮，坪皇
之商，劕（姑）肆（洗）之角，
新鐘之商曾，濁
獸鐘之翠（羽），

00318.3

00318.2

00318.5

文王下角，新鐘
之商，割（姑）肄（洗）之
宮曾，濁坪皇
之冬（終），

00318.6

獸鐘之
宮，新鐘
之商，濁
割（姑）肄（洗）之羿（羽）

00318.7

曾侯乙鐘

00319.1

00319.1

00319.2

曾侯乙乍（作）寺（持），商角，
商曾，

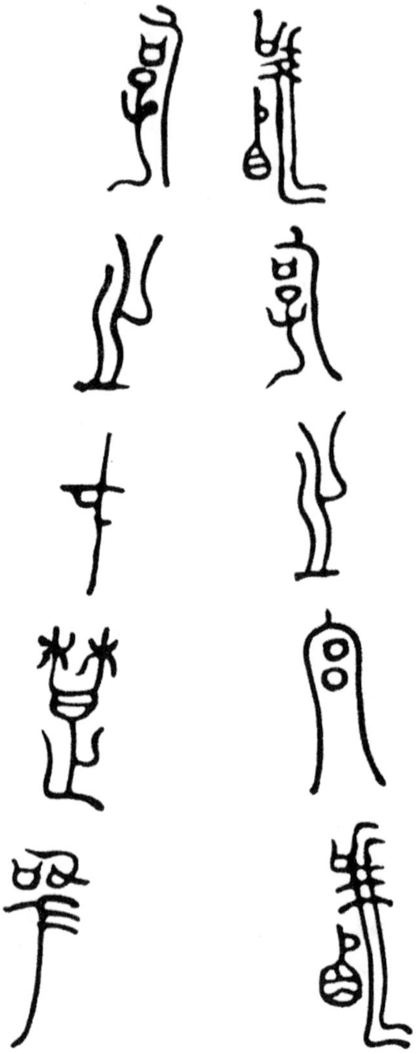

嬴（羸）嗣（亂）之宮，嬴（羸）
嗣（亂）之在楚爲
新鐘，其在鄵（齊）爲呂音，

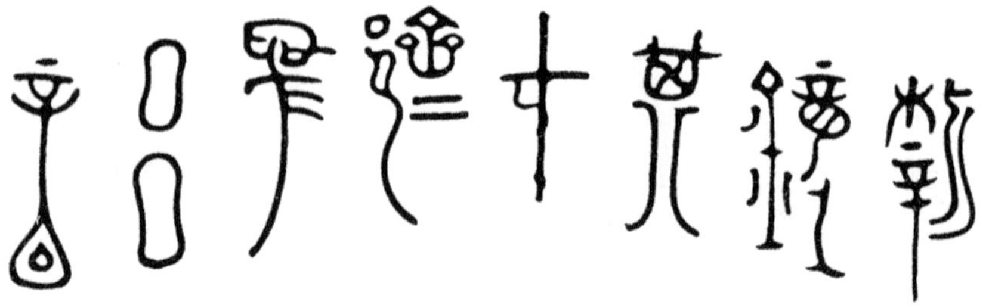

00319.3

夫（太）族（簇）之宮，其反，在晉爲槃鐘，

00319.4

穆音之宮，穆音之在楚爲穆鐘，其在周爲刺（厲）音

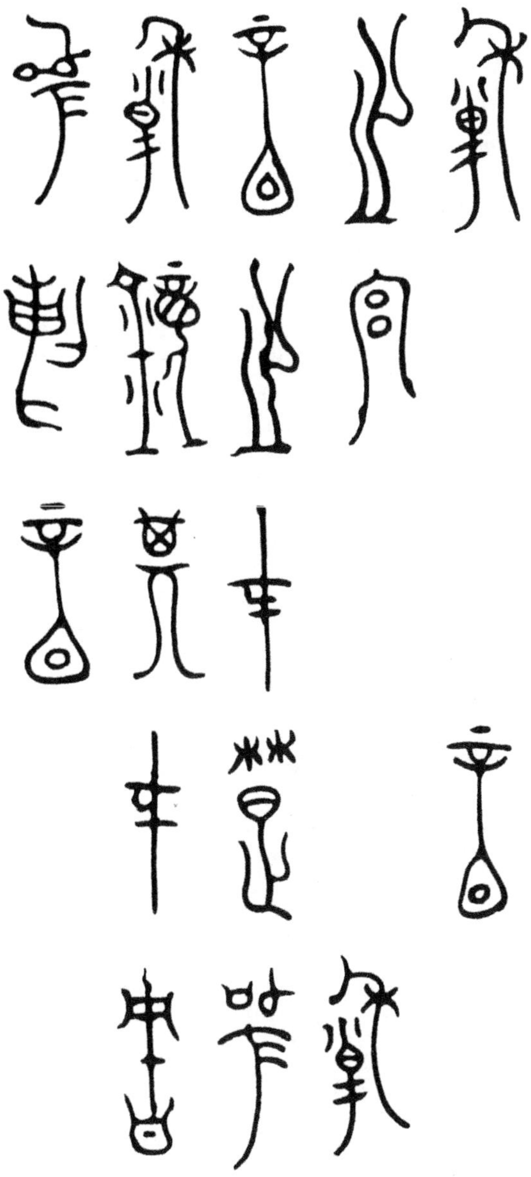

00319.5

曾侯乙鐘

00320.2

00320.1

00320.1

曾侯乙乍（作）寺（持），商，

羿（羽）曾，

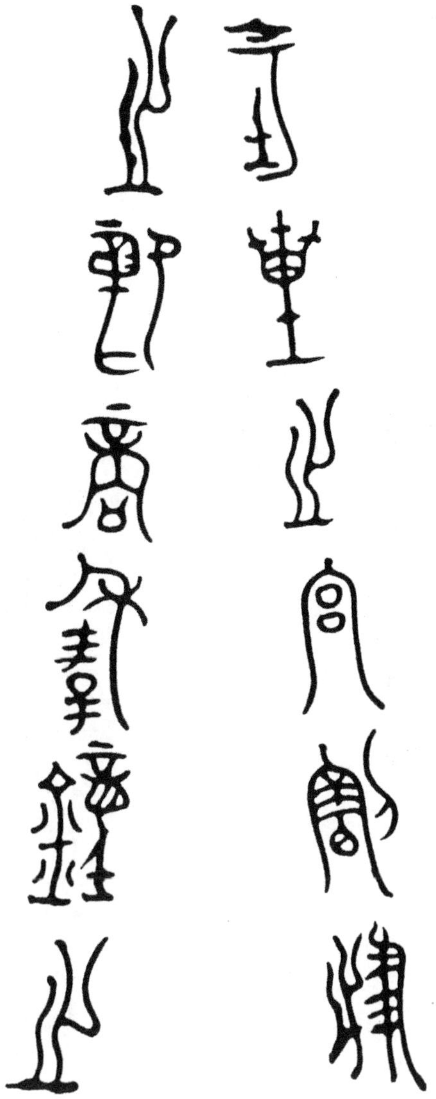

坪皇之宮，割（姑）肄（洗）
之歆（衍）商，穆鐘之
角，新鐘之宮曾，濁獸鐘之徵，

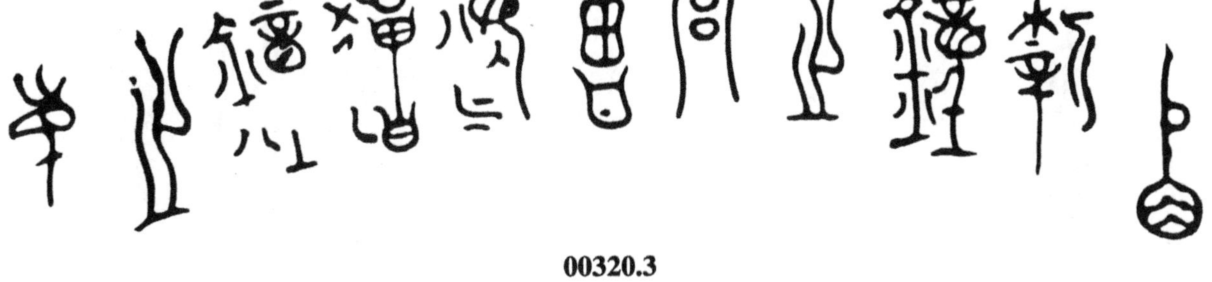

00320.3

獸鐘之翆（羽），穆鐘之徵，割（姑）肄（洗）之翆（羽）曾，濁新鐘之宮，

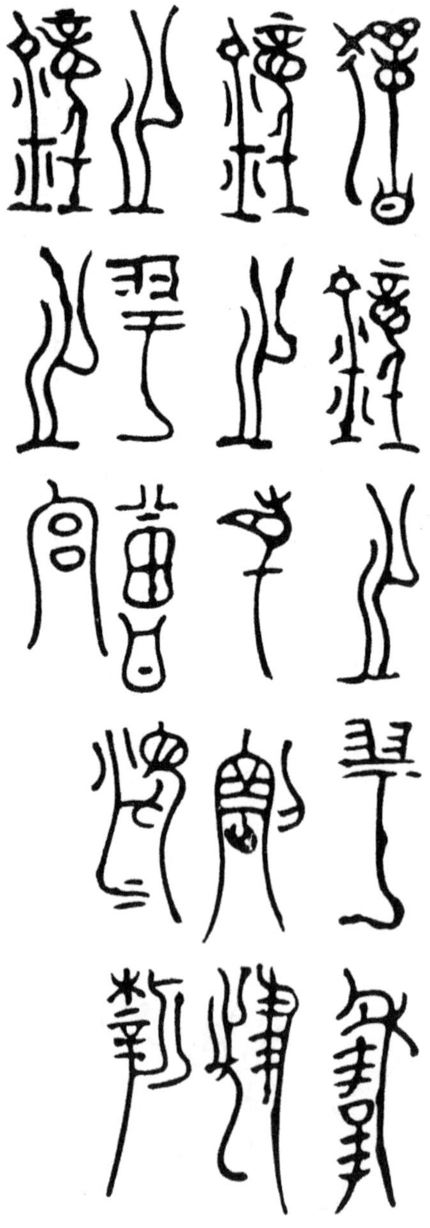

00320.4

鄘（應）音之喜（鼓），新鐘之徵顛，濁坪皇之下角，濁文王之商

00320.5

曾侯乙鐘

00321.1

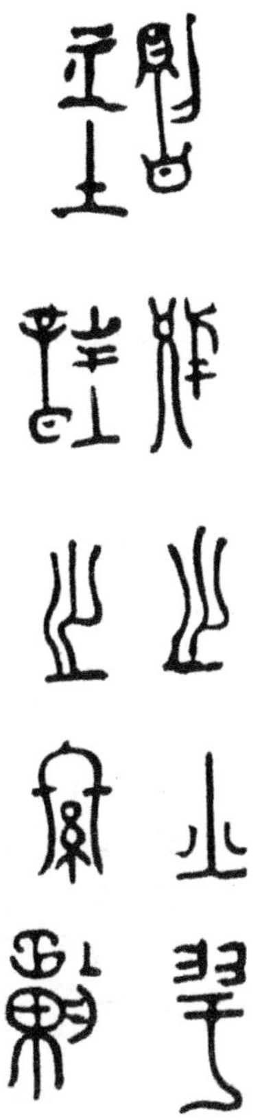

00321.4

曾侯乙乍（作）時（持），羿（羽），
宮，
割（姑）肄（洗）之少羿（羽），
坪韹（皇）之終，獸
鐘之羿（羽）角，

00321.3

00321.2

00321.5

割（姑）䢽（洗）之少宮，割（姑）肄（洗）之在楚爲呂鐘，

00321.6

亘（宣）鐘之宮，洹（宣）鐘之在晉也爲六埻（墉）

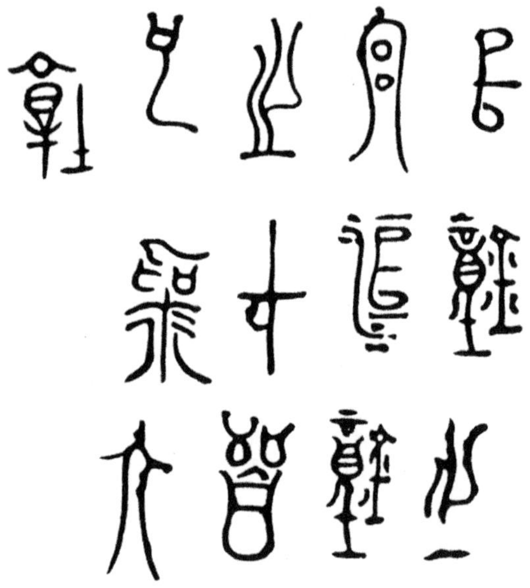

00321.7

曾侯乙鐘

00322.1

00322.2

00322.3

曾侯乙乍(作)峙(持)，商角，
商曾，

00322.4

嬴（嬴）嗣（亂）之宮，嬴（嬴）嗣（亂）之在楚也爲新鐘，其在鄭（齊）也爲呂音，

00322.5

也爲榘鐘，剌（厲）音，其在晉之在周也爲大（太）族（簇）

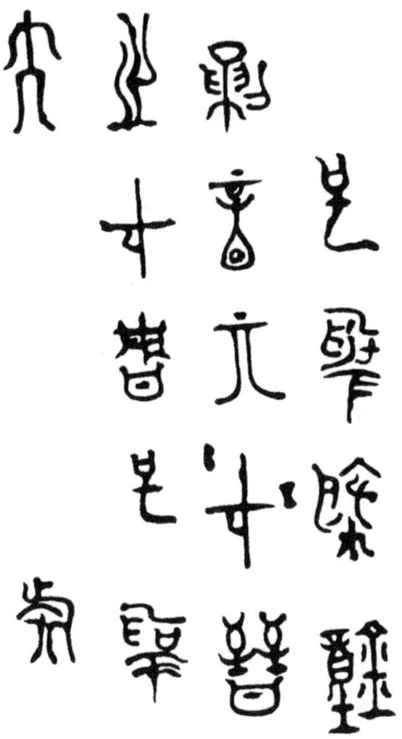

00322.6

穆音之宮，穆音之在楚也爲穆鐘

00322.7

曾侯乙鐘

00323.1

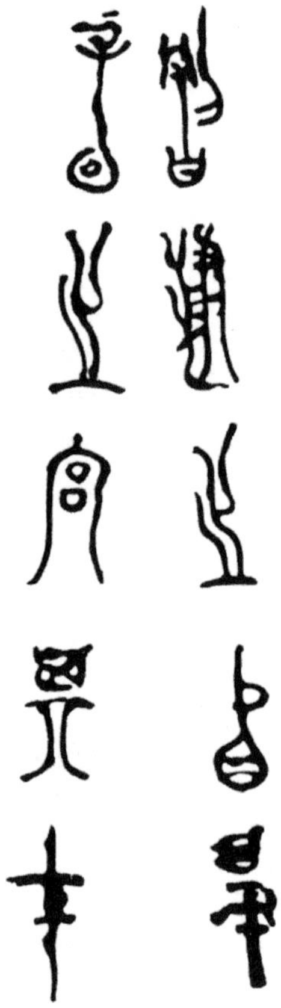

00323.4

曾侯乙乍（作）時（持），宮角，
徵，
割（姑）肆（洗）之角，東
音之宮，其在
楚爲文王，

00323.3

00323.2

00323.5

割（姑）肄（洗）之徵
反，穆音之
翆（羽），新鐘
之翆（羽）角，

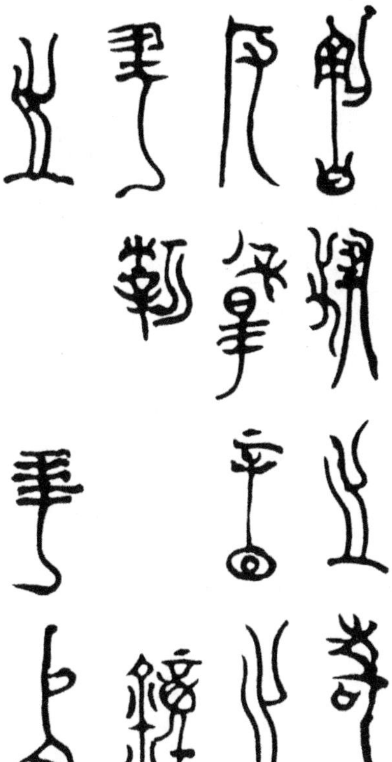

00323.6

東音
之徵
曾，徲（夷）則
之翆（羽）曾，
爲剌（厲）音鼓

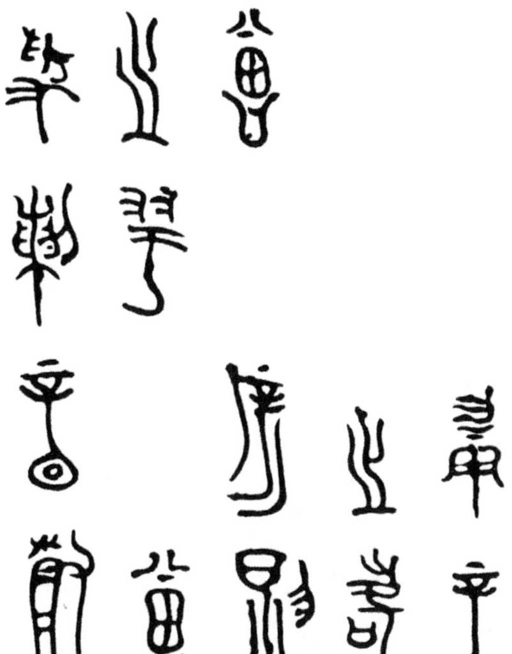

00323.7

曾侯乙鐘

00324.1

00324.2

00324.3

曾侯乙乍（作）時（持），商，
翌（羽）曾，

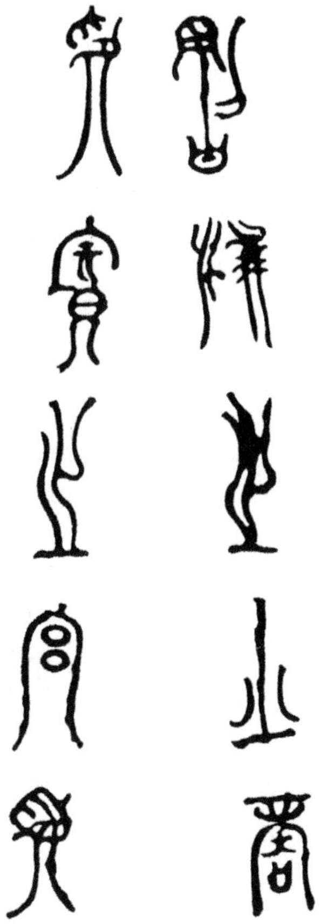

00324.4

割（姑）肄（洗）之少商，妥（蕤）賓之宮，妥（蕤）賓之在𩏂（申）也爲遲（夷）則，

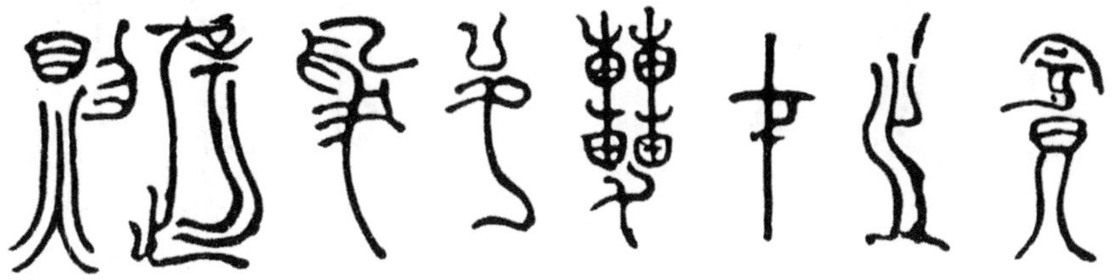

00324.5

割(姑)肄(洗)之論(龢)，穆音之冬(終)坂(反)，坪皇之徵曾，

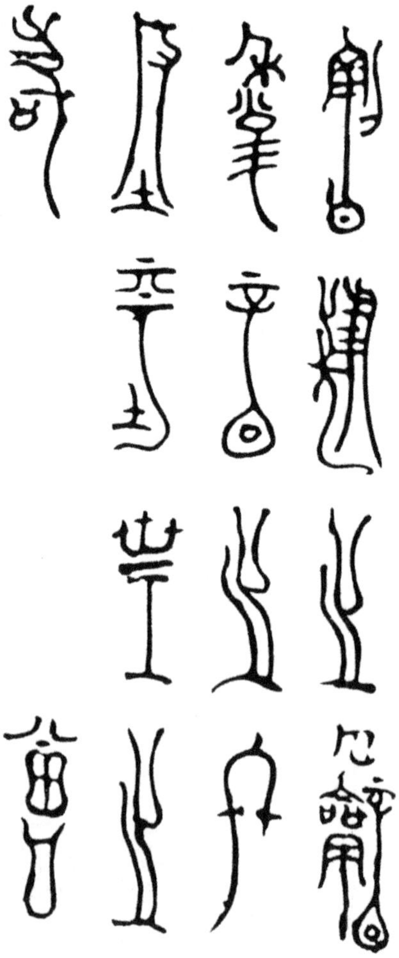

00324.6

東音之訃(變)商，爲黃鐘鼓，爲遅則徵曾

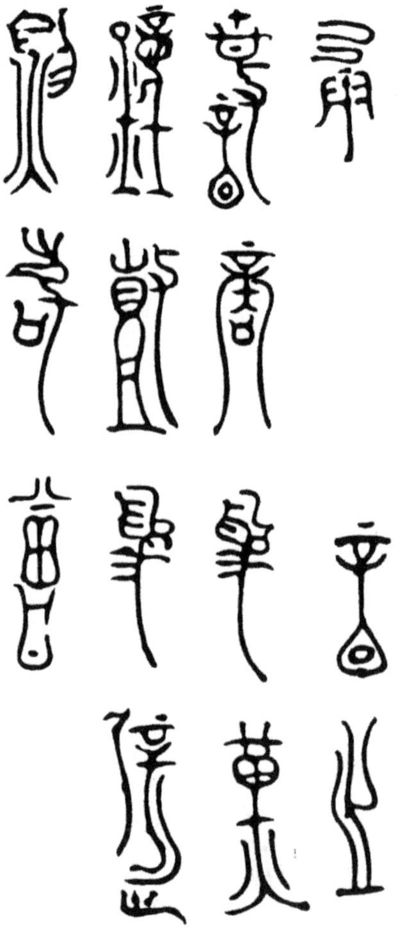

00324.7

曾侯乙鐘

00325.1

00325.2

00325.3

曾侯乙乍（作）時（持），翆（羽），宮，

00325.4

割（姑）肆（洗）之羿（羽），妥（蕤）
賓之冬（終），黄鐘
之羿（羽）角，無鐸（射）之徵曾，

00325.5

割（姑）肄（洗）之宮
佑，割（姑）肄（洗）之
在楚也爲
呂鐘，
其坂（反），爲
亘（宣）鐘，

00325.6

𨛭(應)音之
角，穆音之
商，新鐘之䛐(變)
徵，東音之䛐(變)
羿(羽)

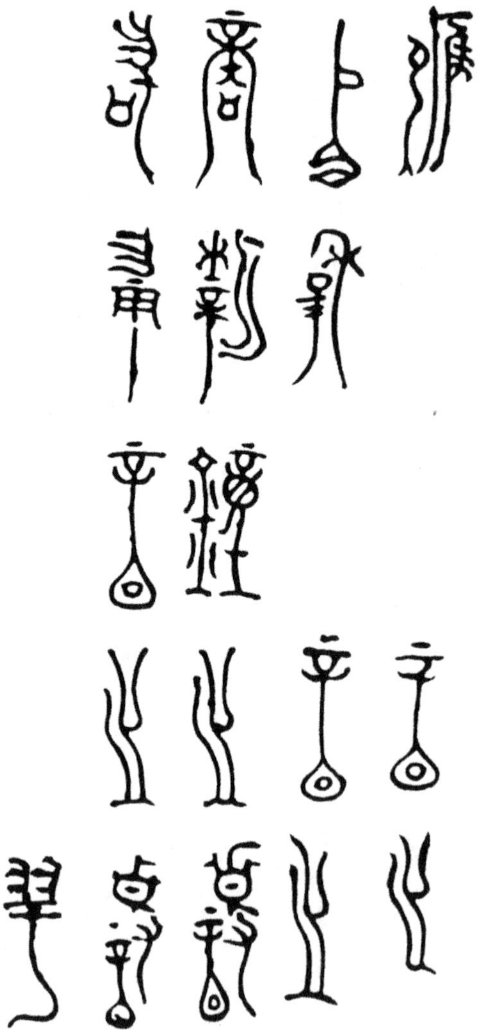

00325.7

曾侯乙鐘

00326.1

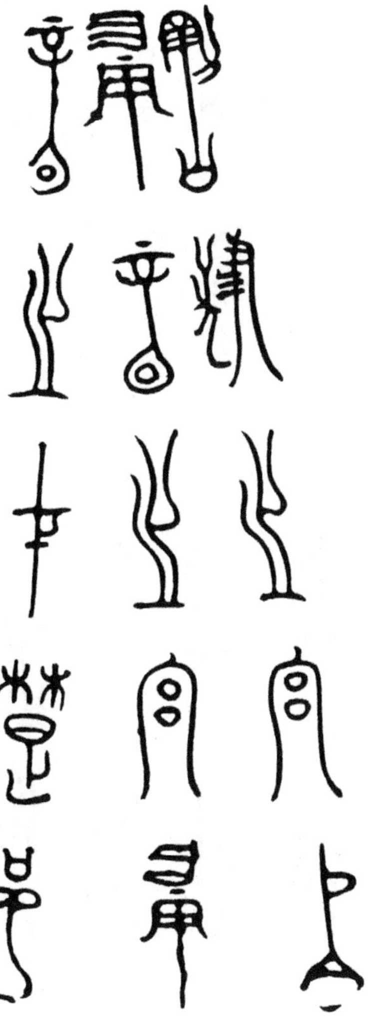

00326.4

曾侯乙乍（作）時（持），宮角，徵，割（姑）肆（洗）之宮角，東音之宮，東音之在楚也爲文王，

00326.3

00326.2

00326.5

割（姑）肆（洗）之冬（終），大（太）族（簇）之鼓，嬴（嬴）嗣（亂）之辪（變）商，鄘（應）鐘之徵角，

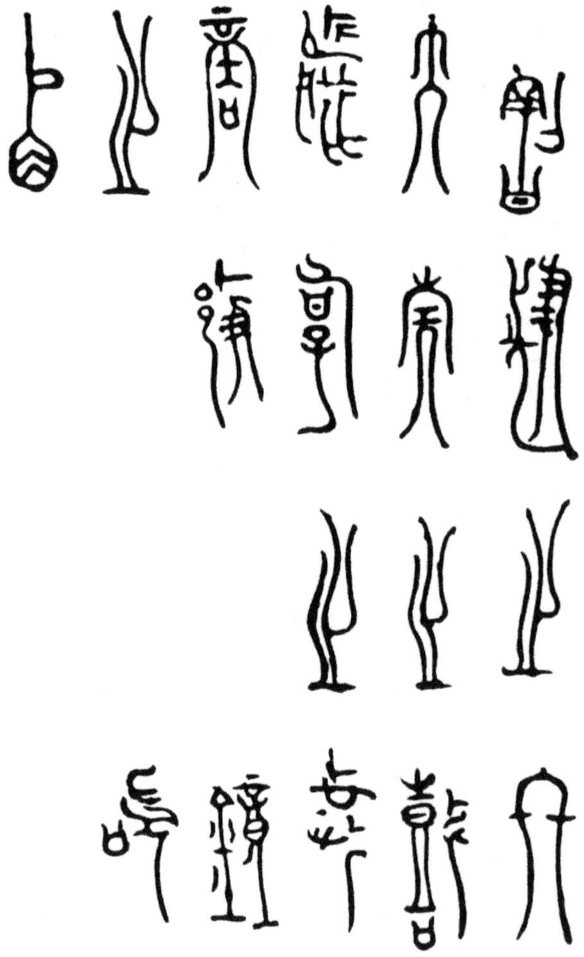

00326.6

東音之
徵曾，
爲坪皇之
羿（羽）顧下角，
爲槃鐘羿（羽）

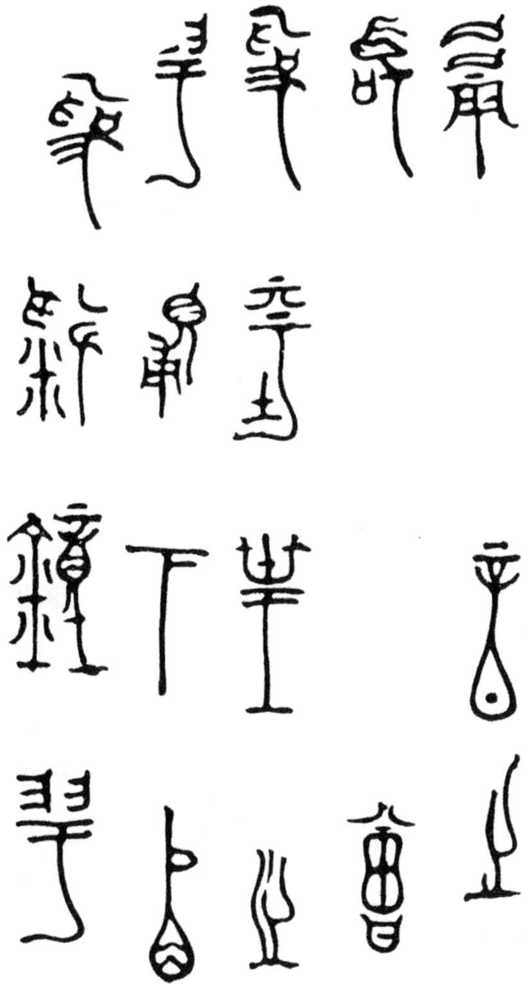

00326.7

曾侯乙鐘

00327.1

00327.2

00327.3

曾侯乙乍（作）時（持），商，
羿（羽）曾，

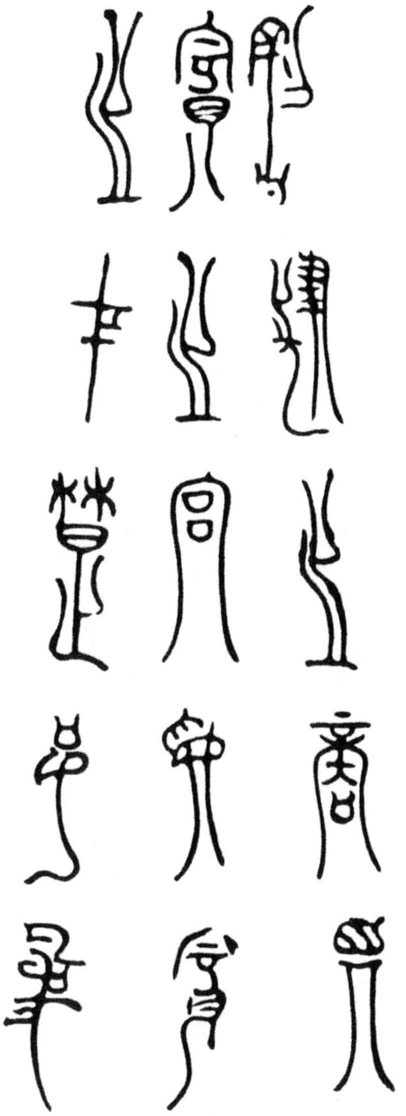

割（姑）肄（洗）之商，妥（蕤）
賓之宮，妥（蕤）賓
之在楚也爲
坪皇，其在[illegible]（申）也爲遲（夷）則，

00327.4

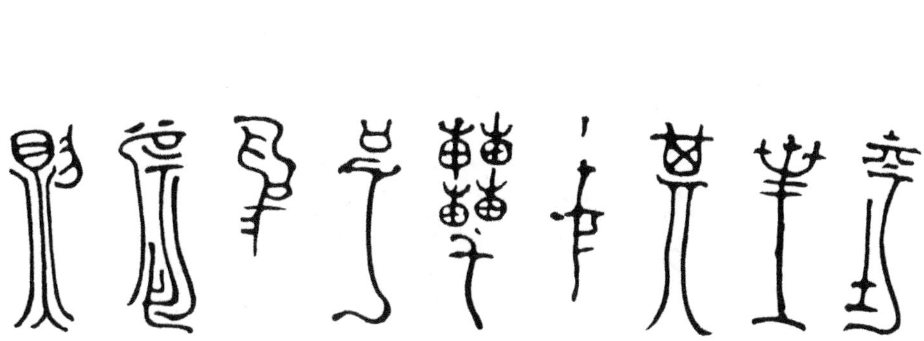

00327.5

割(姑)肄(洗)之翠(羽)曾，爲槃鐘徵，爲妥(蕤)賓之徵顧下角，爲無鐸(射)徵角，

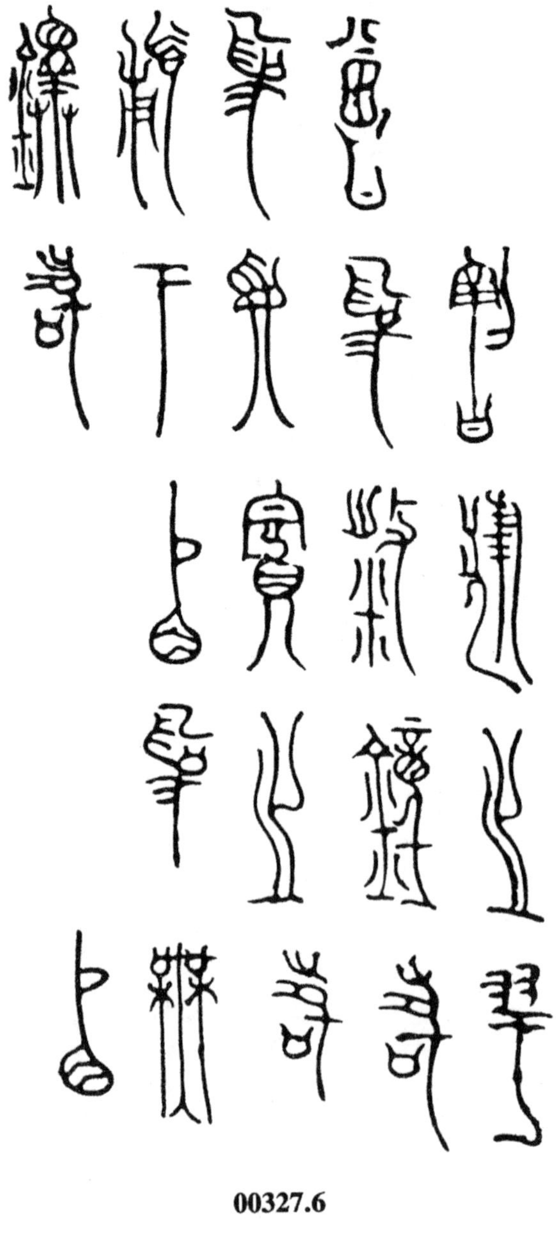

00327.6

文王之
詽（變）商，爲東
音翌（羽）角，爲𨞎（應）
音翌（羽），遅（夷）則之
徵曾，㝐（附）於索
商之䪖（餔）

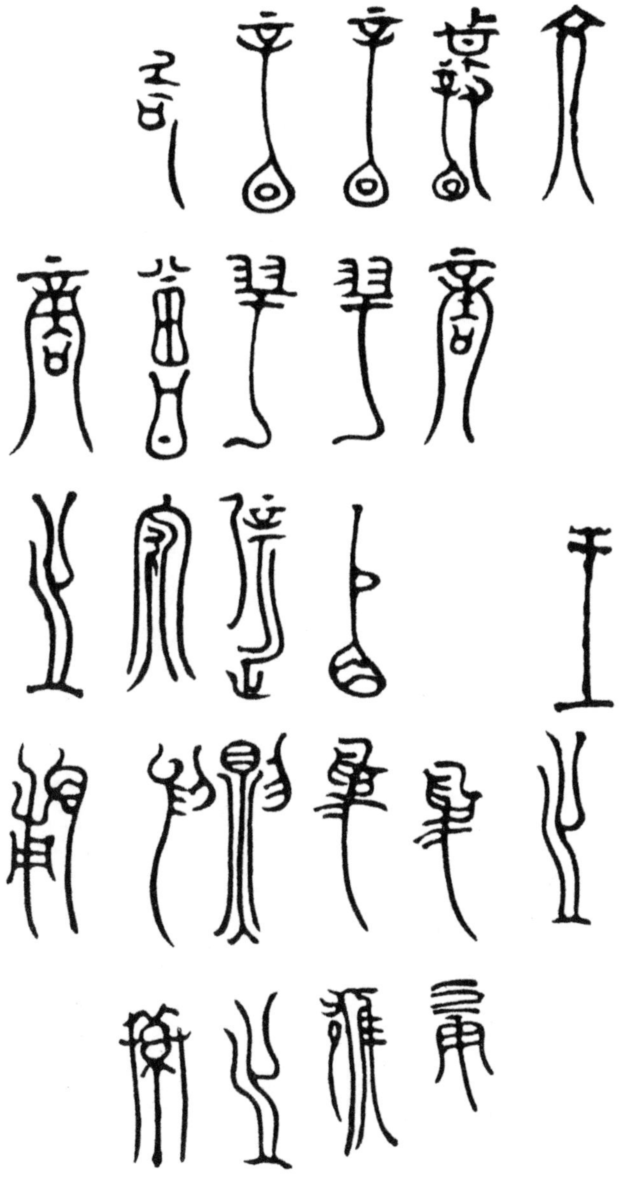

00327.7

曾侯乙鐘

曾侯乙乍（作）時（持），宮，

徵曾，

00328.1

00328.2

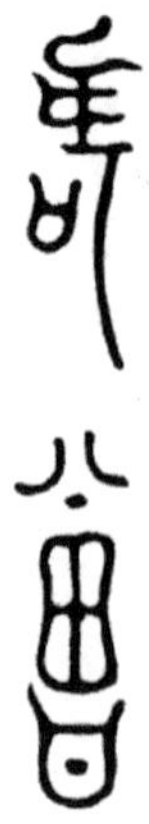

00328.3

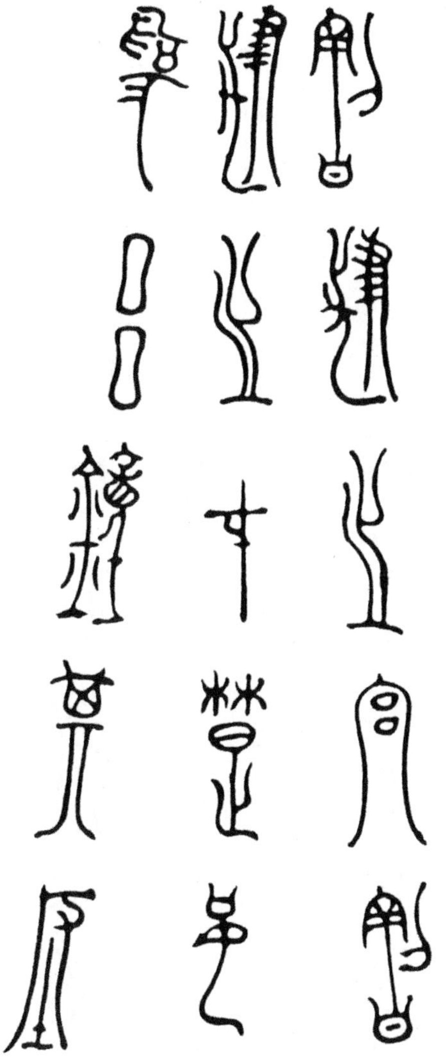

00328.4

割（姑）肄（洗）之宮，割（姑）
肄（洗）之在楚也
爲呂鐘，其坂（反）
爲亘（宣）鐘，亘（宣）鐘之在晉爲六亭（墉），

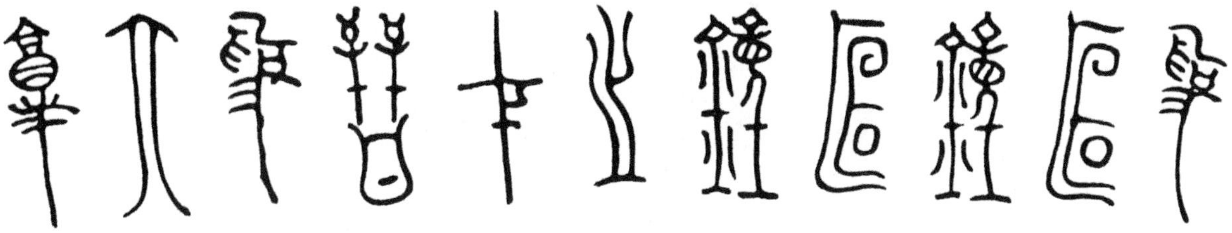

00328.5

割（姑）肄（洗）之徵曾，爲黃鐘徵，爲坪皇誁（變）商，爲遲（夷）則翆（羽）角，

00328.6

新鐘之
羿（羽），爲穆音之
羿（羽）顧下角，剌（厲）
音之羿（羽）曾，㝒（附）
於索宮之顧（鬴）

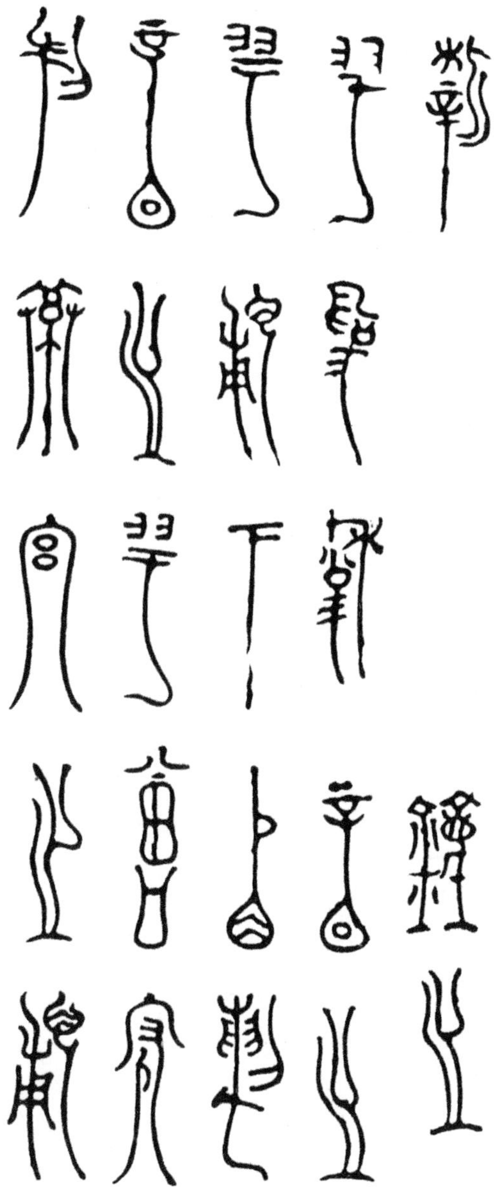

00328.7

曾侯乙鐘

00329.1

00329.2

00329.3

曾侯乙乍（作）寺（持），翆（羽），
翆（羽）角，

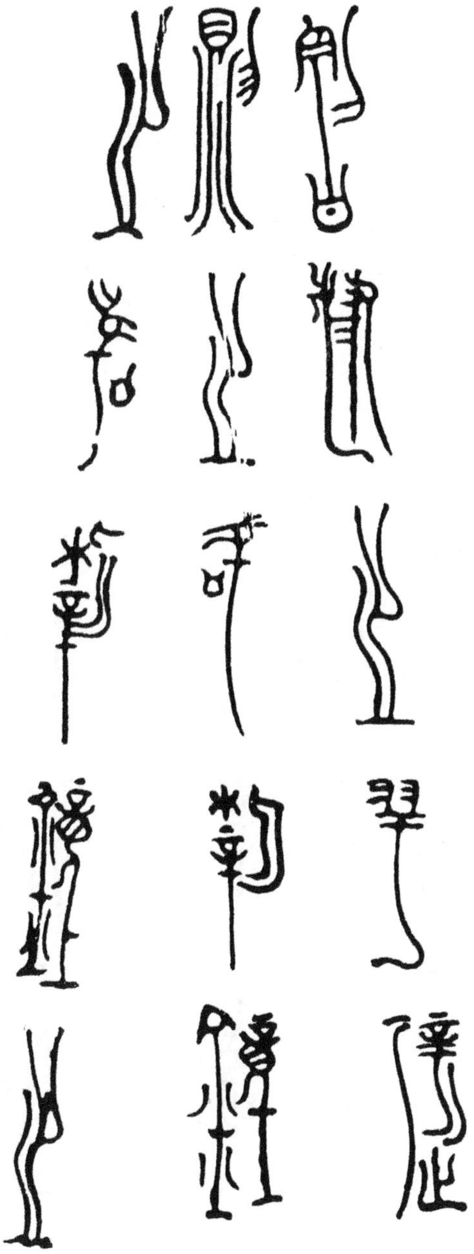

00329.4

割（姑）肄（洗）之翠（羽），遅（夷）
則之徵，新鐘
之徵，新鐘之
徵曾，鄘（應）音之詶（變）商，東音之翠（羽）曾，

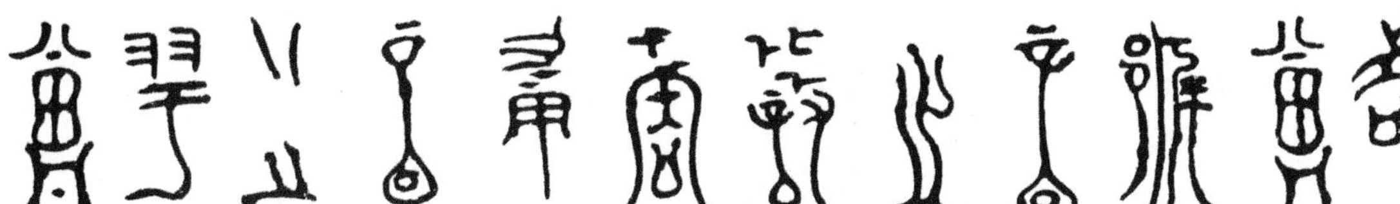

00329.5

割（姑）肄（洗）之羿（羽）角，爲文王羿（羽），爲坪皇徵角，爲獸鐘之羿（羽）顧下角，

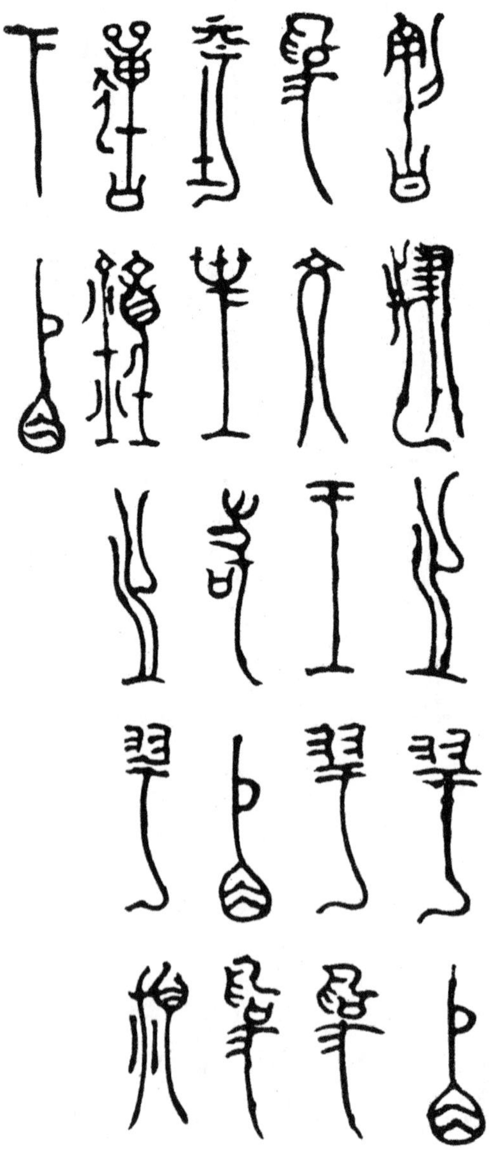

00329.6

無鐸（射）之徵，爲
𢋼（應）音羿（羽）曾，爲
夫（太）族（簇）之徵顛
下角，爲槃鐘
徵曾

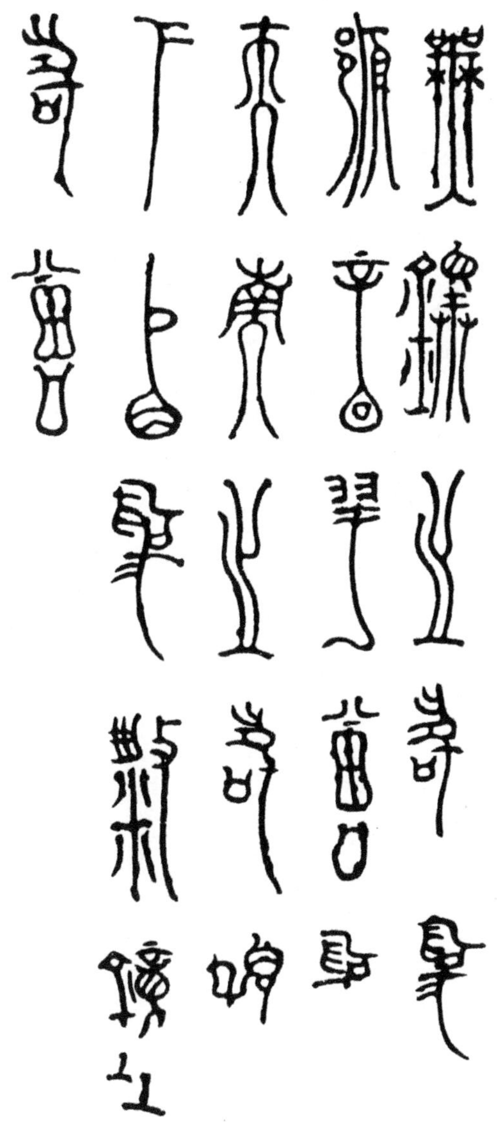

00329.7

曾侯乙鐘

00330.1

00330.2

00330.3

曾侯乙乍（作）時（持），徵，
徵角，

割（姑）肄（洗）之徵，夫（太）
族（簇）之羿（羽），新鐘
之訢（變）商，遲（夷）則
之羿（羽）曾，獸鐘之徵角

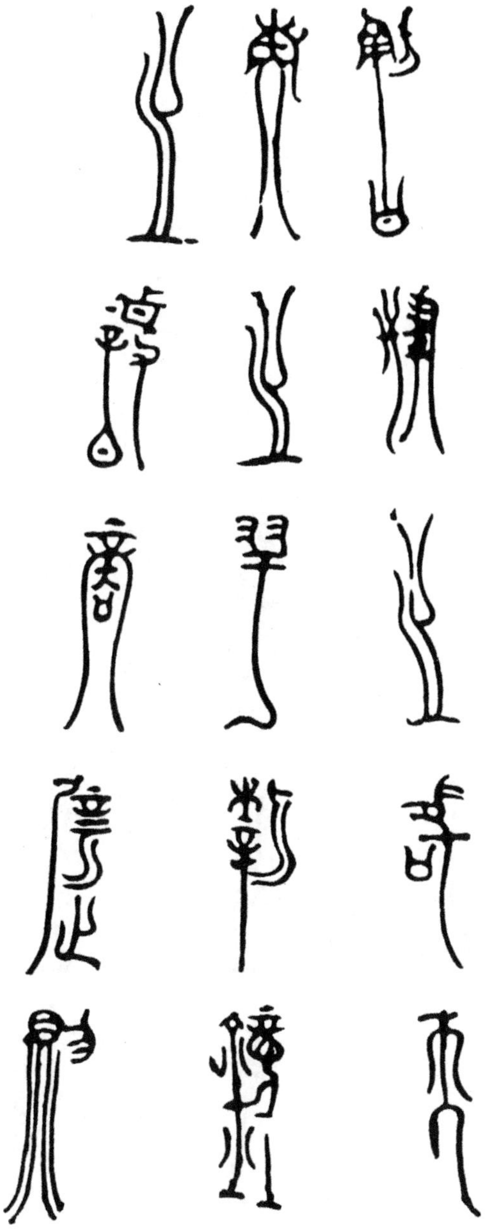

00330.4

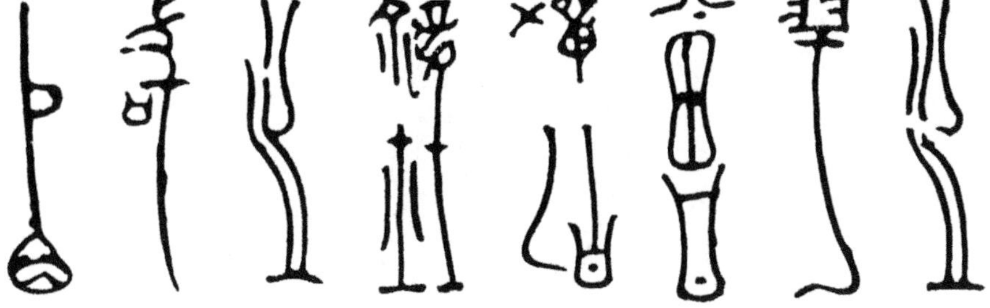

00330.5

割（姑）肄（洗）之徵角，坪皇之翆（羽），贏（贏）嗣（亂）之翆（羽）曾，爲獸鐘之徵顚下角，

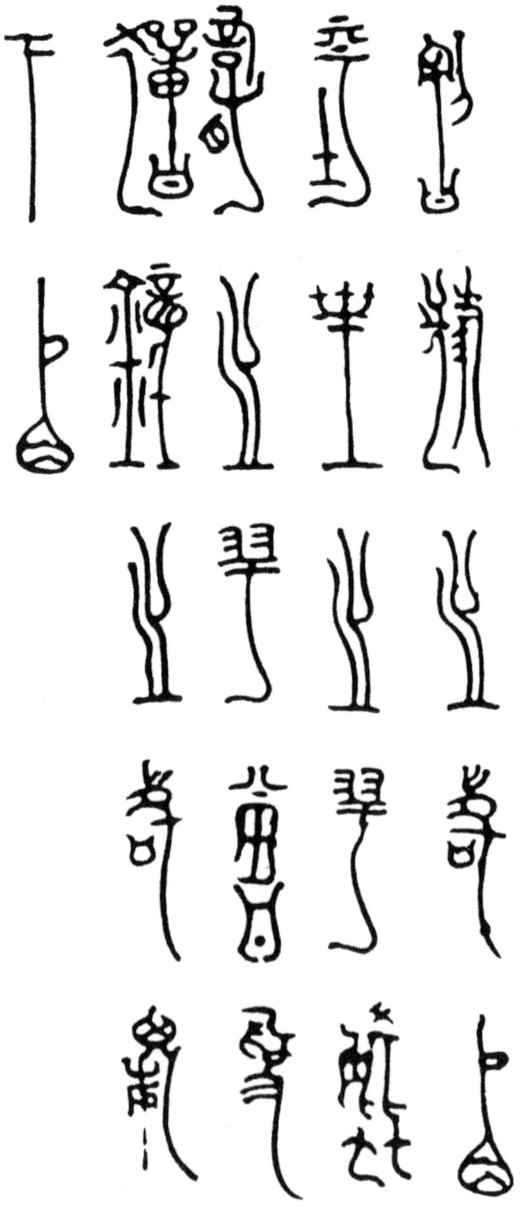

00330.6

文王徵，爲穆音訢（變）商，爲夫（太）族（簇）羿（羽）角，爲黄鐘徵曾

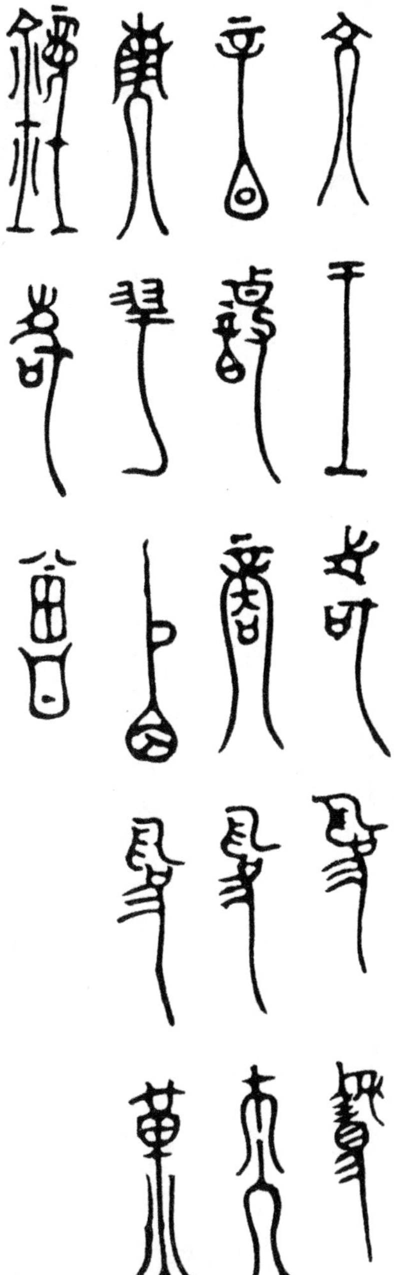

00330.7

曾侯乙鐘

羿（羽），羿（羽）曾

00331

曾侯乙鐘

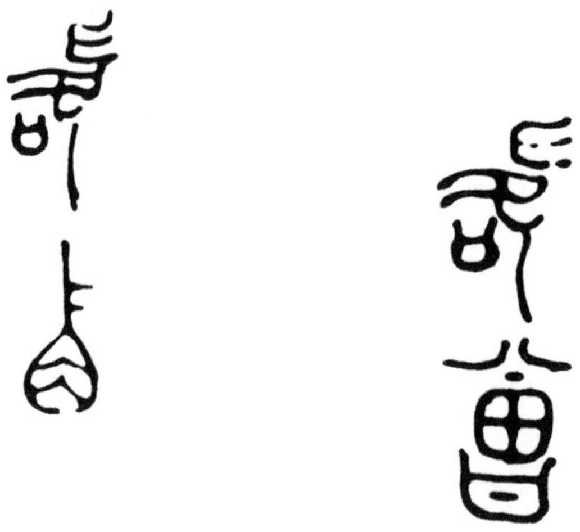

徵曾，徵角

00332

曾侯乙鐘

00333.2

00333.1

商曾
商角，

曾侯乙鐘

00334.2

00334.1

徵
徵曾，

曾侯乙鐘

00335.2

00335.1

羿（羽）曾
羿（羽）角，

曾侯乙鐘

00336.2

00336.1

宮
宮曾，

曾侯乙鐘

00337.2

00337.1

𦏲（羽）角，商曾，

曾侯乙鐘

00338.2

00338.1

𦏲（羽）商角，

曾侯乙鐘

00339.2

00339.1

00339.3

商，
羿（羽）曾，
膺（應）音之宮

曾侯乙鐘

00340.2

00340.1

商曾，
羿（羽）角，
東音之宮

00340.3

曾侯乙鐘

00341.2

00341.1

商角，
翆（羽）
割（姑）肆（洗）之宫

00341.3

曾侯乙鐘

00342.2

00342.1

00342.3

商，

習（羽）曾，

黃鐘之宮

曾侯乙鐘

00343

翆（羽）曾商，

曾侯乙鐘

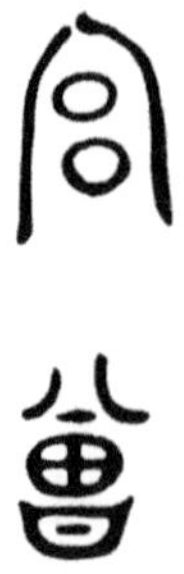

00344.1

00344.2

徵角宮徵，

曾侯乙鐘

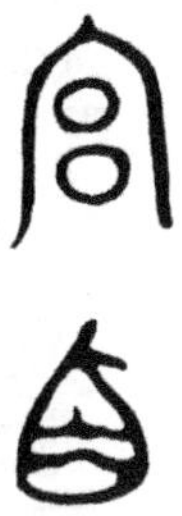

00345.1

00345.2

00345.3

宮角，徵，穆音之宮

曾侯乙鐘

00346.2

00346.1

00346.3

宮，

徵曾，

贏（嬴）嗣（亂）之宮

曾侯乙鐘

00347.1

00347.2

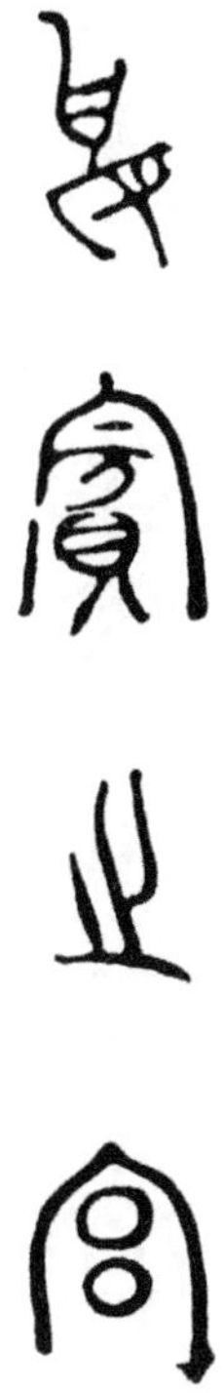

00347.3

宮曾，
徵角，
妥（蕤）賓之宮

曾侯乙鐘

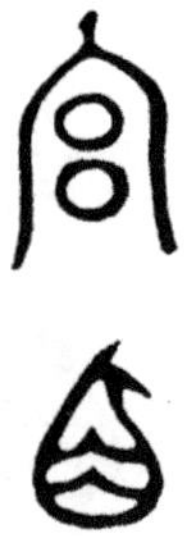

00348.1

00348.2

宮角，
徵，
大（太）族（簇）之宮

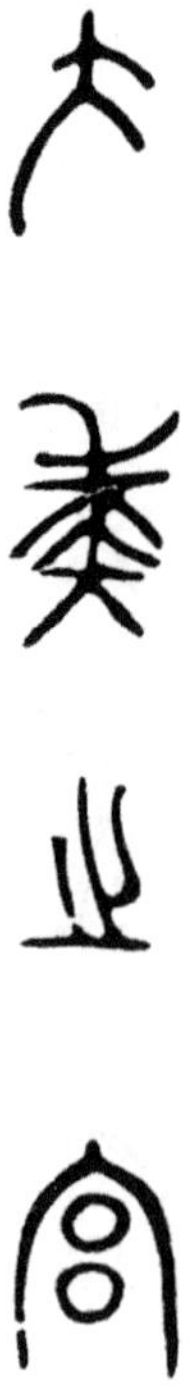

00348.3

曾侯乙鐘

00349.1

00349.2

00349.3

宮，

徵曾，

無鐸（射）之宮

陳大喪史仲高鐘

敶（陳）大喪史仲高乍（作）
鈴鐘，用祈眉壽無
疆，子子孫孫，永寶用之

00350

嫩大喪史仲高鐘

嫩（陳）大喪史仲高乍（作）鈴鐘，用祈眉壽無疆，

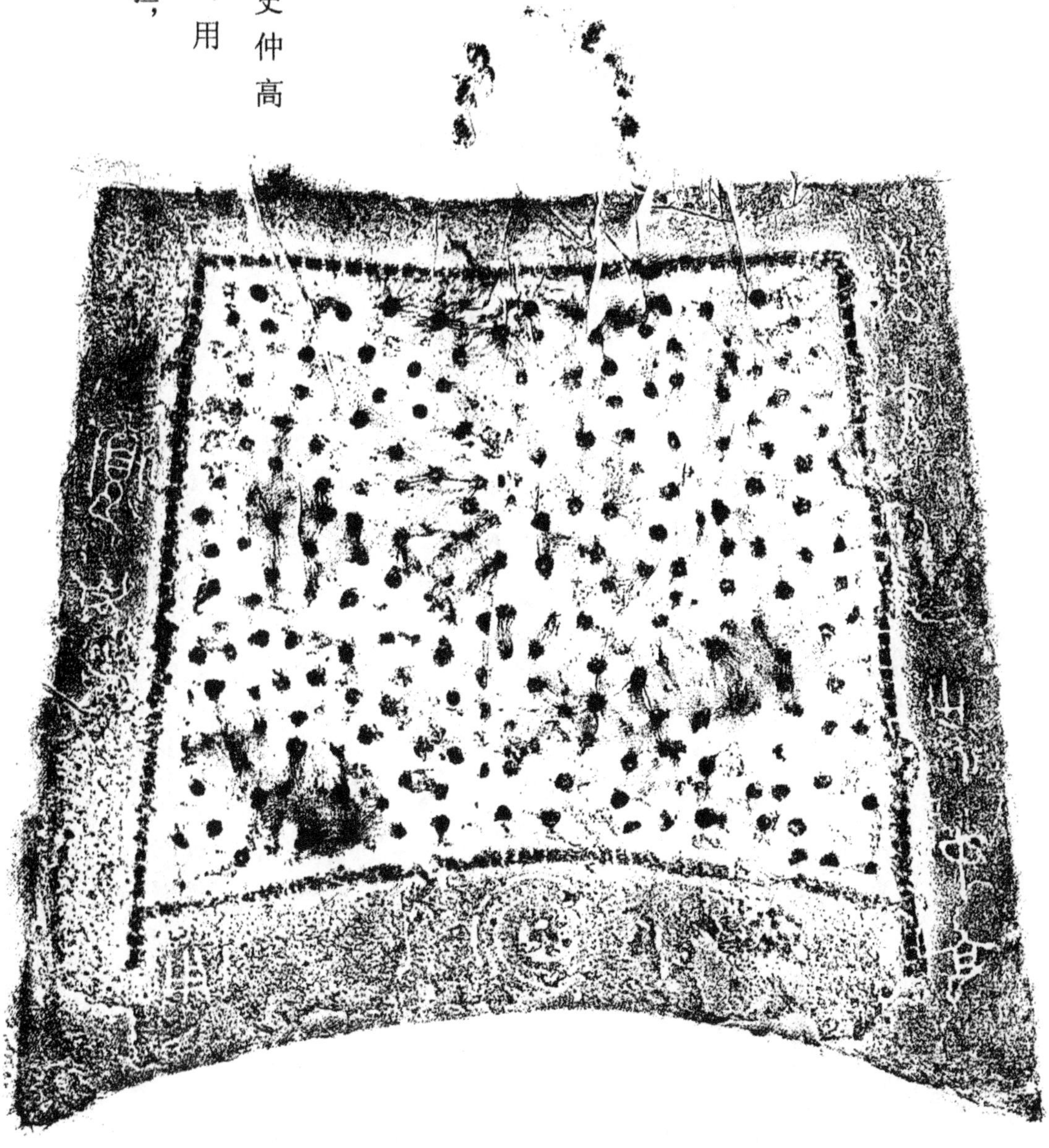

00351.1

子子孫孫，永寶用之

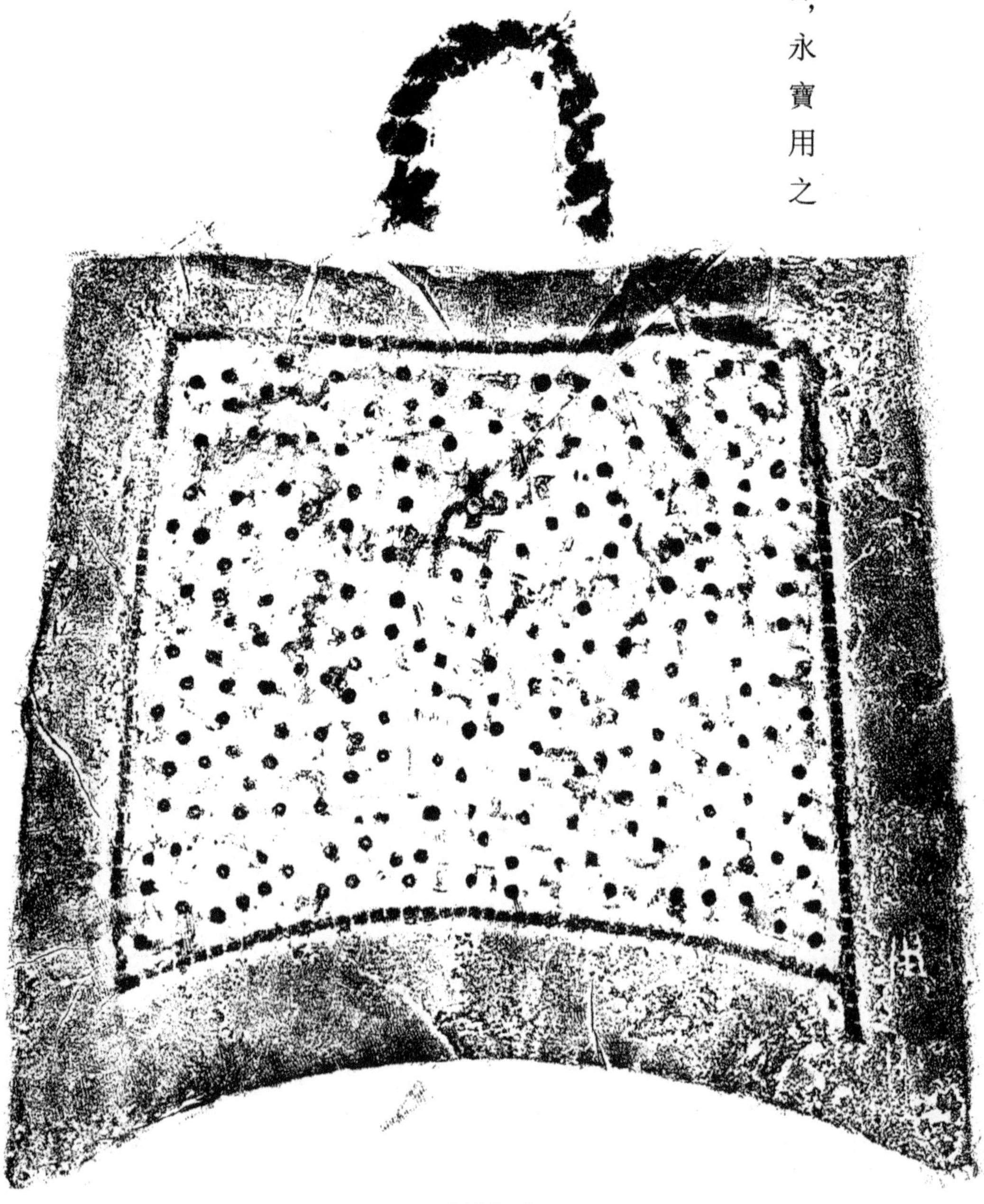

00351.2

𨻰大喪史仲高鐘

𨻰（陳）大喪史仲
高乍（作）鈴鐘，
用祈眉壽無

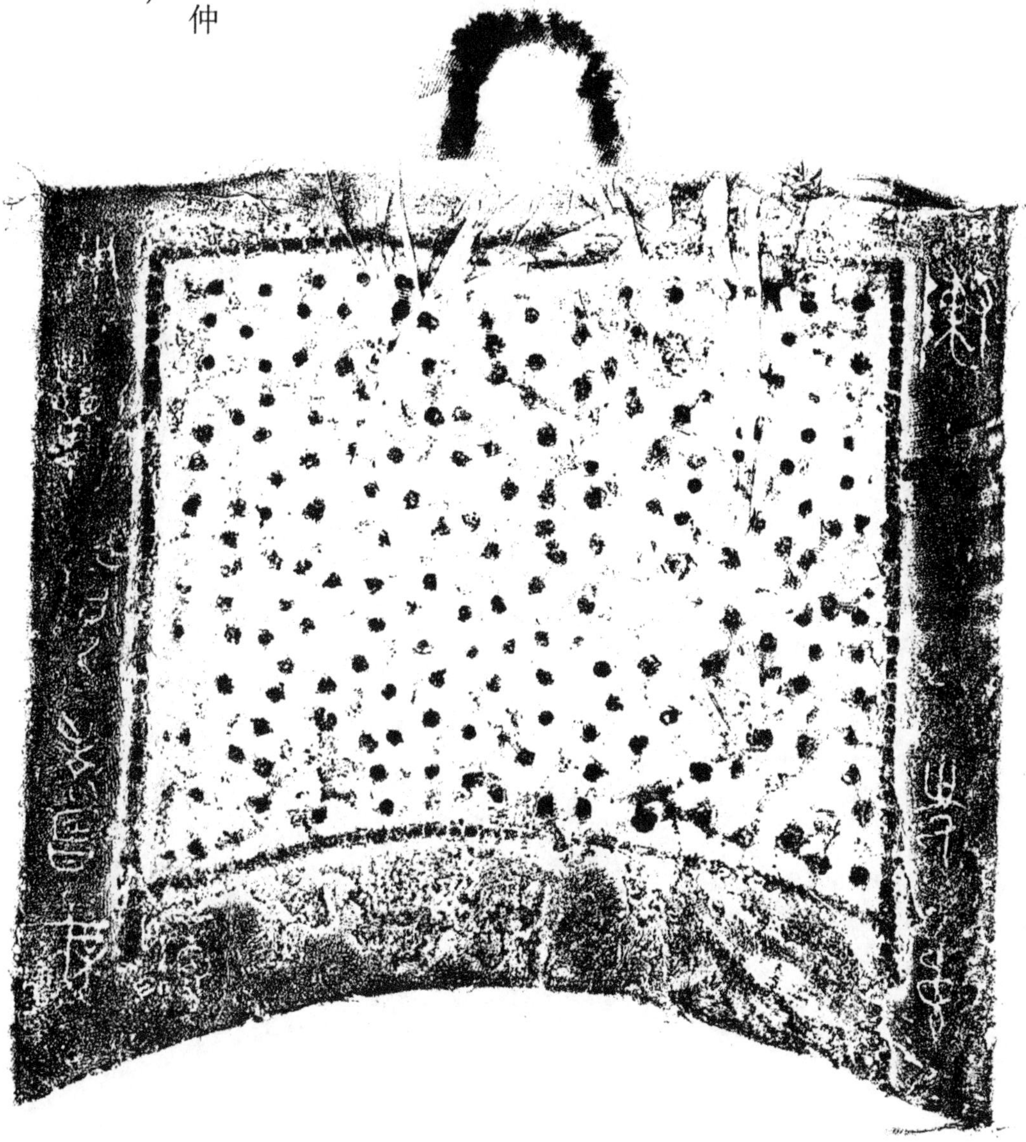

00352.1

疆，子子孫孫，永寶用之

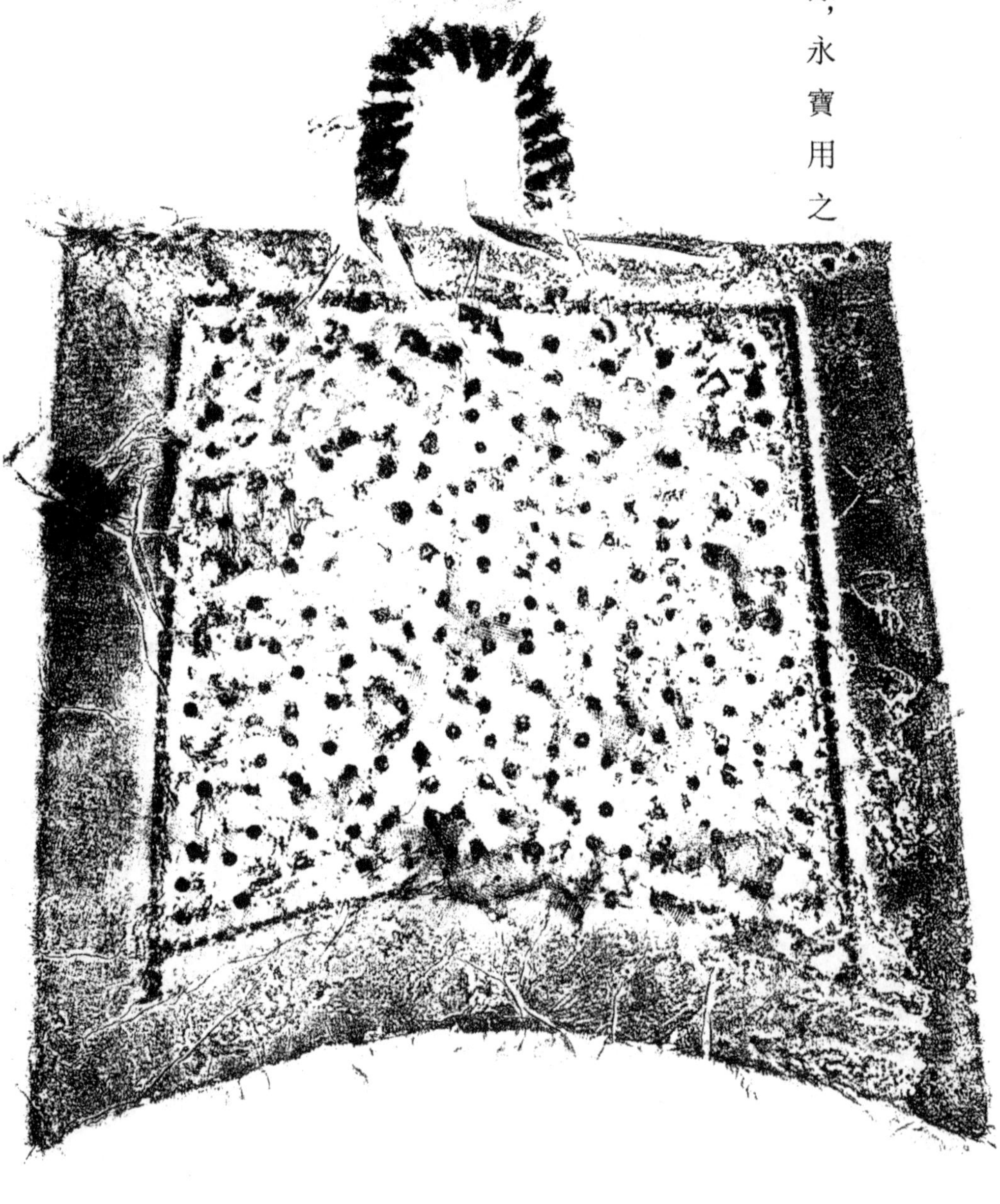

00352.2

敶大喪史仲高鐘

敶（陳）大喪史仲高
乍（作）鈴鐘，用祈
眉壽無疆，子子

00353.1

孫孫，永寶用之

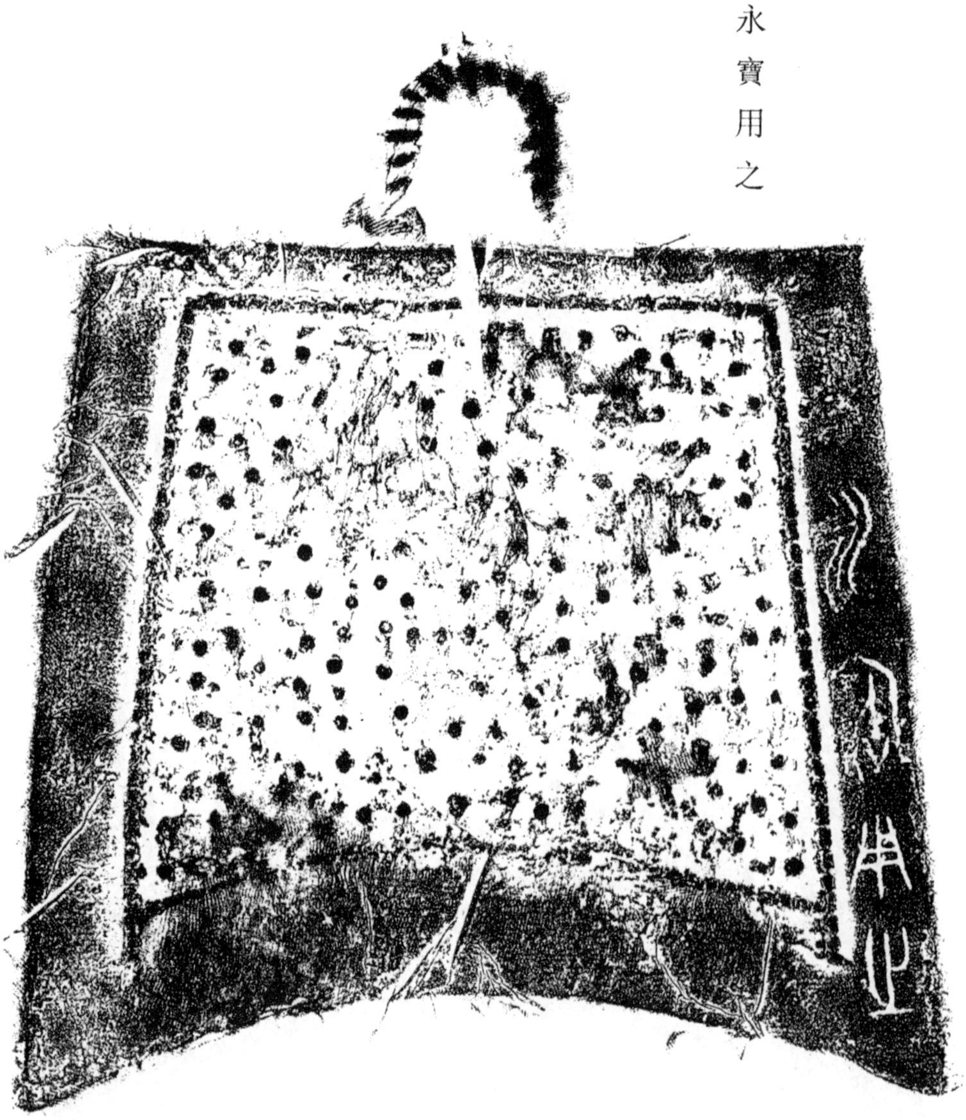

00353.2

敶大喪史仲高鐘

敶（陳）大喪史仲
高乍（作）鈴
鐘，用祈眉壽

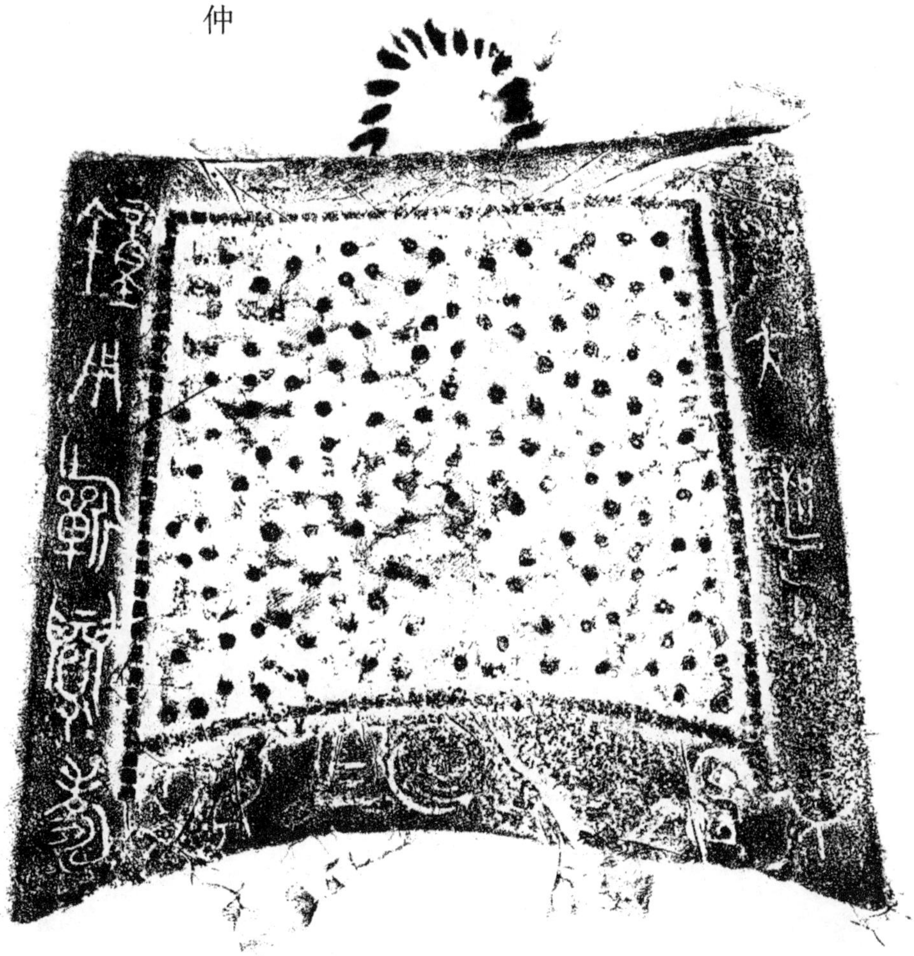

00354.1

無疆，子子孫孫，永寶用之

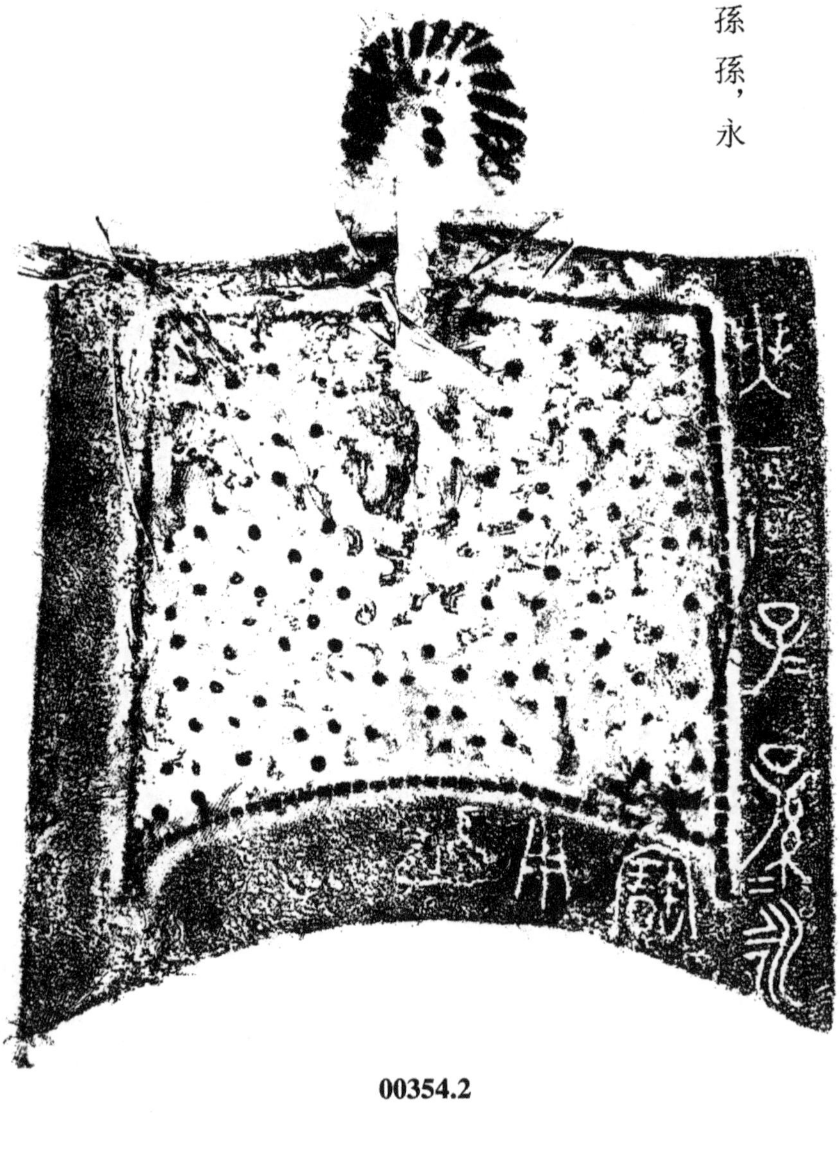

00354.2

敶大喪史仲高鐘

敶（陳）大喪史仲高乍（作）鈴鐘，用祈眉

00355.1

壽無疆，子子
孫孫，永寶用之

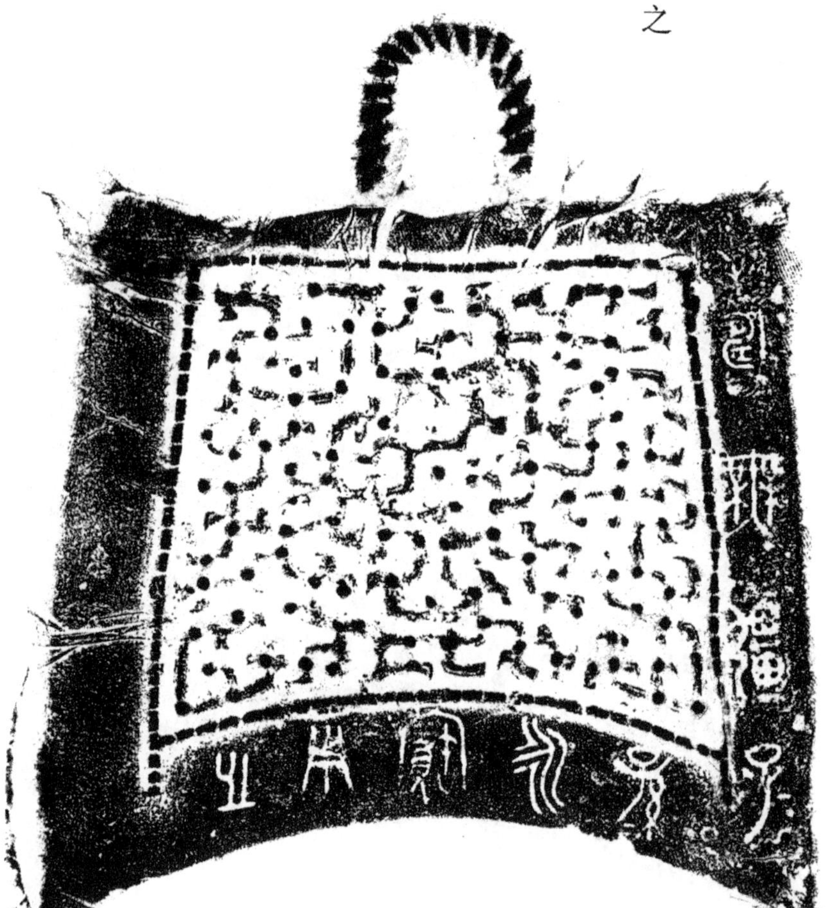

00355.2

井叔采鐘

原高二三厘米

00356

井叔叔采乍（作）朕文祖穆公大鐘，用喜（饎）樂文神、人，用祈富（福）⿱雨貝、〔多〕壽、⿱每曰（誨）魯，其子子孫孫日鼓樂茲鐘，其永寶用

井叔采鐘

原高一九厘米

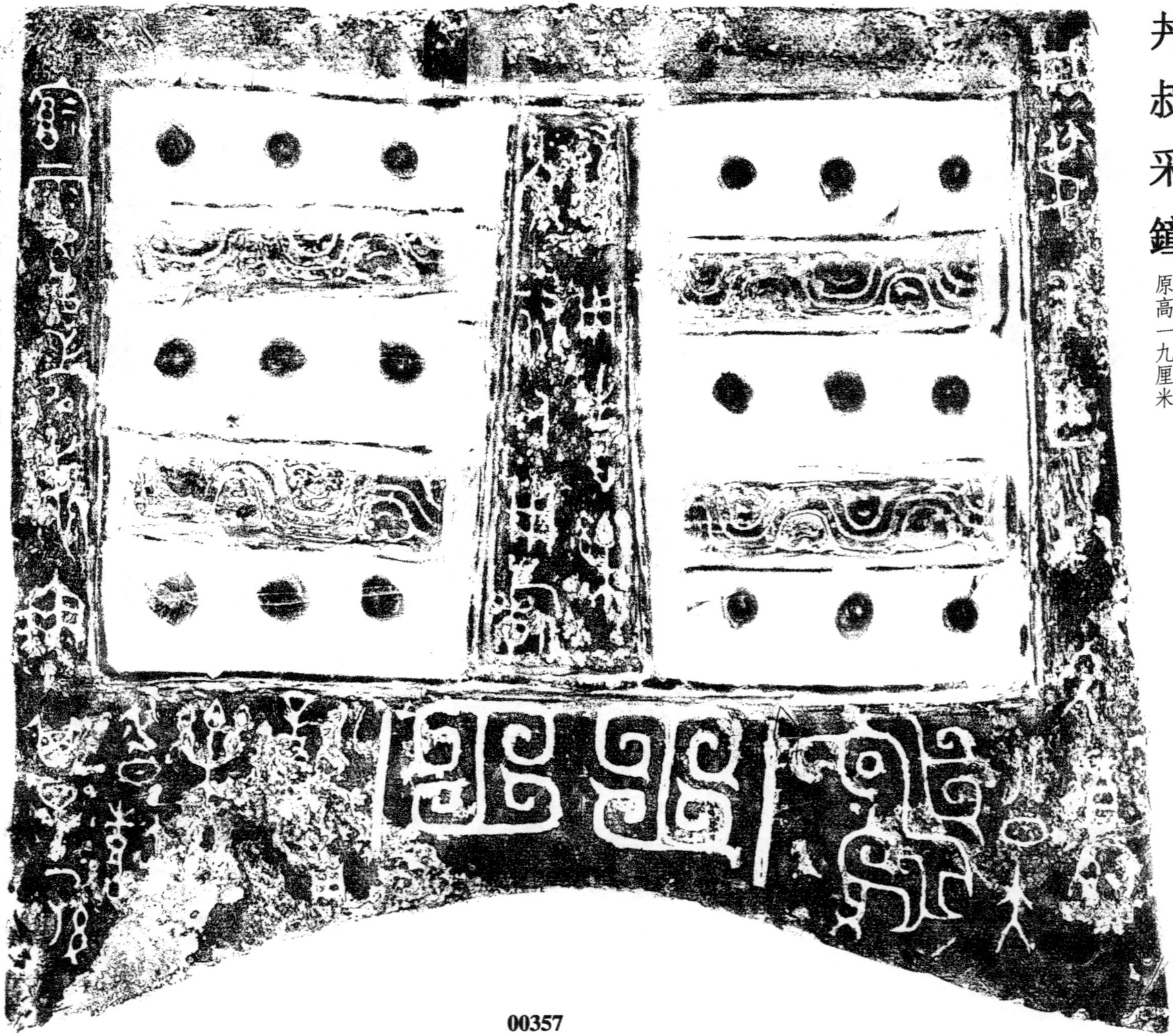

00357

井叔叔采乍（作）朕文祖穆
公大
鐘，用喜（饎）樂
文神、人，用祈
富（福）賁、多壽、眘（誨）魯，其子子孫孫
日鼓樂茲鐘，其永寶用

五祀㝬鐘

明𩫏文，乃膺受大令（命），匍（撫）右（有）四方，余小子肈嗣先王，配上下，乍（作）厥王大寶，用喜（饎）侃（衎）前文人，墉厚多福，用䜌圂先

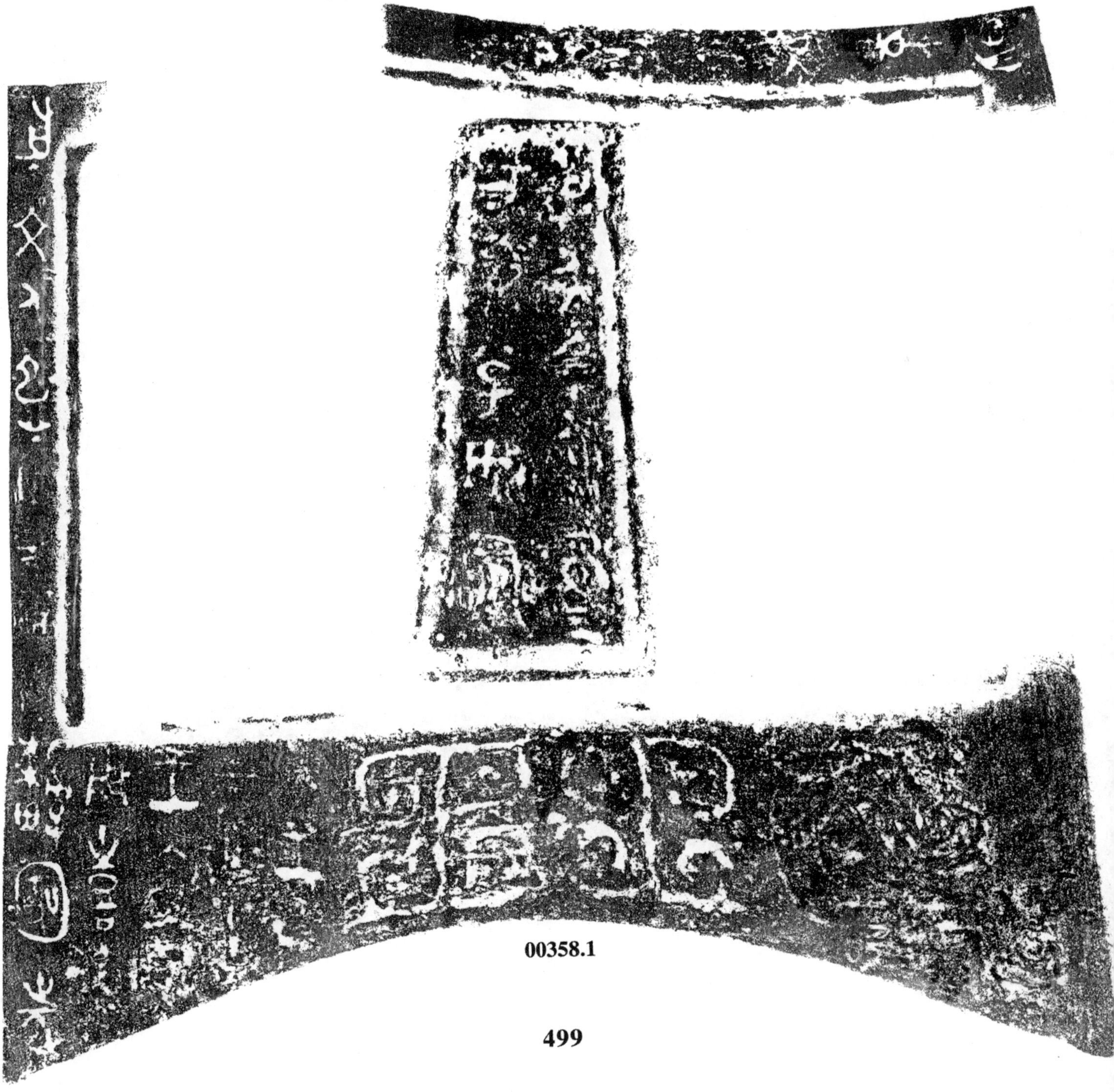

00358.1

王，受皇天大魯令（命），文人
陟降，余
黄𢍜（蒸），受（授）余
屯（純）魯，用
不廷方，㝬（胡）其萬
年，永畯尹四
方，保大
令（命），乍（作）疐
在下，御
大福，其各，唯王五祀

00358.2

鳶鐃

鳶

00359

鐃

00360

㽙鐃

㽙（亶）

00361

鐃

專

00362

鐃

專

00363

鐃

專

00364

匽鏡

匽

00365

匽鏡

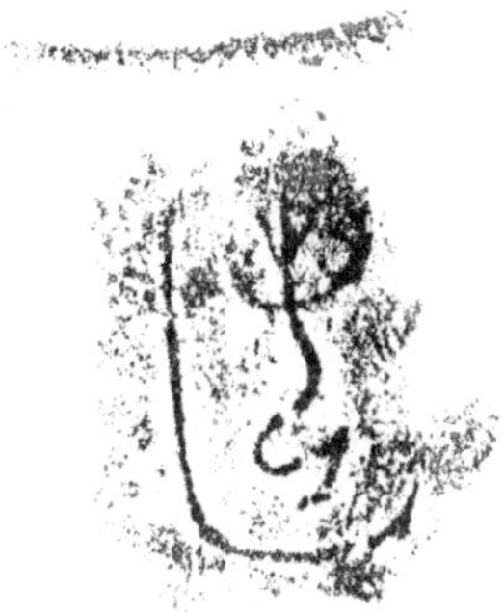

匽

00366

中鏡

中

00367

中鏡

中

00368

中鏡

中

00369

中鐃

中

00370

中鐃

中

00371

史鐃

史

00372

貯鐃

貯

00375

受鐃

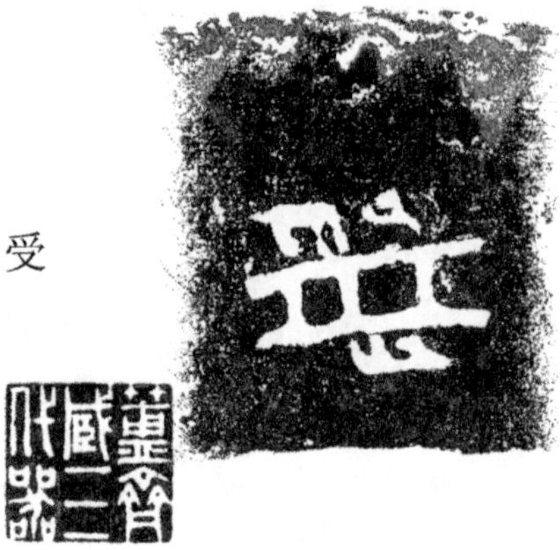

受

00374

史鐃

史

00373

舌鐃

舌

00376

⿱子共鐃

⿱子共

00377

⿱子共鐃

⿱子共

00378

⿱子共鐃

⿱子共

00379

亞矣鐃

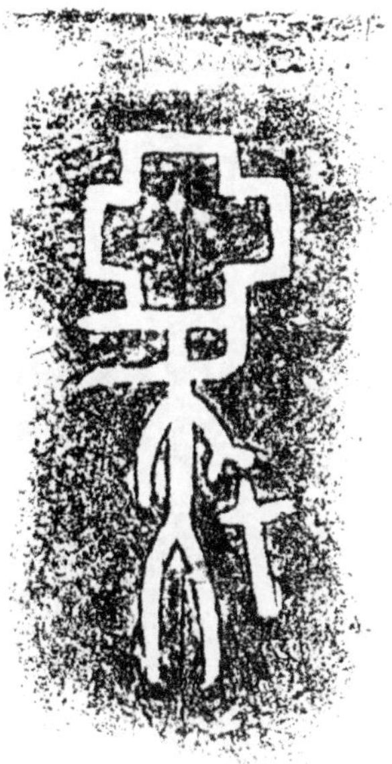

亞疑

00380

亞矣鏡

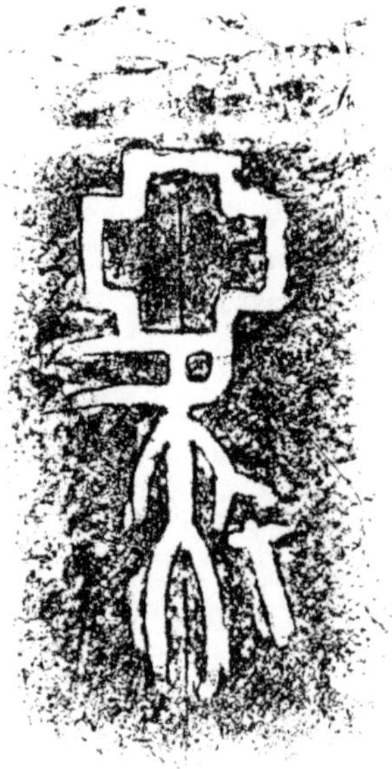

亞疑

00381

亞矣鏡

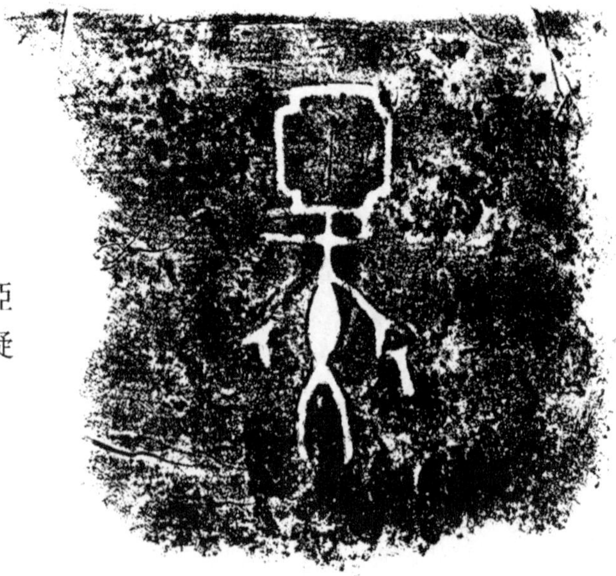

亞疑

00382

亞弜鏡

亞弜

00383

亞弜鏡

亞弜

00384

亞夫鐃

亞
夫

00385

亞㝬鐃

亞
㝬

00386

亞[illegible]鐃

亞
[illegible]

00387

北單鐃

北
單

00388

北單鐃

北
單

00389

北單鐃

北
單

00390

鐃

（矛）

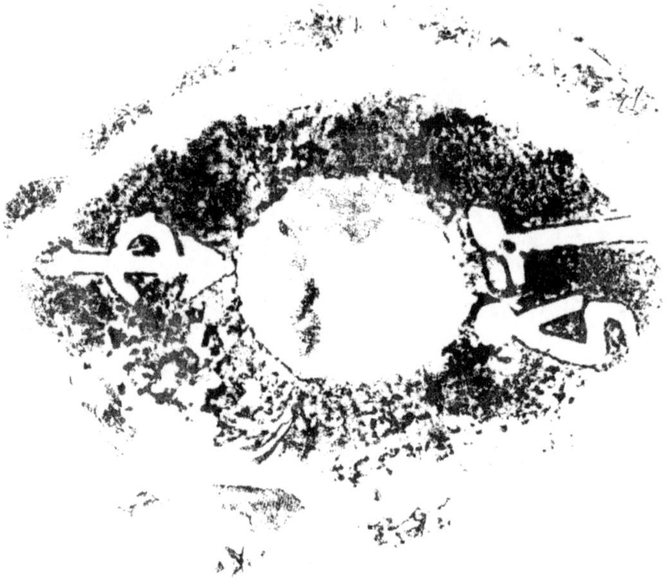

00391

夫册鐃

夫
册

00392

⿱业共噉鐃

⿱业共
嫣

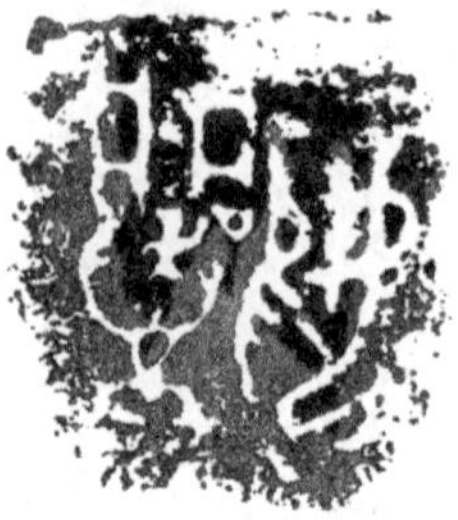

00394

⿱业共噉鐃

⿱业共
嫣

00393

[illegible]亼鐃

00395.1

00395.2

00395.3

[illegible]亼鐃

00396.1

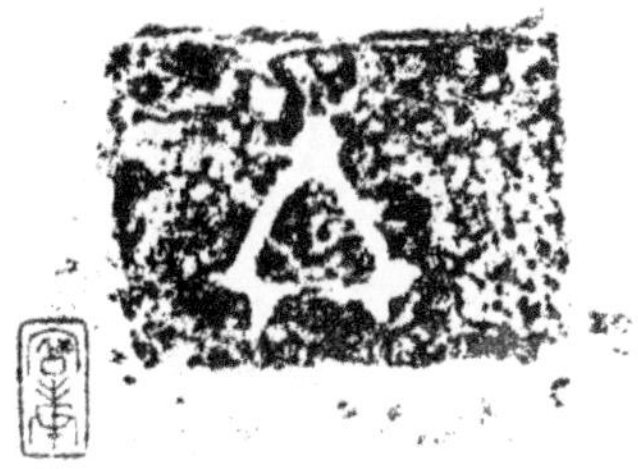

00396.2

00396.3

□亼鐃

00397.3

□亼

00397.1

亞□鐃

亞□（幾口□）

00398

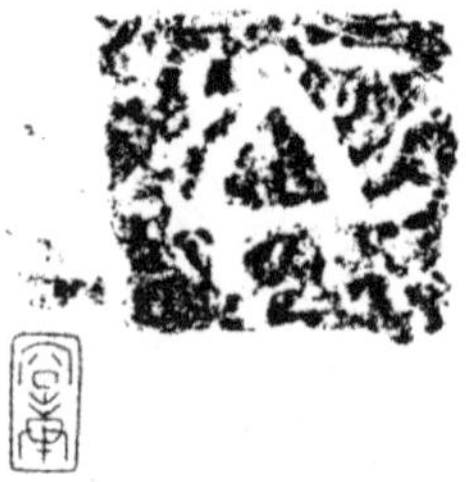

00397.2

亞醜嫿鐃

亞醜嫿

00399

齒見冊鐃

木見齒冊

00400

齒見冊鐃

木見齒冊

00401

齒見冊鐃

木見齒冊

00402

亞虹左鐃

亞虹左

00403

隻毕子鐃

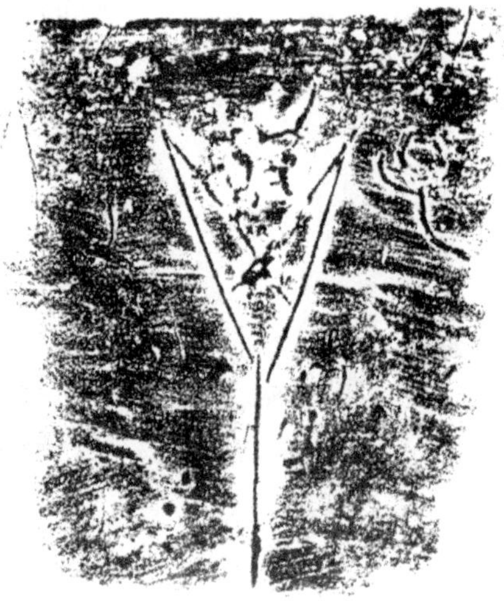

子離

00404

亞伿姍鐃

亞伿姍

00406

亞伿姍鐃

亞伿姍

00405

亞伿姍鐃

亞伿姍

00407

魚正乙鐃

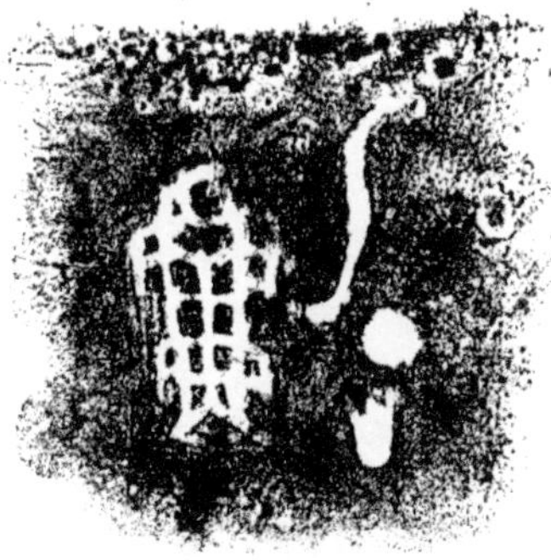

乙正魚

00408

魚正乙鐃

乙正魚

00409

魚正乙鐃

乙正魚

00410

亞萬父己鐃

亞萬父己

00411

匕辛鐃

沬秂伊辛

00412

亞𠤕鈴

亞疑

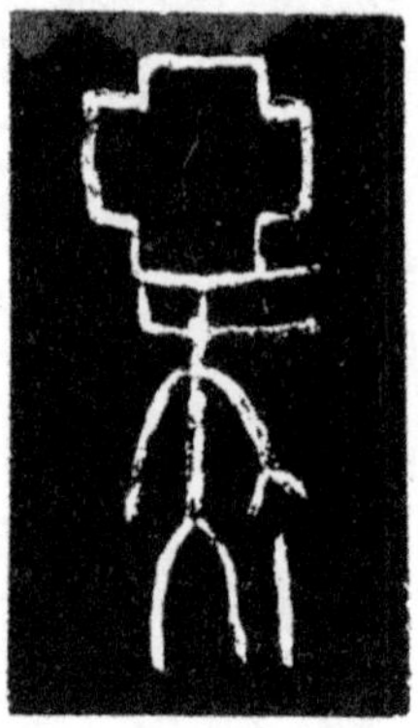

00413

亞𠤕鈴

亞疑

00414

亞𠤕鈴

亞疑

00415.1

亞疑

00415.2

成周鈴

成周王令（鈴）

00416

成周鈴

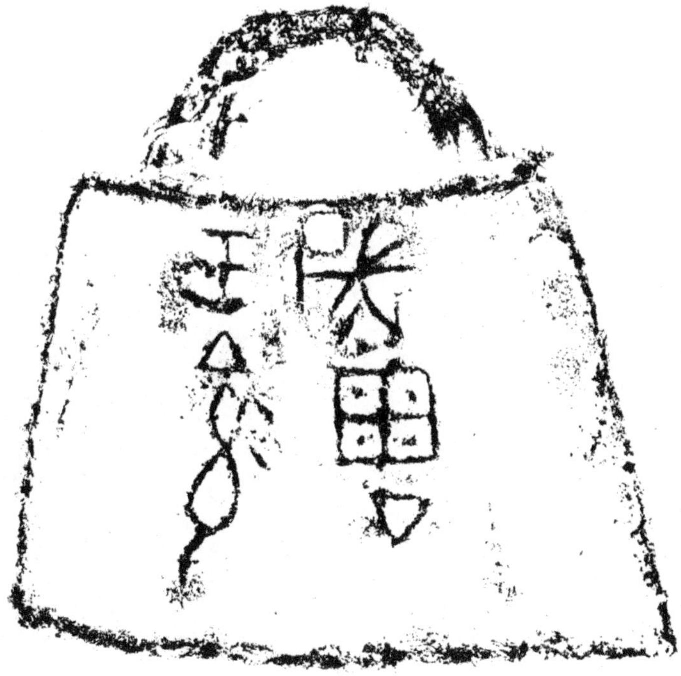

成周王令（鈴）

00417

王鐸

王

00418

□郢逨鐸

鄦郢率鐸

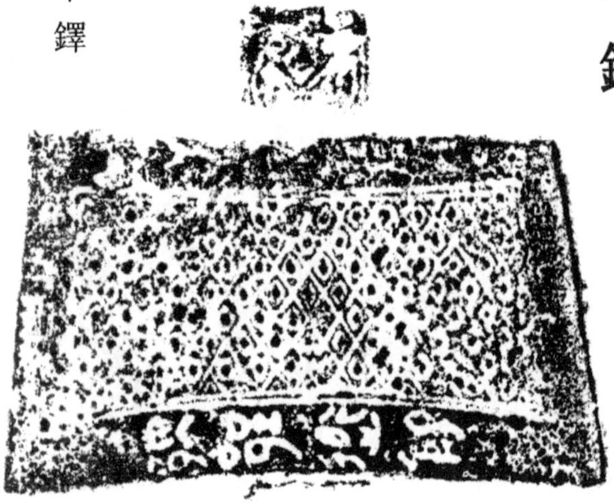

00419.1

鄦郢率鐸

00419.2

□外卒鐸

外卒鐸，鐘君（尹）

00420.1

00420.2

其次句鑃

唯正初吉丁亥，其次擇其吉金，鑄句（勾）鑃，台（以）享台（以）考（孝），用祈萬壽，子子孫孫，永保用之

00421

其次句鑃

唯正初吉丁亥，其次擇其
吉金，鑄句（勾）鑃，
台（以）享台（以）考（孝），用
祈萬壽，子子孫孫，
永保用之

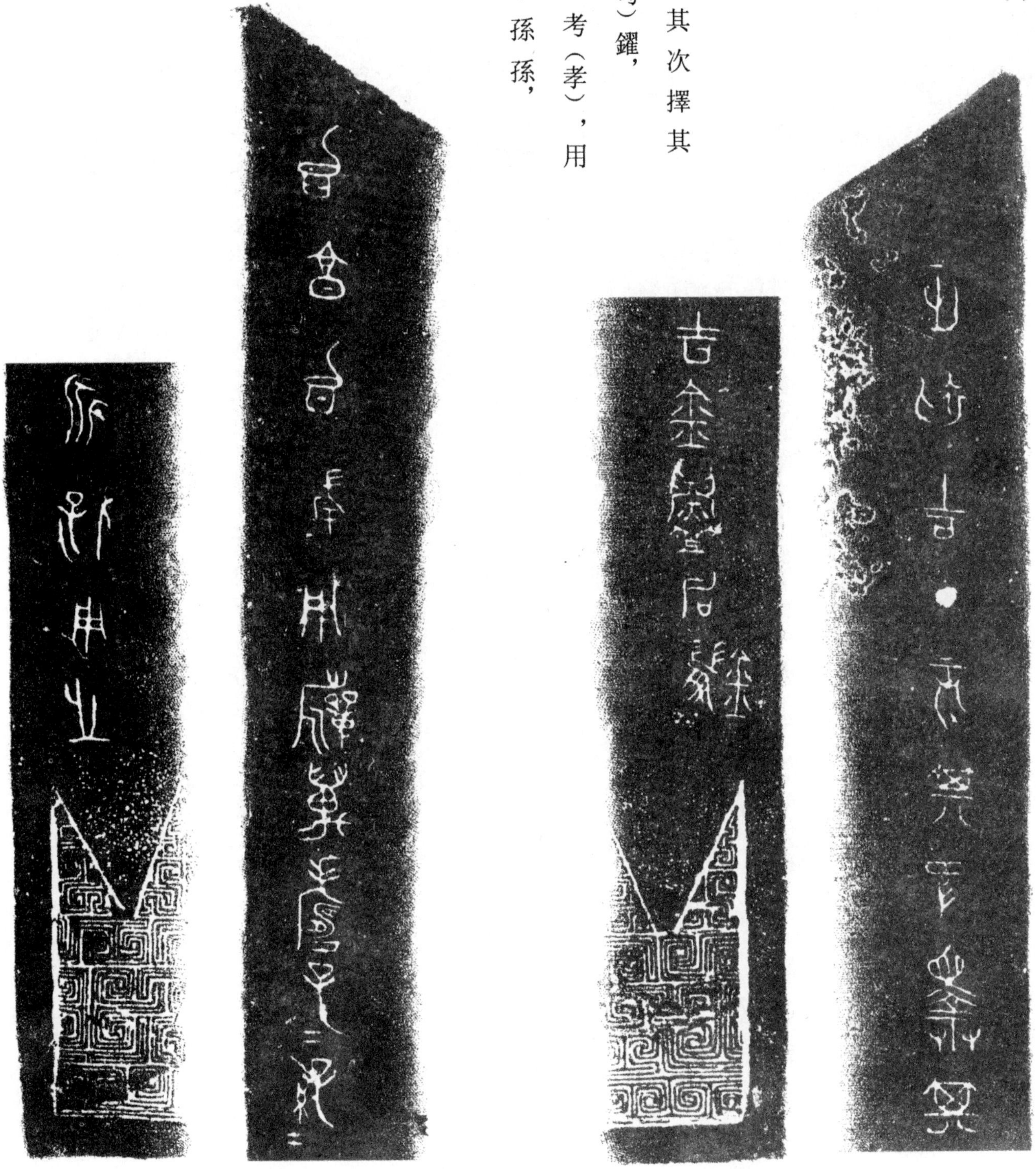

00422A

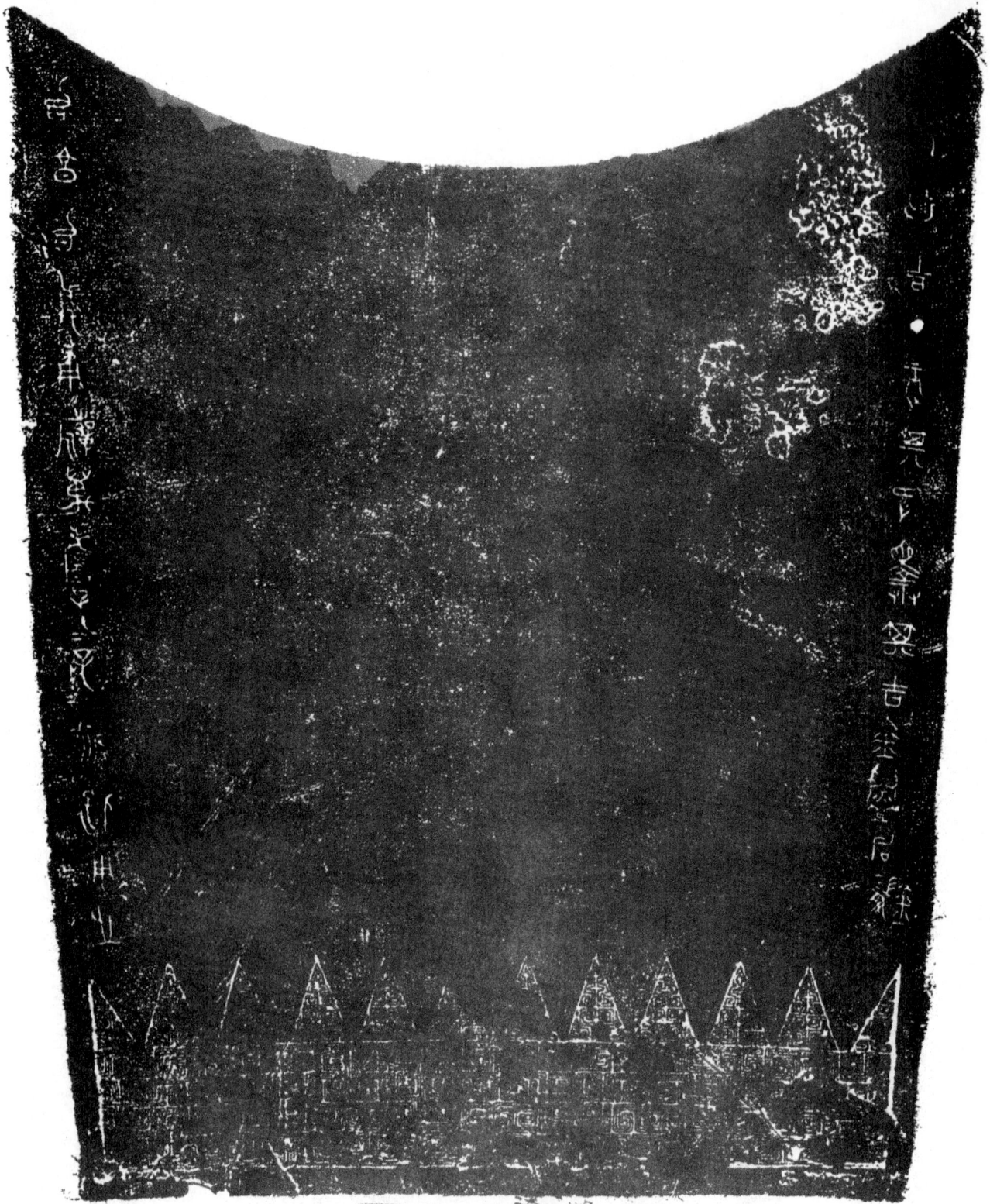

唯正初吉丁亥，其次
擇其吉金，鑄句（勾）鑃，
台（以）享台（以）考（孝），
用祈萬壽，子子孫孫，
永保用之

00422B

喬君鉦鋮

00423

喬君淲虘
與朕以贏，
乍(作)無者俞
寶鑃鋰(鐸)，
其萬年，用
享用考(孝)，用
旂(祈)眉壽，子子
孫孫，永寶用之

姑馮昏同之子句鑃

唯王正月，初吉丁亥，姑馮昏同（馮同、逢同）之子，擇厥吉金，自

00424.1

乍(作)商句(勾)
鑃，以
樂賓客，及
我父⿰虫兄(兄)，子子
孫孫，永保用之

00424.2

郐謚尹征城

正月初吉，日在庚，郐（徐）
諸（諂）尹者故鏄，自乍（作）征城，

00425.1

次[illegible]升䎵，徹至鐱（劍）兵，
枼（世）萬子孫，眉壽無疆，
皿皮（彼）吉人享，士余是尚（常）

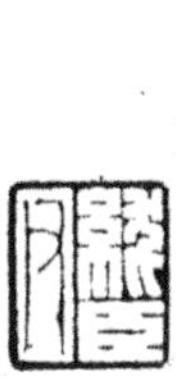

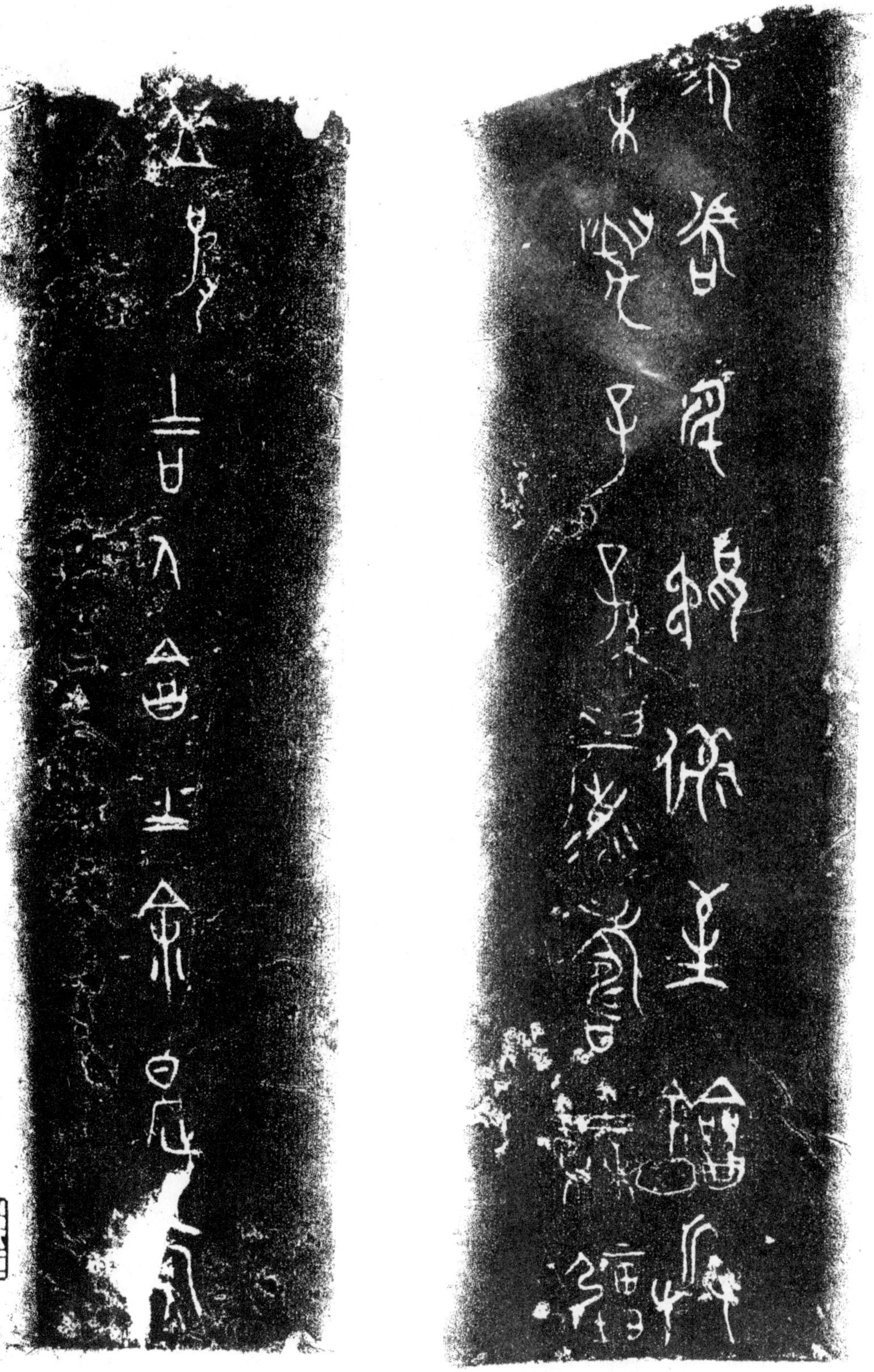

00425.2

配兒鉤鑃

原高三一厘米

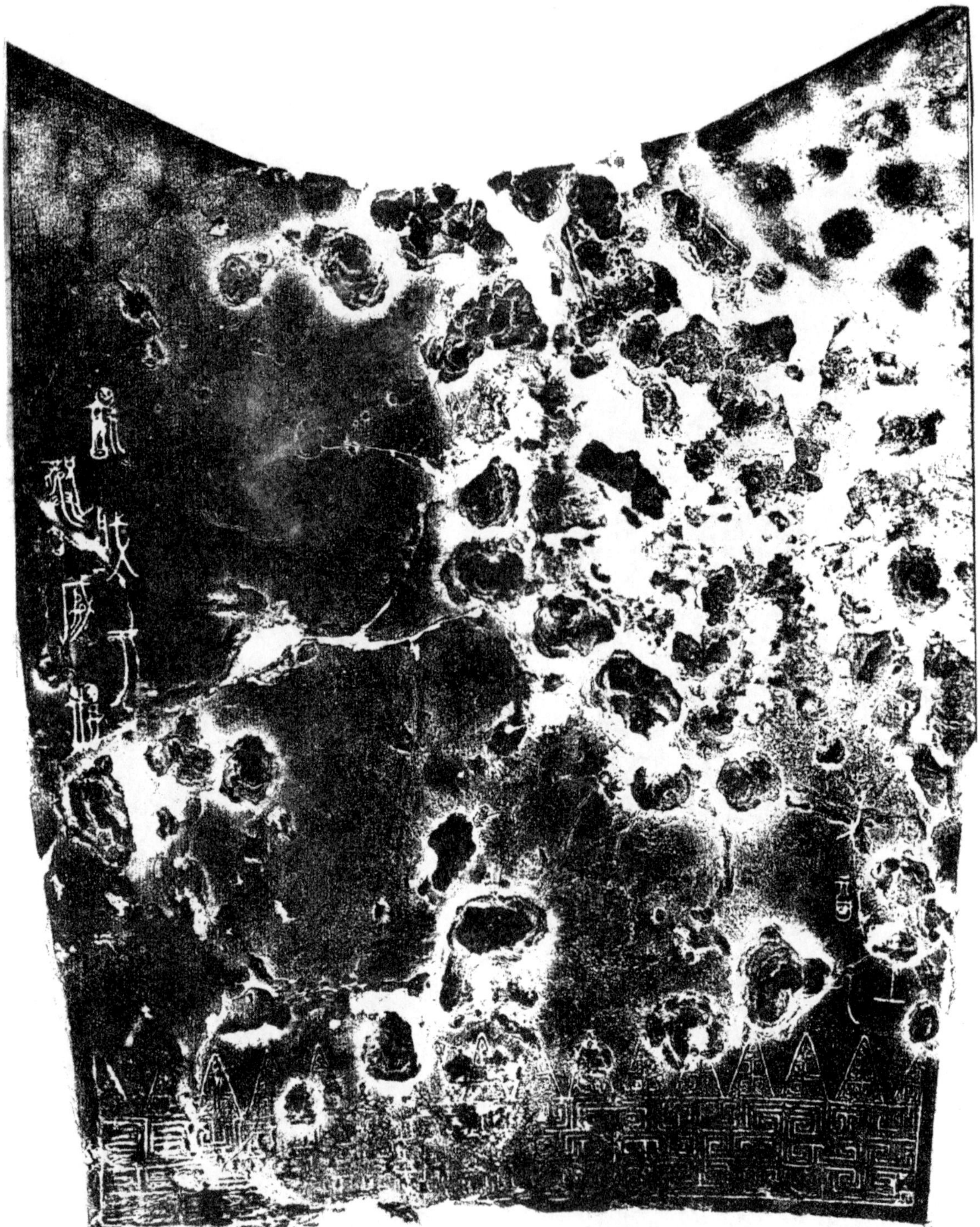

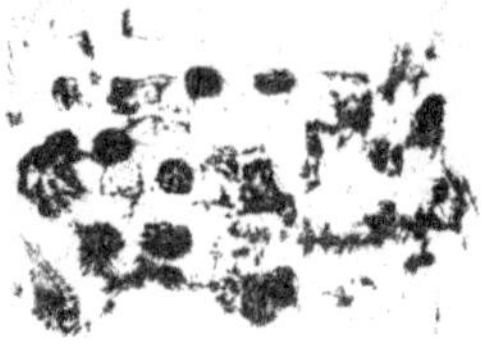

（唯）□（月）初吉庚午，

吴王

□□□□犬子配兒，

曰：余孰臧于戎攻（功）

叡（且）武，余卲（畢）龏

威（畏）其（忌），余不

00426.1

原高三一厘米

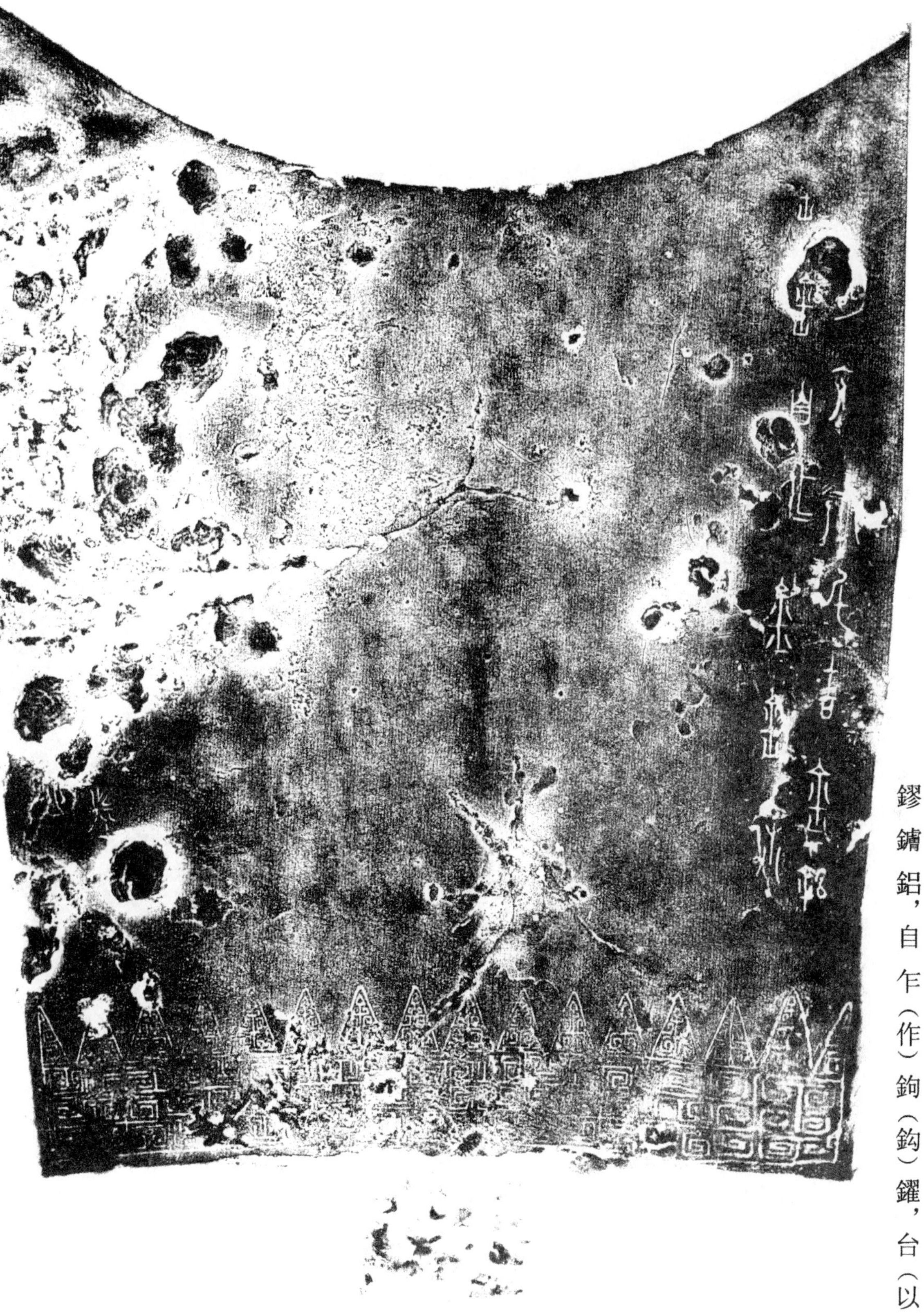

敢詩，舍（余）擇厥吉金，鉉（玄）
鏐鏞鋁，自乍（作）鉤（鈎）鑃，台（以）
宴賓客，台（以）樂我者（諸）父，
子孫用之，先人是訏

00426.2

配兒鉤鑃

原高三〇厘米

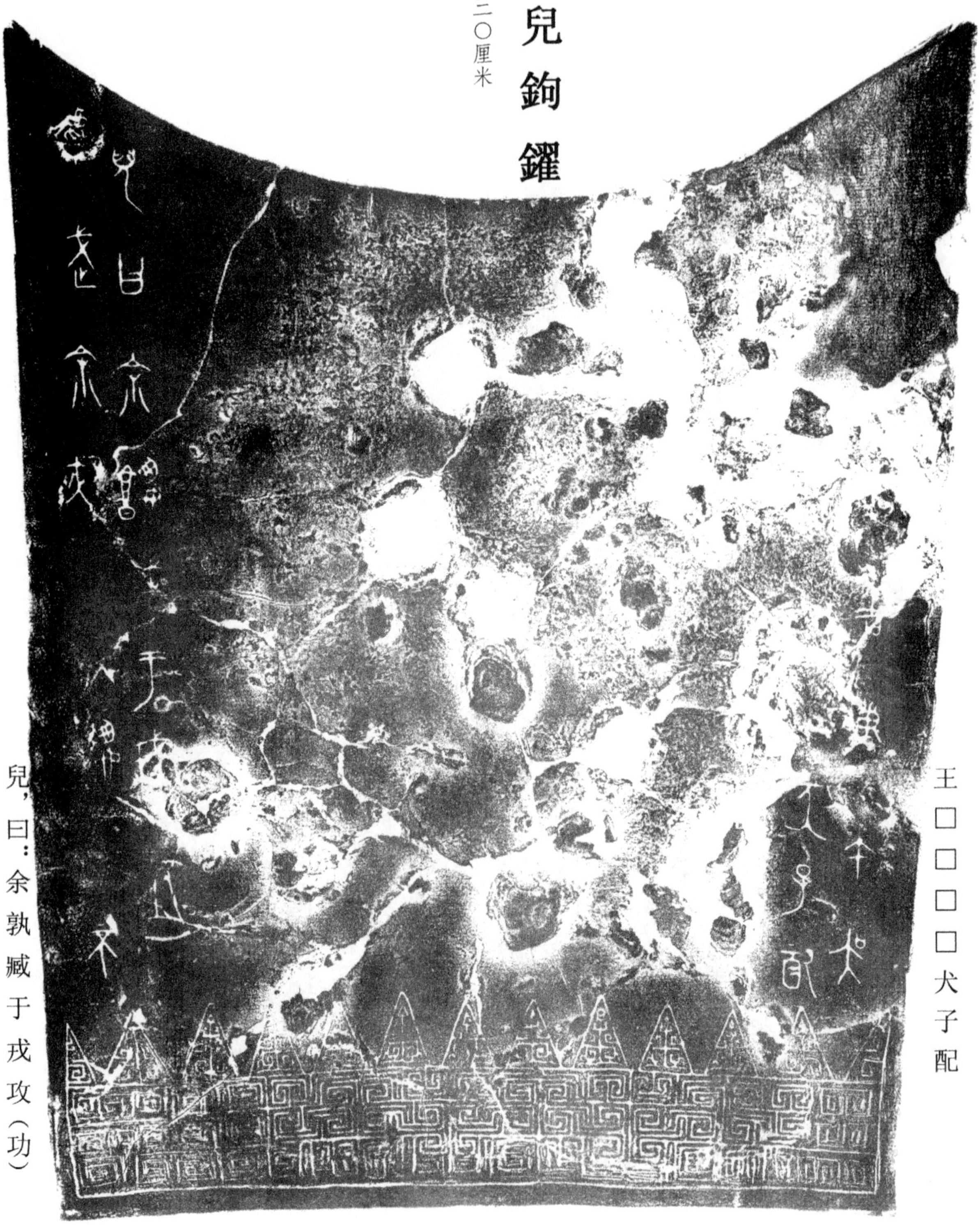

（唯）□（月）初吉庚午，吴王□□□□犬子配兒，曰：余孰臧于戎攻（功）䖒（且）武，余䀠（畢）龏威（畏）其（忌），余不

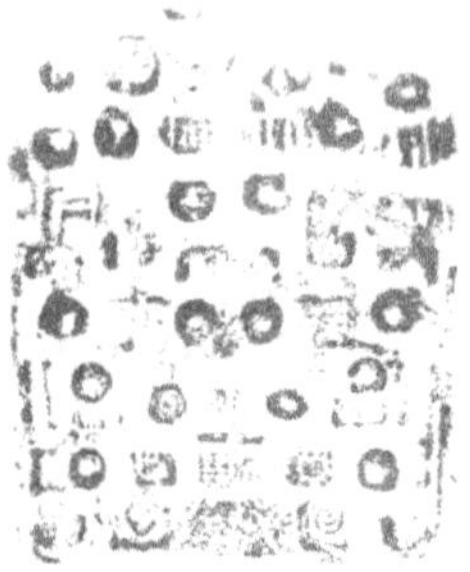

00427.1

原高三〇厘米

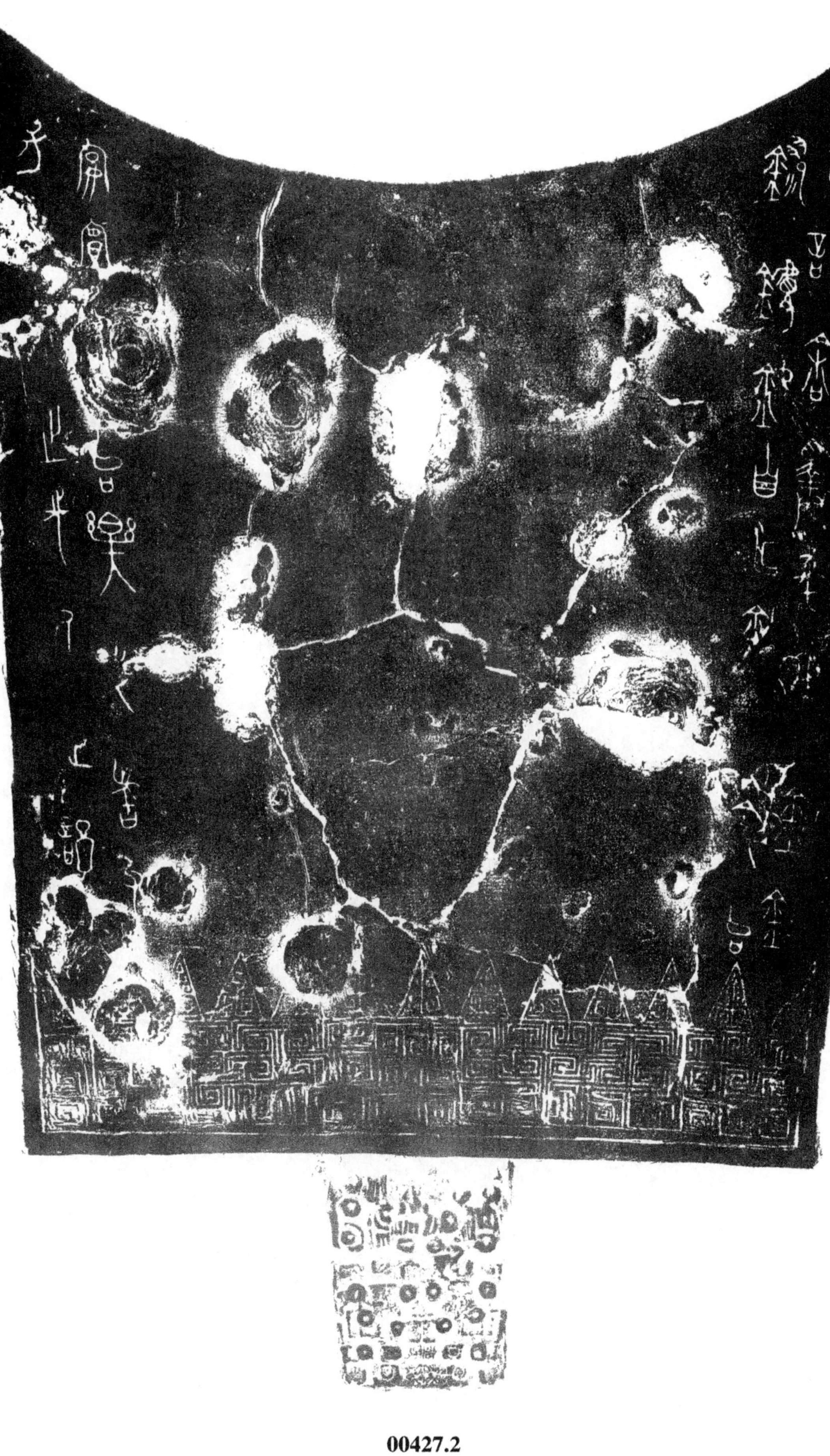

敢詩，舍（余）擇厥吉金，鉉（玄）
鏐鏞鋁，自乍（作）鉤（鈎）鑺，台（以）
宴賓客，台（以）樂我者（諸）父，
子孫用之，先人是訏

00427.2

冉鉦鋮

唯正月初吉
丁亥，余□□
之子（余斟），（擇厥）
吉金，（用自）乍（作）
鉦（征）
鋮，以〼船，
其〼，□□□
大川。□□□
陰其陽，□□
盬。余以行句

00428.1

師，余以政司（台）
徒，余以乙（乚）郾，
余以伐郐（徐），羗
子孫余冉，鑄
此鉦（征）鉞，女（汝）勿
喪勿敗，余處
此南疆，萬枼（世）
之外，子子孫孫，永
堋乍（作）以□□

00428.2

九里墩鼓座

原高三〇厘米

唯正月初吉庚午，余受此于之

玄孫，聖靡公⿰牛奐擇其吉金，玄鏐鈍

呂（鋁），自乍（作）隼鼓，命从若鼓，遠

00429.1

原高二九厘米

盄（淑）聞于王東吳谷，逆（于）

郤（徐）人、陳（人），迲（却）蔡于寺，

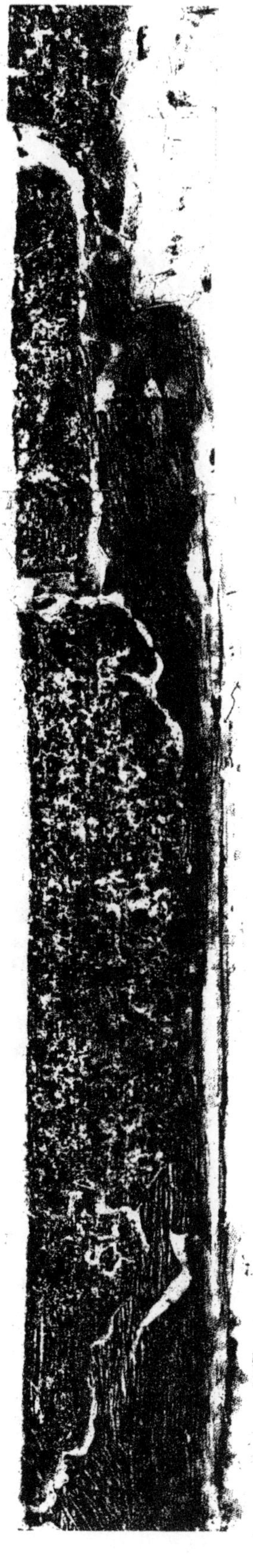

其神其臭，☐

00429.2

原高三〇厘米

以支埜（野）于陳□□山之下

余寺（持）可參□□，其□鼓芀芀（茯茯），乃于

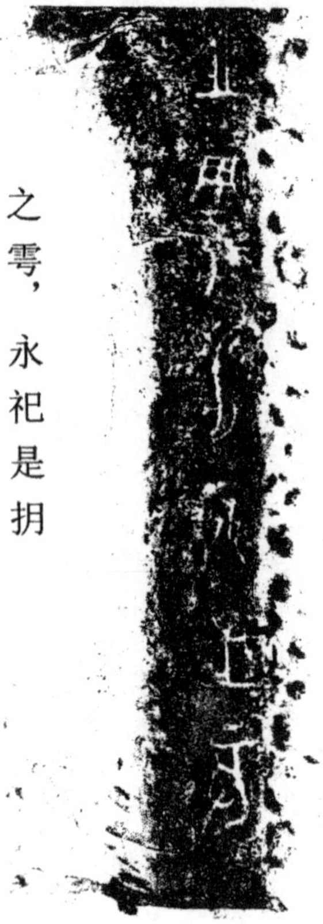

之雩，永祀是抈

00429.3

原高三〇厘米

俳公隻（獲）飛龍，曰夜白，□

余以共旒示□帝

庶子，余以酓（會）同生（姓）九礼，以飤

大夫、倗友，（余以）宅東土，至于淮之

上世（？）萬子孫永保

00429.4

魚鬲

魚

00441

東鬲

東

00442

皇鬲

皇

00443

敉鬲

敉

00444

鬲

侁

00445

鬲

煏（偪）

00446

鬲

亘

00447

史鬲

史

00448

⿰矢又鬲

⿰矢又（矧）

00449

辛鬲

辛

00450

⿱宀巳鬲

⿱宀巳（字）

00451

鬲鬲

鬲

00453

⿱宀巳鬲

⿱宀巳（字）

00452

□鬲

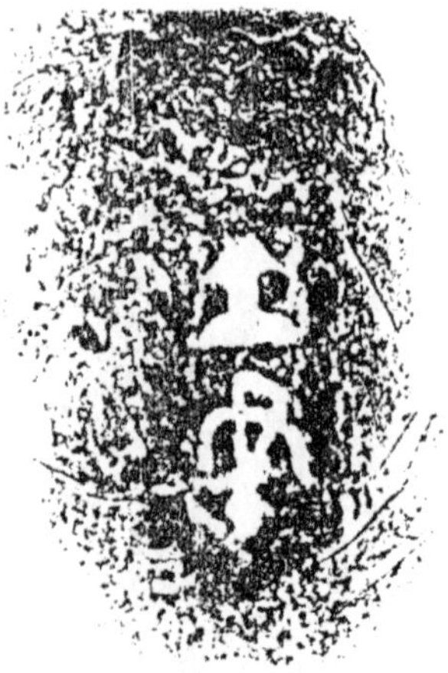

□（享？）□（？）

00454

亞疐鬲

亞疐

00455

□鼎鬲

□鼎

00457

亞徴鬲

亞徴

00456

父丁鬲

父丁

00458

父辛鬲

父辛

00459

癸父鬲

癸父

00460

冀母鬲

冀母

00461

寧母鬲

寧母

00462

婦[illegible]鬲

婦
[illegible]

00463

康侯鬲

康
侯

00464

伯作鬲

伯
乍(作)

00465

叔父鬲

弔
父
(丁)

00466

冄癸鬲

冉癸

00467

史秦鬲

史秦

00468

作旅鬲

乍(作)旅

00469

作聮医鬲

乍(作)聮医

00470

作彝鬲

乍（作）彝

00471

亯且癸鬲

享祖癸

00473

亞□其鬲

亞□其

00472

乘父乙鬲

乘父乙

00474

叔父乙鬲

弔父乙

00475

□父乙鬲

□父乙

00477

鳥父乙鬲

鳥父乙

00476

倲父丙鬲

重父丙

00478

冀父丁鬲

冀父丁

00479

齒父己鬲

齒父己

00481

弜父丁鬲

弔父丁

00480

丙父己鬲

丙父己

00482

冉父癸鬲

冉父癸

00483.1

冉父癸

00483.2

□母辛鬲

□母辛

00484

亞盤母鬲

亞盤母

00485

齊婦鬲

齊婦奐

00486

⿰弓口作彝鬲

⿰弓口乍（作）彝

00488

眉子鬲

眉□子

00487

叔作彝鬲

叔乍（作）彝

00489

麥作彝鬲

麥乍(作)彝

00490

作隮彝鬲

乍(作)尊彝

00492

作隮彝鬲

乍(作)尊彝

00491

作寶彝鬲

乍(作)寶彝

00493

伯作彝鬲

伯乍(作)彝

00494

鳥宁且癸鬲

鴇
祖癸

00496

[⿸兼土]季作鬲

溓(濂)季乍(作)

00495

竟作父乙鬲

竟乍(作)
父乙

00497

竟作父乙鬲

竟乍(作)父乙

00498

□丙父丁鬲

□丙父丁

00499

冉□父丁鬲

冉蛙父丁

00500

□系父丁鬲

□系父丁

00501

亞牧父戊鬲

亞牧父戊

00502

作父辛𠆤鬲

乍(作)父辛，𠆤(尺)

00504

亞獏父己鬲

亞貘父己

00503

亞恔母乙鬲

亞恔母乙

00505

北伯作彝鬲

北伯乍(作)彝

00506

丁答作彝鬲

幵(笄)答
乍(作)彝

00508

㢼伯鬲

㢼伯
乍(作)鼎

00507

仲作寶彝鬲

仲乍(作)
寶彝

00509

仲姬作鬲

仲姬乍（作）鬲

00510

虢姑作鬲

虢姑乍（作）鬲

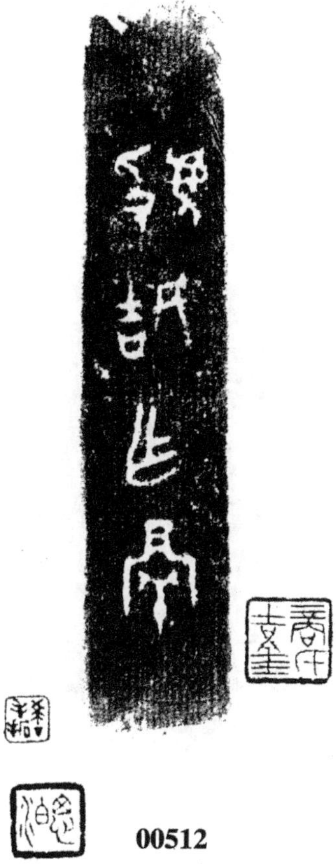

00512

姬妊旅鬲

姬（？）姑旅鬲

00511

左使車兵鬲

左使車尼

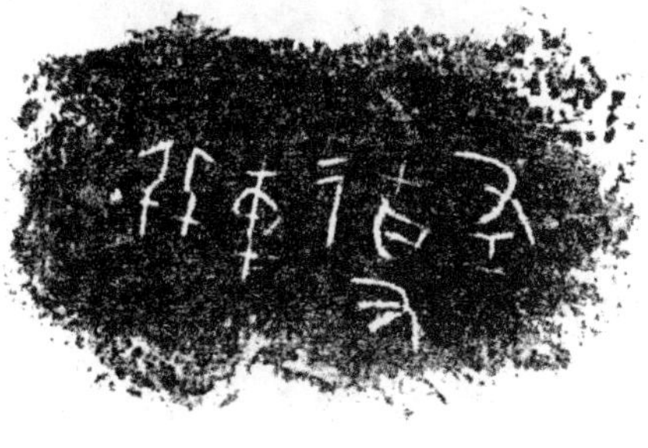

00513

矢伯鬲

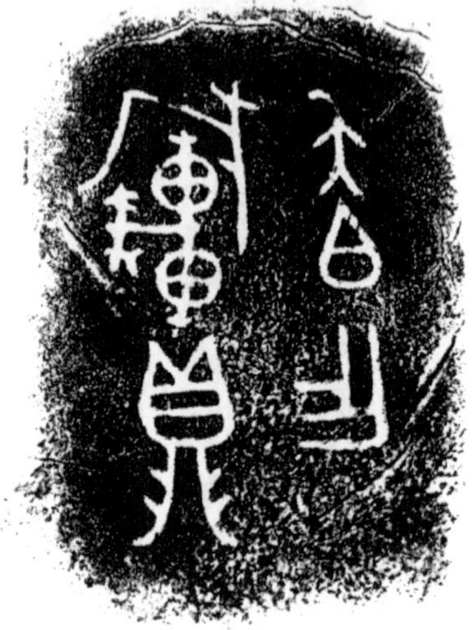

矢伯乍（作）旅鼎

00514

微伯鬲

微伯乍（作）齍鬲

00516

矢伯鬲

矢伯乍（作）旅鼎

00515

微伯鬲

微伯乍（作）齍鬲

00517

微伯鬲

微伯乍(作)鬻鬲

00518

微伯鬲

微伯乍(作)鬻鬲

00520

微伯鬲

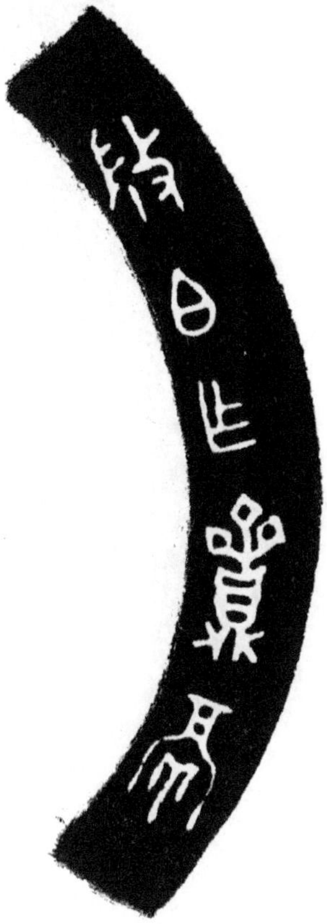

微伯乍(作)鬻鬲

00519

微仲鬲

微仲乍(作)旅尊

00521

同姜鬲

同姜乍(作)尊鬲

00522

仲姜鬲

仲姜乍(作)尊鬲

00523

虢叔鬲

虢叔乍(作)尊鬲

00524

虢叔鬲

虢叔乍(作)尊鬲

00525

䫏姞鬲

䫏姞乍(作)寶鼎

00526

夌姬鬲

凌姬乍(作)寶齍

00527

⿱自棘鬲

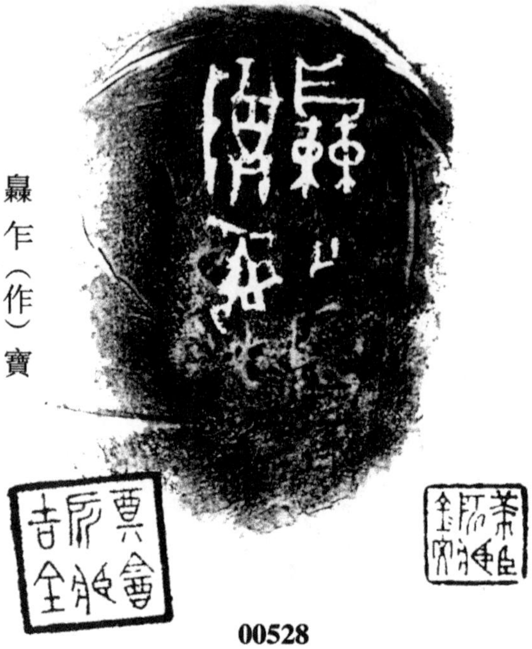

00528

⿱自棘乍（作）寶

尊彝

伯禾鬲

00530

伯禾乍（作）

尊彝

⿱雨夂人守鬲

00529

⿱雨各（露）人守

乍（作）寶

季鼎鬲

00531

季貞乍（作）尊鬲

旂姬鬲

旂姬乍(作)寶鬲

00532

師□作寶鬲

師□乍(作)寶鬲

00533

帛女鬲

帛女(母)乍(作)齊(鼒)鬲

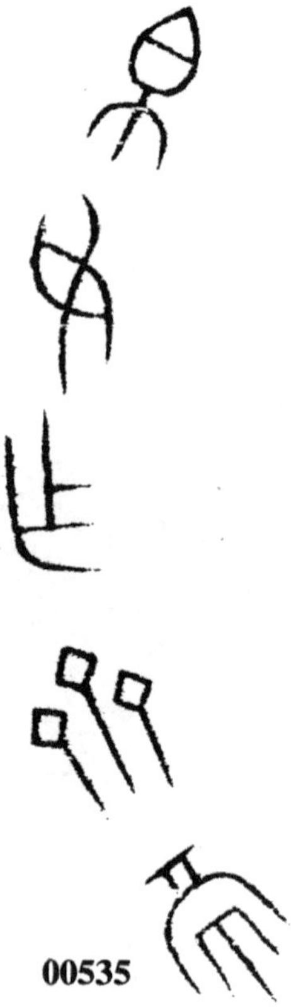

00535

孟姒鬲

孟始(姒)乍(作)寶鬲

00534

會姒鬲

會始(姒)乍(作)朕(媵)鬲

00536

左使車工兵鬲

左使車工尼

00537

亞从父丁鬲

亞从父丁鴞

00539

且辛父甲鬲

祖辛、父甲，正朿（刺）

00538

大作⿰畐攴鬲

大乍（作）⿰女畐
寶尊彝

00540

季䡖鬲

季執乍(作)

寶尊彝

00541

楷叔知父鬲

楷叔

知(矧)父

乍(作)鼎

00542

苟作父丁鬲

敬乍(作)

父丁

尊

鬳

00543

仲釓父鬲

仲釓父乍(作)盄鬲

00544

魯侯鬲

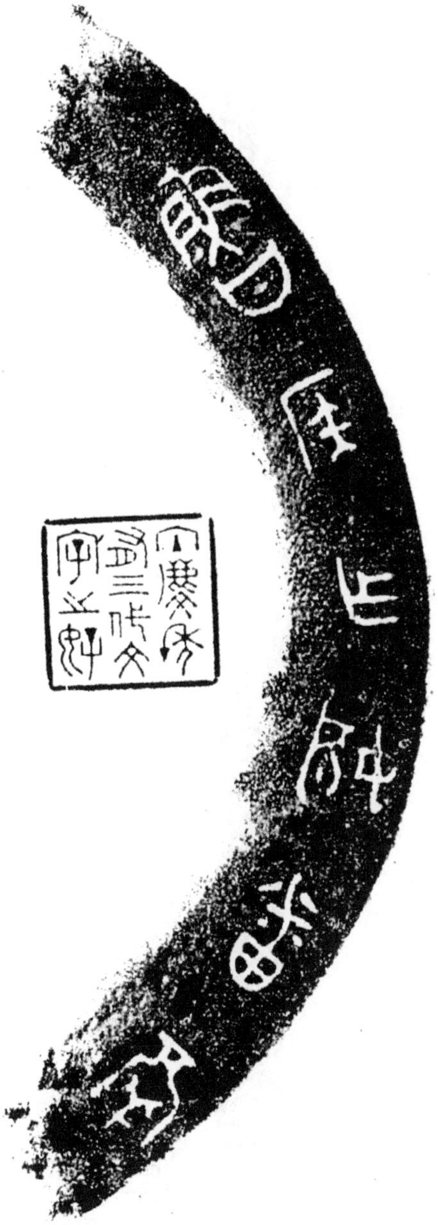

魯侯乍(作)姬番鬲

00545

姬莽母鬲

姬艿母乍(作)齋鬲

00546

仲姞鬲

00547

仲姞乍(作)羞鬲，華

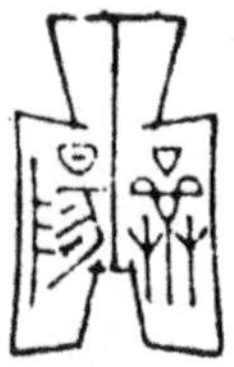

仲姞鬲

00549

仲姞乍(作)羞鬲，華

仲姞鬲

00548

仲姞乍(作)羞鬲，華

仲姞鬲

00550

仲姞乍(作)羞鬲，華

仲姞鬲

00551

仲姞乍(作)羞鬲，華

仲姞鬲

00552

仲姞乍(作)羞鬲，華

仲姞鬲

00553

仲姞乍(作)羞鬲，華

仲姞鬲

00554

仲姞乍(作)羞鬲，華

仲姞鬲

00555

仲姞乍(作)羞鬲，華

仲姞鬲

00557

仲姞乍(作)羞鬲，華

仲姞鬲

00556

仲姞乍(作)羞鬲，華

仲姞鬲

00558

仲姞乍(作)羞鬲，華

季右父鬲

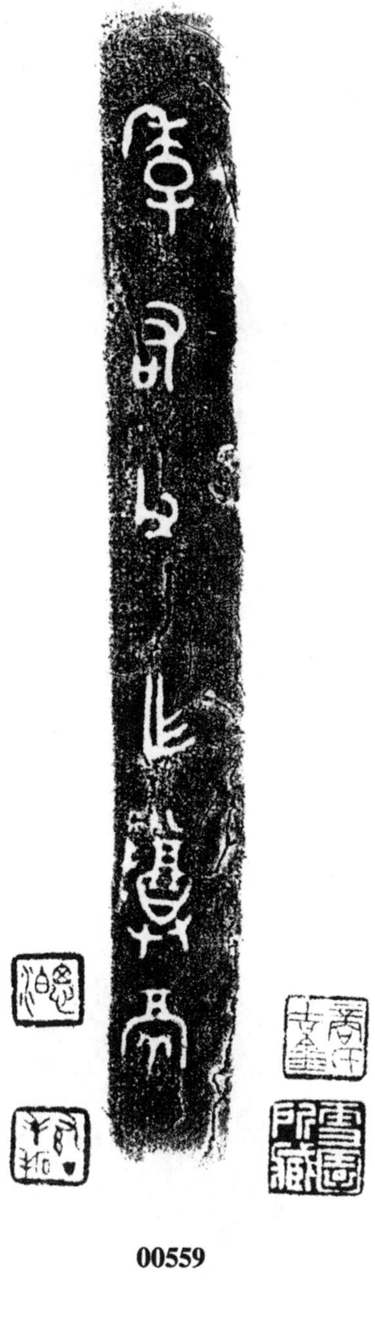

季右父乍(作)尊鬲

00559

伯邦父鬲

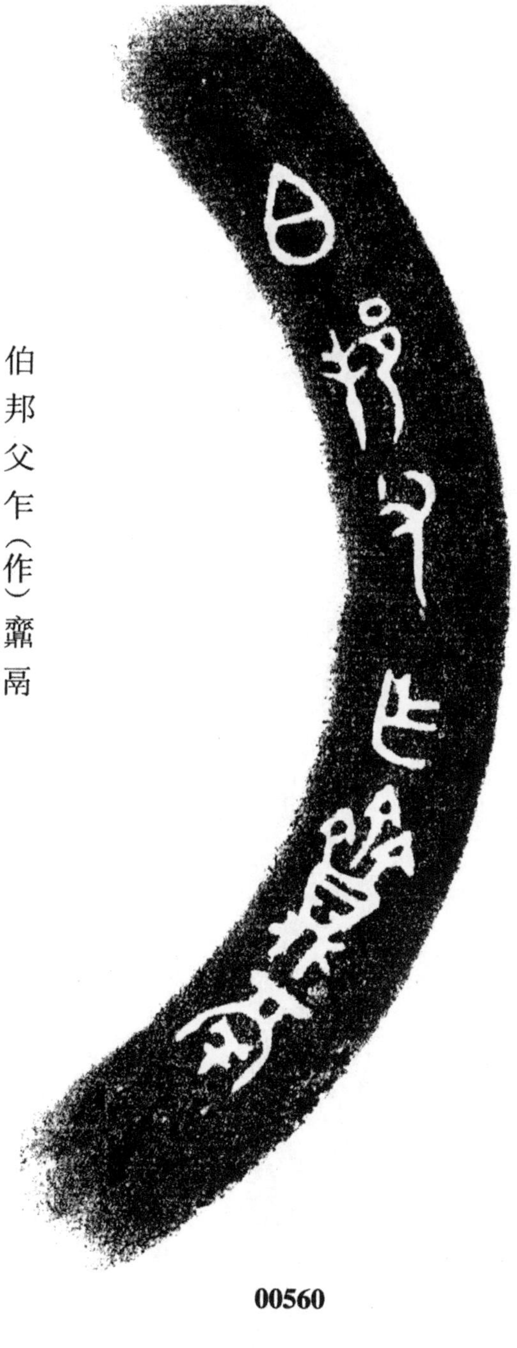

伯邦父乍(作)齍鬲

00560

虢仲鬲

00561

虢仲乍（作）姞尊鬲

作予叔嬴鬲

00563

乍（作）予叔嬴賸（媵）鬲

虢仲鬲

00562

虢仲乍（作）姞尊鬲

□□作父癸鬲

00564

通乍（作）父癸彝

吾作滕公鬲

吾乍(作)滕(滕)公
寶尊彝

00565

㝬翌作父癸鬲

𡫩乍(作)
父癸
寶彝

00567

戒作葬宮鬲

戒乍(作)
葬官(館)
明(盟)尊
彝

00566

𡉚作父乙鬲

𡉚乍(作)父
乙彝，蛙冉

00568

作寶彝鬲

乍（作）寶彝，
子其永寶

00569

作寶彝鬲

乍（作）寶彝，
子其永寶

00570

□戈母鬲

□戈（？）母乍（作）寶鬲

00571

弭叔鬲

弭叔乍(作)犀妊齊(齋)鬲

00572

弭叔鬲

弭叔乍(作)犀妊齊(齋)鬲

00573

弭叔鬲

弭叔乍(作)犀妊齊(齋)鬲

00574

⿱無皿姬鬲

伯⿰家阝父鬲

伯鄗父乍（作）姞尊鬲

00576

⿱無皿（許）姬乍（作）姜虎旅鬲

00575

曾侯乙鬲

曾侯乙詐（作）時（持）甬（用）冬（終）

00577

周口作鬲

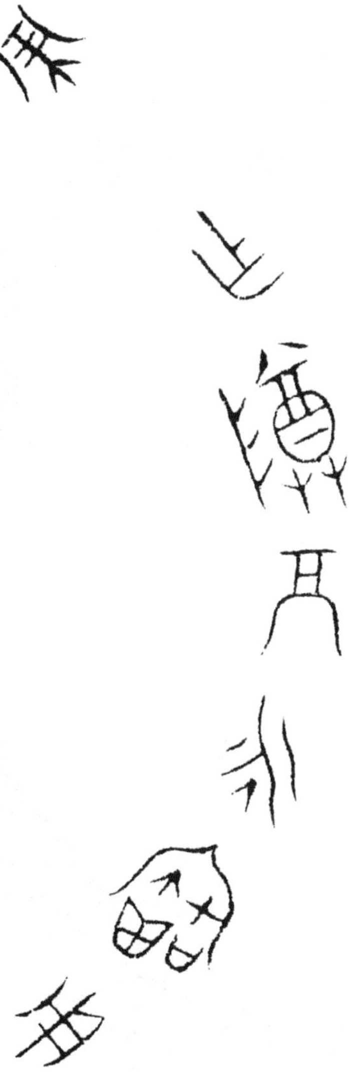

周口乍（作）尊鬲，永寶用

00578

鄭叔蒦父鬲

奠（鄭）叔⿰萑冘父乍（作）羞鬲

00579

鄭井叔蒦父鬲

奠（鄭）井叔⿰萑冘父乍（作）拜（饙）鬲

00580

鄭井叔蒦父鬲

奠（鄭）井叔蒦父乍（作）羞鬲

00581

燮子旅鬲

營子旅乍（作）父戊寶彝

00582

燮子旅鬲

營子旅乍（作）父戊寶彝

00583

王作親王姬鬲

00584

王乍(作)顈王
姬⿱林丮鬻彝

王作親王姬鬲

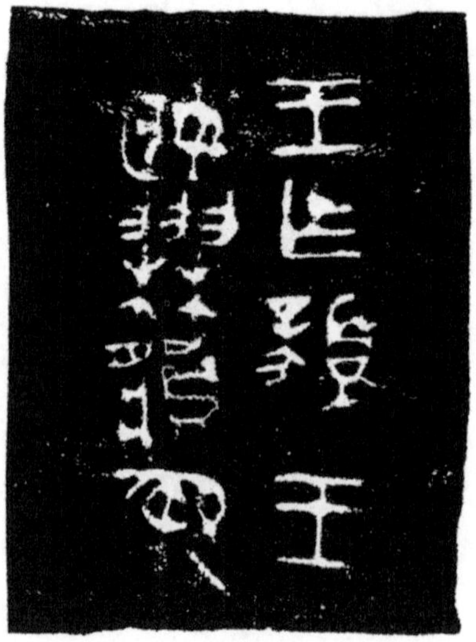

00585

王乍(作)顈王
姬⿱林丮鬻彝

倗作義丏妣鬲

倗義妣尊彝

00586

𥃝伯毛鬲

𥃝（召）伯毛乍（作）王母尊鬲

00587

叔皇父鬲

叔皇父乍（作）仲姜尊鬲

00588

𪨭伯鬲

𪨭（詩）伯乍（作）叔母□羞鬲

00589

時伯鬲

時(詩)伯乍(作)叔母□羞鬲

00590

時伯鬲

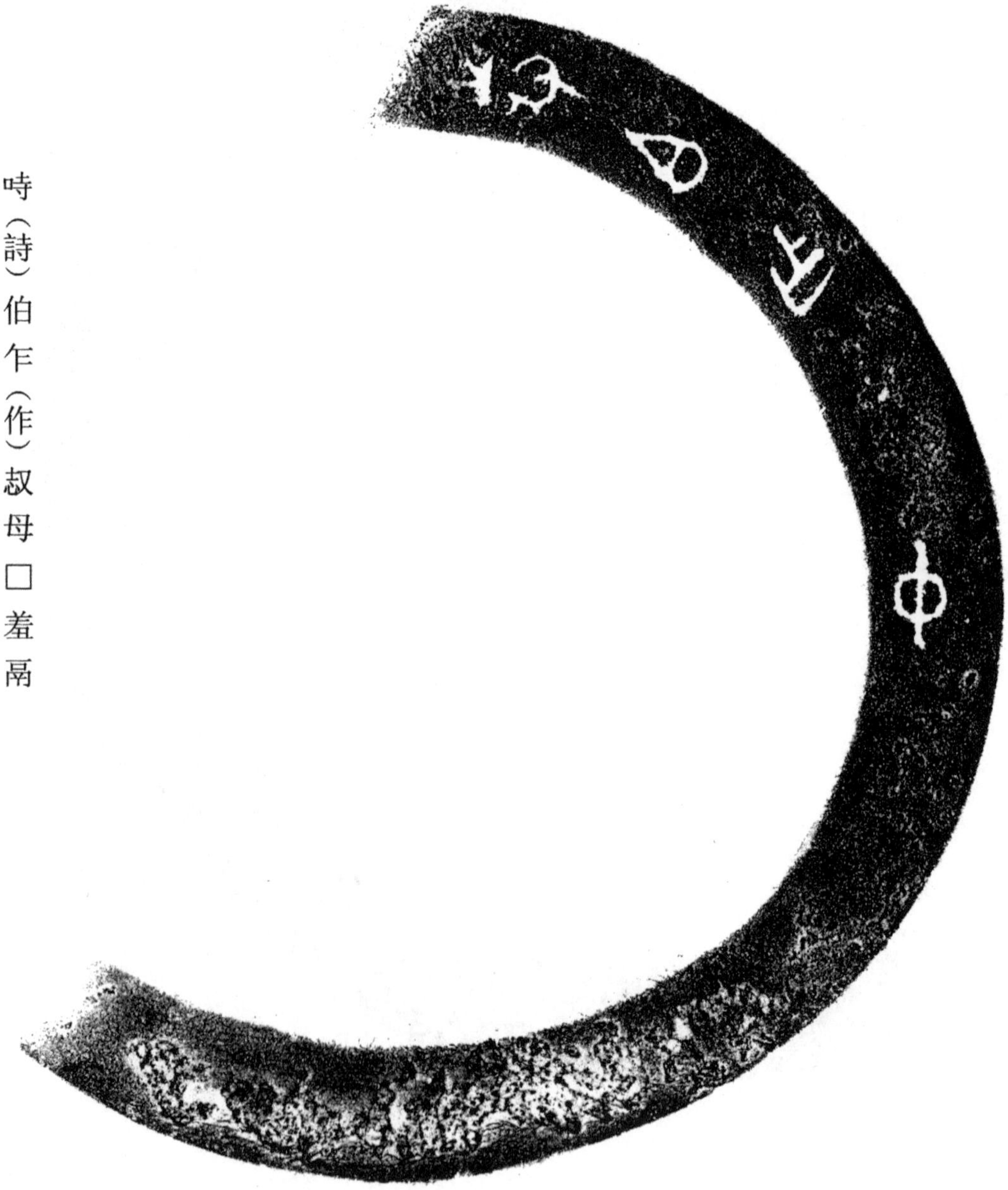

時（詩）伯乍（作）叔母□羞鬲

00591

伯軗鬲

士孫伯軗(揀)自乍(作)尊鬲

00592

魯姬鬲

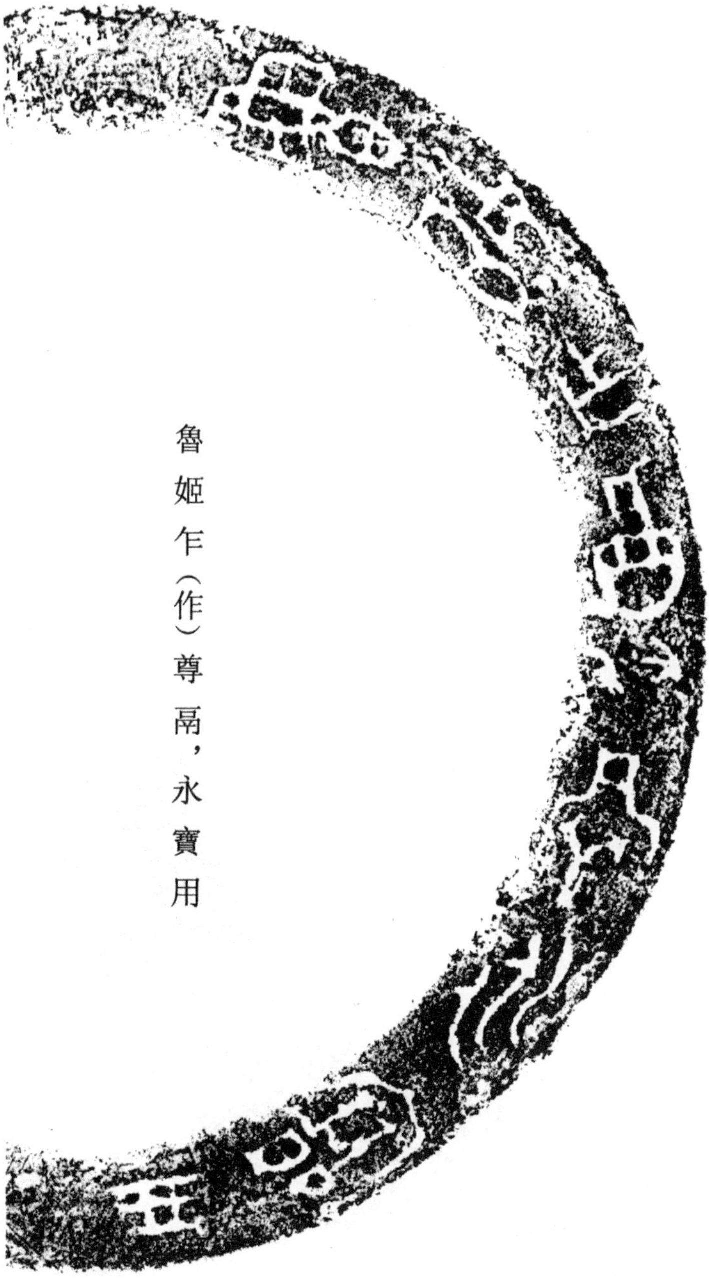

魯姬乍(作)尊鬲，永寶用

00593

衛姒鬲

衛姒乍(作)鬲，以從永征

00594

衛夫人鬲

衛文君夫人叔姜乍(作)其行鬲，
用從鴵(遥)征

00595

郳始鬲

郳始逕母鑄其羞鬲

00596

鄭登伯鬲

奠(鄭)[illegible]伯乍(作)叔嬬薦鬲

00597

鄭登伯鬲

奠(鄭)[illegible]伯乍(作)叔嬬薦鬲

00598

鄭登伯鬲

奠(鄭)[illegible]伯乍(作)叔嬬薦鬲

00599

己侯鬲

己（紀）侯乍（作）□姜□（鬲），子子孫孫，永寶用之

00600

宋眉父鬲

宋頪父乍(作)豐子賸(媵)鬲

00601

王作王母鬲

王乍(作)王母罝宮尊鬲

00602

虢叔鬲

虢叔乍（作）叔殷穀尊鬲

00603

聿造鬲

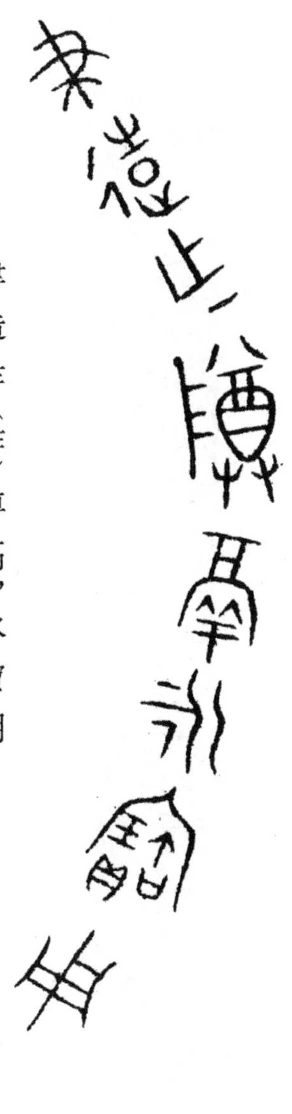

聿造乍（作）尊鬲，永寶用

00604

伯姜鬲

伯姜乍（作）齊（齋）鬲，永寶用

00605

王伯姜鬲

王伯姜乍（作）尊鬲，永寶用

00606

王伯姜鬲

王伯姜乍（作）尊鬲，永寶用

00607

戈叔慶父鬲

戈（戴）叔慶父乍（作）叔姬尊鬲

00608

黃韦鬲

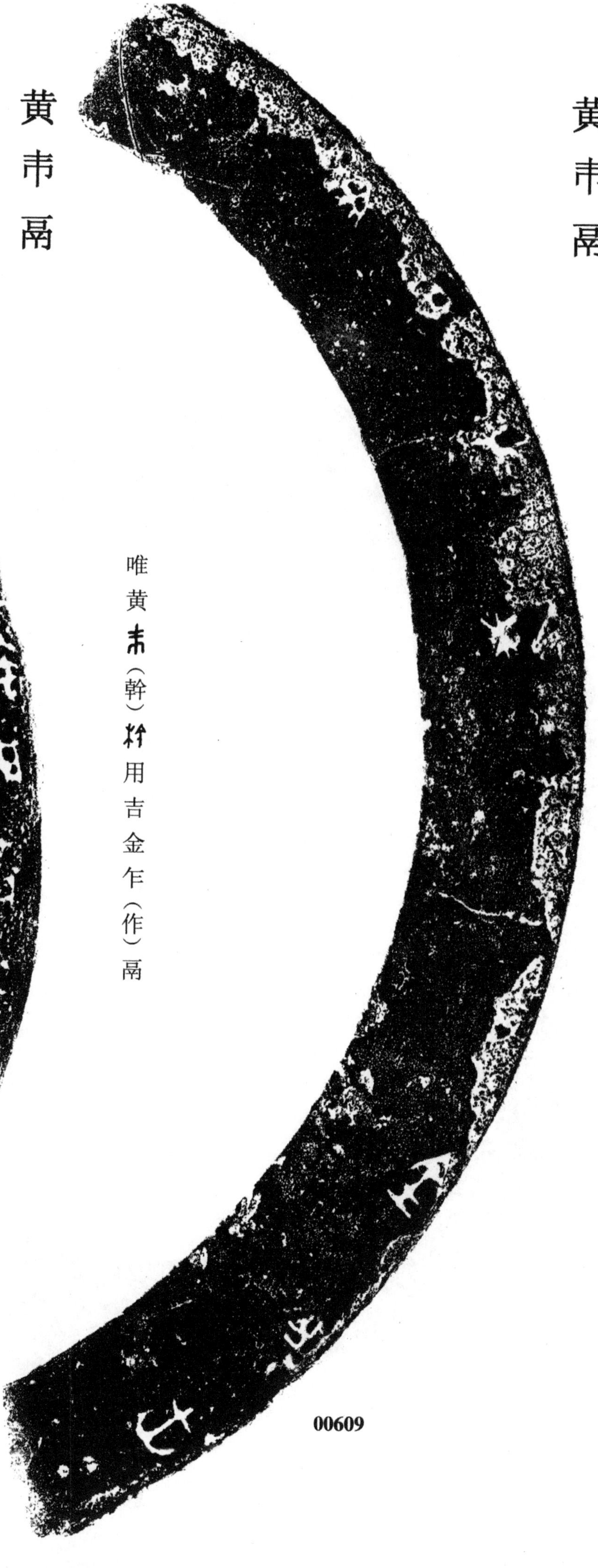

00609

唯黃韦(幹)杵用吉金乍(作)鬲

黃韦鬲

00610

唯黃韦(幹)杵用吉金乍(作)鬲

王作𩅺母鬲

王乍（作）孖（序）𩰫（蔣）𩅺母寶𩰫彝

00611

伯□子鬲

（番）伯□子（孫）自乍（作）寶鬲，其萬□

00612

林𤆍鬲

林𤆍乍（作）父辛寶尊彝，亞俞

00613

叔鼎鬲

叔鼎乍（作）己（紀）伯父丁寶尊彝

00614

伯試父鬲

伯狺父乍（作）井叔、季姜尊鬲

00615

伯庸父鬲

伯墉父乍(作)叔姬鬲，永寶用

00616

伯庸父鬲

伯墉父乍(作)叔姬鬲，永寶用

00617

伯庸父鬲

伯墉父乍(作)叔姬鬲，永寶用

00618

伯庸父鬲

伯墉父乍(作)叔姬鬲，永寶用

00619

伯庸父鬲

伯墉父乍(作)叔姬鬲，永寶用

00620

伯庸父鬲

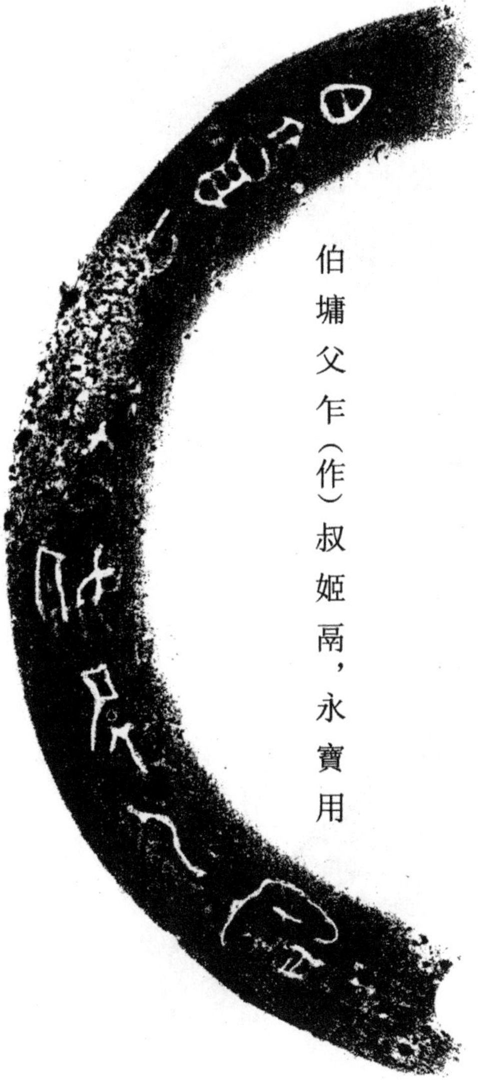

伯墉父乍(作)叔姬鬲，永寶用

00621

伯庸父鬲

伯墉父乍（作）叔姬鬲，永寶用

00622

伯庸父鬲

伯墉父乍（作）叔姬鬲，永寶用

00623

黄子鬲

黄子乍(作)黄甫(夫)人孟母器，則□

00624

曾子單鬲

曾子單用吉金自乍(作)寶鬲

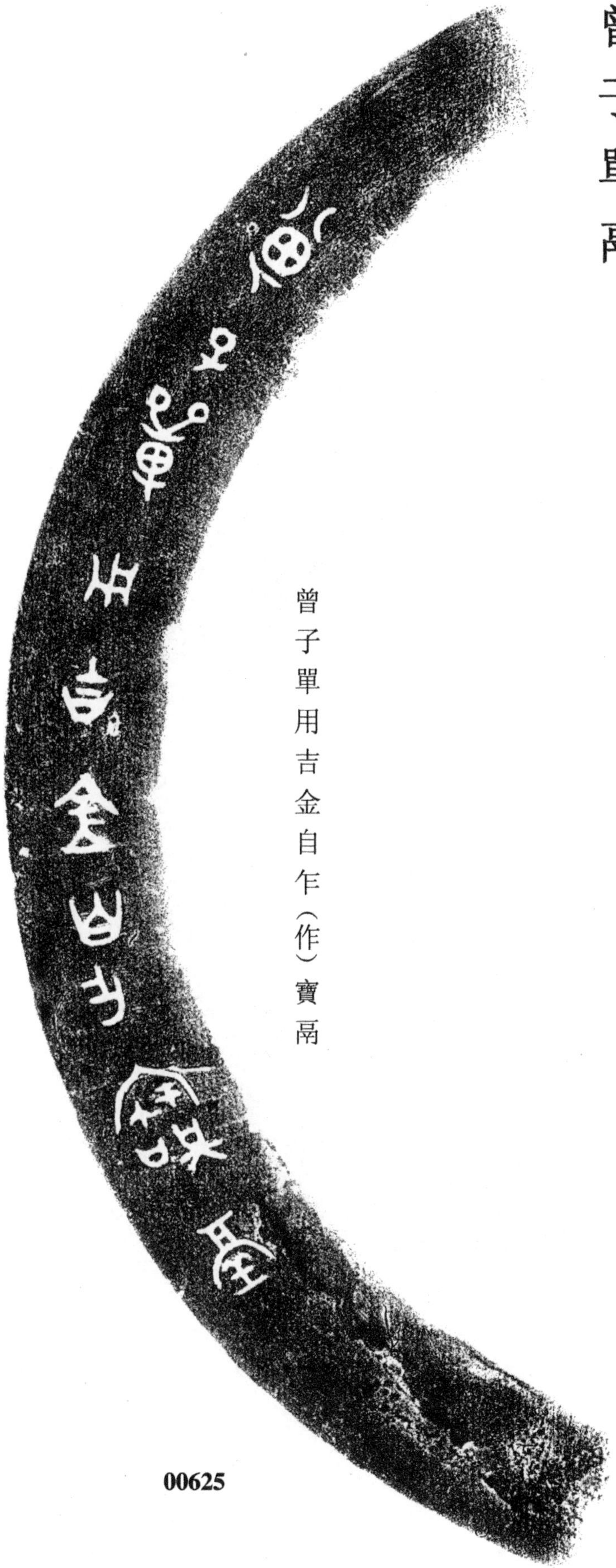

00625

樊君鬲

樊君乍（作）叔□嬴賸（媵）器寶鬹（烓）

00626

孜父鬲

孜父乍（作）尊鬲，
子子孫孫永寶用

00627

姬趛母鬲

姬趛母乍（作）尊鬲，其永用，⺄（攴）

00628

姬趛母鬲

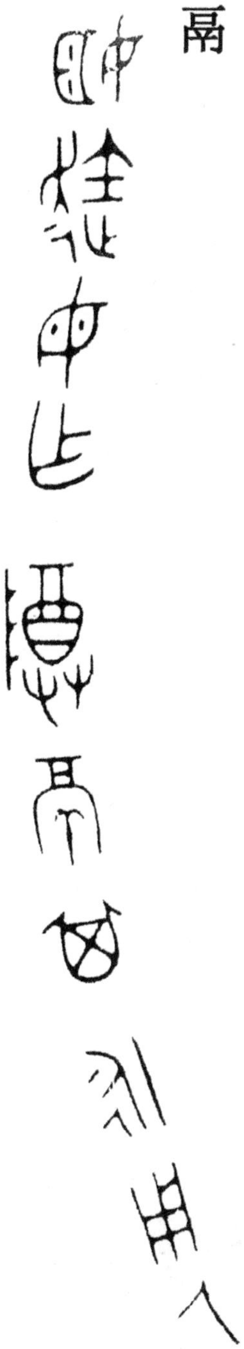

姬趛母乍（作）尊鬲，其永用，⺄（攴）

00629

番伯□孫鬲

番伯□孫自乍（作）寶鬲，其萬☐

00630

遣鬲

遣乍（作）寶
尊鼎，其
萬年
用鄉（饗）各

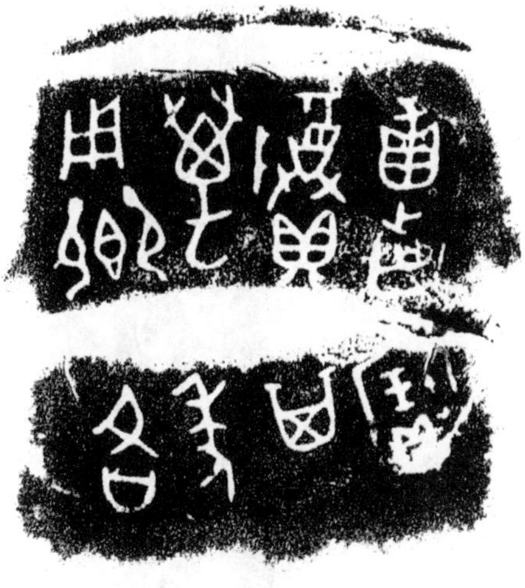

00631

𤆍伯鬲

𤆍（榮）伯鑄鬲，永
䜌，其邁（萬）年寶
用

00632

𡌳肇家鬲

𡌳（坶）肇家鑄
乍（作）鬻，其永
子孫寶

00633

⿱宀兒⿰女几鬲

⿱宀郳（郳）⿰女几（祁）乍（作）尊鬲，其萬年永寶用

00634

呂王鬲

呂王乍（作）尊鬲，子子孫孫，永寶用享

00635

呂雔姬鬲

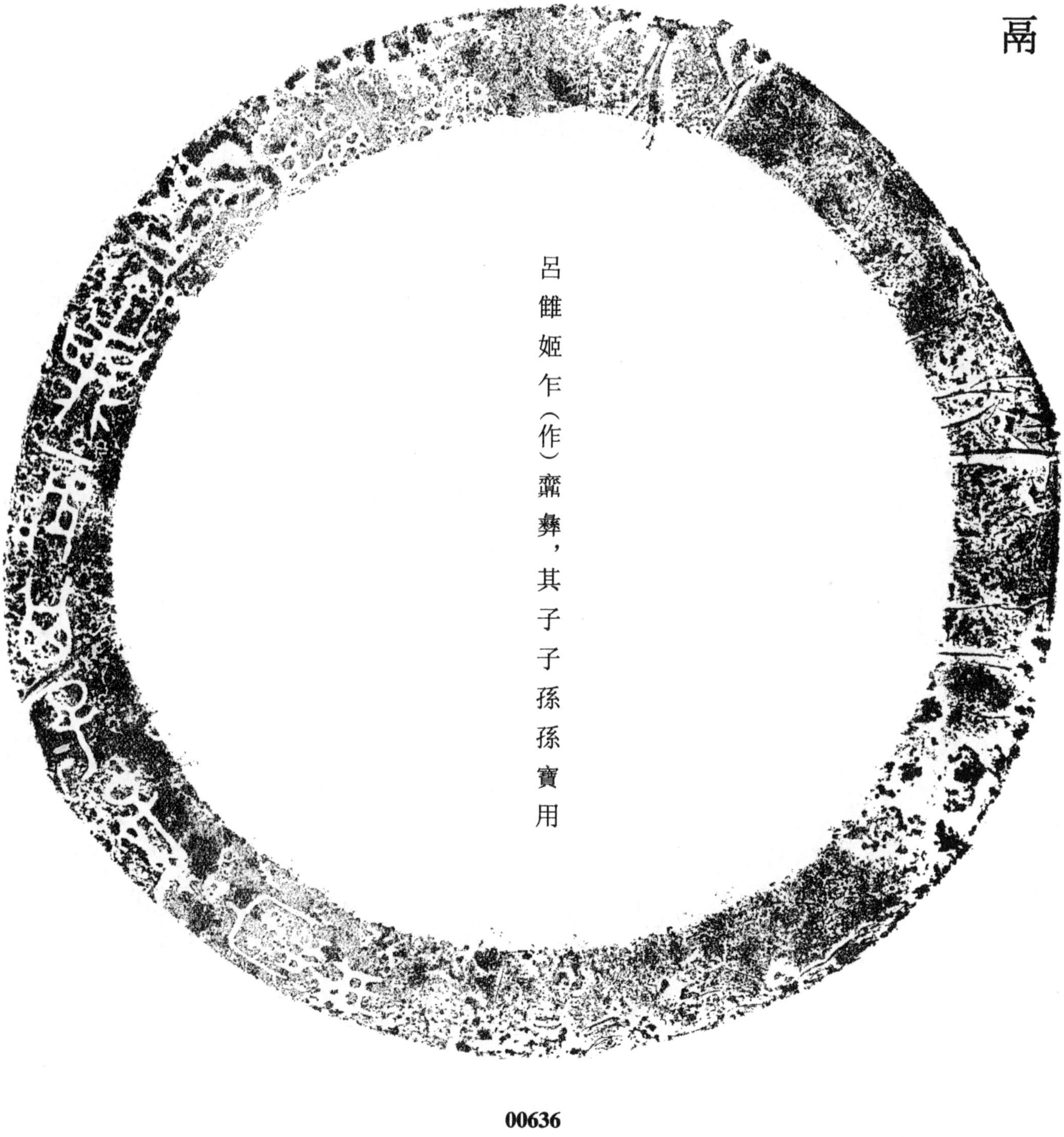

呂雔姬乍(作)齋彝，其子子孫孫寶用

00636

庚姬鬲

庚姬乍（作）叔娊（？）尊鬲，其永寶用

00637

庚姬鬲

庚姬乍（作）叔娲（？）尊鬲，其永寶用

00638

庚姬鬲

庚姬乍（作）叔娊（？）尊鬲，其永寶用

00639

庚姬鬲

庚姬乍(作)叔娸(?)尊鬲，其永寶用

00640

京姜鬲

京姜□母乍（作）尊鬲，其永缶（寶）用

00641

畢伯碩父鬲

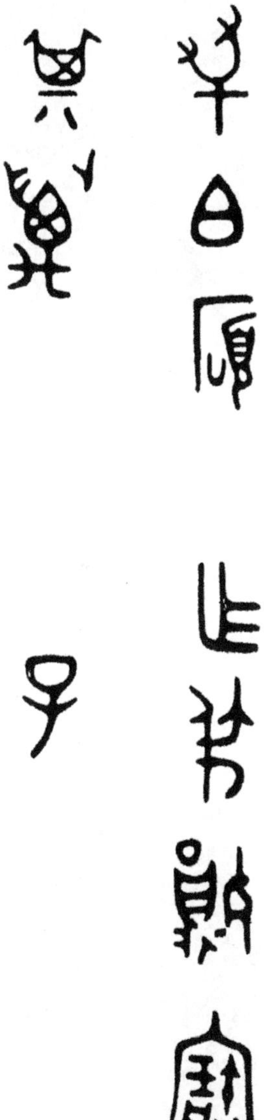

00642

芊伯碩(父)乍(作)叔媍(妘)寶鬲，其萬(年)子〼

瀕史鬲

姛休賜厥瀕事(吏)貝，用乍(作)隣寶彝

00643

伯上父鬲

伯上父乍(作)姜氏尊鬲，其永寶用

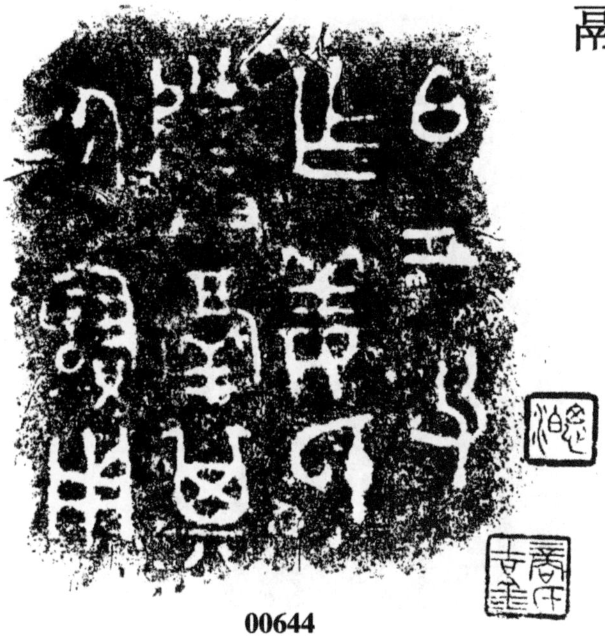

00644

王作番妃鬲

王乍(作)番妃齊(齋)鬲，其萬年永寶用

00645

王伯姜鬲

王伯姜乍(作)尊鬲，其萬年永寶用

00647

王作姬□女鬲

王乍(作)姬[illegible]([illegible])母尊鬲，子子孫孫永寶用

00646

魯侯熙鬲

魯侯獄(熙)乍(作)彝，用享[illegible]厥文考魯公

00648

伯先父鬲

伯先父乍(作)妘尊鬲，其子子孫孫永寶用

00649

伯先父鬲

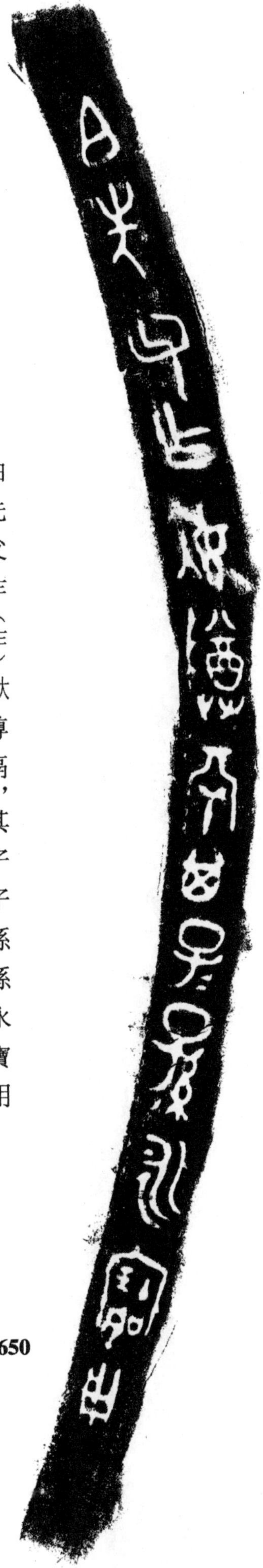

伯先父乍(作)妘尊鬲，其子子孫孫永寶用

00650

伯先父鬲

伯先父乍(作)妖尊鬲，其子子孫孫永寶用

00651

伯先父鬲

伯先父乍(作)妖尊鬲，其子子孫孫永寶用

00652

伯先父鬲

00653

伯先父乍(作)妖尊鬲，其子子孫孫永寶用

伯先父鬲

00654

伯先父乍(作)妖尊鬲，其子子孫孫永寶用

伯先父鬲

伯先父乍(作)妖尊，其子子孫孫永寶用

00655

伯先父鬲

伯先父乍(作)妖尊，其子子孫孫永寶用

00656

伯先父鬲

伯先父乍(作)妘鬲，其子子孫孫永寶用

00657

伯先父鬲

伯先父乍(作)妘尊鬲，其子子孫孫永寶用

00658

鄭羌伯鬲

奠（鄭）羌伯乍（作）季姜尊鬲，其永寶用

00659

鄭羌伯鬲

奠（鄭）羌伯乍（作）季姜尊鬲，其永寶用

00660

虢季子緅鬲

00661

虢季子緅（組）乍（作）鬲，子孫永寶用享

虢季氏子緅鬲

00662

虢季氏子緅（組）乍（作）鬲，子子孫孫，永寶用享

鼇伯鬲

鼇伯、匽母子剌乍(作)寶鬲，子孫永寶用

00663

⿱敖皿伯鬲

⿱敖皿伯、⿰亻盧母子剌乍(作)寶鬲，子孫永寶用

00664

鼇伯鬲

鼇伯、𥂴母子剌乍(作)
寶鬲，子孫永寶用

00665

戲伯鬲

戲伯乍（作）餴（饙）鬲，其萬年，子子孫孫永寶用

00666

戲伯鬲

戲伯乍（作）鎜（鐼）鬲，其萬年，子子孫孫永寶用

00667

右戲仲嚘父鬲

右戲仲夏父乍(作)豐鬲，
子子孫孫永寶用

00668

鼄伯鬲

鼄（邾）伯乍（作）塍（媵）鬲，其萬年，
子子孫孫永寶用

00669

鼄來隹鬲

鼄（邾）來隹乍（作）貞（鼎），萬壽眉其年，無疆用

00670

伯汃父鬲

伯汃父乍(作)大姬齋鬲，
子子孫孫永寶用

00671

召仲鬲

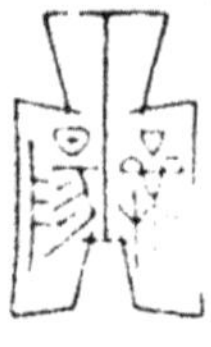

召仲乍(作)生妣尊鬲，其子子孫孫永寶用

00672

召仲鬲

召仲乍(作)生妣尊鬲，其子子孫孫永寶用

00673

叔牙父鬲

叔牙父乍（作）姞氏尊鬲，子子孫孫永寶用

00674

樊夫人龍嬴鬲

樊夫人龍嬴，用其吉金，自乍(作)行鬲

00675

樊夫人龍嬴鬲

樊夫人龍嬴，用其吉金，自乍（作）行鬲

00676

邛叔盗鬲

00677

邛（江）叔盗乍（作）其尊鬲，子子孫孫，永寶用之

鄜大嗣攻鬲

00678

鄜（慶）大嗣攻（空）嗣攻（空）單，（自作）鑄其鬲，子子孫孫，永保用之

𤇾有嗣爯鬲

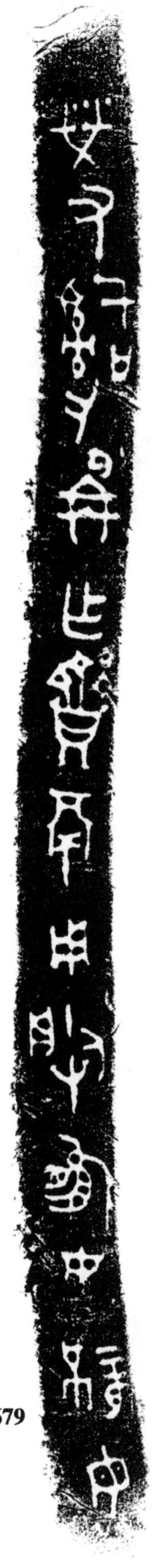

00679

𤇾（榮）又（有）嗣爯乍（作）齋鬲，用朕（媵）嬴女龖母

成伯孫父鬲

成伯孫父乍(作)𩰫嬴尊鬲，子子孫孫永寶用

00680

仲口父鬲

仲父乍(作)尊鬲，子子孫孫，其萬年永寶用

00681

伯家父鬲

伯家父乍（作）孟姜眹（媵）
鬲，其子孫永寶用

00682

虢季氏子伇鬲

虢季氏子伇乍（作）寶鬲，
子子孫孫，永寶用享

00683

奠鑄友父鬲

奠（鄭）鑄友父乍（作）幾姜旅鬲，其子子孫寶用

00684

齊趫父鬲

齊趫父乍（作）孟姬寶鬲，
子子孫孫，永寶用享

00685

齊趫父鬲

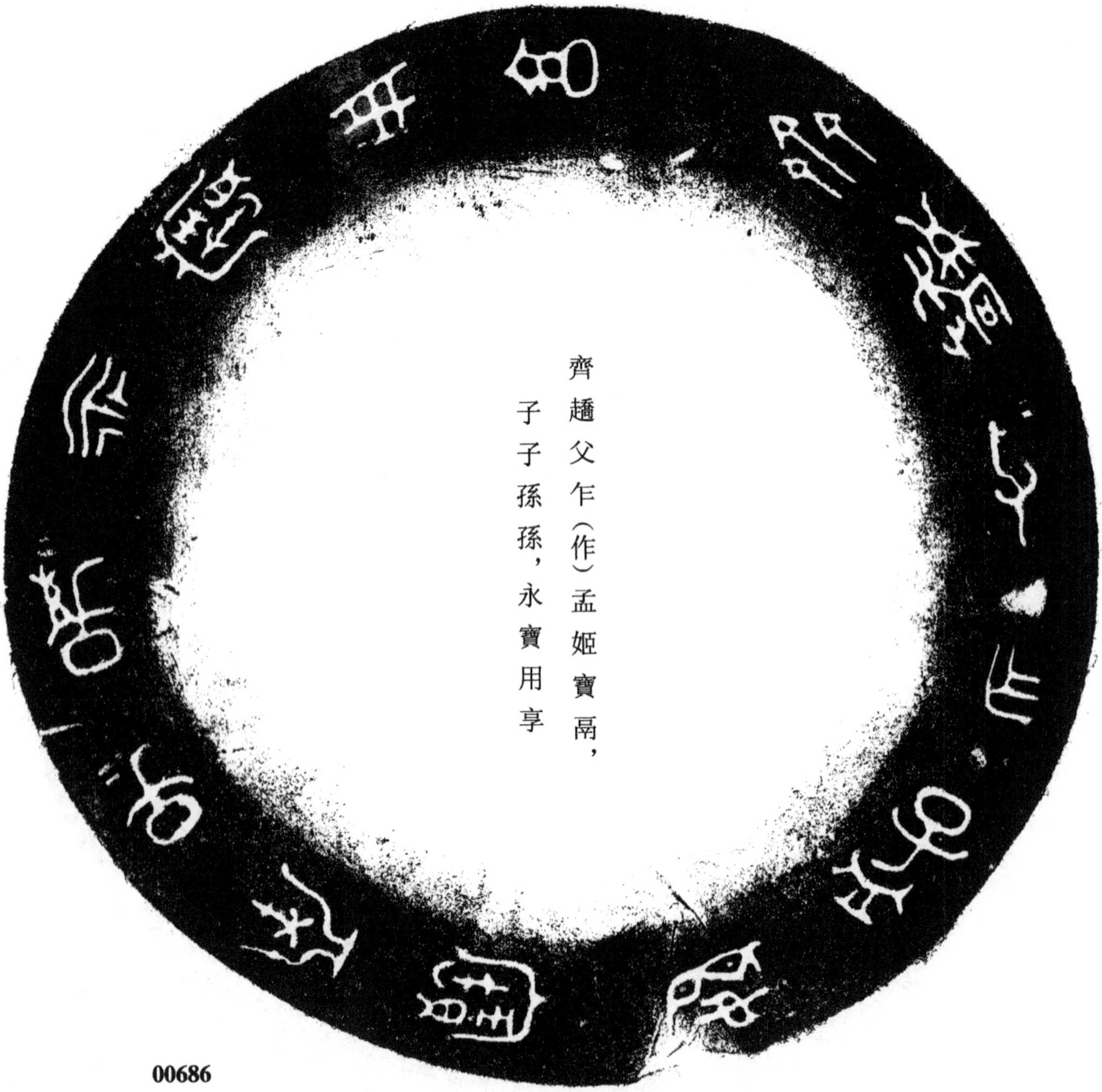

00686

齊趫父乍（作）孟姬寶鬲，
子子孫孫，永寶用享

黃子鬲

黃子乍（作）黃甫（夫）人行器，則永祜（祜）福（福），霝（靈）冬（終）霝（靈）後

00687

龏作又母辛鬲

亞俞，龏入（納）爗
于女（汝）子，用乍（作）
又母辛尊彝

00688

伯矩鬲

在戊辰，匽（燕）
侯賜伯矩
貝，用乍（作）父
戊尊彝

00689.1

在戊辰，
匽（燕）侯賜
伯矩貝，
用乍（作）父
戊尊彝

00689.2

魯伯愈父鬲

魯伯愈父乍（作）鼄（邾）姬仁

朕（媵）羞鬲，其永寶用

00690

魯伯愈父鬲

魯伯愈父乍（作）鼄（邾）姬仁朕（媵）羞鬲，其永寶用

00691

魯伯愈父鬲

魯伯愈父乍（作）鼄（邾）姬仁
朕（媵）羞鬲，其永寶用

00692

魯伯愈父鬲

魯伯愈父乍（作）鼄（邾）姬仁
朕（賸）羞鬲，其永寶用

00693

魯伯愈父鬲

魯伯愈父乍(作)鼄(邾)姬仁
朕(媵)羞鬲，其永寶用

00694

魯伯愈父鬲

魯伯愈父乍（作）鼄（邾）姬仁
朕（媵）羞鬲，其永寶用

00695

夆伯鬲

夆（隆）伯乍（作）⿰阝尼孟姬尊鬲，其萬年，
子子孫孫永寶

00696

攴伯鬲

弢(發)伯乍(作)叔姬尊鬲，其萬年，子子孫孫永寶用

00697

杜伯鬲

杜伯乍（作）叔嫿（祁）尊鬲，其萬年，子子孫孫永寶用

00698

曾伯宫父穆鬲

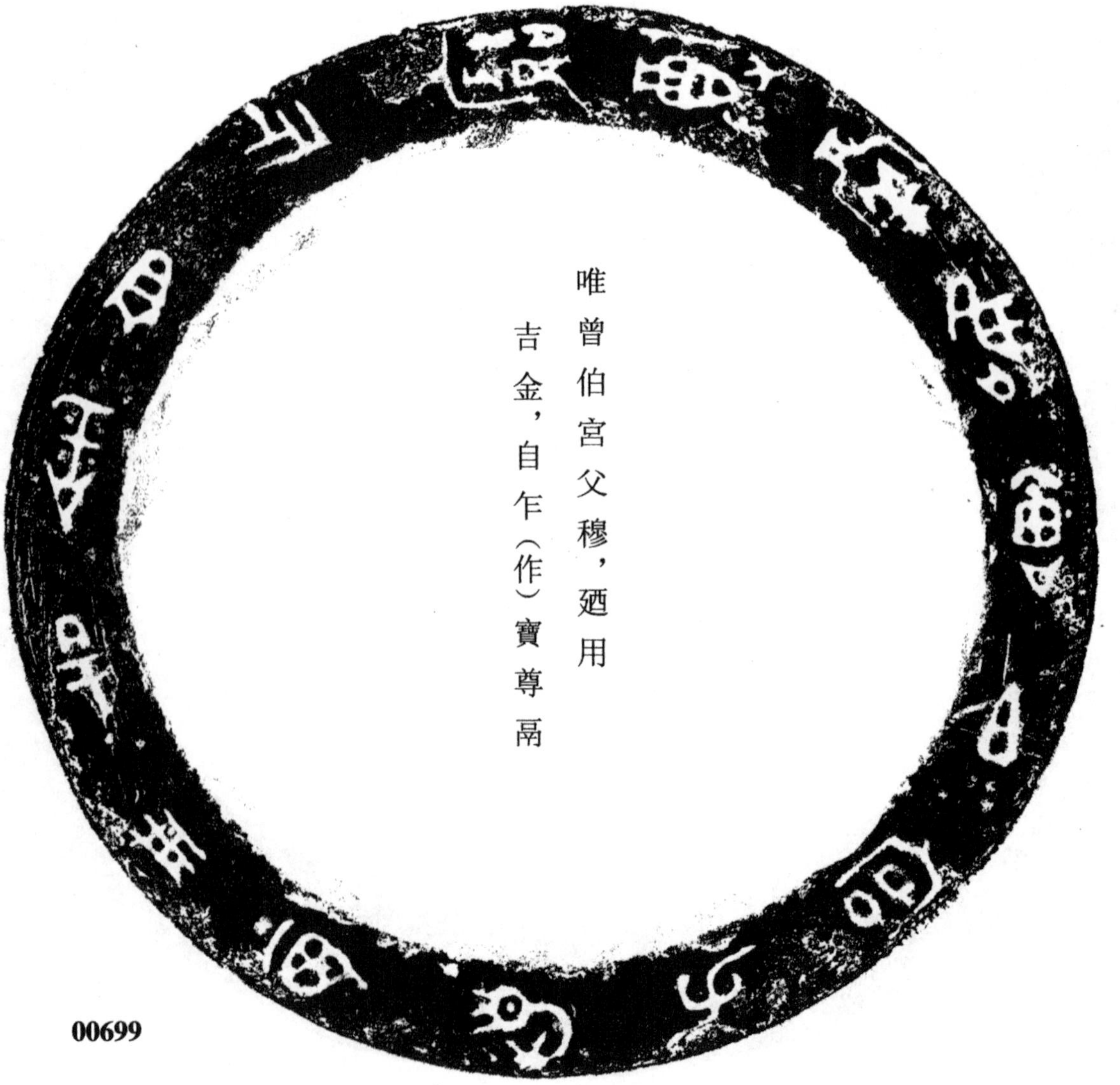

唯曾伯宫父穆，迺用

吉金，自乍（作）寶尊鬲

00699

善吉父鬲

善（膳）（夫）吉父乍（作）京姬尊鬲，
其子子孫孫永寶用

00700

善夫吉父鬲

善（膳）夫吉父乍（作）京姬尊鬲，其子子孫孫永寶用

00701

善夫吉父鬲

善（膳）夫吉父乍（作）京姬尊鬲，其子子孫孫永寶用

00702

善夫吉父鬲

善（膳）夫吉父乍（作）京姬尊鬲，
其子子孫孫永寶用

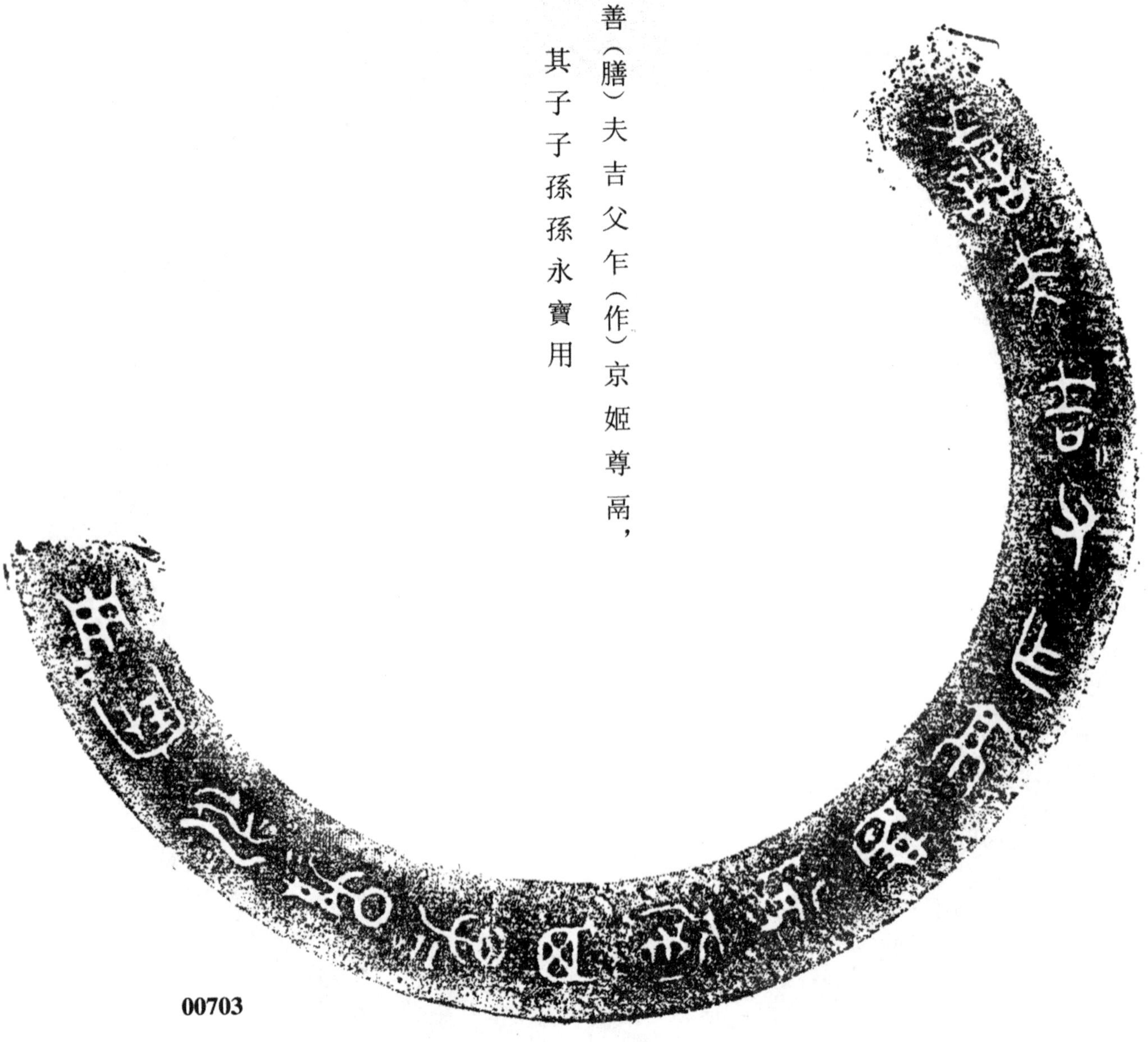

00703

善夫吉父鬲

00704

善（膳）夫吉父乍（作）京姬尊鬲，
其子子孫孫永寶用

陳侯鬲

陳（？）侯乍（作）畢季嬀媵鬲，其萬年，子子孫孫永用

00705

陳侯鬲

陳(?)侯乍(作)畢季媯媵鬲，其萬年，子子孫孫永用

00706

魯宰駟父鬲

魯宰駟父乍（作）姬鵰賸（媵）鬲，其萬年永寶用

00707

虢仲鬲

虢仲乍（作）虢妃尊鬲，其邁（萬）年，子子孫孫永寶用

00708

虢伯鬲

虢伯乍（作）姬大母尊鬲，其萬年，子子孫孫永寶用

00709

仲勛鬲

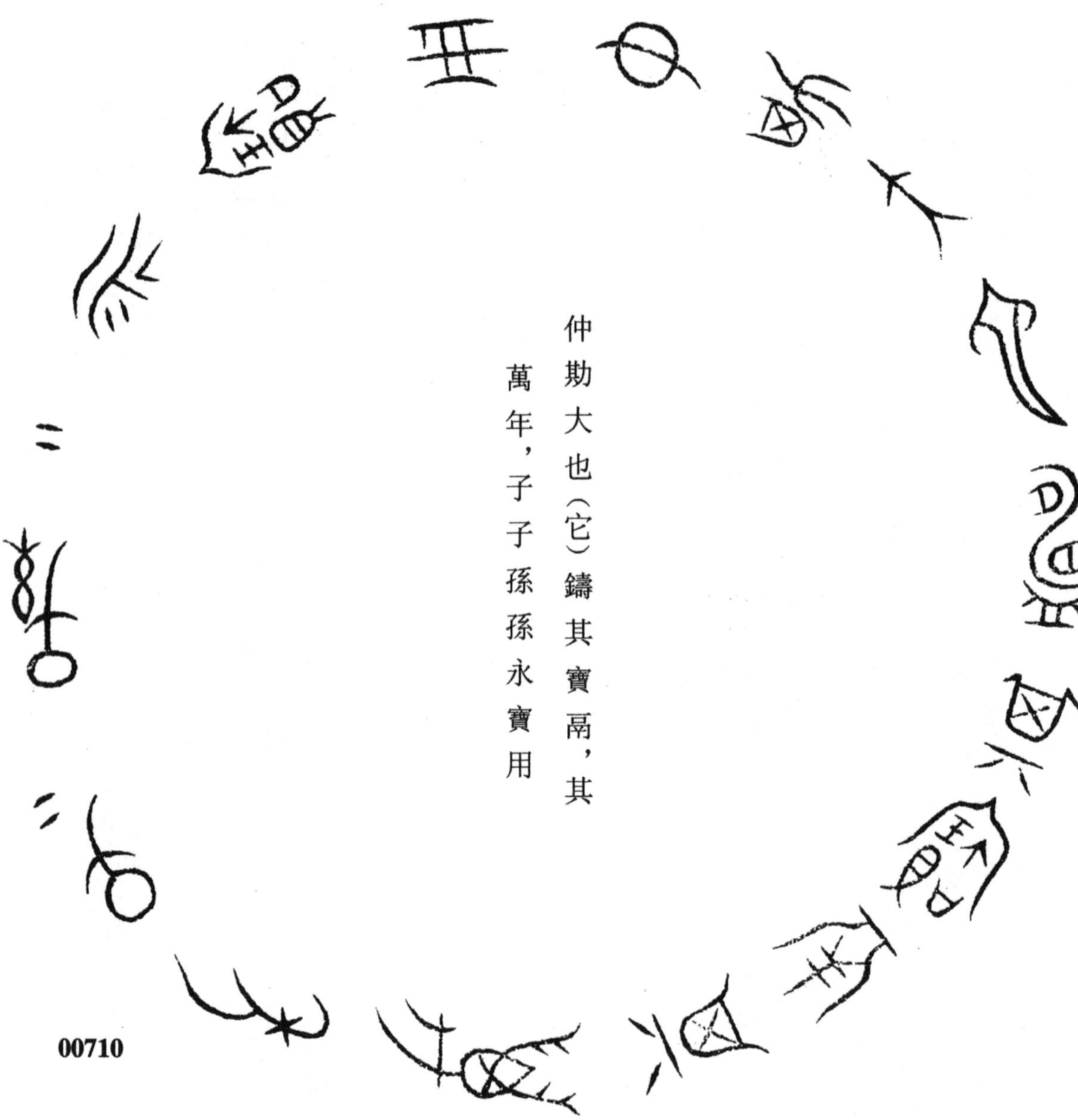

仲勛大也（它）鑄其寶鬲，其萬年，子子孫孫永寶用

00710

内公鬲

内（芮）公乍（作）鑄京氏婦叔姬
賸（媵）鬲，子子孫孫永用享

00711

内公鬲

內(芮)公乍(作)鑄京氏婦叔姬

朕(媵)鬲，子子孫孫，永寶用享

00712

衪仲鬲

衪仲無龍乍(作)寶鬲，其萬年，子子孫孫，永寶用享

00713

衪仲鬲

衪仲無龍乍(作)寶鬲，其子子孫永寶用享

00714

嬰士父鬲

睽士父乍（作）蓼（翏）妃尊鬲，其萬年，子子孫孫永寶用

00715

嬰士父鬲

睽士父乍（作）蓼（翏）妃尊鬲，其萬年，子子孫孫永寶用

00716

鼄友父鬲

鼄（邾）畜（友）父朕（媵）其子胸（胙）嫊寶鬲，其眉壽，永寶用

00717

□季鬲

□季乍（作）孟姬窗（庿）女（母）逹鬲，其萬年子孫用之

00718

伯顕父鬲

伯夏父乍(作)畢姬尊鬲，其萬年，子子孫孫，永寶用享

00719

伯顯父鬲

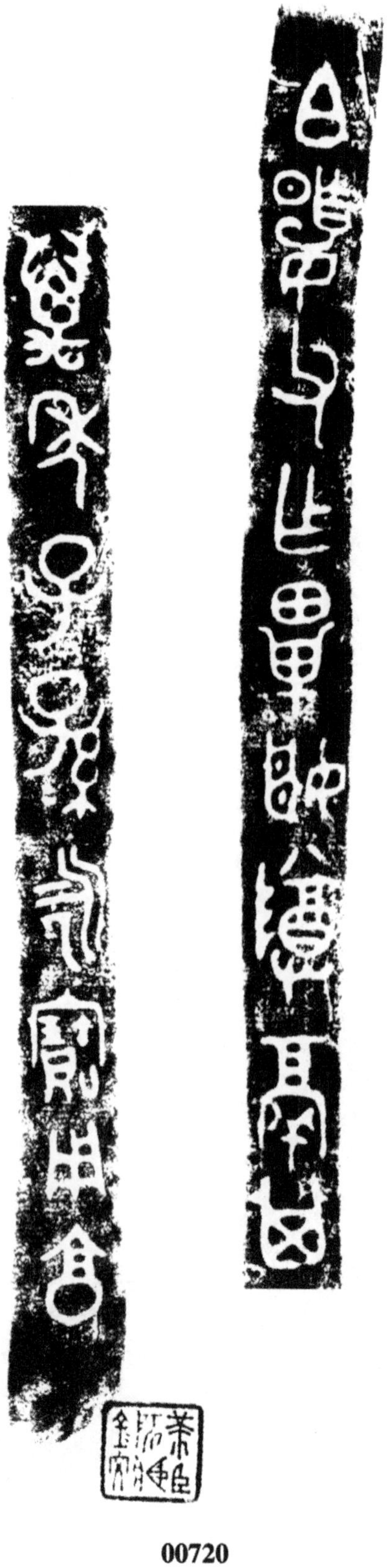

伯夏父乍（作）畢姬尊鬲，其萬年，子子孫孫，永寶用享

00720

伯顯父鬲

伯夏父乍（作）畢姬尊鬲，其萬年，子子孫孫，永寶用享

00721

伯顯父鬲

伯夏父乍（作）畢姬尊鬲，其萬年，子子孫孫，永寶用享

00722

伯顯父鬲

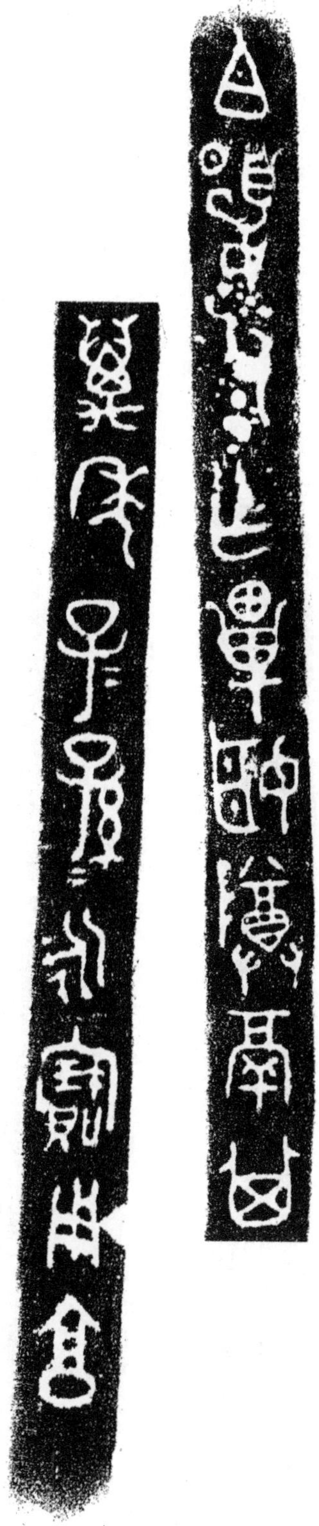

伯夏父乍（作）畢姬尊鬲，其萬年，子子孫孫，永寶用享

00723

伯顯父鬲

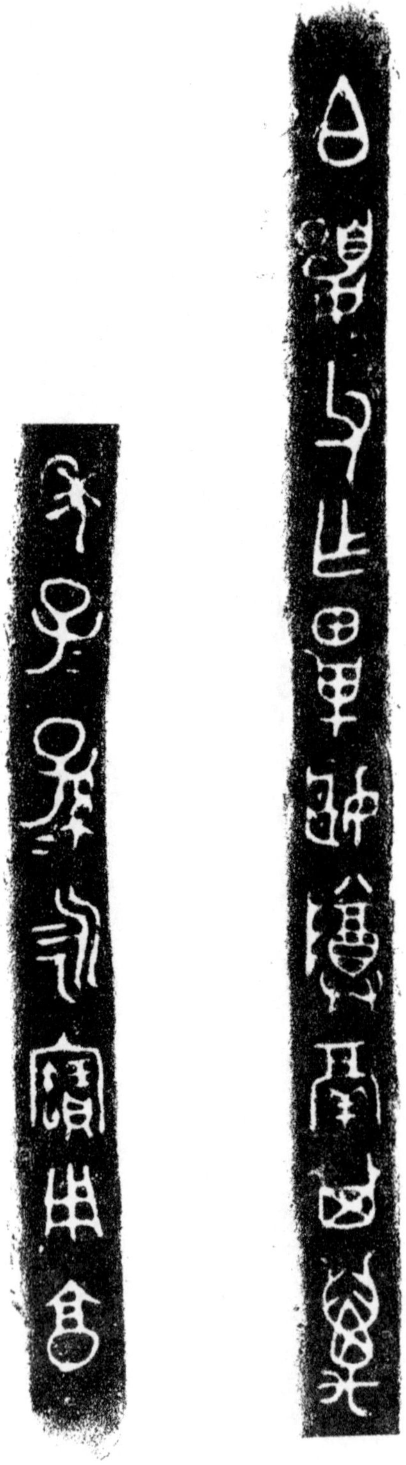

伯夏父乍（作）畢姬尊鬲，其萬
年，子子孫孫，永寶用享

00724

伯顯父鬲

伯夏父乍（作）畢姬尊鬲，其萬
年，子子孫孫，永寶用享

00725

伯顯父鬲

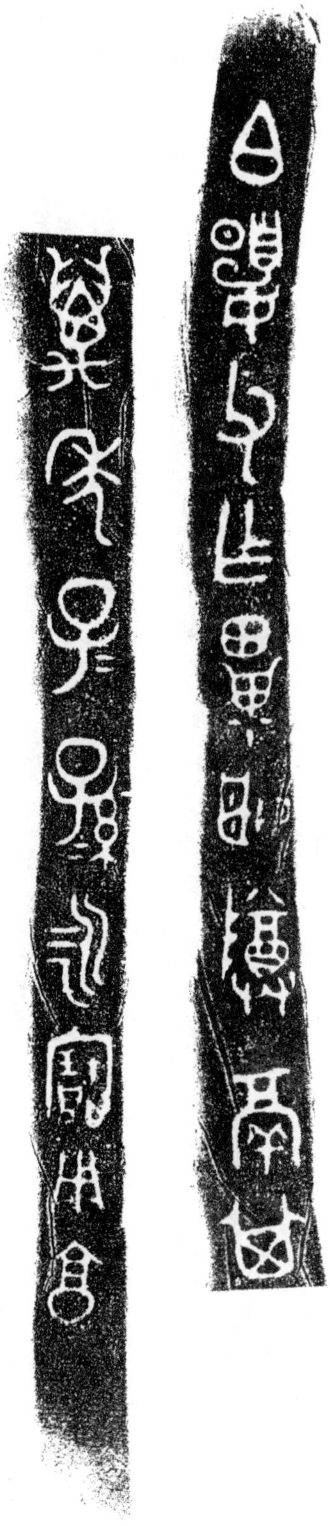

伯夏父乍（作）畢姬尊鬲，其
萬年，子子孫孫，永寶用享

00726

伯顯父鬲

伯夏父乍（作）畢姬尊鬲，其
萬年，子子孫孫，永寶用享

00727

伯顕父鬲

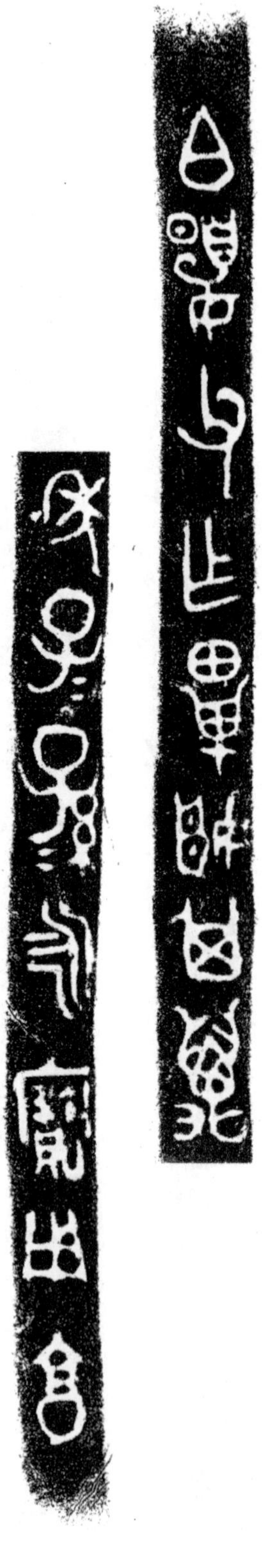

伯夏父乍(作)畢姬，其萬

年，子子孫孫，永寶用享

00728

仲生父鬲

仲生父乍(作)井孟姬寶鬲，

其萬年，子子孫孫永寶用

00729

鄭伯筍父鬲

奠（鄭）伯筍父乍（作）叔姬尊鬲，
其邁（萬）年，子子孫孫永寶用

00730

鄭師□父鬲

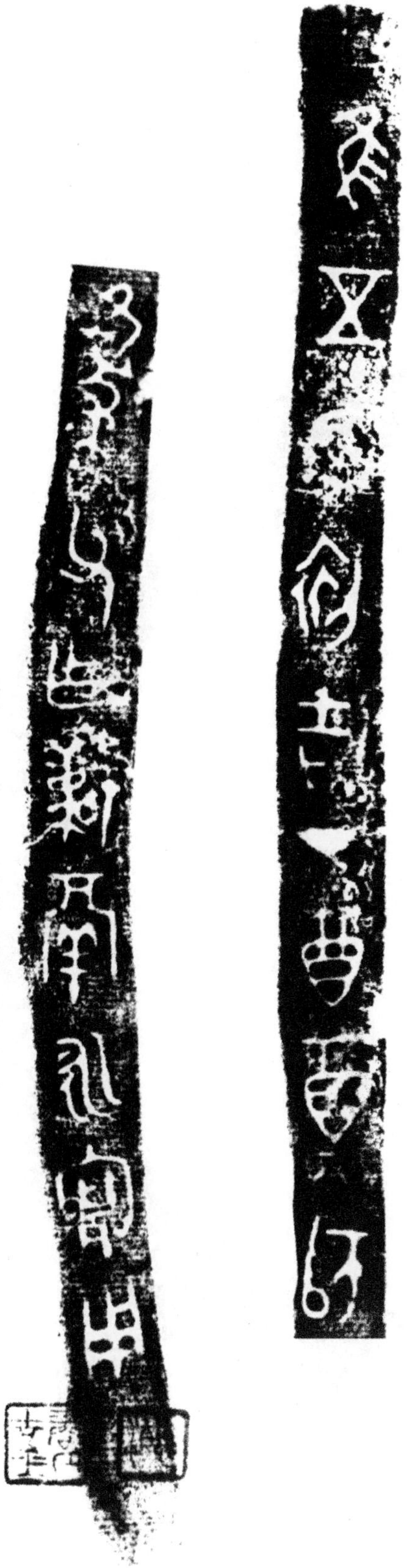

唯五月初吉丁酉，奠（鄭）師
[illegible]（邍）父乍（作）鬳鬲，永寶用

00731

番君酟伯鬲

唯番君酟伯自乍（作）寶鼎，萬年無疆，子子孫永用

00732

番君酟伯鬲

唯番君酟伯自乍(作)寶鼎，萬年無疆，子子孫永用

00733

番君酟伯鬲

唯番君酟伯自乍（作）寶鼎，萬年無疆，子孫永用

00734

鑄子叔黑臣鬲

鑄子叔黑臣（頤）肇乍（作）寶
鬲，其萬年眉壽，永寶用

00735

虢文公子㱿鬲

虢文公子㱿乍（作）叔妃鬲，
其萬年，子孫永寶用享

00736

單伯邍父鬲

單伯邍父乍(作)仲姞尊鬲，
子子孫孫，其邁(萬)年，永寶用享

00737

孟辛父鬲

[illegible]馬孟辛父，乍(作)孟姞寶
尊鬲，其萬年，子子孫孫永寶用

00738

孟辛父鬲

□馬孟辛父，乍（作）孟姞寶尊鬲，其萬年，子子孫孫寶用

00739

孟辛父鬲

□馬孟辛父，乍（作）孟姞寶尊鬲，其萬年，子子孫孫寶用

00740

鄒鬲

乍（作）父丁彝

光商（賞）郢（倢）貝，用

桒（祓）□在寢，王

亞沚，庚寅，郢（倢）

00741

隮子鄭伯鬲

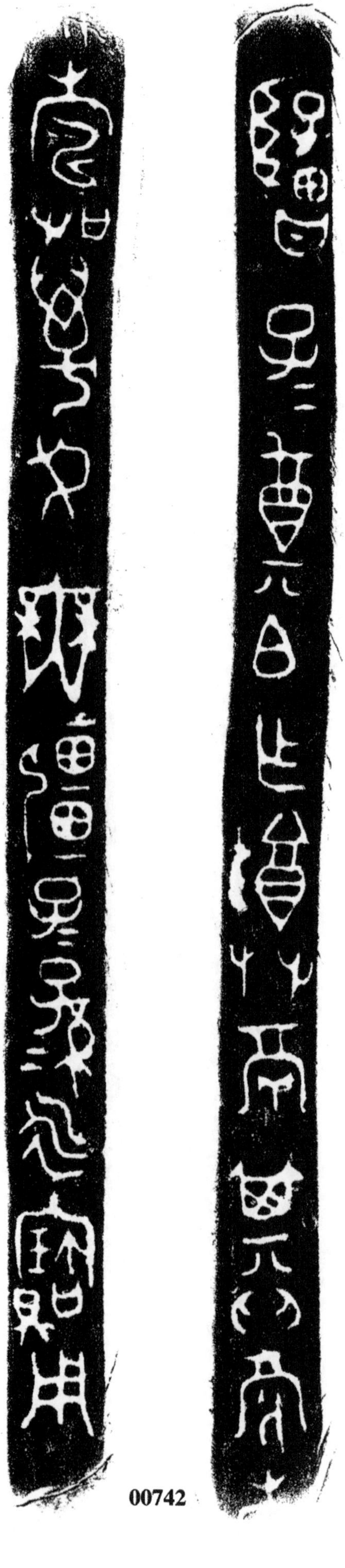

00742

醫子子奠伯乍（作）尊鬲，其眉

壽，萬年無疆，子子孫孫永寶用

內公鬲

內(芮)公乍(作)鑄京仲氏婦叔姬賸(媵)鬲，其子子孫孫永寶用享

00743

琱生作宮仲鬲

琱生（甥）乍（作）文
考宄仲尊
鬲，琱生（甥）其
邁（萬）年，子子孫孫，
永寶用享

00744

師趛鬲

唯九月初吉庚
寅，師趛乍（作）文考
聖公、文母聖姬
尊䵼，其萬年，子
孫永寶用，亻（攴）

00745

仲枏父鬲

唯六月初吉，
師湯父有嗣
仲枏父乍（作）寶
鬲，用敢鄉（饗）考（孝）于
皇祖丂（考），用旟（祈）
眉壽，其萬年，
子子孫孫，其永寶用

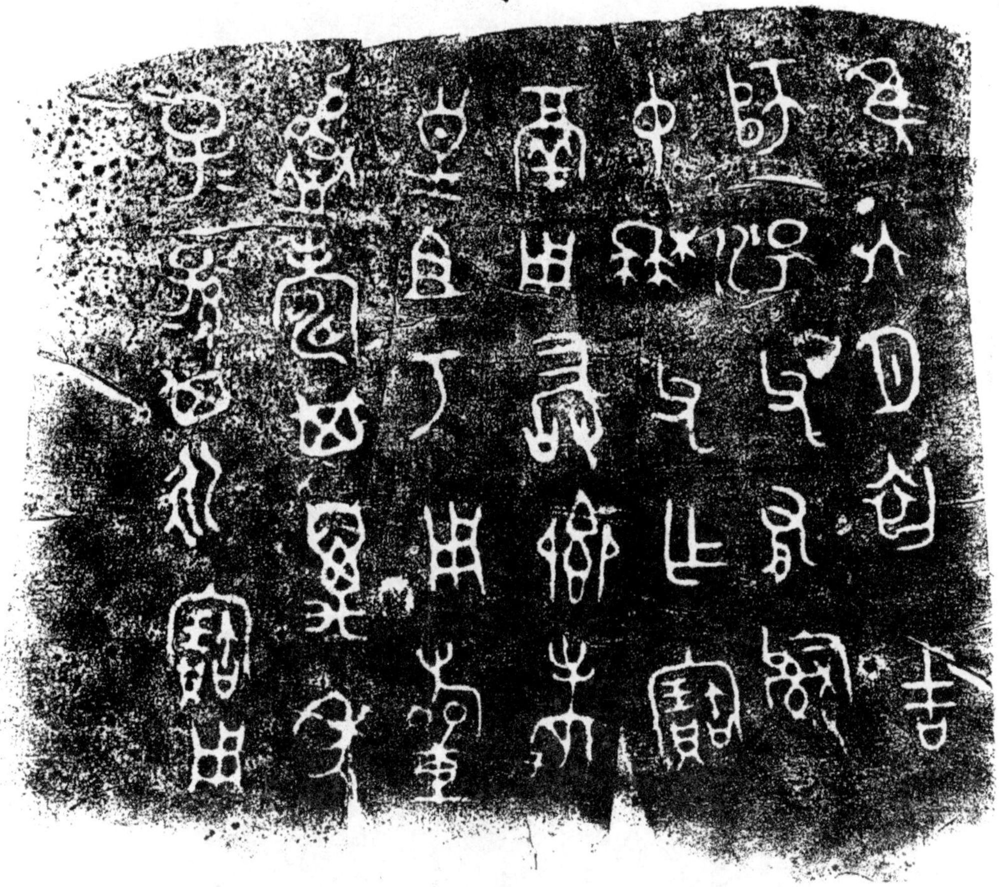

00746

仲枏父鬲

唯六月初吉，師湯父有嗣仲枏父乍（作）寶鬲，用敢鄉（饗）考（孝）于皇祖丂（考），用旚（祈）眉壽，其萬年，子子孫孫，其永寶用

00747

仲枏父鬲

唯六月初吉，
師湯父有嗣
仲枏父乍（作）寶
鬲，用敢鄉（饗）考（孝）
于皇祖丂（考），用旛（祈）
眉壽，其萬年，
子子孫孫，其永寶用

00748

仲枏父鬲

唯六月初吉，
師湯父有嗣
仲枏父乍（作）寶
鬲，用敢鄉（饗）考（孝）于
皇祖丂（考），用旟（祈）
眉壽，其萬年，
子子孫孫，其永寶用

00749

仲枏父鬲

唯六月初吉，師湯父有嗣仲枏父乍(作)寶鬲，用敢鄉(饗)考(孝)于皇祖丂(考)，用旛(祈)眉壽，其萬年，子子孫孫，其永寶用

00750

仲枏父鬲

唯六月初吉，
師湯父有嗣
仲枏父乍（作）寶
鬲，用敢鄉（饗）考（孝）于
皇祖丂（考），用旟（祈）
眉壽，其萬年，
子子孫孫，其永寶用

00751

仲枏父鬲

唯六月初吉，
師湯父有嗣
仲枏父乍（作）寶
鬲，用敢鄉（饗）考（孝）于
皇祖丂（考），用旚（祈）
眉壽，其萬年，
子子孫孫，其永寶用

00752

公姑鬲

唯十又二月既生
霸，子仲漁复池，
天君蔑公姑曆，
事（使）賜公姑魚三百，
拜䭫首，對揚天
君休，用乍（作）䵼鼎

00753

尹姑鬲

穆公乍(作)尹姑宗室于
繇林，唯六月既生霸
乙卯，休天君弗望(忘)穆
公聖粦明䚄事先王，
各于尹姑宗室繇林，
君蔑尹姑曆，賜玉五
品、馬四匹，拜䭫首，對揚
天君休，用乍(作)寶齍

00754

尹姑鬲

穆公乍（作）尹姑宗室于
繇林，唯六月既生霸
乙卯，休天君弗望（忘）穆
公聖粦明䚄事先王，
各于尹姑宗室繇林，
君蔑尹姑曆，賜玉五
品、馬四匹，拜䭫首，對揚
天君休，用乍（作）寶齋

00755

好甗

好

00761

好甗

好

00762.1

好

00762.2

好甑

好

00763

奄甗

奄

00764

戈甗

戈

00765

戈甗

戈

00766

戈甗

戈

00767

戈甗

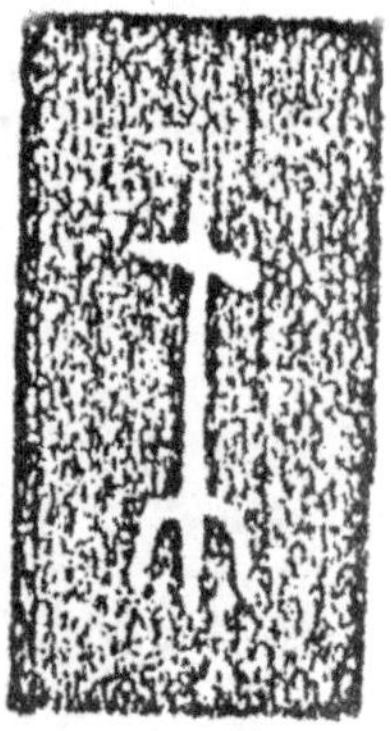

戈

00768

甗

00769

甗

00770

甗

00771

甗

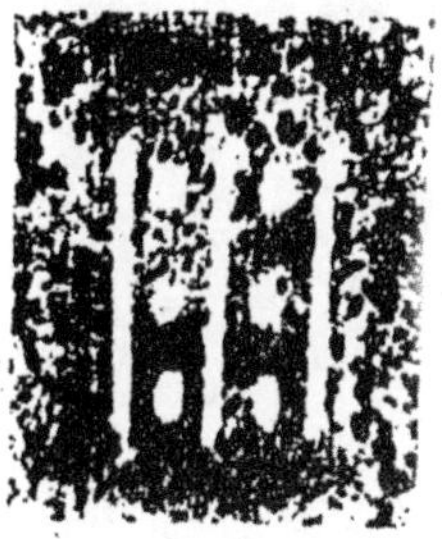

00772

甗

00773

甗

冉

00774

甗

冉

00775

甗

正

00776

甗

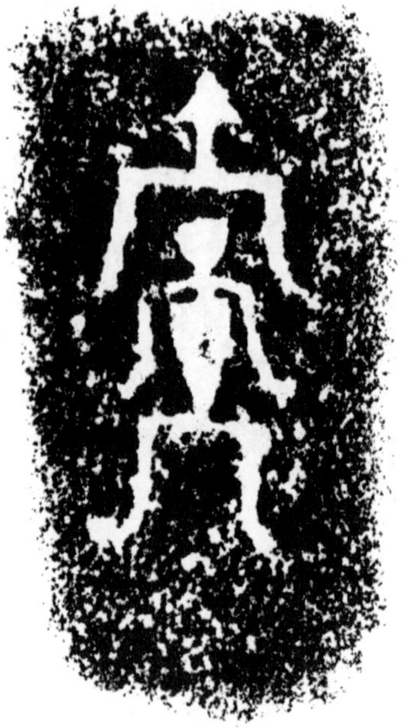

00777

甗

（遷）

00778

戊甗

戊

00779

規甗

規

00780

木甗

木

00781

叔甗

弔

00782

尺甗

尺

00783

甗

00784

戎

甗

00785

(匀)

甗

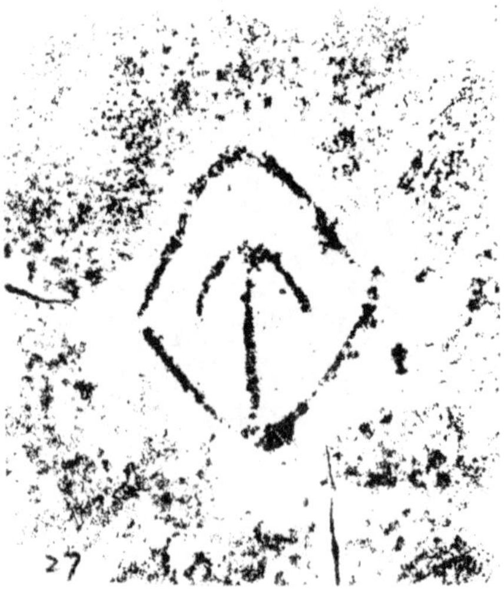

00786

甗

00787

友

甗

00788

六六一六六一

⿱亞天甗

亞疑

00789

夸甗

夸

00790

夸甗

夸

00791

宁章甗

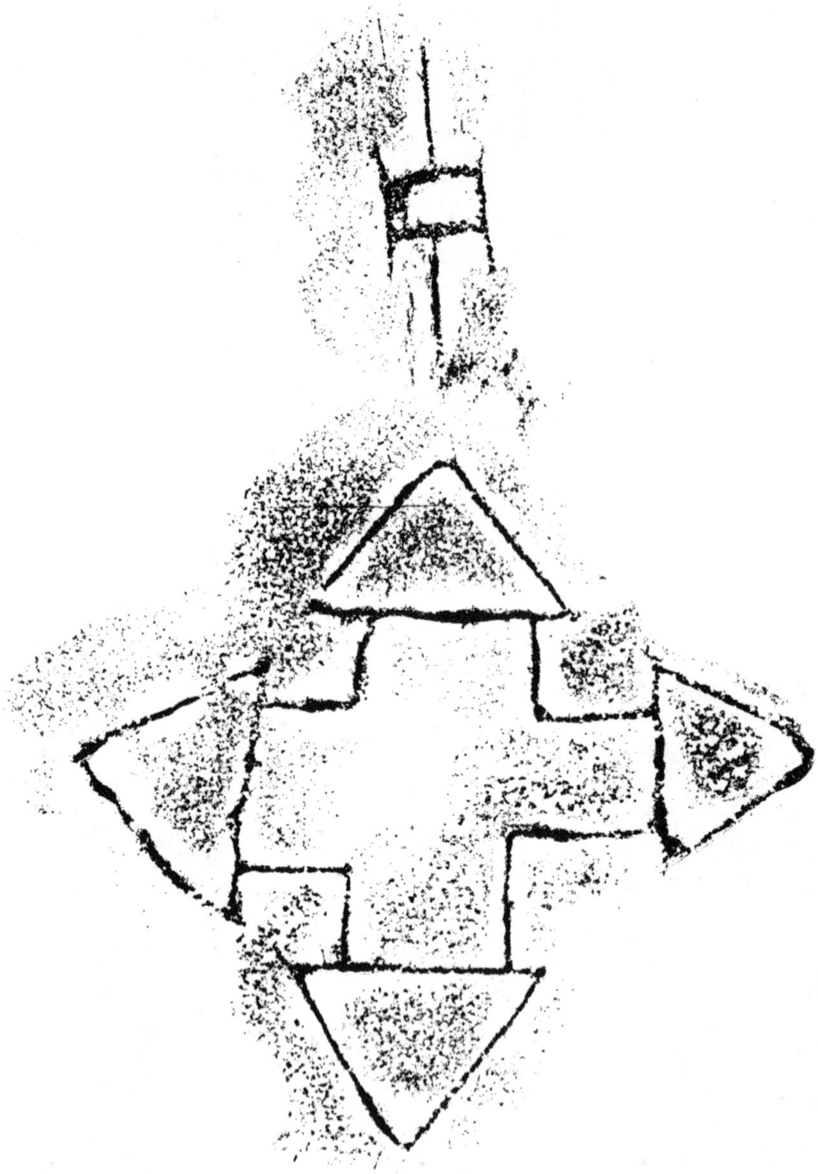

宁墉

00792

婦好三聯甗

婦好

00793.1.1

婦好

00793.2.1

婦好

00793.1.2

婦好

00793.2.2

婦好

00793.3

婦好

00793.4

婦好分體甗

婦好

00794

[illegible]叡甗

叡[illegible]

00796

亯婦甗

亯嬦

00795

戈⋈甗

戈⋈

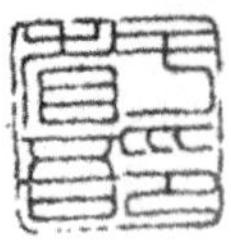

00797

且丁甗

祖丁

00798

父乙甗

父乙

00799

父乙甗

父乙

00800

父己甗

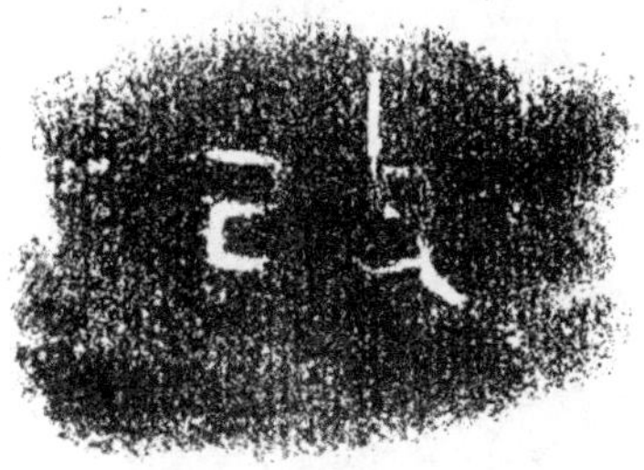

父己

00801

冄辛甗

冉辛

00802

遽從甗

遽從

00803

*甗

*鬳

00804

寶甗

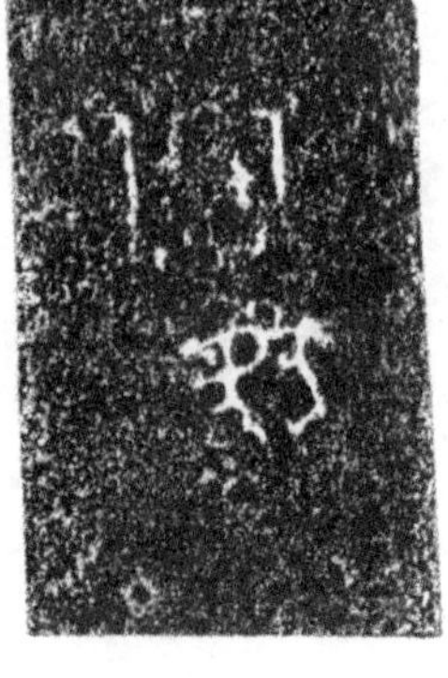

寶
獻(甗)

00805

且丁旅甗

祖丁幸旅

00806

丙父乙甗

丙父乙

00808

戈父甲甗

戈父甲

00807

共父乙甗

（擠）父乙

00809

冉父乙甗

冉父乙

00810

乙父𠘧甗

乙父𠘧

00812

冉父乙甗

冉父乙

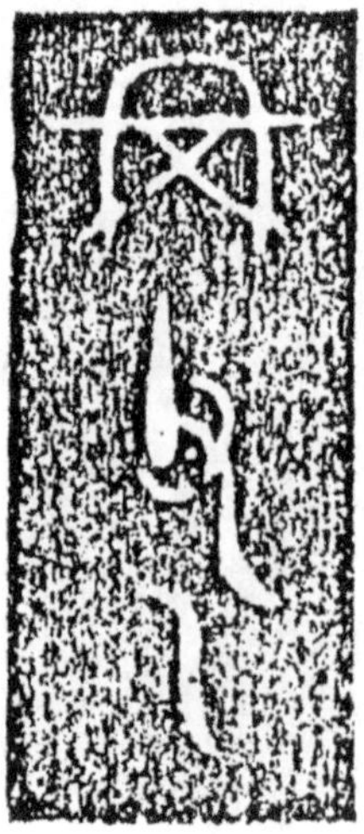

00811

守父丁甗

守父丁

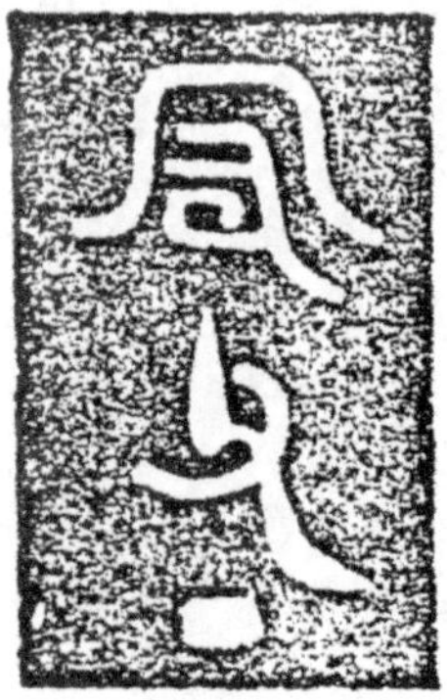

00813

戈父戊甗

父戊戈

00814

𢋈父己甗

𢋈（庚）父己

00816

□父己甗

令父己

00815

□父己甗

□父己

00817

見作甗

見乍（作）甗

00818

元父辛甗

元父辛

00820

見父己甗

見父己

00819

戒父辛甗

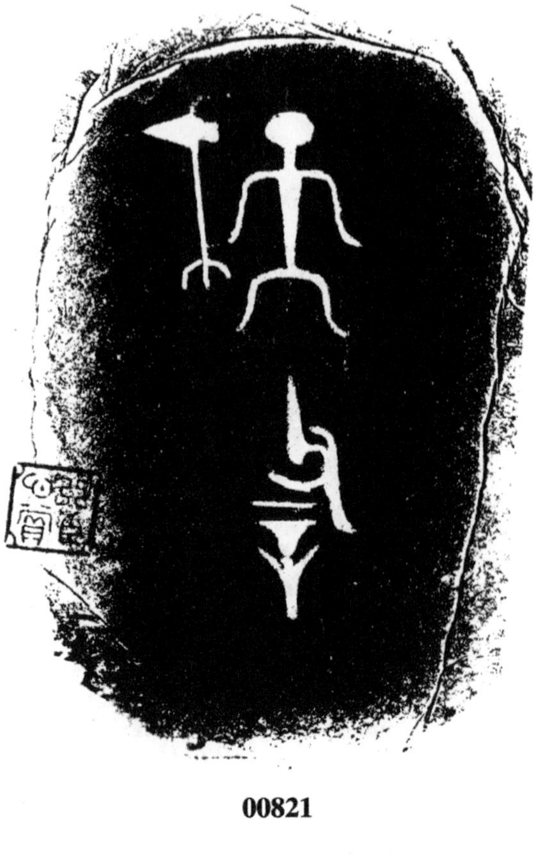

[戈大]（戒）父辛

00821

冀父癸甗

冀父癸

00822

伕父癸甗

伕父癸

00823

爰父癸甗

爰父癸

00824

司甹母甗

司娉

00825

[illegible]母癸甗

[illegible]
母癸

00826

亞□矣甗

亞疑侁

00828

亞豈衎甗

亞豈(趞)衎(延)

00827

伯作彝甗

伯乍(作)彝

00829

伯作彝甗

伯乍（作）彝

00830

作丙寶甗

乍（作）寶，丙

00832

爻作彝甗

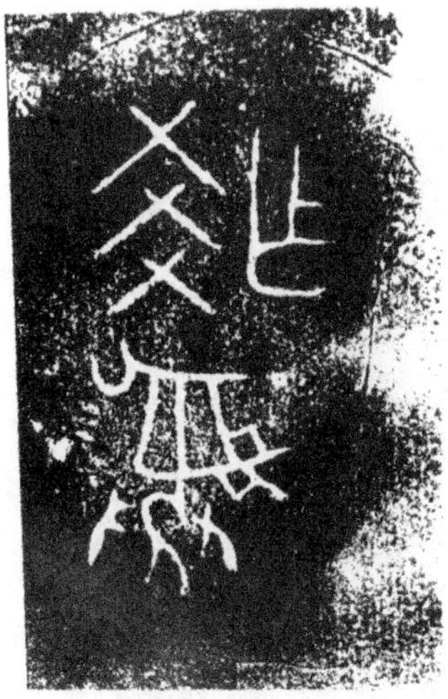

爻乍（作）彝

00831

作寶彝甗

乍（作）寶彝

00833

作寶彝甗

乍(作)寶彝

00834

作旅彝甗

乍(作)旅彝

00836

作從彝甗

乍(作)從彝

00835

㦰作旅甗

㦰乍(作)旅

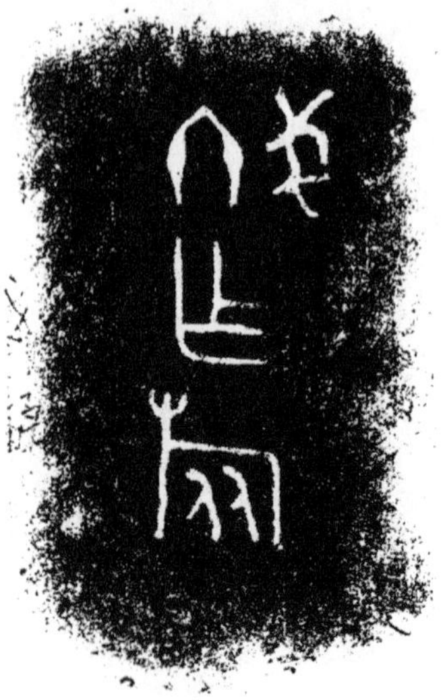

00837

子父乙甗

子父乙犬

00838

亞盉父丁甗

亞盉父丁

00840

宁戈乙父甗

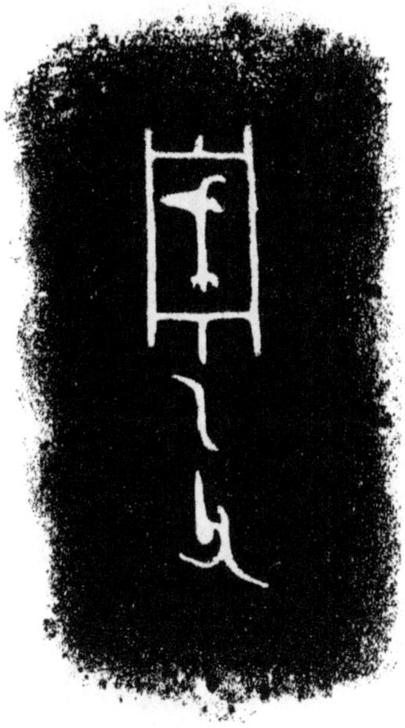

宁戈乙父

00839

丙亞父丁甗

丙亞父丁

00841

亞桼父丁甗

亞桼(䵼)父丁

00842

得父己甗

父己得亞

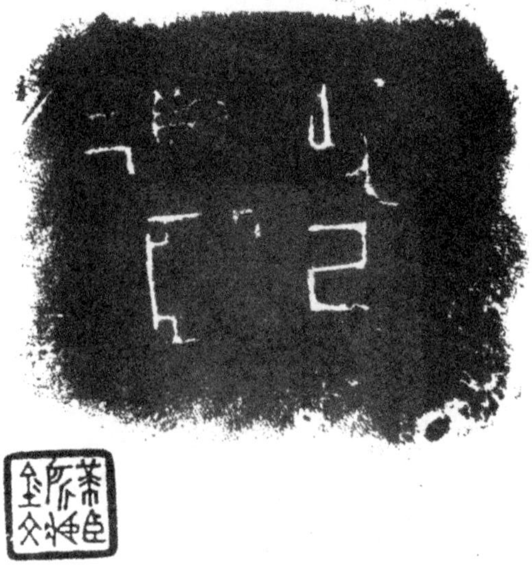

00844

亞巽父己甗

亞巽(㠱)父己

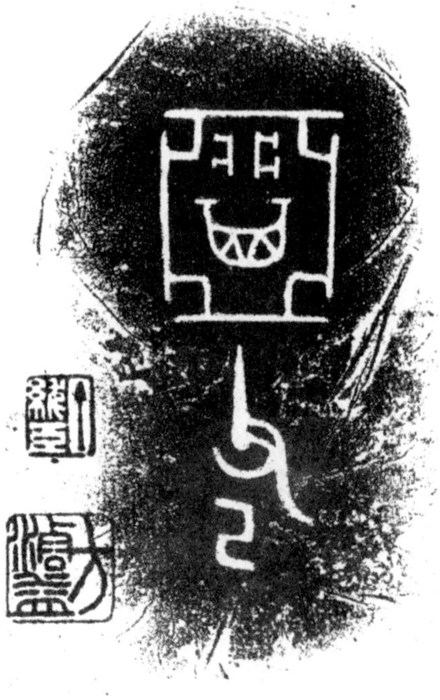

00843

黽作父辛甗

黽乍(作)父辛

00845

俞戊父癸甗

葥（箙）戊父癸

00846

⿱北大北子甗

⿱北大（兴）北子冉

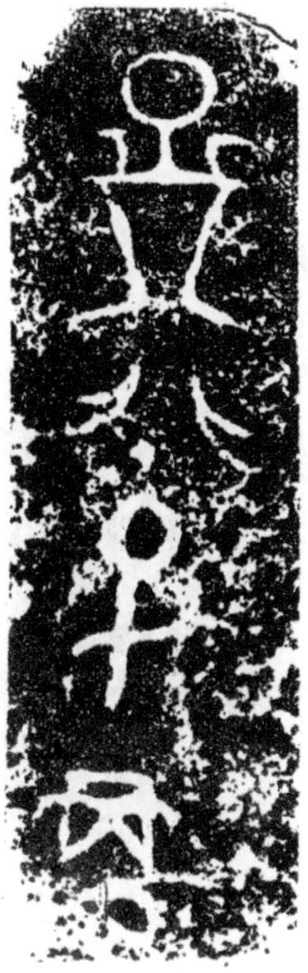

00847

射作⿰阝尊甗

襄射乍（作）尊

00848

⿰𧾷夭作寶彝甗

⿰𧾷夭乍(作)寶彝

00849

⿰女几奴寶甗

又(有)姛寶甗

00851

作戲⿰阝尊彝甗

乍(作)戲尊彝

00850

命作寶彝甗

命乍(作)寶彝

00852

舟作隮彝甗

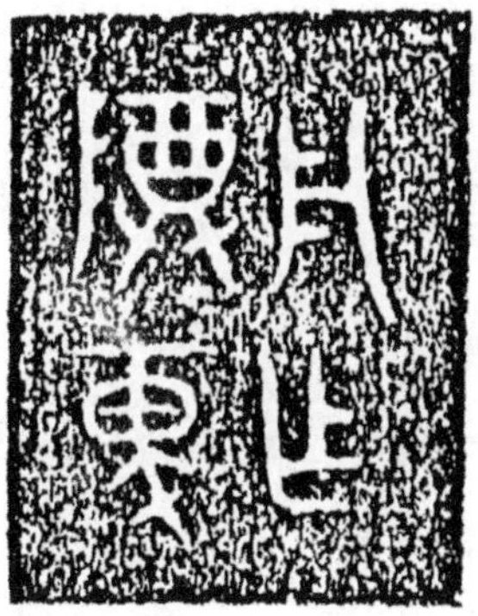

舟乍(作)尊彝

00853

守作寶彝甗

宋乍(作)寶彝

00855

鬭作寶彝甗

鬭乍(作)寶彝

00854

彭女甗

彭母彝，冉

00856

伯作寶彝甗

伯乍(作)寶彝

00857

仲作旅彝甗

仲乍(作)旅彝

00859

伯作旅甗

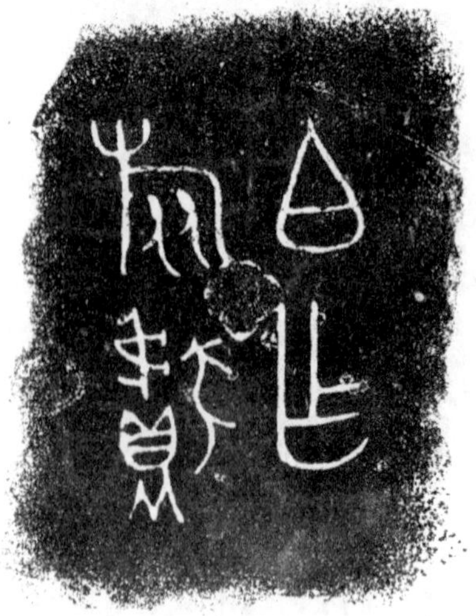

伯乍(作)旅獻(甗)

00858

仲作旅甗

仲乍(作)旅獻(甗)

00860

龍作旅彝甗

龍乍(作)
旅彝

00861

光作從彝甗

光乍(作)從彝

00863

疐甗

疐乍(作)旅獻(甗)

00862

中甗

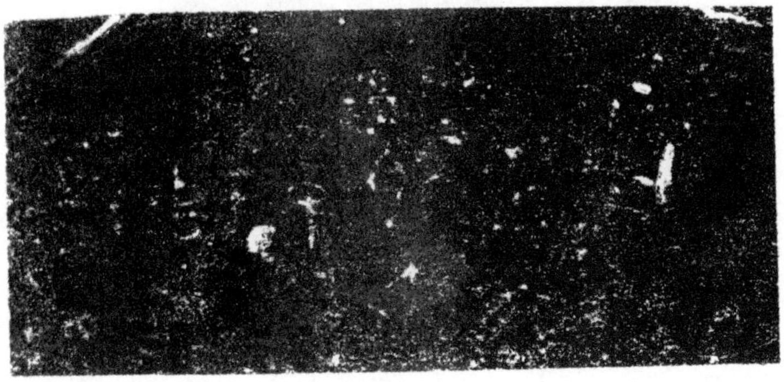

師中即☐

00864

頖甗

頖乍(作)旅彝

00865

商婦甗

商婦乍(作)彝，冀

00867

子商甗

子商亞䍩乙

00866

伯廥甗

伯廥乍(作)尊彝

00868

伯乙甗

伯丁乍(作)寶彝

00869

矢伯甗

矢伯乍(作)旅

00871

伯貞甗

伯真乍(作)旅獻(甗)

00870

渣伯甗

潦伯乍(作)甗

00872

井伯甗

井伯乍(作)旅獻(甗)

00873

沓甗

沓乍(作)寶
尊彝

00875

𦥑子甗

解子乍(作)
旅獻(甗)

00874

雷甗

雷乍(作)
寶尊彝

00876

龏妊甗

龏妊賸(媵)獻(甗)，[illegible]

00877

作且己甗

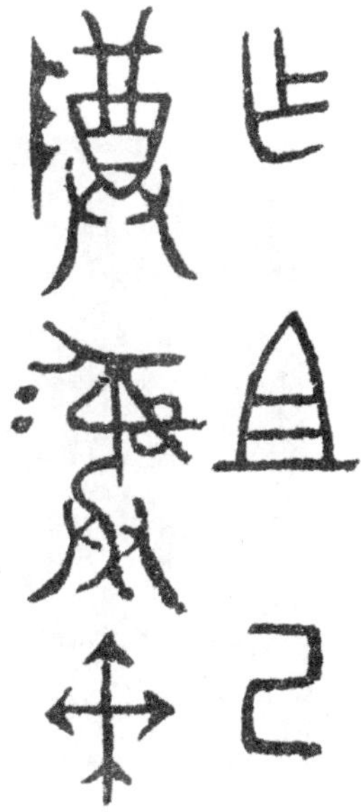

乍(作)祖己尊彝，朿(刺)

00879

作且己甗

乍(作)祖己尊彝，朿(刺)

00878

鼎作父乙甗

鼎乍(作)父乙尊彝

00880

作父庚甗

乍（作）父庚
寶彝，

00881.1

□煏（偪）

00881.2

𣪘作父庚甗

𣪘（揆）乍（作）父
庚旅彝

00882

雁監甗

膺（應）監乍（作）
寶尊彝

00883

師趣甗

師趣乍(作)旅甗尊

00884

亞䤸作季隮彝甗

亞䤸乍(作)季
尊彝

00886

何嫊厈甗

何嫊厈
乍(作)寶彝

00885

𠂤弗生甗

𠂤弗生(甥)
乍(作)旅獻(甗)

00887

寡史㛸甗

寡史㛸
乍(作)旅彝

00888

田農甗

田農乍(作)
寶尊彝

00890

田告甗

田告
乍(作)仲子彝

00889

奄作婦姑甗

奄乍(作)婦姑
[illegible]彝

00891

伯矩甗

伯矩乍(作)
寶尊彝

00892

夆伯甗

夆(逢)伯命
乍(作)旅彝

00894

伯矩甗

伯矩乍(作)
寶尊彝

00893

𢐗伯甗

𢐗伯自爲
用甗

00895

朿叔甗

朿(刺)叔乍(作)
寶尊彝

00896

伯□甗

伯產乍(作)
寶旅獻(甗)

00898

虢伯甗

虢伯乍(作)
旅甗用

00897

 甗

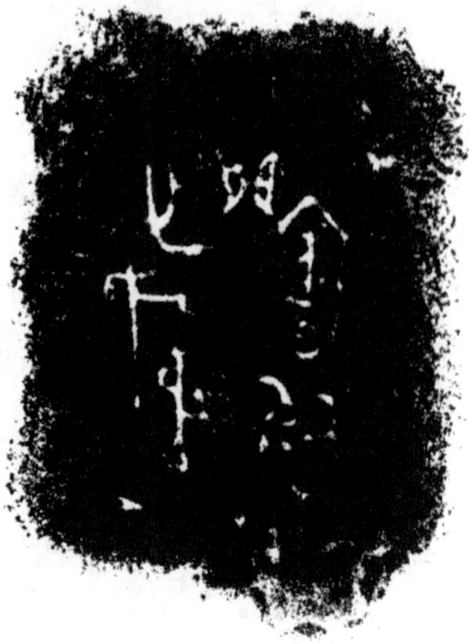

䀠，[宀聿日][司](姒)
乍(作)旅

00899

伯□父甗

伯𥂴(媚)父
乍(作)旅獻(甗)

00900

仲酉父甗

仲酉父
肇乍(作)獻(甗)

00902

弜作父乙甗

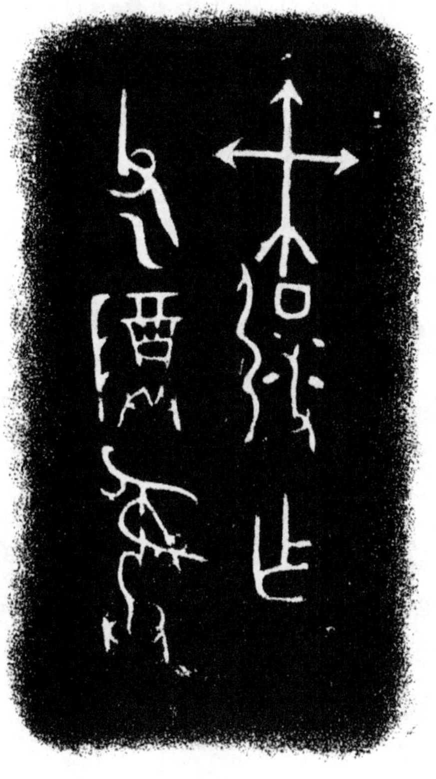

朿(刺)弜乍(作)
父乙尊彝

00901

亞又作父乙甗

亞又乍(作)父乙
尊彝

00903

亞無壽作父己甗

亞無(許)𠷎(疇)乍(作)
父己彝

00904

作父癸甗

乍(作)父癸
寶尊獻(甗)，吳

00905

亞旃作父□甗

亞旃乍(作)父己
彝尊

00906

⿰弋卩作母戊甗

雒卯⿰必卩乍(作)
母戊彝

00907

⿰弓⿱魚魚伯甗

⿰弓魚伯乍(作)凡
姬用甗

00908

叔㡀作寶甗

叔㡀乍(作)
寶甗(甗),永用

00909

孟姬安甗

孟姬安自
乍(作)寶獻(甗)

00910

甹仲雩父甗

甹仲雩父
乍(作)旅獻(甗)

00911

尹伯作且辛甗

尹伯乍(作)祖辛
寶尊彝

00912

比甗

比乍（作）寶獻（甗），其萬年用

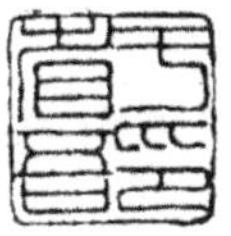

00913

鑄⿰日尒客甗

鑄器客爲集糈七府

00914

大史友甗

大（太）史沓乍（作）召公寶尊彝

00915

曶夫作且丁甗

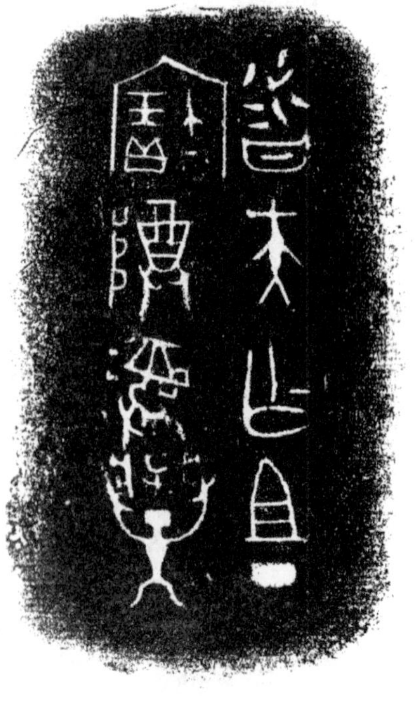

曶夫乍（作）祖丁寶尊彝，冀

00916

諸女甗

亞醜，者（諸）女以大子尊彝

00917

孚公杕甗

孚父狇(⿰豸林)乍(作)旅獻(甗)，永寶用

00918

屖甗

屖乍(作)獻(甗)，子子孫孫永寶用，井

00919

歸𡚬甗

亞，歸𡚬乍（作）父辛寶尊彝，朿（刺）

00920

婦闟甗

婦闟乍（作）文姑日癸尊彝，𢍰

00922

作寶甗

□□□乍（作）寶獻（甗），其萬年永寶用

00921

伯夌父甗

伯凌父乍（作）獻（甗），其永寶（用），井

00923

乃子作父辛甗

乃子乍(作)父
辛寶尊彝，侁册，

00924.1

乃子乍(作)父
辛寶尊彝，侁册，

00924.3

六

00924.2

鄭伯筍父甗

瀵刃筍父乍(作)
寶獻(甗)，永寶用

00925

鄭井叔甗

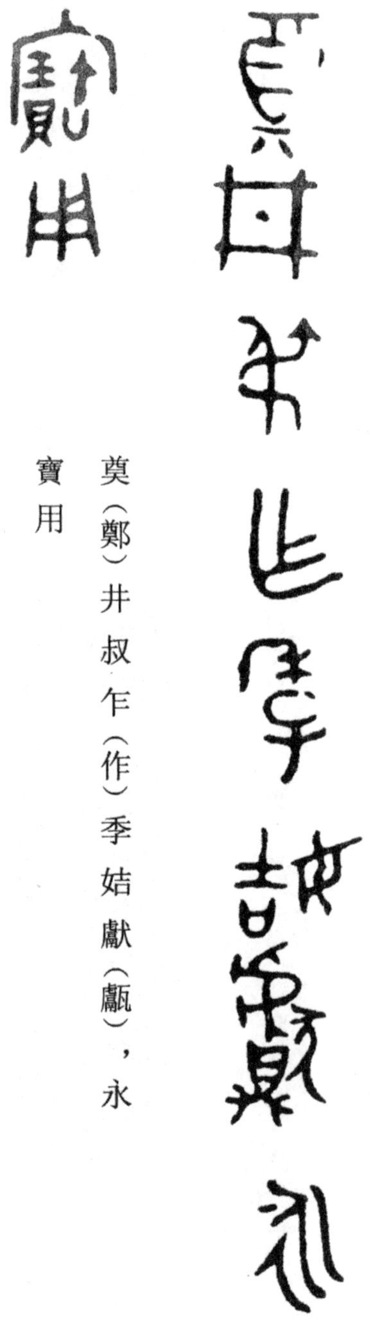

奠（鄭）井叔乍（作）季姞獻（甗），永寶用

00926

伯姜甗

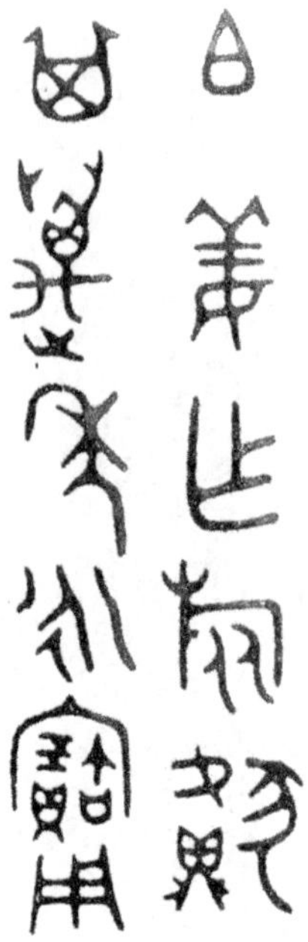

伯姜乍（作）旅獻（甗），其邁（萬）年永寶用

00927

叔碩父甗

叔碩父乍（作）旅獻（甗），子子孫孫永寶用

00928

𣪊父甗

𣪊父乍(作)寶
獻(甗)，其萬年，
子子孫孫永寶用

00929

𤇾子旅作且乙甗

𤇾(榮)子旅乍(作)祖乙
寶彝，子孫永寶

00930

仲伐父甗

仲伐父乍(作)姬尚
母旅獻(甗)，其永用

00931

子邦父甗

子邦父乍（作）旅獻（甗），其子子孫孫永寶用

00932

尌仲甗

尌仲乍（作）獻（甗），用征用行，子子孫孫永寶用

00933

[illegible]作寶甗

享子子孫孫，其永用自乍（作）寶獻（甗），至唯[illegible]用吉金，

00934

圉甗

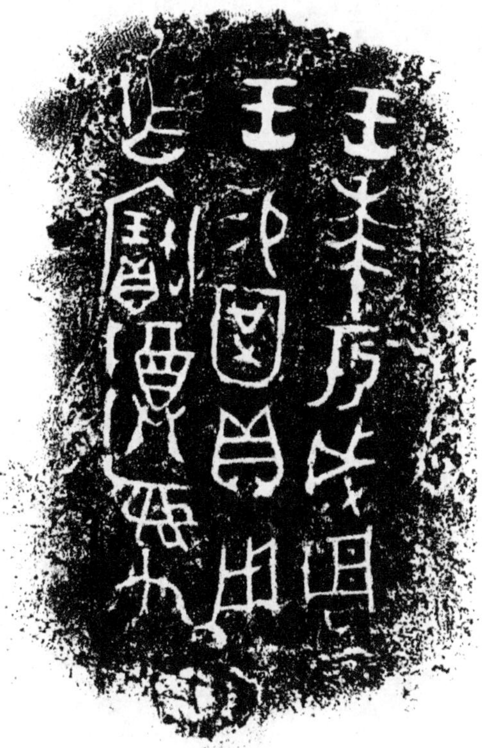

王奉（祓）于成周，王賜圉貝，用乍（作）寶尊彝

00935

王后中官錡

王后中官，二斗五升少半升，

00936.1

昭君

00936.2

00937

鄭大師小子甗

奠（鄭）大（太）師小子
侯父乍（作）寶
獻（甗），子子孫永
寶用

00938

伯高父甗

奠（鄭）氏伯高父
乍（作）旅獻（甗），其萬
年，子子孫孫永寶

魯仲齊甗

00939

魯仲齊乍（作）
旅獻（甗），其萬
年眉壽，子子
孫孫永寶用

伯鮮甗

00940

唯正月初吉庚
午，伯鮮乍（作）旅獻（甗），
孫子永寶用

王人⿱冘臼輔甗

00941

王人眈輔歸

雚（觀），鑄其寶，

其邁（萬）年，子子孫孫，

其永寶用貞（鼎）

仲信父甗

00942

唯六月初吉，
仲栴父乍(作)旅
獻(甗)，其萬年，子子
孫孫永寶用

曾子仲訁□甗

00943

唯曾子仲謱用
其吉金，自乍(作)旅
獻(甗)，子子孫孫，其永用之

作册般甗

00944

王宜人(夷)方，無敄，
咸，王商(賞)乍(作)册般貝，
用乍(作)父己尊，秾(萊)册

邕子良人甗

00945

邕子良人
擇其吉金，
自乍(作)飤獻(甗)，
其萬年無
疆，其子子孫孫
永(壽用之)

王孫壽甗

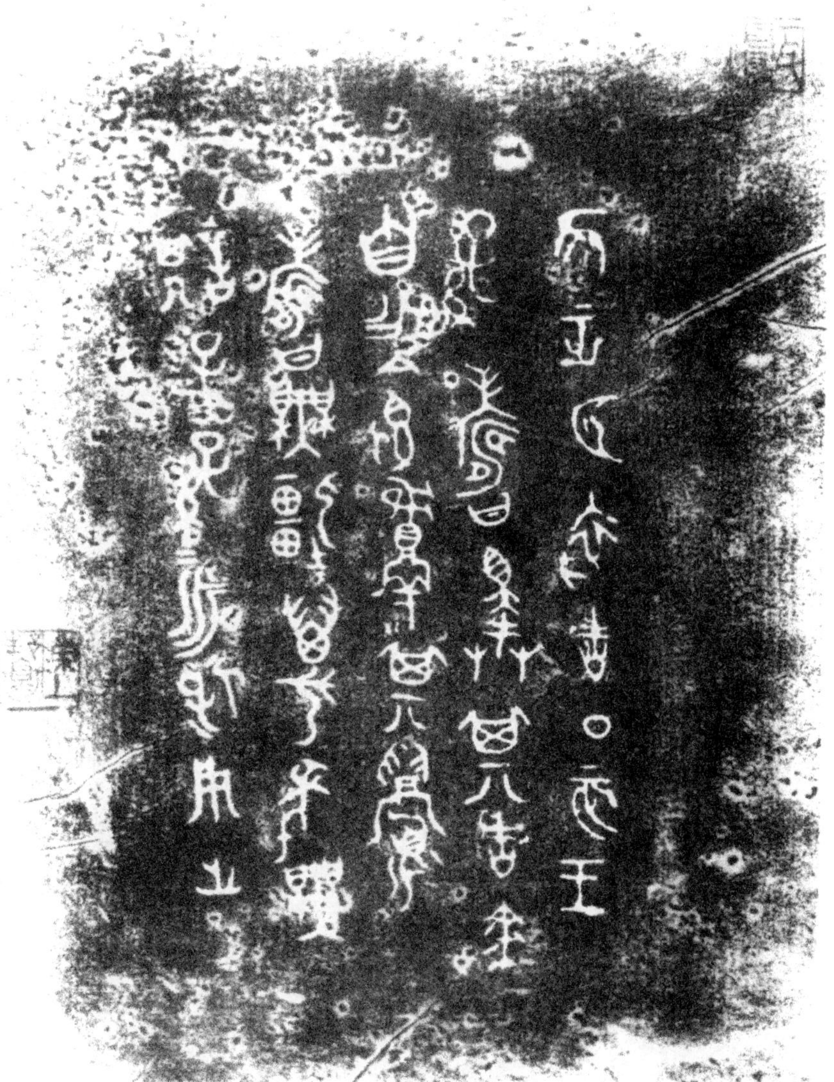

唯正月初吉丁亥，王
孫壽擇其吉金，
自乍（作）飤甗，其眉
壽無疆，萬年無
諆（期），子子孫孫，永保用之

00946

敶公子叔邍父甗

唯九月初吉丁亥，
敶（陳）公子子叔邍
父乍（作）旅獻（甗），用征
用行，用鬻（𩞁、饎）稻梁（粱），
用祈眉壽，萬年
無疆，子孫是尙（常）

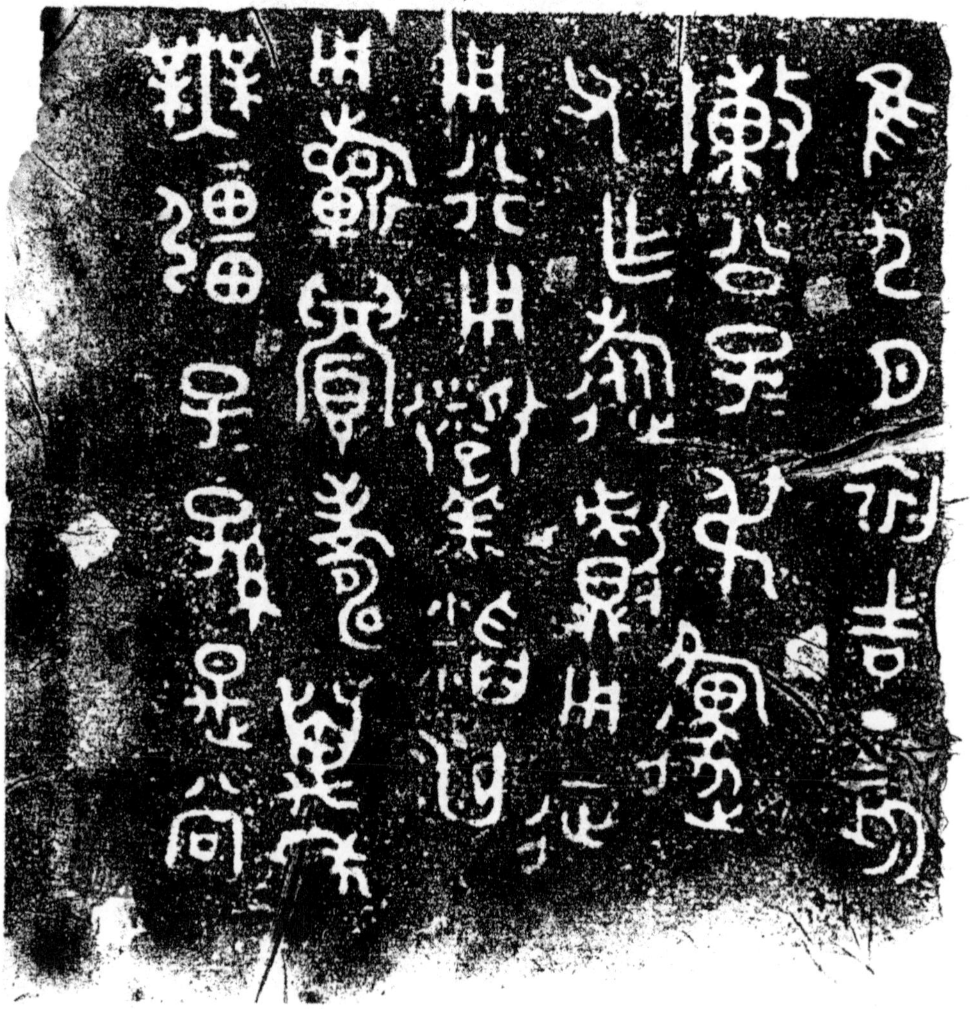

00947

遇甗

唯六月既死霸
丙寅，師雍父戍
在古師（次），遇（蹻）從師
雍父，肩（肩）史（事）遇事（使）
于㝬（胡）侯，侯蔑遇曆，
賜遇金，用乍（作）旅
獻（甗）

00948

中甗

王令中先省南或（國）貫行，埶（藝）
应在曾，史兒至，以王令（命）曰：
余令女（汝）史（使）小大邦，厥又舍（捨）
女（汝）芻量，至于女麂，小多[illegible]，
中省自方、登（鄧），造□邦，在噩（鄂）
師䢅（次），伯買父廼以厥人戍
漢、中、州，曰叚、曰旐，厥人鬲
廿夫，厥貯朁言，曰貯□貝，
日傳□王（皇）休，肆肩（肩）又（有）羞，
余□𢦒（捍），用乍（作）父乙寶彝

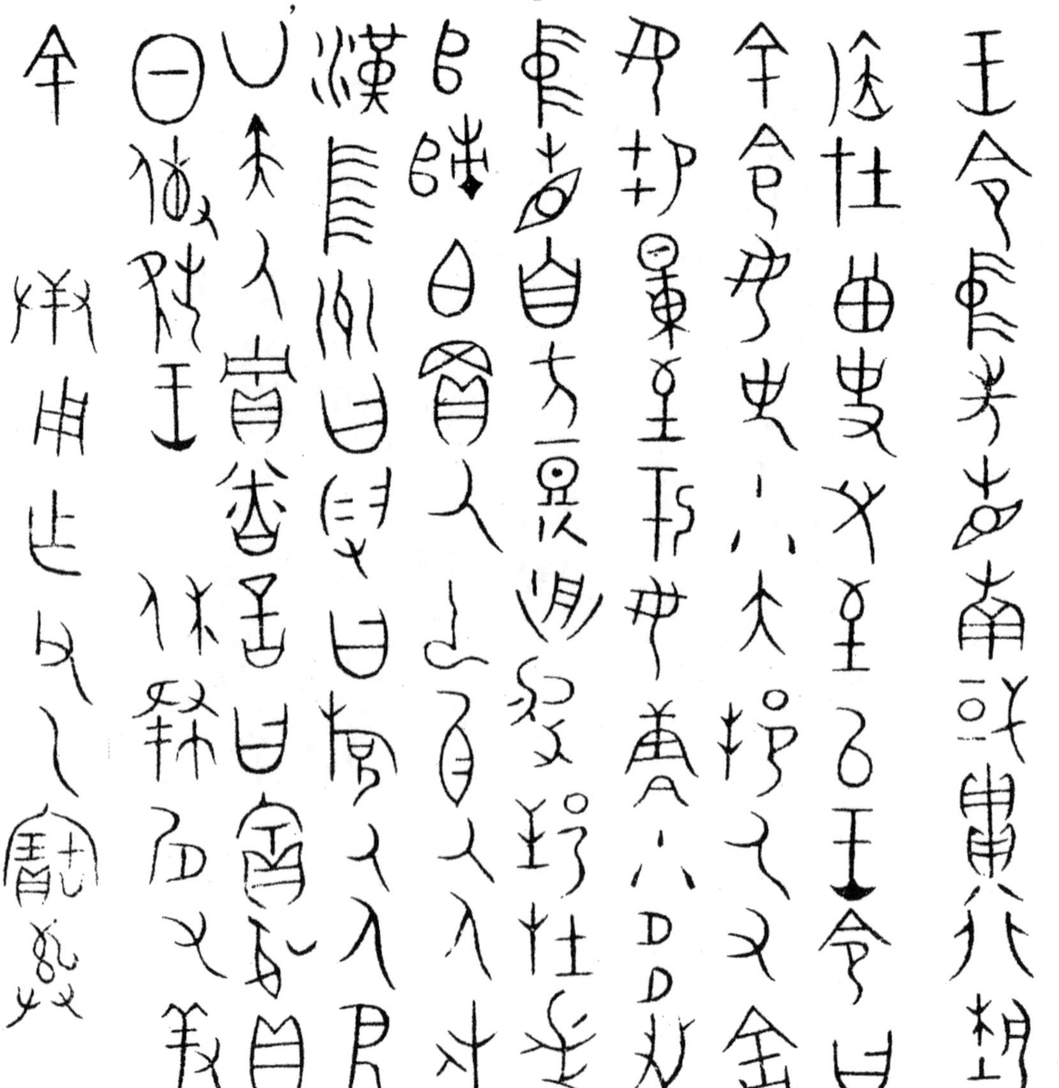

00949

□匕

□

00966

上匕

上

00967

亞㠱匕

亞㠱(㡌)

00968

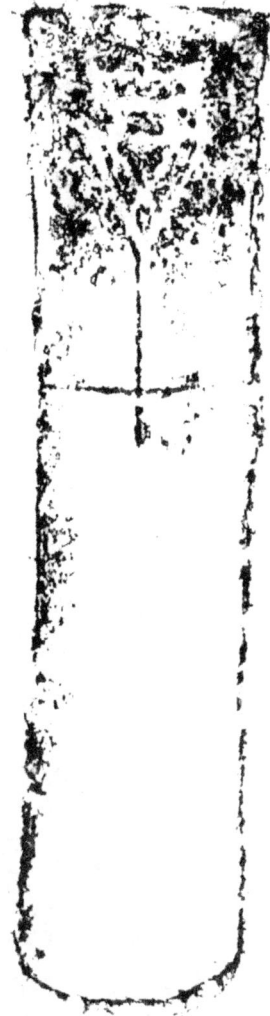

辛秦匕

辛
秦

00969

昶仲無龍匕

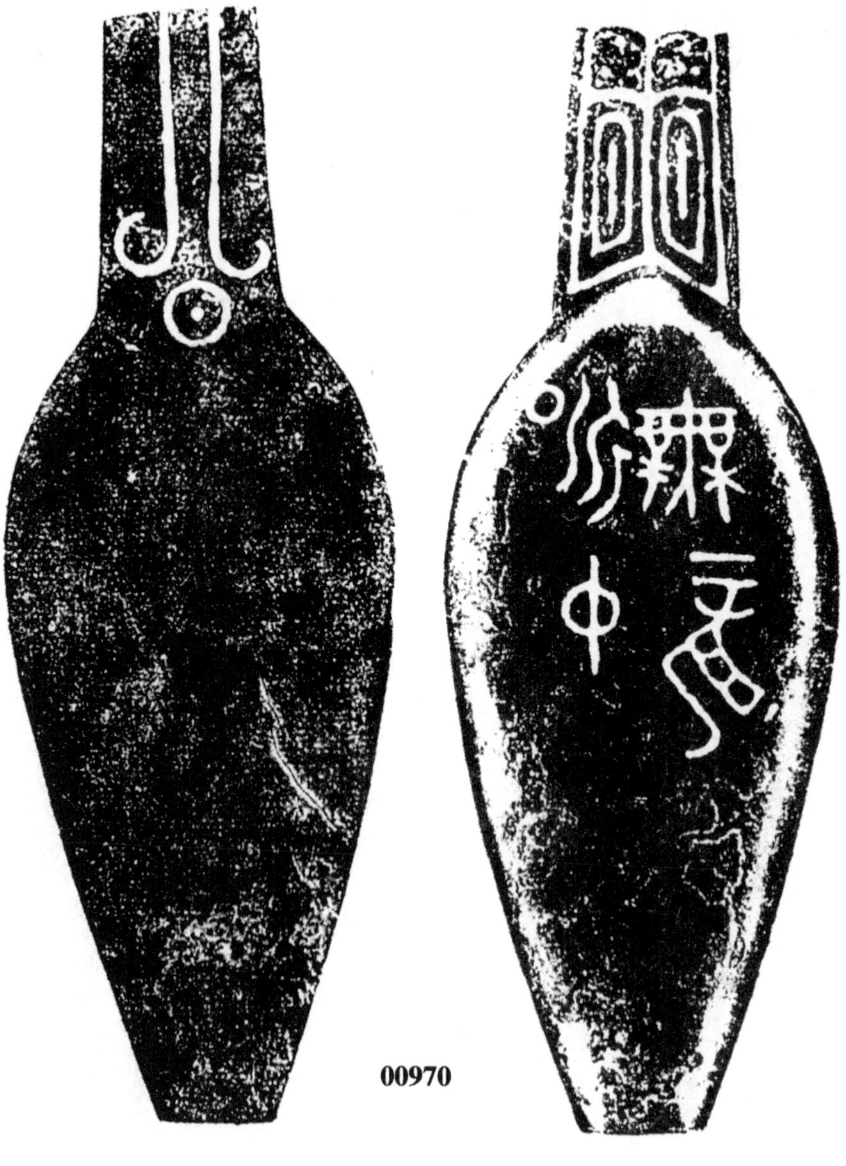

無龍
昶仲

00970

左使車工匕

左使車工⿰土貝（坿）

00971

微伯瘐匕

微伯瘐乍（作）匕（朼）

00972

微伯瘐匕

微伯瘐乍（作）匕（朼）

00973

曾侯乙匕

原高三一厘米

曾侯乙詐（作）時（持）甬（用）冬（終）

00974

但盤埜匕

00975

冶盤埜、秦忑爲之

但盤埜匕

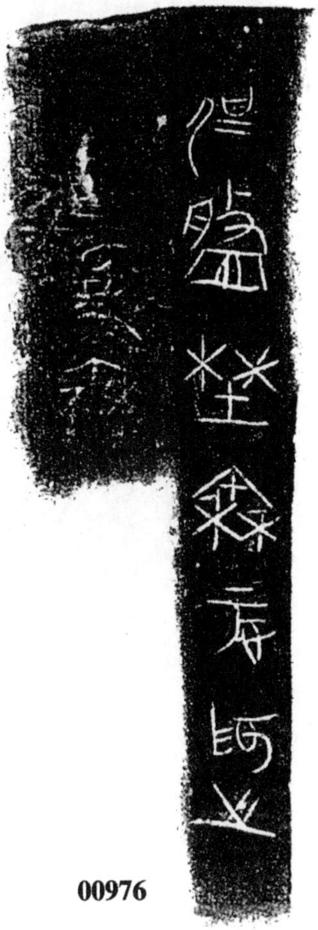

00976

冶盤埜、秦忑爲之，史秦

但紹圣匕

00977

冶⿰糸卯（紹）圣、陳共爲之

佀紹圣匕

冶綤(紹)圣、陳共爲之

00978

仲枏父匕

仲枏父乍(作)匕(朼),永寶用

00979

魚鼎匕

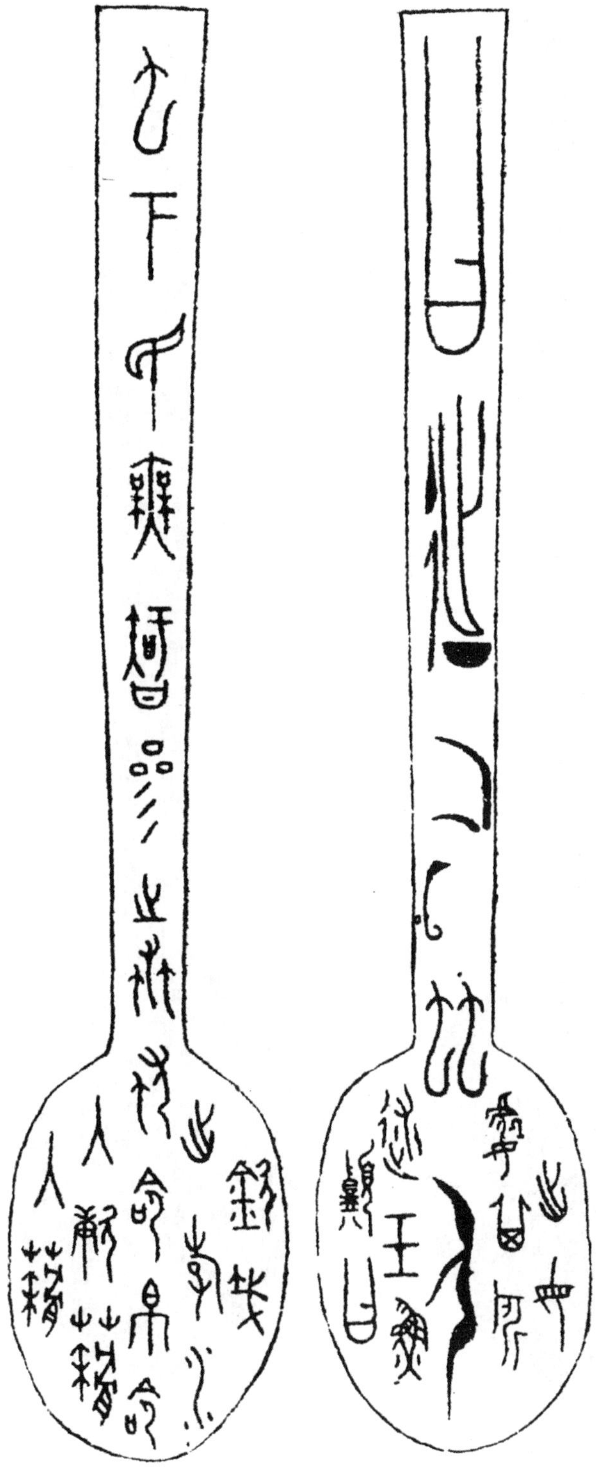

00980B

00980A

曰㣥(誕)有蚰匕(朼)，
述(墜)王魚
顛(鼎)，曰：
欽哉，
出游水
虫，下民無智，參𧋍(蚩)蚘(尤)命帛命入，㱃藉(滑)入藉(滑)
出，毋
處其所

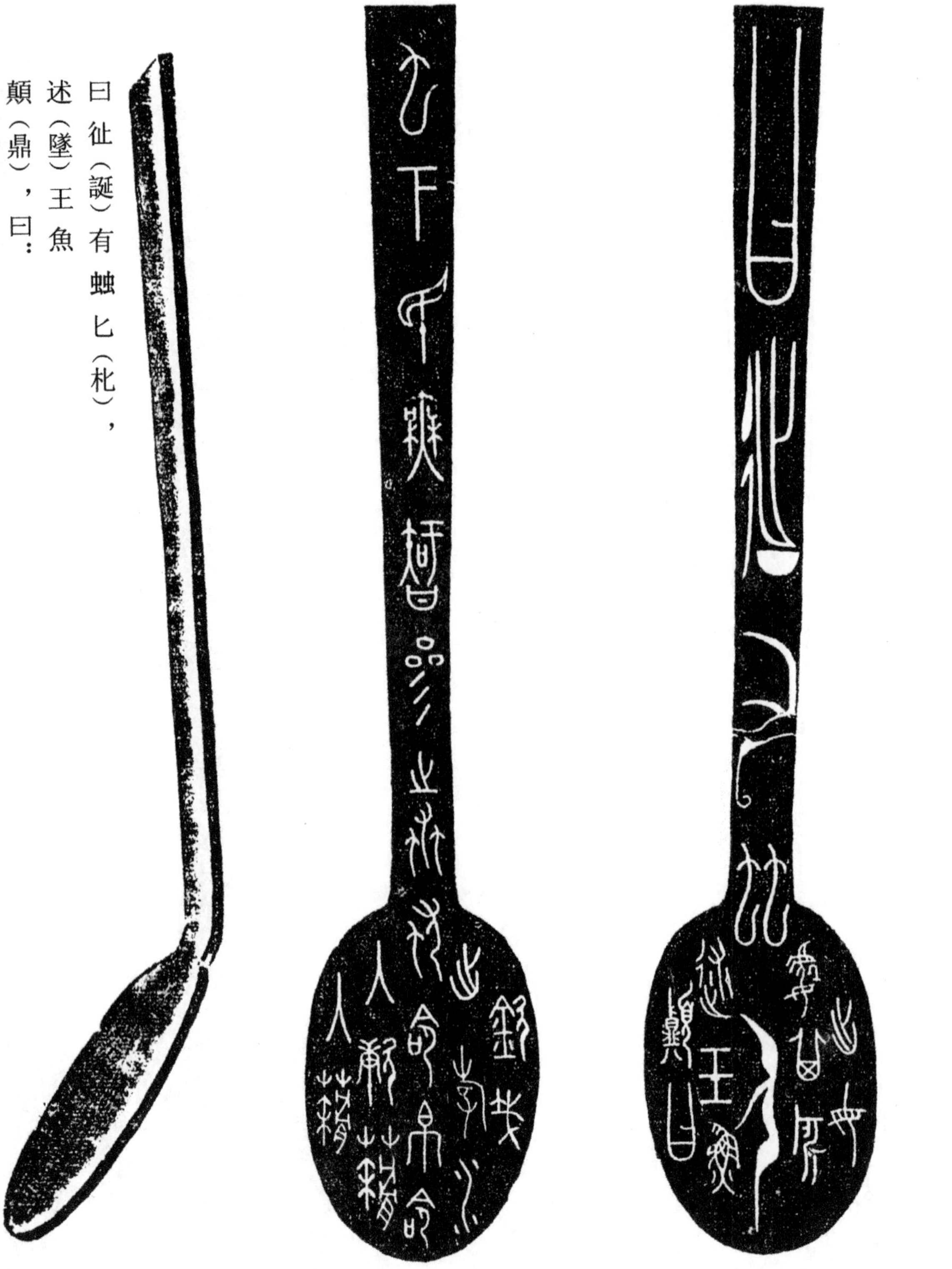

00980C

銘文説明

〇〇〇〇一～〇〇九八〇

鐘鎛類

〇〇〇〇一～〇〇三五八

〇〇〇〇一　於殘鐘(越王殘鐘)

字數　存一
時代　春秋晚期
著録　總集　六九六三
　　　考古　一九六一年七期三九〇頁
　　　音樂(江苏)一・三・七b
　　　吳越　九七
出土　一九六〇年江蘇吴江縣横塌古墓
現藏　南京博物院
來源　考古编輯部檔案

〇〇〇〇二　用享鐘

字數　二
時代　西周晚期
著録　總集　六九六四
　　　陝青　三・六一
　　　音樂(陝西)一・五・二三 ab
出土　一九六六年陝西扶風縣齊鎮
現藏　寶鷄市博物館
來源　寶鷄市博物館提供

〇〇〇〇三　其台鐘

字數　二
時代　春秋晚期
著録　三代　一・一・一
現藏　北京某氏
來源　考古研究所拓

〇〇〇〇四　永寶用鐘

字數　三
時代　西周晚期
著録　總集　六九六六
　　　三代　一・一・二
　　　西清　三六・二五
　　　貞松　一・一
　　　武英　一四七
　　　小校　一・三・一
　　　故圖下下　四六九
流傳　「熱河行宫藏」(貞松)
現藏　臺北故宫博物院
來源　考古研究所藏

〇〇〇〇五　天尹鐘(天尹鈴)

字數　五
時代　西周晚期
著録　總集　六九六九
　　　三代　一・二・二
　　　貞補中　三一・一
　　　十二棃　二
　　　雙吉上　一・二
　　　小校　一・三・三
　　　通考　九五九
　　　音樂(上海)一・三・一
　　　上海(二〇〇四)　四七八
出土　傳河南洛陽(分域一〇・一五
　　　引柯昌泗語)
流傳　于省吾、商承祚舊藏(貞補)
現藏　上海博物館
來源　考古研究所藏

〇〇〇〇六　天尹鐘

字數　五
時代　西周晚期
著録　未見
出土　同〇〇〇〇五
來源　考古研究所藏

〇〇〇〇七　自作其走鐘

字數　五
時代　春秋
著録　總集　六九六八
　　　三代　一・一・三
現藏　遼寧省博物館
來源　三代

〇〇〇〇八　宋公戌鎛

字數　六
時代　春秋晚期(宋平公)
著録　總集　七一九五
　　　博古　二二・二七
　　　薛氏　四八
　　　續考　四・一
　　　復齋　二八
　　　嘯堂　八四
　　　積古　三・一
　　　攈古　一・三・三八
　　　大系　二〇六
出土　「崇寧三年甲申歲(一一〇四)孟冬月應天府崇福院掘地得古鐘六枚」(續考)
流傳　畢良史得之于盱眙榷場(復齋)
來源　嘯堂

〇〇〇〇九　宋公戌鎛

字數　六
時代　春秋晚期(宋平公)
著録　總集　七一九六
　　　博古　二二・二八
　　　薛氏　四八
　　　嘯堂　八四
　　　大系　二〇六・二
出土　同〇〇〇〇八
流傳　同〇〇〇〇八
來源　嘯堂

〇〇〇一〇　宋公戌鎛

字數　六
時代　春秋晚期(宋平公)
著録　總集　七一九七
　　　博古　二二・二八
　　　薛氏　四八
　　　嘯堂　八四
　　　大系　二〇六・二
出土　同〇〇〇〇八
流傳　同〇〇〇〇八
來源　嘯堂

〇〇〇一一　宋公戌鎛

字數　六
時代　春秋晚期(宋平公)
著録　總集　七一九八
博古　二二・三〇
薛氏　四八
嘯堂　八五
大系　二〇六・四
出土　同〇〇〇〇八
流傳　同〇〇〇〇八
來源　嘯堂

〇〇〇一二　宋公戌鎛

字數　六
時代　春秋晚期(宋平公)
著録　總集　七一九九
博古　二二・三一
薛氏　四八
嘯堂　八五
大系　二〇六・五
出土　同〇〇〇〇八
流傳　同〇〇〇〇八
來源　嘯堂

〇〇〇一三　宋公戌鎛

字數　六
時代　春秋晚期(宋平公)
著録　總集　七二〇〇
博古　二二・三二
薛氏　四八
嘯堂　八五
大系　二〇六・六
出土　同〇〇〇〇八
流傳　同〇〇〇〇八
來源　嘯堂

〇〇〇一四　己侯虓鐘

字數　六
時代　西周晚期
著録　總集　六九七〇
三代　一・二・一
銘文選　四九九
積古　三・一・二
金索金　一・六〇・一
清愛　一
從古　一〇・八
攈古　一・三・三八
愙齋　二・八・二～九・一
綴遺　一・三三・二
奇觚　九・二
周金　一・七三・二
簠齋　一鐘　五
大系　二三五
小校　一・四・二
海外吉　一二八
山東存紀　一
十鐘　四
通考　九五一
日精華　四・三五〇
斷代　一六三
銘文选　四九九
泉屋博古　一四八
出土　山東壽光縣人得之於紀侯臺下(積古)
流傳　李廓、劉喜海、陳介祺舊藏
現藏　日本京都泉屋博古館
來源　三代

〇〇〇一五　卿鎛

字數　六
時代　戰國
著録　總集　六九七一B
三代　一・二・二
周金　一・七二
夢郼上　一
小校　一・五・一
流傳　鄒安、羅振玉舊藏
現藏　歷史語言研究所
來源　考古研究所藏

〇〇〇一六　益公鐘

字數　七
時代　西周晚期
著録　總集　六九七三
三代　一・二・三
長安　一・一
攈古　二・一・一
綴遺　一・二
小校　一・六・二
山東存邾　九
斷代　二〇二
銘文選　二〇五
音樂(山東)　一・五・三
出土　「民國二十一年壬申鄒縣出土」(山東存)
流傳　劉喜海、葉東卿舊藏(綴遺、小校)
現藏　青島市博物館
來源　青島市博物館提供

〇〇〇一七　麋侯鎛

字數　七
時代　戰國早期
著録　總集　六九七四
三代　一・三・一
周金　一・七四
雙王　四
貞松　一・一
善齋　一・四
小校　一・五・三
善彝　一七
通考　九七二
故圖下下　四六二
銘文選　三八三
流傳　劉體智舊藏
現藏　臺北故宮博物院
來源　考古研究所藏

〇〇〇一八　魯遵鐘

字數　八
時代　西周晚期
著録　總集　六九七五
三代　一・三・二
懷米下　二
攈古　二・一・一九
愙齋　二・九・二～一〇・一
綴遺　二・一
奇觚　一八・二七
周金　一・七二・一
大系　二二七
小校　一・八・一
山東存魯　四
銘文選　四八六
音樂(上海)　一・二・一〇ab
上海(二〇〇四)　四三一
流傳　曹秋舫、顧子嘉、費念慈舊藏(愙齋、羅表)
現藏　上海博物館
來源　考古研究所藏

〇〇〇一九　旨賞鐘

字數　八
時代　春秋晚期
著録　總集　六九七七
考古　一九七四年二期一一八頁

音樂(江苏)一・五・四ab
吴越 〇二二

出土 一九七二年江蘇六合縣程橋二號墓
現藏 南京博物院
來源 考古编輯部檔案
備注 同出七件，銘文都已銹蝕不清，此爲第六件

〇〇二〇 炏鐘(倗友鐘)

字數 八
時代 西周晚期
著録 總集 六九七六
陝圖 一二四
現藏 陝西省博物館
來源 陝西省博物館提供

〇〇二一 鄭井叔鐘

字數 九（又合文二）
時代 西周晚期
著録 總集 六九七九
積古 三・二
金索金 一・四六
擟古 二・一・四七
來源 擟古

〇〇二二 鄭井叔鐘

字數 九（又合文二）
時代 西周晚期
著録 總集 六九七八
三代 一・三・三
愙齋 一・一七
綴遺 二・一
周金 一・七一・一
大系 七二
小校 一・一〇・一
寶鼎 PL・三三
斷代 一五二
彙編 六・五二九
綜覽・鐘 五八
銘文選 四一五
流傳 潘祖蔭、三原許氏舊藏（愙齋、周金）
現藏 荷蘭萬孝臣處
來源 考古研究所藏

〇〇二三 中義鐘

字數 一〇
時代 西周晚期
著録 總集 六九八一
齊家村 三三
陝青 二・一四二
辭典 五八三
音樂(陝西) 一・五・一五a
出土 一九六〇年陝西扶風縣齊家村窖藏
現藏 陝西省博物館
來源 陝西省博物館提供

〇〇二四 中義鐘

字數 一〇
時代 西周晚期
著録 總集 六九八三
齊家村 三四
陝青 二・一四四
音樂(陝西)一・五・一五c
出土 同〇〇二三
現藏 陝西省博物館
來源 陝西省博物館提供

〇〇二五 中義鐘

字數 一〇
時代 西周晚期
著録 總集 六九八二
齊家村 三三
陝青 二・一四三
音樂(陝西)一・五・一五b
出土 同〇〇二三
現藏 陝西省博物館
來源 陝西省博物館提供

〇〇二六 中義鐘

字數 一〇
時代 西周晚期
著録 總集 六九八四
齊家村 三五
陝青 二・一四五
綜覽・鐘 三九
音樂(陝西)一・五・一五d
出土 同〇〇二三
現藏 陝西省博物館
來源 陝西省博物館提供

〇〇二七 中義鐘

字數 一〇
時代 西周晚期
著録 總集 六九八五
齊家村 三六
陝青 二・一四六
音樂(陝西) 一・五・一五ef
出土 同〇〇二三
現藏 陝西省博物館
來源 陝西省博物館提供

〇〇二八 中義鐘

字數 一〇
時代 西周晚期
著録 總集 六九八六
齊家村 三七
陝青 二・一四七
音樂(陝西) 一・五・一五g
出土 同〇〇二三
現藏 陝西省博物館
來源 陝西省博物館提供

〇〇二九 中義鐘

字數 一〇
時代 西周晚期
著録 總集 六九八七
齊家村 三八
陝青 二・一四八
音樂(陝西) 一・五・一五hi
出土 同〇〇二三
現藏 陝西省博物館
來源 陝西省博物館提供

〇〇三〇 中義鐘

字數 一〇
時代 西周晚期
著録 總集 六九八八
齊家村 三九
陝青 二・一四九
音樂(陝西) 一・五・一五j
出土 同〇〇二三
現藏 陝西省博物館
來源 陝西省博物館提供

〇〇三一 内公鐘

字數 一〇
時代 西周晚期
著録 總集 六九八〇
三代 一・四・一
西清 三六・六
貞續上 一
藝展 九〇
通考 九五二
故宮 二三期
故圖下上 二三九

綜覽・鐘 五六
銘文選 五一二
周録 一二四
現藏 臺北故宮博物院
來源 考古研究所藏

〇〇〇三二 内公鐘鈎

字數 八
時代 西周晚期
著録 總集 七二二七
三代 一八・一・一～二
貞松 一一・九・二
十二舊 六
通考 九七六
銘文選 五一三
流傳 劉鶚、方若舊藏（貞松、十二）
現藏 中國歷史博物館
來源 考古研究所藏

〇〇〇三三 内公鐘鈎

字數 八
時代 西周晚期
著録 總集 七二二八
筠清 五・三一
攈古 二・一・一九
周金 六補
流傳 何夙明舊藏（攈古録 二・六）
來源 周金

〇〇〇三四 董武鐘

字數 一〇
時代 戰國
著録 復齋 三～四
積古 一・一～二
攈古 二・一・四六
鳥篆 一三六
吳越 一一六
來源 復齋

〇〇〇三五 趙鐘

字數 一一（又重文一）
時代 西周晚期
著録 總集 六八八九
三代 一・四・二
周金 一・六六・二
貞松 一・二
大系 六九
希古 一・二
小校 一・一九・二
流傳 吳大澂、費念慈舊藏（周金）
現藏 北京故宮博物院
來源 考古研究所藏

〇〇〇三六 覣仲鐘

字數 一二
時代 西周中期
著録 音樂（上海） 一・二・六
現藏 上海博物館
來源 上海博物館提供

〇〇〇三七 秦王鐘

字數 一二
時代 春秋晚期
著録 文物 一九七四年六期八六頁、一九八〇年一〇期圖版叁：4
銘文選 九二二
音樂（湖北） 一・八・三
辭典 七七七
青全 一〇・九五
出土 一九七三年湖北當陽縣季家湖楚城遺址
現藏 荆州地區博物館
來源 考古研究所拓

〇〇〇三八 留篙鐘

字數 一二
時代 春秋晚期
著録 總集 六九九〇
文物 一九五八年一期四頁
銘文選 六四八
辭典 七七六
青全 一〇・九二～九三
出土 一九五七年河南信陽市長臺關一號墓
現藏 中國歷史博物館
來源 陳邦懷先生藏
備注 同出編鐘十三件，此鐘爲其中最大一件，其餘十二件無銘文

〇〇〇三九 叔旅魚父鐘

字數 一三
時代 西周晚期
著録 總集 六九九三
文物 一九六四年九期三六頁
音樂（天津） 一・一・四
現藏 天津市歷史博物館
來源 陳邦懷先生藏

〇〇〇四〇 眉壽鐘

字數 一三
時代 西周晚期
著録 總集 六九九一
三代 一・四・三
攈古 二・一・七八
綴遺 一・二二・一
周金 一・七〇・二
流傳 葉東卿舊藏（考古研究所藏移林館拓本題跋）
來源 唐蘭先生藏

〇〇〇四一 眉壽鐘

字數 一三
時代 西周晚期
著録 總集 六九九二
三代 一・五・一
攈古 二・一・七八
綴遺 一・二一・二
周金 一補
小校 一・一一・四
流傳 葉東卿、劉喜海舊藏（周金、小校）
來源 唐蘭先生藏

〇〇〇四二 楚公冢鐘

字數 一二（又重文二）
時代 西周中晚期
著録 總集 六九九四
三代 一・五・二
從古 一三・三・一
攈古 二・二・二三
愙齋 二・二・二～三・一
綴遺 一・四
奇觚 九・五・二～六・一
周金 一・六九・一
大系 一七八・四
小校 一・一七・二
海外吉 一三〇
簠齋 一鐘七
十鐘 六
通考 九四五
彙編 五・三七三
青全 六・一二
泉屋博古 一五一
流傳 陳介祺舊藏（從古）
現藏 日本京都泉屋博古館
來源 考古研究所藏

〇〇〇四三 楚公冢鐘

字數 一四

時代 西周中晚期
著録 總集 六九九五
三代 一・六・一
攈古 二・二・三三
窓齋 二・三・二～四・一
綴遺 一・三・一
奇觚 九・三・二
周金 一・六八・一
簠齋 一鐘六
大系 一七八・二
小校 一・一四・一
海外吉 一二九
十鐘 五
銅玉 一一四
彙編 五・三七二
銘文選 四六八
泉屋博古 一五〇(大)
流傳 同 〇〇〇四二
現藏 日本京都泉屋博古館
來源 考古研究所藏

〇〇〇四四 楚公豪鐘
字數 一四（又重文二）
時代 西周中晚期
著録 總集 六九九六
三代 一・六・二
窓齋 二・一
綴遺 一・五・一
奇觚 九・四・二
周金 一・六九・二
簠齋 一鐘八
海外吉 一三一
大系 一七八・一
小校 一・一五・二
十鐘 七

通考 九四六
彙編 五・三七一
泉屋博古 一五〇(小)
流傳 同 〇〇〇四二
現藏 日本京都泉屋博古館
來源 考古研究所藏

〇〇〇四五 楚公豪鐘
字數 一四（又重文二）
時代 西周中晚期
著録 總集 六九九七
三代 一・七・一
攈古 二・二・二
綴遺 一・五・二
周金 一補
大系 又一七七
小校 一・一六・一
來源 考古研究所藏

〇〇〇四六 昆疕王鐘
字數 一四
時代 西周晚期
著録 總集 六九九九
三代 一・七・二
周金 一補
夢郼續 一
小校 一・一三・二
流傳 羅振玉舊藏(周金)
來源 考古研究所藏

〇〇〇四七 鑄侯求鐘
字數 一五（又重文二）
時代 春秋早期
著録 總集 七〇〇二
三代 一・九・二
貞松 一・四・一
貞圖上 一

山東存鑄 一
流傳 羅振玉舊藏(貞松)
來源 考古研究所藏

〇〇〇四八 粤鐘
字數 一五
時代 西周中晚期
著録 考古圖 七・一三
博古 二二・二二
薛氏 五四
嘯堂 八二
斷代 二〇五
流傳 河南寇準藏器(考古圖)
來源 嘯堂

〇〇〇四九 戰狄鐘
字數 一六（又重文四）
時代 西周晚期
著録 總集 七〇〇六
三代 一・一一・二
窓齋 二・一七
周金 一・六六・一
大系 六八
小校 一・一九・一
善齋 一・一〇
流傳 潘祖蔭、吳大澂、費念慈、劉體智舊藏(羅表)
來源 考古研究所藏

〇〇〇五〇 鼄君鐘
字數 一六
時代 春秋晚期
著録 總集 七〇〇〇
三代 一・八・一
貞松 一・三
大系 二一八
山東存邾 一〇

銘文選 八二五
來源 三代

〇〇〇五一 嘉賓鐘
字數 一七
時代 春秋晚期
著録 總集 七〇〇一、七〇〇三
三代 一・八・二
綴遺 二・一二
周金 一・六七
貞松 一・三
希古 一・三
小校 一・一八・二
彙編 五・三五三
流傳 劉鶚舊藏(周金)
現藏 美國華盛頓弗利亞美術陳列館
來源 考古研究所藏

〇〇〇五二 王子嬰次鐘
字數 一八
時代 春秋晚期
著録 音樂(北京) 圖一・五・二三
故青 二五五
流傳 頤和園舊藏
現藏 北京故宮博物院
來源 考古研究所拓

〇〇〇五三 楚王領鐘
字數 一九
時代 春秋晚期
著録 總集 七〇〇四
三代 一・九・二～一・一〇・一
貞松 一・四
貞圖上 二
大系 一八二～一八三
通考 九六四
彙編 五・三三二ab

銘文選 六四三
流傳 長白寶氏、羅振玉舊藏(貞松)
現藏 日本某氏(彙編)
來源 〇〇〇五三・一 考古研究所藏；〇〇〇五三・二 三代

〇〇〇五四 走鐘(周寶和鐘)

字數 二〇(又重文二)
時代 西周晚期
著録 考古圖 七・二
博古 二二・二三
薛氏 四九
嘯堂 八三
大系 六一
流傳 景祐中修大樂，冶工給銅，更鑄編鐘，得古鐘，有銘於腹，因存而不毀，即寶和鐘也(考古圖)
來源 嘯堂

〇〇〇五五 走鐘

字數 存一七(又重文二)
時代 西周晚期
著録 博古 二二・二四
薛氏 四九
嘯堂 八三
流傳 同 〇〇〇五四
來源 嘯堂

〇〇〇五六 走鐘

字數 二〇(又重文二)
時代 西周晚期
著録 博古 二二・二五
薛氏 四九
嘯堂 八四
流傳 同 〇〇〇五四
來源 嘯堂

〇〇〇五七 走鐘

字數 二〇(又重文二)
時代 西周晚期
著録 薛氏 四九
流傳 同 〇〇〇五四
來源 薛氏

〇〇〇五八 走鐘

字數 二〇(又重文二)
時代 西周晚期
著録 薛氏 四九
流傳 同 〇〇〇五四
來源 薛氏

〇〇〇五九 鄀公敄人鐘

字數 存二〇餘
時代 春秋早期
著録 總集 七〇〇五
三代 一・一〇・二～一・一一・一
綴遺 一・三
周金 一・六〇
貞松 一・五
希古 一・五
善齋 一・一四
大系 一八九
小校 一・一三
銘文選 六三七
音樂(上海) 一・二・一四ab
流傳 「常熟周左季得于山西」(周金)
現藏 上海博物館
來源 考古研究所藏

〇〇〇六〇 逆鐘

字數 二一
時代 西周晚期
著録 總集 七一三五・一
考古與文物 一九八一年一期一〇頁
銘文選 二七四甲
辭典 五七九
音樂(陝西) 一・五・二〇abe
音樂(天津) 一・一・五a
出土 陝西永壽縣西南店頭公社好時河
流傳 一九九〇年咸陽地區文管會價撥
現藏 天津市歷史博物館
來源 考古與文物編輯部藏

〇〇〇六一 逆鐘

字數 二一
時代 西周晚期
著録 總集 七一三五・二
考古與文物 一九八一年一期一〇頁
銘文選 二七四乙
音樂(天津) 一・一・五b
出土 同 〇〇〇六〇
流傳 同 〇〇〇六〇
現藏 天津市歷史博物館
來源 考古與文物編輯部藏

〇〇〇六二 逆鐘

字數 二一(又合文一)
時代 西周晚期
著録 總集 七一三五・三
考古與文物 一九八一年一期一〇頁
銘文選 二七四丙
音樂(天津) 一・一・五c
出土 同 〇〇〇六〇
流傳 同 〇〇〇六〇
現藏 天津市歷史博物館
來源 考古與文物編輯部藏

〇〇〇六三 逆鐘

字數 二一
時代 西周晚期
著録 總集 七一三五・四
考古與文物 一九八一年一期一〇頁
銘文選 二七四丁
音樂(陝西) 一・五・二〇q
音樂(天津) 一・一・五d
出土 同 〇〇〇六〇
流傳 同 〇〇〇六〇
現藏 天津市歷史博物館
來源 考古與文物編輯部藏

〇〇〇六四 通录鐘

字數 二二
時代 西周晚期
著録 總集 七〇〇八
三代 一・一二・一
積古 三・五
兩罍 三・二
從古 一〇・七
愙齋 二・一八
攈古 二・三・一九
周金 一・六七
小校 一・一二
銅玉 一一五
日精華 四・三四七
彙編 五・二八七
綜覽・鐘 五五
流傳 阮元、吳雲等舊藏(積古、愙齋)
現藏 日本大阪江口治郎處
來源 考古研究所藏

〇〇〇六五 兮仲鐘

字數 二七(又重文二)
時代 西周晚期
著録 總集 七〇一三
三代 一・一四・二
攈古 二・三・四三
綴遺 一・二七
周金 一・六二

出土 小校 一·二七·一「嘉慶乙亥歲江寧城外新出土」(海外吉)
來源 三代

〇〇〇六六 兮仲鐘

字數 二七
時代 西周晚期
著録 總集 七〇一五
擴古 二·三·四二
彙編 五·二四八
出土 同 〇〇〇六五
流傳 布倫戴奇舊藏
現藏 美國舊金山亞洲美術博物館
來源 彙編

〇〇〇六七 兮仲鐘

字數 二七
時代 西周晚期
著録 總集 七〇一一
三代 一·一三·二
奇觚 九·八
出土 同 〇〇〇六五
流傳 李山農舊藏(羅表)
現藏 三代
來源 三代、奇觚皆缺左鼓拓

〇〇〇六八 兮仲鐘

字數 二七(又重文二)
時代 西周晚期
著録 總集 七〇〇九
三代 一·一二·二
筠清 五·二三
擴古 二·三·四一
綴遺 一·二八
窓齋 一·六
周金 一·六三·二
小校 一·二六
蔭軒 一·四八
音樂(上海)一·二·五ab
出土 同 〇〇〇六五
流傳 蔣鏡秋、李山農舊藏(羅表),後歸李蔭軒
現藏 上海博物館
來源 上海博物館提供

〇〇〇六九 兮仲鐘

字數 二七
時代 西周晚期
著録 總集 七〇一〇
三代 一·一三·一
清愛 一八
擴古 二·三·四三
窓齋 一·五
綴遺 一·二六
奇觚 九·七
周金 一·六三
簠齋 一鐘四
小校 一·二五
海外吉 一三三
十鐘 三
通考 九四九
泉屋博古 一四九
出土 同 〇〇〇六五
流傳 劉喜海、陳介祺舊藏
現藏 日本京都泉屋博古館
來源 考古研究所藏

〇〇〇七〇 兮仲鐘

字數 一八
時代 西周晚期
著録 總集 七〇一四
三代 一·一五·一
擴古 二·三·四四
綴遺 一·二九
周金 一·六四
小校 一·二七·二
出土 同 〇〇〇六五
流傳 「浙江嘉興姚六榆藏」(擴古録二·四八)
來源 三代

〇〇〇七一 兮仲鐘

字數 二七
時代 西周晚期
著録 總集 七〇一二
三代 一·一四·一
貞松 一·七
希古 一·三
出土 同 〇〇〇六五
來源 三代

〇〇〇七二 楚王鐘(楚邛仲嬭南和鐘)

字數 二七(又重文二)
時代 春秋晚期
著録 總集 七〇一六
考古圖 七·一二
薛氏 五一
大系 一七九
銘文選 六四九
出土 得于錢塘(考古圖)
流傳 眉山蘇軾藏器(考古圖)
來源 薛氏
備注 薛氏「子孫」二字漏重文號,考古圖七·一二之圖乃博古二二·一七蛟篆鐘圖竄入者(容庚宋代吉金書籍述評)

〇〇〇七三 敬事天王鐘

字數 存二〇
時代 春秋晚期
著録 總集 七〇四五
考古 一九八一年二期一二三頁圖五·六上
音樂(河南)一·九·三c
出土 一九七八年河南淅川縣下寺墓葬(M一:二〇)
現藏 河南省文物研究所
來源 河南省文物研究所提供
備注 此組鐘銘文爲刻款,作器者名字被磨去

〇〇〇七四 敬事天王鐘

字數 二二
時代 春秋晚期
著録 總集 七〇四六
考古 一九八一年二期一二三頁圖六下
出土 同 〇〇〇七三(M一:二一)
現藏 河南省文物研究所
來源 河南省文物研究所提供

〇〇〇七五 敬事天王鐘

字數 一九
時代 春秋晚期
著録 未見
出土 同 〇〇〇七三(M一:二二)
現藏 河南省文物研究所
來源 河南省文物研究所提供

〇〇〇七六 敬事天王鐘

字數 一七
時代 春秋晚期
著録 未見
出土 同 〇〇〇七三(M一:二三)
現藏 河南省文物研究所

來源 河南省文物研究所提供

〇〇〇七七 敬事天王鐘

字數 二四
時代 春秋晚期
著録 音樂(河南)一・九・三b
出土 同 〇〇〇七三(M一：二四)
現藏 河南省文物研究所
來源 河南省文物研究所提供

〇〇〇七八 敬事天王鐘

字數 二八
時代 春秋晚期
著録 音樂(河南)一・九・三d
出土 同 〇〇〇七三(M一：二五)
現藏 河南省文物研究所
來源 河南省文物研究所提供

〇〇〇七九 敬事天王鐘

字數 一四
時代 春秋晚期
著録 未見
出土 同 〇〇〇七三(M一：二六)
現藏 河南省文物研究所
來源 河南省文物研究所提供

〇〇〇八〇 敬事天王鐘

字數 二二
時代 春秋晚期
著録 未見
出土 同 〇〇〇七三(M一：二七)
現藏 河南省文物研究所
來源 河南省文物研究所提供

〇〇〇八一 敬事天王鐘

字數 二一
時代 春秋晚期
著録 音樂(河南)一・九・三g
出土 同 〇〇〇七三(M一：二八)
現藏 河南省文物研究所
來源 河南省文物研究所提供

〇〇〇八二 單伯昊生鐘

字數 三三(又合文一)
時代 西周晚期
著録 總集 七〇二〇
三代 一・一六・二
攗古 二・三・七八
愙齋 二・一三
綴遺 一・三〇
敬吾上 六
周金 一・六一
小校 一・二九
大系 一〇三
断代 一四一
銘文選 二三五
音樂(上海)一・二・一
上海(二〇〇四)三五八
流傳 直隸通州裘氏、潘祖蔭舊藏(愙齋、敬吾)
現藏 上海博物館
來源 考古研究所藏

〇〇〇八三 楚王酓章鐘

字數 三四
時代 戰國早期(楚惠王五十六年)
著録 總集 七〇一七
薛氏 五三
復齋 三一
嘯堂 九〇
積古 三・一六
金索金 一・六三
攗古 二・三・七七
大系 一七九～一八〇
銘文選 六五五附
出土 「得之安陸」(薛氏)
流傳 「方城范氏」藏器(薛氏)
來源 嘯堂

〇〇〇八四 楚王酓章鐘

字數 二一
時代 戰國早期(楚惠王五十六年)
著録 總集 七〇一八
薛氏 五四
金索金 一・四五・二
大系 一八〇
出土 同 〇〇〇八三
流傳 同 〇〇〇八三
來源 薛氏

〇〇〇八五 楚王酓章鎛

字數 三一
時代 戰國早期(楚惠王五十六年)
著録 總集 七二〇一
文物 一九七九年七期一三頁
銘文選 六五五
辭典 九二五
音樂(湖北)三・一・四,三・四・一
青全 一〇・一五八～一五九
出土 一九七八年湖北隨縣曾侯乙墓
現藏 湖北省博物館
來源 湖北省博物館提供

〇〇〇八六 鼄大宰鐘

字數 三四(又重文二)
時代 春秋早期
著録 總集 七〇一九
三代 一・一五・二～一・一六・一
西甲 一七・二四
貞松 一・七
故宮 八期
藝展 九二
大系 二一九
山東存邾 一二・二
通考 九六五
故圖下上 二四一
彙編 四・二〇二
銘文選 八三一
流傳 內府舊藏
現藏 臺北故宮博物院
來源 考古研究所藏
備注 彙編誤將兩鉦間銘印反

〇〇〇八七 鼄叔之伯鐘

字數 三四(又重文二)
時代 春秋早期
著録 總集 七〇二六
三代 一・一九・一
山東存邾 一一・二
銘文選 八二九
音樂(北京)圖一・五・二二
故青 二五八
流傳 頤和園舊藏
現藏 北京故宮博物院
來源 考古研究所拓

〇〇〇八八 虘鐘

字數 三五
時代 西周中期
著録 總集 七〇二二
三代 一・一七・一
愙齋 二・一〇
綴遺 一・二四
奇觚 九・一一
周金 一・五七
簠齋 一鐘二
海外吉 一三五
小校 一・二八・一

山東存紀 四
十鐘 二
通考 九五三
彙編 四・一九四
銘文選 三九〇甲
泉屋博古 一四四
流傳 陳介祺舊藏(窓齋)
現藏 日本京都泉屋博古館
來源 考古研究所藏

〇〇〇八九 ⿰虘又鐘
字數 三五
時代 西周中期
著録 總集 七〇二二
三代 一・一七・二
貞松 一・八
希古 一・六
尊古 一・二
小校 一・二八・二
山東存紀 三
銘文選 三九〇乙
音樂(北京) 圖一・五・二
故青 一七六
現藏 北京故宮博物院
來源 考古研究所拓

〇〇〇九〇 ⿰虘又鐘
字數 一二
時代 西周中期
著録 總集 七〇二四
三代 一・一八・二
貞補上 一
周金 一補
山東存紀 五
來源 考古研究所藏

〇〇〇九一 ⿰虘又鐘
字數 六
時代 西周中期
著録 總集 七〇二五
三代 一・一八・一
移林 一
周金 一・五九・二
希古 一・一
小校 一・四・一
山東存紀 五
流傳 丁麟年、溥倫舊藏(希古、羅表)
來源 考古研究所藏

〇〇〇九二 ⿰虘又鐘(盤伯鐘)
字數 二五
時代 西周中期
著録 總集 七〇二三
三代 一・一八・一
攈古 二・三・三三
窓齋 二・一一
綴遺 一・二五
奇觚 九・一〇
周金 一・五九
海外吉 一三六
小校 一・二三・二
簠齋 一鐘三
十鐘 一〇
山東存紀 四
彙編 五・二五六
銘文選 三九一
泉屋博古 一四五
流傳 袁理堂、陳介祺舊藏(海外吉)
現藏 日本京都泉屋博古館
來源 考古研究所藏
備注 此鐘紋飾、銘文與其他四鐘有所不同

〇〇〇九三 ⿰爿各孫鐘
字數 三五(又重文二)
時代 春秋晚期
著録 總集 七〇二八
考古 一九六五年三期一一〇頁
音樂(江苏) 一・五・三d
吴越 〇一三
出土 一九六四年江蘇六合縣程橋墓葬 M一：五五
現藏 南京博物院
來源 考古編輯部檔案

〇〇〇九四 ⿰爿各孫鐘
字數 三五(又重文二)
時代 春秋晚期
著録 總集 七〇二九
考古 一九六五年三期一一一頁
音樂(江苏) 一・五・三c
吴越 〇一四
出土 同〇〇〇九三 M一：五三
現藏 南京博物院
來源 考古編輯部檔案

〇〇〇九五 ⿰爿各孫鐘
字數 三五(又重文二)
時代 春秋晚期
著録 總集 七〇三〇
考古 一九六五年三期一〇九頁
音樂(江苏) 一・五・三d
吴越 〇一五
出土 同〇〇〇九三 M一：五四
現藏 南京博物院
來源 考古編輯部檔案

〇〇〇九六 ⿰爿各孫鐘
字數 三四(又重文二)
時代 春秋晚期
著録 總集 七〇三一
考古 一九六五年三期一一二頁
音樂(江苏) 一・五・三f
吴越 〇一六
出土 同〇〇〇九三 M一：五六
現藏 南京博物院
來源 考古編輯部檔案

〇〇〇九七 ⿰爿各孫鐘
字數 三四(又重文二)
時代 春秋晚期
著録 總集 七〇三二
考古 一九六五年三期一一一頁
音樂(江苏) 一・五・三g
吴越 〇一七
出土 同〇〇〇九三 M一：五九
現藏 南京博物院
來源 考古編輯部檔案

〇〇〇九八 ⿰爿各孫鐘
字數 三四(又重文二)
時代 春秋晚期
著録 總集 七〇三三
考古 一九六五年三期一一〇頁
音樂(江苏) 一・五・三h
吴越 〇一八
出土 同〇〇〇九三 M一：五八
現藏 南京博物院
來源 考古編輯部檔案

〇〇〇九九 ⿰爿各孫鐘
字數 三四(又重文二)
時代 春秋晚期
著録 總集 七〇三四
考古 一九六五年三期一一〇頁
音樂(江苏) 一・五・三i
吴越 〇一九

出土 同 〇〇〇九三 M一：六一
現藏 南京博物院
來源 考古編輯部檔案

〇〇一〇〇 𨰻孫鐘

字數 三五（又重文二）
時代 春秋晚期
著録 總集 七〇三五
考古 一九六五年三期一一〇頁
音樂(江苏) 一・五・三j
吴越 〇二〇
出土 同 〇〇〇九三 M一：五七
現藏 南京博物院
來源 考古編輯部檔案

〇〇一〇一 𨰻孫鐘

字數 三五（又重文二）
時代 春秋晚期
著録 總集 七〇三六
考古 一九六五年三期一一〇頁
音樂(江苏) 一・五・三k
吴越 〇二一
出土 同 〇〇〇九三 M一：六〇
現藏 南京博物院
來源 考古編輯部檔案

〇〇一〇二 邾公釛鐘

字數 三六
時代 春秋中期
著録 總集 七〇二七
三代 一・一九・二
窓齋 一・二一
陶齋 一・一五
周金 一・五六
大系 二一七
小校 一・三〇
山東存邾 九
上海 八三
彙編 四・一八七
銘文選 八二八B
辭典 七六九
音樂(上海) 一・二・一八ab
青全 九・九〇
上海(二〇〇四) 五三七
流傳 許延暄、丁麟年、端方舊藏（羅表）
現藏 上海博物館
來源 考古研究所藏

〇〇一〇三 遟父鐘

字數 三六（又重文三）
時代 西周晚期
著録 總集 七〇三七
考古圖 七・五
博古 二二・一九
薛氏 五五～五六
嘯堂 八三
斷代 一六一
來源 嘯堂
備注 薛氏收維揚石本、博古録、考古圖、古器物銘四件，乃因摹寫各異而並録之

〇〇一〇四 旲生殘鐘

字數 存一〇
時代 西周晚期
著録 總集 七〇六〇・一
攈古 三・一・三〇
綴遺 一・一三
大系 一〇三
斷代 一四一（拓失收）
銘文選 二三七（一）
流傳 「吕堯仙先得後段三十七字，式芬續於長安得前半下段十字」（攈古録 三・五）
來源 大系

〇〇一〇五 旲生殘鐘

字數 存三七
時代 西周晚期
著録 總集 七〇六〇・二、七〇六三・三
攈古 三・一・三〇
綴遺 一・一三
大系 一〇四
斷代 一四一（拓失收）
銘文選 二三七（二）
流傳 同 〇〇一〇四
來源 考古研究所藏
備注 〇〇一〇四、〇〇一〇五鐘自攈古以來均合爲一，本書作兩鐘處理

〇〇一〇六 楚公逆鐘

字數 三九
時代 西周晚期
著録 總集 七二〇二
三代 一・二〇・一
薛氏 五二
復齋 一二（又三三）
嘯堂 九一
大系 一七七
銘文選 四六七
出土 「政和三年武昌太平湖所進古鐘」。「趙明誠古器物銘云，獲於鄂州嘉魚縣」（復齋）
來源 復齋
備注 或稱此器爲鎛

〇〇一〇七 雁侯見工鐘

字數 三九（又合文二）
時代 西周中期
著録 總集 七〇三八
文物 一九七五年一〇期六九頁
彙編 三・八六(a)
銘文選 二三四 甲
綜覽・鐘 五四
青全 六・九五
出土 一九七四年陝西藍田縣红星公社
現藏 藍田縣文化館
來源 吴镇烽同志提供

〇〇一〇八 雁侯見工鐘

字數 三〇（又重文二、合文一）
時代 西周中期
著録 總集 七〇三九
三代秦漢遺物上的銘刻（日本中村不折）
文物 一九七七年八期二七頁
彙編 三・八六(b)
銘文選 二三四乙
現藏 日本東京書道博物館
來源 彙編

〇〇一〇九 并人妥鐘

字數 四一（又重文三）
時代 西周晚期
著録 總集 七〇四八
三代 一・二五・二～一・二六・一
窓齋 一・一九
綴遺 一・一七
周金 一・五四
大系 一四一～一四二
小校 一・三九・一
上海 六一
斷代 二〇三
彙編 四・一五七
銘文選 三九六甲

辭典　五八六
上海(二〇〇四)　四三〇
音樂(上海)　一・二・八ab
青全　五・一八六
流傳　吴大澂、潘祖蔭舊藏(羅表)
現藏　上海博物館
來源　考古研究所藏

〇〇一〇　井人女鐘

字數　四〇(又重文七)
時代　西周晚期
著録　總集　七〇四九
三代　一・二六・二~一・二七・一
窓齋　一・二〇
陶續上　一~二
周金　一・五五
大系　一四二~一四三
小校　一・四〇・一
彙編　四・一五八
綜覽・鐘　四〇
流傳　潘祖蔭、端方舊藏(羅表)
現藏　日本東京書道博物館
來源　考古研究所藏(鉦間);
唐蘭先生藏(左鼓)

〇〇一一　井人女鐘

字數　四一(又重文三)
時代　西周晚期
著録　總集　七〇四七
三代　一・二四・二~一・二五・一
積古　三・七
筠清　五・二八
綴遺　一・一四
攈古　三・一・一八
奇觚　九・一七
周金　一・五三

篁齋　一・鐘一
大系　一四〇~一四一
小校　一・三五(又一・三九・二)
海外吉　一三二
十鐘　一
通考　九五〇
泉屋博古　一四七
流傳　劉喜海、陳介祺舊藏(羅表)
現藏　日本京都泉屋博古館
來源　考古研究所藏

〇〇一二　井人女鐘

字數　四一(又重文八)
時代　西周晚期
著録　總集　七〇五〇
文物　一九七二年七期一二頁
陝青　三・六〇
銘文選　三九六　乙
音樂(陝西)　一・五・二二ab
辭典　五八一
出土　一九六六年陝西扶風縣齊鎮
現藏　寶鷄市博物館
來源　寶鷄市博物館提供

〇〇一三　子璋鐘

字數　四二(又重文四)
時代　春秋晚期
著録　總集　七〇五三
三代　一・二九・一
貞松　一・一四
希古　一・一一
來源　三代
備注　三代左右鼓倒置,現正之

〇〇一四　子璋鐘

字數　四二(又重文四)
時代　春秋晚期

著録　總集　七〇五一
三代　一・二七・二
筠清　五・二九
攈古　三・一・二八
窓齋　二・五・二~六・一
周金　一・五二
大系　一九五
小校　一・四〇・二
流傳　程木庵舊藏(羅表)
來源　三代

〇〇一五　子璋鐘

字數　四二(又重文四)
時代　春秋晚期
著録　總集　七〇五二
三代　一・二八・一~一・二八・二
從古　六・八
攈古　三・一・二九
窓齋　二・六・二~七・一
綴遺　二・一三
周金　一・五〇
清儀　一・一二
小校　一・四一
大系　一九六~一九七
辭典　七七一
音樂(上海)　一・三・四cd
上海(二〇〇四)　五三五
流傳　汪心農、張西齋、張廷濟舊藏
(清儀)
現藏　上海博物館
來源　大系

〇〇一六　子璋鐘

字數　四二(又重文三)
時代　春秋晚期
著録　總集　七〇五五

三代　一・三〇・二~一・三一・一
善齋　一・一九
小校　一・四三
録遺　二・一~二
上海　八四
彙編　四・一五一
銘文選　六一一
音樂(上海)　一・三・四ab
上海(二〇〇四)　五三五
現藏　上海博物館
來源　上海博物館提供

〇〇一七　子璋鐘

字數　四二(又重文二)
時代　春秋晚期
著録　總集　七〇五四
三代　一・二九・二~一・三〇・一
周金　一補
貞松　一・一五
善齋　一・二〇
希古　一・一二
小校　一・四二
善彝　一五
大系　一九四~一九五
通考　九六三
故圖下下　四六八
彙編　四・一五二
流傳　趙時棡舊藏(貞松)
現藏　臺北故宮博物院
來源　考古研究所藏

〇〇一八　子璋鐘

字數　二二(又重文二)
時代　春秋晚期
著録　總集　七〇五六
三代　一・三一・二~一・三一・三

窓齋 二・七・三～八・一
西甲 一七・二六～二七
周金 一・五二
小校 一・四四
大系 一九八
音樂(上海) 一・三・四ef
上海(二〇〇四) 五三五
現藏 上海博物館
來源 上海博物館提供

〇〇一一九 子璋鐘

字數 一九 (又重文二)
時代 春秋晚期
著録 寧壽 一四・一
來源 寧壽

〇〇一二〇 者沪鎛(者汈鐘、者沪鐘、虘秉鐘)

字數 存二五 (鼓上銘文爲銹所掩)
時代 戰國早期
著録 總集 七〇七〇
三代 一・四二・一～一・四二・二
周金 一・四五(又一補)
貞松 一・六
善齋 一・一六
大系 一六四
小校 一・四七・一
彙編 三・五一
音樂(江苏) 一・五・八
吳越 一〇三
出土 洛陽金村
流傳 崔季芬、丁樹楨、劉體智舊藏(海外吉)
現藏 蘇州市博物館
來源 考古研究所藏

〇〇一二一 者沪鐘

字數 存一五 (又重文一)
時代 戰國早期
著録 總集 七〇七一
三代 一・四〇・二
泉屋 三・一二二
貞補上 二
海外吉 一三七
戰國式 九六・二
日精華 五・四二九
大系 一六一～一六二
通考 九六二
彙編 三・五二
吳越 一〇四
泉屋博古 一五七
出土 洛陽金村
現藏 日本京都泉屋博古館
來源 大系

〇〇一二二 者沪鐘

字數 存四二 (又重文一)
時代 戰國早期
著録 總集 七〇六九
三代 一・三九・二～一・四〇・一
窓齋 二・一五
周金 一・四二
大系 一五九～一六〇
小校 一・四六
上海 七八
彙編 三・五三
銘文選 五五二甲
辭典 七七二
音樂(上海) 一・三・三ab
吳越 一〇五
上海(二〇〇四) 五三二
出土 洛陽金村
現藏 上海博物館
來源 上海博物館提供

〇〇一二三 者沪鐘

字數 二〇
時代 戰國早期
著録 總集 七〇八一
録遺 一三
彙編 三・六三
金匱綜 九二
音樂(北京) 一・五・三四
吳越 一〇七
故青 二九三
出土 洛陽金村
現藏 北京故宮博物院
來源 考古研究所拓

〇〇一二四 者沪鐘

字數 存一七
時代 戰國早期
著録 總集 七〇八〇
日精華 五・四三三左
録遺 一二・一～二
金匱綜 九〇
彙編 三・六二
吳越 一〇八
出土 傳出河南洛陽金村(日精華)，「以上三種編鐘一坑出土」(録遺目録)
現藏 日本神户東畑謙三處
來源 録遺

〇〇一二五 者沪鐘

字數 存二三
時代 戰國早期
著録 總集 七〇七三
日精華 五・四三〇左
録遺 五
金匱綜 九〇
彙編 三・五五
吳越 一〇九
出土 洛陽金村
現藏 日本神户東畑謙三處
來源 〇〇一二五・一 採自録遺；〇〇一二五・二 採自彙編

〇〇一二六 者沪鐘

字數 存一五
時代 戰國早期
著録 總集 七〇七七
金村 七右
日精華 五・四三一右
録遺 九・一～二
金匱綜 八四
彙編 三・五九
吳越 一一〇
出土 洛陽金村
現藏 日本神户東畑謙三處
來源 録遺

〇〇一二七 者沪鐘

字數 存二〇
時代 戰國早期
著録 總集 七〇七八
金村 六左
日精華 五・四三三左
録遺 一〇
金匱綜 八四六
彙編 三・六
吳越 一一一
出土 洛陽金村
現藏 日本神户東畑謙三處
來源 録遺

〇〇一二八 者沪鐘

字數 存一五
時代 戰國早期
著録 總集 七〇七九
日精華 五・四三三右上
録遺 一一
金匱綜 八八
彙編 三・六一
吴越 一一二
出土 洛陽金村
現藏 日本神户東畑謙三處
來源 録遺

〇〇一二九 者沪鐘

字數 存一九（又重文一）
時代 戰國早期
著録 總集 七〇七四
金村 七左
日精華 五・四三一左
録遺 六
金匱綜 七八
彙編 三・五六
吴越 一一三
出土 洛陽金村
現藏 日本神户東畑謙三處
來源 録遺

〇〇一三〇 者沪鐘

字數 二四
時代 戰國早期
著録 總集 七〇七五
金村 六右
日精華 五・四三二右
録遺 七
金匱綜 八〇
彙編 三・五七
銘文選 五五二乙
吴越 一一四
出土 洛陽金村
現藏 日本神户東畑謙三處
來源 録遺

〇〇一三一 者沪鐘

字數 存一九
時代 戰國早期
著録 總集 七〇七六
日精華 五・四三三右下
録遺 八
金匱綜 八二
彙編 三・五八
銘文選 五五二丙
吴越 一一五
出土 洛陽金村
現藏 日本神户東畑謙三處
來源 録遺

〇〇一三二 者沪鐘

字數 存一七
時代 戰國早期
著録 總集 七〇七二
三代 一・四一・一～一・四一・二
愙齋 二・一六・二～一七・一
攈古 二・三・二五
從古 一三・六
綴遺 二・三〇
奇觚 九・八～一〇
周金 一・四四
簠齋 一鐘九
大系 一六三
海外吉 一三八
小校 一・四七・三～一・四八・一
十鐘 八
吴越 一〇六
流傳 泉屋博古 一五八
陳介祺舊藏（愙齋）
出土 洛陽金村
現藏 日本京都泉屋博古館
來源 考古研究所藏

〇〇一三三 柞鐘

字數 四五（又重文三）
時代 西周晚期
著録 總集 七〇六二
齊家村 二〇
陝青 二・一五六
綜覽・鐘 五〇
辭典 五八四
音樂（陝西） 一・五・一六ab
出土 一九六〇年陝西扶風縣齊家村窖藏
現藏 陝西省博物館
來源 陝西省博物館提供

〇〇一三四 柞鐘

字數 四五（又重文三）
時代 西周晚期
著録 總集 七〇六三
文物 一九六一年七期五九頁
齊家村 二五
陝青 二・一五七
斷代 一三四
音樂（陝西） 一・五・一六c
出土 同〇〇一三三
現藏 陝西省博物館
來源 陝西省博物館提供

〇〇一三五 柞鐘

字數 四五（又重文三）
時代 西周晚期
著録 總集 七〇六四
齊家村 二六
陝青 二・一五八
銘文選 四五四B
綜覽・鐘 三八
音樂（陝西） 一・五・一六de
出土 同〇〇一三三
現藏 陝西省博物館
來源 陝西省博物館提供

〇〇一三六 柞鐘

字數 四五（又重文三）
時代 西周晚期
著録 總集 七〇六五
齊家村 二七
陝青 二・一五九
音樂（陝西） 一・五・一六f
出土 同〇〇一三三
現藏 陝西省博物館
來源 陝西省博物館提供

〇〇一三七 柞鐘

字數 二〇（又重文一）
時代 西周晚期
著録 總集 七〇六六
齊家村 二八
陝青 二・一六〇
音樂（陝西） 一・五・一六gh
出土 同〇〇一三三
現藏 陝西省博物館
來源 陝西省博物館提供

〇〇一三八 柞鐘

字數 一五
時代 西周晚期
著録 總集 七〇六七
齊家村 二九
陝青 二・一六一

音樂(陝西) 一・五・一六ij
出土 同 〇〇一三三
現藏 陝西省博物館
來源 陝西省博物館提供

〇〇一三九 柞鐘
字數 五(又重文二)
時代 西周晚期
著録 總集 七〇六八
齊家村 三〇
陝青 二・一六三
音樂(陝西) 一・五・一六l
出土 同 〇〇一三三
現藏 陝西省博物館
來源 陝西省博物館提供

〇〇一四〇 邾公孫班鎛
字數 四五(又重文二)
時代 春秋晚期
著録 總集 七〇五八
三代 一・三五・一
周金 一・四八
夢郼 上三
小校 一・四五
山東存邾 一〇
流傳 常熟翁氏、鄒安、羅振玉舊藏
(周金)
來源 考古研究所藏

〇〇一四一 師臾鐘
字數 四八
時代 西周晚期
著録 總集 七〇五九
文物 一九七五年八期六二頁
陝青 三・一〇七
銘文選 三一二B
綜覽・鐘 四八

辭典 五七七
音樂(陝西) 一・五・一七ab
出土 一九七四年陝西扶風縣强家村窖藏
現藏 陝西省博物館
來源 陝西省博物館提供

〇〇一四二 齊鞏氏鐘
字數 五二(又重文二)
時代 春秋晚期
著録 總集 七〇八二
三代 一・四二・三～一・四三・一
貞松 一・一五
大系 二五二
山東存齊 一〇
銘文選 八四四
來源 三代

〇〇一四三 鮮鐘
字數 五二(又重文二)
時代 西周晚期
著録 總集 七〇八三
陝圖 一二六
斷代 一七四
音樂(陝西) 一・五・三六ab
現藏 陝西省博物館
來源 陝西省博物館提供

〇〇一四四 越王者旨於賜鐘
字數 五二(又重文二)
時代 戰國早期
著録 薛氏 二～四
博古 二二・一七
嘯堂 八二
銘文選 五五三
鳥篆 一〇四
吴越 一〇〇
流傳 「藏宗室仲爰家」(金石録卷十一)

來源 嘯堂
備注 嘯堂九五商鐘銘文與此同，惟其行款字序均已變亂，殆即趙明誠金石録所云「後又得一鐘，銘文正同」之另一鐘，本書從略不録

〇〇一四五 士父鐘
字數 存五四(又重文四)
時代 西周晚期
著録 總集 七〇八八
三代 一・四三・二
積古 三・六
從古 八・三
金索金 一・五〇
攈古 三・一・五七～五八・一
綴遺 一・九
奇觚 九・二五
周金 一・三九
大系 一二四
小校 一・五〇・二
流傳 翁樹培、瞿穎山舊藏(羅表)
來源 三代

〇〇一四六 士父鐘
字數 存五四(又重文四)
時代 西周晚期
著録 總集 七〇八九
三代 一・四四・一
攈古 三・一・五八・二～五九・一
愙齋 二・四・二～五・一
綴遺 一・一〇
周金 一・四〇
大系 一二五
小校 一・四九
文物 一九九一年五期八六頁圖

版七・一
流傳 葉東卿舊藏(綴遺)
現藏 湖南省博物館
來源 考古研究所藏

〇〇一四七 士父鐘
字數 存五六(又重文四)
時代 西周晚期
著録 總集 七〇九〇
三代 一・四四・二
周金 一・四一
貞松 一・一七
大系 一二六
小校 一・五〇・一
銘文選 三九五
音樂(北京) 一・五・四abc
故青 二一四
流傳 趙時棡舊藏(貞松)
現藏 北京故宮博物院
來源 考古研究所藏

〇〇一四八 士父鐘
字數 存五〇(又重文五)
時代 西周晚期
著録 總集 七〇九一
三代 一・四五・一
音樂(北京) 一・五・四defg
故青 二一三
流傳 頤和園舊藏
現藏 北京故宮博物院
來源 考古研究所拓

〇〇一四九 鼄公牼鐘
字數 五六
時代 春秋晚期(邾宣公)
著録 總集 七〇八四
三代 一・四八・二

擴古 三・一・三九
積古 三・二〇
周金 一・三八
大系 二一五
山東存邾 七
音樂(北京) 圖一・五・二〇
流傳 阮元舊藏(羅表)
現藏 北京故宮博物院
來源 傅大卣同志藏
備注 甬部殘缺

〇〇一五〇 鼄公牼鐘
字數 五七
時代 春秋晚期(邾宣公)
著録 總集 七〇八五
三代 一・四九・一
貞松 一・一六
周金 一補
大系 二一三
綴遺 二・二三
山東存邾 六
希古 一・一三
彙編 三・一二五
音樂(江苏) 一・三・八
流傳 「此器吴中馮氏桂芬藏，後置之聖恩寺」(貞松)
現藏 南京博物院
來源 三代

〇〇一五一 鼄公牼鐘
字數 五七
時代 春秋晚期(邾宣公)
著録 總集 七〇八六
三代 一・四九・二
兩罍 三・三
擴古 三・一・三八
愙齋 一・二二
懷米下 三
綴遺 二・二一
陶齋 一・一六
周金 一・三六
大系 二一四
小校 一・四八・二
山東存邾 五
上海 八一
彙編 三・一二四
銘文選 八二六
辭典 七六八
音樂(上海) 一・二・一・七ab
青全 九・八九
上海(二〇〇四) 五三六
流傳 曹秋舫、端方、吴雲舊藏(羅表)
現藏 上海博物館
來源 上海博物館提供

〇〇一五二 鼄公牼鐘
字數 存五〇餘
時代 春秋晚期(邾宣公)
著録 總集 七〇八七
三代 一・五〇・一
貞松 一・一七
周金 一・三七
大系 二一五
山東存邾 七
來源 三代

〇〇一五三 鄦子盟𠂤鎛
字數 六〇(又重文五)
時代 春秋晚期
著録 考古圖 七・七
薛氏 五〇
大系 一九三
銘文選 六一二
出土 「得於潁川」(考古圖)
流傳 丹陽蘇頌藏(考古圖)
來源 薛氏

〇〇一五四 鄦子盟𠂤鎛
字數 六〇(又重文五)
時代 春秋晚期
著録 薛氏 五〇～五一
大系 一九三
出土 同〇〇一五三
流傳 同〇〇一五三
來源 薛氏

〇〇一五五 能原鎛
字數 六〇
時代 春秋晚期
著録 總集 七二〇三
三代 一・三七・三～一・三九・二
周金 一・三三～一・三五
奇觚 九・二三
善齋 一・二一～一・二三
小校 一・五一～一・五二
善彝 一六 甲～丙
故圖下下 四七一～四七二
彙編 三・一二〇a、b、c
通考 九七一
鳥篆 一三〇
吴越 〇九四
出土 江西臨江縣(分域四・三引丁丙題拓本詩注)
流傳 陸心源、劉體智舊藏(奇觚、善彝)
現藏 臺北故宮博物院
來源 考古研究所藏

〇〇一五六 能原鎛
字數 四八
時代 春秋晚期
著録 總集 七〇六一
三代 一・三五・二～一・三七・二
奇觚 九・一九～九・二二
周金 一・四五～一・四七
音樂(北京) 一・五・三二
鳥篆 一三〇
吴越 〇九五
故青 二五二
出土 「某君云：光緒庚寅(一八九〇)瑞州東郭外錦江中漁人得之」(分域續 四・一三)
流傳 熊方燧舊藏(奇觚)
現藏 北京故宮博物院
來源 考古研究所拓

〇〇一五七 驫羌鐘
字數 六一
時代 戰國早期
著録 總集 七〇九二
三代 一・三二・一～一・三三・二
貞續上 一・二～二・一
善齋 一・二四・二
大系 又二七七
小校 一・五三・一
善彝 一
尊古 一・三
日精華 五・四三
彙編 三・一一〇
泉屋博古 一五六・一
出土 一九二八～一九三一年間洛陽故城遺址(善彝)
流傳 劉體智舊藏(善彝)
現藏 日本京都泉屋博古館
來源 考古研究所藏

〇〇一五八 驫羌鐘

字數 六一
時代 戰國早期
著録 總集 七〇九三
三代 一・三二・三〜一・三二・四
貞續上 二・二〜二・三
善齋 一・二五・二
大系 又二七七・三〜四
小校 一・五三・三〜四
善彝 二
日精華 五・四二四
彙編 三・一一一
銘文選 八八九 甲
泉屋博古 一五六・二
出土 同 〇〇一五七
流傳 同 〇〇一五七
現藏 日本京都泉屋博古館
來源 考古研究所藏

〇〇一五九 驫羌鐘
字數 六一
時代 戰國早期
著録 總集 七〇九四
三代 一・三二・五〜一・三二・六
貞續上 三・一〜二
善齋 一・二六・二
大系 二七八・一
小校 一・五四・一〜二
善彝 三
日精華 五・四二五
通考 九六一
彙編 三・一一二
銘文選 八八九 乙
泉屋博古 一五六・三
出土 同 〇〇一五七
流傳 同 〇〇一五七
現藏 日本京都泉屋博古館
來源 考古研究所藏

〇〇一六〇 驫羌鐘
字數 六一
時代 戰國早期
著録 總集 七〇九六、七〇九七
大系 二七七
洛陽 五〇二
彙編 三・一一四
出土 同 〇〇一五七
流傳 懷履光舊藏(善彝)
現藏 加拿大多倫多安大略博物館
來源 考古研究所藏

〇〇一六一 驫羌鐘
字數 六一
時代 戰國早期
著録 總集 七〇九五
三代 一・三二・七〜一・三二・八
貞續上 三・三〜四
善齋 一・二七・二
大系 二七八・二
小校 一・五四・三〜四
善彝 四
彙編 三・一一三
泉屋博古 一五六・四
出土 同 〇〇一五七
流傳 同 〇〇一五七
現藏 日本京都泉屋博古館
來源 考古研究所藏

〇〇一六二 驫氏鐘
字數 四
時代 戰國早期
著録 總集 七〇九八
三代 一・三三・一〜一・三三・二
貞續上 四・一〜二
善齋 一・二八・二
小校 一・五五・一〜二
善彝 五
日精華 五・四二七 右
彙編 七・八五八
泉屋博古 一五六・五
出土 同 〇〇一五七
流傳 同 〇〇一五七
現藏 日本京都泉屋博古館
來源 考古研究所藏

〇〇一六三 驫氏鐘
字數 四
時代 戰國早期
著録 總集 七〇九九
三代 一・三三・三〜一・三三・四
貞續上 四・三〜四
善齋 一・二九・二
小校 一・五五・三〜四
善彝 六
日精華 五・四二七左
彙編 七・八五八
銘文選 八八九丙
泉屋博古 一五六・六
出土 同 〇〇一五七
流傳 同 〇〇一五七
現藏 日本京都泉屋博古館
來源 考古研究所藏

〇〇一六四 驫氏鐘
字數 四
時代 戰國早期
著録 總集 七一〇六・一、七一〇六・二
貞補上 一
大系 二七七
洛陽 五〇一
彙編 七・八六五
出土 同 〇〇一五七
流傳 懷履光舊藏(善彝)
現藏 加拿大多倫多安大略博物館
來源 洛陽

〇〇一六五 驫氏鐘
字數 四
時代 戰國早期
著録 總集 七一〇〇
三代 一・三三・五〜一・三三・六
貞續上 五・一〜二
善齋 一・三〇・二
小校 一・五五・五〜六
善彝 七
日精華 五・四二八 上左
彙編 五・八五九
泉屋博古 一五六・七
出土 同 〇〇一五七
流傳 同 〇〇一五七
現藏 日本京都泉屋博古館
來源 考古研究所藏

〇〇一六六 驫氏鐘
字數 四
時代 戰國早期
著録 總集 七一〇一
三代 一・三三・七〜一・三三・八
貞續上 五・三〜四
善齋 一・三一・二
小校 一・五五・七〜八
善彝 八
日精華 五・四二八 上右
彙編 五・八六〇
泉屋博古 一五六・八

出土 同〇〇一五七
流傳 同〇〇一五七
現藏 日本京都泉屋博古館
來源 考古研究所藏

〇〇一六七 驫氏鐘

字數 四
時代 戰國早期
著録 總集 七一〇二
三代 一・三四・一~一・三四・二
貞續上 五・五~六
善齋 一・三三・二
小校 一・五六・一~二
善彝 九
彙編 七・八六一
泉屋博古 一五六・九
出土 同〇〇一五七
流傳 同〇〇一五七
現藏 日本京都泉屋博古館
來源 考古研究所藏

〇〇一六八 驫氏鐘

字數 四
時代 戰國早期
著録 總集 七一〇三
三代 一・三四・三~一・三四・四
貞續上 六・一~二
善齋 一・三三・二
小校 一・五六・三~四
善彝 一〇
日精華 五・四二八下左
彙編 七・八六二
泉屋博古 一五六・一〇
出土 同〇〇一五七
流傳 同〇〇一五七
現藏 日本京都泉屋博古館
來源 考古研究所藏

〇〇一六九 驫氏鐘

字數 四
時代 戰國早期
著録 總集 七一〇四
三代 一・三四・五~一・三四・六
貞續上 六・三~四
善齋 一・三四・二
小校 一・五六・五~六
善彝 一一
日精華 五・四二八下右
彙編 七・八六三
泉屋博古 一五六・一一
出土 同〇〇一五七
流傳 同〇〇一五七
現藏 日本京都泉屋博古館
來源 考古研究所藏

〇〇一七〇 驫氏鐘

字數 四
時代 戰國早期
著録 總集 七一〇五
三代 一・三四・七~一・三四・八
貞續上 六・五~六
善齋 一・三六・二
小校 一・五六・七~八
善彝 一二
彙編 七・八六四
泉屋博古 一五六・一二
出土 同〇〇一五七
流傳 同〇〇一五七
現藏 日本京都泉屋博古館
來源 考古研究所藏

〇〇一七一 之利鐘（商鐘四）

字數 六四
時代 戰國早期
著録 薛氏 四~五
鳥篆 一〇三
吴越 一七七
來源 薛氏

〇〇一七二 籚叔之仲子平鐘

字數 六四（又重文四）
時代 春秋晚期
著録 總集 七一〇八
學報 一九七八年三期三三二頁
（圖十九・二號銅鈕鐘拓本）
辭典 七七三
音樂（山東）一・六・五b
出土 一九七五年山東莒南縣大店鎮二號墓
現藏 山東省文物考古研究所
來源 考古研究所拓

〇〇一七三 籚叔之仲子平鐘

字數 六七（又重文四）
時代 春秋晚期
著録 未見
出土 同〇〇一七二
現藏 山東省文物考古研究所
來源 考古研究所拓

〇〇一七四 籚叔之仲子平鐘

字數 六六（又重文三）
時代 春秋晚期
著録 總集 七一〇九
學報 一九七八年三期三三三頁
（圖二〇・三號銅鈕鐘拓本）
出土 同〇〇一七二
現藏 山東省文物考古研究所
來源 考古研究所拓

〇〇一七五 籚叔之仲子平鐘

字數 六七（又重文四）
時代 春秋晚期
著録 未見
出土 同〇〇一七二
現藏 山東省文物考古研究所
來源 考古研究所拓

〇〇一七六 籚叔之仲子平鐘

字數 六八（又重文四）
時代 春秋晚期
著録 未見
出土 同〇〇一七二
現藏 山東省文物考古研究所
來源 考古研究所拓

〇〇一七七 籚叔之仲子平鐘

字數 六七（又重文四）
時代 春秋晚期
著録 總集 七一一〇
學報 一九七八年三期三三三頁
（圖二一・六號銅鈕鐘拓本）
出土 同〇〇一七二
現藏 山東省文物考古研究所
來源 考古研究所拓

〇〇一七八 籚叔之仲子平鐘

字數 六七（又重文四）
時代 春秋晚期
著録 未見
出土 同〇〇一七二
現藏 山東省文物考古研究所
來源 考古研究所拓

〇〇一七九 籚叔之仲子平鐘

字數 六七（又重文五）
時代 春秋晚期
著録 未見
出土 同〇〇一七二

現藏 山東省文物考古研究所
來源 考古研究所拓

〇〇一八〇 𥶖叔之仲子平鐘
字數 六五（又重文四）
時代 春秋晚期
著録 總集 七一一一
學報 一九七八年三期三三四頁
（圖二二・九號銅鈕鐘拓本）
出土 同 〇〇一七二
現藏 山東省文物考古研究所
來源 考古研究所拓

〇〇一八一 南宮乎鐘
字數 六七
時代 西周晚期
著録 總集 七一一六
學報 一九八〇年四期二〇頁
陝青 三・一四〇
銘文選 四四六
綜覽・鐘 四六
辭典 五八二
音樂（陝西）一・五・二四ab
青全 五・一八五
出土 一九七九年陝西扶風縣豹子溝
現藏 扶風縣博物館
來源 扶風縣博物館提供

〇〇一八二 徐王子旃鐘
字數 七一（又重文五）
時代 春秋晚期
著録 總集 七一二二
録遺 四
金索金 一・六一～一・六二
銘文選 五六八
音樂（北京） 圖一・五・二四
故青 二五六
流傳 孔荃溪在長安所得（金索）
現藏 北京故宮博物院
來源 考古研究所拓

〇〇一八三 余贎逐兒鐘（楚余義鐘、儔兒鐘）
字數 七三（又重文一）
時代 春秋晚期
著録 總集 七一一七
三代 一・五〇・二～一・五一・一
積古 三・三～五
攈古 三・一・六九～七〇
周金 一・二九～三〇
大系 一七一～一七二
小校 一・五七～一・五八
銘文選 五七二甲
流傳 孫星衍舊藏（積古）
來源 三代

〇〇一八四 余贎逐兒鐘
字數 三六（又重文一）
時代 春秋晚期
著録 總集 七一一九
録遺 一
音樂（北京） 一・五・二五
故青 二五七
現藏 北京故宮博物院
來源 考古研究所拓

〇〇一八五 余贎逐兒鐘
字數 三〇
時代 春秋晚期
著録 總集 七一一八
三代 一・五一・二～一・五二・一
攈古 三・一・七一
從古 一三・四～五
愙齋 二・一二～一三・一
綴遺 二・二〇
奇觚 九・一四～一六
周金 一・三二
簠齋 一鐘一一
大系 一七三
小校 一・五九
上海 七九
彙編 四・二三三
銘文選 五七二乙
音樂（上海） 一・三・五ab
青全 一一・六三
上海（二〇〇四） 五三三
流傳 陳介祺、孫星衍舊藏（綴遺、攈古）
現藏 上海博物館
來源 上海博物館提供

〇〇一八六 余贎逐兒鐘
字數 存一〇餘
時代 春秋晚期
著録 總集 七一二〇
三代 一・五二・二～一・五三・三
周金 一・三三・一～二
貞松 一・二～三
希古 一・二
大系 一七四
小校 一・六〇・一～二
銘文選 五七二丙
蔭軒 一・五七
辭典 七六五
音樂（上海） 一・三・五c
流傳 潘祖蔭舊藏（貞松），後歸李蔭軒
現藏 上海博物館
來源 三代

〇〇一八七 汈其鐘
字數 七〇（又重文四）
時代 西周晚期
著録 總集 七一二三
録遺 三・一～四
彙編 三・七五
銘文選 三九七甲
出土 傳一九四〇年陝西扶風縣法門寺任村（上海六〇）
來源 録遺

〇〇一八八 汈其鐘
字數 六七（又重文七）
時代 西周晚期
著録 銘文選 三九七乙
音樂（上海） 一・二・一ab
上海（二〇〇四） 四三二
出土 同 〇〇一八七
現藏 上海博物館
來源 上海博物館提供

〇〇一八九 汈其鐘
字數 七四（又重文四）
時代 西周晚期
著録 總集 七一二二
上海 六〇
斷代 一九一
彙編 三・七四
綜覽・鐘 三七
音樂（上海）一・二・二cd
青全 五・一八七
上海（二〇〇四） 四三一
出土 同 〇〇一八七
流傳 上海市文物管理委員會從上海冶煉廠所收廢銅中揀出（文物一九五九年五期）
現藏 上海博物館

來源 上海博物館提供

〇〇一九〇 㳽其鐘

字數 六二（又重文七）
時代 西周晚期
著録 斷代 一九一
彙編 四・一四三；五・二九五
歐遺 一一四
出土 同〇〇一八七
現藏 法國巴黎基美博物館
來源 鉦間用考古研究所藏原器照片，左鼓用彙編拓片

〇〇一九一 㳽其鐘

字數 四〇（又重文二）
時代 西周晚期
著録 音樂（上海）一・二・二ef
上海（二〇〇四）四三一
出土 同〇〇一八七
現藏 上海博物館
來源 上海博物館提供

〇〇一九二 㳽其鐘

字數 四〇（又重文六）
時代 西周晚期
著録 音樂（江苏）一・三・六
出土 同〇〇一八七
現藏 南京市博物館
來源 考古研究所拓
備注 〇〇一九一、〇〇一九二銘文次序與前四鐘有異

〇〇一九三 者瀘鐘

字數 存三三（又重文一）
時代 春秋早期
著録 西甲 一七・一
大系 又一五三・一
吳越 〇〇一
出土 「乾隆二十有六年臨江民耕地得古鐘十一」（西甲）
來源 西甲
備注 此組編鐘最小者無銘，西甲所録銘文行款已變亂

〇〇一九四 者瀘鐘

字數 存三二（又重文三）
時代 春秋早期
著録 西甲 一七・六
大系 又一五三・二
吳越 〇〇二
出土 同〇〇一九三
來源 西甲

〇〇一九五 者瀘鐘

字數 存五五（又重文三）
時代 春秋早期
著録 西甲 一七・八
大系 又一五三・三
吳越 〇〇三
出土 同〇〇一九三
來源 西甲

〇〇一九六 者瀘鐘

字數 存五六（又重文二）
時代 春秋早期
著録 西甲 一七・一〇
大系 又一五三・四
吳越 〇〇四
出土 同〇〇一九三
來源 西甲

〇〇一九七 者瀘鐘

字數 存七二（又重文四、合文一）
時代 春秋早期
著録 總集 七一一三
三代 一・四六・二～一・四七・一
西甲 一七・一二
貞松 一・一二
善齋 一・一七
大系 又一五三・五
小校 一・三二
善彝 一四
通考 九五七
故圖下下 四六五～四六六
銘文選 五三四
吳越 〇〇五
出土 同〇〇一九三
流傳 劉體智舊藏（羅表）
現藏 臺北故宫博物院
來源 考古研究所藏

〇〇一九八 者瀘鐘

字數 存七七（又重文四、合文二）
時代 春秋早期
著録 總集 七一一二
三代 一・四五・二～一・四六・一
西甲 一七・一四
故宫 二六期
藝展 九一
故圖下上 二四〇（乙）
大系 又一五三・六
吳越 〇〇六
出土 同〇〇一九三
現藏 臺北故宫博物院
來源 考古研究所藏

〇〇一九九 者瀘鐘

字數 存一三
時代 春秋早期
著録 西甲 一七・一五
吳越 〇〇七
出土 同〇〇一九三
來源 西甲

〇〇二〇〇 者瀘鐘

字數 存一四（又重文二）
時代 春秋早期
著録 西甲 一七・一六
吳越 〇〇八
出土 同〇〇一九三
來源 西甲

〇〇二〇一 者瀘鐘

字數 二六（又重文二）
時代 春秋早期
著録 總集 七一一四
三代 一・四七・二
西甲 一七・一七
周金 一補
貞松 一・一三～一・一四
大系 又一五四・一
小校 一・三二
冠斝上 一
音樂（北京）圖一・五・二六
吳越 〇〇九
故青 二五四
出土 同〇〇一九三
現藏 北京故宫博物院
來源 考古研究所拓

〇〇二〇二 者瀘鐘

字數 二五（又重文二）
時代 春秋早期
著録 總集 七一一五
三代 一・四八・一
西甲 一七・一八
周金 一・六五
貞松 一・一三
希古 一・四

大系 又一五四・二
小校 一・三三・一
上海 七七
考古 一九七九年一期六三頁
彙編 四・二四二
銘文選 五三五
吴越 〇一〇
音樂(上海) 一・二・一六ab
辭典 七六三
青全 一一・六六
上海(二〇〇四) 五三一

出土 同 〇〇一九三
流傳 劉鶚舊藏(貞松)
現藏 上海博物館
來源 考古研究所藏

〇〇二〇三 沇兒鎛

字數 七八 (又重文四)
時代 春秋晚期
著録 總集 七一二四
三代 一・五三・二～一・五四・一
窓齋 二・一九～二一・一
綴遺 二・一四
陶續 上五
周金 一・二〇
大系 一六五～一六七
小校 一・六五
銘文選 五七三
蔭軒 一・五六
辭典 七六六
音樂(上海) 一・四・三ab
上海(二〇〇四) 五三四

出土 「器出荆州」(綴遺)
流傳 潘祖蔭、端方舊藏(羅表)，後歸李蔭軒
現藏 上海博物館
來源 考古研究所藏

〇〇二〇四 克鐘

字數 三九
時代 西周晚期
著録 總集 七〇四一
三代 一・二一・二～一・二二・一
周金 一・二六
貞松 一・九
希古 一・八
大系 九三～九四
小校 一・六二・二
彙編 四・一七〇

出土 「光緒庚寅(一八九〇)岐山縣法門寺任村出土」(羅表)
流傳 丁樹楨舊藏(貞松)
現藏 日本奈良寧樂美術館
來源 考古研究所藏

〇〇二〇五 克鐘

字數 四〇 (又重文二)
時代 西周晚期
著録 總集 七〇四四
三代 一・二三・二
陶續上 一〇
綴遺 一・七
周金 一・二三(又一・二四)
大系 九四～九五
小校 一・六三・二(又一・六四・一)
綜覽・鐘 四一

出土 同 〇〇二〇四
流傳 潘祖蔭、端方舊藏(周金)
現藏 日本京都藤井有鄰館
來源 考古研究所藏

〇〇二〇六 克鐘

字數 四〇
時代 西周晚期
著録 總集 七〇四〇
三代 一・二〇・二～一・二一・一
綴遺 一・六
奇觚 九・一三～一四
陶續上 八～九
周金 一・二五・一～二
大系 九五～九六
小校 一・六一・二～六二・一
斷代 一八四
銘文選 二九四甲
辭典 五七五
上海(二〇〇四) 三五七
音樂(上海) 一・二・七ab
蔭軒 一・二六

出土 同 〇〇二〇四
流傳 潘祖蔭、端方舊藏(羅表)，後歸李蔭軒
現藏 上海博物館
來源 考古研究所藏

〇〇二〇七 克鐘

字數 三九 (又重文二)
時代 西周晚期
著録 總集 七〇四三
三代 一・二三・一
周金 一・二七
貞松 一・一〇
希古 一・九
大系 九六
小校 一・六四・二
斷代 一八四
銘文選 二九四乙
音樂(天津) 一・一・六
青全 五・一八九

出土 同 〇〇二〇四
流傳 丁麟年舊藏(羅表)
現藏 天津市藝術博物館
來源 考古研究所藏

〇〇二〇八 克鐘

字數 三三
時代 西周晚期
著録 總集 七〇四二
三代 一・二二・二
窓齋 一・一八
周金 一・二八・一～二
大系 九七
小校 一・六三・一
音樂(上海) 一・二・七cd

出土 同 〇〇二〇四
流傳 吴大澂、潘祖蔭、端方舊藏
現藏 上海博物館
來源 上海博物館提供

〇〇二〇九 克鎛

字數 七九
時代 西周晚期
著録 總集 七二〇四
三代 一・二四・一
周金 一・二三
貞松 一・一一～一二
希古 一・一〇
大系 九七
小校 一・六一・二
文物 一九七二年六期一五頁
銘文選 二九五
美全 四・二二八
辭典 五七六
音樂(天津)一・一・七

出土 同 〇〇二〇四

流傳 張燕謀舊藏(貞松)
現藏 天津市藝術博物館
來源 陳邦懷先生藏

〇〇二一〇 蔡侯紐鐘

字數 七九（又重文二、合文一）
時代 春秋晚期
著録 總集 七一二五
蔡侯墓 圖版五二、五三
五省 圖版五六
學報 一九五六年一期圖版二
銘文選 五九〇
徽銅 七七
辭典 七七五
出土 一九五五年安徽壽縣西門蔡侯墓
現藏 安徽省博物館
來源 考古所編輯室檔案

〇〇二一一 蔡侯紐鐘

字數 七九（又重文二、合文一）
時代 春秋晚期
著録 總集 七一二六
蔡侯墓 圖版五四、五五
學報 一九五六年一期圖版三
音樂(北京)一・五・一九
出土 同〇〇二一〇
現藏 中國歷史博物館
來源 考古所編輯室檔案

〇〇二一二 蔡侯紐鐘

字數 六
時代 春秋晚期
著録 總集 七一二七
蔡侯墓 圖版五六、五七
學報 一九五六年一期圖版四：三
出土 同〇〇二一〇
現藏 安徽省博物館
來源 考古所編輯室檔案

〇〇二一三 蔡侯紐鐘

字數 六
時代 春秋晚期
著録 總集 七一二八
蔡侯墓 圖版五八、五九
學報 一九五六年一期圖版四：四
出土 同〇〇二一〇
現藏 安徽省博物館
來源 考古所編輯室檔案

〇〇二一四 蔡侯紐鐘

字數 三
時代 春秋晚期
著録 總集 七一二九
蔡侯墓 圖版六〇、六一
出土 同〇〇二一〇
現藏 安徽省博物館
來源 考古所編輯室檔案

〇〇二一五 蔡侯紐鐘

字數 三
時代 春秋晚期
著録 總集 七一三〇
蔡侯墓 圖版六二、六三
出土 同〇〇二一〇
現藏 安徽省博物館
來源 考古所編輯室檔案

〇〇二一六 蔡侯紐鐘

字數 一九（又重文一）
時代 春秋晚期
著録 總集 七一三一
蔡侯墓 圖版六四、六五
出土 同〇〇二一〇
現藏 安徽省博物館
來源 考古所編輯室檔案

〇〇二一七 蔡侯紐鐘

字數 七九（又重文二、合文一）
時代 春秋晚期
著録 總集 七一三二
蔡侯墓 圖版六六、六七
學報 一九五六年一期圖版四：一～二
出土 同〇〇二一〇
現藏 安徽省博物館
來源 考古所編輯室檔案

〇〇二一八 蔡侯紐鐘

字數 七九（又重文二、合文一）
時代 春秋晚期
著録 總集 七一三三
蔡侯墓 圖版六八、六九
出土 同〇〇二一〇
現藏 安徽省博物館
來源 考古所編輯室檔案

〇〇二一九 蔡侯鎛

字數 七九（又重文二、合文一）
時代 春秋晚期
著録 總集 七一三四、七二〇五
蔡侯墓 圖版四四、四五
音樂(北京)一・五・一八
辭典 七七四
出土 同〇〇二一〇
現藏 安徽省博物館
來源 考古所編輯室檔案

〇〇二二〇 蔡侯鎛

字數 七九（又重文二、合文一）
時代 春秋晚期
著録 總集 七二〇六
蔡侯墓 圖版四六、四七
出土 同〇〇二一〇
現藏 安徽省博物館
來源 考古所編輯室檔案

〇〇二二一 蔡侯鎛

字數 七九（又重文二、合文一）
時代 春秋晚期
著録 總集 七二〇七
蔡侯墓 圖版四八、四九
學報 一九五六年一期圖版一
出土 同〇〇二一〇
現藏 安徽省博物館
來源 考古所編輯室檔案

〇〇二二二 蔡侯鎛

字數 七九（又重文二、合文一）
時代 春秋晚期
著録 總集 七二〇八
蔡侯墓 圖版五〇、五一
五省 圖版五四
徽銅 七八
出土 同〇〇二一〇
現藏 安徽省博物館
來源 考古所編輯室檔案
備注 此組編鎛共八件，本書收録其中四件，其餘四件銘文模糊不清，故不録

〇〇二二三 蔡侯甬鐘

字數 存四〇餘
時代 春秋晚期
著録 蔡侯墓 圖版四二、四三
五省 圖版五五
音樂(北京) 一・五・一七
吳越 〇一一
出土 同〇〇二一〇
現藏 中國歷史博物館
來源 考古所編輯室檔案(拓)，曾憲通

文（摹）

備注　此爲吴王光鐘，同出十二件，僅一件有銘文。參看曾憲通吴王光編鐘銘文的再探討（華學第五輯）

〇〇二二四　蔡侯墓殘鐘

時代　春秋晚期
著録　蔡侯墓　圖版七〇～七五
吴越　〇一二
出土　同　〇〇二一〇
現藏　安徽省博物館
來源　考古所編輯室檔案（〇〇二二四・一爲陳邦懷先生藏），曾憲通文（摹）
備注　此爲吴王光編鐘殘片，曾憲通先生進行的復原，見所作吴王光編鐘銘文的再探討一文

〇〇二二五　邵黛鐘

字數　八四（又重文二）
時代　春秋晚期
著録　總集　七一三八
三代　一・五五・一
攈古上三
窓齋　一・九・一
綴遺　二・四・二
周金　一・一一下
大系　二七〇
小校　一・七〇（又一・七八・二）
辭典　七六七
音樂（上海）一・二・一〇
上海（二〇〇四）五三八
出土　同治（一八六二～一八七四）初年山西榮河縣后土祠旁河岸（窓齋）
流傳　英蘭坡、潘祖蔭舊藏（窓齋）
現藏　上海博物館
來源　考古研究所藏

〇〇二二六　邵黛鐘

字數　八四（又重文二）
時代　春秋晚期
著録　總集　七一三六
三代　一・五四・二
攈古上一
恒軒上一
窓齋　一・七
綴遺　二・四・一
奇觚　九・二七
周金　一・一一上
大系　二六九
小校　一・六八
出土　同　〇〇二二五
流傳　英蘭坡、潘祖蔭舊藏
現藏　上海博物館
來源　考古研究所藏

〇〇二二七　邵黛鐘

字數　八四（又重文二）
時代　春秋晚期
著録　總集　七一三九
三代　一・五五・二
窓齋　一・一一・一
綴遺　二・五・一
周金　一・一二
大系　二七（又　二七六・二）
小校　一・七一
上海（二〇〇四）五三八
出土　同　〇〇二二五
流傳　英蘭坡、潘祖蔭舊藏
現藏　上海博物館
來源　考古研究所藏

〇〇二二八　邵黛鐘

字數　八四（又重文二）
時代　春秋晚期
著録　總集　七一三七
三代　一・五四・三
窓齋　一・一〇・一
綴遺　二・六・一
周金　一・一七
希古　一・一六
善齋　一・三五
大系　二七四・一
小校　一・七二
善彝　一三
通考　九五五
故圖下下　四六三
彙編　三・七〇
出土　同　〇〇二二五
流傳　英蘭坡、潘祖蔭舊藏
現藏　臺北故宮博物院
來源　考古研究所藏

〇〇二二九　邵黛鐘

字數　八四（又重文二）
時代　春秋晚期
著録　總集　七一四〇
三代　一・五五・三
攈古上二
綴遺　二・五・二
周金　一・一三
大系　二七二・一
小校　一・六九
上海（二〇〇四）五三八
出土　同　〇〇二二五
流傳　英蘭坡、潘祖蔭舊藏
現藏　上海博物館
來源　考古研究所藏

〇〇二三〇　邵黛鐘

字數　八四（又重文二）
時代　春秋晚期
著録　總集　七一四二
三代　一・五六・一
周金　一・一九
貞松　一・一九・二
希古　一・一五・二
大系　二七六・一
小校　一・七四
銘文選　八九〇甲
上海（二〇〇四）五三八
出土　同　〇〇二二五
流傳　英蘭坡、潘祖蔭舊藏
現藏　上海博物館
來源　考古研究所藏

〇〇二三一　邵黛鐘

字數　八四（又重文二）
時代　春秋晚期
著録　總集　七一四八
周金　一・一四・二
大系　二七三・一
小校　一・六七
出土　同　〇〇二二五
流傳　英蘭坡、潘祖蔭舊藏
現藏　上海博物館
來源　考古研究所藏

〇〇二三二　邵黛鐘

字數　八四（又重文二）
時代　春秋晚期
著録　總集　七一四一
三代　一・五五・四
綴遺　二・六・二
周金　一・一四・一
貞松　一・二〇

大系 二七二・二
小校 一・七六
蔭軒 一・五八
上海（二〇〇四） 五三八

出土 同〇〇二二五
流傳 英蘭坡、潘祖蔭舊藏，後歸李蔭軒
現藏 上海博物館
來源 考古研究所藏

〇〇二三三 郘黛鐘

字數 八四（又重文二）
時代 春秋晚期
著録 總集 七一四三
三代 一・五六・二
綴遺 二・七・一
周金 一・一五・一
貞松 一・一八
希古 一・一五・一
大系 二七三・二
小校 一・七五
猷氏 II 一七

出土 同〇〇二二五
流傳 英蘭坡、潘祖蔭舊藏
現藏 英國倫敦不列顛博物館
來源 考古研究所藏

〇〇二三四 郘黛鐘

字數 八四（又重文二）
時代 春秋晚期
著録 總集 七一四四
三代 一・五六・三
綴遺 二・七・二
周金 一・一五・二
貞松 一・一九・三
大系 二七四・二
小校 一・七三
蔭軒 一・五八
上海（二〇〇四） 五三八

出土 同〇〇二二五
流傳 英蘭坡、潘祖蔭舊藏，後歸李蔭軒
現藏 上海博物館
來源 考古研究所藏

〇〇二三五 郘黛鐘

字數 八四（又重文二）
時代 春秋晚期
著録 總集 七一四五、七一四九
三代 一・五六・四
愙齋 一・一〇・二
周金 一・一八・二
貞松 一・一九・一
希古 一・一五・三
大系 二七五・三（又二七六・三）
小校 一・七八・一
上海 八〇
彙編 三・七一
銘文選 八九〇乙
蔭軒 一・五八
上海（二〇〇四） 五三八

出土 同〇〇二二五
流傳 英蘭坡、潘祖蔭舊藏，後歸李蔭軒
現藏 上海博物館
來源 上海博物館提供

〇〇二三六 郘黛鐘

字數 八四（又重文二）
時代 春秋晚期
著録 總集 七一四六
三代 一・五七・一
恒軒上 一・二
攀古 四
愙齋 一・一一後
綴遺 二・八
周金 一・一六・一
大系 二七五・二
小校 一・七七・二
蔭軒 一・五八
上海（二〇〇四） 五三八

出土 同〇〇二二五
流傳 英蘭坡、潘祖蔭舊藏，後歸李蔭軒
現藏 上海博物館
來源 上海博物館提供

〇〇二三七 郘黛鐘

字數 八四（又重文二）
時代 春秋晚期
著録 總集 七一四七
三代 一・五七・二
愙齋 一・九後
周金 一・一六・一
善齋 一・三七
大系 二七五・一
小校 一・七七・一

出土 同〇〇二二五
流傳 英蘭坡、潘祖蔭、劉體智舊藏（羅表）
來源 考古研究所藏

〇〇二三八 虢叔旅鐘

字數 八六（又重文五）
時代 西周晚期
著録 總集 七一五〇
三代 一・五七・三～一・五八・一
積古 三・一
攈古 三・二・一
愙齋 一・一二
奇觚 九・三〇
周金 一・六
大系 一一八～一一九
小校 一・七九
銘文選 四二七
音樂（北京） 圖一・五・三
青全 六・一四四
故青 二一二

出土 「出長安河壖土中」（愙齋一）
流傳 阮元舊藏
現藏 北京故宮博物院
來源 考古研究所拓

〇〇二三九 虢叔旅鐘

字數 八六（又重文五）
時代 西周晚期
著録 總集 七一五一
三代 一・五八・二～一・五九・一
從古 六・三
攈古 三・二・四
愙齋 一・一三
綴遺 一・一八
周金 一・七
清儀 一・二二
大系 一一九～一二〇
小校 一・八一
彙編 三・六四

出土 同〇〇二三八
流傳 孫星衍、張叔未、沈仲復舊藏（愙齋）
現藏 日本東京書道博物館
來源 考古研究所藏

〇〇二四〇 虢叔旅鐘

字數　八六（又重文五）
時代　西周晚期
著録　總集 七一五二
三代一・五九・二～一・六〇・一
筠清 五・二四
從古 一〇・二
攈古 三・二・三
綴遺 一・一九
周金 一・八
大系 一二〇～一二一
小校 一・八五
出土　同〇〇二三八
流傳　陳受笙、伊墨卿舊藏（愙賸）
來源　考古研究所藏

〇〇二四一　虢叔旅鐘
字數　八一（又重文五）
時代　西周晚期
著録　總集 七一五三
三代 一・六〇・二～一・六一・一
綴遺 一・二一
愙齋 一・一四
陶續 一・三
周金 一・九
大系 一二一～一二二
小校 一・八六
文物一九八一年九期三五頁
辭典 五八五
上海(二〇〇四) 四二八
音樂(上海) 一・二・九ab
出土　同〇〇二三八
流傳　潘祖蔭、端方、孫鼎舊藏
現藏　上海博物館
來源　考古研究所藏
備注　此鐘鉦間銘文每行缺行首一字

〇〇二四二　虢叔旅鐘
字數　二八（又重文一）
時代　西周晚期
著録　總集 七一五四
筠清 五・二六
攈古 三・二・五
大系 一二二
出土　同〇〇二三八
來源　攈古

〇〇二四三　虢叔旅鐘
字數　二六
時代　西周晚期
著録　總集 七一五五
三代 一・六一・二
清愛 二
筠清 五・二七
攈古 三・二・五・二
愙齋 一・一六・一
綴遺 一・二二
奇觚 九・三二
從古 一〇・五
周金 一・一〇
簠齋 一鐘一〇
大系 一二三
小校 一・八八
海外吉 一三四
十鐘 九
通考 九四七
高本漢 一九三六 Pl・XLVII：B
九四
彙編 四・一七一（又五・二四七）
綜覽・鐘 四七
泉屋博古 一四六
出土　同〇〇二三八
流傳　胡定生、劉喜海、陳介祺舊藏
（海外吉）
現藏　日本京都泉屋博古館
來源　考古研究所藏

〇〇二四四　虢叔旅鐘
字數　一七（又重文一）
時代　西周晚期
著録　總集 七一五六
三代 一・六二・一
攈古 三・二・六・一
愙齋 一・一六・二
從古 一〇・六
綴遺 一・二三
周金 一・一〇・二
大系 一二三
小校 一・八九・一
音樂(山東) 一・五・四
山東藏品 五一
山東精萃 一二七
青全 六・一四五
出土　同〇〇二三八
流傳　曹秋舫、李山農、丁幹圃舊藏
（文物二卷八期九九頁）
現藏　山東省博物館
來源　考古研究所藏

〇〇二四五　鼄公華鐘
字數　九一（又重文二）
時代　春秋晚期（邾悼公）
著録　三代 一・六二・二
積古 三・一八
攈古 三・二・六・二
綴遺 二・二四
周金 一・五
大系 二一六
小校 一・九〇
山東存邾 八
通考 九五四
上海 八二
彙編 三・四八
銘文選 八二七
辭典 七七〇
音樂(北京) 一・五・一二
流傳　紀昀、潘祖蔭舊藏（綴遺），又曾
藏上海博物館
現藏　中國歷史博物館
來源　考古研究所藏

〇〇二四六　㾓鐘
字數　一〇〇（又重文三）
時代　西周中期
著録　總集 七一五八
文物 一九七八年三期一六頁
陝青 二・五四
銘文選 二六七
綜覽・鐘 五五
音樂(陝西) 一・五・八
出土　一九七六年陝西扶風縣法門寺莊
白村一號窖藏（七六 FZH一：六四）
現藏　周原扶風縣文物管理所
來源　周原扶風縣文物管理所提供

〇〇二四七　㾓鐘
字數　一〇〇（又重文四）
時代　西周中期
著録　總集 七一五九
陝青 二・五五
音樂(陝西) 一・五・九cd
吉鑄 二二
出土　同〇〇二四六（七六 FZH一：一〇）
現藏　周原扶風縣文物管理所
來源　周原扶風縣文物管理所提供

○○二四八　𤼈鐘

字數　一○○（又重文四）
時代　西周中期
著録　總集　七一六○
　　　文物　一九七八年三期一三頁
　　　陝青　二・五六
　　　銘文選　二六八甲
　　　音樂（陝西）一・五・九ab
　　　辭典　五七八
　　　吉鑄　二三
出土　同○○二四六（七六 FZH一：二九）
現藏　周原扶風縣文物管理所
來源　周原扶風縣文物管理所提供

○○二四九　𤼈鐘

字數　一○○（又重文四）
時代　西周中期
著録　總集　七一六一
　　　陝青　二・五七
　　　銘文選　二六八乙
　　　音樂（陝西）一・五・九d
　　　吉鑄　二一
出土　同○○二四六（七六 FZH一：九）
現藏　周原扶風縣文物管理所
來源　周原扶風縣文物管理所提供

○○二五○　𤼈鐘

字數　一○○（又重文四）
時代　西周中期
著録　總集　七一六二
　　　陝青　二・五八
　　　音樂（陝西）一・五・九e
　　　吉鑄　二四
出土　同○○二四六（七六 FZH一：三二）
現藏　周原扶風縣文物管理所
來源　周原扶風縣文物管理所提供

○○二五一　𤼈鐘

字數　三二（又合文一）
時代　西周中期
著録　總集　七一六三
　　　文物　一九七八年三期一二頁
　　　陝青　二・五九
　　　銘文選　二六九甲
　　　綜覽・鐘　五一
　　　音樂（陝西）一・五・一○ab
出土　同○○二四六（七六 FZH一：八）
現藏　周原扶風縣文物管理所
來源　周原扶風縣文物管理所提供

○○二五二　𤼈鐘

字數　三一（又重文二、合文一）
時代　西周中期
著録　總集　七一六四
　　　文物　一九七八年三期一二頁
　　　陝青　二・六○
　　　銘文選　二六九乙
　　　音樂（陝西）一・五・一○cd
出土　同○○二四六（七六 FZH一：三○）
現藏　周原扶風縣文物管理所
來源　周原扶風縣文物管理所提供

○○二五三　𤼈鐘

字數　一二
時代　西周中期
著録　總集　七一六五
　　　文物　一九七八年三期一二頁
　　　陝青　二・六一
　　　銘文選　二六九丙
　　　音樂（陝西）一・五・一○ef
出土　同○○二四六（七六 FZH一：一六）
現藏　周原扶風縣文物管理所
來源　周原扶風縣文物管理所提供

○○二五四　𤼈鐘

字數　一二
時代　西周中期
著録　總集　七一六六
　　　文物　一九七八年三期一二頁
　　　陝青　二・六二
　　　銘文選　二六九丁
　　　音樂（陝西）一・五・一○gjk
出土　同○○二四六（七六 FZH一：三○）
現藏　周原扶風縣文物管理所
來源　周原扶風縣文物管理所提供

○○二五五　𤼈鐘

字數　一○
時代　西周中期
著録　總集　七一六七
　　　文物　一九七八年三期一二頁
　　　陝青　二・六三
　　　銘文選　二六九戊
　　　音樂（陝西）一・五・一○h
出土　同○○二四六（七六 FZH一：六二）
現藏　周原扶風縣文物管理所
來源　周原扶風縣文物管理所提供

○○二五六　𤼈鐘

字數　八
時代　西周中期
著録　總集　七一六七
　　　文物　一九七八年三期一二頁
　　　陝青　二・六四
　　　銘文選　二六九巳
　　　音樂（陝西）一・五・一○m
出土　同○○二四六（七六 FZH一：六五）
現藏　周原扶風縣文物管理所
來源　周原扶風縣文物管理所提供

○○二五七　𤼈鐘

字數　八
時代　西周中期
著録　總集　七一六九
　　　文物　一九七八年三期一二頁
　　　陝青　二・六五
　　　辭典　五七八
　　　音樂（陝西）一・五・一一ab
出土　同○○二四六（七六 FZH一：二八）
現藏　周原扶風縣文物管理所
來源　周原扶風縣文物管理所提供

○○二五八　𤼈鐘

字數　八
時代　西周中期
著録　總集　七一七○
　　　陝青　二・六四
　　　音樂（陝西）一・五・一一c
出土　同○○二四六（七六 FZH一：三二）
現藏　周原扶風縣文物管理所
來源　周原扶風縣文物管理所提供

○○二五九　𤼈鐘

字數　八
時代　西周中期
著録　總集　七一七一
　　　陝青　二・六七
　　　銘文選　二七○
　　　音樂　一・五・一一d
出土　同○○二四六（七六 FZH一：五七）
現藏　周原扶風縣文物管理所
來源　周原扶風縣文物管理所提供

○○二六○　㝬鐘（宗周鐘）

字數　一一一（又重文九、合文二）
時代　西周晚期（厲王）
著録　總集　七一七六
　　　三代　一・六五・一～一・六六・一

西清 三六・四
大系 二五
攈古 三・二・五六~五七
故宮 一九期
通考 九四八
故圖下上 二三八
斷代 二〇八
彙編 二・二八
銘文選 四〇五
綜覽・鐘 四九
青全 五・一八八
周録 一二三

流傳 陳廣寧舊藏（攈古録 三・二一）
現藏 臺北故宮博物院
來源 考古研究所藏

〇〇二六一 王孫遺者鐘

字數 一一三（又重文四）
時代 春秋晚期
著録 總集 七一七五
三代 一・六三~一・六四
愙齋 一・二
綴遺 二・一七
陶續 補一
周金 一・二~四
大系 一六七~一七〇
小校 一・九一~一・九三
尊古 一・四
通考 九五六
彙編 二・三一
銘文選 六五〇

出土 湖北荊州宜都山中（荊南萃古編）
流傳 曹秋舫、潘祖蔭、端方舊藏（周金）
現藏 美國舊金山亞洲美術博物館（布倫戴奇藏品）（彙編）
來源 考古研究所藏

〇〇二六二 秦公鐘

字數 八三（又重文二、合文一）
時代 春秋早期
著録 總集 七一七七
文物 一九七八年一一期二頁
銘文選 九一七甲
辭典 七六二
音樂（陝西）一・五・四〇ab
青全 七・五一

出土 一九七八年陝西寶鷄縣楊家溝太公廟村
現藏 寶鷄市博物館
來源 寶鷄市博物館提供

〇〇二六三 秦公鐘

字數 四七（又重文二）
時代 春秋早期
著録 總集 七一七八
文物 一九七八年一一期二頁
銘文選 九一七乙
音樂（陝西）一・五・四〇cd

出土 同〇〇二六二
現藏 寶鷄市博物館
來源 寶鷄市博物館提供

〇〇二六四 秦公鐘

字數 四五（又重文一、合文一）
時代 春秋早期
著録 總集 七一七九
文物 一九七八年一一期五頁
音樂（陝西）一・五・四〇ef

出土 同〇〇二六二
現藏 寶鷄市博物館
來源 寶鷄市博物館提供

〇〇二六五 秦公鐘

字數 四〇（又重文一）
時代 春秋早期
著録 總集 七一八〇
文物 一九七八年一一期五頁
音樂（陝西）一・五・四〇gh

出土 同〇〇二六二
現藏 寶鷄市博物館
來源 寶鷄市博物館提供

〇〇二六六 秦公鐘

字數 二四（又重文二）
時代 春秋早期
著録 總集 七一八一
文物 一九七八年一一期五頁
音樂（陝西）一・五・四〇ijk

出土 同〇〇二六二
現藏 寶鷄市博物館
來源 寶鷄市博物館提供

〇〇二六七 秦公鎛

字數 一三〇（又重文四、合文一）
時代 春秋早期
著録 總集 七二〇九
文物 一九七八年一一期四頁
音樂（陝西）一・六・一ab
辭典 七七八

出土 同〇〇二六二
現藏 寶鷄市博物館
來源 寶鷄市博物館提供

〇〇二六八 秦公鎛

字數 一三〇（又重文四、合文一）
時代 春秋早期
著録 總集 七二一〇
文物 一九七八年一一期四頁
音樂（陝西）一・六・二d
辭典 七七八

出土 同〇〇二六二
現藏 寶鷄市博物館
來源 寶鷄市博物館提供

〇〇二六九 秦公鎛

字數 一三〇（又重文四、合文一）
時代 春秋早期
著録 總集 七一七四、七二一一
文物 一九七八年一一期五頁
銘文選 九一八
音樂（陝西）一・六・二e

出土 同〇〇二六二
現藏 寶鷄市博物館
來源 寶鷄市博物館提供

〇〇二七〇 秦公鎛（秦銘勳鐘、盄和鐘、秦公鐘）

字數 一三五（又重文六、合文二）
時代 春秋早期
著録 總集 七二一二
考古圖 七・九~一一
薛氏 五六~五八
大系 二八九~二九一
銘文選 九一九

流傳 宋慶曆間葉清臣守長安時所得，藏在御府（東觀餘論、薛氏）
來源 薛氏

〇〇二七一 𬭚鎛（齊侯鎛）

字數 一七二（又重文二、合文一）
時代 春秋中期
著録 總集 七二一三
三代 一・六六・二~一・六八・二
攈古 二・一
愙齋 二・二一・二~二二
綴遺 二・二七

周金 一・一
大系 二五一
小校 一・九六～一・九七
山東存齋 八
通考 九六九
上海 八五
銘文選 八四三
美全 五・二七
歷博 六一
音樂(北京) 一・五・二九
辭典 七七九
青全 九・三七

出土 出土「同治庚午(一八七〇)四月山西榮河縣后土祠旁河岸圮出土」(攀古)
流傳 尋氏、潘祖蔭、上海博物館舊藏
現藏 中國歷史博物館
來源 考古研究所藏(拓)、憙齋(摹)

〇〇二七二 叔尸鐘

字數 八四 (又合文二)
時代 春秋晚期(齊靈公)
著録 總集 七一八二
博古 二二・一一
薛氏 六五～六六
嘯堂 七九
大系 二四四
銘文選 八四八甲
出土 「宣和五年(一一二三)青州臨淄縣民於齊故城耕地得古器物數十種，其間鐘十枚，有款識，尤奇，最多者幾五百字」(金石録 一三・二)
來源 薛氏

〇〇二七三 叔尸鐘

字數 七六 (又合文二)
時代 春秋晚期(齊靈公)
著録 總集 七一八三
薛氏 六六～六七
大系 二四五
銘文選 八四八乙
出土 同 〇〇二七二
來源 薛氏

〇〇二七四 叔尸鐘

字數 七一 (又合文一)
時代 春秋晚期(齊靈公)
著録 總集 七一八四
博古 二二・一二
薛氏 六七～六八
嘯堂 七九～八〇
大系 二四六
銘文選 八四八丙
出土 同 〇〇二七二
來源 薛氏

〇〇二七五 叔尸鐘

字數 六七 (又重文一、合文二)
時代 春秋晚期(齊靈公)
著録 總集 七一八五
薛氏 六八～六九
大系 二四六～二四七
銘文選 八四八丁
出土 同 〇〇二七二
來源 薛氏

〇〇二七六 叔尸鐘

字數 八一
時代 春秋晚期(齊靈公)
著録 總集 七一八六
博古 二二・一三
薛氏 七〇～七一
嘯堂 八〇
大系 二四七～二四八
銘文選 八四八戊
出土 同 〇〇二七二
來源 薛氏

〇〇二七七 叔尸鐘

字數 七〇 (又重文二)
時代 春秋晚期(齊靈公)
著録 總集 七一八七
博古 二二・一四
薛氏 七一～七二
嘯堂 八一
大系 二四八
銘文選 八四八巳
出土 同 〇〇二七二
來源 薛氏

〇〇二七八 叔尸鐘

字數 四一 (又重文一)
時代 春秋晚期(齊靈公)
著録 總集 七一八八
薛氏 七二～七三
大系 二四九
銘文選 八四八庚
出土 同 〇〇二七二
來源 薛氏

〇〇二七九 叔尸鐘

字數 一四
時代 春秋晚期(齊靈公)
著録 總集 七一九〇
薛氏 七三
出土 同 〇〇二七二
來源 薛氏

〇〇二八〇 叔尸鐘

字數 二八 (又重文二)
時代 春秋晚期(齊靈公)
著録 總集 七一八九
薛氏 七三
出土 同 〇〇二七二
來源 薛氏

〇〇二八一 叔尸鐘

字數 二〇
時代 春秋晚期(齊靈公)
著録 總集 七一九一
薛氏 七四
出土 同 〇〇二七二
來源 薛氏

〇〇二八二 叔尸鐘

字數 二〇
時代 春秋晚期(齊靈公)
著録 總集 七一九二
薛氏 七四
出土 同 〇〇二七二
來源 薛氏

〇〇二八三 叔尸鐘

字數 一六
時代 春秋晚期(齊靈公)
著録 總集 七一九三
薛氏 七四～七五
出土 同 〇〇二七二
來源 薛氏

〇〇二八四 叔尸鐘

字數 一四
時代 春秋晚期(齊靈公)
著録 總集 七一九四
薛氏 七五
出土 同 〇〇二七二
來源 薛氏

〇〇二八五 叔尸鎛

字數 四八〇(又重文六、合文八)
時代 春秋晚期(齊靈公)
著録 總集 七二一四
博古 二二·五
薛氏 五八~六四
嘯堂 七五
大系 二四〇~二四三
銘文選 八四七
出土 同 〇〇二七二
來源 嘯堂

〇〇二八六~〇〇三四九　曾侯乙墓鐘

時代 戰國早期
出土 一九七八年湖北隨縣擂鼓墩曾侯乙墓
現藏 湖北省博物館
來源 銘文照片：考古研究所技術室攝　摹本；拓片：湖北省博物館美工部作

〇〇二八六　曾侯乙鐘　下一·一

字數 六六
一、正面鉦部 五
二、隧部 一
三、右鼓 二
四、反面鉦部 二〇
五、右鼓 二二
六、左鼓 一七
著録 曾侯乙墓 圖版二三二
銘文選 七〇五
青全 一〇·一六〇~一六一
備注 木架相應部位銘五字未收；銅掛件銘一八字未收(虎形鈎一、二各五字，上梁二、下梁一、二各二，鈎二)

〇〇二八七　曾侯乙鐘　下一·二

字數 八四
一、正面鉦部 五
二、隧部 一
三、左鼓 二
四、反面鉦部 三五
五、右鼓 一九
六、右鼓 二二
著録 曾侯乙墓 圖版二三三
備注 木架相應部位銘五字未收；銅掛件銘一九字未收(虎形鈎一、二各四字，上梁二，下梁一、二各二，鈎二，鍵釘三)

〇〇二八八　曾侯乙鐘　下一·三

字數 七七
一、正面鉦部 五
二、隧部 二
三、右鼓 二
四、反面鉦部 二六
五、右鼓 一九
六、左鼓 二三
著録 曾侯乙墓 圖版二三四
銘文選 七〇七
備注 木架相應部位銘五字未收；銅掛件銘存一九字未收(虎形鈎一、二各五字，上梁二，下梁一、二各二，鈎二，鍵釘存二)

〇〇二八九　曾侯乙鐘　下二·一

字數 七六
一、正面鉦部 五
二、隧部 二
三、左鼓 二
四、反面鉦部 二三
五、右鼓 二二
六、左鼓 二二
著録 曾侯乙墓 圖版二三五
銘文選 七〇八
備注 木架相應部位銘五字未收；銅掛件銘二〇字未收(虎形鈎一、二各五字，上梁二，下梁一、二各二，鈎二，鍵釘二)

〇〇二九〇　曾侯乙鐘　下二·二

字數 七六
一、正面鉦部 五
二、隧部 二
三、左鼓 二
四、反面鉦部 二三
五、右鼓 二三
六、左鼓 二二
著録 曾侯乙墓 圖版二三六
銘文選 七〇九
備注 木架相應部位銘五字未收；銅掛件銘一八字未收(虎形鈎一、二各五字，上梁二，下梁一、二各二，鈎二)

〇〇二九一　曾侯乙鐘　下二·三

字數 七三
一、正面鉦部 五
二、隧部 二
三、左鼓 二
四、反面鉦部 二七
五、右鼓 一九
六、左鼓 一八
著録 曾侯乙墓 圖版二三七
銘文選 七一〇
備注 銅掛件銘一七字未收(鈎四，「几」形梁一銘四、二銘一，曲尺梁一、二各四)

〇〇二九二　曾侯乙鐘　下二·四

字數 九〇
一、正面鉦部 五
二、隧部 一
三、右鼓 二
四、反面鉦部 三五
五、右鼓 二二
六、左鼓 二五
著録 曾侯乙墓 圖版二三八
銘文選 七一一
備注 銅掛件銘二三字未收(鈎四、「几」形梁一、二各五，曲尺梁一銘五、二銘四)

〇〇二九三　曾侯乙鐘　下二·五

字數 九〇
一、正面鉦部 五
二、隧部 一
三、右鼓 二
四、反面鉦部 四〇
五、右鼓 二三
六、左鼓 一九
著録 曾侯乙墓 圖版二三九
銘文選 七一二
備注 銅掛件銘二一字未收(鈎四，「几」形梁一、二各四，曲尺梁一銘四、二銘五)

〇〇二九四　曾侯乙鐘　下二·七

字數 七五
一、正面鉦部 五
二、隧部 一
三、左鼓 二
四、反面鉦部 二三

五、右鼓 二三
六、左鼓 二三
著録 曾侯乙墓 圖版二四一
銘文選 七一三
備注 木架相應部位銘五字未收；
銅掛件銘一六字未收（虎形鈎一、二各五字，下梁一、二各二，鈎二）；
下二・六爲楚王酓章鎛，銘文拓片見本書第一册七七頁

〇〇二九五 曾侯乙鐘 下二・八
字數 八一
一、正面鉦部 五
二、隧部 一
三、左鼓 二
四、反面鉦部 三三
五、右鼓 二二
六、左鼓 一九
著録 曾侯乙墓 圖版二四二
銘文選 七一四
備注 木架相應部位銘五字未收；
銅掛件銘二二字未收（虎形鈎一、二各五字，上梁二，下梁一、二各二，鈎二，鍵釘三）

〇〇二九六 曾侯乙鐘 下二・九
字數 六三
一、正面鉦部 五
二、隧部 一
三、左鼓 二
四、反面鉦部 二二
五、右鼓 一四
六、左鼓 一九
著録 曾侯乙墓 圖版二四三
銘文選 七一五
備注 木架相應部位銘五字未收；
銅掛件銘二〇字未收（虎形鈎一、二各五字，上梁二，下梁一、二各二，鈎二，鍵釘二）

〇〇二九七 曾侯乙鐘 下二・一〇
字數 七〇
一、正面鉦部 五
二、隧部 一
三、左鼓 二
四、反面鉦部 二三
五、右鼓 一八
六、左鼓 二一
著録 曾侯乙墓 圖版二四四
銘文選 七一六
備注 木架相應部位銘四字未收；
銅掛件銘一六字未收（虎形鈎一、二各四字，上梁二，下梁一、二各二，鈎二）

〇〇二九八 曾侯乙鐘 中一・一
字數 一三
一、正面鉦部 五 隧部 二
二、右鼓 二
三、反面隧部 二
四、右鼓 二
著録 曾侯乙墓 圖版二四五・一～三
銘文選 七一七

〇〇二九九 曾侯乙鐘 中一・二
字數 一三
一、正面鉦部 五 隧部 二
二、右鼓 二
三、反面隧部 二
四、右鼓 二
著録 曾侯乙墓 圖版二四五・四～六
銘文選 七一八

〇〇三〇〇 曾侯乙鐘 中一・三
字數 四〇
一、正面鉦部 五 隧部 二
二、右鼓 二
三、反面鉦部 八 隧部 二
四、右鼓 一一
五、左鼓 一〇
著録 曾侯乙墓 圖版二四六
銘文選 七一九
備注 木架相應部位銘五字未收；
銅掛件銘一七字未收（框五，鍵釘一、二各六）

〇〇三〇一 曾侯乙鐘 中一・四
字數 五一
一、正面鉦部 五
二、隧部 二
三、右鼓 二
四、反面鉦部 八
五、隧部 六
六、右鼓 一四
七、左鼓 一四
著録 曾侯乙墓 圖版二四七
銘文選 七二〇
備注 木架相應部位銘五字未收；
銅掛件銘一八字未收（框六，鍵釘一銘五、二銘七）

〇〇三〇二 曾侯乙鐘 中一・五
字數 五二
一、正面鉦部 五
二、隧部 二
三、右鼓 二
四、反面鉦部 八
五、隧部 七
六、右鼓 一四
七、左鼓 一四
著録 曾侯乙墓 圖版二四八
銘文選 七二一
備注 木架相應部位銘五字未收；
銅掛件銘一九字未收（框七，鍵釘一、二各六）

〇〇三〇三 曾侯乙鐘 中一・六
字數 五六
一、正面鉦部 五
二、隧部 一
三、右鼓 二
四、反面鉦部 一〇
五、隧部 八
六、右鼓 一五
七、左鼓 一五
著録 曾侯乙墓 圖版二四九
銘文選 七二二
備注 木架相應部位銘四字未收；
銅掛件銘二〇字未收（框七，鍵釘一銘七、二銘六）

〇〇三〇四 曾侯乙鐘 中一・七
字數 五五
一、正面鉦部 五
二、隧部 一
三、右鼓 二
四、反面鉦部 一〇
五、隧部 八
六、右鼓 一四
七、左鼓 一五
著録 曾侯乙墓 圖版二五〇
銘文選 七二三
備注 木架相應部位銘四字未收；
銅掛件銘一五字未收（框五，鍵釘一、二各五）

○○三○五　曾侯乙鐘　中一・八

字數　五四

一、正面鉦部　五
二、隧部　一
三、右鼓　二
四、反面鉦部　一○
五、隧部　九
六、右鼓　一三
七、左鼓　一四

著録　曾侯乙墓　圖版二五一
　銘文選　七二四

備注　木架相應部位銘四字未收；
　銅掛件銘一五字未收（框五，
　鍵釘一、二各五）

○○三○六　曾侯乙鐘　中一・九

字數　六○

一、正面鉦部　五　隧部　一
二、右鼓　二
三、反面鉦部　一○　隧部　八
四、右鼓　一五
五、左鼓　一九

著録　曾侯乙墓　圖版二五二
　銘文選　七二五

備注　木架相應部位銘四字未收；
　銅掛件銘一七字未收（框五，
　鍵釘一銘七、二銘五）

○○三○七　曾侯乙鐘　中一・一○

字數　六三

一、正面鉦部　五　隧部　二
二、右鼓　二
三、反面鉦部　一五　隧部　七
四、右鼓　一九
五、左鼓　一三

著録　曾侯乙墓　圖版二五三
　青全　一○・一六二
　銘文選　七二六

備注　木架相應部位銘五字未收；
　銅掛件銘一七字未收（框五，
　鍵釘一、二各六）

○○三○八　曾侯乙鐘　中一・一一

字數　六九

一、正面鉦部　五　隧部　一
二、右鼓　二
三、反面鉦部　一五　隧部　八
四、右鼓　一八
五、左鼓　二○

著録　曾侯乙墓　圖版二五四
　銘文選　七二七

備注　木架相應部位銘四字未收；
　銅掛件銘一一字未收（框六，
　鍵釘一銘五、二銘缺）

○○三○九　曾侯乙鐘　中二・一

字數　二一

一、正面鉦部　五　隧部　一
二、右鼓　二
三、反面鉦部　五
四、右鼓　四
五、左鼓　四

著録　曾侯乙墓　圖版二五五
　銘文選　七二八

備注　木架相應部位銘五字未收；
　銅掛件銘一九字未收（框七，
　鍵釘一銘五、二銘七）

○○三一○　曾侯乙鐘　中二・二

字數　三九

一、正面鉦部　五　隧部　二
二、右鼓　二
三、反面鉦部　四　隧部　五
四、右鼓　一○
五、左鼓　一一

著録　曾侯乙墓　圖版二五六
　銘文選　七二九

備注　木架相應部位銘五字未收；
　銅掛件銘一五字未收（框五，
　鍵釘一、二各五）

○○三一一　曾侯乙鐘　中二・三

字數　四○

一、正面鉦部　五　隧部　二
二、右鼓　一
三、反面鉦部　五　隧部　五
四、右鼓　一一
五、左鼓　一○

著録　曾侯乙墓　圖版二五七
　銘文選　七三○

備注　木架相應部位銘五字未收；
　銅掛件銘一五字未收（框五，
　鍵釘一、二各五）

○○三一二　曾侯乙鐘　中二・四

字數　五一

一、正面鉦部　五　隧部　二
二、右鼓　二
三、反面鉦部　一二　隧部　二
四、右鼓　一四
五、左鼓　一四

著録　曾侯乙墓　圖版二五八
　銘文選　七三一

備注　木架相應部位銘五字未收；
　銅掛件銘一五字未收（框五，
　鍵釘一、二各五）

○○三一三　曾侯乙鐘　中二・五

字數　五二

一、正面鉦部　五　隧部　二
二、右鼓　二
三、反面鉦部　一○　隧部　五
四、右鼓　一四
五、左鼓　一四

著録　曾侯乙墓　圖版二五九
　銘文選　七三二

備注　木架相應部位銘五字未收；
　銅掛件銘一五字未收（框五，
　鍵釘一、二各五）

○○三一四　曾侯乙鐘　中二・六

字數　五六

一、正面鉦部　五　隧部　一
二、右鼓　二
三、反面鉦部　一二　隧部　六
四、右鼓　一五
五、左鼓　一五

著録　曾侯乙墓　圖版二六○
　銘文選　七三三

備注　木架相應部位銘四字未收；
　銅掛件銘一八字未收（框六，
　鍵釘一、二各六）

○○三一五　曾侯乙鐘　中二・七

字數　五五

一、正面鉦部　五
二、隧部　一
三、右鼓　二
四、反面鉦部　一五
五、隧部　三
六、右鼓　一四
七、左鼓　一五

著録　曾侯乙墓　圖版二六一
　銘文選　七三四

備注　木架相應部位銘四字未收；
　銅掛件銘一七字未收（框五，

鍵釘一銘五、二銘七)

〇〇三一六　曾侯乙鐘　中二・八

字數　五四

一、正面鉦部　五
二、隧部　一
三、右鼓　二
四、反面鉦部　一五
五、隧部　四
六、右鼓　一三
七、左鼓　一四

著録　曾侯乙墓　圖版二六二
銘文選　七三五

備注　木架相應部位銘四字未收；銅掛件銘一七字未收(框六，鍵釘一銘六、二銘五)

〇〇三一七　曾侯乙鐘　中二・九

字數　六〇

一、正面鉦部　五
二、隧部　一
三、右鼓　二
四、反面鉦部　一八
五、右鼓　一五
六、左鼓　一九

著録　曾侯乙墓　圖版二六三
青全一〇・一六三～一六五
銘文選　七三六

備注　木架相應部位銘四字未收；銅掛件銘一〇字未收(框五，鍵釘一、二銘五)

〇〇三一八　曾侯乙鐘　中二・一〇

字數　六一

一、正面鉦部　五
二、隧部　二
三、右鼓　一
四、反面鉦部　一八
五、隧部　四
六、右鼓　一八
七、左鼓　一三

著録　曾侯乙墓　圖版二六四
銘文選　七三七

備注　木架相應部位銘五字未收；銅掛件銘一六字未收(框六，鍵釘一、二各五)

〇〇三一九　曾侯乙鐘　中二・一一

字數　五六

一、正面鉦部　五　隧部　二
二、右鼓　二
三、反面鉦部　一〇　隧部　八
四、右鼓　一一
五、左鼓　一八

著録　曾侯乙墓　圖版二六五
銘文選　七三八

備注　木架相應部位銘五字未收；銅掛件銘一五字未收(框五，鍵釘一、二各五)

〇〇三二〇　曾侯乙鐘　中二・一二

字數　六九

一、正面鉦部　五　隧部　一
二、右鼓　二
三、反面鉦部　一二　隧部　一一
四、右鼓　一八
五、左鼓　二〇

著録　曾侯乙墓　圖版二六六
銘文選　七三九

備注　木架相應部位銘四字未收；銅掛件銘一九字未收(框五，鍵釘一、二各七)

〇〇三二一　曾侯乙鐘　中三・一

字數　四七

一、正面鉦部　五
二、隧部　一
三、右鼓　一
四、反面鉦部　一〇
五、隧部　四
六、右鼓　一三
七、左鼓　一三

著録　曾侯乙墓　圖版二六七
銘文選　七四〇

備注　木架相應部位銘四字未收；銅掛件銘一六字未收(框五，鍵釘一銘七、二銘五)

〇〇三二二　曾侯乙鐘　中三・二

字數　五八

一、正面鉦部　五
二、隧部　二
三、右鼓　二
四、反面鉦部　一〇
五、隧部　一〇
六、右鼓　一六
七、左鼓　一三

著録　曾侯乙墓　圖版二六八
銘文選　七四一

備注　木架相應部位銘五字未收；銅掛件銘一六字未收(框五，鍵釘一銘五、二銘六)

〇〇三二三　曾侯乙鐘　中三・三

字數　五〇

一、正面鉦部　五
二、隧部　二
三、右鼓　一
四、反面鉦部　一〇
五、隧部　四
六、右鼓　一四
七、左鼓　一四

著録　曾侯乙墓　圖版二六九
銘文選　七四二

備注　木架相應部位銘五字未收；銅掛件銘一七字未收(框六，鍵釘一銘五、二銘六)

〇〇三二四　曾侯乙鐘　中三・四

字數　五四

一、正面鉦部　五
二、隧部　一
三、右鼓　二
四、反面鉦部　一〇
五、隧部　八
六、右鼓　一四
七、左鼓　一四

著録　曾侯乙墓　圖版二七〇
銘文選　七四三

備注　木架相應部位銘四字未收；銅掛件銘一七字未收(框七，鍵釘一、二各五)

〇〇三二五　曾侯乙鐘　中三・五

字數　六二

一、正面鉦部　五
二、隧部　一
三、右鼓　一
四、反面鉦部　一〇
五、隧部　八
六、右鼓　一九
七、左鼓　一八

著録　曾侯乙墓　圖版二七一
銘文選　七四四

備注　木架相應部位銘四字未收；銅掛件銘一七字未收(框五，

鍵釘一銘五、二銘七）

○○三二六　曾侯乙鐘　中三・六

字數　六一

一、正面鉦部　五
二、隧部　二
三、右鼓　一
四、反面鉦部　一五
五、隧部　三
六、右鼓　一八
七、左鼓　一七

著録　曾侯乙墓　圖版二七二
銘文選　七四五

備注　木架相應部位銘五字未收；
銅掛件銘一五字未收（框五，
鍵釘一、二各五）

○○三二七　曾侯乙鐘　中三・七

字數　七九

一、正面鉦部　五
二、隧部　一
三、右鼓　二
四、反面鉦部　一五
五、隧部　九
六、右鼓　二二
七、左鼓　二五

著録　曾侯乙墓　圖版二七三
銘文選　七四六

備注　木架相應部位銘四字未收；
銅掛件銘一六字未收（框五，
鍵釘一銘五、二銘六）

○○三二八　曾侯乙鐘　中三・八

字數　七六

一、正面鉦部　五
二、隧部　一
三、右鼓　二
四、反面鉦部　一五
五、隧部　一一
六、右鼓　一九
七、左鼓　二三

著録　曾侯乙墓　圖版二七四
銘文選　七四七

備注　木架相應部位銘四字未收；
銅掛件銘一五字未收（框五，
鍵釘一、二各五）

○○三二九　曾侯乙鐘　中三・九

字數　七九

一、正面鉦部　五
二、隧部　一
三、右鼓　二
四、反面鉦部　一五
五、隧部　一一
六、右鼓　二三
七、左鼓　二二

著録　曾侯乙墓　圖版二七五
銘文選　七四八

備注　木架相應部位銘四字未收；
銅掛件銘一五字未收（框五，
鍵釘一、二各五）

○○三三○　曾侯乙鐘　中三・一○

字數　七一

一、正面鉦部　五
二、隧部　一
三、右鼓　二
四、反面鉦部　一五
五、隧部　八
六、右鼓　二二
七、左鼓　一八

著録　曾侯乙墓　圖版二七六
銘文選　七四九

備注　木架相應部位銘四字未收；
銅掛件銘一五字未收（框五，
鍵釘一、二各五）

○○三三一　曾侯乙鐘　上一・一

字數　三

一、正面隧部　二
二、右鼓　一

著録　曾侯乙墓　圖版二七七・一
銘文選　七五○

○○三三二　曾侯乙鐘　上一・二

字數　四

一、正面隧部　二
二、右鼓　二

著録　曾侯乙墓　圖版二七七・二
銘文選　七五一

○○三三三　曾侯乙鐘　上一・三

字數　四

一、正面隧部　二
二、右鼓　二

著録　曾侯乙墓　圖版二七七・三～四
銘文選　七五二

○○三三四　曾侯乙鐘　上一・四

字數　四

一、正面隧部　二
二、右鼓　一

著録　曾侯乙墓　圖版二七七・五～六
銘文選　七五三

○○三三五　曾侯乙鐘　上一・五

字數　四

一、正面隧部　二
二、右鼓　二

著録　曾侯乙墓　圖版二七七・七～八
銘文選　七五四

○○三三六　曾侯乙鐘　上一・六

字數　三

一、正面隧部　二
二、右鼓　一

著録　曾侯乙墓　圖版二七八・一～二
銘文選　七五五

○○三三七　曾侯乙鐘　上二・一

字數　四

一、正面隧部　二
二、右鼓　二

著録　曾侯乙墓　圖版二七八・三～四
銘文選　七五六

○○三三八　曾侯乙鐘　上二・二

字數　三

一、正面隧部　二
二、右鼓　一

著録　曾侯乙墓　圖版二七八・五～六
銘文選　七五七

○○三三九　曾侯乙鐘　上二・三

字數　七

一、正面隧部　一
二、右鼓　二
三、反面鉦部　四

著録　曾侯乙墓　圖版二七八・七～九
銘文選　七五八

○○三四○　曾侯乙鐘　上二・四

字數　八

一、正面隧部　二
二、右鼓　二
三、反面鉦部　四

著録　曾侯乙墓　圖版二七九・一～三
銘文選　七五九

○○三四一　曾侯乙鐘　上二・五

字數　七

一、正面隧部 二
二、右鼓 一
三、反面鉦部 四
著録 曾侯乙墓 圖版二七九・四～六
銘文選 七六〇

〇〇三四二 曾侯乙鐘 上二・六
字數 七
一、正面隧部 一
二、右鼓 二
三、反面鉦部 四
著録 曾侯乙墓 圖版二七九・七～九
銘文選 七六一

〇〇三四三 曾侯乙鐘 上三・一
字數 三
一、正面隧部 一
二、右鼓 二
著録 曾侯乙墓 圖版二八〇・一
銘文選 七六二

〇〇三四四 曾侯乙鐘 上三・二
字數 四
一、正面隧部 二
二、右鼓 二
著録 曾侯乙墓 圖版二八〇・二～三
銘文選 七六三

〇〇三四五 曾侯乙鐘 上三・三
字數 七
一、正面隧部 二
二、右鼓 一
三、反面隧部 四
著録 曾侯乙墓 圖版二八〇・四～六
銘文選 七六四

〇〇三四六 曾侯乙鐘 上三・四
字數 七
一、正面隧部 一
二、右鼓 二
三、反面隧部 四
著録 曾侯乙墓 圖版二八〇・七～九
銘文選 七六五

〇〇三四七 曾侯乙鐘 上三・五
字數 八
一、正面隧部 二
二、右鼓 二
三、反面隧部 四
著録 曾侯乙墓 圖版二八一・一～三
銘文選 七六六

〇〇三四八 曾侯乙鐘 上三・六
字數 七
一、正面隧部 二
二、右鼓 一
三、反面隧部 四
著録 曾侯乙墓 圖版二八一・四～六
銘文選 七六七

〇〇三四九 曾侯乙鐘 上三・七
字數 七
一、正面隧部 一
二、右鼓 二
三、反面隧部 四
著録 曾侯乙墓 圖版二八一・七～九
銘文選 七六八

〇〇三五〇 陳大喪史仲高鐘
字數 二一（又重文 二）
時代 春秋中期
著録 音樂（山東）一・六・一ab
出土 一九七七年山東沂水縣院東頭劉家店子春秋墓
現藏 山東省文物考古研究所
來源 考古研究所拓
備注 墓葬發掘簡报見文物 一九八四年九期

〇〇三五一 陳大喪史仲高鐘
字數 二一（又重文 二）
時代 春秋中期
著録 未見
出土 同 〇〇三五〇
現藏 山東省文物考古研究所
來源 考古研究所拓

〇〇三五二 陳大喪史仲高鐘
字數 二一（又重文 二）
時代 春秋中期
著録 未見
出土 同 〇〇三五〇
現藏 山東省文物考古研究所
來源 考古研究所拓

〇〇三五三 陳大喪史仲高鐘
字數 二一（又重文 二）
時代 春秋中期
著録 未見
出土 同 〇〇三五〇
現藏 山東省文物考古研究所
來源 考古研究所拓

〇〇三五四 陳大喪史仲高鐘
字數 二一（又重文 二）
時代 春秋中期
著録 未見
出土 同 〇〇三五〇
現藏 山東省文物考古研究所
來源 考古研究所拓

〇〇三五五 陳大喪史仲高鐘
字數 二一（又重文 二）
時代 春秋中期
著録 文物 一九八四年九期六頁圖八
出土 同 〇〇三五〇
現藏 山東省文物考古研究所
來源 考古研究所拓
備注 此組編鐘同出九件，其中三件因銹蝕過重，無法施拓，現録六件

〇〇三五六 井叔采鐘
字數 三七
時代 西周中期
著録 張家坡墓地 一六六頁
青全 五・一八四
出土 一九八四年陝西長安張家坡西周墓（M一六三：三四）
現藏 考古研究所
來源 考古研究所拓

〇〇三五七 井叔采鐘
字數 三八
時代 西周中期
著録 張家坡墓地 一六七頁
出土 同 〇〇三五六
現藏 考古研究所
來源 考古研究所拓

〇〇三五八 五祀㝬鐘
字數 八九
時代 西周晚期
著録 人文雜誌 一九八三年二期一一八頁
音樂（陝西）一・五・一八
出土 一九八二年陝西扶風縣白家村
現藏 陝西省博物館
來源 陝西省博物館提供

鐃、鈴、鐸、句鑃等類

〇〇三五九～〇〇四二九

〇〇三五九 鳶鐃

字數 一
時代 殷
著錄 總集 六九三一
三代 一八・六・一
綴遺 二八・二三
周金 一補
貞松 一・二二
續殷上 一・三
流傳 潘祖蔭舊藏（綴遺）
來源 三代

〇〇三六〇 □鏡
字數 一
時代 殷
著錄 鄴三上 二
出土 傳河南安陽
來源 鄴三

〇〇三六一 罡鏡
字數 一
時代 殷
著錄 中國古代青銅器展覽第四四次圖版六：三六
現藏 日本兵庫縣黑川古文化研究所
來源 中國古代青銅器展覽

〇〇三六二 □鏡
字數 一
時代 殷
著錄 總集 六九三四
三代 一八・六・四
鄴初上 二
續殷上 一・六
綜覽・鉦 一七
出土 傳河南安陽
現藏 北京清華大學圖書館
來源 考古研究所拓

〇〇三六三 □鏡
字數 一
時代 殷
著錄 總集 六九三三
三代 一八・六・三
鄴初上 三
續殷上 一・五
綜覽・鉦 一八
出土 同〇〇三六二
現藏 北京清華大學圖書館
來源 考古研究所拓

〇〇三六四 □鏡
字數 一
時代 殷
著錄 總集 六九三二
三代 一八・六・二
鄴初上 四
續殷上 一・四
綜覽・鉦 一九
出土 同〇〇三六二
現藏 北京清華大學圖書館
來源 考古研究所拓

〇〇三六五 匿鏡
字數 一
時代 殷
著錄 未見
出土 傳河南安陽
現藏 北京故宮博物院
來源 考古研究所拓

〇〇三六六 匿鏡
字數 一
時代 殷
著錄 未見
出土 同〇〇三六五

現藏 北京故宮博物院
來源 考古研究所拓

〇〇三六七 中鏡
字數 一
時代 殷
著錄 總集 六九二九
河南 一・二三一（右）
綜覽・鉦 一一（右）
音樂（河南） 一・六・三
青全 三・一八五
出土 河南安陽殷墟西區六九九號墓
現藏 考古研究所安陽工作站
來源 考古研究所拓

〇〇三六八 中鏡
字數 一
時代 殷
著錄 總集 六九二八
學報 一九七九年一期八三頁
河南 一・二三一（中）
綜覽・鉦 一一（中）
音樂（河南） 一・六・三
青全 三・一八五
出土 同〇〇三六七
現藏 考古研究所安陽工作站
來源 考古研究所拓

〇〇三六九 中鏡
字數 一
時代 殷
著錄 總集 六九二七
河南 一・二三一（左）
綜覽・鉦 一一（左）
音樂（河南） 一・六・三
青全 三・一八五
出土 同〇〇三六七

現藏 考古研究所安陽工作站
來源 考古研究所拓

〇〇三七〇 中鏡
字數 一
時代 殷
著錄 總集 六九三〇
三代 一八・五・二
奇觚 九・三四
周金 一補
續殷上 一・一
蔭軒 二・一一
上海（二〇〇四） 一八六
流傳 潘祖蔭舊藏（奇觚），後歸李蔭軒
現藏 上海博物館
來源 三代

〇〇三七一 中鏡
字數 一
時代 殷
著錄 未見
現藏 歷史語言研究所
來源 唐蘭先生藏

〇〇三七二 史鏡
字數 一
時代 殷
著錄 音樂（北京） 一・四・七
現藏 北京故宮博物院
來源 考古研究所拓

〇〇三七三 史鏡
字數 一
時代 殷
著錄 上海（二〇〇四） 一八四
現藏 上海博物館
來源 上海博物館提供

〇〇三七四 受鏡

字數 一
時代 殷
著録 總集 六九三八
三代 一八・七・一
擹古 一・一・一
窓齋 二・二六
綴遺 二八・二二
奇觚 九・三四
周金 一補
續殷上 一・二
小校 九・九一・五
簠齋 一鐸一
流傳 陳介祺舊藏(綴遺)
來源 考古研究所藏

〇〇三七五 貯鏡
字數 一
時代 殷
著録 總集 六九四五
三代 一八・七・七
十二貯 三
續殷上 一・一一
綜覽・鉦 一〇
流傳 王辰舊藏(十二)
來源 考古研究所藏

〇〇三七六 舌鏡
字數 一
時代 殷
著録 中國圖符 三
現藏 美國舊金山岡普氏處
來源 中國圖符

〇〇三七七 □鏡
字數 一
時代 殷
著録 總集 六九三七
三代 一八・六・七
鄴初上 五
十二尊 二
續殷上 一・八
來源 考古研究所藏

〇〇三七八 □鏡
字數 一
時代 殷
著録 總集 六九三六
三代 一八・六・六
鄴初上 七
十二尊 四
續殷上 一・九
來源 考古研究所藏

〇〇三七九 □鏡
字數 一
時代 殷
著録 總集 六九三五
三代 一八・六・五
鄴初上 六
十二尊 三
續殷上 一・一〇
來源 考古研究所藏

〇〇三八〇 亞矣鏡
字數 二
時代 殷
著録 鄴二上 一
音樂(北京) 一・四・九 ab
出土 傳河南安陽
現藏 北京故宮博物院
來源 考古研究所拓

〇〇三八一 亞矣鏡
字數 二
時代 殷
著録 鄴二上 二
音樂(北京) 一・四・九 cd
出土 同 〇〇三八〇
現藏 北京故宮博物院
來源 考古研究所拓

〇〇三八二 亞矣鏡
字數 二
時代 殷
著録 總集 六九四一
三代 一八・七・四
尊古 一・一〇
續殷上 一・七
通考 九三二
綜覽・鉦 九
現藏 吉林大學歷史系
來源 考古研究所藏

〇〇三八三 亞弜鏡
字數 二
時代 殷
著録 總集 六九四九
婦好墓 五七頁圖三七・七
河南 一・一七二
綜覽・鉦 三(左)
青全 三・一八四
出土 一九七六年河南安陽市殷墟婦好墓
現藏 中國歷史博物館(考古研究所寄陳)
來源 考古研究所拓

〇〇三八四 亞弜鏡
字數 二
時代 殷
著録 總集 六九四八
婦好墓 五七頁圖三七・六
綜覽・鉦 三(右)
青全 三・一八四
出土 同 〇〇三八三
現藏 中國歷史博物館(考古研究所寄陳)
來源 考古研究所拓

〇〇三八五 亞夫鏡
字數 二
時代 殷
著録 鄴三上 三
綜覽・鉦 二六
出土 傳河南安陽
現藏 中國歷史博物館(考古研究所寄陳)
來源 考古研究所拓

〇〇三八六 亞寠鏡
字數 二
時代 殷
著録 總集 六九四三
三代 一八・七・五
西甲 一七・三〇
貞松 一・二三
小校 九・九二・二
上海(二〇〇四) 一八三
蔭軒 一・九
流傳 清宮舊藏，後歸徐乃昌、李蔭軒
來源 三代

〇〇三八七 亞□鏡
字數 二
時代 殷
著録 鄴三上 一
音樂(北京) 一・四・八
出土 傳河南安陽
現藏 北京故宮博物院
來源 考古研究所拓

〇〇三八八 北單鏡
字數 二

時代 殷
著録 未見
現藏 歷史語言研究所
來源 考古研究所藏

〇〇三八九 北單鏡
字數 二
時代 殷
著録 未見
現藏 歷史語言研究所
來源 考古研究所藏

〇〇三九〇 北單鏡
字數 二
時代 殷
著録 未見
現藏 歷史語言研究所
來源 考古研究所藏

〇〇三九一 □□鏡
字數 二
時代 殷
著録 總集 六九五〇
三代 一八・九・一
十二貯 二
續殷上 二・五
通考 九三〇
流傳 王辰舊藏(十二)
來源 考古研究所藏

〇〇三九二 夫册鏡
字數 二
時代 殷
著録 音樂(上海)一・一・六
現藏 上海博物館
來源 上海博物館提供

〇〇三九三 㠱嗷鏡
字數 二
時代 殷
著録 總集 六九五一
三代 一八・九・二
擴古 一・三・一
綴遺 二八・二四
續殷上 二・八
流傳 羅振玉舊藏
現藏 香港思源堂
來源 考古研究所藏
備注 原器木匣有篆書「商鐸」，行書「唐風樓藏」及「磬室」小印

〇〇三九四 㠱嗷鏡
字數 二
時代 殷
著録 總集 六九五二
三代 一八・九・三
擴古 一・三・一
綴遺 二八・二三
續殷上 二・九
音樂(天津) 一・一・三
流傳 葉志詵舊藏
現藏 天津市藝術博物館
來源 考古研究所藏

〇〇三九五 □□鏡
字數 二
時代 殷
著録 總集 六九五三
三代 一八・九・四～一八・九・六
續殷上 三・一
小校 九・九一・一
頌續 一〇四
通考 九二九
綜覽・鉦 五
出土 傳河南安陽
流傳 容庚舊藏
現藏 廣州市博物館
來源 考古研究所藏容庚拓本

〇〇三九六 □□鏡
字數 二
時代 殷
著録 總集 六九五四
三代 一八・九・七～一八・九・九
續殷上 三・三
小校 九・九一・二
頌續 一〇五
綜覽・鉦 六
出土 同〇〇三九五
流傳 容庚舊藏
現藏 廣州市博物館
來源 考古研究所藏容庚拓本

〇〇三九七 □□鏡
字數 二
時代 殷
著録 總集 六九五五
三代 一八・一〇・一～一八・一〇・三
續殷上 三・六
小校 九・九一・三
頌續 一〇六
綜覽・鉦 七
出土 同〇〇三九五
流傳 容庚舊藏
現藏 廣州市博物館
來源 考古研究所藏容庚拓本

〇〇三九八 亞□鏡
字數 二
時代 殷
著録 總集 六九四四
三代 一八・七・六
貞松 一・二三
武英 一五一
續殷上 二・一
故圖下下 四八三
流傳 承德避暑山莊舊藏
現藏 臺北故宮博物院
來源 考古研究所藏

〇〇三九九 亞醜[女+曷]鏡
字數 三
時代 殷
著録 總集 六九四六
三代 一八・七・八～一八・八・一
筠清 二・一七
擴古 一・三・一
愙齋 二・二六・二
綴遺 二八・二二
奇觚 九・三五
周金 一補
續殷上 二・六～七
小校 九・九二・三
音樂(上海)一・一・四
上海(二〇〇四) 一八五
青全 四・一八一
流傳 葉東卿、潘祖蔭舊藏(綴遺)
現藏 上海博物館
來源 三代

〇〇四〇〇 □見册鏡
字數 三
時代 殷
著録 綜覽・鉦 一(右)
來源 綜覽

〇〇四〇一 □見册鏡
字數 三

時代 殷
著録 綜覽・鉦 一(中)
來源 綜覽

〇〇四〇二 ⿱大齒見册鏡
字數 三
時代 殷
著録 綜覽・鉦 一(左)
來源 綜覽

〇〇四〇三 亞⿰日虹左鏡
字數 三
時代 殷
著録 總集 六九四七
三代 一八・八・二~一八・八・三
貞松 一・二四
尊古 一・一一
續殷上 二・三
通考 九二五
綜覽・鉦 一三
流傳 王懿榮、羅振玉舊藏(貞松)
現藏 吉林大學歷史系
來源 考古研究所藏

〇〇四〇四 隻⿱吅千子鏡
字數 三
時代 殷
著録 總集 六九四二
三代 一八・七・三
貞松 一・二三
善齋 一・三八
續殷上 二・二
小校 九・九二・一
善彝 一九
頌續 一〇七
通考 九三二
出土 傳河南安陽(頌續)
流傳 劉體智、容庚舊藏(貞松)
現藏 廣州市博物館
來源 考古研究所藏

〇〇四〇五 亞⿰亻凡⿰女朋鏡
字數 三
時代 殷
著録 總集 六九六一、六九六七
學報 一九五五年九册五〇頁
河南 一・三〇八(右)
綜覽・鉦 四(右)
青全 三・一八二
出土 一九五三年河南安陽市大司空村
三一二號墓
現藏 中國歷史博物館
來源 考古研究所拓

〇〇四〇六 亞⿰亻凡⿰女朋鏡
字數 三
時代 殷
著録 總集 六九六二
河南 一・三〇八(中)
綜覽・鉦 四(中)
青全 三・一八二
出土 同〇〇四〇五
現藏 中國歷史博物館
來源 考古研究所拓

〇〇四〇七 亞⿰亻凡⿰女朋鏡
字數 三
時代 殷
著録 總集 六九六〇
河南 一・三〇八(左)
綜覽・鉦 四(左)
青全 三・一八二
出土 同〇〇四〇五
現藏 中國歷史博物館
來源 考古研究所拓

〇〇四〇八 魚正乙鏡
字數 三
時代 殷
著録 總集 六九五六
三代 一八・一〇・四
來源 考古研究所藏

〇〇四〇九 魚正乙鏡
字數 三
時代 殷
著録 總集 六九五七
三代 一八・一〇・五
冠斝中 四二
流傳 榮厚舊藏
來源 考古研究所藏

〇〇四一〇 魚正乙鏡
字數 三
時代 殷
著録 總集 六九五八
三代 一八・一〇・六
冠斝中 四一
綜覽・鉦 二八
流傳 榮厚舊藏
來源 考古研究所藏

〇〇四一一 亞萬父己鏡
字數 四
時代 殷
著録 總集 六九五九
善齋 一・三九
續殷上 二・一〇
十二貯 二
小校 九・九二・五
善彝 一八
通考 九二七
故圖下下 四八二
綜覽・鉦 二五
流傳 劉體智、王辰舊藏
現藏 臺北故宮博物院
來源 考古研究所藏

〇〇四一二 匕辛鏡
字數 五
時代 殷
著録 鄴三上 四
綜覽・鉦 二
出土 傳河南安陽
來源 考古研究所藏

〇〇四一三 亞矣鈴
字數 二
時代 殷
著録 未見
出土 傳一九三〇年前後河南安陽市大
司空村南地
現藏 加拿大多倫多安大略博物館
來源 考古研究所藏

〇〇四一四 亞矣鈴
字數 二
時代 殷
著録 未見
出土 同〇〇四一三
現藏 加拿大多倫多安大略博物館
來源 考古研究所藏

〇〇四一五 亞矣鈴
字數 二
時代 殷
著録 總集 七二二四
三代 一八・一〇・九~一〇
十二雙 七
巖窟下 六六

通考 九四〇
彙編 八・一〇四一
寶鼎 PL 一三二
出土 傳河南安陽
流傳 于省吾、梁上椿舊藏
現藏 荷蘭萬孝臣氏處
來源 唐蘭先生藏
備注 据梁上椿云，此鈴原爲一對，同形同銘。然各家著録之拓片皆係一器兩面之銘，另一器未見拓片

〇〇四一六 成周鈴

字數 四
時代 西周早期
著録 總集 七二二六
三代 一八・一一・一
貞補中 三〇
頌齋 二五
小校 九・九二・六
衡齋上 一
通考 九四一
故圖下下 四八八
周録 四一
流傳 容庚舊藏
現藏 臺北故宮博物院
來源 考古研究所藏

〇〇四一七 成周鈴

字數 四
時代 西周早期
著録 故青 一四二
現藏 北京故宮博物院
來源 考古研究所拓

〇〇四一八 王鐸

字數 一
時代 戰國
著録 巖窟下 六七
出土 「安徽壽縣三十一年冬新出土」(巖窟)
來源 巖窟

〇〇四一九 □郢逹鐸

字數 四
時代 戰國
著録 總集 七二二二
三代 一八・一〇・七～八
貞補中 三〇
頌齋 二四
衡齋上 二
通考 九三八
音樂(北京) 一・七・二
流傳 容庚舊藏
現藏 北京故宮博物院
來源 考古研究所拓

〇〇四二〇 □外卒鐸

字數 存五
時代 戰國
著録 總集 七二二三
頌續 一二三
通考 九三七
音樂(北京) 一・七・一
故青 二九二
流傳 容庚舊藏
現藏 北京故宮博物院
來源 唐蘭先生藏

〇〇四二一 其次句鑃

字數 二九 (又重文 二)
時代 春秋晚期
著録 總集 七二二五
三代 一八・一・三
攈古 二・三・六四
綴遺 二八・二五
敬吾下 七六
周金 一・八〇
大系 一五六
小校 一・九八・三
銘文選 五六四
吳越 一一九
出土 「器出浙江武康山，凡七枚，惟此與下一器有銘」(綴遺)
流傳 浙江海昌蘇花農舊藏(攈古)，又「徐紫珊所藏器」(綴遺)
來源 三代

〇〇四二二 其次句鑃

字數 二八 (又重文 二)
時代 春秋晚期
著録 總集 七二二六
三代 一八・二・一
攈古 二・三・六五
綴遺 二八・二六
周金 一・八一
小校 一・九八・一
大系 一五七
通考 九三六
辭典 九二八
音樂(北京) 一・九・一
吳越 一一八
故青 二五九
出土 同 〇〇四二一
流傳 劉喜海舊藏(羅表)
現藏 北京故宮博物院
來源 考古研究所拓
備注 經與本所藏清代拓片對勘，知此器銘「孝」「用」二字原缺，後經補過

〇〇四二三 蒿君鉦鋮(無者俞鉦鋮)

字數 三二 (又重文 一)
時代 春秋晚期
著録 總集 七二二〇
文物 一九六四年七期三二頁
銘文選 六一三
徽銅 五二
美全 五・三七
出土 一九六二年安徽宿縣蘆古城子
現藏 安徽省博物館
來源 考古研究所藏

〇〇四二四 姑馮昏同之子句鑃

字數 三七 (又重文 二)
時代 春秋晚期
著録 總集 七二二七
三代 一八・二・二～一八・三・一
攈古 三・一・二
綴遺 二八・二六
周金 一・七九
大系 一五八
小校 一・九九
銘文選 五六三
吳越 一一七
出土 乾隆五十三年江蘇常熟縣翼京門外(攈古)
流傳 大田岸俞氏舊藏
來源 考古研究所藏

〇〇四二五 郐譗尹鉦城

字數 四二
時代 春秋
著録 總集 七二一八
三代 一八・三・二～一八・四・一

周金 一・七六～一・七七
貞松 一・二〇
希古 一・一六
大系 一七五～一七六
小校 一・一〇〇
銘文選 五七四
音樂(上海) 一・六・一
上海(二〇〇四) 五四二
出土 江西高安縣(分域 四・四)
流傳 潘祖蔭舊藏
現藏 上海博物館
來源 考古研究所藏

〇〇四二六 配兒鉤鑃
字數 存二六
時代 春秋晚期
著録 考古 一九八三年四期三七二頁
銘文選 五四五乙
辭典 七八〇
吳越 〇二三
出土 一九七七年浙江紹興市西南狗頭山南麓
現藏 浙江省博物館
來源 考古研究所拓

〇〇四二七 配兒鉤鑃
字數 存五二
時代 春秋晚期
著録 考古 一九八三年四期三七二頁
銘文選 五四五甲
吳越 〇二四
出土 同 〇〇四二六
現藏 浙江省博物館
來源 考古研究所拓

〇〇四二八 冉鉦鋮(又名南疆鉦、鉦鐵)
字數 九〇(又重文 二)
時代 戰國早期
著録 總集 七二二九
三代 一八・四・二～一八・五・一
貞松 一・二一
希古 一・一七
貞圖中 三六
通考 九三三
吳越 〇二五
旅順 三二
流傳 羅振玉舊藏
現藏 旅順博物館
來源 考古研究所藏

〇〇四二九 九里墩鼓座
字數 一五〇
時代 春秋晚期
著録 學報 一九八二年二期二三五圖六、二三六圖七
徽銅 五六
出土 一九八〇年安徽舒城縣九里墩村墓葬
現藏 安徽省文物考古研究所
來源 考古學報編輯部檔案

鬲類

〇〇四四一～〇〇七五五

〇〇四四一 魚鬲
字數 一
時代 殷
著録 總集 一三三三
三代 五・一三・一
貞松 四・一・一
武英 三五
續殷上 二七・一
小校 三・五二・二
通考 一五二
故圖下下 四
商圖 二五
流傳 承德避暑山莊
現藏 臺北故宮博物院
來源 考古研究所藏

〇〇四四二 東鬲
字數 一
時代 殷
著録 西乙 一四・一
故圖下下 五
綜覽・鬲 二〇
現藏 臺北故宮博物院
來源 故圖

〇〇四四三 □鬲
字數 一
時代 殷
著録 總集 一三三五
三代 五・一三・三
殷存上 九・一
流傳 丁彥臣舊藏(羅表)
來源 三代

〇〇四四四 敉鬲
字數 一
時代 殷
著録 總集 一三三四
三代 五・一三・二
續殷上 二七・三
小校 三・五二・四
流傳 羅振玉舊藏
現藏 旅順博物館
來源 考古研究所藏

〇〇四四五 □鬲
字數 一
時代 殷
著録 出光(十五周年) 三九四頁一二
彙編 八・一二五六 (摹本)
綜覽・鬲鼎 四四
現藏 日本東京出光美術館
來源 出光美術館提供

〇〇四四六 □鬲
字數 一
時代 殷
著録 積古 二・二〇・二
攈古 一・一・一三・四
來源 攈古

〇〇四四七 □鬲
字數 一
時代 商二里岡時期
著録 總集 一三三八
文物 一九六一年一期四二頁
綜覽・鬲鼎 一八
歷博 二八
辭典 〇四九
青全 一・五一
現藏 中國歷史博物館
來源 考古研究所拓

〇〇四四八 史鬲
字數 一
時代 殷
著録 總集 一三三七
美集録 R 八九
彙編 九・一七八〇
現藏 美國納爾遜美術陳列館

來源　考古研究所藏
備注　此器为鼎，與〇一〇八四重出

〇〇四四九　叔鬲
字數　一
時代　殷
著録　未見
現藏　上海博物館
來源　上海博物館提供

〇〇四五〇　辛鬲
字數　一
時代　西周早期
著録　未見
來源　考古研究所藏

〇〇四五一　㝉鬲
字數　一
時代　西周晚期
著録　總集　一三四〇
陝青　二・一二七
綜覽・鬲　六五
辭典　三三五
流傳　一九五八年陝西扶風縣齊家村窖藏
現藏　陝西省博物館
來源　陝西省博物館提供

〇〇四五二　㝉鬲
字數　一
時代　西周晚期
著録　總集　一三三九
斷代　一九九
陝青　二・一二六
流傳　一九五八年陝西扶風縣齊家村窖藏
現藏　陝西省博物館
來源　陝西省博物館提供

〇〇四五三　鬲鬲
字數　一
時代　西周中晚期
著録　總集　一三四一
陝青　二・九四
綜覽・鬲　六三
出土　一九七六年陝西扶風縣莊白一號窖藏
現藏　周原扶風縣文物管理所
來源　周原扶風縣文物管理所提供
備注　「口沿上僅有銘文『鬲』字，其餘的字當爲範損脱鑄」

〇〇四五四　亼鬲
字數　二
時代　西周早期
著録　冠斝上　四〇
流傳　榮厚舊藏
來源　冠斝

〇〇四五五　亞出鬲
字數　二
時代　西周早期
著録　總集　一三四二
三代　五・一三・四
續殷上　二七・二
來源　考古研究所藏

〇〇四五六　亞微鬲
字數　二
時代　殷
著録　河北　八一
綜覽・鬲鼎　三八
出土　一九六二年河北豐寧縣
現藏　河北省博物館
來源　河北

〇〇四五七　□鼎鬲
字數　二
時代　西周早期
著録　寶鷄　一五二頁圖一一八・二
出土　陝西寶鷄市竹園溝西周墓(M四：九)
現藏　寶鷄市博物館
來源　考古研究所拓

〇〇四五八　父丁鬲
字數　二
時代　西周早期
著録　總集　一三四三
三代　五・一三・五
貞松　四・一・二
小校　三・五二・三
續殷下　五二・一
流傳　劉體智舊藏(貞松)
來源　考古研究所藏
備注　續殷誤作「父丁觶」

〇〇四五九　父辛鬲
字數　二
時代　西周早期
著録　總集　一三四四
三代　五・一三・六
貞續上　二五・一
續殷上　二七・四
故宮　三七期
故圖下上　一
綜覽・鬲　二二
流傳　清宮舊藏
現藏　臺北故宮博物院
來源　考古研究所藏

〇〇四六〇　癸父鬲
字數　二
時代　西周早期
著録　西甲　一四・四
來源　西甲

〇〇四六一　冀母鬲
字數　二
時代　殷
著録　總集　一三四六
三代　五・一三・八
貞松　四・一・四
武英　三六
續殷上　二七・六
小校　三・五三・三
故圖下下　三
禮器　一三一
流傳　承德避暑山莊舊藏
現藏　臺北故宮博物院
來源　考古研究所藏

〇〇四六二　寧母鬲
字數　二
時代　西周早期
著録　考古與文物　一九八三年六期七
頁圖　四
陝青　四・三八
出土　一九六八年陝西寶鷄市姜城堡
現藏　寶鷄市博物館
來源　考古研究所拓

〇〇四六三　婦𡚬鬲
字數　二
時代　殷
著録　擴古　一・二・三七・三
小校　三・五二・六
流傳　葉志詵舊藏(擴古)
來源　小校

〇〇四六四　康侯鬲
字數　二
時代　西周早期

著録 寧壽 一二・二六
來源 寧壽

〇〇四六五 伯作鬲
字數 二
時代 西周早期
著録 西清 三二・六
來源 西清

〇〇四六六 叔父鬲
字數 二
時代 西周中期
著録 綜覽・鬲 二五
荷比 一・一
來源 綜覽

〇〇四六七 冓癸鬲
字數 二
時代 殷
著録 總集 一三五二
彙編 九・一四八一
聖路易 P 一・七
現藏 美國聖路易市美術博物館
來源 彙編

〇〇四六八 史秦鬲
字數 二
時代 殷或西周早期
著録 總集 一三四五
三代 五・一三・七
貞松 四・一・三
希古 三・一・一
續殷上 二七・五
高本漢(一九四九) 七・二
欧遺 八二
流傳 羅振玉舊藏
現藏 瑞典斯德哥爾摩遠東古物館
來源 考古研究所藏

〇〇四六九 作旅鬲
字數 二
時代 西周早期
著録 小校 三・五三・一
現藏 上海博物館
來源 考古研究所藏猗文閣拓本

〇〇四七〇 作𨾴鬲
字數 二
時代 西周中期
著録 總集 一三四七
北窑 二〇八頁圖一〇八・四
出土 一九六四年河南洛陽北窑西周墓(M四一〇:一)
現藏 洛陽市文物工作隊
來源 洛陽市文物工作隊提供

〇〇四七一 作彝鬲
字數 二
時代 西周早期
著録 未見
來源 考古研究所拓

〇〇四七二 亞□其鬲
字數 三
時代 殷
著録 總集 一三四八
三代 五・一三・九
貞松 四・二・一
小校 三・五三・二
流傳 陳承裘、溥倫、劉體智舊藏(貞松、羅表)
來源 考古研究所藏

〇〇四七三 □且癸鬲
字數 三
時代 殷
著録 西清 三二・一
來源 西清

〇〇四七四 □父乙鬲
字數 三
時代 西周早期
著録 未見
流傳 中國歷史博物館
來源 考古研究所拓

〇〇四七五 叔父乙鬲
字數 三
時代 西周早期
著録 未見
現藏 浙江省博物館
來源 考古研究所拓

〇〇四七六 鳥父乙鬲
字數 三
時代 殷
著録 三代 一一・七・五
殷存上 九・二
首師大 二〇
現藏 首都師範大學歷史博物館
來源 考古研究所拓
備注 三代誤入尊類

〇〇四七七 □父乙鬲
字數 三
時代 西周早期
著録 總集 一三六二
彙編 九・一四九六
出土 一九三二年以前出土于安陽(懷履光)
現藏 加拿大多倫多安大略博物館
來源 彙編
備注 懷履光(一九五六)述及此鬲

〇〇四七八 重父丙鬲
字數 三
時代 殷
著録 總集 一三五一
彙編 八・一二七九
現藏 加拿大多倫多安大略博物館
來源 彙編
備注 重亦可作倲

〇〇四七九 □父丁鬲
字數 三
時代 西周早期
著録 總集 一三五〇
三代 五・一三・一一
愙齋 一七・七・二
殷存上 九・四
小校 三・五三・六
來源 考古研究所藏

〇〇四八〇 □父丁鬲
字數 三
時代 西周中期
著録 總集 一三四九
三代 五・一三・一〇
貞松 四・二・二
善齋 三・一三
續殷上 二七・七
小校 三・五三・四
善彝 四六
通考 一五五
故圖下下 一
綜覽・鬲 三三
周録 四二
流傳 劉體智舊藏(貞松)
現藏 臺北故宮博物院
來源 三代

〇〇四八一 □父己鬲
字數 三

時代 殷
著録 總集 一三五六
三代 五・一三・一二
貞補上 一五・一
小校 三・五三・七
頌齋 六
續殷上 一四・九
通考 一四九
故圖下下 二
綜覽・鬲 二
商圖 七
出土 傳出于寶鷄（頌齋）
流傳 羅振玉、容庚舊藏（貞補、頌齋）
現藏 臺北故宮博物院
來源 考古研究所藏

〇〇四八二 □父己鬲
字數 三
時代 殷
著録 薛氏 四六・一
來源 薛氏

〇〇四八三 □父癸鬲
字數 三（蓋、器同）
時代 殷
著録 攈古 一・二・三六・四～三七・一
筠清 二・八
流傳 葉志詵舊藏（攈古）
來源 攈古

〇〇四八四 □母辛鬲
字數 三
時代 殷
著録 未見
來源 考古研究所藏

〇〇四八五 亞□母鬲
字數 三
時代 殷
著録 總集 一三六一
文物 一九七七年九期九二頁圖二
綜覽・鬲 二三
流傳 一九七二年甘肅涇川莊底墓葬
來源 文物

〇〇四八六 齊婦鬲
字數 三
時代 殷
著録 總集 一三六〇
三代 五・一四・五
恒軒 九五
憲齋 一七・七・一
續殷上 二七・八
小校 三・五三・八
蔭軒 一・八
上海（二〇〇四）七〇
流傳 袁保恒（筱塢）舊藏（恒軒），後歸李蔭軒
現藏 上海博物館
來源 上海博物館提供

〇〇四八七 眉子鬲
字數 三
時代 殷
著録 總集 一三五九
文物 一九七二年五期四頁圖六
綜覽・鬲 六
山東藏品 四一
出土 一九六四年山東滕縣種寨村
現藏 山東省博物館
來源 考古研究所拓

〇〇四八八 □作彝鬲
字數 三
時代 西周早期
著録 總集 一三五七
三代 五・一四・一
流傳 羅振玉舊藏
來源 考古研究所藏

〇〇四八九 叔作彝鬲
字數 三
時代 西周早期
著録 總集 一三五八
三代 五・一四・三
攈古 一・二・三七・二
流傳 直隸通州李氏舊藏（攈古）
現藏 北京故宮博物院
來源 考古研究所藏

〇〇四九〇 麥作彝鬲
字數 三
時代 西周早期
著録 琉璃河 一六一頁圖 九五・二
出土 一九七六年北京琉璃河西周墓（M二五一：一六）
現藏 首都博物館
來源 考古研究所拓

〇〇四九一 作隮彝鬲
字數 三
時代 西周早期
著録 總集 一三五四
三代 五・一四・二
攈古 一・二・三・二
澂秋 九
希古 三・一・二
小校 二・二三・六
流傳 陳承裘舊藏
現藏 北京故宮博物院
來源 考古研究所拓

〇〇四九二 作隮彝鬲
字數 三
時代 西周早期
著録 未見
現藏 北京故宮博物院
來源 考古研究所拓

〇〇四九三 作寶彝鬲
字數 三
時代 西周早期
著録 總集 一三五五
三代 五・一四・四
攈古 一・二・三〇・一
澂秋 一〇
彙編 七・八八四
流傳 陳承裘舊藏
現藏 臺北故宮博物院
來源 考古研究所拓
備注 攈古誤作「寶彝尊」

〇〇四九四 伯作彝鬲
字數 三
時代 西周早期
著録 未見
現藏 上海博物館
來源 上海博物館提供

〇〇四九五 □季作鬲
字數 三
時代 西周早期
著録 博古 一九・一五
薛氏 一五七・二
來源 薛氏

〇〇四九六 鳥宁且癸鬲
字數 三
時代 殷
著録 未見
現藏 北京故宮博物院

來源 考古研究所拓

〇〇四九七 竟作父乙鬲
字數 四
時代 西周早期
著錄 總集 一三七三
懷履光（一九五六）五（A）～四
（一二三頁）
彙編 七·八一〇
三代補 五九四
綜覽·鬲 三八
出土 傳一九二六年或前一年洛陽邙山
麓廟溝（懷履光）
流傳 一九二六年冬懷履光在開封所得
現藏 加拿大多倫多安大略博物館
來源 彙編

〇〇四九八 竟作父乙鬲
字數 四
時代 西周早期
著錄 總集 一三七二
懷履光（一九五六）五（A）～三
（一二三頁）
彙編 七·八〇九
三代補 五九三
出土 傳一九二六年或前一年洛陽邙山
麓廟溝（懷履光）
流傳 一九二六年冬懷履光在開封所得
現藏 加拿大多倫多安大略博物館
來源 彙編

〇〇四九九 □丏父丁鬲
字數 四
時代 殷
著錄 學報 一九七九年一期圖五八·一
河南 一·二五四
綜覽·鬲 三

青全 二·六九
出土 一九七〇年安陽西區一一〇二號
墓
現藏 考古研究所安陽工作站
來源 考古研究所拓

〇〇五〇〇 □父丁鬲
字數 四
時代 西周早期
著錄 總集 一三六三
三代 五·一四·六
貞補上 一五·二
十二式 九～一〇
續殷上 二七·九
小校 三·五四·一
通考 五一
出土 傳洛陽出土（羅表）
流傳 衡水孫氏式古齋舊藏
來源 考古研究所藏

〇〇五〇一 □系父丁鬲
字數 四
時代 西周早期
著錄 總集 一三六四
三代 五·一四·七
貞松 四·二·三
續殷上 二七·一〇
貞圖上 二六
通考 一五〇
綜覽·鬲 一四
流傳 羅振玉舊藏
現藏 北京故宮博物院
來源 考古研究所拓

〇〇五〇二 亞牧父戊鬲
字數 四
時代 殷

著錄 薛氏 四五·五
來源 薛氏

〇〇五〇三 亞獏父己鬲
字數 四
時代 殷
著錄 未見
現藏 北京故宮博物院
來源 考古研究所拓

〇〇五〇四 作父辛鬲
字數 四
時代 西周早期
著錄 總集 一三六五
美集錄 R 二五二
歐精華 二·九五
彙編 七·八〇七
三代補 二五二
綜覽·鬲 一九
流傳 Higginson 舊藏（美集錄）
現藏 美國哈佛大學福格美術博物館
來源 考古研究所藏

〇〇五〇五 亞□母乙鬲
字數 四
時代 殷
著錄 博古 一九·六～七
薛氏 四六·三
續考 二·三
復齋 七·四
積古 二·二〇·一
攈古一·二·八〇·一
流傳 王晉玉舊藏（續考）
來源 薛氏

〇〇五〇六 北伯作彝鬲
字數 四
時代 西周早期

著錄 三代 五·一四·八
筠清 四·三五·一
古文審 八·一二·一
攈古 一·二·五三·四
愙齋 一七·一七·三
綴遺 四·一四·二
周金 二補一四·三
小校 三·五四·五
流傳 葉志詵舊藏（綴遺）
來源 考古研究所藏猗文閣拓本
備注 攈古名「北白彝」，綴遺則云
「北伯鬲鼎」

〇〇五〇七 彊伯鬲
字數 四
時代 西周中期
著錄 陝青 四·五八
寶鷄 二九八頁圖二〇七·四
流傳 一九七五年陝西寶鷄市茹家莊
西周墓（M一乙：三三）
現藏 寶鷄市博物館
來源 寶鷄市博物館提供

〇〇五〇八 □作彝鬲
字數 四
時代 西周早期
著錄 總集 一三六八
三代 五·一五·一
貞松 四·二·四
流傳 日本某氏舊藏（貞松）
來源 三代

〇〇五〇九 仲作寶彝鬲
字數 四
時代 西周中期
著錄 西清 三一·七
來源 西清

〇〇五一〇　仲姬作鬲

字數　四
時代　西周中期
著録　總集　一三六九
　窓齋　一七・一八・一
　善齋　三・一五
　頌續　二三
　通考　一五四
　小校　三・五五・一
　綜覽・鬲　五一
出土　「出于陝西」（頌續）
流傳　劉體智、容庚舊藏
來源　考古研究所藏
備注　頌續云「姬字之左半初爲銹掩，均誤釋爲汝。三代金文著録表以爲僞，非也」

〇〇五一一　姬妊旅鬲

字數　四
時代　西周中期
著録　周金　二補二七・三
現藏　上海博物館
來源　上海博物館提供

〇〇五一二　虢姞作鬲

字數　四
時代　西周晚期
著録　總集　一三六七
　三代　五・一四・九
　貞松　四・三・一
　小校　三・五四・四
　尊古　二・二〇
　通考　一五七
　綜覽・鬲　七一
流傳　溥倫舊藏（貞松）
來源　考古研究所藏

〇〇五一三　左使車兵鬲

字數　四
時代　戰國晚期
著録　文字編　一二九頁中山王墓四三三頁圖一八八・七～八
出土　一九七四年河北平山縣中山王墓（M1西庫二十九）
現藏　河北省文物研究所
來源　北京故宮博物院陳列部藏

〇〇五一四　夨伯鬲

字數　五
時代　西周早期
著録　文物　一九八三年二期一五頁圖七
　寶鷄　三七頁圖二九・一
出土　一九八一年陝西寶鷄市紙坊頭西周墓（M一：一二）
現藏　寶鷄市博物館
來源　寶鷄市博物館提供

〇〇五一五　夨伯鬲

字數　五
時代　西周早期
著録　寶鷄　三七頁圖二九・二
出土　一九八一年陝西寶鷄市紙坊頭西周墓（M一：一二）
現藏　寶鷄市博物館
來源　寶鷄市博物館提供

〇〇五一六　微伯鬲

字數　五
時代　西周中期
著録　總集　一三八五
　文物　一九七八年三期九頁圖六
　陝青　二・四七
　三代補　九六七
　綜覽・鬲　六二
　辭典　三三四
出土　一九七六年陝西扶風縣莊白一號窖藏
現藏　周原扶風縣文物管理所
來源　周原扶風縣文物管理所提供

〇〇五一七　微伯鬲

字數　五
時代　西周中期
著録　陝青　二・四八
出土　一九七六年陝西扶風縣莊白一號窖藏
現藏　周原扶風縣文物管理所
來源　周原扶風縣文物管理所提供

〇〇五一八　微伯鬲

字數　五
時代　西周中期
著録　總集　一三八三
　陝青　二・四五
　吉鑄　二七
出土　一九七六年陝西扶風縣莊白一號窖藏
現藏　周原扶風縣文物管理所
來源　周原扶風縣文物管理所提供

〇〇五一九　微伯鬲

字數　五
時代　西周中期
著録　總集　一三八二
　陝青　二・四四
出土　一九七六年陝西扶風縣莊白一號窖藏
現藏　周原扶風縣文物管理所
來源　周原扶風縣文物管理所提供

〇〇五二〇　微伯鬲

字數　五
時代　西周中期
著録　總集　一三八四
　陝青　二・四六
出土　一九七六年陝西扶風縣莊白一號窖藏
現藏　周原扶風縣文物管理所
來源　周原扶風縣文物管理所提供

〇〇五二一　微伯鬲

字數　五
時代　西周中期
著録　寶鷄　一五二頁圖一一八・一
出土　一九八〇～一九八一年陝西寶鷄市竹園溝西周墓（M四：七五）
現藏　寶鷄市博物館
來源　考古研究所拓

〇〇五二二　同姜鬲

字數　五
時代　西周晚期
著録　總集　一三七〇
　三代　五・一五・二
　窓齋　一七・一四・二
　陶齋　二・五八
　周金　二・八五・四
　小校　三・五五・六
流傳　端方舊藏
來源　考古研究所藏猗文閣拓本

〇〇五二三　仲姜鬲

字數　五
時代　西周晚期
著録　攈古　一・三・三一・二
　敬吾下　五一・二
　綴遺　二七・六・二
　小校　三・五六・一
流傳　吳式芬舊藏（攈古）

來源 小校
備注 王國維疑僞，姑仍收入

〇〇五二四 虢叔鬲
字數 五
時代 西周晚期
著録 總集 一三七四
三代 五・一五・三
十二式 九
小校 三・五五・四
流傳 衡水孫氏式古齋舊藏
來源 考古研究所藏

〇〇五二五 虢叔鬲
字數 五
時代 西周晚期
著録 考古圖 二・六
薛氏 一五八・三
來源 薛氏

〇〇五二六 [illegible]姞鬲
字數 五
時代 西周晚期
著録 總集 一三七七
三代 五・一五・五
貞松 二・二六・四
彙編 七・七四六
中藝 圖一二拓一一
現藏 日本東京出光美術館
來源 三代
備注 羅表云「有耳，文作鼎，故貞松誤入鼎」

〇〇五二七 夌姬鬲
字數 五
時代 西周早期
著録 總集 一三八一
文物 一九七六年四期五六頁圖五三
陝青 四・七六
綜覽・鬲 二九
寶鷄 三七〇頁圖二五三・五
出土 一九七四～一九七五年陝西寶鷄茹家莊西周虢墓（M2：一二）
現藏 寶鷄市博物館
來源 寶鷄市博物館提供

〇〇五二八 [illegible]鬲
字數 五
時代 西周早期
著録 總集 一三七九
三代 五・一五・八
窓齋 一七・一七・二
綴遺 二七・二・一
周金 二・八五・三
小校 三・五四・七
流傳 潘祖蔭舊藏（綴遺）
來源 考古研究所藏

〇〇五二九 雩人守鬲
字數 五
時代 西周早期
著録 總集 一三七九
三代 五・一五・七
貞松 四・三・四
希古 三・一・三
小校 三・五五・二
流傳 劉鶚舊藏
現藏 浙江省博物館
來源 考古研究所藏

〇〇五三〇 伯𣏌鬲
字數 五
時代 西周早期
著録 總集 一三八〇
三代 五・一六・一
貞松 四・三・二
武英 三七
小校 三・五五・三
通考 一五三
故圖下下 六
綜覽・鬲 一三
周録 一
流傳 承德避暑山莊舊藏
現藏 臺北故宮博物院
來源 考古研究所藏

〇〇五三一 季鼎鬲
字數 五
時代 西周中晚期
著録 總集 一三七六
三代 五・一五・四
貞松 四・三・三
希古 三・二・三
十二栔 二八
通考 一七四
美集録 R 四一六
三代補 四一六
綜覽・方鼎 九
流傳 丁艮善、吴大澂、Higginson 舊藏（美集録）
現藏 美國哈佛大學福格美術博物館
來源 考古研究所藏

〇〇五三二 旂姬鬲
字數 五
時代 西周中期
著録 貞續上 二五・二
周金 二補二六・一
來源 考古研究所藏猗文閣拓本

〇〇五三三 師□作寶鬲
字數 五
時代 西周晚期
著録 博古 一九・一二
薛氏 一五八・二（又一六・五重出）
來源 薛氏

〇〇五三四 孟姒鬲
字數 五
時代 西周中晚期
著録 小校 三・五六・三
周金 二補三四・二（見卷六）
來源 周金

〇〇五三五 帛女鬲
字數 五
時代 西周晚期
著録 博古 一九・一一
薛氏 一五八・一（又一六・五重出）
復齋 二一
積古 七・二〇・二
攈古 一・三・三二・一
來源 薛氏

〇〇五三六 會姒鬲
字數 五
時代 西周晚期
著録 總集 一三七五
三代 五・一五・六
銘文選 七八一
貞補上 一五・三
善齋 三・一六
小校 三・五五・五
流傳 劉體智舊藏
現藏 北京故宮博物院
來源 考古研究所藏

○○五三七　左使車工兵鬲
字數　五
時代　戰國晚期
著録　文字編　一二九頁
中山王墓　四三○頁圖一八五・七
出土　一九七四年河北平山縣中山王墓
（M1 西庫：二七）
現藏　河北省文物研究所
來源　北京故宮博物院陳列部

○○五三八　且辛父甲鬲
字數　六
時代　殷
著録　總集　一四一○
三代　五・一八・三
貞續上　二五
善齋　三・二○
續殷上　二七・一一
小校　三・五九・四
流傳　劉體智舊藏
現藏　旅順博物館
來源　考古研究所拓

○○五三九　亞从父丁鬲
字數　六
時代　殷
著録　總集　一四○七
彙編　八・九九七
來源　彙編

○○五四○　大作敔鬲
字數　六
時代　西周早期
著録　總集　一四○一
三代　五・一八・二
貞續上　二五・三
雙吉上　九
綜覽・鬲　二四
現藏　遼寧省博物館
來源　考古研究所拓

○○五四一　季𨥅鬲
字數　六
時代　西周早期
著録　未見
現藏　上海博物館
來源　上海博物館提供

○○五四二　構叔奴父鬲
字數　六
時代　西周早期
著録　總集　一四○六
文叢　三輯四五頁圖一九
現藏　洛陽市博物館
來源　文叢

○○五四三　苟作父丁鬲
字數　六
時代　西周早期
著録　總集　一四○八
文物　一九八○年四期四二頁
圖六・二
陝青　三・七五
綜覽・鬲　三九
出土　一九七六年陝西扶風縣雲塘村
一三號墓
現藏　周原扶風縣文物管理所
來源　周原扶風縣文物管理所提供

○○五四四　仲鈠父鬲
字數　六
時代　西周中期
著録　總集　一四○○
三代　五・一八・一
周金　二・八三・三
夢郼續　七
希古　三・二・二
通考　一六八
小校　三・五七・二
綜覽・鬲　七二
流傳　程瑶田（周金）、羅振玉舊藏
來源　考古研究所藏

○○五四五　魯侯鬲
字數　六
時代　西周晚期
著録　總集　一三九九
三代　五・一七・七
周金　二・八四・一
貞松　四・五・一
希古　三・三・六
小校　三・五七・一
山東存魯　二・二
薩克勒（西周）二九
流傳　程洪溥舊藏（周金）
現藏　美國華盛頓薩克勒美術館
來源　考古研究所藏移林館拓本

○○五四六　姬莽母鬲
字數　六
時代　西周晚期
著録　總集　一三八七
三代　五・一六・三
陶齋　二・五七
周金　二・八四・二（又二補
九・二重出）
流傳　端方舊藏
現藏　中國歷史博物館
來源　考古研究所藏

○○五四七　仲姞鬲
字數　六
時代　西周晚期
著録　總集　一三九二
三代　五・一六・六
貞松　四・四・二
希古　三・二・四
流傳　丁樹楨舊藏（貞松），後歸李蔭軒
現藏　上海博物館
來源　考古研究所藏移林館拓本

○○五四八　仲姞鬲
字數　六
時代　西周晚期
著録　周金　二補二七・二
現藏　北京故宮博物院
來源　考古研究所藏

○○五四九　仲姞鬲
字數　六
時代　西周晚期
著録　周金　二補二七・一
現藏　北京故宮博物院
來源　考古研究所藏

○○五五○　仲姞鬲
字數　六
時代　西周晚期
著録　總集　一三九一
三代　五・一六・五
陶齋　二・五九
周金二・八五・二
貞松　四・四・三
善齋　三・一八
小校　三・五八・三（又三・五
九・二，三・五八・四重出）
流傳　端方、劉體智舊藏
來源　考古研究所藏

○○五五一　仲姞鬲

字數 六
時代 西周晚期
著録 總集 一三九三
三代 五・一七・一
周金 二・八五・一
希古 三・二・五
貞松 四・四・一
小校 三・五七・三
流傳 潘祖蔭舊藏(周金)
現藏 北京故宮博物院
來源 考古研究所藏

〇〇五五二 仲姞鬲

字數 六
時代 西周晚期
著録 總集 一三九四
三代 五・一七・二
希古 三・三・三
現藏 北京故宮博物院
來源 考古研究所拓

〇〇五五三 仲姞鬲

字數 六
時代 西周晚期
著録 總集 一三九五
三代 五・一七・三
貞松 四・四・五
希古 三・三・四
小校 三・五八・二
歐精華 二・九六 下
美集録 R 四一四
斷代 一七六
彙編 七・六五六
三代補 四一四
流傳 盛昱舊藏(美集録)
現藏 美國波斯頓美術博物館

來源 考古研究所藏猗文閣拓本

〇〇五五四 仲姞鬲

字數 六
時代 西周晚期
著録 總集 一三九六
三代 五・一七・四
周金 二・八四・三
希古 三・三・二
小校 三・五八・一
流傳 潘祖蔭舊藏(周金)，後歸李蔭軒
現藏 上海博物館
來源 考古研究所藏

〇〇五五五 仲姞鬲

字數 六
時代 西周晚期
著録 總集 一三九七
三代 五・一七・五
周金 二補二六・二
希古 三・三・一
小校 三・五九・一
古文字研究 一〇輯二六二頁
現藏 湖南省博物館
來源 考古研究所藏猗文閣拓本

〇〇五五六 仲姞鬲

字數 六
時代 西周晚期
著録 總集 一三八九
三代 五・一六・四
奇觚 八・一・一
小校 三・五七・四
流傳 盛昱舊藏
來源 三代

〇〇五五七 仲姞鬲

字數 六

時代 西周晚期
著録 總集 一三九〇
三代 五・一六・七
貞松 四・四・六
希古 三・三・五
出土 光緒間出土(貞松、希古)
來源 三代

〇〇五五八 仲姞鬲

字數 六
時代 西周晚期
著録 貞松 四・四・四
海外吉 八
泉屋 七
通考 一五九
彙編 七・六五七
綜覽・鬲 六一
泉屋博古 九
來源 海外吉
備注 貞松云：「仲姞鬲六器同文，第三器黄縣丁氏陶齋藏，第四器今歸日本住友氏，餘皆不知藏何所……生平所見墨本八器，前人著録才二器耳。」本書收十二器

〇〇五五九 季右父鬲

字數 六
時代 西周晚期
著録 總集 一三九八
三代 五・一七・六
貞補上 一六・一
十二雪 四~五
通考 一六三
流傳 孫壯舊藏
現藏 北京故宮博物院
來源 考古研究所藏

〇〇五六〇 伯邦父鬲

字數 六
時代 西周晚期
著録 總集 一四〇五
齊家村 七
陝青 二・一六四
綜覽・鬲 五三
青全 五・四四
出土 一九六〇年陝西扶風縣齊家村窖藏
現藏 陝西省博物館
來源 陝西省博物館提供

〇〇五六一 虢仲鬲

字數 六
時代 西周晚期
著録 總集 一四〇二
古文字研究 七輯一八五頁
出土 近年陝西岐山縣京當公社
現藏 寶鷄市博物館
來源 寶鷄市博物館提供

〇〇五六二 虢仲鬲

字數 六
時代 西周晚期
著録 總集 一四〇三
澳銅選 六
彙編 七・六五五
現藏 澳大利亞買亞氏
來源 彙編

〇〇五六三 作▽叔嬴鬲

字數 六
時代 西周晚期
著録 陝青 四・一九七
出土 一九七六年陝西洋縣張鋪
來源 吴鎮烽同志提供

〇〇五六四　□□作父癸鬲
字數　存六
時代　西周早期
著録　考古與文物一九八三年六期七頁
圖四・二
陝青四・三七
出土　一九五八年陝西寶鷄市五里廟
現藏　寶鷄市博物館
來源　考古研究所拓

〇〇五六五　吾作滕公鬲
字數　七
時代　西周早期
著録　總集一四一六
文物一九七九年四期八九頁
圖三
銘文選一五六
綜覽・鬲一〇
辭典三二五
青全六・七七
出土　一九七八年山東滕縣莊里西村
三號墓
現藏　滕縣博物館
來源　考古研究所拓

〇〇五六六　戒作葊宮鬲
字數　七
時代　西周早期
著録　總集一四一三
三代五・一九・一
周金二・五九・四
貞松四・五・三
善齋三・一九
希古三・四・一
小校三・六〇・二
流傳　李山農(周金)、劉體智舊藏
來源　考古研究所藏

〇〇五六七　叡⿱羽又作父癸鬲
字數　七
時代　西周早期
著録　攈古一・三・五九・一
求古五
流傳　烏程陳抱之舊藏(攈古録)
現藏　上海博物館
來源　上海博物館提供

〇〇五六八　⿰王凡作父乙鬲
字數　七
時代　西周早期
著録　總集一四一五
録遺一〇七
來源　録遺

〇〇五六九　作寶彝鬲
字數　七
時代　西周中期
著録　總集一四〇九
三代五・一八・四
筠清五・三九・一
來源　考古研究所藏猗文閣拓本

〇〇五七〇　作寶彝鬲
字數　七
時代　西周中期
著録　積古七・二五・二
攈古二・一・一三・三
奇觚一八・二〇・二
流傳　阮元舊藏(積古)
來源　奇觚

〇〇五七一　□戈母鬲
字數　七
時代　西周晚期
著録　總集一四一一
三代五・一八・五
綴遺二七・三〇
周金二・八三・二
貞松四・五・二
流傳　朱善旂舊藏(周金)
來源　三代

〇〇五七二　弭叔鬲
字數　七
時代　西周晚期
著録　總集一四一八
文物一九六〇年二期七頁中
出土　一九五九年陝西藍田寺坡
現藏　陝西省博物館
來源　陝西省博物館提供

〇〇五七三　弭叔鬲
字數　七
時代　西周晚期
著録　總集一四一七
文物一九六〇年二期七頁上
綜覽・鬲六四
出土　一九五九年陝西藍田寺坡
現藏　陝西省博物館
來源　陝西省博物館提供

〇〇五七四　弭叔鬲
字數　七
時代　西周晚期
著録　總集一四一九
文物一九六〇年二期七頁下
出土　一九五九年陝西藍田寺坡
現藏　陝西省博物館
來源　陝西省博物館提供

〇〇五七五　無姬鬲
字數　七
時代　西周晚期
著録　總集一四一四
三代五・一九・二
貞松四・六・一
希古三・四・二
流傳　端方舊藏(羅表)
來源　考古研究所藏

〇〇五七六　伯⿰家阝父鬲
字數　七
時代　西周晚期
著録　周金二・八三・一
小校三・六〇・一
流傳　劉鶚及吳興程氏舊藏(周金)
來源　考古研究所藏

〇〇五七七　曾侯乙鬲
字數　七
時代　戰國早期
著録　曾侯乙墓二〇三頁圖一〇四・三
青全一〇・一一六
出土　一九七八年湖北隨縣曾侯乙墓，
同銘九件
現藏　湖北省博物館
來源　湖北省博物館提供

〇〇五七八　叀□作鬲
字數　存七
時代　西周晚期
著録　薛氏一五九・一(又一六・六)
來源　薛氏
備注　首字疑爲聿之誤

〇〇五七九　鄭叔蒦父鬲
字數　七
時代　春秋早期
著録　總集一四二五
三代五・二一・三
積古七・二二・三

擽古 二・一・一三・二
流傳 器見于山左(積古)
現藏 上海博物館
來源 上海博物館提供

〇〇五八〇 鄭井叔蒦父鬲

字數 八
時代 西周晚期
著録 總集 一四三〇
三代 五・二二・一
周金 二・八二・一
貞補上 一六・二
小校 三・六〇・四
銘文選 四五八
流傳 趙時棡舊藏(周金、貞補)
現藏 北京故宮博物院
來源 考古研究所拓

〇〇五八一 鄭井叔蒦父鬲

字數 八
時代 西周晚期
著録 未見
現藏 北京故宮博物館
來源 考古研究所拓

〇〇五八二 𤼸子旅鬲

字數 八
時代 西周早期
著録 未見
現藏 上海博物館
來源 上海博物館提供
備注 此器與〇二三二〇鼎重出

〇〇五八三 𤼸子旅鬲

字數 八
時代 西周早期
著録 總集 一四二四
三代 五・二一・二

來源 三代

〇〇五八四 王作親王姬鬲

字數 八
時代 西周晚期
著録 總集 一四三四
文叢 二輯六〇頁圖六九左
出土 一九七六年河南新鄭縣唐户三號墓
現藏 新鄭縣文物保管所
來源 新鄭縣文物保管所提供

〇〇五八五 王作親王姬鬲

字數 八
時代 西周晚期
著録 總集 一四三五
文叢 二輯六〇頁圖六九右
出土 一九七六年河南新鄭縣唐户三號墓
現藏 新鄭縣文物保管所
來源 新鄭縣文物保管所提供

〇〇五八六 倗作義丏妣鬲(羲比鬲、鳳鬲)

字數 八
時代 西周晚期
著録 總集 一四一二
三代 五・一八・六
窓齋 一七・一六・二
綴遺 二七・一
周金 二・八二・二
小校 三・六〇・三
流傳 潘祖蔭舊藏(綴遺)
來源 考古研究所藏柉林館拓本

〇〇五八七 畱伯毛鬲

字數 八
時代 西周晚期

著録 總集 一四三三
録遺 一〇八
燕園 六七
現藏 北京大學賽克勒考古與藝術博物館
來源 考古研究所藏

〇〇五八八 叔皇父鬲

字數 七
時代 西周晚期
著録 總集 一四二六
考古與文物 一九八一年一期一〇頁圖二・六
出土 一九七五年陝西長武縣方莊
現藏 長武縣文化館
來源 吴鎮烽同志提供

〇〇五八九 峕伯鬲

字數 八
時代 西周晚期
著録 總集 一四二一
三代 五・二〇・一
流傳 山東存邿 二・一
現藏 中國歷史博物館
來源 考古研究所拓

〇〇五九〇 峕伯鬲

字數 八
時代 西周晚期
著録 總集 一四二三
三代 五・二二・一
山東存邿 二・二
現藏 中國歷史博物館
來源 考古研究所拓

〇〇五九一 峕伯鬲

字數 八
時代 西周晚期
著録 總集 一四二二

三代 五・二〇・二
山東存邿 三・一
出土 「寺白鬲四器(内一器文字漫滅)與邾義白鼎、孟䢔父𣪘、京叔盤、孟嬴匜等同出滕縣安上村」(山東存)
現藏 中國歷史博物館
來源 考古研究所拓

〇〇五九二 伯毃鬲

字數 八
時代 春秋早期
著録 考古 一九八四年六期五一二頁圖四
出土 一九七五～一九七六年湖北隨縣萬店周家崗墓葬
現藏 襄陽地區博物館
來源 考古研究所拓
備注 末二字刻銘不清楚，同出另一鬲的形制、花紋、大小同此器，但銘文被刮掉

〇〇五九三 魯姬鬲

字數 八
時代 春秋早期
著録 總集 一四一九
三代 五・二一・三
山東存魯 一・三
來源 三代

〇〇五九四 衛姒鬲

字數 八
時代 西周晚期
著録 總集 一四三一
三代 五・二三・一
貞補上 一六・三
善齋 三・二一

小校 三・六二・一
頌續 二二
巖窟上 一三
綜覽・鬲 八〇
出土 河南濬縣辛村
流傳 劉體智、容庚、梁上椿舊藏
現藏 北京清華大學圖書館
來源 考古研究所拓

〇〇五九五 衛夫人鬲

字數 八（補刻四字未計）
時代 西周晚期
著録 總集 一四五七
辛村 六一・四
銘文選 七九七
出土 河南濬縣辛村五號墓
現藏 歷史語言研究所
來源 考古研究所藏
備注 南京市博物館藏同銘鬲二件，全銘一五字，較此清晰

〇〇五九六 郳始鬲

字數 八
時代 春秋中期
著録 總集 一四三三
三代 五・二三・二
從古 一六・一〇
攈古 二・一・二八・三
愙齋 一七・一四・一
綴遺 二七・二八・一
奇觚 八・四・二
周金 二・八一・一
簠齋 三鬲三
小校 三・六一・一
山東存邾 一六
銘文選 八三三
流傳 陳介祺舊藏
來源 考古研究所藏猗文閣拓本

〇〇五九七 鄭登伯鬲

字數 八
時代 西周晚期
著録 總集 一四二七
三代 五・二二・二
清愛 一二
攈古 二・一・二九・一
愙齋 一七・一五・一
綴遺 二七・二七・一
奇觚 八・四・一
敬吾下 四五・一
周金 二・八一・二
簠齋 三鬲二
大系 二〇〇
小校 三・六〇・五
尊古 二・二二
通考 一六〇
綜覽・鬲 五八
流傳 劉喜海、陳介祺舊藏
現藏 北京故宮博物院
來源 考古研究所藏

〇〇五九八 鄭登伯鬲

字數 八
時代 西周晚期
著録 未見
流傳 章乃器舊藏
現藏 北京故宮博物院
來源 考古研究所藏

〇〇五九九 鄭登伯鬲

字數 八
時代 西周晚期
著録 未見
現藏 南京博物院
來源 考古研究所拓

〇〇六〇〇 己侯鬲

字數 存八（又重二）
時代 西周晚期
著録 文物 一九八三年一二期八頁圖六
出土 一九六三年山東黃縣舊城收集，據云係五十年代出土
現藏 煙臺地區文物管理委員會
來源 文物

〇〇六〇一 宋眉父鬲

字數 存八
時代 春秋早期
著録 總集 一四四三
三代 五・二五・二
攈古 二・一・五四・一
大系 二〇五・三
小校 三・六一・二
銘文選 七八六
流傳 孟廣均舊藏（羅表）
現藏 上海博物館
來源 考古研究所藏移林館拓本

〇〇六〇二 王作王母鬲

字數 八
時代 西周晚期
著録 積古 七・二二・二
攈古 二・一・二八・二
來源 攈古
備注 攈古録云「積古齋録趙謙士摹本」

〇〇六〇三 虢叔鬲（叔殷穀鬲）

字數 八
時代 春秋早期
著録 考古圖 二・一四
薛氏 一五八・四
來源 薛氏

〇〇六〇四 聿造鬲

字數 八
時代 西周晚期
著録 薛氏 一五八・五
來源 薛氏

〇〇六〇五 伯姜鬲

字數 八
時代 西周晚期
著録 綴遺 二七・三・一
周金 二補一三・三
小校 三・六一・三
來源 考古研究所藏猗文閣拓本

〇〇六〇六 王伯姜鬲

字數 九
時代 西周晚期
著録 總集 一四三六
三代 五・二四・四
攈古 二・一・四一・四
愙齋 一七・七・三
綴遺 二七・一五・一
小校 三・六三・一
流傳 潘祖蔭舊藏（綴遺）
現藏 上海博物館
來源 考古研究所藏猗文閣拓本

〇〇六〇七 王伯姜鬲

字數 九
時代 西周晚期
著録 總集 一四三八
三代 五・二四・三
筠清 四・三五・二
愙齋 一七・七・四

綴遺 二七・一四・一
陶齋 二・五六
周金 二・八〇・一～二
小校 三・六二・三
美集録 R 四一一
彙編 六・五〇〇
三代補 四一一
綜覽・鬲 五六
流傳 葉志詵、潘祖蔭、端方舊藏(筠清、周金)
現藏 美國納爾遜美術陳列館(美集録)
來源 考古研究所藏移林館拓本

〇〇六〇八 戈叔慶父鬲
字數 九
時代 春秋早期
著録 總集 一四四一
三代 五・二四・二
愙齋 一七・一五・二
敬吾下 四五・二
大系 二六四・二
小校 三・六三・二
銘文選 七八五
來源 考古研究所藏移林館拓本

〇〇六〇九 黄市鬲
字數 九
時代 西周晚期
著録 文物 一九七二年二期四七頁
圖二
出土 一九六六年七月湖北京山縣坪壩
蘇家壠
現藏 湖北省博物館
來源 考古研究所拓

〇〇六一〇 黄市鬲
字數 九
時代 西周晚期
著録 總集 一四四四
文物 一九七二年二期四七頁
圖二
綜覽・鬲 八七
辭典 六三二
出土 一九六六年七月湖北京山縣坪壩
蘇家壠
現藏 湖北省博物館
來源 考古研究所拓
備注 羊字倒書

〇〇六一一 王作贅母鬲
字數 九
時代 春秋早期
著録 總集 一四四二
三代 五・二五・一
陶齋 二・五三
周金 二・八〇・三
小校 三・六三・三
出土 光緒間岐山(陝西金石志)
流傳 端方舊藏
來源 考古研究所藏猗文閣拓本

〇〇六一二 伯□子鬲
字數 存九
時代 西周晚期
著録 綴遺 二七・三一・一
流傳 見于揚州古肆
來源 綴遺
備注 此为〇〇六三〇器摹本,「孫」字誤摹爲「子」,重出

〇〇六一三 林[女巩]鬲
字數 一〇
時代 西周早期
著録 總集 一四四〇
三代 五・二四・一
寧壽 一二・二七
貞續上 二六・一
續殷上 二七・一二
小校 三・六二・二
現藏 上海博物館
來源 考古研究所藏猗文閣拓本

〇〇六一四 叔鼎鬲
字數 一〇
時代 西周早期
著録 總集 一四四七
録遺 一〇九
來源 録遺

〇〇六一五 伯試父鬲(井姬鬲)
字數 一〇
時代 西周中期
著録 總集 一四四六
三代 五・二六・二
攈古 二・一・五四・二
綴遺 二七・一〇・一
流傳 吴式芬舊藏(攈古)
現藏 歷史語言研究所
來源 考古研究所藏

〇〇六一六 伯庸父鬲
字數 一〇
時代 西周中期
著録 總集 一四四八
學報 一九六二年一期圖版一五下
張家坡 二・一
斷代 一五〇
綜覽・鬲 五二
出土 一九六一年陝西長安縣張家坡窖藏
現藏 陝西省博物館
來源 陝西省博物館提供

〇〇六一七 伯庸父鬲
字數 一〇
時代 西周中期
著録 未見
出土 一九六一年陝西長安縣張家坡窖藏
現藏 陝西省博物館
來源 陝西省博物館提供

〇〇六一八 伯庸父鬲
字數 一〇
時代 西周中期
著録 未見
出土 一九六一年陝西長安縣張家坡窖藏
現藏 陝西省博物館
來源 陝西省博物館提供

〇〇六一九 伯庸父鬲
字數 一〇
時代 西周中期
著録 未見
出土 一九六一年陝西長安縣張家坡窖藏
現藏 陝西省博物館
來源 陝西省博物館提供

〇〇六二〇 伯庸父鬲
字數 一〇
時代 西周中期
著録 未見
出土 一九六一年陝西長安縣張家坡窖藏
現藏 陝西省博物館
來源 陝西省博物館提供

〇〇六二一 伯庸父鬲

字數 一〇
時代 西周中期
著録 未見
出土 一九六一年陝西長安縣張家坡窖藏
現藏 陝西省博物館
來源 陝西省博物館提供

〇〇六二二 伯庸父鬲
字數 一〇
時代 西周中期
著録 總集 一四四九
張家坡 二・二
出土 一九六一年陝西長安縣張家坡窖藏
現藏 陝西省博物館
來源 陝西省博物館提供

〇〇六二三 伯庸父鬲
字數 一〇
時代 西周中期
著録 未見
出土 一九六一年陝西長安縣張家坡窖藏
現藏 陝西省博物館
來源 陝西省博物館提供

〇〇六二四 黄子鬲
字數 一〇
時代 春秋早期
著録 考古 一九八四年四期三二〇頁圖二一・三
青全 七・八一
出土 一九八三年河南光山縣寶相寺上官崗墓葬
現藏 信陽地區文物管理委員會
來源 考古編輯部檔案

〇〇六二五 曾子單鬲
字數 一〇
時代 春秋早期
著録 未見
出土 湖北京山縣坪壩
現藏 京山縣博物館
來源 考古研究所藏

〇〇六二六 樊君鬲
字數 一〇
時代 春秋早期
著録 總集 一四四五
三代 五・二六・一
夢郼續 八
小校 三・六四・二
通考 一六四
綜覽・鬲 九一
流傳 羅振玉舊藏
來源 考古研究所藏

〇〇六二七 孜父鬲
字數 一〇（又重二）
時代 西周晚期
著録 考古圖 二・七
薛氏 一六〇・二
出土 熙寧中得于鳳翔盩厔（考古圖）
流傳 河南張氏舊藏（考古圖）
來源 薛氏

〇〇六二八 姬趛母鬲
字數 一〇
時代 西周早期
著録 積古 七・二二・三
攈古 二・一・五三・三
來源 攈古

〇〇六二九 姬趛母鬲
字數 一〇
時代 西周早期
著録 積古 七・二二・一
攈古 二・一・五三・四
來源 攈古

〇〇六三〇 番伯□孫鬲
字數 存一〇
時代 春秋早期
著録 未見
來源 考古研究所藏猗文閣拓本
備注 與〇〇六一二器重出，彼為摹本

〇〇六三一 遣鬲
字數 一一
時代 西周早期
著録 考古 一九八四年四期三三六頁
圖八
出土 一九八二年山東滕縣莊里西村
墓葬
現藏 滕縣博物館
來源 考古研究所拓

〇〇六三二 𤇾伯鬲（榮伯鬲）
字數 一一
時代 西周中期
著録 總集 一四五五
三代 五・二八・二
愙齋 一七・一六・一
綴遺 二七・二三・二
奇觚 八・三・一
周金 二・七九・一
簠齋 三鬲一
小校 三・六八・二
日精華 四・三〇・九上
斷代 一五一
彙編 六・四五七

出土 出關中（據簠齋拓本批語）
流傳 陳介祺舊藏
現藏 日本東京根津美術館
來源 考古研究所藏

〇〇六三三 𦥯肇家鬲（舉肇家鬲）
字數 一一
時代 西周中期
著録 總集 一四五四
三代 五・二八・三
陶續 一・四八
周金 二・七九・二
小校 三・六七・七
流傳 端方舊藏
來源 三代

〇〇六三四 叟妝鬲
字數 一一
時代 西周晚期
著録 總集 一四五三
三代 五・二八・一
恒軒 九七
奇觚 八・二・一
小校 三・六八・一
頌續 一九
通考 一六九
綜覽・鬲 七三
辭典 三三〇
出土 出于陝西（頌續）
流傳 李勤伯、容庚舊藏（頌續）
現藏 廣州市博物館
來源 考古研究所藏移林館拓本

〇〇六三五 呂王鬲
字數 一一（又合二）
時代 西周晚期
著録 總集 一四六三

三代 五・三〇・一
綴遺 二七・一一
貞松 四・七・一
希古 三・五・二
周金 二・七七・四〜五
小校 三・七〇・一
銘文選 五〇二
青全 六・一〇五
上海(二〇〇四) 三六八

流傳 金蘭坡、費念慈舊藏(綴遺、貞松)
現藏 上海博物館
來源 考古研究所藏猗文閣拓本

〇〇六三六 呂雔姬鬲

字數 一一(又重二)
時代 西周晚期
著録 總集 一四六七
録遺 一一〇
陝圖 八八
流傳 一九五二年歸陝西省博物館
現藏 陝西省博物館
來源 陝圖

〇〇六三七 庚姬鬲

字數 一一
時代 西周中期
著録 總集 一四五〇
三代 五・二六・三
窓齋 一七・九・一
敬吾下 四六・一
綴遺 二七・一五・二
移林 九
周金 二補二三・一
小校 三・六五・二(又 三・六六・二 重出)

流傳 劉鶚、丁麟年舊藏(羅表、移林)
來源 考古研究所藏移林館拓本

〇〇六三八 庚姬鬲

字數 一一
時代 西周中期
著録 總集 一四五一
三代 五・二七・一
攈古 二・一・六一・二
從古 六・四三・一
綴遺 二七・一七・一
敬吾下 四五・三
周金 二・七八・二
小校 三・六七・一
流傳 山西宋氏、嘉興張氏(沅)舊藏(周金)
現藏 上海博物館
來源 考古研究所藏移林館拓本

〇〇六三九 庚姬鬲

字數 一一
時代 西周中期
著録 總集 一四五二
三代 五・二七・二
攈古 二・一・六二・一
窓齋 一七・九・二
綴遺 二七・一六・一
周金 二補二三・二
小校 三・六六・一
流傳 南潯顧氏舊藏(羅表)
來源 考古研究所

〇〇六四〇 庚姬鬲

字數 一一
時代 西周中期
著録 未見
現藏 濟南市博物館

來源 考古研究所拓

〇〇六四一 京姜鬲

字數 一一
時代 西周中期
著録 總集 一四五六
博古 一九・一八〜一九
薛氏 一六〇・一
復齋 二一〜二二
積古 七・二〇〜二一
攈古 二・一・六一・一
古文審 八・一一
來源 復齋

〇〇六四二 畢伯碩父鬲(叔娟鬲)

字數 存一一
時代 西周晚期
著録 攈古 二・二・九・二
綴遺 二七・七・二
流傳 葉志詵舊藏(攈古録)
來源 攈古

〇〇六四三 瀕史鬲

字數 一二
時代 西周早期
著録 總集 一三七三
三代 七・二六・一
綴遺 二六・二八・一
周金 三・二一・四(又二・五七・五)
貞續上 三七・四
青全 五・四一
上海(二〇〇四) 二一八
流傳 姚觀光舊藏(周金)
現藏 上海博物館
來源 考古研究所拓
備注 綴遺、積微名「陝角」，周金、貞續入毀類，前者又名「陵鼎」均誤，實爲鬲

〇〇六四四 伯上父鬲

字數 一二
時代 西周中晚期
著録 總集 一四五九
三代 五・二八・五
綴遺 二七・三・二
貞松 四・六・三
希古 三・五・一
善齋 三・二二
小校 三・六九・二
頌續 二三
流傳 劉體智、容庚舊藏
來源 考古研究所藏

〇〇六四五 王作番妃鬲

字數 一二
時代 西周晚期
著録 綴遺 二七・四・一
金索 一・七八
攈古 二・一・七四・一
積古 七・二一・二
流傳 葉志詵舊藏(綴遺)
來源 考古研究所藏
備注 綴遺云「積古齋款識有此銘而點畫小異疑一範所成而非一器」。查與其他諸書摹本并無明顯出入，故仍以一器計

〇〇六四六 王作姬□女鬲

字數 一二 (又重二)
時代 西周晚期
著録 總集 一四六四
三代 五・三〇・二
窓齋 一七・一七・一
貞圖上 二七

小校 三・六九・三
通考 一六二
綜覽・鬲 六九
流傳 羅振玉舊藏
來源 考古研究所藏

〇〇六四七 王伯姜鬲

字數 一二
時代 西周晚期
著録 總集 一四三九
三代 五・二 四・五
貞松 四・六・二
希古 三・四・三
流傳 「此器己未歲見之滬江」（貞松）
來源 三代

〇〇六四八 魯侯熙鬲

字數 一三
時代 西周早期
著録 總集 一四六五
美集録 R 四四二
斷代 六六
彙編 六・四一四
三代補 四四二
銘文選 五九
綜覽・鬲 八
流傳 美國盧芹齋舊藏
現藏 美國波斯頓美術博物館
來源 考古研究所藏

〇〇六四九 伯先父鬲

字數 一三（又重二）
時代 西周中期
著録 總集 一四八七
陝青 二・八四
出土 一九七六年陝西扶風縣莊白一號窖藏
現藏 周原扶風縣文物管理所
來源 周原扶風縣文物管理所提供

〇〇六五〇 伯先父鬲

字數 一三（又重二）
時代 西周中期
著録 總集 一四八八
陝青 二・八五
文物 一九七八年三期九頁圖五
三代補 九八六
綜覽・鬲 六七
出土 一九七六年陝西扶風縣莊白一號窖藏
現藏 周原扶風縣文物管理所
來源 周原扶風縣文物管理所提供

〇〇六五一 伯先父鬲

字數 一三（又重二）
時代 西周中期
著録 總集 一四九〇
陝青 二・八六
出土 一九七六年陝西扶風縣莊白一號窖藏
現藏 周原扶風縣文物管理所
來源 周原扶風縣文物管理所提供

〇〇六五二 伯先父鬲

字數 一三（又重二）
時代 西周中期
著録 總集 一四八九
陝青 二・八七
出土 一九七六年陝西扶風縣莊白一號窖藏
現藏 周原扶風縣文物管理所
來源 周原扶風縣文物管理所提供

〇〇六五三 伯先父鬲

字數 一三（又重二）
時代 西周中期
著録 總集 一四九一
陝青 二・八八
出土 一九七六年陝西扶風縣莊白一號窖藏
現藏 周原扶風縣文物管理所
來源 周原扶風縣文物管理所提供

〇〇六五四 伯先父鬲

字數 一三（又重二）
時代 西周中期
著録 總集 一四九二
陝青 二・八九
出土 一九七六年陝西扶風縣莊白一號窖藏
現藏 周原扶風縣文物管理所
來源 周原扶風縣文物管理所提供

〇〇六五五 伯先父鬲

字數 一二（又重二）
時代 西周中期
著録 總集 一四九三
陝青 二・九〇
吉鑄 二八
出土 一九七六年陝西扶風縣莊白一號窖藏
現藏 周原扶風縣文物管理所
來源 周原扶風縣文物管理所提供

〇〇六五六 伯先父鬲

字數 一二（又重二）
時代 西周中期
著録 總集 一四九四
陝青 二・九一
出土 一九七六年陝西扶風縣莊白一號窖藏
現藏 周原扶風縣文物管理所
來源 周原扶風縣文物管理所提供

〇〇六五七 伯先父鬲

字數 一二（又重二）
時代 西周中期
著録 總集 一四九五
陝青 二・九二
出土 一九七六年陝西扶風縣莊白一號窖藏
現藏 周原扶風縣文物管理所
來源 周原扶風縣文物管理所提供

〇〇六五八 伯先父鬲

字數 一二（又重二）
時代 西周中期
著録 總集 一四九六
陝青 二・九三
出土 一九七六年陝西扶風縣莊白一號窖藏
現藏 周原扶風縣文物管理所
來源 周原扶風縣文物管理所提供
備注 此器奪一個「父」字

〇〇六五九 鄭羌伯鬲

字數 一二
時代 西周晚期
著録 積古 七・二五・一
攈古 二・一・七四・二
周金 二・七八・一
小校 三・六九・一
流傳 「見於滬市」（周金）
來源 考古研究所藏

〇〇六六〇 鄭羌伯鬲

字數 一二
時代 西周晚期
著録 總集 一四六〇
三代 五・二九・一

夢郼上 一六
小校 三・六八・三
流傳 羅振玉舊藏
來源 考古研究所藏猗文閣拓本
備注 容庚云「夢郼一六仿積古七・二四僞，周金文存二・七八真」。姑存疑

〇〇六六一 虢季子組鬲
字數 一二
時代 西周晚期
著録 西甲 一四・二
來源 西甲

〇〇六六二 虢季氏子組鬲
字數 一三
時代 西周晚期
著録 巖窟上 一四
銘文選 五二三
綜覽・鬲 七八
出土 傳河南新鄉
流傳 德人楊寧史舊藏
現藏 北京故宮博物院
來源 考古研究所藏

〇〇六六三 鼇伯鬲
字數 一三
時代 西周晚期
著録 考古 一九八四年七期五九六頁圖六
辭典 六三三
流傳 一九七六年山東日照縣崮河崖一號墓
現藏 山東日照縣圖書館
來源 山東日照縣圖書館提供
備注 同出四件形制大小相同，本書收三件，另一件銘文不清

〇〇六六四 鼇伯鬲
字數 一三
時代 西周晚期
著録 未見
流傳 一九七六年山東日照縣崮河崖一號墓
現藏 山東日照縣圖書館
來源 山東日照縣圖書館提供

〇〇六六五 鼇伯鬲
字數 一三
時代 西周晚期
著録 未見
流傳 一九七六年山東日照縣崮河崖一號墓
現藏 山東日照縣圖書館
來源 山東日照縣圖書館提供

〇〇六六六 戲伯鬲
字數 一三（又重二）
時代 西周晚期
著録 總集 一四六九
三代 五・三一・一
積古 七・二三・一
攈古 二・二・一〇・一
綴遺 二七・一三・一
敬吾下 四八・一
周金 二・七七・一
小校 三・七〇・三
銘文選 三三四
上海（二〇〇四） 三七四
流傳 何溱、王味雪、鄒安、徐乃昌舊藏（周金）
現藏 上海博物館
來源 考古研究所藏

〇〇六六七 戲伯鬲
字數 一三（又重二）
時代 西周晚期
著録 總集 一四七〇
海外吉 九
泉屋 八
通考 一五八
日精華 四・三〇八
彙編 五・三九六
泉屋博古 七
流傳 朝鮮大院君舊藏，伊藤博文使朝時贈之（海外吉）
現藏 日本京都泉屋博古館
來源 彙編

〇〇六六八 右戲仲嚘父鬲
字數 一三
時代 春秋早期
著録 總集 一四七七
三代 五・三五・一
周金 二補二八・一
貞松 四・一一・一
希古 三・六・一
小校 三・七一・一
流傳 周夢坡、李國松舊藏（周金、小校）
現藏 上海博物館
來源 考古研究所藏

〇〇六六九 鼄伯鬲
字數 一三（又重二）
時代 春秋早期
著録 總集 一四七六
三代 五・三四・三
攈古 二・二・一七・二～一八・一
愙齋 一七・八・二
十二舊 二～三
大系 二二一・二
小校 三・七五・一
山東存邾 一・二～二・一
通考 一六五
銘文選 四九四
綜覽・鬲 八九
青全 六・七四
流傳 劉鏡古、許延暄、丁樹楨、方若舊藏（羅表）
現藏 中國歷史博物館
來源 考古研究所藏

〇〇六七〇 鼄來隹鬲
字數 一三
時代 春秋早期
著録 總集 一四六一
三代 五・二九・二
貞松 四・七・二～八・一
希古 三・五・三
山東存邾 一四
來源 三代

〇〇六七一 伯汖父鬲
字數 一三（又重二）
時代 西周中期
著録 攈古 二・二・一八
流傳 吳式芬舊藏
來源 考古研究所藏

〇〇六七二 召仲鬲
字數 一三（又重二）
時代 西周晚期
著録 總集 一四八〇
三代 五・三四・一（又三・四二重出）
攈古 二・二・一六・三～四
周金 二・七四・一～二

小校 三・七六・一
彙編 五・三八一
流傳 劉喜海舊藏
來源 考古研究所藏猗文閣拓本

〇〇六七三 召仲鬲
字數 一三（又重二）
時代 西周晚期
著録 總集 一四七九
長安 一・二五
攈古上 五一
恒軒 九四
攈古 二・二・一六・一～二
愙齋 七・一三・二
綴遺 二七・一七・二
周金 二・七三・二～三
小校 三・七五・二（又七五・三重出）
流傳 劉喜海、潘祖蔭舊藏（綴遺）
來源 考古研究所藏猗文閣拓本

〇〇六七四 叔牙父鬲
字數 一三（又重二）
時代 春秋早期
著録 未見
來源 考古研究所藏

〇〇六七五 樊夫人龍嬴鬲
字數 一三
時代 春秋早期
著録 文物 一九八一年一期一〇頁
圖四，圖版五・七
出土 一九七八年河南信陽南山嘴一號墓
現藏 信陽地區文物管理委員會
來源 信陽地區文物管理委員會提供

〇〇六七六 樊夫人龍嬴鬲
字數 一三
時代 春秋早期
著録 未見
出土 一九七八年河南信陽南山嘴一號墓
現藏 信陽地區文物管理委員會
來源 信陽地區文物管理委員會提供

〇〇六七七 邛叔[illegible]鬲
字數 一三（又重二）
時代 春秋晚期
著録 總集 一四八四
考古 一九八一年二期一二二頁
圖三・一
下寺 六三頁圖五二
出土 一九七八年河南淅川縣下寺墓葬（M一：四二）
來源 考古編輯部檔案

〇〇六七八 郾大嗣攻鬲
字數 存一三（又重二）
時代 春秋早期
著録 總集 一五二四
録遺 一一二
來源 録遺

〇〇六七九 [illegible]有嗣再鬲
字數 一三
時代 西周晚期
著録 總集 一四六二
文物 一九七六年五期四三頁
圖二五
陝青 一・一七九
銘文選 三八二
出土 一九七五年陝西岐山縣董家村窖藏
現藏 岐山縣博物館
來源 岐山縣博物館提供

〇〇六八〇 成伯孫父鬲
字數 一四（又重二）
時代 西周晚期
著録 總集 一五〇二
文物 一九七六年五期四三頁
圖二八
陝青 一・一八〇
三代補 九三八
出土 一九七五年陝西岐山縣董家村窖藏
現藏 岐山縣博物館
來源 岐山縣博物館提供

〇〇六八一 仲□父鬲
字數 一四（又重二）
時代 西周晚期
著録 博古 一九・一三～一四
薛氏 一五九・三
來源 博古

〇〇六八二 伯家父鬲
字數 一四
時代 西周晚期
著録 總集 一四六八
三代 五・三〇・四～五
陶齋 二・五五
周金 二・七七・二～三
小校 三・七六・四
流傳 端方舊藏
現藏 北京故宮博物院
來源 考古研究所拓

〇〇六八三 虢季氏子伇鬲
字數 一四（又重二）
時代 西周晚期
著録 銘文選 四四九
考古通訊 一九五八年一一期七二頁圖二・一
文物 一九五九年一期一四頁左上
號國墓 三三頁圖二七
三代補 八五六
綜覽・鬲 七九
出土 一九五六年河南陝縣上村嶺一六三一號墓
現藏 中國歷史博物館
來源 考古研究所拓

〇〇六八四 鄭鑄友父鬲
字數 一四（又重一）
時代 西周晚期
著録 未見
來源 考古研究所藏猗文閣拓本

〇〇六八五 齊趫父鬲
字數 一四（又重二）
時代 春秋早期
著録 文物 一九八三年一二期三頁
圖七
山東精萃 一一七
青全 九・八
出土 一九七七年山東臨朐縣泉頭村墓葬
現藏 臨朐縣文化館
來源 臨朐縣文化館提供

〇〇六八六 齊趫父鬲
字數 一四（又重二）
時代 春秋早期
著録 文物 一九八三年一二期三頁
圖六
青全 九・八
出土 一九七七年山東臨朐縣泉頭村墓葬

現藏　臨朐縣文化館
來源　臨朐縣文化館提供

〇〇六八七　黄子鬲
字數　一四（又重二）
時代　春秋早期
著録　考古　一九八四年四期三二〇頁
圖二一・五
青全　七・八〇
出土　一九八三年河南光山縣寶相寺
上官崗墓葬
現藏　信陽地區文物管理委員會
來源　考古編輯部檔案

〇〇六八八　䰜作又母辛鬲（亞[illegible]母辛鬲）
字數　一四
時代　西周早期
著録　總集　一四六六
三代　五・三〇・三
攈古　二・二・三二・二
綴遺　二七・一・二
殷存上　九・五
小校　三・七〇・二
流傳　袁理堂、丁彦臣舊藏（攈古、綴遺）
來源　考古研究所藏

〇〇六八九　伯矩鬲
字數　一五（蓋器同銘）
時代　西周早期
著録　總集　一四八五
文物　一九七八年四期二七頁
圖一四
銅器選　二六
銘文選　四八
琉璃河　一六〇頁圖九四七
綜覽・鬲　一七
美全　四・一六六
辭典　三二六
青全　六・八～九
出土　一九七五年北京房山縣琉璃河西周墓（M二五一：二三）
現藏　首都博物館
來源　首都博物館提供

〇〇六九〇　魯伯愈父鬲
字數　一四
時代　春秋早期
著録　總集　一四七一
三代　五・三一・二
愙齋　一七・一一・二
綴遺　二七・二五
周金　二・七五・一
大系　二三〇・一
小校　三・七三・二
山東存魯　五
上海　六四
彙編　五・三八〇
銘文選　八一〇
綜覽・鬲　八二
辭典　三三七
青全　九・五〇
上海（二〇〇四）　四四六
出土　「道光庚寅歲滕縣人於鳳皇嶺之溝澗中掘出劉超元守衛購得……此外有盤有簠有鬲皆以姬年係之……」（金索　五六）
流傳　許延暄、潘祖蔭舊藏（綴遺、周金）
現藏　上海博物館
來源　考古研究所藏
備注　此器奪「父」字。大系云「魯伯愈父諸器所見有鬲五簠三盤三匜一」

〇〇六九一　魯伯愈父鬲
字數　一五
時代　春秋早期
著録　總集　一四七二
三代　五・三二・一
筠清　四・三二～三三
古文審　八・一三
攈古　二・二・六・三～一七・一
周金　二補二四・二
希古　三・六・三
大系　二二九・二
小校　三・七三・一（又七四・一重出）
山東存魯　六・二～七・一
出土　同前
流傳　山西陽城張子絜、諸城劉氏舊藏（攈古録）
來源　考古研究所藏

〇〇六九二　魯伯愈父鬲
字數　一五
時代　春秋早期
著録　總集　一四七三
三代　五・三二・二
愙齋　一七・一一・一
綴遺　二七・二三
周金　二・七五・二
小校　三・七二・一（又七二・二）
大系　二三〇・二
山東存魯　八・二～九・一
彙編　五・三七九（ab 兩拓）
上海（二〇〇四）　四四六
出土　同前
流傳　許延暄、潘祖蔭舊藏（綴遺、周金）
現藏　上海博物館
來源　考古研究所藏

〇〇六九三　魯伯愈父鬲
字數　一五
時代　春秋早期
著録　總集　一四七四
三代　五・三三・一
綴遺　二七・二六
周金　二・七六・一
貞松　四・八・二～九・一
希古　三・六・二
大系　二二九・一
小校　三・七四・二
山東存魯　七・二～八・一
出土　同前
流傳　丁彦臣舊藏（綴遺、周金）
來源　三代

〇〇六九四　魯伯愈父鬲
字數　一五
時代　春秋早期
著録　總集　一四七五
三代　五・三三・二
綴遺　二七・二四・一
周金　二・七四・二
貞松　四・九・二～一〇・一
希古　三・六・四
大系　二二八・二
小校　三・七一・二
山東存魯　九・二～一〇・一
蔭軒　二・二五
出土　同前
流傳　潘祖蔭舊藏（綴遺、周金），後歸

李蔭軒
現藏　上海博物館
來源　三代
備注　貞松云「此鬲平生所見墨本凡五器，前人僅著録三器」

〇〇六九五　魯伯愈父鬲
字數　一五
時代　春秋早期
著録　未見
出土　同前
來源　考古研究所藏猗文閣拓本

〇〇六九六　夆伯鬲
字數　一五（又重二）
時代　西周中期
著録　銘文選　三七九
上海(二〇〇四)　三七三
現藏　上海博物館
來源　上海博物館提供

〇〇六九七　[illegible]伯鬲
字數　一五（又重二）
時代　西周早期
著録　總集　一五〇〇
三代　五・三　七・二
貞續上　二六・三
來源　三代

〇〇六九八　杜伯鬲
字數　一五（又重二）
時代　西周晚期
著録　總集　一五〇六
三代　五・三九・一
銘文選　五二七
周金　二補九・一
貞松　四・一三・二
希古　三・八・三

大系　一四四・一
小校　三・八二・二
善齋　三・二五
彙編　五・三三八
故青　一八二
流傳　劉體智舊藏
現藏　北京故宮博物院
來源　考古研究所拓

〇〇六九九　曾伯宮父穆鬲
字數　一五
時代　春秋早期
著録　江漢考古　一九八〇年一期七五頁
圖四
銘文選　六九五
出土　「宜屬湖北坑口」
現藏　上海博物館
來源　上海博物館提供

〇〇七〇〇　善吉父鬲
字數　一四（又重二）
時代　西周晚期
著録　總集　一五〇八
考古　一九六六年四期二二九頁
圖一・五
綜覽・鬲　五五
出土　傳陝西扶風
現藏　河南省博物館
來源　商承祚先生藏

〇〇七〇一　善夫吉父鬲
字數　一五（又重二）
時代　西周晚期
著録　未見
現藏　濟南市博物館
來源　考古研究所拓

〇〇七〇二　善夫吉父鬲
字數　一五（又重二）
時代　西周晚期
著録　陝圖　八七
現藏　陝西省博物館
來源　陝西省博物館提供

〇〇七〇三　善夫吉父鬲
字數　一五（又重二）
時代　西周晚期
著録　總集　一五〇七
録遺　一一一
薩克勒(西周)　三〇
現藏　美國華盛頓薩克勒美術館
來源　録遺

〇〇七〇四　善夫吉父鬲
字數　一五（又重二）
時代　西周晚期
著録　未見
來源　商承祚先生藏

〇〇七〇五　陳侯鬲
字數　一五（又重二）
時代　春秋早期
著録　周金　二補二五・一
來源　唐蘭先生藏

〇〇七〇六　陳侯鬲
字數　一五（又重二）
時代　春秋早期
著録　周金　二補二五・二
流傳　故宮博物院舊藏
現藏　中國歷史博物館
來源　考古研究所拓

〇〇七〇七　魯宰駟父鬲
字數　一五
時代　春秋早期
著録　總集　一四八六
考古　一九六五年一一期五四六頁圖五
銘文選　四九〇
青全　六・六五
現藏　鄞縣文物保管所
來源　考古編輯部檔案

〇〇七〇八　虢伯鬲
字數　一五（又重二）
時代　西周晚期
著録　總集　一四九七
三代　五・三六・三～四
懷米下　一五
攈古　二・二・三二・一～二
窓齋　一七・一三・一
綴遺　二七・二二・一
奇觚　一八・二二・一～二
敬吾下　四・一～二
周金　二・七〇・二～三
小校　三・七六・二
銘文選　四一九
上海(二〇〇四)　三六九
流傳　曹載奎舊藏
現藏　上海博物館
來源　考古研究所藏猗文閣拓本

〇〇七〇九　虢伯鬲
字數　一六（又重二）
時代　西周晚期
著録　總集　一五一二
三代　五・四一・一～二
小校　三・八五・二
綴遺　二七・二二
周金　二・八八・一～二
來源　考古研究所藏

〇〇七一〇　仲斯鬲

字數 一六（又重二）
時代 西周晚期
著録 薛氏 一六二・一
來源 薛氏

〇〇七一一 內公鬲
字數 一六（又重二）
時代 西周晚期
著録 總集 一五一〇
三代 五・四〇・一
西清 三一・二
恒軒 九六
愙齋 一七・一〇・一
綴遺 二七・一八・一
周金 二・六九・二
小校 三・八四・二
彙編 五・三二五
流傳 清宮舊藏，後歸費念慈、吴大澂
現藏 美國舊金山亞洲美術博物館（布倫戴奇藏品）
來源 考古研究所藏猗文閣拓本

〇〇七一二 內公鬲
字數 一六（又重二）
時代 西周晚期
著録 總集 一五一一
三代 五・四〇・二
愙齋 一七・一〇・二
綴遺 二七・二〇
周金 二・六九・一
小校 三・八四・一
銘文選 五一〇
蔭軒 一・二三九
上海（二〇〇四）三七二
流傳 潘祖蔭、瞿中溶舊藏（愙齋、周金），後歸李蔭軒
現藏 上海博物館
來源 考古研究所藏猗文閣拓本

〇〇七一三 祀仲鬲
字數 一六（又重一）
時代 西周晚期
著録 總集 一四八二
三代 五・三六・一～二
貞松 四・一二・三
希古 三・七・三
冠斝上 四三
出土 「近年出土」（貞松）
流傳 羅振玉、榮厚舊藏
現藏 北京故宮博物院
來源 考古研究所藏

〇〇七一四 祀仲鬲
字數 一四（又重一）
時代 西周晚期
著録 總集 一四八一
三代 五・三五・三
貞松 四・一二・二
希古 三・七・二
小校 三・七六・三
出土 「近年出土」（貞松）
流傳 羅振玉、劉體智舊藏（羅表）
現藏 北京故宮博物院
來源 考古研究所藏
備注 希古除子孫二字外，餘字和三代方向相反，似爲摹寫之誤

〇〇七一五 嬰士父鬲
字數 一六（又重二）
時代 西周晚期
著録 總集 一五一三
文物 一九七二年五期一〇頁圖二〇
山東藏品 六三
出土 一九六三年山東肥城縣小王莊
現藏 山東省博物館
來源 考古研究所拓

〇〇七一六 嬰士父鬲
字數 一六（又重二）
時代 西周晚期
著録 未見
出土 一九六三年山東肥城縣小王莊
現藏 山東省博物館
來源 考古研究所拓

〇〇七一七 鼄友父鬲
字數 一六
時代 春秋早期
著録 總集 一四九八
三代 五・三六・五
從古 七・二四
攈古 二・二・三〇～三一
愙齋 一七・八・一
綴遺 二七・二九
敬吾下 四九・一
周金 二・二七・一
大系 二二一・一
小校 三・七九・一
山東存邾 一六・一
銘文選 四九五
流傳 夏之盛舊藏（周金）
現藏 北京故宮博物院
來源 考古研究所拓

〇〇七一八 □季鬲
字數 一六
時代 西周晚期
著録 總集 一四九九
三代 五・三七・一
綴遺 二七・一〇
周金 二・七二・二
貞松 四・一一
希古 三・八・一
小校 三・七八・二
山東存邾 三・二
流傳 方濬益、中江李氏、鄒安舊藏（綴遺、周金）
現藏 上海博物館
來源 考古研究所藏猗文閣拓本

〇〇七一九 伯顕父鬲
字數 一七（又重二）
時代 西周晚期
著録 未見
來源 唐蘭先生藏

〇〇七二〇 伯顕父鬲（畢姬鬲）
字數 一七（又重二）
時代 西周晚期
著録 總集 一五一五
三代 五・四一・五～六
清愛 二九
攈古 二・二・七五・一
愙齋 一七・一二・一
綴遺 二七・八・一・
周金 二・六八・一～二
小校 三・八二・一
出土 「乙亥冬得于都門」（清愛）
「道光乙巳六舟訪得於餘杭質庫中」（小校張廷濟題記）
流傳 劉喜海、潘伯寅舊藏（綴遺）
來源 考古研究所藏

〇〇七二一 伯顕父鬲
字數 一七（又重二）
時代 西周晚期

著録 總集一五一六
三代 五・四一・七～八
貞松 四・一五・一
希古 三・九・一
綜覽・鬲 六八
流傳 羅振玉舊藏
現藏 瑞典斯德哥爾摩遠東古物館
來源 考古研究所藏

〇〇七二二 伯顕父鬲
字數 一七（又重二）
時代 西周晚期
著録 總集一五一七
三代 五・四二・一～二
周金 二・六八・三～四
貞松 四・一四・三
希古 三・九・二
小校 三・八一・一
上海（二〇〇四）三七一
流傳 潘祖蔭舊藏（貞松）
現藏 上海博物館
來源 上海博物館提供

〇〇七二三 伯顕父鬲
字數 一七（又重二）
時代 西周晚期
著録 總集一五一九
三代 五・四二・三～四
貞松 四・一五
來源 考古研究所藏

〇〇七二四 伯顕父鬲
字數 一七（又重二）
時代 西周晚期
著録 總集一五一八
三代 五・四二・五～六
從古 三・三三・一
愙齋 一七・一二・二
綴遺 二七・八・二
陶齋 二・五二
周金 二・六七・五～六
清儀 一・四六
小校 三・八〇・四（又八一・二）
流傳 張廷濟、端方、章乃器舊藏
現藏 北京故宮博物院
來源 考古研究所藏

〇〇七二五 伯顕父鬲
字數 一七（又重二）
時代 西周晚期
著録 上海（二〇〇四）三七一
流傳 上海博物館
來源 上海博物館提供

〇〇七二六 伯顕父鬲
字數 一七（又重二）
時代 西周晚期
著録 周金 二・六七・七～八
流傳 瞿中溶舊藏
現藏 北京故宮博物院
來源 考古研究所拓

〇〇七二七 伯顕父鬲
字數 一六（又重二）
時代 西周晚期
著録 總集一五一四
三代 五・四一・三～四
綴遺 二七・九・一
貞松 四・一四・二
希古 三・九・三
小校 三・八〇・三
流傳 潘祖蔭舊藏（綴遺），後歸李蔭軒
現藏 上海博物館
來源 考古研究所藏猗文閣拓本

〇〇七二八 伯顕父鬲
字數 一五（又重二）
時代 西周晚期
著録 綴遺 二七・九・二
小校 三・八〇・二
南大 二五
現藏 南京大學考古與藝術博物館
來源 考古研究所拓

〇〇七二九 仲生父鬲
字數 一七（又重二）
時代 西周晚期
著録 考古與文物 一九八三年三期一〇頁圖七・一
出土 一九八一年甘肅寧縣湘樂玉村墓葬
現藏 寧縣文化館
來源 考古與文物

〇〇七三〇 鄭伯筍父鬲
字數 一七（又重二）
時代 西周晚期
著録 總集一五二〇
三代 五・四二・七～八
流傳 頤和園舊藏
現藏 北京故宮博物院
來源 考古研究所拓

〇〇七三一 鄭師蒦父鬲
字數 一七
時代 春秋早期
著録 總集一五〇四
三代 五・三八・一～三
西甲 一四・三
周金 二・七一・二～三
貞松 四・一三
希古 三・八・二
小校 三・八〇・一
通考 一六七
蔭軒 一・二二
流傳 清宮舊藏，後歸潘祖蔭、李蔭軒
現藏 上海博物館
來源 考古研究所藏

〇〇七三二 番君酯伯鬲
字數 一七（又重二）
時代 春秋早期
著録 總集一五〇五
三代 五・三八・四
從古 三・三二・一～二
攈古 二・二・五三・一～二
愙齋 一七・一二・三
綴遺 二七・四・二
敬吾下 五〇・一
陶續 一・四六
周金 二・七一・一
清儀 一・四七
善齋 三・二四
小校 三・八三・二
流傳 張廷濟、顧壽康、鄒安、劉體智舊藏（綴遺、周金）
來源 考古研究所藏

〇〇七三三 番君酯伯鬲
字數 一七（又重二）
時代 春秋早期
著録 周金 二補一四・一
銘文選 六一八
故青 一一八
現藏 北京故宮博物院
來源 考古研究所拓

〇〇七三四 番君酯伯鬲
字數 一七

時代 春秋早期
著録 未見
來源 考古研究所藏

〇〇七三五 鑄子叔黑𦣻鬲
字數 一七
時代 春秋早期
著録 未見
來源 唐蘭先生藏

〇〇七三六 虢文公子𣪘鬲
字數 一八
時代 西周晚期
著録 總集 一五〇九
三代 五・三九・二~三
貞松 四・一四・一
貞圖上 二八
斷代 二一四
綜覽・鬲 七七
流傳 「此器往歲見之津沽」(貞松)
來源 考古研究所藏

〇〇七三七 單伯𨖍父鬲
字數 一八(又重二)
時代 春秋早期
著録 總集 一五二一
三代 五・四三・一~二
長安 一・二四
擴古 二・二・八五・二
綴遺 二七・一二
敬吾下 四七・三~四
周金 二・六七・三~四
小校 三・八五・三
彙編 五・二九八
銘文選 三五八
流傳 劉喜海、李山農舊藏(綴遺、周金)
現藏 北京故宮博物院

來源 考古研究所拓

〇〇七三八 孟辛父鬲
字數 一九(又重二)
時代 西周晚期
著録 總集 一五二三
三代 五・四三・五~六
陶齋 二・五四
周金 二・六七・一~二
小校 三・八六・二
流傳 端方舊藏
現藏 中國歷史博物館
來源 考古研究所藏
備注 考古研究所藏猗文閣拓本題「此陶齋藏器往歲得之燕京」

〇〇七三九 孟辛父鬲
字數 一八(又重二)
時代 西周晚期
著録 總集 一五二二
三代 五・四三・三~四
貞松 四・一五・二
善齋 三・二七
善彝 四七
小校 三・八六・一
頌續 二〇
雙古上 八
通考 一六一
綜覽・鬲 六〇
辭典 三三六
出土 「光緒二十五年(一八九九)出于陝西岐山」(頌續)
流傳 劉體智、容庚、于省吾舊藏
現藏 廣州市博物館
來源 考古研究所藏

〇〇七四〇 孟辛父鬲
字數 一八(又重二)
時代 西周晚期
著録 未見
來源 北京某氏藏

〇〇七四一 𨛭鬲
字數 存一九
時代 殷
著録 總集 一五〇三
三代 五・三八・一
貞松 四・一二
善齋 三・二六
小校 三・七九・二
出土 「此器近年出土」(貞松)
流傳 陶祖光、劉體智舊藏
來源 三代
備注 文左讀

〇〇七四二 隮子鄭伯鬲
字數 一九(又重二)
時代 春秋早期
著録 總集 一五二五
三代 五・四三・七~八
十二遐 七~八
山東存曾 八・一
通考 一六六
綜覽・鬲 八一
流傳 葉恭綽舊藏
現藏 北京故宮博物院
來源 考古研究所藏

〇〇七四三 內公鬲
字數 一九(又重二)
時代 春秋早期
著録 綴遺 二七・一九
流傳 金蘭坡舊藏
來源 考古研究所藏猗文閣拓本

〇〇七四四 琱生作宮仲鬲
字數 二〇(又重二)
時代 西周晚期
著録 總集 一五二六
文物 一九六五年七期二二頁
圖九
斷代 一六七
銘文選 二九一
綜覽・鬲 四七
出土 近年陝西麟遊、扶風、永壽交界處的某溝
現藏 陝西省博物館
來源 陝西省博物館提供

〇〇七四五 師趛鬲
字數 二九
時代 西周中期
著録 總集 一二一三
三代 四・一〇・三
從古 一二・二・一
擴古 二・三・五四・一
窓齋 五・一七・一
周金 二・三五・一
小校 三・三・四
綜覽・鬲 四四
美全 四・二二四
辭典 三二七
故青 一四六
流傳 嘉興郭氏、秀水姚氏、嘉興方氏、武進費氏舊藏(周金)
現藏 北京故宮博物院
來源 考古研究所拓
備注 三代誤以爲鼎

〇〇七四六 仲枏父鬲
字數 三七(又重二合一)

時代　西周中期
著録　銘文選　二二八
現藏　西安市文物管理委員會
來源　西安市文物管理委員會提供

〇〇七四七　仲枏父鬲
字數　三七（又重二）
時代　西周中期
著録　總集　一五三〇
　　　考古　一九七九年二期一一九頁
　　　圖二
　　　陝青　四・一八一
　　　辭典　三二九
出土　一九六七年陝西永壽縣好時河村
現藏　陝西省博物館
來源　考古編輯部檔案

〇〇七四八　仲枏父鬲
字數　三五（又重二合二）
時代　西周中期
著録　總集　一五二九
　　　文物　一九六五年一期圖版　六・二
　　　斷代　一四八
　　　綜覽・鬲　五四
　　　上海（二〇〇四）三〇九
現藏　上海博物館
來源　上海博物館提供

〇〇七四九　仲枏父鬲
字數　三五（又重二合一）
時代　西周中期
著録　總集　一五三二
　　　考古　一九七九年二期一二〇頁
　　　圖三
　　　陝青　四・一八二
出土　一九六七年陝西永壽縣好時河村
現藏　陝西省博物館

來源　考古編輯部檔案

〇〇七五〇　仲枏父鬲
字數　三五（又重二合一）
時代　西周中期
著録　總集　一五三一
　　　考古　一九七九年二期一二〇頁
　　　圖四
　　　三代補　九九五
　　　陝青　四・一八三
出土　一九六七年陝西永壽縣好時河村
現藏　陝西省博物館
來源　考古編輯部檔案

〇〇七五一　仲枏父鬲
字數　三五（又重二合一）
時代　西周中期
著録　考古與文物　一九八五年四期二頁
現藏　武功縣文化館
來源　考古與文物編輯部提供

〇〇七五二　仲枏父鬲
字數　三七（又重二合一）
時代　西周中期
著録　考古與文物　一九八五年四期二頁
現藏　武功縣文化館
來源　考古與文物編輯部提供

〇〇七五三　公姞鬲（公姞鼎）
字數　三七（又合一）
時代　西周中期
著録　總集　一五二八
　　　美集録　R四〇〇
　　　斷代　九八
　　　彙編　四・一七六
　　　三代補　四〇〇
　　　綜覽・鬲　四二
　　　青全　五・四三

流傳　一九四七年見于紐約市古肆（斷代）
現藏　美國舊金山亞洲美術博物館（布倫戴奇藏品）
來源　考古研究所藏

〇〇七五四　尹姞鬲
字數　六四
時代　西周中期
著録　總集　一二八四（一五三三）
　　　録遺　九七
　　　美集録　R三九九
　　　斷代　九七
　　　綜覽・鬲　四三
流傳　美國盧芹齋舊藏
現藏　美國奧爾勃來特美術陳列館
來源　考古研究所藏

〇〇七五五　尹姞鬲
字數　六四
時代　西周中期
著録　總集　一五三四
　　　冠斝上　一二
　　　斷代（五）一一九頁六八
　　　彙編　三・九九
　　　銘文選　三一六
流傳　榮厚舊藏
　　　「曾與公姞齊鼎（按：鬲）先後見之于紐約市」（斷代）
來源　冠斝
備注　疏要以爲此器仿上器而僞作

甗類

〇〇七六一～〇〇九四九

〇〇七六一　好甗
字數　一
時代　殷
著録　總集　一五四二
　　　學報　一九七七年二期六六頁圖六・四
　　　婦好墓　四八頁圖三二・一二
　　　河南　一・一三九
　　　綜覽・甗　六
　　　辭典　〇五七
　　　青全　二・七五
出土　一九七六年河南安陽殷墟婦好墓（M五：八七〇）
現藏　考古研究所
來源　考古研究所拓

〇〇七六二　好甗
字數　一
時代　殷
著録　總集　一五四〇、一五三九
　　　婦好墓　四八頁圖三二・九（鬲），圖三二・一〇（甗）
出土　一九七六年河南安陽殷墟婦好墓
現藏　考古研究所
來源　考古研究所拓
備注　一、甗部（M五：七六七）；二、鬲部（M五：八六四）

〇〇七六三　好甗
字數　一
時代　殷
著録　總集　一五四一（七九九三）
　　　婦好墓　四八頁圖三二・一一
　　　青全　二・八二
　　　辭典　七二
出土　一九七六年河南安陽殷墟婦好墓

墓(M五：七六四)
現藏　河南省博物館(考古研究所借陳)
來源　考古研究所拓
備注　此爲汽柱甑形器

〇〇七六四　□甗
字數　一
時代　殷或西周早期
著録　綴遺　九・一七・一
流傳　「見于上海，殘毀僅存上半段」
來源　綴遺

〇〇七六五　戈甗
字數　一
時代　殷
著録　總集　一五三五
三代　五・一・一
冠斝上　四四
現藏　北京故宮博物院
來源　考古研究所拓

〇〇七六六　戈甗
字數　一
時代　殷
著録　總集　一五三六、一五五三
美集録　R　四四
盧氏(一九四〇)五
彙編　九・一五三二
三代補　四四
綜覽・甗　一一
流傳　美國盧芹齋舊藏
來源　考古研究所藏

〇〇七六七　戈甗
字數　一
時代　殷
著録　總集　一五三七
陝圖五〇

陝青　一・二〇
綜覽・甗　九
出土　一九五五年陝西岐山縣賀家村
現藏　陝西省博物館
來源　陝青

〇〇七六八　戈甗
字數　一
時代　西周早期
著録　西乙　一三・二〇
來源　西乙

〇〇七六九　□甗
字數　一
時代　殷
著録　未見
來源　考古研究所藏猗文閣拓本

〇〇七七〇　□甗
字數　一
時代　西周早期
著録　總集　一五四八
博古　一八・三一・二
薛氏　四四・二
嘯堂　六四・四
積古　二・一九・一
攈古　一・一・一四
來源　嘯堂

〇〇七七一　□甗
字數　一
時代　西周早期
著録　博古　一八・三一・一
薛氏　四四・一
嘯堂　六四・三
來源　嘯堂

〇〇七七二　□甗
字數　一
時代　西周早期
著録　總集　一五四五
文物　一九六三年四期五一頁
圖四
出土　山西翼城縣鳳家坡
來源　文物

〇〇七七三　□甗
字數　一
時代　西周早期
著録　總集　一五四六
文物　一九六三年三期四五頁
圖二・九
陝青　四・一四四
出土　陝西涇陽縣某地
流傳　涇陽縣文化館舊藏
現藏　陝西省博物館
來源　文物

〇〇七七四　□甗
字數　一
時代　殷
著録　未見
現藏　北京故宮博物院
來源　考古研究所拓

〇〇七七五　□甗
字數　一
時代　西周早期
著録　總集　一五四四
濬縣　六
辛村　五七・五
綜覽・甗　三二
出土　一九三二～一九三三年河南濬縣
辛村六〇號墓
現藏　歷史語言研究所
來源　考古研究所藏
備注　陽文

〇〇七七六　□甗
字數　一
時代　殷
著録　總集　一五五〇
學報　一九八一年四期四九六頁
圖四・六
青全　二・七四
出土　一九七六年河南安陽小屯村墓葬
現藏　考古研究所安陽工作站
來源　考古學報編輯部檔案

〇〇七七七　□甗
字數　一
時代　殷
著録　總集　一五六〇
三代　五・一・七
來源　三代

〇〇七七八　□甗
字數　一
時代　殷
著録　西清　三〇・一二
來源　考古研究所藏

〇〇七七九　□甗
字數　一
時代　殷
著録　未見
現藏　中國歷史博物館
來源　考古研究所拓

〇〇七八〇　□甗
字數　一
時代　殷
著録　總集　一五五二
美集録　R　一三五
三代補　一三五

薩克勒(西周) 三二
流傳 美國盧芹齋舊藏
現藏 美國華盛頓薩克勒美術館
來源 考古研究所藏

〇〇七八一 木甗
字數 一
時代 殷
著録 西清 三〇・九
來源 西清
備注 容庚疑僞

〇〇七八二 叔甗
字數 一
時代 殷
著録 西清 三〇・七
來源 西清

〇〇七八三 甗
字數 一
時代 西周早期
著録 總集 一五三八
三代 五・一・二
貞補上 一七
出土 「己巳出洛陽」(貞補)
來源 三代

〇〇七八四 甗
字數 一
時代 殷
著録 總集一五四七
文物 一九六五年七期二七頁
圖一・六
綜覽・甗 五
出土 一九六三年山東蒼山縣東高堯
現藏 臨沂縣文物組
來源 文物

〇〇七八五 甗
字數 一
時代 殷
著録 總集一五四三
文物 一九七二年一二期八頁
圖一二
學報 一九七七年二期一〇八頁
圖八・三
綜覽・甗 四一
出土 一九七六年甘肅靈臺縣白草坡
一墓
現藏 甘肅省博物館
來源 考古學報編輯部檔案

〇〇七八六 甗
字數 一
時代 商中期
著録 文物 一九八二年九期五〇頁
圖四
山西珍品 八
出土 山西長子縣北郊
流傳 一九七六年從廢銅中揀得
現藏 長治市博物館
來源 長治市博物館提供
備注 陽文

〇〇七八七 甗
字數 一
時代 西周早期
著録 總集 一五四九
文叢 三輯三六頁圖九
出土 一九六一年河南鶴壁市東南郊龐
村南斷崖墓
現藏 河南省博物館
來源 文叢

〇〇七八八 甗
字數 一
時代 西周早期
著録 陝青 三・二
出土 一九七六年陝西岐山縣賀家村
一一三號墓
現藏 周原岐山縣文物管理所
來源 周原岐山縣文物管理所提供

〇〇七八九 翼甗
字數 一
時代 殷
著録 日精華 三・二〇五
彙編 八・一〇三九
三代補 六六三
綜覽・甗 一五
現藏 日本京都川合定治郎氏
來源 彙編

〇〇七九〇 孛甗
字數 一
時代 殷
著録 總集 一五六一
三代 五・二・一
來源 考古研究所藏

〇〇七九一 孛甗
字數 一
時代 殷
著録 未見
來源 考古研究所藏

〇〇七九二 宁章甗
字數 二
時代 商中期
著録 內蒙古文物考古 二期圖版一・
二;圖一・一
出土 一九八一年內蒙古昭烏達盟翁牛
特旗敖包村
現藏 赤峰市文物工作站
來源 蘇赫同志提供

〇〇七九三 婦好三聯甗
字數 二
時代 殷
著録 總集 一五六二~一五六五
婦好墓 四八頁圖三二・六(器
身銘),圖三二・一~五(甑銘)
河南 一・四一
綜覽・甗 七
美全 四・三二
辭典 〇五五
青全 二・七七
出土 一九七六年河南安陽殷墟婦好墓
(M五:七九三)
現藏 中國歷史博物館(考古研究所寄
陳)
來源 考古研究所拓
備注 〇〇七九三・一・一,七六八
號甑左耳下;〇〇七九三・一・二,
七六八號甑右耳下;〇〇七九三・
二・一,七六九號甑口下;
〇〇七九三・二・二,七六九
號甑左耳下;〇〇七九三・三,
七七〇號甑右耳下;〇〇七九三・
四,七九〇號下部架

〇〇七九四 婦好分體甗
字數 二
時代 殷
著録 總集 一五六六
婦好墓 四八頁圖三二・八
綜覽・甗 八
辭典 〇五六
美全 四・三一
青全 二・七六

出土 一九七六年河南安陽殷墟婦好墓
現藏 中國歷史博物館（考古研究所寄陳）
來源 考古研究所拓

〇〇七九五 㚸婦甗
字數 二
時代 殷
著録 彙編 八·一一六三
現藏 香港趙不波氏
來源 彙編

〇〇七九六 羙[虘又]甗
字數 二
時代 殷
著録 文物 一九八二年九期四一頁
圖三三右
出土 傳山東費縣出土，一九八一年北京市文物工作隊從廢銅中揀選
現藏 北京市文物研究所
來源 考古研究所拓
備注 文物誤以同出卣銘爲甗銘

〇〇七九七 戈⊠甗
字數 二
時代 西周早期
著録 總集 一五五七
三代 五·一·四
寶蘊 三八
貞松 四·一六·一
續殷上 二九·三
通考 一七七
故圖下下 九
彙編 九·一八一三
流傳 瀋陽故宮舊藏
現藏 臺北故宮博物院

來源 考古研究所藏

〇〇七九八 且丁甗
字數 二
時代 殷
著録 西清 三〇·一～二
來源 西清

〇〇七九九 父乙甗
字數 二
時代 西周早期
著録 未見
出土 陝西武功縣
現藏 武功縣文化館
來源 武功縣文化館提供

〇〇八〇〇 父乙甗
字數 二
時代 殷
著録 未見
現藏 中國歷史博物館
來源 考古研究所拓

〇〇八〇一 父己甗
字數 二
時代 殷
著録 總集 一五五四
文叢 二輯圖版八·二
現藏 首都博物館
來源 考古研究所拓

〇〇八〇二 [冂乂]辛甗
字數 二
時代 西周早期
著録 總集 一五五六
三代 五·一·三
西甲 一三·二五
貞續上 二七·一
續殷上 二九·五

故宮 三七期
通考 一七九
故圖下上 六
綜覽·甗 一九
流傳 清宮頤和軒舊藏（故宮）
現藏 臺北故宮博物院
來源 考古研究所藏

〇〇八〇三 遽從甗
字數 二
時代 西周早期
著録 總集 一五五九
三代 五·一·六
貞續上 二七·二
十二居 二〇～二一
綜覽·甗 五一
現藏 上海博物館
來源 考古研究所藏猗文閣拓本

〇〇八〇四 米甗
字數 二
時代 殷
著録 總集 一五五八
三代 五·一·五
貞松 四·一六·二
善齋 三·二九
貞續上 二九·四
小校 三·八七·三
燕園 五一
流傳 溥倫舊藏（貞松）
現藏 北京大學賽克勒考古與藝術博物館
來源 三代

〇〇八〇五 竇甗
字數 二
時代 西周早期
著録 總集 一五五五

學報 一九五七年一期七九頁
圖二四
陝圖 三七
五省 三〇·二
綜覽·甗 五三
出土 一九五四年陝西長安縣斗門區普渡村長甶墓
現藏 陝西省博物館
來源 考古學報編輯部檔案

〇〇八〇六 且丁旅甗
字數 三
時代 殷或西周早期
著録 總集 一五七〇
三代 五·二·二
寧壽 一二·一
貞松 四·一六·三
續殷上 二九·七
故宮 二〇期
故圖下上 三
商圖 二四
流傳 清宮舊藏
現藏 臺北故宮博物院
來源 考古研究所藏

〇〇八〇七 戈父甲甗
字數 三
時代 西周早期
著録 琉璃河 一六四頁圖九七C
出土 北京房山琉璃河村西周墓（M二五一：二五）
現藏 首都博物館
來源 考古研究所拓

〇〇八〇八 [冂示]父乙甗
字數 三
時代 西周早期

著録 總集 一五七一
三代 五・二・四
寧壽 一二・三
夢續 九
續殷上 二九・一〇
小校 三・八七・五
來源 考古研究所藏

〇〇八〇九 共父乙甗
字數 三
時代 西周早期
著録 總集 一五九〇
考古與文物 一九八四年一期五五
頁圖二・四
陝青 三・一八四
綜覽・甗 一〇
青全 四・二九
流傳 一九七八年陝西鳳翔縣化原村
現藏 鳳翔縣雍城文物管理所
來源 鳳翔縣雍城文物管理所提供

〇〇八一〇 冄父乙甗
字數 三
時代 西周早期
著録 未見
現藏 北京故宮博物院
來源 考古研究所拓

〇〇八一一 冄父乙甗
字數 三
時代 西周早期
著録 寧壽 一二・七
來源 寧壽

〇〇八一二 乙父[illegible]甗
字數 三
時代 西周早期
著録 總集 一五六九

文物 一九七九年一一期三一頁
圖四・三
陝青 三・一五
出土 一九七八年陝西扶風縣齊家村
一九號墓
現藏 周原扶風縣文物管理所
來源 周原扶風縣文物管理所提供

〇〇八一三 守父丁甗
字數 三
時代 殷
著録 西清 三〇・六
來源 西清

〇〇八一四 戈父戊甗
字數 三
時代 西周早期
著録 總集 一五七二
三代 五・二・八
陶續補遺 七
續殷上 二九・一二
小校 三・八八・一
美集録 R 四九
彙編 九・一五五八
三代補 四九
薩克勒(西周) 三二
流傳 端方舊藏
現藏 美國華盛頓薩克勒博物館
來源 考古研究所藏

〇〇八一五 [illegible]父己甗
字數 三
時代 殷
著録 總集 一五七六
三代 五・三・二
攈古 一・二・三七・四
綴遺 九・一九・一

續殷上 三〇・一
流傳 葉志詵舊藏(綴遺)
來源 三代

〇〇八一六 [illegible]父己甗
字數 三
時代 西周早期
著録 總集 一五八七
文物 一九七七年一二期八四
頁圖二
陝青 三・三〇
青全 五・四五
出土 一九七四年陝西扶風縣齊家村
遺址
現藏 扶風縣博物館
來源 扶風縣博物館提供

〇〇八一七 [illegible]父己甗
字數 三
時代 西周早期
著録 總集 一五七三
三代 五・三・一
西甲 一三・一九
貞續上 二七・三
續殷上 三〇・二
故宮 一四期
通考 一七六
流傳 清宮鍾粹宮舊藏(故宮)
來源 考古研究所藏

〇〇八一八 見作甗
字數 三
時代 西周早期
著録 總集 一五八二
三代 五・三・六
貞松 四・一七・二
善齋 三・三二

續殷上 三〇・五
小校 三・八八・五
善彝 五一
流傳 劉體智舊藏
現藏 上海博物館
來源 考古研究所藏

〇〇八一九 見父己甗
字數 三
時代 西周早期
著録 博古 一八・二四
薛氏 四四・四(又 七・五)
嘯堂 六三・三
來源 嘯堂

〇〇八二〇 [illegible]父辛甗
字數 三
時代 西周早期
著録 總集 一五七八
三代 五・三・四
貞松 四・一七・一
旅順 二三
現藏 旅順博物館
來源 考古研究所藏

〇〇八二一 [illegible]父辛甗
字數 三
時代 西周早期
著録 總集 一五七七
三代 五・三・三
窓齋 一七・二・一
續殷上 三〇・三
小校 三・八八・二
來源 考古研究所藏

〇〇八二二 [illegible]父癸甗
字數 三
時代 殷

著録 總集 一五七九
三代 五・三・五
擴古 一・三・三二・三
綴遺 九・一七・二
續殷上 三〇・四
流傳 吳式芬舊藏
來源 考古研究所藏
備注 續殷「斝」

〇〇八二三 伕父癸甗
字數 三
時代 西周早期
著録 未見
現藏 日本東京國立博物館
來源 日本東京國立博物館提供

〇〇八二四 爰父癸甗
字數 三
時代 殷
著録 西清 三〇・一
流傳 頤和園舊藏
現藏 北京故宮博物院
來源 考古研究所拓

〇〇八二五 司鸮母甗
字數 三
時代 殷
著録 總集補 二六
復齋 二〇・一
積古 七・一八・二〜一九
擴古 一・二・八〇・三〜四
來源 擴古
備注 亞形内獸銘不清故未收

〇〇八二六 □母癸甗
字數 三
時代 殷
著録 總集 一五八〇

上海 三二
彙編 八・一一三八
三代補 八七三
綜覽・甗 二一
青全 五・四七
上海(二〇〇四) 二二〇
現藏 上海博物館
來源 上海博物館提供

〇〇八二七 亞壴衘甗
字數 三
時代 殷
著録 總集 一五六八
三代 五・一・八
十二栔 一〇
續殷上 二九・六
綜覽・甗 一七
來源 考古研究所藏

〇〇八二八 亞□矣甗
字數 三
時代 西周早期
著録 總集 一五八九
文物 一九五七年一一期六八頁
圖九右下
綜覽・甗 二五
出土 一九五六年河南上蔡田莊墓葬
現藏 河南省博物館
來源 文參

〇〇八二九 伯作彝甗
字數 三
時代 西周早期
著録 總集 一五八一
三代 五・三・七
尊古 二・二三
通考 一八六
來源 考古研究所藏

〇〇八三〇 伯作彝甗
字數 三
時代 西周早期
著録 總集 一五八三
濬縣 七
通考 一八五
辛村 五七・三
綜覽・甗 四七
出土 一九三二〜一九三三年河南濬縣
辛村二九號墓
現藏 歷史語言研究所
來源 考古研究所藏

〇〇八三一 □作彝甗
字數 三
時代 西周早期
著録 總集 一五八六
美集録 R 二〇五
歐精華 二・九九
盧氏(一九四〇) 一〇・五
三代補 二〇五
流傳 Higginson 舊藏
現藏 美國哈佛大學福格美術博物館
來源 考古研究所藏

〇〇八三二 作内寶甗
字數 三
時代 西周早期
著録 未見
流傳 頤和園舊藏
現藏 北京故宮博物院
來源 考古研究所拓

〇〇八三三 作寶彝甗
字數 三
時代 西周早期
著録 總集 一五八五

三代 五・四・一(又六・一九・二重出)
寧壽 一二・一四
從古 九・六
敬吾下 二六・二
周金 二・九一・四
小校 三・八八・六
流傳 錢唐瞿氏舊藏(周金)
來源 三代

〇〇八三四 作寶彝甗
字數 三
時代 西周早期
著録 總集 一五八四
三代 五・三・八
來源 考古研究所藏

〇〇八三五 作從彝甗
字數 三
時代 西周早期
著録 總集 一五七四
三代 五・二・五
大系 三七b
懷履光(一九五六) 一二三頁V二
彙編 七・八八六
綜覽・甗 五九
出土 傳一九二六年或前一年洛陽邙山
麓廟溝
流傳 一九二六年冬懷履光在開封所得
現藏 加拿大多倫多安大略博物館
來源 三代

〇〇八三六 作旅彝甗
字數 三
時代 西周早期
著録 彙編 七・八八五
現藏 日本兵庫縣黑川古文化研究所
來源 彙編

〇〇八三七　㦰作旅甗

字數　三
時代　西周早期
著録　總集　一五八八
文物　一九七六年六期五八頁
圖二〇
陝青　二・一〇二
綜覽・甗　五二
出土　一九七五年陝西扶風縣法門公社莊白村白家墓葬
現藏　周原扶風縣文物管理所
來源　周原扶風縣文物管理所提供

〇〇八三八　子父乙甗

字數　四
時代　西周早期
著録　博古　一八・二七～二八
薛氏　四四・五
嘯堂　六四・一
來源　嘯堂

〇〇八三九　宁戈乙父甗

字數　四
時代　西周早期
著録　總集　一五九二
三代　五・二・三
寧壽　一二・一三
貞松　四・一六・四
續殷上　二九・八
故宮　二六期
通考　一七八
故圖下上　四
流傳　清宮舊藏
現藏　臺北故宮博物院
來源　考古研究所藏

〇〇八四〇　亞[illegible]父丁甗

字數　四
時代　殷
著録　總集　一五九一
三代　五・二・六
攈古下　三九
恒軒　九八
愙齋　一七・三・一
綴遺　九・一八・二
殷存上　九・六
小校　三・八七・六
青全　四・二八
上海(二〇〇四)　二一九
流傳　潘祖蔭舊藏，後歸李蔭軒
現藏　上海博物館
來源　考古研究所藏猗文閣拓本

〇〇八四一　丏亞父丁甗

字數　四
時代　西周早期
著録　總集　一五七五
三代　五・二・七
雙吉上　一〇
冠斝上　四五
出土　「出於安陽」(雙吉)
來源　考古研究所藏

〇〇八四二　亞[illegible]父丁甗

字數　四
時代　西周早期
著録　南大　一三
現藏　南京大學考古與藝術博物館
來源　考古研究所拓

〇〇八四三　亞冀父己甗

字數　四
時代　西周早期
著録　總集　一五九三
三代　五・四・二
殷存上　九・七
來源　考古研究所藏

〇〇八四四　得父己甗

字數　四
時代　殷
著録　未見
來源　考古研究所藏移林館拓本

〇〇八四五　黽作父辛甗

字數　四
時代　殷或西周早期
著録　總集　一五九四
美集録　R　八五
歐精華　二・九八
彙編　七・八二一
三代補　八五
綜覽・甗　五四
流傳　盛昱舊藏(美集録)
現藏　美國波士頓美術博物館
來源　考古研究所藏

〇〇八四六　[illegible]戊父癸甗

字數　四
時代　殷
著録　總集　一五九七
三代　五・四・三
攈古上　五五
恒軒　九九
綴遺　九・一八・一
陶齋　二・六一
愙齋　一七・二・二
殷存上　九・八
小校　三・八八・七
流傳　潘祖蔭、端方舊藏
現藏　北京故宮博物院
來源　考古研究所拓

〇〇八四七　[illegible]北子甗

字數　四
時代　西周早期
著録　總集　一六〇〇
文物　一九六三年二期五四頁
左中
綜覽・甗　八八
出土　一九六一年湖北江陵縣萬城墓葬
現藏　湖北省博物館
來源　文物
備注　考古一九六三年四期二二五頁云「文物一九六三年二期五三頁謂這批銅器爲一九六二年一二月五日出土，是錯誤的」

〇〇八四八　[illegible]射作隫甗

字數　四
時代　西周早期
著録　總集一六〇七
考古一九五九年四期一八八頁
圖三・二
綜覽・甗　二〇
出土　洛陽東郊墓葬
現藏　洛陽市博物館
來源　考古編輯部檔案

〇〇八四九　[illegible]作寶彝甗

字數　四
時代　西周早期
著録　總集　一六〇八
文物　一九七九年九期圖版七・四
出土　一九七五年山西長子縣晉義村
流傳　長治市博物館收集
現藏　長治市博物館
來源　長治市博物館提供

備注 原簡報將出土地誤爲「景義村」

〇〇八五〇 作戲隮彝甗
字數 四
時代 西周早期
著錄 總集 一六〇四
三代 五・五・二
來源 考古研究所藏

〇〇八五一 䟒奴寶甗
字數 四
時代 西周早期
著錄 總集 一五九五
三代 五・四・四
攈古 一・二・四七・四
綴遺 九・二五・一
貞續上 二七・四
流傳 蔡世松(友石)舊藏(綴遺)
來源 考古研究所藏

〇〇八五二 命作寶彝甗
字數 四
時代 西周早期
著錄 總集 一五九六
三代 五・四・五
貞松 四・一七・三
希古 三・一〇・一
流傳 羅振玉及日本某氏藏(貞松)
來源 三代

〇〇八五三 舟作隮彝甗
字數 四
時代 西周早期
著錄 寧壽 一二・六
來源 寧壽

〇〇八五四 鬬作寶彝甗
字數 四
時代 西周早期
著錄 總集 一五九九
三代 五・四・七
攈古 一・三・三一・一
綴遺 九・二四・一
周金 二・九〇・三
小校 三・八八・八
尊古 二・二四
冠斝上 四六
綜覽・甗 三七
流傳 孫壯、劉體智、榮厚舊藏
現藏 北京故宮博物院
來源 考古研究所藏

〇〇八五五 守作寶彝甗
字數 四
時代 西周早期
著錄 總集 一五九八
三代 五・四・六
窓齋 一七・六・二
綴遺 九・二三・二
奇觚 八・七・一
周金 二・九一・三
小校 三・八九・一
三代補 七九五
出光 三九四頁六
流傳 丁彦臣(筱農)舊藏(綴遺)
現藏 日本東京出光美術館
來源 考古研究所藏

〇〇八五六 彭女甗
字數 四
時代 西周早期
著錄 總集 一六〇三
三代 五・四・八
窓齋 一七・六・三
綴遺 九・二一・一
陶續 二・一
周金 二・九一・二
續殷上 三〇・六
小校 三・八九・二(又七・六三・四)
流傳 潘祖蔭、葉志詵、端方舊藏(綴遺、周金及小校題記)
來源 考古研究所藏猗文閣拓本

〇〇八五七 伯作寶彝甗
字數 四
時代 西周早期
著錄 總集 一六〇一
文物 一九八三年二期四頁圖五
寶鷄 一五二頁圖一八・三
出土 一九八〇～一九八一年陝西寶鷄市竹園溝西周墓(M四：一四)
現藏 寶鷄市博物館
來源 寶鷄市博物館提供

〇〇八五八 伯作旅甗
字數 四
時代 西周早期
著錄 總集 一六〇五
考古 一九六三年一〇期五七五頁圖五・三
出土 一九五八年陝西寶鷄市東北郊五里廟墓葬
現藏 寶鷄市博物館
來源 考古研究所拓

〇〇八五九 仲作旅彝甗
字數 四
時代 西周中期
著錄 總集 一六〇二
三代 五・五・一
西甲 一三・二三
貞松 四・一七・四
故宮 六期
續殷上 三〇・七
故圖下上 九
流傳 清宮摛藻堂舊藏(故宮)
現藏 臺北故宮博物院
來源 考古研究所藏猗文閣拓本

〇〇八六〇 仲作旅甗
字數 四
時代 西周中期
著錄 總集 一六〇六
文物 一九八二年一期八八頁圖六
出土 一九七五年陝西臨潼縣南羅村南
現藏 臨潼縣博物館
來源 考古研究所拓

〇〇八六一 龍作旅彝甗
字數 四
時代 西周早期
著錄 西清 三〇・一〇
來源 西清

〇〇八六二 邅甗
字數 四
時代 西周早期
著錄 十六 三・六
積古 七・一九・一
攈古 一・二・八一
流傳 錢坫舊藏
來源 十六

〇〇八六三 光作從彝甗
字數 四
時代 西周早期
著錄 未見
現藏 上海博物館
來源 上海博物館提供

〇〇八六四 中甗

字數 存四
時代 西周中期
著録 未見
出土 一九七三年陝西長安縣馬王村
現藏 西安市文物管理委員會
來源 考古編輯部檔案
備注 同出「衛鼎」「衛殷」等器，簡報見考古一九七四年一期一～五頁

○○八六五 頪甗
字數 四
時代 西周中期
著録 考古 一九八一年一期一六頁圖三・一〇
出土 一九七八年陝西長安縣張家坡一號墓
現藏 考古研究所西安研究室
來源 考古研究所拓

○○八六六 子商甗
字數 五
時代 殷
著録 積古 二・一九
攈古 一・三・三二・四
小校 三・八九・三
續殷上 三〇・八
來源 續殷

○○八六七 商婦甗
字數 五
時代 殷
著録 總集 一六一三
三代 五・六・二
長安 一・二六
筠清 五・二〇・二
攈古 二・一・一四・一
綴遺 九・二一・二
敬吾下 二六・四
周金 三・一三・六
殷存上 九・一〇
小校 三・九〇・三
蔭軒 一・一〇
上海(二〇〇四) 二三二
流傳 劉喜海、潘祖蔭舊藏，後歸李蔭軒
現藏 上海博物館
來源 考古研究所藏

○○八六八 伯盧甗
字數 五
時代 西周早期
著録 總集 一六一二
三代 五・六・一
貞松 四・一八・三
善齋 三・三二
小校 三・九〇・二
善彝 四九
頌續 二四
通考 一八七
出土 河南(頌續)
流傳 劉體智、容庚舊藏
來源 考古研究所藏

○○八六九 伯乙甗
字數 五
時代 西周早期
著録 未見
現藏 中國歷史博物館
來源 考古研究所拓

○○八七〇 伯貞甗(伯貨甗)
字數 五
時代 西周早期
著録 總集 一六一四
三代 五・五・八
從古 一六・八
攈古 一・三・五九・三
窓齋 一七・四・一
綴遺 九・二六・一
奇觚 八・六・一
周金 二・九〇・二
簠齋 三・二
小校 三・八九・五
流傳 葉志詵、陳介祺舊藏
現藏 北京故宮博物院
來源 考古研究所拓
備注 綴遺、簠齋均云：殘存片銅

○○八七一 矢伯甗
字數 五
時代 西周早期
著録 總集 一六一六
録遺 一〇一
來源 録遺

○○八七二 湆伯甗
字數 五
時代 西周早期
著録 彙編 七・七五〇(摹本)
寧樂譜 一七
現藏 日本奈良寧樂美術館
來源 寧樂譜

○○八七三 井伯甗
字數 五
時代 西周早期
著録 總集 一六一〇
三代 五・五・六
貞補上 一七・二
海外吉 一三
泉屋 一・一四
通考 一八八
彙編 七・六六〇
綜覽・甗 五七
泉屋博古 四七
現藏 日本京都泉屋博古館
來源 三代

○○八七四 畢子甗
字數 五
時代 西周早期
著録 總集 一六一五
録遺 一〇〇
來源 録遺

○○八七五 [illegible]甗
字數 五
時代 西周早期
著録 未見
來源 考古研究所藏猗文閣拓本

○○八七六 雷甗
字數 五
時代 西周早期
著録 總集 一六〇九
三代 五・五・五
筠清 四・三七・二
從古 七・二三
攈古 一・三・三一・三
綴遺 九・二四・二
敬吾下 二六・一
周金 二・九〇・四
小校 三・八九・六
流傳 夏之盛舊藏(筠清)
來源 三代

○○八七七 [illegible]妊甗
字數 五

時代 西周中期
著録 總集 一六一一
三代 五・五・七
從古 一六・九
攈古 一・三・三二・二
愙齋 一七・三・二
綴遺 九・二五・二
奇觚 八・六・一
周金 二・九一・一
簠齋 三・一
小校 三・八九・四
流傳 陳介祺舊藏
現藏 北京故宮博物院
來源 考古研究所拓
備注 攈古、簠齋均云：殘甗片

〇〇八七八 作且己甗
字數 六
時代 西周早期
著録 博古 一八・二九～三〇
薛氏四 五・一
來源 薛氏

〇〇八七九 作且己甗
字數 六
時代 西周早期
著録 嘯堂 六四・二
來源 嘯堂

〇〇八八〇 鼎作父乙甗
字數 六
時代 西周早期
著録 總集 一六一七
三代 五・六・三
西乙 一三・一八
寶蘊 三九
貞松 四・一八・四
續殷上 三一・一
通考 一八一
故圖下下 一〇
流傳 瀋陽故宮舊藏
現藏 臺北故宮博物院
來源 考古研究所藏

〇〇八八一 作父庚甗
字數 六
時代 西周早期
著録 總集 一六一八
三代 五・五・三～四
寧壽 一二・八
貞松 四・一八・一～二
續殷上 三〇・九～一〇
泉屋 一・一三
海外吉 一一
通考 一八〇
彙編 七・七五一
綜覽・甗 六七
泉屋博古 一二
流傳 清宮舊藏
現藏 日本京都泉屋博古館
來源 三代
備注 第上一字作

〇〇八八二 豰作父庚甗（豰父庚甗，豰作母庚甗）
字數 六
時代 西周早期
著録 總集 一六一九
三代 五・六・四
移林 九
殷存上 九・九
小校 三・九〇・五
冠斝上 四七
流傳 李佐賢、丁麟年藏（移林）
來源 考古研究所藏

〇〇八八三 雁監甗
字數 六
時代 西周早期
著録 總集 一六二九
學報 一九六〇年一期圖版二
考古 一九六〇年二期四四頁
三代補 九一八
銘文選 一四五
綜覽・甗 四四
辭典 三三八
青全 六・九二
出土 一九五八年江西餘干縣黄金埠
現藏 江西省博物館
來源 江西省博物館提供

〇〇八八四 師趣甗
字數 六
時代 西周早期
著録 總集 一六三一
文叢 三輯四五頁圖一四
青全 五・四八
出土 一九四八年河南洛陽馬坡東北攔駕溝
現藏 洛陽市文物工作隊
來源 洛陽市文物工作隊提供

〇〇八八五 何娕⿸厂女甗
字數 六
時代 殷或西周早期
著録 總集一六二八
文物 一九七七年一二期二九頁圖一四
出土 一九七四年遼寧喀左縣山灣子窖藏
現藏 遼寧省博物館
來源 考古研究所拓

〇〇八八六 亞䣈作季䧞彝甗
字數 六
時代 殷
著録 西清 三〇・一四
來源 西清

〇〇八八七 弗生（西弗生甗，函弗生甗）
字數 六
時代 西周早期
著録 總集一六二二
三代 五・七・三
攈古 一・三・六〇・一
綴遺 九・三二
陶齋 二・六〇
周金 二・九〇・一
小校 三・九〇・四
出土 道光時陝西咸陽（陝西金石志）
流傳 姜愛珊、潘祖蔭、端方舊藏（攈古、周金）
來源 考古研究所藏

〇〇八八八 寡史娸甗
字數 六
時代 西周早期
著録 總集一六二三
三代 五・七・四
寧壽 一二・四
貞補上 一七・三
故圖 九期
續殷上 三一・二
故圖下下 八
彙編 七・六五九（摹本）
綜覽・甗 四〇

商圖四六
周録 二
流傳 清宮舊藏
現藏 臺北故宮博物院
來源 考古研究所藏

〇〇八八九 田告甗
字數 六
時代 西周早期
著録 未見
現藏 上海博物館
來源 上海博物館提供

〇〇八九〇 田農甗
字數 六
時代 西周早期
著録 總集一六二六
録遺 一〇二
美集録 R 二九五
皮斯柏 九
彙編 七・七五三
三代補 二九五
綜覽・甗 二三
流傳 盧芹齋舊藏(美集録)
現藏 美國米里阿波里斯美術館(皮斯柏藏品)
來源 録遺

〇〇八九一 奄作婦姑甗
字數 六
時代 殷
著録 總集一六三五
三代 五・七・七
從古 一・二一
攈古 二・一・一三・四
綴遺 九・二〇・一
敬吾下 二六・三

周金 二・八九・四(又三・一一四・二)
續殷上 三一・四
小校 三・九〇・七(又三・九〇・八)
流傳 姚觀光(六榆)、張子祥、劉體智舊藏(綴遺、小校)
來源 考古研究所藏

〇〇八九二 伯矩甗
字數 六
時代 西周早期
著録 西清 三〇・五
來源 西清

〇〇八九三 伯矩甗
字數 六
時代 西周早期
著録 總集一六三〇
文物 一九七七年一二期二四頁圖三
綜覽・甗 三六
辭典 三三九
出土 一九七四年遼寧喀左縣山灣子窖藏
現藏 遼寧省博物館
來源 考古研究所拓

〇〇八九四 夆伯甗
字數 六
時代 西周早期
著録 總集一六二二
三代 五・六・七
貞松 四・一九・一
善齋 三・三三
小校 三・九〇・六
善彝 五〇
山東存下 一〇・二

故圖下下 一二
綜覽・甗 四六
流傳 劉體智舊藏
現藏 臺北故宮博物院
來源 考古研究所藏

〇〇八九五 強伯甗
字數 六
時代 西周中期
著録 總集一六二七
文物 一九七六年四期五六頁圖五五
銘文選 三五九
寶鶏 二八八頁圖一九九・一〇
辭典 三四一
出土 一九七四～一九七五年陝西寶鶏市茹家莊西周墓(M一乙：二二)
現藏 寶鶏市博物館
來源 寶鶏市博物館提供

〇〇八九六 束叔甗
字數 六
時代 西周早期
著録 布倫戴奇 一四〇頁圖三四
彙編 七・六五八
現藏 美國舊金山亞洲美術博物館(布倫戴奇藏品)
來源 彙編

〇〇八九七 虢伯甗
字數 六
時代 西周晚期
著録 總集一六二〇
三代 五・六・六
寧壽 一二・一一
貞續上 二八・一
故宮 一六期

通考 一八九
流傳 清宮舊藏
來源 考古研究所藏

〇〇八九八 伯□甗
字數 六
時代 西周早期
著録 總集一六二五
三代 五・七・二
來源 三代

〇〇八九九 [illegible]甗
字數 六
時代 西周早期
著録 總集一六二四
三代 五・七・一
尊古 二・二五
來源 三代

〇〇九〇〇 伯□父甗
字數 六
時代 西周晚期
著録 薛氏 一五五・一
來源 薛氏

〇〇九〇一 弜作父乙甗
字數 七
時代 西周早期
著録 三代 五・七・五
西清 三〇・三
流傳 頤和園舊藏
現藏 北京故宮博物院
來源 考古研究所拓
備注 器口内後刻「南海陳鳴陽家藏」七字

〇〇九〇二 仲酉父甗
字數 六
時代 西周晚期

著録 薛氏 一五五・二
來源 薛氏

〇〇九〇三 亞又作父乙甗
字數 七
時代 西周早期
著録 未見
現藏 北京故宮博物院
來源 考古研究所拓

〇〇九〇四 亞無壽作父己甗
字數 七
時代 西周早期
著録 博古 一八・二五
薛氏 四五・二
嘯堂 六三・四
來源 嘯堂

〇〇九〇五 作父癸甗
字數 七
時代 西周早期
著録 總集 一六三七
西清 三〇・八
録遺 一〇三
流傳 頤和園舊藏
現藏 北京故宮博物院
來源 考古研究所拓

〇〇九〇六 亞旟作父囗甗
字數 七
時代 西周早期
著録 總集 一六三二
三代 五・六・五
出土 陝西鳳翔(孫表)
來源 三代

〇〇九〇七 切作母戊甗
字數 七
時代 西周早期
著録 總集 一六三四
三代 五・七・六
寧壽 一二・一〇
積古 一・二七
攈古 二・一・二三・一
續殷上 三二・三
故宮 一三期
故圖下上 五
周録 三
流傳 清宮舊藏
現藏 臺北故宮博物院
來源 考古研究所藏

〇〇九〇八 𢐗伯作井姬甗
字數 七
時代 西周中期
著録 總集 一六三九
文物 一九七六年四期五四頁
圖四三
寶鷄 三六九頁圖二五二・三
出土 一九七四～一九七五年陝西寶鷄市茹家莊西周墓(M二：一一)
現藏 寶鷄市博物館
來源 寶鷄市博物館提供

〇〇九〇九 叔黹作寶甗
字數 七
時代 西周中期
著録 總集 一六三六
陝圖 九〇
綜覽・甗 六八
現藏 陝西省博物館
來源 陝西省博物館提供

〇〇九一〇 孟姬安甗
字數 七
時代 西周中期
著録 未見
現藏 上海博物館
來源 上海博物館提供

〇〇九一一 㳄仲雩父甗
字數 七
時代 西周晚期
著録 總集 一六四〇
文物 一九七六年一一期一〇頁
圖二四
陝青 二・一一五
綜覽・甗 六三
出土 一九七六年陝西扶風縣莊白二號窖藏
現藏 周原扶風縣文物管理所
來源 周原扶風縣文物管理所提供

〇〇九一二 尹伯作且辛甗
字數 八
時代 西周早期
著録 總集 一六四二
三代 五・八・三
貞松 四・一九・三
善齋 三・三四
續殷上 三一・六
小校 三・九一・二
善彝 四八
通考 一八二
流傳 劉體智舊藏
來源 考古研究所藏

〇〇九一三 比甗
字數 八
時代 西周早期
著録 總集 一六四一
三代 五・八・一
貞松 四・一九・二
澳銅選 六四頁圖八
彙編 六・五四二
現藏 澳大利亞墨爾本國立維多利亞博物館
來源 考古研究所藏

〇〇九一四 鑄䛓客甗
字數 八
時代 戰國晚期
著録 辭典 八三二
上海(二〇〇四) 六〇四
現藏 上海博物館
來源 上海博物館提供

〇〇九一五 大史友甗
字數 九
時代 西周早期
著録 總集 一六四四
三代 五・八・五
攈古 二・一・四二・一
綴遺 九・二三・一
周金 三・一一二・六
海外吉 一二
小校 三・九一・三(又三・九一・四)
通考 一八三
斷代 七二
泉屋 一・一一
日精華 三・二〇四
彙編 七・五〇二
泉屋博古 一一
綜覽・甗 四二
銘文選 七八
出土 十八世紀末山東壽張梁山所出七器之一
流傳 鍾養田、李山農、潘祖蔭等舊藏(攈古、海外吉等)

現藏 日本京都泉屋博古館
來源 考古研究所藏

〇〇九一六 舀夫作且丁甗

字數 九
時代 西周早期
著録 總集一六三八
三代 五・八・四
寧壽 一二・二
貞補上 一八・一
故宮 一〇期
續殷上 三一・五
故圖下上 七
周録 四
流傳 清宮舊藏
現藏 臺北故宮博物院
來源 考古研究所藏

〇〇九一七 諸女甗

字數 九
時代 西周早期
著録 總集一六四三
三代 五・八・二
綴遺 九・二〇・二
陶續 二・二
周金 二・八九・三
續殷上 三一・七
小校 三・九一・一
流傳 潘祖蔭、吳大澂、端方舊藏（綴遺、周金）
來源 考古研究所藏
備注 此器爲兕觥，誤收於此。與〇九二九四重出

〇〇九一八 孚公甗

字數 九
時代 西周中期
著録 總集一六四五
録遺 一〇四
故青 一四五
現藏 北京故宮博物院
來源 考古研究所藏

〇〇九一九 犀甗

字數 存九（又重二）
時代 西周中期
著録 總集一六四七
齊家村 二四
陝青 二・一六七
綜覽・甗 六四
出土 一九六〇年陝西扶風縣齊家村窖藏
現藏 陝西省博物館
來源 陝西省博物館提供
備注 齊家村拓本缺首行二字

〇〇九二〇 歸妍甗

字數 九
時代 西周早期
著録 文物一九八六年一期一五頁圖三七
流傳 一九八〇年陝西長安縣花園村一七號墓
現藏 陝西省文物管理委員會
來源 陝西省文物管理委員會提供

〇〇九二一 作寶甗

字數 存九
時代 西周中期
著録 總集一六四六
録遺 一〇五
通考 一九二
現藏 北京故宮博物院
來源 考古研究所拓
備注 此器僅存甑部，底原有孔，後修爲平底，耳亦修過。通考云「作器者之名挖去」

〇〇九二二 歸闌甗

字數 一〇
時代 殷
著録 總集一六七五・一
三代 五・八・六
殷存上 一〇・一（又上四一・一重出）
日精華 三・二〇六
彙編 六・四七〇
綜覽・甗 一八
現藏 日本大阪江口治郎氏
來源 考古研究所藏

〇〇九二三 伯麦父甗

字數 一〇
時代 西周早期
著録 未見
現藏 上海博物館
來源 上海博物館提供

〇〇九二四 乃子作父辛甗

字數 一〇（甑鬲同銘）
時代 西周早期
著録 總集一六四九
三代 五・九・二～三
續殷上 二八・一～二
賸稿 九（又八重出）
彙編 六・五〇三
綜覽・甗 六二
出土 洛陽
現藏 旅順博物館（甑），吉林大學歷史系（鬲）
來源 考古研究所拓（甑），三代（鬲）
備注 一、甑部，二、圈足，三、鬲部。歐精華二・一〇〇所收拓本即三代五・九・二～三，但圖像和旅博、吉大所藏的不同，恐有誤。賸稿以爲是二器，同銘同坑所出，但拓本却用一器，容庚通考、通論則認爲一器，此存疑

〇〇九二五 鄭伯筍父甗

字數 一〇
時代 西周晚期
著録 總集一六四八
三代 五・九・一
愙齋 一七・五・一
攈古 二・一・五四・三
綴遺 九・三〇
周金 二・八九・二
小校 三・九二・一
流傳 金蘭坡舊藏
來源 考古研究所藏猗文閣拓本

〇〇九二六 鄭井叔甗

字數 一〇
時代 西周晚期
著録 綴遺 九・三一・一
斷代 一五二
來源 綴遺

〇〇九二七 伯姜甗

字數 一〇
時代 西周中期
著録 攈古 二・一・六二・二
綴遺 九・二八・二
流傳 葉志詵舊藏（攈古）
來源 攈古

〇〇九二八 叔碩父甗（叔稽父甗）

字數 一〇（又重二）
時代 西周晚期

著録 總集一六五二
三代 五・九・四
窓齋 一七・五・一
綴遺 九・二九・一
陶續 二・三
周金 二・八九・一
小校 三・九三・三
尊古 二・二六
通考 一九五
蔭軒 一・三八
辭典 三四四
綜覽・甗 七二
出土 上海(二〇〇四) 三七六
同治二年(一八六三)山西吉縣安平村(通考)
流傳 潘祖蔭、端方舊藏(綴遺)，後歸李蔭軒
來源 考古研究所藏

〇〇九二九 榖父甗
字數 一〇
時代 西周晚期
著録 總集一六五三
三代 五・九・五
積古 七・一八・一
攈古 二・二・一〇・二
綴遺 九・二八・一
周金 二・五三・二
小校 三・九四・二
流傳 葉志詵舊藏(綴遺)
來源 考古研究所藏

〇〇九三〇 □子旅作且乙甗
字數 一二
時代 西周中期
著録 總集一六五〇
三代 六・四五・四
日精華 三・二〇八
布倫戴奇 一四〇頁圖三五
彙編 六・四二八
綜覽・甗 六一
流傳 日本蘆屋市川伶次郎舊藏(日精華)
現藏 美國舊金山亞洲美術博物館(布倫戴奇藏品)
來源 三代

〇〇九三一 仲伐父甗
字數 一二
時代 西周中期
著録 總集一六五一
齊家村 一二
陝青 二・一三七
綜覽・甗 六五
辭典 三四二
出土 一九六〇年陝西扶風縣齊家村窖藏
現藏 陝西省博物館
來源 陝西省博物館提供

〇〇九三二 子邦父甗
字數 一二(又重二)
時代 西周中期
著録 總集一六五四
三代 五・九・六
窓齋 一七・六・一
綴遺 九・二九・二
周金 二・八八・三
小校 三・九三・四
流傳 潘祖蔭、費念慈、方濬益、顧壽康舊藏(綴遺、周金)，後歸李蔭軒
現藏 上海博物館
來源 考古研究所藏

〇〇九三三 尌仲甗
字數 一三(又重二)
時代 春秋早期
著録 總集一六五六
三代 五・一〇・一
貞松 四・二〇・一
小校 三・九五・二
出土 「此器近年孟津出土，器形長方大於常甗，上下可分合」(貞松)
來源 三代

〇〇九三四 □甗
字數 一四(又重二)
時代 西周晚期
著録 薛氏 一五五・三
出土 「此器與前二圓鼎同出于安陸之孝感銘識悉同」
來源 薛氏

〇〇九三五 圉甗
字數 一四
時代 西周早期
著録 總集一六五七
琉璃河 一六六頁圖九八C
青全 六・一〇
出土 北京市房山縣琉璃河西周墓(M二五三：一五)
現藏 首都博物館
來源 考古研究所拓

〇〇九三六 王后中宮錡甗
字數 頸部一一，腹部二
時代 戰國晚期
著録 上海(二〇〇四) 六〇二
現藏 上海博物館
來源 上海博物館提供
備注 此爲甗之下部

〇〇九三七 鄭大師小子甗
字數 一四
時代 西周晚期
著録 總集一六五八
三代 五・一〇・二
積古 七・一九・二
攈古 二・二・一九・一
小校 三・九五・一
流傳 頤和園舊藏
現藏 北京故宮博物院
來源 考古研究所拓
備注 甗部曾改制成方鼎，後除去四足，底後補

〇〇九三八 伯高父甗
字數 一五(又重二)
時代 春秋早期
著録 總集一六五五
三代 五・一〇・三
窓齋 一七・四・二
善齋 三・三七
小校 三・九五・三
流傳 丁樹楨舊藏(羅表)
現藏 上海博物館
來源 考古研究所藏

〇〇九三九 魯仲齊甗
字數 一六(又重二)
時代 西周晚期
著録 曲阜魯國故城 圖九三・二
銘文選 三四二
辭典 三四三
青全 六・六六
出土 一九七七～一九七八年山東曲阜魯國故城四八號墓

現藏 曲阜縣文物管理委員會
來源 考古研究所拓

〇〇九四〇 伯鮮甗
字數 一七
時代 西周晚期
著録 總集一六五九
陝圖 六八
斷代 一七四
現藏 陝西省博物館
來源 陝西省博物館提供

〇〇九四一 王酓人輔甗（寶甗）
字數 一九（又重二）
時代 西周中期
著録 總集一六六二
三代 五・一一・二
筠清 四・三八
古文審 八・一四
攈古 二・三・一四・一
綴遺 九・二六・二
陶續 二・四
周金 二・八七・二
小校 三・九六・一
綜覽・甗 五八
出土 陝西長安縣（分域一二・一）
流傳 秦敦夫、潘祖蔭、端方等舊藏
（筠清、綴遺）
來源 考古研究所藏

〇〇九四二 仲信父甗
字數 一九（又重二）
時代 西周晚期
著録 考古圖 二・一七
薛氏 一五六・一
流傳 「咸平三年好時令黃鄆獲是器詣闕以獻」
來源 薛氏
備注 器名暫從薛氏

〇〇九四三 曾子仲訒甗
字數 一九（又重二）
時代 春秋早期
著録 總集一六六〇
文物一九七三年五期一五頁
圖二
銘文選 四七四
綜覽・甗 七七
出土 一九七一年河南新野縣城關鎮小西關
現藏 河南省博物館
來源 文物

〇〇九四四 作冊般甗（王宜人甗）
字數 二〇
時代 殷
著録 總集一六六一
三代 五・一一・一
攈古 二・二・八六・一
綴遺 九・二二・二
殷存上 一〇・二
澂秋 一一
小校 三・九五・四
彙編 五・三二二
銘文選 八
辭典 〇六一
流傳 陳承裘舊藏
現藏 中國歷史博物館
來源 考古研究所拓

〇〇九四五 邕子良人甗
字數 存二一（又合一）
時代 春秋早期
著録 總集一六六四
三代 五・一二・一
攈古 二・三・一四・二
綴遺 九・二三・一
小校 三・九六・二
頌續 二五
流傳 吳式芬、容庚舊藏
來源 考古研究所藏
備注 攈古云：器殘毀

〇〇九四六 王孫壽甗
字數 三三（又重二）
時代 春秋早期
著録 總集一六六五
録遺 一〇六
來源 録遺

〇〇九四七 陳公子叔邍父甗
字數 三六（又重二）
時代 春秋早期
著録 總集一六六七
三代 五・一二・三
從古 九・四
攈古 三・一・九
綴遺 九・三一・二
敬吾下 一五
周金 二・八七・一
大系 二〇三b
小校 三・九七
銘文選 五八〇
流傳 瞿世瑛舊藏（周金）
來源 考古研究所藏猗文閣拓本

〇〇九四八 遇甗
字數 三七
時代 西周中期
著録 總集一六六六
三代 五・一二・二
銘文選 一八三
周金 二・三一・一
貞松 四・二一・一
希古 三・一〇・三
大系 三二a
海外吉 一四
小校 三・一二・二
山東存下 一二・三
斷代 七八
泉屋 一・一二
通考 一八四
彙編 四・一七四
綜覽・甗 四九
出土 光緒二十二年出土於山東黃縣萊陰（貞松）
流傳 丁樹楨舊藏（貞松）
現藏 日本京都泉屋博古館
來源 三代

〇〇九四九 中甗
字數 一〇〇
時代 西周早期
著録 總集一六六八
薛氏 一五六・二
大系 八
銘文選 一〇八
出土 「重和戊戌歲出於安陸之孝感縣」（薛氏）
來源 薛氏
備注 薛氏云：同出有「方鼎三圓鼎二甗一共六器皆南宮中所作」

匕　類

〇〇九六六～〇〇九八〇

〇〇九六六　□匕
字數　一
時代　殷
著録　未見
現藏　北京故宮博物院
來源　考古研究所拓

〇〇九六七　上匕
字數　一
時代　戰國晚期
著録　未見
出土　河北平山縣中山王墓地六號墓(M六：一〇二)
現藏　河北省文物研究所
來源　北京故宮博物院陳列部藏

〇〇九六八　亞□匕
字數　二(正反面同銘)
時代　殷
著録　鄴二上　三九・二
　　　故青　二五
現藏　北京故宮博物院
來源　考古研究所拓
備注　鄴二正反面銘文俱録

〇〇九六九　宰秦匕
字數　二
時代　戰國
著録　簠齋　三雜器六
流傳　吳式芬舊藏
現藏　中國歷史博物館
來源　考古研究所拓
備注　舊讀爲秦宰，以爲是勺

〇〇九七〇　昶仲無龍匕
字數　四
時代　西周晚期
著録　總集　三二二四
　　　三代　一八・二九・二
　　　貞松　一一・一〇・一
　　　貞圖中　四一
　　　通考　四二一
出土　與昶仲無龍鬲同出河南(通考)
來源　三代

〇〇九七一　左使車工匕
字數　五
時代　戰國晚期
著録　文字編　一二九頁(摹)
　　　中山王墓　四三三頁圖一八八・三～四
出土　一九七七年河北平山縣中山王墓M一西庫三七
現藏　河北省文物研究所
來源　北京故宮博物院陳列部藏

〇〇九七二　微伯瘭匕
字數　五
時代　西周中期
著録　總集　三二二六
　　　文物　一九七八年三期一七頁圖二八
　　　陝青　二・五二
　　　綜覽・匕　八
出土　一九七六年扶風縣莊白一號窖藏(七六 FZH 一：七三)
現藏　周原扶風文物管理所
來源　周原扶風文物管理所提供

〇〇九七三　微伯瘭匕
字數　五
時代　西周中期
著録　總集　三二二五
　　　陝青　二・五三
出土　一九七六年扶風縣莊白一號窖藏(七六 FZH 一：七四)
現藏　周原扶風文物管理所
來源　周原扶風文物管理所提供

〇〇九七四　曾侯乙匕
字數　七
時代　戰國
著録　曾侯乙墓　二一七頁圖一一五・三，一一六
　　　青全　一〇・一四七～一四八
出土　一九七八年湖北隨縣曾侯乙墓(C・一六七)
現藏　湖北省博物館
來源　湖北省博物館提供
備注　出土時置于C・九五　升鼎內。另有一件長柄，置二大鼎口沿上；二件形體較小，置二小銅鬲上，銘文均相同(曾侯乙墓二二六頁圖一一五・一～二)

〇〇九七五　但盤埜匕
字數　七
時代　戰國晚期
著録　總集　六六五九
　　　三代　一八・二八・一
　　　銘文選　六六五
　　　實楚　勺乙
　　　十二寶　一三～一四
　　　通考　八八六
出土　一九三三年安徽壽縣朱家集
流傳　方焕經舊藏
現藏　天津市歷史博物館
來源　考古研究所藏

〇〇九七六　但盤埜匕
字數　七
時代　戰國晚期
著録　總集六六六二
　　　三代　一八・二八・二
　　　銘文選　六六六
　　　實楚　勺甲
　　　十二寶　一五
　　　楚展　一〇
出土　一九三三年安徽壽縣朱家集
流傳　方焕經舊藏
現藏　天津市歷史博物館
來源　考古研究所藏
備注　另有「但史秦」三字似誤刻而刮磨掉，故筆畫不顯，今未計入字數內

〇〇九七七　但紹圣匕
字數　七
時代　戰國晚期
著録　總集六六六〇
　　　三代　一八・二八・三
　　　銘文選　六六九
　　　雙古上　三九
　　　小校　九・九九・二
　　　善齋　一二・三
　　　頌續　九八
出土　一九三三年安徽壽縣朱家集
流傳　劉體智、容庚舊藏
現藏　廣州市博物館
來源　三代

〇〇九七八　但紹圣匕
字數　七
時代　戰國晚期
著録　總集六六六一

三代 一八・二八・四
雙古上 三八
小校 九・九九・三
善齋 度量衡三
出土 一九三三年安徽壽縣朱家集
流傳 劉體智、于省吾舊藏
現藏 遼寧省博物館
來源 考古研究所拓

〇〇九七九 仲枏父匕

字數 八
時代 西周中期
著録 總集 三一二七
文物 一九六四年七期二一頁圖八，圖六
陝青 四・一八四
銘文選 二一九
出土 一九六二年陝西省博物館永壽縣好時河村
現藏 陝西省博物館
來源 吴鎮烽同志提供

〇〇九八〇 魚鼎匕

字數 存三六
時代 戰國
著録 三代 一八・三〇・一～二
貞松 一一・一〇・二
貞圖中 四二
小校 九・九八
通考 四一四
美全 五・六五
青全 八・一五四
出土 山西渾源(貞松)
流傳 羅振玉舊藏
現藏 遼寧省博物館
來源 A、考古所拓本；
B、貞松摹本；
C、考古所藏羅氏摹刻本
備注 柄殘，有缺字，銘文錯金，過去未見拓本著録